거대한 역설

DEVELOPMENT AND SOCIAL CHANGE : A Global Perspective, 5th Edition
by Philip McMichael
Copyright ⓒ 2012 by SAGE PUBLICATION, INC.
All rights reserved.

Korean translation copyright ⓒ 2013 by Gyoyangin
Korean translation rights arranged with SAGE PUBLICATION, INC.
through EYA(Eric Yang Agency)

이 책의 한국어판 저작권은 EYA(Eric Yang Agency)를 통해
SAGE PUBLICATION, INC.와 독점 계약한
'교양인'에 있습니다.
저작권법에 의하여 한국 내에서 보호를 받는 저작물이므로
무단 전재와 복제를 금합니다.

거대한 역설

왜 개발할수록 불평등해지는가

필립 맥마이클 | 조효제 옮김

| 일러두기 |

1. 개발 관련 용어의 번역을 위해 다음 자료를 참고하였다.

   볼프강 작스 외, 이희재 옮김, 《反자본 발전사전》, Archive, 2010.

   KOICA-ODA교육원, 《강사들을 위한 개발협력 용어번역집》, KOICA, 2012.

   Vandana Desai and Robert B. Potter. eds, *The Companion to Development Studies.* Second Edition. London : Hodder Education, 2008.

2. 원저의 '감사의 말'에는 수많은 사람들의 이름만 나열되어 있어 생략했다. 이 중에는 한국 독자들에게 친숙한 이름인 이매뉴얼 월러스틴(Immanuel Wallerstein), 조반니 아리기(Giovanni Arrighi), 제임스 페트래스(James Petras) 등이 포함되어 있다.

3. 원저의 '머리말'에서 이전 판본과의 차이점을 설명한 부분은 번역에서 생략했다.

4. 'development'는 맥락에 따라 '개발' 또는 '발전'으로 옮겼다. 'regime'은 번역하지 않고 '레짐'으로 표기했다. 저자는 식민 지배 이후 신생 독립국들의 국가 형성과 개발 추진에서 국가와 시민 간의 'social contract'가 핵심적 논거로 작용했음을 특히 강조한다. 그 취지를 살리기 위해 '시민권적 사회 계약'으로 옮겼다.

5. 원저 말미의 '찾아보기'에 주요 용어 해설(glossary)이 함께 들어 있다. 본서에서는 이 부분의 용어들을 볼드체로 처리한 후 각주로 실었다. 간혹 옮긴이의 판단으로 각주를 추가하기도 했다. 주요 용어 해설에 포함되지 않았으면서 원저 본문에 볼드체 혹은 이탤릭체로 표기된 용어들을 본서에서는 일괄 볼드체로 처리하였다.

6. 원저의 수치와 사실 관계에 오류가 있는 부분은 최대한 바로잡았으며, 그런 부분을 일일이 표시하지는 않았다.

7. 각 장 말미의 '더 읽을 자료'에 국내에서 발표된 연구물을 선별하여 실었다.

| 옮긴이 머리말 |

이 책은 다음 원저의 완역본이다. Philip McMichael, Development and Social Change: A Global Perspective, 5th Edition, 2012, Thousand Oaks, CA: Sage Publications. 본서는 1996년 초판이 나온 이래 2012년에 5판이 나올 정도로 개발 분야에서 지속적으로 사랑을 받아 온 국제적인 저술이다. 전 세계에서 오랫동안 이 분야의 기본 도서로 인정받아 온 책을 이제야 한국 독자들에게 소개하는 것이 때늦은 감이 없지 않다. 제2차 세계대전 이후 지금까지 사회과학 분야의 다양한 관심사들 가운데 가장 포괄적인 주제가 아마 'development'('개발' 혹은 '발전')라 해도 지나친 말이 아닐 것이다. 경제 성장, 성장 동력, 자유 시장, 국가 개입, 산업 정책, 인구 변동, 젠더 역할, 정치 발전, 도시화, 주거, 빈곤, 농어촌 문제, 교육, 국토 균형 발전, 민주주의, 노동 정책, 이주자, 시민권, 신자유주의, 지구화, 경제 민주화, 복지국가, 불평등, 기후 변화, 생태계 보존, 에너지 등 우리가 생각할 수 있는 거의 모든 의제가 개발의 관점에서 다뤄질 수 있는 사안이다. 이렇듯 개발의 문제는 현대 사회의 모든 측면을 아우르는 통합 주제라 할 수 있지만, 지금까지 우리 사회에서 개발은 거의 전적으로 경제 발전, 경

제 성장의 관점에서 이해되고 추구되어 왔다. 또한 최근 들어서는 주로 국제 개발 협력과 국제 원조의 관점에서 개발을 이해하는 분위기도 널리 퍼져 있다. 이처럼 개발을 경제 발전의 관점 그리고 개발 도상국 발전의 핵심 동인으로 보는 주류적 견해에 맞서, 이 책은 더 근본적인 차원에서 개발을 이해할 수 있는 혜안을 제시한다.

우선, 이 책은 개발의 기원을 파헤치면서 개발이 자본주의, 산업혁명, 서구의 비서구권 지배와 얼마나 긴밀하게 얽힌 채 시작된 과정이었는지를 상기시켜준다. 애초 개발이 어떤 목적으로 또 어떤 방식으로 전개되었는지를 알게 된다면 우리는 개발의 태생적 한계와 그 갈등적 성격에 대해 좀 더 명확하게 인식할 수 있다. 직선적인 경제 성장으로만 개발을 바라보는 것은 바람직하지도 않을뿐더러 자원 고갈과 기후 변화의 시대를 맞아 더는 가능하지도 않다는 사실을 인정할 때가 온 것이다. 2006년 영국 정부가 발표한 〈스턴 보고서(UK Stern Review)〉에서 볼 수 있듯 주류 경제학에서도 이제 환경과 지속 가능성을 핵심 의제로 설정하기 시작했고, 생태 회계와 탈성장 경제학 같은 새로운 사상에서도 개발을 바라보는 관점을 근본적으로 바꾸어야 한다고 역설하고 있다. 이 책은 개발의 근원적 특성을 드러냄으로써 그러한 패러다임 변화를 따라잡을 수 있는 방도를 우리에게 가르쳐준다.

둘째, 이 책은 개발의 이론과 실제가 역사적으로 어떤 변화 과정을 거쳐 왔는지를 소개함으로써 개발을 통시적인 과정으로 파악할 수 있는 넓은 안목을 제공한다. 이미 말했듯 개발은 서구의 식민 지배 시대로 거슬러 올라가는 문제적 기원에서 출발했다. 식민 시대를 거쳐 제2차 세계대전 종전 후 신생 독립국들이 탄생하면서 이른바 '개발 프로젝트'의 시대가 열렸다. 이 나라들은 새로운 국가 건설의 정당성을 시민권적 사회 계약에서 찾으면서, 국민을 잘살게 만드는 경제 개발을 통해 국가의 존재 의의를 인정받고자 했다. 다른 한편, 구식민 지배 세력은 냉전 체제에서 전략적 우위를 지키고 과거 식민지를 실질적으로 지배할 수 있는 편리한 수단으로 개발 담론을 활용했다. 이런 와중에 개발은 인류의 자연스러운 진화 과정처럼 제시되고 옹호되었다. 그러나 저자가 강조하는 것처럼 개발은 당시의 국제 정세와 국내 상황에 편승한 인위적인 노력이었다는 점에서 일종의 정치적 기획, 즉 '프로젝트'라고 보아야 한다. 제3세계가 한창 등장하던 시절의 개발 프로젝트는 많은 문제점과 약간의 결실을 동시에 낳았다.

하지만 국가가 뚜렷한 목적을 지니고 시장과 자본을 통제하면서 추진했던 개발 프로젝트 시대는 1970년대 중반 이후 '지구화 프로젝트'에 자리를 넘겨주어야 했다. 개발 프로젝트의 한계를 극복하고, 진정한 개발을 위하여 시장에 대한 제한과 통제를 되도록 줄여야 한다는 명분으로 자본 증식과 다국적 기업과 자유 무역을 전면에 내세우는 시대가 도래했던 것이다. 이제 개발은 국가의 인위적 개입이나 의도로써 달성될 수 있는 것이라 생각되지 않았고, 모든 주체가 자유롭게 시장 활동에 참여하여 자기 이익을 추구하는 것이 진정한 발전이라는 신자유주의적 이념이 대세를 이루었다. 개발이라는 말 자체가 구식으로 간주되었고, 경제 지구화라는 큰 흐름을 수용하면서 그 안에서 발생하는 문제에 대처하기 위해 글로벌 거버넌스, 미소 금융, 빈곤 경감 같은 완화적 조치들이 도입되기에 이르렀다. 시민 사회와 NGO는 이런 흐름에 저항하는 부분과 협력하는 부분으로 양분되었다.

그러나 이러한 지구화 프로젝트는 최근 들어 수명이 다했다는 판정을 받았다. 투기성 금융 경제의 거품이 꺼진 데다 환경 파괴와 기후 변화로 인해 대량 생산-대량 소비의 라이프 스타일을 계속 추구할 수 있는 거시적 토대 자체가 붕괴되었기 때문이다. 저자는 오늘날 새롭게 떠오르는 포스트 개발 담론을 '지속 가능성 프로젝트'라고 부르면서 이 프로젝트를 성공적으로 관리할 수 있느냐 여부가 우리 시대의 가장 엄중한 과제라는 점을 일깨워준다. 그러므로 이 책은 지난 수백 년간의 근현대사를 개발이라는 일관된 관점(① 식민 지배 프로젝트 → ② 개발 프로젝트 → ③ 지구화 프로젝트 → ④ 지속 가능성 프로젝트)으로 파악할 수 있는 파노라마와 같은 역사서로 읽힐 수 있는 중요한 저술이라 할 것이다.

셋째, 이 책은 눈앞의 현실을 역사사회학적 상상력을 통해 새롭게 파악하고, 지극히 작아 보이는 개인적 선택이 지구 행성의 미래와 어떻게 연결되는 문제인지를 깨달을 수 있는 시각을 우리에게 선사한다. 개발의 전개 과정에서 농업과 먹을거리, 도시화와 산업화가 얼마나 긴밀한 연결 고리를 이루면서 서로 영향을 주고받았는지를 이 책만큼 실증적으로 잘 보여주는 책도 드물 것이다. 우리가 무심코 소비하는 빵 한 쪽, 커피 한 잔에도 자원 추출형 개발, 상업형 영농, 도시 편향의 산업 생산, 잉여 농산물 원조와 식량 레짐 등의 전 지구적 문제들이 집약되어 있다. 요즘 국제 이해와 국제 협력, 지구촌 이웃들의 삶에 대한 교육을 많이 강조하는 추세가 보인다. 그런 움직임이 피상적이고 단순한 호기심 차원을 넘어 진정한 국제 이해와 협력의 지평으로 연결되기 위해서는 도시와 농촌, 농산물과 공산품, 산업 국가와 개발 도상국, 자유 무역과 종속, 불평등의 악순환, 농생태와 인류의 미래 등을 유기적으로 연결해 볼 줄 아는 전 지구적 시각을 갖추는 일이 무엇보다 중요하다. 그렇게 될 때 우리는 국제 개발을 비판적이고, 신중하며, 간주체적(inter-subjective)이고 간문화적(inter-cultural)인 대화와 이해에 바탕을 둔 양방향적인 어떤 것으로 형성해 갈 수 있는 태도와 접근 방식을 보유할 수 있게 될 것이다.

넷째, 이 책은 개발의 전 역사에서 독특한 위치를 차지하는 예외적 사례들을 예리하게 분석하고, 그 사례들에 어떤 의미가 있는지 설명한다. 여기서 예외적 사례란 한국을 포함한 신흥 공업국들과 중국을 포함한 브릭스(BRICs) 국가들을 일컫는다. 이들이 세계사적 개발의 행렬에서 어떤 맥락과 어떤 이유로 오늘의 위치를 차지하게 되었는지, 그 결과와 의미가 무엇인지를 아는 것은 대단히 중요하다. 흔히 '한강의 기적'이라 불리는 한국의 경제 개발 사례는 무조건적인 성공담이라기보다 극히 모순적이고 복합적인 배경과 과정을 통해 진행되었던 과정임을 직시할 필요가 있다. 이런 문제 의식은 학술적 논쟁을 넘어, 최근의 선거에서 목격했던 것처럼 현실 정치와 향후 한국 사회의 지향점과도 밀접한 연관이 있다. 한국인에게 개발은 먼 곳에 있는 개발 도상국들만의 문제가 아니라 현재 진행형의 국내적 과제이기도 하다. 따라서 개발을 제대로 이해하는 것은 국외에서 국제 개발 사업을 수행하기 위해서만이 아니라, 우리 자신을 제대로 이해하고 우리 사회의 문제를 해결하기 위해서도 매우 중요하다고 할 것이다.

마지막으로, 이 책은 경제 성장과 자원 추출과 산업화의 관점에서 행해져 왔던 기존의 개발 담론을 비판하고 대안을 제시하는 각종 대항 운동을 잘 정리해서 보여준다. 페미니즘, 환경 운동, 식량 주권 운동, 세계주의 운동 등으로 표현되는 시민 사회의 갖가지 실천 사상, 그리고 탈성장(degrowth)으로 대표되는 반(反)경제 성장 사상 등을 체계적으로 이해하고 궁리해보면 시민 사회 운동의 목적이 결국 공정하고 지속 가능하고 생태 친화적인 인간 공동체를 구상하려는 대안 문명 운동임을 알 수 있을 것이다. 이런 관점은 산업 사회 패러다임을 감당하면서도 그것을 극복해야 하는 시민 사회 운동의 좌표 설정이라는 측면에서 매우 중요한 현실적 함의를 지닌다. 지구화로 인해 이제 고전적 국민국가 체제 내에서 이루어졌던 자기 완결적 개발은 불가능해졌다. 한 나라 내에서의 개발은 이제 어려워졌지만 개발 프로젝트 시대의 원래 취지가 한 나라 내에서 시민권적 사회 계약 정신에 따라 국민들의 정치적 권리와 경제적 권리를 보장하겠다는 것이었음을 기억해야 한다. 그런 점에서 21세기에도 사람들의 시민권을 완성해주기 위한 개발 프로젝트 시대의 정신은 여전히 소중한 가치로 남아 있다고 하겠다. 새로운 시대 상황을 맞아 '지구 시민권적 사회 계약'을 상상하든, '생태 시민권적 사회 계약'을 상상하든, 개발이 공존과 민주주의를 위한 실천 기획이어야 한다는 점은 여전히 유효한 원칙이라 할 것이다. 본서는 이러한 개발의 원칙을 우리에게 깊이 각인시켜줄 수 있는 계기를 제공해주리라 믿는다.

사실 개발만큼 역설로 가득 찬 현상도 없을 것이다. 개발의 기원 자체가 지배와 종속에 바탕을 둔 권력 관계로부터 출발한 역설, 신생 국가의 존립 근거로 표방했던 국가 발전 담론이 억압적 국가 체제를 강화하는 데 기여한 역설, 생활 조건 향상과 환경 악화가 동시에 진행되는 역설, 강대국이 자신의 존립을 위해 구식민지와 종속적 관계를 계속 유지했으면서도 그러한 관계를 국제 원조라는 제도 속에 고착시켜 개발 도상국이 선진 산업국에 의존하지 않을 수 없도록 만들어놓은 역설, 개개인을 국가로부터 해방시킨다는 명분으로 시작된 신자유주의가 결국 시장이 전 사회를 지배하는 새로운 억압 기제로 귀결된 역설, 자원 고갈과 기후 변화 시대를 맞아 기존의 개발 모델을 폐기하고 탈성장을 추구하는 새로운 '개발' 모델을 찾아야 하는 역설 등 어느 하나 역설 아닌 부분이 없을 정도이다. 이 책의 저자는 이러한 역설적 상황을 칼 폴라니(Karl Polanyi)가 《거대한 전환》에서 제시한 시장과 사회의 이중적 움직임과 연결지어 상세히 설명한다. 바로 이런 이유 때문에 이 책의 제목을 《거대한 역설》로 정했음을 밝혀 둔다. 아주 단순하게 말해, 개발이란 전적으로 거부하기에는 이미 인류 보편사의 일부가 되었고, 전적으로 수용하기에는 인류에게 암울한 미래를 약속하는 재앙이 되어버린, 모순적인 딜레마이다. 바로 이 같은 역설을 냉정하게 인식하면서, '착한 개발'과 '공정한 개발'이 과연 가능할까, 다시 말해 인류와 생태계와 지구 전체가 함께 원원하는 '좋은 변화(good changes)'가 과연 가능한지에 대한 존재론적 질문을 던져야 할 시점이 바로 지금이 아닐까 한다.

우리 사회에서 현재 국제 개발에 대한 관심이 매우 높아져 있고, 최근 들어 국제 원조와 관련한 국제 회의, 정책 입안, 사업 수행, NGO 활동, 교육, 연수, 봉사 등이 폭발적으로 늘어나고 있다. 공적 개발 원조(ODA)를 둘러싼 보도가 늘고 있고 연구, 토론, 논쟁도 활발하게 일어나고 있다. 특히 외국 경험과 실력과 의지를 갖춘 젊은 세대에서 국제 개발 참여가 높아진 점은 고무적인 현상이라 아니 할 수 없다. 한국인 특유의 역동성과 추진력이 이 분야에서도 단시일 내에 발휘되고 있음을 알 수 있다. 옮긴이는 2000년에 펴낸 《NGO의 시대》라는 책에서 머지않아 우리 시민 사회의 활동 영역이 국제 개발 분야로 전면 확장될 것이라고 예상했는데 요즘 그 예상이 옳았음을 날마다 실감하고 있다.

하지만 이 같은 긍정적인 측면과 함께 경제 개발을 중심에 놓고 모든 것을 거기에 종속시키는 경제주의가 아직도 압도적인 영향력을 발휘하고 있다. 이런 경향 때문에 개발 자체의 의미, 역사적 배경과 문제점, 그리고 개발의 정치적 성격 같은 기본적 질문들이 간과되곤 한다. 이는 앞뒤가 바뀐 것이다. 그렇게 되면 개발을 기술적인 과정—매뉴얼대로 사업 계획서를 제출하고, 심사받아 채택되면 국외 사업을 실시하는 것—으로만 오해하는 풍조가 늘 가능성이 적지 않다. 게다가 정부 주도 개발 담론의 영향이 워낙 커서 국가적 사업이라는 공식성에 근거하여 외교·통상·전략적 고려를 전면에 드러내는 개발 담론이 광범하게 유포되어 있다. 또한 국제 개발 영역이 확대되면서 이른바 '원조 산업'이라 부를 만한 섹터가 형성되고 있는 듯한 조짐마저 엿보인다. 개발과 같이 전문적 식견과 경험이 필요한 분야에서 일종의 인식론적 공동체가 형성되는 것은 필연적이고 바람직하다고 본다. 하지만 그러한 공동체가 좋은 의미에서 세계 사회 변화를 위한 큰 물결을 형성할 것인지, 아니면 거대한 이익집단의 출현으로 나아갈지는 이 시점에서 냉철하게 성찰하고 선택해야 할 과제가 아닐 수 없다.

그러한 성찰을 위해 가장 시급하게 해야 할 일이 바로 '개발'이란 무엇인가, 그리고 그것을 어떻게 이해하고 어떻게 접근해야 옳은가 하는 점을 근본에서부터 따져보는 것이라 하겠다. 국제 원조 사업에 관심을 보이고 헌신하기 전에 먼저 개발을 기본적인 차원에서 이해하는 일이 급선무라는 말이다. 그런 바탕 위에서 현지 사업을 벌이고 국제 협력을 해도 늦지 않다. 역사적이고 비판적인 안목을 기본으로 한 개발 관점을 확고하게 세우지 않은 상태에서 너나없이 국제 원조 분야에 일단 뛰어드는 우를 범해서는 안 될 것이다. 그런 점에서 이 책은 개발의 의미와 본질을 역사적·정치적·사회적으로 따져보고, 우리가 왜 개발을 직선적 진보 논리와 진화론적 관점에서 접근하면 안 되는지를 설명해주는 소중한 길잡이라 하겠다.

옮긴이는 대학에서 오랫동안 국제 NGO론을 가르치면서 국제 NGO 중에서 개발 관련 NGO가 수적으로 우세할 뿐 아니라 영향력 면에서도 가장 중요하다는 사실을 누누이 강조하면서, 기본 텍스트의 하나로 이 책을 사용해 왔다. 특히 몇 년 전부터 성공회대학에 개설된 '아시아 시민 사회 지도자 과정(MAINS)'을 통해 개발 도상국에서 유학 온 외국 학생들에게 국제 개발론을 강의할 때 본서를 주교재로 채택해 왔다. 개발 도상국 학생들에게 이 책을 읽은 소감을 물어보면 한결같이 "우리들이 진정으로 하고 싶은 말들이 이 속에 다 들어 있다."고 답하곤 한다. 우리가 흔히 개발의 '대상'으로 생각하기 쉬운 개발 도상국 사람들 입장에서 공감할 수 있는 책이라는 말 이상으로 이 책의 가치를 더 잘 설명해주는 평가도 없을 것이다. 사회과학 전공의 학부 졸업반 학생에게 이 책의 원고를 읽혔더니 "4년 동안 배웠던 여러 갈래의 공부들을 일목요연하게 총정리할 수 있어 좋았다."라는 반응을 보였다. 외국 대학에서 경제학을 공부하면서 개발 경제학에 관심이 있는 한 학생은 "탈성장 경제학이라는 아이디어가 전율과 같은 충격으로 다가왔다."고 고백하기도 했다. 원고를 읽어본 어떤 독자는 "우리가 누리는 생활 수준과 소비 패턴이 이 정도로까지 문제 있는 개발의 토대 위에서 이루어졌다는 사실을 알고 밤잠을 이룰 수 없었다."라고까지 했다.

결국 개발의 궁극적인 목표는 '좋은 변화'를 이루자는 것인데, 세상 다른 모든 일과 마찬가지로 개발 분야 역시 '좋은' 것이 무엇인가에 대한 사람들의 평가와 진단이 모두 다르다. 더 나아가, 그 '좋은' 것을 달성하기 위한 방법론도 각자의 가치관과 관점에 따라 서로 다를 수밖에 없다. 여기서 반드시 기억해야 할 사실은 개발 역시 인간 사회의 보편적인 현상인 권력 관계—지배와 종속—가 작동하고, 그것이 서로 긴장과 대립을 불러일으키는 분야라는 점이다. 모든 사람이 행복해지는 개발, 그저 선의를 품고 실천하기만 하면 달성되는 개발이란 세상에 존재하지 않는다. 누구를 위한 개발인지, 어떤 성격의 개발인지를 반드시 짚어봐야 하는 것이다. 따라서 개발이 모든 이를 위해 진정으로 '좋은 변화'가 되려면, 불평등을 최대한 줄이고, 사람들이 자기 결정권을 발휘하는 주체적 인간으로 성장할 수 있도록 해주는 변화, 미래 세대 및 생태계와 공존을 지향하는 방향으로의 변화여야만 하는 것이다. 기존의 경제 개발 담론이 이런 점에서 어떤 결과를 초래했는지를 비판적 안목으로 볼 줄 아는 인식이 출발점이 되어야 함은 재론할 필요가 없다.

《거대한 역설》을 번역·출간한 과정을 조금 언급해야 하겠다. 그전까지 원저 4판으로 수업을 진행해 오던 옮긴이는 2012년 개정 5판이 나오자마자 신판이 개발 이론을 보충하고, 지구화 프로젝트 이후의 각종 대안 담론과 움직임을 충실히 반영하고 있음을 확인하고 반가운 마음을 금할 수 없었다. 더는 번역서를 내지 않겠다고 공언한 터였지만 책 내용이 너무 좋아 한국 독자들과 나누고 싶은 욕심에 즉시 교양인출판사에 연락을 했다. 요즘처럼 출판 환경이 어려운 상황에서 옮긴이의 제안을 선뜻 받아준 교양인출판사에 깊이 감사드린다. 또한 편집 과정을 깔끔하게 마무리해 준 조은영 선생의 수고도 기록해 둔다. 성공회대학의 아시아 시민 사회 지도자 과정에서 국제 개발 공부를 시작하는 채우현 학생이 '더 읽을 자료'에 넣을 한국 논문을 고르는 데 많은 도움을 주었다. 몇 해 전 베를린자유대학에서 학생들을 가르친 적이 있었는데 같은 시기에 그곳에 와 있던 성석제 작가와 자주 만나 교분을 나눌 기회가 있었다. 뜻밖에도 먹을거리와 농식품 체계에 해박한 지식이 있던 그로부터 개발과 관련해 많은 지식을 전수받을 수 있었다. 게다가 라오스의 학교 시설을 지원하는 시민 모임에 열성적으로 참여하는 작가의 모습에서 깊은 인상을 받았다. 이 책을 번역할 결심을 하게 된 또 하나의 계기를 마련해준 성 작가에게 감사의 마음을 전한다. 끝으로 번역 초고를 읽고 문필가의 감각으로 문장을 일일이 다듬어준 아내 권은정에게 고마움을 표한다. 옮긴이는 한 학기 내내 번역 작업에 밤과 주말을 바치면서 우리말로 원저의 뉘앙스를 잡아내기 위해 적잖이 신경을 썼다. 내용상의 동질성을 최대한 살리려다 보니 설명식으로 길어진 문장이 꽤 있음을 밝히면서 앞으로 미비한 부분이 발견되면 계속 수정할 것을 약속드린다. 부디 이 책이 21세기 한국 사회의 핵심적 움직임 중 하나인 국제 개발 분야에서 의미 있는 지적 가이드이자 인류의 미래를 염려하는 문명 비판서로서 독자 여러분의 많은 사랑을 받기를 희망한다.

2013년 3월
북악산 뒷자락에서 조효제 드림

| 차례 |

옮긴이 머리말
머리말 _ 22
국제 개발 연표 _ 26

1장 | 개발이란 무엇인가 _ 29
개발의 역사와 정치 _ 31
개발 이론 _ 35
개발의 역설 _ 48
결론 _ 64

1부 개발 프로젝트 1940년대 후반~1970년대 초반

2장 | 개발 프로젝트의 기원 _ 69
'개발'의 뿌리, 식민화와 산업화 _ 70
탈식민화 _ 87
탈식민화와 개발 _ 94
제3세계와 '개발의 사다리' _ 96
개발 프로젝트의 구성 요소 _ 101
개발 프로젝트의 틀 짜기 _ 106
경제 민족주의와 발전국가 _ 108
결론 _ 112

3장 | 개발 프로젝트의 국제적 틀 _ 115

냉전과 개발 프로젝트 _ 116
국제 분업 구조의 재편성 _ 128
식량 원조 프로그램의 진실 _ 134
제3세계 농업의 재형성 _ 140
결론 _ 152

4장 | 개발의 전 세계적 확산 _ 155

초국적 수출 기지, '세계의 공장' _ 156
농업의 지구화 _ 186
금융의 지구화 _ 193
결론 _ 200

2부 지구화 프로젝트 1980년대~2000년대

5장 | 지구화 프로젝트의 정치학 _ 205

전 지구적 시장 제국의 건설 _ 206
외채 위기와 채무 레짐 _ 210
워싱턴 컨센서스, 지구화 프로젝트의 탄생 _ 225
전 지구적 거버넌스 _ 229
초국적 권력, 세계무역기구 _ 243
결론 _ 261

6장 | 지구화 프로젝트의 실상 _ 265

　　빈곤의 거버넌스 _ 267
　　아웃소싱의 시대 _ 271
　　이동과 배제의 경제 논리 _ 281
　　비공식 경제의 출현 _ 292
　　전 지구적 재식민화 _ 305
　　결론 _ 315

7장 | 전 지구적 대항 운동 _ 319

　　'침묵의 봄'과 환경주의 _ 320
　　개발 담론에 대한 페미니즘의 도전 _ 336
　　사파티스타 봉기와 세계주의 운동 _ 354
　　식량 주권 운동 _ 362
　　결론 _ 370

3부 지속 가능성 프로젝트 2000년대~현재

8장 | 지구화 프로젝트의 위기 _ 377

　　정당성의 위기 _ 380
　　브릭스의 부상, 지정학적 전환 _ 397
　　신용 천국이 불러온 금융 위기 _ 413
　　불평등의 폭발, 식량 위기 _ 420
　　사라진 미래, 생태 위기 _ 424
　　결론 _ 433

9장 | **지속 가능성 프로젝트** _ 437
    새로운 변수, 기후 변화 _ 440
    환경주의의 역설 _ 452
    농업의 재발견 _ 455
    전 세계를 먹여 살리는 법 _ 460
    전 지구적 토지 수탈 – 21세기형 인클로저 _ 473
    녹색 기술 _ 482
    결론 _ 493

10장 | **개발을 다시 생각한다** _ 497
    경제 성장에서 인간 개발로 _ 498
    패러다임의 변화 _ 512
    전체 결론 _ 527

    주석 _ 533
    참고문헌 _ 555
    찾아보기 _ 593

[사례 연구]

개발의 역설 • 46 / 폐기물과 상품 사슬 • 61
아마존 유역을 소비함 • 63 / 식민화 이전 사회의 특징 • 75
식민 지배의 분업 구도와 불평등한 생태계 교환 • 79
인도 민족 봉기의 교훈 • 91 / 외국 투자와 보호주의의 역설 • 112
한국과 국제 분업의 변화 • 132 / 먹을거리와 계급 관계 • 143
중국판 세계의 공장 • 162 / 전 지구적 노동력의 성별 분화 • 172
세계 시장의 기업화 • 180
남반구 초국적 기업의 전 지구적·지역적 전략 • 184
전 지구적 농업 노동과 식량 안보 문제 • 188
봉쇄 전략과 부패 - 외채 위기의 배양 • 199
국제통화기금 소요 사태 - 시민 대 구조 조정 • 219
탄자니아의 시민 사회와 구조 조정 • 224
멕시코의 주권 침해 - 위로부터의 침해와 아래로부터의 침해 • 231
칠레 - 경제 자유화의 원조 모델 • 234
신자유주의가 발전국가를 대체하다 • 241
전 지구적 비교 열위 - 농업의 종말? • 247
기업 재산권의 진화 • 251 / 거대 제약 회사와 지적 재산권 문제 • 255
식용수의 상업화 • 259 / 필리핀의 아웃소싱 현황 • 279
바베이도스 제도의 하이힐과 하이테크 • 280
전 지구적 경제와 이주 노동 • 285
전 지구적 인신 매매와 여성의 인권 • 291
비공식화와 아프리카 국가 - 지구화의 또 다른 측면 • 304
나이지리아의 종족 정치, 자원, 그리고 재식민화 • 313
신사회 운동 • 325 / 라스 가비오타스 - 열대 지방의 지속 가능성 • 335
안데스의 대항 발전 또는 '문화적 긍정' • 356
새로운 노동 운동 세계주의와 사회 운동형 노동조합주의 • 359
공정 무역 장려 • 368 / 상대적 빈곤 • 382
개발과 원유 • 396 / 초지역적 개발 • 411 / '충격 독트린' • 419
유엔 인간 정주 프로그램 - 도시들과 기후 변화 • 445
원유 생산 하강기의 진정한 쿠바 혁명 • 461
육식 위주 식단 논쟁 • 466 / 전 세계 종자 논쟁 • 471
생태 도시의 약속과 문제점 • 490
북반구의 채무 위기와 디트로이트의 '부흥' • 505
슬로푸드 - 미각의 국제 운동 • 514

[그림과 도표]

그림 1-1 인류의 생태 발자국 지수(1961~2006) • 45
그림 1-2 영양 실조 및 과체중 인구 비율(2003) • 48
그림 1-3 운동화의 상품 사슬(1998) • 57
그림 2-1 20세기 초 서구의 식민 지배 제국들 • 71
그림 2-2 국제 분업과 국내 분업의 구분 • 77
표 2-1   식민지에서 수출된 곡물들 • 81
그림 3-1 신흥 공업국의 섬유, 의류, 신발 수출(1965~1994) • 130
그림 3-2 식량 부족 지역과 식량 원조 수원국 • 135
그림 4-1 나라별 수출 가공 공단의 숫자(2003) • 164
그림 4-2 수출 가공 공단 국가에서 수출한 생산, 제공, 서비스 관련 노동력 비율(1994) • 176
그림 4-3 일부 국가의 국내총생산과 세계 25대 기업의 총수입 비교(2007) • 182
그림 5-1 긴축 프로그램으로 인해 폭동이 발생한 지역(1976~1992) • 217
그림 5-2 제3세계 국가에 대한 장기 대출의 순 이동분(1980~1990) • 218
그림 5-3 일부 국가에 대한 외국의 직접 투자 흐름, 1990년과 2004년 • 221
그림 5-4 외채와 사회 서비스 관련 정부 지출(1995) • 223
그림 5-5 외채와 산림 훼손 • 238
그림 6-1 남반구 국가 중 외국 송금을 받는 상위 10개국(2006~2010) • 289
그림 6-2 전 세계 최대 도시들의 성장, 1950년과 2007년 • 297
그림 8-1 전체 고용 : 같은 기간 내 전년도 대비 백분율 변화 • 379
그림 8-2 기아선상의 인구 수(1969~2010) • 381
그림 8-3 세계 경제 근위병 교대식 • 398
그림 8-4 전 세계 기아 인구 분포(2009) • 422
그림 8-5 대륙별 온실가스 배출의 상대적 비율 • 431
그림 10-1 상대적 포괄 또는 배제에 따라 분류한 전 세계 인구의 초국적 분포 • 511

| 머리말 |

 이 책은 거대한 전환을 경험하고 있는 현 세계의 자료들을 반영한 새로운 개정판이다. 개발을 전 지구적 프로젝트로 시행하려 한 시도는 대단히 불안정할 뿐만 아니라 잠재적으로 지구 행성을 파괴할 수도 있는 경향으로 가득 차 있을 정도로 변화무쌍한 현상이지만, 개정판은 초판 당시의 원래 구성 방식과 관점을 계속 유지하고 있다. 그러한 기반 위에 '지속 가능성 프로젝트'에 관한 새로운 장을 추가했다. 이 책이 다루는 식민 지배-개발주의-지구화-지속 가능성이라는 이야기들을 하나로 엮는 공통 주제는 개발이라는 개념이 결국 일종의 '통치를 위한 프로젝트'—환경에 큰 영향을 초래하는—라는 것이다. 개발은 역사적 시기에 따라 서로 다른 형태를 취한다. 그리고 이런 변화는 각 시대의 정치·경제적 관계 및 정치·생태적 관계와 보조를 맞춰 일어난다. 또한 학문과 역사적 기회와 각 프로젝트의 지속 가능성을 둘러싼 강력한 담론들의 자극을 받아 일어나기도 한다. 이 책이 경제적 내용을 다루는 것처럼 보이기도 하겠지만, 본서의 기본 틀은 정치적이고 세계사적이라는 사실을 기억해야만 한다. 그 이유는, 이 책이 의도하는 바가 한편으로 개발을 시행하는 모든 활동과 다른 한편으

로 이 세계를 조직하는 권력 관계와 그것의 생태적 기반, 이 둘 사이의 교차점을 이해하려는 데 있기 때문이다. 따라서 본서에서 설명하는 개발은 사회·정치적 변화, 그리고 사회·지리적 불평등을 통해 개발이 실현되는 다양한 방식에 초점을 맞추고 있다. 또한 본서는 개발의 모든 과정을 사회 운동의 관점에서 고려하고, 사회 운동에서 왜 경제 만능주의적 개발의 비전—일종의 통치 형태로서 경제주의, 그리고 생태계 안정을 명백히 위협하고 있는 경제주의적 접근—을 문제 삼고, 그것에 저항하는지를 설명한다.

이 책의 개념 틀은 '개발'을 일종의 정치적 구성물로서, 식민 지배 본국, 정치·경제 엘리트, 다자 간 국제 기구 등 지배적 행위자들이 세계 질서를 수립하고 그 질서에 대한 반대를 봉쇄하기 위해 만들어낸 것이라 파악한다. 또한 개발 및 지구화가 확고한 조직 원리, 예컨대 경제 민족주의 혹은 시장 자유화 등의 원칙을 기반으로 하여 형성되었다는 점을 설명한다. 하지만 개발과 지구화 프로젝트는 그것의 비전과 실현 가능성에서 비현실적이다. 개발과 지구화는 불평등을 통해 실현되기 때문이다.

우선, 개발 프로젝트에서는 자본의 통제와 그에 대한 저항이라고 하는 칼 폴라니 류의 거시적 주기가 이론적 함의로서 제시된다. 20세기 중반, 일종의 '내장된 자유주의(노동 운동과 탈식민운동의 확산을 억제하기 위해, 완성 중에 있던 국민국가 시스템의 테두리 내에서 시장을 규제하는 방식)'를 통해 냉전이라는 역사적 맥락—제3세계에 대한 경제·군사 원조 제공—에서 사회민주주의적으로 개발을 추구하려는 목표가 설정되었다. 하지만 이러한 '개발의 시대'는 1970년대부터 국가의 통제가 아닌 '자체적으로 조직된 시장'만을 전 지구적인 규모로 추진하려는 재계 이익들의 '대항 동원'으로 말미암아 막을 내리고 말았다. 새롭게 등장한 신자유주의의 지배적 담론은 시장 자유화, 민영화, 자본의 이동과 자본 접근성의 자유 등을 주창하였다. 이것이 바로 지구화 프로젝트인데, 그것은 1980년대 제3세계의 **채무 레짐*** 시기 동안 일종의 '시험 운영'을 거친 후, 1995년 세계무역기구(WTO)가 창설되면서 본격적으로 제도화되었다. 그러나 지구화 프로젝트의 문제점을 비판하는 또 다른 '대항 동원'이 일어났다. 새로운 대항 동원은 1990년대의 전 지구적 정의 운동, 21세기에 일어난 라틴아메리카와 아랍권의 저항, 그리고 전 지구적 개발 주도 세력의 '정당성 결핍' 등을 통해 점점 더 추진력이 늘어났다. 이런 추세는 다음과 같은 변화들을 통해 상징적으로 나타나고 있다. 즉, 1997년 아시아에서 시작된 전 지구적 금융 위기 이후 워싱턴 컨센서스가 붕괴되었고, 2000년에는 새천년 개발 목표(MDG)를 통해 '빈곤 감소'라고 하는 수사가 다시 등장했으며, 세계무역기구가 교착 상태에 빠졌고, 남반구 국가들이 세계은행과 국제통화기금(IMF)을 점차 적대시하기 시작한 것이다. 이제 신자유주의는 복합적인 안전 보장 문제를 떠안은 채, 일종의 기로에 서 있는 형국이다. 슬럼가의 확산과 같은 '사회적 안전'의 문제, 금융 불안정과 고용의 비정규화와 같은 '경제적 안전'의 문제, 테러리즘과 같은 '정치적 안전'의 문제, 전 지구적 기후 변화에서 드러나는 '생태적 안전'의 문제 등이 복잡하게 얽혀 있는 상황인 것이다. 저항과 창조적 대안으로 이루어진 현재의 순환 주기가 어떻게 전개될지는 아직 결정되지 않았다. 그러나 안전의 문제—주로 경제적 안전, 정치적 안전과 관련한—를 해결하려는 시도, 그리고 개발의 가치를 다시 생각해보려는 풀뿌리 차원의 이니셔티브를 모두 포괄하는 지속 가능성 프로젝트가 등장하고 있음을 알 수 있다.

개발은 교육하기가 쉽지 않은 주제이다. 오늘날 비교적 풍요한 환경에

채무 레짐(debt regime) 국제통화기금과 세계은행이 채무국에 대해, 추가 융자를 받거나 채무 상환 기일 조정을 받으려면 어떤 전제조건을 충족시켜야 한다고 강요했던 일련의 규정.

서 살아가는 대다수 학생들은 자기가 속한 사회가 발전의 궤도에서 '최고점'에 도달해 있다고 생각하기 쉽다. 자기가 속한 사회가 인류가 이룩한 경제적·기술적 성취의 마지막 단계에 와 있다고 상상하는 것이다. 또한 젊은이들은 이러한 발전의 연속선 그리고 자기 사회가 그 연속선에서 차지하는 위치를 '자연스러운' 것으로 받아들이기 쉽다. 근대화를 수용했기 때문에 당연히 받아야 할 보상을 받았다고 생각하는 것이다. 이런 생각에 사로잡힌 이들에게 자기가 사는 세상을 역사적 조망 내에 위치시켜 객관적으로 보게 하기란 어렵다. 더 나아가, 학생들에게 자신이 경험한 세상이 '사회 진화가 이루어진 최종적 상태'—진보의 필연적인 행진의 결과—라는 식으로만 파악하지 말고, 다른 식의 관점으로 파악해보도록 하는 것은 더더욱 어렵다.

저자의 경험에 따르면, 학생들이 단순한 진화론적 견해를 넘어 상상할 수 있지 않는 한, 자기가 속한 문화·사회와 다른 문화·사회의 가치를 인정하기란 어렵다. 하지만 단순한 진화론적 관점을 넘어 세상을 보기 시작한다면, 자기 자신의 문화를 사회학적으로 평가할 수 있을 것이며, 사회변동과 개발과 전 지구적 불평등에 관해 성찰적으로 사고할 수 있게 될 것이다. 이것을 과연 해낼 수 있느냐 하는 것이 우리가 직면한 도전이라 하겠다.

국제 개발 연표

세계적 틀	개발주의(1940년대~1970년대)
정치 경제	국가 규제 시장(케인스주의) 공공 지출
사회적 목표	시민권적 사회 계약 및 재분배 국가 시민권
개발 [사례]	산업 복제 국민 경제 부문 : 보완성 [브라질, 멕시코, 인도]
동원 수단	민족주의(포스트식민주의)
메커니즘	수입 대체 산업화(ISI) 공공 투자(인프라, 에너지) 교육 토지 개혁
종별	제1세계(기업 활동의 자유) 제2세계(중앙 계획 경제) 제3세계(개발 동맹을 통한 근대화)
표지	냉전 개시 (1946)　한국 전쟁(1950~1953)　베트남 전쟁(1964~1975) 브레턴우즈(1944)　마셜 플랜(1946)　진보를 위한 동맹(1961) 유엔(1943)　비동맹 운동 포럼(1955)　G-77(1964)　세계경제포럼(1970)

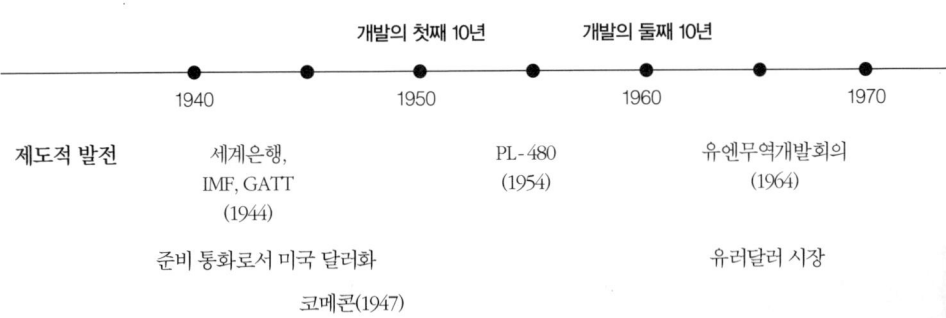

		개발의 첫째 10년	개발의 둘째 10년	
1940	1950		1960	1970

제도적 발전	세계은행, IMF, GATT (1944)	PL-480 (1954)	유엔무역개발회의 (1964)	
	준비 통화로서 미국 달러화		유러달러 시장	
		코메콘(1947)		

지구화(1980년대~2000년대)

자체 규제 시장(통화주의)
공공 부문 감축

민간 부문 활성화와 전 지구적 소비자 주의
다중적 시민권을 비롯한 시민권 인정

세계 시장 참여
전 지구적 비교 우위
[칠레, 한국, 북미자유무역협정]

시장과 신용

수출 지향
민영화
기업가 정신
공공 부문과 빈곤층 긴축 정책

국내 구조 조정(경제 개방)
역내 자유무역협정
전 지구적 거버넌스

유가 위기 (1973, 1979)			냉전 종식 (1989)	'새로운 국제 질서'	제국주의 전쟁 (2001~)
		채무 레짐	WTO 레짐		기후 변화 레짐
신 국제 경제 질서 (1974)				치아파스 봉기 (1994)	세계사회포럼 (2001)
G7 (1975)			지구환경 정상회의 (1992)	교토 의정서 (1997)	G20 (1999)	새천년 개발목표 (2000)	스턴 보고서 (2006)	IAASTD 보고서 (2008)

'잃어버린 10년'   '지구화 시대'

1970 — 1980 — 1990 — 2000

우루과이 라운드 (1986~1994)
북미자유무역협정(1994)
세계무역기구(1995)
IPCC(1988)
기후변화협약(1988)

역외 은행업   구조 조정 차관   최빈국 부채 경감 차관

글라스노스트/페레스트로이카

1장
개발이란 무엇인가

> 이 세계는 모든 사람을 평등하게 하면서
> 동시에 불평등하게 만든다. 생각이나 습관을 강제로 평등하게
> 만들어놓고, 정작 기회는 불공평하게 제공한다.
> – 에두아르도 갈레아노

오늘날 개발이라는 개념은 점차 이미 존재하는 현실을 개선하는 문제라기보다, 다가올 미래에 우리가 어떻게 살아남을 수 있을 것인가 하는 문제가 되었다. 인간 진보 사상, 개발 단계 사상, 또는 생활 조건 개선을 위한 미래상 등이 여전히 사회 이론과 정책 수립을 이끌어 가겠지만, 앞으로는 원유 생산이 정점을 넘긴 '에너지 하강기(energy descent)'에 우리가 어떻게 대처할 것인지, 또 심각한 생태계 파괴와 기후 변화에 어떻게 적응해 나갈 것인지 하는 문제가 인간의 존립 자체를 규정하게 될 것이다. 그런데 이런 변화는 우리가 개발을 이해하고 그것을 추구하는 방식을 어떻게 바꿀 것인가?

이제 피할 수 없게 된 기후 변화 문제를 최소화하고 그 변화에 적응하기 위한 전반적인 공적 조정과 계획의 필요성을 어떻게 하면 정책 결정자들(국가 기관과 개발 전문 기관)이 실질적으로 인정할 것인지 하는 문제가 핵심 쟁점으로 떠올랐다. 갖가지 새로운 아이디어와 실천 방안 그리고 정책 제안이 등장했지만, 이런 시도들이 인류의 **생태 발자국 지수***를 되돌릴

생태 발자국 지수(ecological footprint) 경제 활동의 결과가 환경에 끼친 영향을 측정한 지표.

수 있는 일관된 전략적 노력이 아니라 혼란스런 불협화음으로 제시되고 있는 실정이다. 중국 정부가 전략적으로 녹색 기술을 장려하고 있긴 하지만, 전 지구적 물자의 주요 생산국인 중국은 오늘날 전 세계 차원에서 주도적인 온실가스 배출국이 되었다. 숨 가쁜 속도로 진행된 경제 성장 탓에 중국이 세계 환경에 끼치는 피해는 연평균 1500억 달러 규모에 달한다.[1] 기후 변화 관련 국제 정상회담이 여러 차례 열렸지만 자국 내 성장 정책의 포로가 된 각국 정부들의 완고한 입장만 재확인했을 뿐이다. 이 점에서 **전 지구적 북반구***든 **전 지구적 남반구***든 큰 차이가 없다. 북반구와 남반구의 구분, 그리고 어느 나라가 어떤 '블록'에 속하느냐―그러므로 어느 블록에 책임이 더 큰가―하는 논쟁에 몰두한 나머지, 각국 정부는 기후 변화 문제를 해결할 실질적인 행동에 나서지 못하고 있다. 21세기 국민국가들이 직면한 또 다른 위기로 전 세계 차원의 실업 및 부채 위기를 꼽을 수 있는데, 이 문제는 개발의 미래를 둘러싼 도전을 한층 더 복잡하게 만들었다.

기존에 우리가 알고 있던 개발에 생물학적·물리적 한계가 있음이 점차 분명해졌을 뿐만 아니라, 전 세계 국민국가 체제 전반에서 채택하고 있는 공공 긴축 정책은 기존의 개발 양상까지 지체시켰다. 공공 긴축 정책은 1980년대부터 전 지구적 남반구에서 먼저 실시된 후 이제 전 지구적 북반구 사회에서까지 맹위를 떨치게 되었다. 역사 속에서 어렵게 쟁취했던 시민의 사회적 권리와 자격이 침해받으면서 정부와 시민 간에 체결된 일종의 **시민권적 사회 계약***으로 여겨졌던 개발의 이상이 모든 나라에서 붕괴하고

전 지구적 북반구(global North) 이른바 '선진-개발' 국가들로 이루어진 지역을 오늘날 지칭하는 용어.
전 지구적 남반구(global South) 이른바 '저-개발' 국가들로 이루어진 지역을 오늘날 지칭하는 용어.
시민권적 사회 계약(social contracts) 각 개인의 존엄성을 존중하는, 권리에 기반을 둔 사회를 건설하기 위한 재분배적 윤리. 협력적 국제 관계의 테두리 내에서 각국은 시민의 물질적·비물질적 욕구를 공정하게 충족시켜줄 책임이 있다.

있다. 이런 점은 시민들이 공공 부문 예산 삭감에 항의하여 정치적·사회적 불안이 커진 유럽과 미국뿐만 아니라, 독재 정권과 실직에 항의하여 시민들의 봉기가 일어난 중동 지역에서도 명백히 드러났다(8장 참조). 그러므로 '개발'이란 현상—서구에 뿌리를 둔 사회과학과 문화 활동의 거대 개념으로서—이 단순히 위기에 처했을 뿐만 아니라, 길지 않은 그 역사에서 중차대한 전환점에 도달했다고 볼 수도 있을 것이다.

이 책은 지난 200년 동안 전 지구적 사회 변동의 매개가 되어 온 개발 담론의 등장과 변화를 밝히는 안내서이다. 장기적인 관점에서 보면 개발이 하나의 혜성과 같았다는 생각이 든다. 전 세계를 비추는 찬란한 북극성, 하지만 개발의 에너지 자원 집약적인 토대가 한계에 봉착하면서 결국에는 한 줄기 불꽃처럼 사그러질 운명에 처한 별똥별 말이다. 단기적인 관점에서 개발을 보면 에너지를 둘러싼 딜레마로 인해 인류가 지구 행성 위에서 장차 어떤 식으로 지속 가능한 삶을 유지할 수 있을지를 놓고 비판적이고 새로운 사고를 하지 않을 수 없게 되었다. 이런 관점이 9장 '지속 가능성 프로젝트'의 주제이다. 이 장에서 우리는 거대 개념으로서 '개발'이 어디에 원천을 두고 있으며 그것이 어느 정도나 깊이를 갖춘 개념인지 다룰 것이다.

개발의 역사와 정치

개발은 식민 지배 시대에 기원을 두고 있다. 당시 유럽인들은 정부라는 조직을 구성하기 시작했고, 같은 시기에 등장한 국민국가 내의 산업 체제—식민지 노동력의 생산에 힘입어 가동되는—발전에 집중하기 시작했다. 이러한 거시적 맥락 안에서 유럽의 정치·경제 체제가 확립되는 와중에

'개발'이 확고부동한 개념으로 자리 잡게 되었다. 개발의 기원은 전 세계적이었지만 개발의 의미는 주로 유럽인들의 성취에 초점이 맞춰졌다. 개발의 결과가 엄청난 사회적—흔히 폭력적이기도 한—혼란을 야기했지만, 개발이 성취한 내용은 다른 나라들이 모방해야 할 이상적인 것이라는 식으로 이론화되어 제시되었다. 따라서 개발의 과정이 사회적으로나 생태적으로 아무리 문제점이 많다 하더라도 개발이라는 '목적'이 수단을 합리화하곤 했다.

여기서 카원(Michael Cowan)과 셴턴(Robert Shenton)이 개발을 두 가지로 구분한 것—즉각적이거나 보편화된 사회적 **과정**으로서 개발, 그리고 정치적 **개입**으로서 개발—을 생각해보면 도움이 될 것이다. 첫째, 19세기만 해도 개발은 인류의 향상(지식의 구축, 기술 변화, 부의 축적)이라는 **철학적인** 측면에서 해석되었다. 둘째, 유럽의 정치 지도자들은 당시 등장하던 국민국가를 사회적으로 설계하고 운용하기 위해 개발을 **실용적으로** 해석하였다. 이들은 자본주의와 산업 기술의 등장과 함께 야기된 사회적 대변혁을 관리하기 위한 정부 정책으로 개발을 구상했다. 그 결과 개발은 산업화 자체 그리고 산업화에 따른 혼란스러운 사회적 난맥상의 관리, 이 두 가지 **모두와** 동일시되었다. 이러한 혼란스런 사회적 난맥상은 환금 작물 생산을 위해 농토에 울타리를 쳐 경계를 짓는 바람에 농촌 인구가 흩어지게 되면서—골칫거리 부랑배, 불안정한 무산 계급, 그리고 불건강한 공단 도시 등 '바람직하지 않은 존재들'이 양산된 과정—본격적으로 시작되었다.[2] 이렇게 본다면 개발이란 기술 변화와 계급 형성에 따른 혼란 상태를 바로잡기 위해 사회적 개입을 하는 과정을 뜻했다. 다시 말해 가혹한 사회적 변혁을 경험한 시민들을 관리하는 과정이었다. 이와 동시에 그러한 사회 변동은 이상 사회의 건설을 둘러싸고 서로 경쟁하는 정치적 비전―자유주의, 사회주의, 보수주의―을 낳게 한 촉매가 되기도 했다.

유럽인의 눈에 식민지 주민은 개발이 안 된(저개발) 상태―스스로 설정한 유럽식 기준에 따르면―에 놓여 있는 것처럼 보였다. 이런 맥락에서 개발('진화'로서의)은 제국주의의 식민 지배를, 그 성격이 수탈이든 문명 교화든 간에, 사상적으로 정당화해주었다. 식민 지배의 성격이 무엇이었든 개발에 근거한 사회 공학적 발상이 서구에 의한 비서구권의 식민화를 추진하는 주된 접근 틀이 되었다. 식민지에서 추출한 자원으로 서구의 산업화가 촉진되었을 뿐만 아니라, 서구 식민 지배 관리들은 식민지 특유의 고통스러운 사회 변동 과정을 겪고 있던 피지배 주민들을 개발이라는 명분으로 관리했다. 따라서 개발은 산업화 외에도 추가적이고 규범적인 의미를 띠게 되었다. 이른바 "백인이 져야 할 짐(white man's burden)"―영국 시인 키플링(Rudyard Kipling)의 시 제목―이라 하여 겉보기에 숭고한 과업처럼 보이도록 개발에 영예로운 의미를 부여했던 것이다. 이 말 속에 함축된 인종주의는 개발의 규범적인 의미와 개발의 세계적인 결과 속에 그대로 남았다.

이런 상황에서 개발로 말미암아 근대적 사회 공학이 서구의 궤도 내에 편입되어 있던 식민지로까지 확대되었다. 피지배 주민들은 강제 노동, 학교 교육, 주민 분리 정책 등 여러 새로운 규율에 노출될 수밖에 없었다. 식민지의 종속은 시간과 장소에 따라 다양한 형태를 취했지만 전반적인 목표는 식민지 주민들에게 서구의 지배를 적응시키거나 식민지 주민들을 주변화시키는 것이었다. 이런 의미에서 개발은 일종의 **권력 관계**였다. 예를 들어, 영국의 식민 지배 세력은 1843년 이집트의 (고대) 도시 카이로에 영국의 공장 내부 형태를 본뜬 배치 속에서 학생들을 그룹별로 교육하는 이른바 '랭카스터 학교(Lancaster school)' 제도를 도입하여 카이로의 공무원 조직을 새롭게 조직해냈다. 이집트 학생들은 이 학교에서 사회 개발에 필요한 새로운 지식을 전수받았다. 예컨대 짧은 기간에 기존의 농촌 문화를 갈아치우고 영국의 방직 공장으로 수출할 면화를 재배하는 대규모 농장 농업으로 전환하는 방법, 농촌에서 이주한 노동력을 동원하여 도로, 운하, 철도, 전신, 항만 등의 인프라를 건설하도록 관리하는 방법을 배웠다.[3] 산업화는 식민 지배 관계를 통해 영국과 이집트 사회를 모두 변화시켰다. 영국의 노동 인구와 이집트의 피지배 중산층 시민들에게 새로운 형태의 사회적 규율을 부과한 것이다. 산업화가 영국과 이집트 내부에서 각각 새로운 계급 불평등을 창출하였다면, 식민주의는 인종적으로 계층화된 국제적 불평등을 만들어냈다. 달리 말해 개발이 각 나라 내에서 그리고 나라들 사이에서 새로운 계급 구조와 인종적 위계 구조를 도입한 것이다.

개발 담론은 산업혁명과 제국주의 시대에 이미 근대적 서사를 형성하는 데 일조했지만, 개발이 국가의 공식적인 **프로젝트**(기획)로 자리 잡은 것은 20세기 중반에 이르러서였다. 20세기 중반은 탈식민화의 물결이 거세게 일던 시점이었다. 이 시기에 서구의 제국들—영국, 이탈리아, 독일, 프랑스, 네덜란드, 포르투갈, 벨기에—과 일본 제국이 붕괴하였고, 해방의 약속으로서 표준화된 개념인 '개발'이 새로운 존재론적 명제(세계를 바라보고 질서를 부여하는 특정한 방식)가 되어 전 지구적으로 통용되기 시작했다.

구식민 지역들이 주권국가로 독립함에 따라 유엔(국제연합)은 1945년에 회원국 수를 늘리기 위해 국가 경제 전반의 자산과 부채 상황을 상호 비교할 수 있는 회계 기준인 국민 계정 체계(SNA, System of National Account)를 제도화하였다. 그 일환으로 개발을 양적으로 표현하는 보편적 측정 지수인 국민총생산(GNP, Gross National Product)이 탄생했다. 이 시점은 또한 열등한 인종을 교화한다는 미명 아래 피지배 주민들을 식민 통치하던 상황이 민족주의 이념으로 통합된 **시민**으로 이루어진 자치 국가라는 이상에 기반을 둔 **개발 프로젝트***라는 명분으로 전환된 시기와 일치한다. 그러나 20세기가 끝날 무렵이 되면 전 지구적 개발 프로젝트는 이미 자기 이익을 극대화하는 소비자들에 의한, 소비자들의 시장 거버넌스(market governance)로 그 초점이 이동하게 되었다.

개발 이론

개발을 소비 행위라고 정의하면 시장을 사회 변동의 유력한 수단으로 우대하는 셈이 된다. 그 바탕에는 시장이 개인의 선호성을 극대화하고 자원을 효율적으로 분배해준다는 철학이 깔려 있다. 이 철학은 대중적으로 널리 알려진(그러나 부분적으로 이해된) 애덤 스미스(Adam Smith)의《국부론(The Wealth of Nations)》[4] 해석에서 비롯되었고, 신고전 학파 경제 이론으로 공식화되었다. 현실을 제대로 반영하는지 여부를 떠나 신고전 경제 이론은 이미 확고한 신념으로 자리 잡았고 전 세계적으로 대다수 개발 정책 속에 제도화되어 있다. 왜 그렇게 되었는가?

진화론적 개발 이론

이 질문에 두 가지로 답할 수 있다. 첫째, 시장에 대한 믿음은 서구 자유주의 철학의 핵심 교의에 속한다. 헝가리 출신의 철학자 칼 폴라니는 근대 자유주의가 자기 이익을 획득(self-gain)하려는 자연스러운 경향이 있

개발 프로젝트(development project) 한 나라의 경제 성장을 이루기 위한 조직화 전략. 동맹과 지원을 담당하는 국제 시스템을 포함하며, 이 시스템은 냉전 시대의 경쟁적이고 군사화된 조건 속에서 수립되었다.

다고 믿는 신념에 기반을 두고 있다고 언급한 바 있다. 경제 이론에서는 자기 이익 획득 경향을 소비자의 선호를 통해 실현되는 시장 원칙(market principle)으로 해석한다.[5] 시장 활동으로 표현된 자기 이익 획득 경향은 개선 의욕을 고취하고 그런 노력이 모여 개발이 된다는 말이다. 둘째, 이것 역시 폴라니가 지적했는데, 경쟁적인 시장형 행동을 인간의 초역사적 특성으로 당연시해버리면 협동이나 재분배 혹은 상호성 같은 인간의 다른 특성이나 가치가 무시되는 결과를 초래한다. 폴라니와 다른 여러 고전적 사회 이론가에 따르면 경제적 개인 중심주의는 인간 본연의 특성이 아니라, 인류 사회의 전체 역사에서 대단히 새로운 현상이며 19세기 유럽의 개발 경험에서 비롯한 특징에 불과하다.

오늘날 인간들의 상호 관계에서 자기 이익 획득 이외의 다른 가치들을 분명히 관찰할 수 있다. 그러나 이제 개발은, 인간의 깊숙한 사적 행위 동기 차원에서까지 당연시되는, 더 발전하고 싶어 하는 개선 욕구의 명분으로 정당화되고 있다. 즉, 인간의 복리와 자기 계발은 시장을 통한 상품 그리고 서비스에 대한 접근성을 확보하는 문제로 귀결된다고 본다. 20세기 중반부터 시작된 초기의 개발 방안은 사적 소비와 공적 서비스—사회 인프라, 교육, 보건, 식용수, 공유지(commons) 확보, 깨끗한 공기 등—제공을 결부시킨 형태였다. 20세기 중반은 복지국가 혹은 발전국가(development state)의 전성 시대였다. 그러나 20세기 후반에 접어들어 시장이 소비와 개발의 주 매개체가 되면서 점점 더 모든 형태의 서비스 제공이 **민영화***의 대상이 되었다. 이런 목표로 인해 개발이 소비와 동의어가 되어버린 것이다.

사실 이런 결과는 제2차 세계대전 이후 등장한 가장 영향력 있는 개

민영화(privatization) 국영 철도, 공공 서비스, 국가 소유의 에너지 회사 등을 매각하는 것.

발 이론 중의 하나였던 학설 속에 이미 내재되어 있었다. 1960년에 경제학자 월트 로스토(Walt Rostow)는 《경제 성장의 단계들 : 비공산당 선언(The Stages of Economic Growth : A Non-Communist Manifesto)》이라는 저서에서 서구형 자유 기업 모델을 찬양하는 개발 이론을 선보였다.[6] 로스토가 정리한 '단계들'은 직선형으로 진행된다. 출발점인 '전통 사회(Traditional Society)' 단계는 농업을 위주로 하며 생산성이 낮은 사회다. 그 다음 '도약을 위한 선행 조건(Preconditions for Take-off)' 단계에서는 국가가 형성되고 교육 제도가 만들어지고 과학이 발전하며, 은행업이 시작되면서 수익의 체계화가 이루어진다. 이것은 '도약(Take-off)' 단계로 이어지는데 성장이 정상 궤도에 오르고 확대된 산업 재생산을 뒷받침할 만큼 투자율이 오른다. 그 후 '성숙(Maturity)' 단계에 접어들면 2차 산업혁명이 일어나 방직과 제철 산업에서 기계·화학·전기 공업으로 산업 이동이 일어난다. 마지막으로 '고도의 대량 소비 사회(Age of High Mass-Consumption)' 단계에서는 기초 생필품 생산 산업에서 내구소비재 생산 산업으로 바뀌고, 도시화가 진행되며 육체 노동을 하는 블루칼라 대비 사무직 노동자인 화이트칼라의 비율이 늘어난다.

이 모델은 미국의 경험에서 유추한 진화적 발생 순서로 이루어져 있는데 로스토는 소비 사회가 복잡한 역사 과정의 최종 단계라고 생각했다. 또한 로스토는 미국 모델을 그밖의 사회 즉, 개발 도상국이 본받아야 할 모델로 내세웠다. 이런 입장은 그가 쓴 책의 부제에도 반영되어 있듯이 당시 미국과 소련의 냉전 경쟁을 반영한 것이었다. 이처럼 개발을 일련의 진화적 단계로 이론화하는 것은 개발 과정—그것이 국내 무대에서 일어나든(개발 시대), 아니면 국제 무대에서 일어나든(지구화 시대)—을 자연스러운 과정으로 여기게 하는 효과가 있다. 고도의 대량 소비 단계는 그 당시의 '자유 세계'에 가입함으로써 실현할 수 있는 최종 목표였고, 그렇게 하기만 하면 미국이 식민 지배를 갓 벗어난 개발 도상국들의 **제3세계*** 발전을 지원해서 다음 단계로 이행할 수 있게 해준다는 함의가 짙게 깔려 있었다.

그러나 로스토가 설파한 '개발의 청사진'은 정치적 맥락에 달린 것임을 기억할 필요가 있다. 즉, 시장은 **발전국가***에 의해 창조, 확보, 보존될 필요가 없을 만큼 자연 발생적인 것이 아니었다는 사실이다. 개발은 자발적인 것도 아니고 필연적인 것도 아니었으므로, 전 세계 차원의 제도적 복합 틀로 가꿀 필요가 있었다(**개발 프로젝트**). 이런 복합 틀은 무역-화폐-투자 규칙, 국제 원조 레짐, 그리고 군사적 보호 우산이 완비되어 있어야 작동할 수 있으므로 이 모든 조치가 미국이 주도하는 전후의 다자 간 제도와 양자 간 협정을 통해 마련되었다. 이런 식으로 해서 이론이 현실을 모방하게 되었고 현실은 다시 이론에 의해 형성되었는데 그러한 과정을 거치면서 개발은 대중 담론에 영향을 주고 정책적 수행 과제로 옮겨 간 것이다.

종속 이론과 세계 체제 이론

현실은 겉으로 드러나는 것보다 훨씬 더 복잡하다. 로스토의 처방은 인위적으로 각 사회들을 구분하였다. 로스토의 이론이 20세기 중반 민족주의의 이상을 표현했을 수도 있겠지만, 세계 여러 사회가 국외 자원에 접근할 수 있는 정도가 모두 다르다는 사실을 헤아리지 않고 각각의 사회를 개발 단계별로 구분해버리면 세계 각 지역이 과거 식민 지배와 투자 유형에 의해 형성되었다는 근본적인 역사적 현실을 무시하는 것이 된다. 과거

제3세계(Third World) 비동맹 운동이나 구 식민지에 속했던 나라들을 통칭하는 용어.
발전국가(development state) 자국의 경제 성장을 관리하는 데 중점을 둔 중앙 집중형 관료 국가.

서구 세력이 자원과 시장 개척을 위해 식민지에 의존하던 행위가 독립 후 탈식민 시대에도 계속되었음을 기억해야 한다. **제1세계***가 제3세계의 원자재에 계속 의존했으므로 어떤 나라는 다른 나라보다 로스토가 지적한 개발 단계를 거칠 수 있는 역량이 더 많았다. 이 점은 4장에서 살펴본다.

이러한 현실은 **종속 이론***이나 **세계 체제 이론***을 발전시켰다. '종속'이라는 개념은 20세기 중반에 작성된 여러 자료에 등장한다. 예컨대 경제학자 한스 징거(Hans Singer)는 경험적 관찰을 통해 '주변부'에 속한 국가들이 점점 더 비싸지는 공산품을 수입하기 위해 더 많은 자연 자원을 수출하고 있다고 보고하였다. 징거와 함께 연구했던 아르헨티나의 경제학자 라울 프레비시(Raúl Prebisch)는 라틴아메리카 국가들이 공산품 수입에 보호 관세 장벽을 높인 상태에서 산업화를 추진해야 한다고 주장했다. 그리고 초기 마르크스주의 이론에서 서구와 비서구권 사이의 착취적인 제국주의 관계를 논했던 것도 들 수 있겠다.[7] '종속'이란 개념은 식민 지배 사회와 비서구 주변부 사회 사이의 불평등한 경제적 관계를 지칭한다. 종속 관계는 비서구권의 **저개발***이라는 희생 위에서 서구의 개발이 이루어지도록 하는 데 일조한다. 경제학자 안드레 군더 프랑크(Andre Gunder Frank)의 말을 들어보자.

제1세계(First World) 제2차 세계대전 이후의 서구 자본주의 국가들.
종속 이론(dependency analysis) 개발과 저개발 간의 동학을 묘사하는 관계론적 개념. 이 분석에 따르면 식민지나 탈식민지는 무역이나 국외 투자에 대한 의존을 통해 식민 지배 국가의 이익을 높여준다.
세계 체제 이론(world-system analysis) 불평등한 세계 분업에 기반한 역사적인 세계 경제 시스템에 의해 관리되는 근대의 사회 변동을 이해하기 위한 전일적 접근 방식. 핵심부에 속한 국가와 기업은 주변부에 속한 국가와 주민들을 경제적으로 착취한다.
저개발(underdevelopment) 연관된 용어인 '개발'의 반대 개념. 식민 지배나 신식민 지배 관계를 통해 비서구에 대한 산업화의 착취가 일어난다는 뜻.

역사적 연구에 따르면 오늘날의 저개발은 크게 보아 종속된 저개발 국가와 개발이 이루어진 구 식민 지배 국가 사이에서 일어나는 과거 그리고 현재 진행형인 경제와 기타 관계의 역사적 산물이다. …… 이러한 지배-종속 구조를 검토해보면 종속 국가들은 개별적으로 자기보다 못한 종속 국가의 자본 또는 경제적 잉여분을 빨아들이고, 그 잉여분 중 일부를 다시 최고 지배 국가로 이전시킨다.[8]

사회학자 이매뉴얼 월러스틴(Immanuel Wallerstein)이 발전시킨 세계 체제 이론은 종속의 개념을 심화해서 현대 사회 시스템의 범위를 전 지구적 차원으로까지 격상시켰다. 이 이론에 따르면 국가들은 **세계적 분업*** 체계 내에서 자원을 놓고 서로 경쟁하는—또는 포기하는—정치적 단위이다. 각 지역의 노동력은, 자본주의 세계-경제 내에서 국가가 차지하는 강점 혹은 약점과 연관된, 각기 다른 숙련·기술 서열 구조 내에 위치한다.[9] 이런 관점에 따르면 '핵심부'는 자본 집약적 생산 또는 지적 생산에 집중하고, '주변부'는 저숙련 노동 집약적 생산—대규모 농장 노동이든 혹은 제조 상품의 조립이든—과 밀접한 연관이 있다. 뒤에서 다시 보겠지만 이런 식의 지리적 서열 구조는 언론인 토머스 프리드먼(Thomas Friedman)이 '평평한 세계'라고 부른 과정에 의해 점점 더 복잡해지고 있다.[10]

'종속' 개념이 개발 과정의 분석을 세계적 규모의 관계로까지 확장했지만, 각국 사회가 서로 명백하게 구분되는 성장 단계의 스펙트럼에 갇혀 있다고 하는 전제를 거부한다면 그것은 '개발-중심주의'를 뜻하는 셈이다. 이때 이상화된 서구의 개발 경험이 준거 조건이 된다. 이 점에서 월러스틴

세계적 분업(world division of labor) 세계 각 지역별로 일어나는 경제적 전문화를 설명하는 개념. 이주, 무역, 투자 관계 등으로 연결된다.

은 세계 체제에서 권력의 서열 구조를 감안할 때 (이상화된) 서구의 '개발'이 근대 사회 이론의 종주 개념(master concept)임을 주장해 왔다.[11] 그러므로 '개발'을 최우선으로 여기는 태도는 다른 수많은 집합적·사회적 지속 가능 전략을 부정하거나 또는 비서구 문화권의 자생적 개선 가능성을 부정하는 것이다. 그렇다 해도 20세기 중반까지만 해도 산업 개발이라는 개념에 비춰 모든 나라들을 측정하는 것이 근대화 이론 혹은 종속 이론에서 적절한 목표처럼 보인 적도 있었다. 하지만 **21세기**의 관점으로 보면 이런 목표는 대단히 문제 있는 목표인 것처럼 보인다. 지구 행성이 중국이나 인도에서 현재 일어나고 있는 도시화·산업화 추세를 유지하기 어렵다는 점을 점차 인식하게 된 것도 이러한 새로운 현실의 극적인 표현이라 할 수 있다.

개발의 기준선, 농업

도시화는 개발과 '성장 단계론'의 명확한 결과물이라 할 수 있다. 산업화가 도시화를 더 심화하고 촉진하면서 '전통'은 '근대성'에 자리를 양보하게 되었다. 정치학자 새뮤얼 헌팅턴(Samuel Huntington)은 1968년에 출간된 《정치 발전론(Political Order and Changing Societies)》에서 근대화 과정을 설명하면서 다음과 같이 주장하였다. "농업은 상업이나 산업 혹은 기타 비농업 활동과 비교할 때 그 중요성이 감소하고 있으며, 상업형 농업이 생계형 농업을 대체하고 있다."[12] 이러한 변화상이 분명히 나타나고 있긴 하지만, 이런 변화가 일어나는 방식을 보면 국가 개발을 나라별로 분리된 현상으로 파악하는 모델에 의문을 제기하게 된다.(식민지 세계에서 인위적으로 '국가'의 경계선을 설정해서 빚어졌던 문제들은 차치하고라도 말이다.) 나라별로 국내에서 상업형 농업이 생계형 농업을 대체한 게 아니라, 외부에서 가해진 충격—식민 지배, 대외 원조, 불평등한 시장 관계 등—때문에 전 세계 모든 지역의 수많은 소농들이 생존의 위협을 받게 된 것이다. 이런 점은 종속 이론과 세계 체제 이론에서 확인된 전 지구적 권력 관계에 잘 표현되어 있다. 이러한 변화상을 어떻게 인식하는지가 우리의 궁극적 질문이 되어야 한다. 위에서 본 변화들이 각국의 내부에서 일어났다 하더라도 그것이 '내적으로' 추동된 변화를 뜻한다고 볼 수 있는가? 따라서 만일 생계형 농업이 쇠퇴하거나 사라진다면, 그것이 자기 사회 내의 '개발 사다리'에 오르지 못했기 때문에 자연스레 도태된 것인가?[13] 아니면 소농들이 농업 관련 산업(agribusiness)—기업이 이끄는 고투입형 영농 시스템과 소농들의 저투입형 영농 시스템의 생산성 비율을 보면 1940년에는 10 대 1이었다가 21세기에는 2000 대 1이 되었다.—이 주도하는 불공정한 세계 시장 경쟁에 너무 많이 노출되었기 때문인가?[14]

영국의 예를 보면 농업은 단순히 '국내에서만' 진화한 게 아니었다. 영국은 점진적으로 식민지에 외주 형태로 농업 생산을 맡겼다. 그 결과 국내의 생계형 농업은 식민지의 수출 산업형 대규모 농장 농업으로 대체되었다. 이러한 전 지구적 농업 변동 과정은 북미 대륙에서도 일어났으며, 이는 20세기 미국 농업의 상업적 역동성을 부분적으로 설명하는 이유가 되기도 한다.(로스토의 모델에 좋은 소재를 제공함.) 그러므로 상업형 농업의 출현을 **국내**의 변동으로만 보는 견해는 부분적으로만 타당하다. 그럼에도 불구하고 제1세계에서 빈농 계층이 사라진 사실은 개발 이론에서 핵심 내용이 되었다. 이런 현상을 (역사적으로 분석하지 않고) 논리적으로만 추론한다면 비서구권의 소농 경작은 '전통 사회'의 유물 정도로 규정될 것이다. 이런 개발 모델에 따르면, 사람들이 도시로 몰리는 현상 때문이든, 녹색 혁명의 기술 때문이든, 토지 수탈로 인한 강제 퇴거 때문이든, 또는 제1세계 농업 관련 산업 수출의 불공정한 경쟁 때문이든, 이유 여하를 막론하고 소농 경작은 무조건 사라질 운명에 처해 있다고 볼 수밖에 없는 사정이다.

따라서 소농 경작의 쇠퇴는, 현대 기술이 노동을 대체하고 생산을 통제하는 경향을 감안할 때, 개발의 이론이나 실제에서 당연하게 여겨지는 '기준선'이 되었다. 그러나 현재까지 남아 있는 전통적 영농 양식이 상업형 농업—화학 물질과 기술력으로 자연의 한계를 초과하여 토양의 산출력과 물의 순환, 그리고 생물 다양성을 고갈시키는—에 비해 생태 시스템을 관리하고 지속 가능하게 유지하는 데 탁월한 역량과 잠재력이 있다는 사실을 인정하는 경우는 드물다.[15] 현재 진행 중인 '전 지구적 차원의 토지 수탈'은, 전 지구적 남반구의 소규모 경작지를 '저활용' 토지로 규정하면서 그것을 상업형 농토로 전환하여 주로 수출용 먹을거리와 생물 연료를 생산하면 토지 활용도를 훨씬 높일 수 있다는 주장에 기대고 있다.[16] 이런 류의 사태 진전은 다음과 같은 의문을 제기한다. 현재 모델로 제시되어 있는 개발이 어느 정도는 불가피한 것인가 아니면 의도적인 것인가, 개발은 국내 현상인가 아니면 국제 현상인가?

개발 이론의 생태적 맹점

더 나아가, 지금까지 본 농토 활용 사례는 개발 이론에서 특히 의미심장한 **생태적 맹점**을 드러내 보인다. 만일 생계형 농업에서 상업형 농업으로 전환된 것을 단일 작물 생산성에 있어 발전이라고 말한다면, 그것이 '외부재'를 감안하지 않은 설명일 경우엔 진실과 거리가 먼 불충분한 서술에 불과하다. 상업형 농업으로 야기되는 소농형 경작 문화의 파괴와 생태 시스템의 교란으로 발생하는 심각한 사회-환경적 악영향, 화석 연료 의존성 증가, 전 세계 온실가스의 약 3분의 1이 현대식 영농에 의해 배출된다는 사실 등이 충분히 고려되지 않은 주장이기 때문이다. 바로 이러한 결과 때문에 직선적 개발 담론의 적실성에 의문이 제기된다. 그리고 역사 속에서 유구하게 보존되어 온 지식 집약적 생태 영농을 산업화된 경제 부문(상업형 농업)으로 대체하는 것이 과연 현명한가 하는 의문이 제기되는 것이다.

이러한 생태적 맹점의 좋은 사례로 유엔개발계획(UNDP, United Nations Development Program)에서 창안한 **인간 개발 지수***를 들 수 있다. 인간 개발 지수는 경제 성장만을 개발로 중시해 온 단선적 개발 논리를 극복했다고는 하나, 생태적 차원을 도외시한 지수라는 비판을 받는다.

> 인간 개발 개념은 개발과 진보의 수단보다 목표에만 초점을 맞춘다. 개발의 진정한 목표는 사람들로 하여금 오랫동안 건강하고 창조적인 삶을 누릴 수 있도록 고무하는 환경을 창출하는 것이어야 한다. 이런 점은 너무나 단순한 진리처럼 보이지만 흔히 간과되곤 한다. 언제나 과거의 전례를 무난하게 따르는 것이 눈앞의 관심이기 때문이다.[17]

인간 개발 지수는 인간 개발을 측정하는 데 예전보다 효과적인 방식으로 알려져 있지만 환경 관련 내용이 빠진 자료를 사용해 만든 지수임을 기억해야 한다. 오늘날 인류가 지구상의 생물 역량(biocapacity) 한계를 이미 초과해버린 점을 감안하면 인간 개발 지수에 환경 관련 자료가 포함되지 않은 것은 큰 문제점이라 할 수 있다(그림 1-1 참조). 개발의 결과에만 관심을 기울이면 우리 인류가 지구상에서 어떻게 살아갈 것인가 하는 문제를 경시하게 된다. 즉, 어떤 개발 방식이 지속 가능한지 또는 그렇지 않

인간 개발 지수(HDI, Human Development Index) 개발의 잣대를 넓히기 위해 고안된 지수. 유엔개발계획이 매년 각국의 교육 수준, 1인당 소득, 평균수명 등을 기준으로 삼아 삶의 질을 점수로 계산해 인간 개발의 성취 정도를 나타낸다.

그림 1-1 **인류의 생태 발자국 지수**

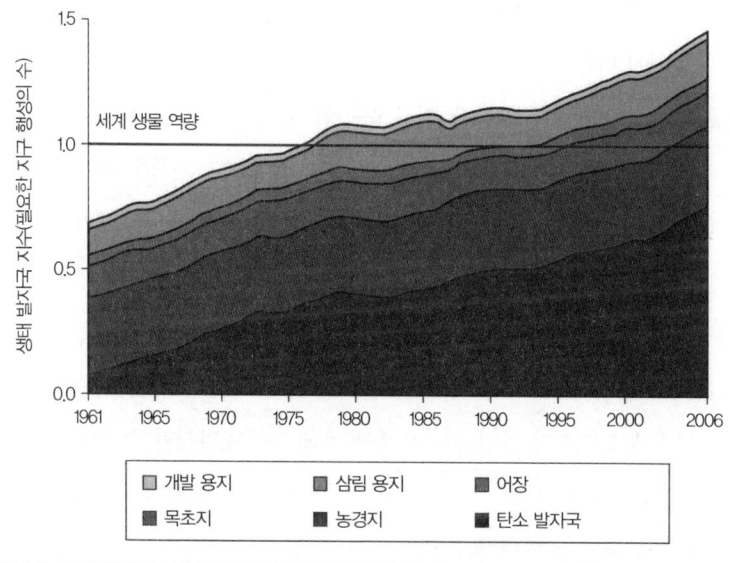

(출처 : Global Footprint Network, 2010)

은지를 놓치게 된다는 뜻이다. 2011년에 와서야 유엔개발계획은 생태적 감수성을 받아들이기 시작했다. 그리하여 2011년에 발표한 〈인간 개발 보고서(Human Development Report)〉에서는 "환경 악화가 인간에게 끼치는 악영향, 빈곤층과 취약 계층이 어떻게 환경 악화 상황에서 가장 큰 피해를 입는지, 그리고 이런 문제를 해결하려면 개발에 있어 형평성이 얼마나 더 필요한지에 관한" 문제를 다루었다.[18]

유엔개발계획이 일반적인 사회적 통념에 의문을 제기하는 것으로 유명한 기구임을 감안할 때 이런 새로운 시각은 2005년에 발표한 〈새천년 생태계 평가(2005 Millennium Ecosystem Assessment)〉에 대한 반박으로 볼 수 있다. 이 문헌은 지난 반세기 동안의 개발 활동이 생태계에 역사상 가장 집중적이고 광범위하게 부정적 영향을 끼쳤음을 인정하면서도, 개발 덕분에 전 세계적으로 인류의 복리가 계속 혜택을 볼 수 있었다고 주장했다.[19] 이런 주장은 **환경주의의 역설***이라고 불린다. 왜냐하면 생태계 파괴가 인간의 복리에 나쁜 영향을 줄 것이라고 예상할 수 있는데도 결과는 반대로 나오기 때문이다. 연구자들은 인간 복리의 득실을 모두 따진 **전체 평균치**로 계산하면 이런 주장의 타당성이 줄어들 것이라고 지적해 왔지만, 이보다 더 중요한 점은 "기술이 인간의 복리를 자연으로부터 분리했기" 때문에 환경주의의 역설이 일어나는지도 모른다는 사실이다. 이 논쟁은 시간이 지나봐야 최종 판단할 수 있을 것이다.[20] 달리 말해, 자연을 정복하는 방식의 개발은 단기적으로 소비 유형을 끌어올리는 데 효과적이면서 동시에 생태계 압박의 장기적인 악영향을 은폐하는 데에도 효과적일 수 있다는 뜻이다. 이 문제와 관련한 연구 결과에 따르면 개발에는 반드시 지속 가능성의 차원이 확고하게 포함되어야 한다. 이런 맥락에서 본서는 마지막 결론 장에서 개발의 가장 최근 단계인 지속 가능성 프로젝트의 등장을 논한다.

사례_개발의 역설

환경주의의 역설을 뒤집으면 개발의 역설이 된다. 세계은행의 전 수석 부총재였던 허먼 데일리(Herman Daly)는 이 문제를 '불가능성 법칙(impossibility theorem)'이라고 정의했는데, 이에 따르면 미국식 대량 소비 경제를 전 세계에 보편적으로 적용하려면 지구 같은 행성이 여러 개 필요하다. 환경주의의 역설이든 개발의 역설이든, 지구 환경이 무한한 축적에 기반한 현재의 성장 모델의 지속적인 착취를 견뎌낼 수 없다는 것이 궁극적인 역설이다. 달리 말해, 우리가 알고 있는 개발 모델은 자기 파멸적 모델인 것이다.

지구 행성을 작동시키는 아홉 가지 한계 기준 중에서 세 가지 — 기후 변화, 생물 다양성, 질소 순환 — 가 이미 초과되었다. 담수 사용과 해수 산성화 같은 나머지 한계 기준 역시 심각한 변곡점에 도달해 있는 실정이다. 다른 한편, 생태계 파괴 결과의 비용을 빈곤층 — 개발 산업이 목표로 삼는 바로 그 대상 — 이 과도하게 부담하고 있다. 여기서 두 가지 역설적 결론을 끌어낼 수 있다. (1) 개발은 인간에게 기회와 번영을 확대해주지만, 그것은 불평등을 통해 이루어진다. (2) 개발은 빈곤 퇴치를 목표로 삼지만 흔히 빈곤을 심화한다. 이런 역설과 관련하여, 경제 성장이 지속 가능한 개발의 전제 조건이라는 관점도 존재하는데(세계은행이 1992년에 제시한 내용), 2006년에 발표된 영국의 〈스턴 보고서(UK Stern Review)〉는 이것 역시 역설이라고 지적했다. 왜냐하면 기후 변화에 따른 문제점을 시정하기 위해 우리가 미래의 높은 경제 성장만을 기다린다면, 기후 변화에 따른 적응 비용이 훨씬 더 높아질 것이기 때문이다.

위와 관련한 부수적 역설로 다음과 같은 것들이 있다. 자연을 정복하려 하지 않고 자연과 더불어 살겠다는 저탄소 사회는 낙후 상태를 의미하는가? 서구 사회를 부유하게 만든 기준으로 봤을 때 비서구 사회가 반드시 빈곤한 것인가? 근검절약은 가난과 동의어인가? 왜 서구 사회든 비서구 사회든 영양 실조 인구가 공통적으로 존재할까?(그림 1-2 참조) 서구 사회에서 악화된 것(사유 재산이 아닌 공유지, 여유 있는 삶, 연대의 정신, 생태적 지식 등과 같은 비화폐적 가치)을 기준으로 한다면 비서구 사회를 풍요롭다고 할 수 있을까? 화폐라는 기준으로만 생활 수준을 측정하는 게 옳은가?

출처 : Foster, 2011; Stern, 2006; Daly, 1990

환경주의의 역설(environmentalist's paradox) 생활 수준의 향상과 건강한 환경의 파괴가 동시에 일어나는 현상.

그림 1-2 **영양 실조 및 과체중 인구 비율**

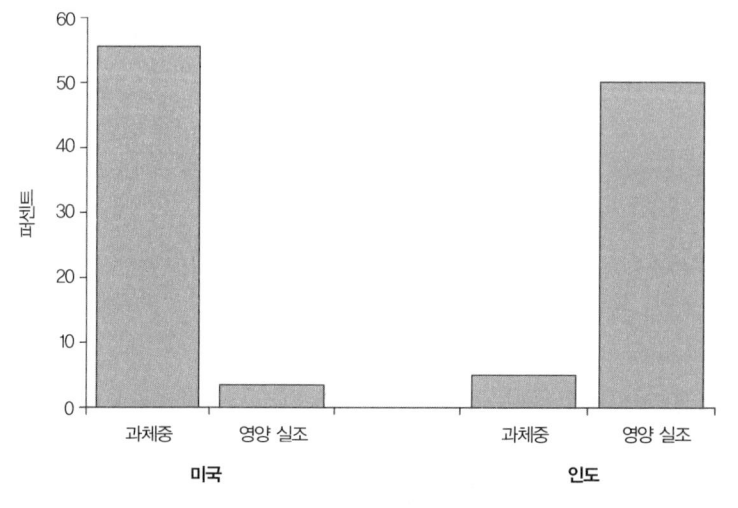

(출처 : 다음에서 전재 : New Internationalist 353(2003) : 20)

개발의 역설

지금까지 본 것처럼 개발 이론은 서구에서 비롯된 역사 과정을 보편화하려는 청사진이자 정당화 노력이다. 단순히 서구가 아니라 '광의의 서구'라고 하는 편이 더 정확할 것이다. 서구의 산업화가 비서구권의 산업 해체와 자원(광물, 원자재, 노동, 먹을거리 자원) 획득에 의존했기 때문이다. 이러한 착취 과정을 정당화한다는 것은, 도덕적인 이유로 식민 지배에 반대하는 이들에게 식민 지배를 문명 교화의 사명이라는 식으로 합리화했다는 뜻이다. 물론 피식민지의 민중은 식민 지배에 저항했다. 예를 들어, 18세기 말 프랑스령 산토도밍고에서 노예들이 봉기를 일으켜 아이티 자유국을 수립한 사건, 또는 실패하긴 했지만 1919년에 인도의 암리차르에서 발생한 봉기를 영국군이 무자비하게 진압한 사건을 들 수 있겠다. 이러한 저항은 장기적으로 탈식민화 정치를 알리는 표지가 되었는데, 피식민지 민중은 유럽 제국들에 대한 **대항 운동***을 통해 도덕적·물리적 힘을 획득하기 시작했다. 이에 따라 유럽 제국들은 식민지를 유지하기가 점점 더 어려워졌다. 식민 지배에 대한 저항은 후기 식민 지배 시기에 접어들어 노동 쟁의와 민중의 정치적 조직화로 이어졌다. 영국은 1930년대에 서인도와 아프리카 식민지에서 광범위한 노동 파업 사태에 직면했다. 이런 현상은 그 후 20년간 이어져 영국과 프랑스 지배하의 민중들이 도시, 항만, 탄광, 철도 같은 산업에서 노동 조건에 항의하는 쟁의 형태로 표출되었다.[21]

다시 말해 산업 개발이 가져오는 대규모 사회 변동에는 어김없이 권력 투쟁이 따른다. 식민 지배는 계급 갈등, 정체성과 문화에 근거한 요구, 그리고 평등과 주권을 원하는 욕구 등 탈식민 정치의 출현을 낳았다. 첫째, **식민 지배 프로젝트***는 계급 관계에 확실한 뿌리를 두고 있었다. 서구 제국들이 제국의 욕구를 충족시키기 위해 식민지의 노동력과 자원을 종속화했기 때문이다. 둘째, 그러나 이런 경제적 종속 관계는 근본적 차원에서 정체성과 관련한 인종 정치를 가져왔고, 그러한 인종 논리는 서구의 비서구 지배를 정당화하기도 하고, 피식민권에서 널리 저항을 불러일으키기도 했다. 셋째, 이런 복합적 상황에 인권의 차원이 더해졌다. 서구에서 사회 변동을 추동했던 평등과 주권 욕구가 비서구의 반식민 투쟁에서도 표출되었던 것이다. 이러한 세 가지 차원의 정치―젠더와 원주민 권리 운동을 포함한―는 오늘날까지 사회적 투쟁의 주 내용이지만, 이 세 가지 모두가 20세기 중반 탈식민 시대에 등장한 전 지구적 개발 프로젝트에 좌우되고 있

대항 운동(countermovements) 지배적인 패러다임에 도전하거나 저항하는 사회 운동.
식민 지배 프로젝트(colonial project) 서구 제국들에 의해 비서구권이 정치, 군사, 문화, 경제 등 모든 형태가 결합된 종속적 위치에 전락하게 된 상황.

다. 탈식민화 덕분에 구식민지에서(서구에서 비롯된) 국민국가의 형태로 보편적 주권을 실현할 수 있었다. 또한 국민국가의 주권 원칙은 1945년 유엔이 결성되면서 확실히 자리 잡게 되었다.

식민 지배 당시의 인종 분리 유산이 완전히 사라지지 않은 것이 분명하나, 오늘날 극히 다양한 세계가 하나의 보편적 원칙—**국가 표준**으로서 개발의 의미와 그것의 측정을 중요한 가치로 여기는, 국제적으로 인정되는 정부 형태—으로 연결되어 있는 점 또한 분명하다. 이 점은 유엔의 국민계정 체계로 제도화되었으며, 이 기준에 따라 화폐 경제 활동이 GNP 수치로 기록된다. 공산권(제2세계라 불림)을 제외하고, 국가별 경제 성장과 소득 수준이 개발의 수준을 표시하는 잣대가 됨에 따라 제1세계와 제3세계는 나라마다 공적 규제의 정도는 달랐지만 어쨌든 시장과 시장 논리에 편입되기에 이르렀다.

'시장 사회'는 근대 자본주의와 사회적 관계를 상품화하려는 자본주의의 시도가 낳은 산물이며, 화폐의 교환으로 표현되는 사회이다. 카를 마르크스(Karl Marx)가 지적했듯, 농민들이 생계 수단을 잃은 후 임금 노동을 하게끔 강요당하면서, 인간의 노동 능력조차 임금 계약을 통해 상품처럼 다뤄지게 되었다.[22] 칼 폴라니는 이 관점을 토지와 화폐로까지 확장하여, 19세기 시장 사회의 등장으로 토지와 화폐조차 일정한 가격으로 사고파는 것이 가능해졌다고 지적했다. 폴라니는 노동이나 토지 또는 화폐는 **판매용으로 생산**되지 않았으므로 실제로는 '가상 상품'에 지나지 않는다고 주장한다. 이 때문에 이런 대상들이 상품으로 취급될 때 노동자와 농민과 사업가는 수탈적이거나 불확실한 조건에 노출된다. 즉, 독자적인 권한을 지닌 것처럼 보이는 시장에 의해 노동자의 노동, 농민의 농사, 사업가의 사업이 자기 통제 밖에 존재하는 혹독한 경쟁을 경험하게 된다는 말이다. 폴라니는 이런 상황이 되면 규제되지 않은 시장으로부터 사회를 보호하기 위한 사회적 움직임이 필연적으로 일어난다고 보았다('이중적 움직임double movement'). 요컨대 시장이 사회의 통제권 속으로 다시 들어오는 것이다. 폴라니는 20세기에 확립된 복지국가—나중에 발전국가의 모델이 된—를 이런 움직임의 증거로 들었다. 즉, 복지국가는 규제되지 않은 시장의 역효과로부터 노동자, 농민, 사업가의 권리를 보호하기 위하여 유럽 전역에서 발생한 사회적 동원이었던 것이다.[23]

프로젝트가 된 개발

앞에서 설명한 폭넓은 사회 변동 이론의 조건 속에서, 탈식민 정치 그리고 공적으로 규제된 자본주의 시장의 새로운 모델(국가 계획 경제를 추구한 공산주의 모델과는 다른)이 결합한 맥락에서 탈식민 세계 질서가 출현했다. 어떤 이상향으로서의 개발 그리고 하나의 정책으로서의 개발이 사회 복지적 차원으로 진행되었다. 이것은 유엔이 1948년에 제정한 세계인권선언(UDHR, Universal Declaration of Human Rights)으로 더욱 강화되었는데 이 선언 이후에 세계 각국은 국가와 시민 간의 **시민권적 사회 계약**을 통해 시민들의 권리를 보호한다는 공통점으로 서로 연결되었다. 이러한 시민권적 사회 계약은, 시장을 국가의 종으로 여겼으며, 시장을 공적으로 규제한 **개발 프로젝트** 시대(1940년대~1970년대)의 특징이 되었다. 그 뒤에 나타난 **지구화 프로젝트** 시대(1980년대~2000년대)에는 시장이 다시 득세하면서 국가가 시장의 종이 되었고, "시장은 선, 국가는 악"이라는 식의 주문(呪文)이 공적 담론 내에 완전히 자리를 잡았다. 이 두 시대 사이의 긴장은 현재 출현 중인 **지속 가능성 프로젝트** 시대(2000년대 이후)에도 계속되고 있다. 지속 가능성 프로젝트 안에서 세계는 '기후 변화 레짐'으로 관리되는 새로운 프로젝트 시대로 전환하고 있다.

이 책에서는 위의 세 프로젝트 시대를 관통하는 개발론의 전말을 기술한다. 이것은 개발의 의미와 실천이 정치·경제·환경 조건이 변하면서 함께 변한다는 점을 강조하고 밝히기 위한 방법론이다. 개발 프로젝트가 지구화 프로젝트로 전환된 이유는, 기업과 기업의 초국적 경영 능력을 공적으로 규제하지 못하게 하려는, 막강한 기업과 금융계 그리고 그들 동맹 세력의 이해관계가 결합된 '위로부터의' 정치적 대항 운동이 있었기 때문이다. 그 결과 시장의 탈규제는 지구화 프로젝트의 궁극적 목표가 되었으며, 이는 신자유주의적 경제 이론으로부터 정당성을 부여받았다. 그 후 21세기 초반에 지구화의 영향력을 놓고 벌어진 논란은 '아래로부터의' 사회적 동원에 의해 촉발된 것이었다. 이 논쟁은 시장이 사회적 통제로부터 빠져나옴에 따라 경제 불안정과 사회 불평등이 심화되면서 맹렬하게 전개되었다.[24]

경제 성장과 빈곤이 함께 나타나는 **개발의 역설***은 다음과 같은 사실 즉, 세계 인구 중 상위 10퍼센트의 부유층이 전 세계 소득의 50퍼센트를 차지한다는 사실과 10억 명이 넘는 사람들을 만성 영양 실조 상태에서 신음하게 만드는 먹을거리 위기 상황과 같은 사실로 명백히 입증된다.[25] 인도의 예를 들어보자. 연평균 경제 성장률이 8퍼센트에 달하고 2013년이면 경제 성장률이 중국을 추월할 것으로 예상되는 나라인데도 2010년 현재 다섯 살 미만의 어린이 중 거의 절반에 가까운 아이들이 영양 실조 상태이다. 하지만 개발의 역설은 정부의 행동으로 완화될 수 있다. 2009년 현재

개발의 역설(development paradox) 개발이 주로 순기능만 한다는 주장에 의문을 던지며, 개발이 진행되면서 극명하게 나타나는 갖가지 문제점—사회적 불평등, 환경에 끼치는 악영향, 권리의 갈등 양상, 문화적·미적 결과 등—의 모순성을 지적하는 관점.

인도의 어린이 영양 실조 비율이 42.5퍼센트인데 반해 중국은 그 비율이 7퍼센트에 지나지 않는다.[26]

현재 진행 중인 시장의 부진과 각종 위기─먹을거리 위기, 에너지 위기, 기후 위기, 사회적 위기─를 분석해보면 이제 세계가 지구화 프로젝트의 다음 단계, 즉 필자가 지속 가능성 프로젝트라고 부르는 단계로 이행하고 있다고 생각한다. 각 단계별 프로젝트를 하나로 묶는 원동력과 선행 단계 다음에 나타나는 단계의 성격은 폴라니 식의 '이중적 움직임(시장의 지배를 당연시하지 않고 사회적 동원을 통해 정치적으로 문제시하는 것)'으로 설명할 수 있다. 첫째, 자본주의 시장의 등장과 함께 나타난 식민 지배 프로젝트 단계는, 각 지역의 영토 내에서 사회적 대항 운동과 탈식민 대항 운동이 식민 지배적 시장 우위 상황에 도전함에 따라 개발 프로젝트 단계에 자리를 넘겨주었다. 둘째, 국민국가 시대의 개발 프로젝트 단계는, 시장의 지배력을 회복하고 국가와 시민의 권력을 줄여서 국가는 종의 위치로, 시민은 소비자의 위치로 격하하려는 지구화 프로젝트 단계에 자리를 넘겨주었다. 셋째, 오늘날 지구화 프로젝트 단계의 위기로 인해(8장에서 상술) 전 지구적 차원에서부터 지역 사회 차원에 이르는 광범위한 지속 가능성 프로젝트가 나타나고 있다. 이런 시도들은 환경 파괴와 지구 온난화 문제를 저지하거나 줄이는 데 목표를 두고 있다.

이런 다양한 시도가 어떤 새로운 세계 질서의 단일 형태로 결합할 수 있는지는 아직 뚜렷하지 않다. 우리가 에너지 안보와 기후 변화 안보 논리에 근거한 권위주의적 세계 질서의 출현을 보게 될지, 아니면 분권화되고 생태적으로 조직된 사회 질서의 출현을 보게 될지는 지속 가능성 프로젝트를 둘러싼 논쟁에서 여러 선택 가능한 지점이 될 것이다(9장 참조). 새로운 단계가 완전히 자리 잡을 때까지 일단 지구화 프로젝트를 저지하고

'개발 시대의 좌표'에 의거하여 현재 우리 상황을 자리매김하는 것이 중요하다.

전 지구적 시장의 의미

개발은 저개발 사회가 이미 발전한 '선진 개발국'을 따라잡기 위해 펼치는 행동이 아니다. 개발을 이런 식으로 정의하는 것은 잘못이다. 왜냐하면 마치 이 세계의 전체 인구 중 소수만이 누리고 있는 발전된 상태가 이미 존재하므로, 나머지 사람들은 그 상태를 선망하면서 그 목표에 도달하기 위해 노력해야 한다는 인상을 주기 때문이다. 이것은 개발이 종착점이 아니라 끝없는 과정임을 망각한 관점이다. 인도나 중국 같은 성장 지역으로 일자리가 넘어가고, 공공 인프라가 쇠락하고, 교육이나 의료 같은 사회 서비스가 축소되면서 서구 사회가 급격하게 '개발의 후퇴(undeveloping)'를 겪고 있다고 주장하는 소리도 들린다. 이런 시각으로 보면 개발은—적어도 국내 차원에서는—직선형 진보로 생각할 수 없으며, 저개발국들이 따라잡아야 할 모델이 될 수도 없다.

전 지구적 시각으로 봤을 때 개발은 일자리를 선진국에서 저임금 지역으로 재분배해준다. 이때 다국적 기업들의 수익성은 늘어나고 북반구의 소비자들(소득이 있는 경우)은 외국에서 저비용으로 생산된 값싼 제품에 쉽게 접근할 수 있다. 이런 의미에서 개발은, 그것을 누리는 사람들에게는 소비와 같은 뜻으로 취급되었다. 물론 이렇게만 보면 개발은 로스토가 주장한 경제 성장의 최종 단계와 부합하지만, 이는 국내의 발전 결과가 아니라 전 지구적 경제 관계 속에서 이루어지는 현상임을 잊어서는 안 된다. 오늘날 우리가 소비하는 것은 대부분 전 지구적 기원을 지니고 있다. 어떤 제품이 설령 '○○산'(Made in ○○)이라는 라벨을 붙이고 있다 하더라도 그

제품이 시장에 나오기까지 외국의 노동력과 외국에서 생산한 자원과 외국의 생산 라인에서 만들어진 부품을 사용했을 가능성이 높다. 완제품 운동화 또는 그 자재는 중국이나 인도네시아에서, 청바지는 필리핀에서, 휴대전화나 모바일 미디어 기기는 싱가포르에서, 시계는 홍콩에서 만들어졌을 것이다. 영국인은 중국의 서부 지역에서 재배한 채소를 즐기고, 중국인은 브라질산 대두(大豆)를 먹어서 키운 돼지고기를 먹고, 북미인은 멕시코에서 가공한 닭고기 혹은 코스타리카에서 키운 햄버거용 쇠고기가 들어 있는 패스트푸드를 소비한다. 또 우리가 기호 식품으로 즐기는 커피는 동남아시아 혹은 아메리카 혹은 아프리카에서 생산된다. 이는 이 책의 독자들이 아직 세계 시민이 되지는 못했을 수 있지만, 이미 우리는 모두 세계 소비자가 되었다는 뜻이다.

하지만 세계 소비자 역시 아직은 소수에 속한다. 전 세계 인구의 4분의 3이 텔레비전을 통해 세계 소비자의 이미지를 접할 수 있지만, 실제로 소비할 수 있는 현금이나 신용을 보유한 사람은 그중 절반에 불과하다. 텔레비전 광고는 세계 모든 곳의 사람들이 전 지구적 생산품을 소비하는 것같이 묘사하지만 그것은 한낱 이미지에 지나지 않는다. 전 세계 인구 중 상위 20퍼센트가 전 세계 상품과 용역의 86퍼센트를 소비하고 하위 20퍼센트 인구는 1.3퍼센트만을 소비할 뿐이다.[27] 전 세계에 존재하는 물질적 부의 분포와 그 부에 대한 접근성은 대단히 불균질하다. 오늘날 구식민 지역의 인구 중 약 절반이 슬럼 지역에 거주한다. 30억 명이 넘는 사람들이 서구식으로 소비하지 못하거나, 그렇게 하지 않고 있다. 우루과이 출신의 작가 에두아르도 갈레아노(Eduardo Galeano)는 다음과 같이 지적한다.

광고는 모든 사람이 똑같이 소비하도록 부추긴다. …… 하지만 경제 현실은 대다수 인류가 그렇게 하지 못하도록 막는다. 마치 모든 사람을 잔치에 초대해놓고 수많은 사람들 눈앞에서 문을 닫아버리는 꼴이다. 이 세계는 모든 사람을 평등하게 하면서 동시에 불평등하게 만든다. 생각이나 습관을 강제로 평등하게 만들어놓고, 정작 기회는 불공평하게 제공하는 것이다.[28]

우리가 상품화된 삶의 양식에 익숙해져 그것을 발전의 '표준'이라고 생각할지 몰라도, 상품화되지 않았거나 상품화된 삶을 불편하게 여기거나 상품화된 삶으로부터 주변화된 문화권이나 사람들도 있음을 기억해야 한다. 미디어 이미지와는 달리, 전 지구적 소비 행태에 대다수 인류가 접근하는 것은 어렵거나 불가능하며, 모든 인간이 소비주의를 원하는 것도 아니다.

그렇다 해도 전 지구적 시장은 소비자와 생산자, 그리고 자원 소비에서 배제된 계층의 사람조차 서로 연결한다. 모든 곳에서 소비자들은 전 세계에서 생산한 제품으로 둘러싸여 있거나 제품 소비를 통해 자기 정체성을 드러낸다. 아주 흔하게 사용되지만 우리 눈에 보이지 않는 생산물 중에 콜탄(coltan)이라는 광물이 있다. 콜탄은 핵 발전용 원자로에서부터 컴퓨터, 휴대 전화에까지 널리 사용되는 광물질이다. 이 물질은 주로 아프리카 콩고에서 나오는데 이 희소 자원 때문에 벌어진 전쟁으로 현재까지 4백만 명의 인명이 희생되었고, 콜탄을 채굴하는 과정에서 환경 파괴와 생태계의 훼손이 극심하게 일어났다. 과거에 국제 문제가 되었던 '피의 다이아몬드(blood diamond)'와 비슷한 윤리적 문제라 할 수 있는데 이 때문에 일부 전자 제품 회사들은 아프리카의 다른 지역에서 콜탄을 채굴하기도 했다.[29]

전 지구적 시장은 상품 교환의 네트워크들을 연결하는 매개가 되었다. 특정한 상품 네트워크에는 특정한 생산 단계가 있다. 각 단계는 세계 각지에 흩어져 있는 생산처에서 이루어지며 각각의 생산처는 노동과 자재를

그림 1-3 **운동화의 상품 사슬**

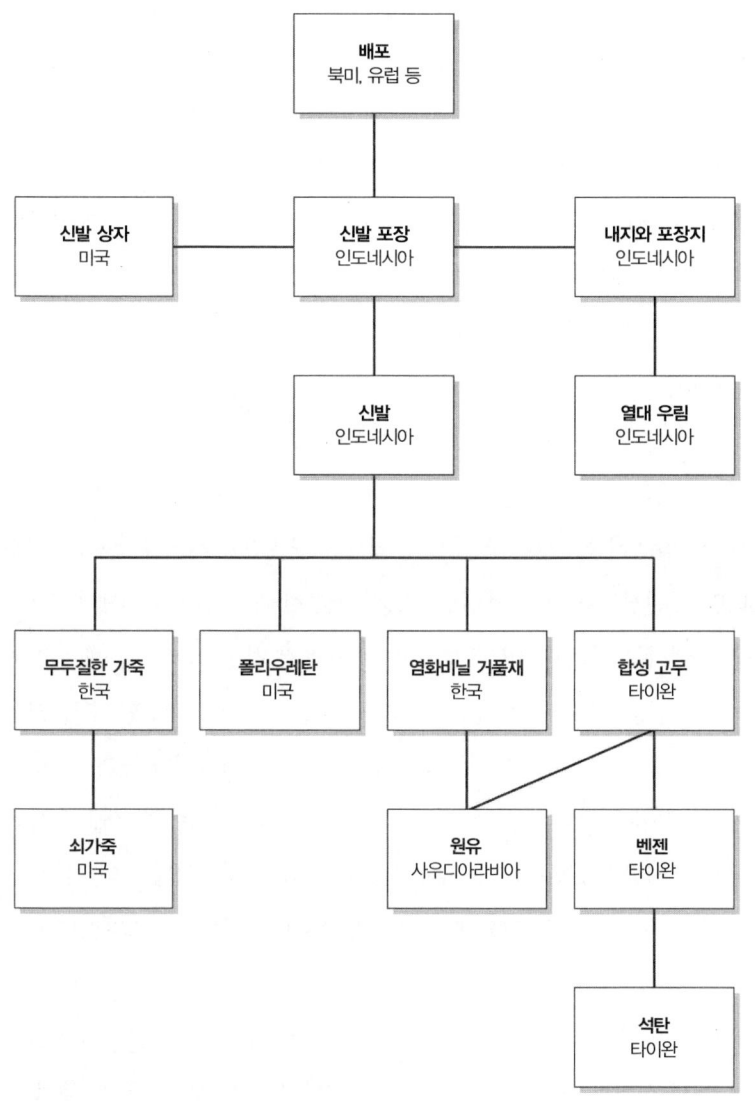

(출처 : 다음에서 전재, Bill Ryan and Alan During, "The story of a shoe," World Watch, March/April 1998)

제공하여 그것들이 모여서 최종 상품의 생산으로 이어진다(그림 1-3 참조).

이런 각각의 네트워크를 **상품 사슬***이라 한다. 사슬이라는 은유가 전 세계에 흩어져 있는 각 단계별 생산 공동체들을 연결한다는 특성을 잘 나타내 보여준다. 또한 상품 사슬이라는 개념을 통해 우리는 우리가 어떤 상품을 소비할 때 세계 각지의 생산처, 생산에 참여하는 사람들, 그리고 생산에 투입되는 자원이 우리 자신과 연결되는 전 지구적 과정에 참여하고 있음을 이해할 수 있다. 우리는 소비를 개별적 행위로 경험할지는 몰라도 사실은 근본적인 차원에서 소비란 사회적이고 환경적인 의미를 띤 행위인 것이다.

상품 사슬 덕분에 회사들은 생산 공정과 비용의 유연한 관리를 위해 생산처를 옮길 수 있게 되었다. 브랜드 제품을 판매하는 매장에 가본 소비자는 잘 알겠지만, 모든 상품 판매 업체는 단기적인 사이클 속에서 제품 스타일을 변경하여 다른 브랜드 업체와 경쟁한다. 생산이 이렇게 짧은 사이클 속에서 유연해지려면 유행과 수요에 맞춰 하청 업체를 통해 유연한 노동력―집중적인 노동을 요구할 수도 있고, 단기간에 해고할 수도 있는 유연한 노동 인력. 요즘 들어 특히 여성 노동자일 가능성이 높다.―에 접근할 수 있어야 한다. 하청 업체에서 일하는 노동자들은 전 지구적 상품 사슬―규제받지 않은 채 전 세계에 흩어져 있는 생산처들―의 아주 작은 고리에 불과하므로 그들에게 고용 안전이나 노동권은 거의 없다시피 하다.

2010년 중국의 3개 성(省)에 자리 잡은 폭스콘(Foxconn) 공장에서 17세에서 25세 사이의 농민공(農民工) 18명이 자살을 시도했을 때 전 세계 여

---

* **상품 사슬**(commodity chains) 최종 상품을 제조하는 데 필요한 각 부분을 생산하는 생산처들을 이어주는 연계 시스템.

론은 충격을 받았다. 폭스콘은 그 해에 자신들이 납품하는 기업들—예를 들어, 마이크로소프트, 델, 노키아 등—보다 더 높은 수익을 기록한, 전자 제품 제조와 서비스 부문에서 전 세계 시장 점유율 50퍼센트를 차지하는 회사였다.[30]

우리가 소비하는 모든 상품이 이 정도로 전 지구적 성격을 지닌 것은 아니지만 이런 식의 전 세계적 공급망으로 나아가는 추세는 거역하기 힘들 정도로 막강하다. 우리가 소비하는 통상적인 소비 제품 외에도 의식주 자체가 점점 더 원거리의 공급 사슬 속에서 이루어지고 있다. 먹을거리의 예를 들어보자. 영국은 1840년대에 제국에서 필요한 먹을거리를 공급하기 위해 상당량의 먹을거리 공급분을 계획적으로 '외주'를 통해 해결한 세계 최초의 국가가 되었다. 영국의 기후가 과수 재배에 아주 적합한데도 오늘날 영국인이 소비하는 배의 80퍼센트, 사과의 70퍼센트가 칠레, 오스트레일리아, 미국, 남아프리카공화국, 그리고 유럽연합에서 수입한 것이다.[31] 네덜란드에서 통용되는 '유령 토지(ghost land)'라는 개념은 국내에 먹을거리를 공급하기 위해 외국에서 추가로 경작하는 토지를 뜻한다. 영국인은 주로 가축 사료를 생산하는 데 166만 헥타르나 되는 외국의 '유령 토지'를 활용한다.[32] 유령 토지는, 먹을거리가 생산되어 식탁에 오르기까지 소요되는 운송 거리를 뜻하는 '먹을거리 마일리지'를 높인다. 그리고 "이런 식의 전 지구적 먹을거리 생산 외주는 …… 에너지 비효율적일 뿐만 아니라, 그것이 전 지구적 '형평성'을 개선하거나 지역 사회의 농부들이 지속 가능한 발전 목표를 달성할 수 있도록 도울 수 있는지도 불분명하다."[33] 다시 말해, 오늘날 대부분의 상업형 농업은 국내 소비자를 위한 먹을거리 생산을 돕는 게 목적이 아니라, 전 세계 소비자들에게 먹을거리를 공급하는 데 목적이 있다. 이런 방식은 로스토가 말한 내향성 개발이 아니라 외향성 개발

에 가깝다. 따라서,

다섯 살 미만의 과테말라 어린이 중 절반이 영양 실조 상태이다. 이는 세계에서 제일 높은 영양 실조 비율에 속한다. 하지만 과테말라는 먹을거리를 충분히 보유하고 있는 나라다. 설탕, 커피, 바나나 수출로 세계 5위권에 드는 농업국이다. 과테말라 농촌에는 요즘 야자유 붐이 일고 있다. 미국과 유럽연합의 농업 보조금 정책으로 생물 연료 수요가 급증한 탓에 국제 무역상들이 몰려들고 있기 때문이다. 그러나 이처럼 주요 농산물 수출국임에도 불구하고 과테말라의 1400만 국민 중 절반이 극심한 빈곤 상태에 놓여 있고, 하루 2달러 미만의 소득으로 살아간다.[34]

지구화 프로젝트는 그 엄청난 규모 때문에 개발의 역설을 더 심화한다. 전 세계의 생산자와 소비자의 삶을 통합한다고 해서 반드시 개발의 혜택이 골고루 돌아가는 것은 아니기 때문이다. 소비자와 생산자 또는 생산 환경 사이의 거리가 멀기 때문에 소비자는 자신의 소비 행위가 먼 나라의 생산자와 환경에 어떤 영향을 주는지 도무지 알 수 없다. 반대로 생산자는 먼 나라의 소비자에게 생산자의 노동 조건이나 거주 환경이 얼마나 열악한지를 알리기 어렵다. 이런 먼 거리를 좁히려는 노력으로서 **공정 무역***을 지지하거나, 사회 운동 단체나 **NGO***가 주도하는 상품 불매 운동 같은 움직임이 일어난다. 이런 단체들은 더욱 책임 있는 소비를 돕기 위해 상품

공정 무역(fair trade) 생산자와 생산지에 정당한 보상을 제공하고, 생산자의 노동 조건과 소비자의 관계를 더욱 투명하게 만들기 위해 상품의 가격에 사회적·환경적 비용을 포함시키는 무역.
NGO(Non-Governmental Organizations) 개발 도상국 현지 주민에게 재정, 교육, 권한 강화, 기술, 개발 훈련과 관련한 지원을 제공하는 민간 비정부 기구. 단체에 따라 정치적 영향력에 큰 차이가 있다.

사례_폐기물과 상품 사슬

개발 이론과 환경의 단절은 쓰레기(폐기물) 문제에서 극적으로 드러난다. 소비와 동시에 쓰레기가 발생한다는 사실은 소비자가 적극적으로 인정하기를 꺼리는 부분이고, 경제 성장 계산에서도 잘 드러나지 않는 부분이다. 그러나 일반적으로 폐기물 전체, 그리고 특히 폐가전 제품(e-쓰레기)은 소비 사회의 골치 아픈 거대 부산물이다. 폐가전 제품 영역은 컴퓨터와 커뮤니케이션 기술이 급속히 발전하면서 오늘날 도시 폐기물 처리에서 가장 빠르게 성장하는 부문이다. 유엔의 추산에 따르면 전 세계적으로 발생하는 폐가전 제품은 연간 2천만 톤에서 5천만 톤에 달한다고 한다. 2009년 유엔환경계획(UNEP, United Nations Environment Program)은 중간 소득 국가들에서 향후 10년 동안 폐가전 제품이 약 500퍼센트 이상 증가할 것으로 내다보았다. 폐가전 제품은 맹독성이 있다. 예를 들어, 1994년에서 2003년 사이에 전 세계에서 버려진 개인용 컴퓨터에서 새어 나온 71만 8천 톤의 납과 287톤의 수은과 1,363톤의 카드뮴이 매립지로 흘러들어 갔다.

2007년 한 해에만 12억 대가 팔린 휴대 전화 폐기물은 미국 연방 정부가 규정한 폐기물 유해 물질 방출 기준을 17배나 넘었다. 그러나 폐가전 제품에는 은, 동, 플라티늄, 금 등이 포함되어 있어서 재활용 시장에서 인기가 높다. 또한 빈곤층을 대상으로 하는 시장에서 폐가전 제품을 재활용해 사용하기도 한다. '집단선(Collective Good)'이라는 단체는 재활용 업무를 하면서 수익의 일부를 적십자 같은 자선 단체에 기부한다. 휴대 전화 재활용은 가나에서 인도에 이르는, 노동 비용이 낮고 환경 규제가 덜 까다로운 나라에서 흔히 볼 수 있는 현상이다. 전 세계의 폐가전 제품 중 70퍼센트가 비공식 경로를 통해 중국으로 흘러들어 가며, 그곳에서 흔히 보호 장비도 착용하지 않은 어린 노동자들이 재활용 가능한 부품을 추출한 후 나머지는 아무 데나 버림으로써 토양과 식수원을

> 중금속으로 오염시키고 있다. 아프리카는 이런 재활용 휴대 전화의 가장 큰 시장이다. 중국은 매년 2억에서 3억 대가량의 재활용 휴대 전화를 인도, 몽골, 베트남, 타이의 딜러들에게 판매하며, 이 제품들은 다시 라오스, 캄보디아, 방글라데시, 미얀마의 소매상에게 팔려 나간다. 마치 물이 아래로 흘러내리듯, 전 세계적으로 규제받지 않는 재활용품 시장을 통해 유해 폐기물이 전 지구적 남반구로 흘러내려 간다. 유해 폐기물에 관한 규제 조치인 바젤 협약(Basel Convention)은 170여 국가가 채택한 국제 협약이지만 폐가전 제품이 북반구에서 남반구로 이전되는 것을 제한하는 문제에 관해서는 모호한 입장을 취한다.
>
> 오늘날 이른바 '가상적' 혹은 '탈물질화된' 정보 경제(information economy)에는 그렇게 많은 관심을 보이면서, 왜 폐기물의 국외 재활용과 이전 — 사회적·환경적 유해 물질을 배출하는 — 에 의존하는 현재의 무역 관행에는 관심을 기울이지 않는가?
>
> 출처 : Schwarzer et al., 2005; Widmer et al., 2005; Mooallem, 2008; Leslie, 2008; Salehabadi, 2011

관련 정보를 소비자에게 제공함으로써 생산과 소비 사이의 투명성을 높이는 데 기여한다.

북아메리카 대륙에는 전 세계 성인 인구의 6퍼센트만 거주하지만 이들은 화폐 가치로 따져 전 세계 가구 자산의 34퍼센트를 보유한다. 유럽과 아시아태평양 지역의 고소득 국가들 역시 인구 대비 부의 소유 비율이 높다. 그러나 전체적으로 보아 아프리카, 중국, 인도, 그밖에 아시아권 저소득 국가의 인구 대비 부의 소유 비율은 아주 낮은 편이고, 심지어 인구 대비 10분의 1에 불과한 경우도 있다.[35] 개발을 측정하는 지표를 화폐 중심으로 표준화하면 GNP와 사회적 복리 사이에 높은 상관 관계가 있다는 식의 믿음이 더 굳어진다. 오스트레일리아연구소(Australian Institute)라는 싱크 탱크의 클라이브 해밀턴(Clive Hamilton)은 다음과 같이 말한다. "연구에 따르면, 소득이 일정 수준을 넘으면 소득이 아무리 더 늘어도 복리가 증가하지 않는 현상이 일어난다."[36]

사례_아마존 유역을 소비함

환경 단체 그린피스는 최근에 발표한 보고서 〈아마존을 먹어 치움(Eating Up the Amazon)〉에서 다음과 같이 지적한다. "유럽은 아마존 유역의 마투그로수 주에서 수출하는 콩(전 세계 콩 생산의 90퍼센트를 차지함)의 절반을 구매한다. 아마존 열대 우림 지역에서 생산한 콩으로 키운 쇠고기는 유럽 전역의 슈퍼마켓 진열대와 패스트푸드 음식점으로 가게 된다." 그린피스의 웹 사이트는 다음과 같이 표현한다. "아마존 열대 우림을 파괴하여 만든 닭 튀김이 전 유럽의 맥도널드에서 접시에 담겨 고객에게 제공된다." 대중의 관심을 모은 이 보고서가 나온 후, 맥도널드는 최근에 벌목된 열대 우림 지역에서 재배한 콩은 당분간 사들이지 않겠다는 약속을 발표했다. 맥도널드는 또한 그린피스와 다른 먹을거리 판매 업체들과 협력하여 산림 훼손 제로 운동을 펴기로 했다. 이 운동에 산림 보호 활동을 감시할 수 있는 브라질 정부도 참여하기로 했고, 강제 노동에 동원되거나 폭력에 희생되곤 했던 지역 주민도 참여하기로 했다. 콩을 매매하는 전 세계적 곡물 메이저 회사인 카길(Cargill), ADM, 벙기(Bunge), 드레퓌스(Dreyfus), 매기(Maggie)도 이 운동에 2년간 한시적으로 참여하겠다고 약속했다.

이 모든 것이 무엇을 의미하는가? 오늘날 대다수 NGO들이 그러하듯 그린피스 역시 닭 튀김 요리에 들어 있는 인간의 소비 유형과 생태적 상관 관계를 명확히 드러냈던 것이다. 그린피스는 브라질의 콩 재배 열풍 — 그것에 따라오는 사회적·환경적 결과를 포함해서 — 이 사실은 패스트푸드를 먹는 식습관의 직접적 결과라는 점을 조사함으로써 경제 논리만 통하는 시장에서 흔히 간과하기 쉬운 사실을 명백하게 드러내 보였다. 그린피스는 콩의 생산과 소비 사슬을 추적하여 — 인공위성 영상 이미지, 항공 촬영, 정부 기밀 문서, 현지 관찰 등을 활용 — 콩 무역의 지리학을 재구성했고 소비자들의 식습관과 연관된 윤리적 관점을 소비자에게 각인시켰다. 중개상은 소비자 대중의 주목을 받지 않을 수 있지만, 최종 판매상은 정보 기술이 새로운 공적 공간을 창조한 시대에 접어들어 자신들의 브랜드 이미지에 민감하지 않을 수 없다. 따라서 소비자에게 문제 있는 상품을 소비하지 않겠다는 선택을 내릴 수 있는 능력이 생긴 것이다.

지구상에서 가장 풍요롭고 생물학적으로 가장 다양한 열대 우림을 보존하는 가치와 비교했을 때 패스트푸드의 가치는 도대체 어느 정도나 될까? 최근 과학 저널 〈네이처〉는 현재의 추세가 이어진다면 2050년 경에는 아마존의 열대 우림 40퍼센트가 사라질 것이라고 예상하지 않았는가?

출처 : Greenpeace, 2006. www.greenpeace.org

결론

통상적으로 경제 성장과 관련하여 개발을 이해한 것은 비교적 최근의 현상이다. 서구 자본주의가 출현하면서 국가의 관료들은 자국의 군사력 증강과 정치적 정당성 확보를 위한 재정을 마련할 목적으로 경제 성장을 추구하였다. 그러나 그 당시만 해도 '개발' 자체는 전 세계적인 전략이 아니었다. 개발이 전 세계의 공통 전략이 된 것은 20세기 중반에 들어서였다.

신생 독립국들이 구식민 지배의 해독제로서 개발의 가치를 적극적으로 받아들인 것이다. 이런 노력의 성공 여부는 나라마다 달랐다.

20세기 중반의 **개발 프로젝트**(1940년대~1970년대)는 냉전 구도의 세계 질서 속에서 **나라별** 경제 성장을 국제적으로 조율하는 것이 주된 내용이었고, 여기에는 초강대국이 제공한 재정·기술·군사 지원이 포함되었다. 또한 개발은 유엔의 이상이기도 했다. 구식민지들이 정치적 독립을 획득하면서 신생국 정부는 인권에 기반을 둔 시민권적 사회 계약의 정신에 입각해 국정을 운영하기 시작했다. 이 책은 전 세계의 생활 조건을 균등하게 만들려고 했던 개발 프로젝트의 이행 역사를 개발의 관점에서 추적하여 개발 프로젝트의 부분적 성공과 궁극적 실패를 기록할 예정이다. 또한 개발 프로젝트의 계승자인 지구화 프로젝트가 어떻게 전 지구적 시장에 초석을 놓았는지, 그리고 그것이 제2차 세계대전 직후에 개발을 담당할 책임 주체로 인정받은 국가들을 어떤 식으로 약화시켰는지를 기록할 것이다.

지구화 프로젝트(1970년대~2000년대)는 각국의 국경선 위에 개방된 시장을 겹쳐 올려놓았다. 기업의 사업 권리가 시민권적 사회 계약보다 더 중요해졌고, 개발은 국가의 공적인 활동이 아니라 개인의 사적인 노력으로 재규정되었다. 지구화 프로젝트의 토대가 되는 신자유주의 독트린('시장 자유')은 점점 더 큰 논쟁의 대상이 되었다. 지난 10년 사이 남아메리카의 반(反)신자유주의적 사회 저항과 중동의 시민 혁명, 그리고 세계 정치 경제에서 더욱 중요성이 커지고 있는 중국과 인도의 예를 보아도 이 사실을 상징적으로 알 수 있다. 폴라니의 '이중적 움직임'은 여전히 유효한 것이다.

미래에도 전 지구적 시장이 지배력을 계속 행사할지는 좀 더 두고봐야 한다. 그와 함께 기후 변화라는 비상 사태의 영향을 받은 초기 형태의 지속 가능성 프로젝트가 형성되고 있다. 이런 움직임으로는 중국이 녹색 기술 경쟁에 앞장서고 있고, 전 세계의 수많은 환경 운동, 전 지구적 정의 운동 단체가 국가 지도자, 기업가, 시민에게 새로운 개발―미래를 지속 가능하게 관리할―프로젝트를 구상해보라고 추동하고 있다.

[더 읽을 자료]

김낙년 외, 《한국의 장기통계:국민계정 1911-2010》. 서울대학교출판문화원, 2012.

남궁영, 〈종속이론의 의미와 한계:서지학적 에세이〉, 《국제지역연구》, 4(1):163-193, 2000.

Crow, Ben, and Suresh K. Lodha. *The Atlas of Global Inequalities*. Berkeley: Unversity of California Press, 2011.

Payne, Anthony, and Nicola Phillips. *Development*. Cambridge:Polity, 2010.

Perrons, Diane. *Globalization and Social Change:People and Places in a Divided World*. London:Routledge, 2004.

Sage, Colin. *Environment and Development*. London:Routledge, 2011.

Willis, Katie. *Theories and Practices of Development*. London:Routledge, 2011.

[추천 웹 사이트]

Eldis Gateway to Development Information : www.eldis.org

Global Exchange : www.globalexchange.org

New Internationalist : www.newint.org

Raj Patel : www.RajPatel.org

UNDP Human Development Repoters : http://hdr.undp.org/en

World Bank Development Report : http://wdronline.worldbank.org/

| 제1부 |

개발 프로젝트

1940년대 후반~1970년대 초반

DEVELOPMENT AND SOCIAL CHANGE

2장
개발 프로젝트의 기원

> 우리는 우리의 과학 발전과 산업 진보의 결실이
> 저개발국의 발전과 성장에 활용될 수 있도록 하기 위해
> 대담하고 새로운 프로그램에 착수해야 한다.
> – 해리 트루먼(미국 대통령, 1949년)

개발은 식민 지배 시기에 등장했다. 19세기 서구인들은 개발을 서구의 특유한 어떤 현상으로 경험했을 수도 있겠지만, 시간이 지나면서 개발은 점차 세계 모든 지역에서 필요한 것으로 여겨졌다. 왜 그렇게 되었는지를 이해하면 "도대체 개발이 무엇인가?"라는 질문에 답할 수 있다.

앞서 1장에서 보았듯이 사회 공학으로서 개발은 서구권이 비서구권을 식민화하는 구도로 진행되었다. 식민지의 자원을 추출해서 서구의 산업화를 촉진한 것만이 개발은 아니었다. 개발을 하려면 식민 지배 행정가들이 식민지 주민을 관리하여 주민들이 자원 추출형 경제와 단일 경작 농업에 적응하도록 하고, 식민지의 하급 관리들이 지배자를 위해 식민 정책을 시행하도록 만들며, 주민들이 물리적·정신적 변화를 경험하게 하는 것도 필요했다. 이런 상황에서 개발은 또 다른 차원의 의미, 즉 '백인들이 져야 할 짐'이라는 뜻을 지니게 되었는데, 이러한 의미는 여러 가지 방식으로 오랫동안 이어졌다.

비서구 사회는 식민화를 통해 돌이킬 수 없을 정도로 완전히 달라졌으며, 그 후 탈식민화는 식민 지배가 불러온 불평등 위에서 진행되었다. 신생

독립국의 정치 지도자들은 자기들이 만든 것이 아닌데도 정치적 정당성을 얻기 위해 불공평한 국제 체제를 협상해야 했다. 불공평한 국제 체제가 어떻게 만들어졌는지가 이번 장의 주제이지만, 그에 앞서 식민 지배의 역사적 맥락을 짚어야 하겠다.

'개발'의 뿌리, 식민화와 산업화

식민 지배의 역사를 극히 단순화하여 이야기를 시작하도록 하자. 우선, 적어도 500년 이상 서구인들의 인식과 갈등을 형성했던 고정관념을 둘러싸고 만들어진 서구 식민 지배의 사회 심리를 들 수 있겠다. 서구인의 독특한 인식 중 하나만 꼽는다면 비서구권 원주민 또는 식민지 주민들이 '낙후된' 상태에 놓여 있고 고루한 문화 전통에 사로잡혀 있다고 생각한 것을 들 수 있다. 식민지를 지배하면서 쌓인 경험들은 이런 이미지를 더욱 고착시켰다. 서구 사회와 비서구 사회를 나란히 놓고 단순 비교를 했던 이유도 크다. 이때의 비교는 유럽의 강력한 선교 조직과 군사·산업 조직이라는 렌즈로 바라본 것이었다. 이런 식의 비교를 통해 서구가 문화적으로 우월하다는 해석―또는 오해―이 나왔다. 이렇게 되면 그 다음 단계로서 식민 지배자들은 두 사회의 차이를 자신들이 그만큼 더 '진보'한 것으로 생각하고, 그 진보를 식민지 주민에게 전수해줄 수 있는 어떤 것으로 여기기 쉬워진다.

식민화(Colonialism)란, 영토의 군사적 정복과 두 사회 사이의 획일화된 관계 설정을 통해 식민 지배 세력이 물리적·심리적 강압으로 다른 사회를 종속시키는 것이다. 식민화는 15세기부터 20세기 사이에 일어난 서구의 팽창기 이전부터 있었던 현상이며, 20세기에 일본의 식민 지배로 확장되었고,

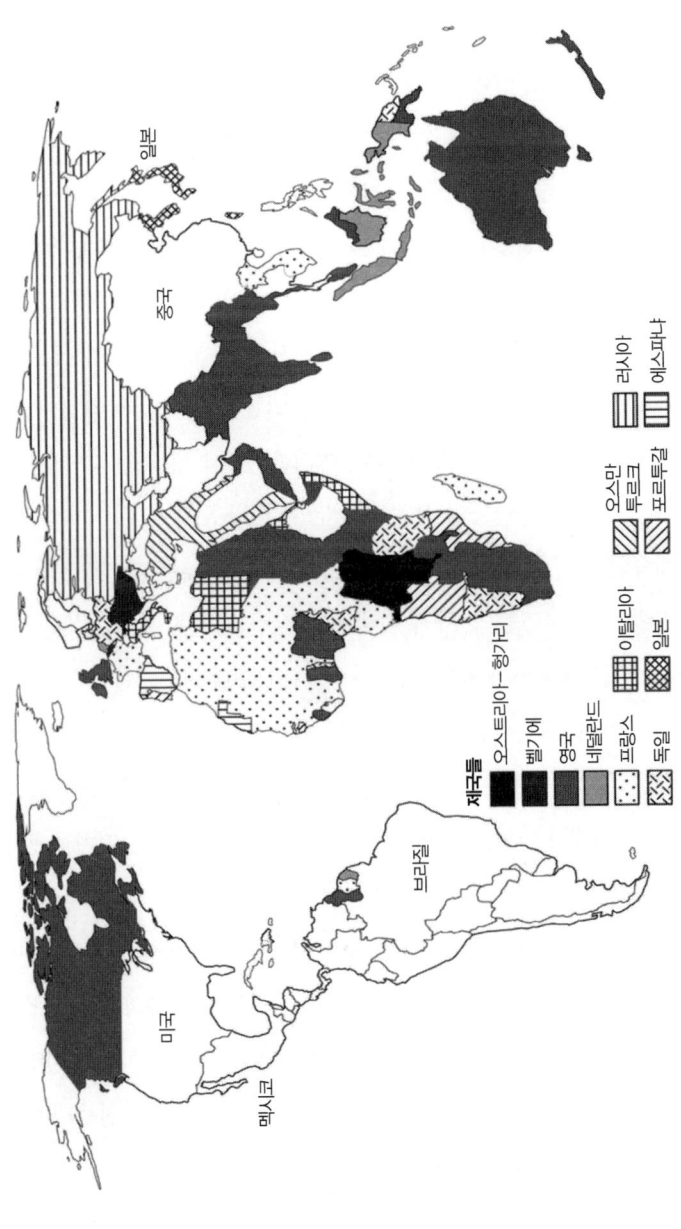

그림 2-1 20세기 초 서구의 식민 지배 제국들

2장 개발 프로젝트의 기원

가장 최근에는 중국의 티베트 지배까지도 포함하는 현상이다. 식민 지배에는 두 가지 형태가 있다. 첫째, 정착 식민지(colonies of settlement)의 경우에는 아메리카 대륙에서 에스파냐가 아즈텍 제국과 잉카 제국을 멸망시킨 것처럼 흔히 원주민들을 제거하곤 한다. 둘째, 지배 식민지(colonies of rule)는 식민 착취를 촉진하기 위해 식민 관료들이 기존 사회에 불평등을 이식함으로써 기존 사회를 재조직한다. 영국은 인도를 지배하려고 각 지방의 영주들(자민다르zamindars)을 지명하여 인도 사회를 다스리게 했고, 환금 작물을 재배하려고 사유지와 공유지를 압류했으며, 여성들이 관습적으로 보유하던 자원을 박탈했고, 종족·인종적 차이를 부각해 특정 카스트와 부족이 우대받도록 조처했다. 이러한 일들의 결과는 다음과 같이 나타났다. 첫째, 원주민들의 문화 학살 혹은 소외. 둘째, 탈식민화 사회에서도 계속된 계급, 젠더, 인종, 카스트를 둘러싼 새로운 긴장 조성. 셋째, 식민 지배 세력과 그들의 사적 이해관계, 식민 본국의 공공 박물관들을 배불리기 위한 노동력과 문화재와 각종 자원 수탈. 넷째, 인종주의와 식민지 주민은 열등하다는 식의 식민 지배를 합리화하는 이념 전파. 다섯째, 식민지 주민의 다양한 반응—죽음을 선택하거나, 복종과 열등감의 내면화, 일상적인 형태의 반발, 산발적인 봉기, 더 나아가 대중의 정치적 동원에 이르는 갖가지 저항—을 들 수 있을 것이다.

식민화 과정에서 서구가 다른 문화를 심각하게 왜곡하고 폄훼한 사례는 역사 속에 자주 등장한다. 서구의 정착민들이 아메리카와 오스트랄라시아 지역에서 만났던 원주민에게 품었던 인식에도 이런 점이 반영되어 있었다. 서구인들은 아메리카 원주민과 오스트레일리아의 원주민이 자신들의 땅을 '땀 흘려 농사 짓지' 않는 나태한 족속이라고 생각했다. 달리 말해, 서구인들이 보기에 원주민은 '재산(property)'에 대한 권리가 없었던 것이다. 원주민은 서구인들과는 달리 땅을 사적 소유와 양도가 가능한 것으로 보지 않았다. 원주민들이 조상 대대로 살아오던 땅에서 추방당한 역사적 사례는 서구가 식민 지배에서 추구했던 두 가지 요소, 즉 군사력과 도덕적 열정이 결합해 어떤 참혹한 결과가 발생했는지를 상기시켜준다. 또한 이런 행동은, 당시 비서구 사회의 특징이기도 했던, 인간계와 자연계를 나누지 않고 하나로 보는 시각을 전혀 헤아리지 않는 현대인의 습성을 미리 보여준 것이었다.

식민 지배 이전에 아프리카의 지역 공동체들은 거주민 자신과 환경을 유지하기 위해 고대로부터 전승되어 온 생태적 지식과 자연관 중심의 우주론에 의존하고 있었다. 이러한 삶의 방식은 보수적이면서 동시에 적응력이 높은 방식이었다. 오랜 시간에 걸쳐 적도 부근에서부터 남하하여 정착하기까지 기나긴 과정 속에서 서서히 자기 공동체의 구성과 규모와 위치를 조절했기 때문이다. 그러나 아프리카에 침투한 식민 지배자들은 아프리카의 미신처럼 보이는 문화를 정체된 것으로만 여겼고, 현지 주민들이 대지를 일구지 않고 그저 땅을 차지하고 있다고만 생각했다. 이런 식의 인식은 현지의 복잡한 사회 시스템─원래 아프리카의 생태계에 적응하여 발전한 것이었다가 나중에는 유럽인들의 점령에 적응하게 되었던─을 무시한 것이었다.[1] 이런 상황에서 서구인은 자기들이 유색 인종에게 문명을 전파한다고 믿었다. 프랑스 역사가 알베르 사로(Albert Sarraut)는 화약, 나침반, 주산, 금속활자, 말안장 등 비서구권의 발명을 무시한 채 다음과 같이 주장했다.

우리가 그들보다 몇 세기나 앞서 있다는 걸 잊어서는 안 된다. 그 긴 세월 동안─서서히 그리고 어렵사리, 오랜 연구와 발명과 심사숙고와 지성적 진보의 장기적 노력 끝에, 그리고 온대 기후의 덕도 보면서—과학과 경험과 도덕적으로 우월한 찬란한 유산이 자리를 잡았고, 바로 이 때문에 우리가 미개인을 보호하고 이끌 수 있는 자격을 확실히 얻게 된 것이다.[2]

그 후 식민 지배 시대에 벌어진 일은 다음과 같은 탈식민 시대의 아프리카 격언 속에 남아 있다. "백인들이 왔을 때 그들은 성경을 가지고 있었고 우리는 땅을 가지고 있었다. 백인이 떠날 무렵 우리는 성경을 갖고 있었고 그들은 땅을 소유하고 있었다." 식민 지배 상황에서 비서구인들이 자기 땅에 대한 통제권을 잃었을 때 대지와 관련이 있던 모든 영적인 활동도 함께 타격을 받았다. 이렇게 모욕적이고, 자원 추출 방식에 의존했던 식민화 과정과 조건 속에서 물질적·문화적 통합성을 유지하기는 어려웠다. 이와 동시에 자연 자원의 서구식 식민화 개발 때문에 토지, 물, 재배 품종, 그리고 먹을거리가 경제적 범주에 속하게 되었다. 따라서 경제적 사항 외에 이런 자원들의 복합적인 재생 역량과 생태적 상호 의존성 등은 모조리 무시당했다.

그 결과 개발이 인류의 운명이라고 생각하게 되었다. 개발은 외견상 자연스럽고 보람 있는 노력처럼 보이지만, 오히려 그 때문에 비서구인들이 조직적으로 불이익을 당했던 사실은 거의 인정받지 못하고 있다. 비서구에서 출현한 과학적·생태적·도덕적 성취와 유산을 일반적으로 무시하는 것과 비슷한 구도이다. 성경을 들고 있게 되었다는 말은, 서구식으로 '개발'을 해야만 했던 비서구인의 상황을 잘 표현한 적절한 은유라 할 수 있다.

식민 지배의 분업 구도

서구의 식민주의자들과 상인들은 16세기부터 아프리카 서해안을 따라 아메리카 대륙으로, 그리고 인도양을 건너 중국해로 진출하면서 모피, 귀

사례_식민화 이전 사회의 특징

식민화 이전의 모든 사회는 물질적·정신적 욕구를 충족시킬 자신들만의 방식을 보유하고 있었다. 각각의 사회는 고유한 생태적 자산 그리고 다른 문화권과의 고유한 사회적 접촉 방식에 따라, 그 구성원과 가구가 지닌 특성에 따라 다른 사회와 구분되었다. 토지나 산림에 의존한 생계형 생산 양식을 따르는 소규모 공동체부터 광대한 왕국 혹은 국가에 이르기까지 여러 종류의 사회가 있었다.

친족 관계로 조직된 생계형 생산자들은 사회적 과제를 남성과 여성이 나누어 분담했다. 남성은 사냥과 논밭을 일구는 일을 담당했고, 여성은 곡식을 가꾸고 수확하며 야생 열매와 견과류를 채취하고 가사를 돌보았다. 이런 사회 공동체는 물질적 욕구를 충족할 수 있는 수준에서 자원을 관리하고 생산하는 데 대단히 효율적이었다. 이들은 당장 필요한 욕구를 해결하는 것 이상의 잉여물을 생산하지 않았으며 서로 협력했다. 이 때문에 이들은 자기 것을 보호하는 일에 서툴렀고 서구의 침입에 취약할 수밖에 없었다. 지도자를 중심으로 조직된 사회였던 북아메리카 인디언들은 외부의 침입자에 맞서 저항이 가능했지만, 위계적인 방식으로 조직된 사회가 아니었던 오스트레일리아나 아마존의 원주민들은 외부에서 들어온 정착민의 공세에 쉽사리 무너졌다. 이와 대조적으로 17세기 인도의 무굴 제국은 지방의 토호들로 이루어진 복잡한 서열 구조를 갖추고 있었다. 토호들은 각기 부락 공동체를 다스렸고 잉여 생산물을 위세 높던 왕실과 '높은 자리'에 상납했다. 촌락과 도시의 장인은 모슬린 천과 질 좋은 명주를 비롯하여 여러 종류의 금속 제품, 도기와 공예품을 제작했다. 과거의 외적 침입과 관련이 있는 카스트 제도는 교역, 방직, 농경, 통치, 또는 비숙련 노동 같은 분업 구도와 이어져 있었다.

식민 지배자들은 식민지의 정치·사회적 기존 위계 질서를 자기들에게 유리한 방향으로 이용했다. 원주민 사회를 자연 생태계와 분리했고, 원

> 주민을 기존의 정치 체제와 관습적 사회 기능에서 멀어지게 했으며, 사회 전체에 긴장의 씨앗을 심어 이것이 식민 지배 이후의 독립국가에도 이어지도록 하는 데 결정적 역할을 한 것이다.
>
> 출처 : Bujra, 1992; Rowley, 1974

금속, 노예 노동력, 향신료, 담배, 카카오, 감자, 설탕, 면화 등의 무역을 모색했다. 에스파냐, 포르투갈, 네덜란드, 프랑스, 영국과 같은 서구의 주요 식민 세력과 그 나라의 무역 회사들이 자국산 의류, 총포, 완제품의 부수 장구 따위의 생산품을 현지 물품과 교환했으며, 노예로 삼으려고 생포한 아프리카인을 아메리카 대륙으로 끌고 갔다. 이런 과정을 통해 서구인은 세계를 완전히 탈바꿈시켰다.

서구 식민 세력의 일차적 의도는 유럽에서 구할 수 없는 원자재와 1차 상품을 식민지에서 전문적으로 추출하고 가공하는 것이었다. 이런 상품은 산업 원료와 산업 노동자들의 먹을거리로 활용되어 유럽의 제조업을 촉진했다. 전 세계적 차원에서 유럽 경제와 식민지 사이에 전문적 분화가 일어난 것을 일컬어 **식민 지배의 분업 구도***라 한다(그림 2-2).

식민 지배 분업 구도는 유럽의 산업화를 촉진했지만, 비서구권은 이런 구도 때문에 1차 상품 생산만 하도록 강요당했다. 식민 본국과 식민지에서 각각 공산품 제조와 원자재 제공이라는 형태로 분화하면서 사회와 환경에 큰 변화가 일어났다. 이런 변화는 식민지의 천연자원과 에너지원이 식민 본국으로 활발하게 옮겨지면서 시작되었는데, 이는 불평등한 생태적

식민 지배의 분업 구도(colonial division of labor) 식민지에서 추출한 원자재를 수입하여 식민 지배 본국에서 제품을 생산하고 그 제품을 다시 식민지에 판매하는 구도.

그림 2-2 **국제 분업과 국내 분업의 구분**

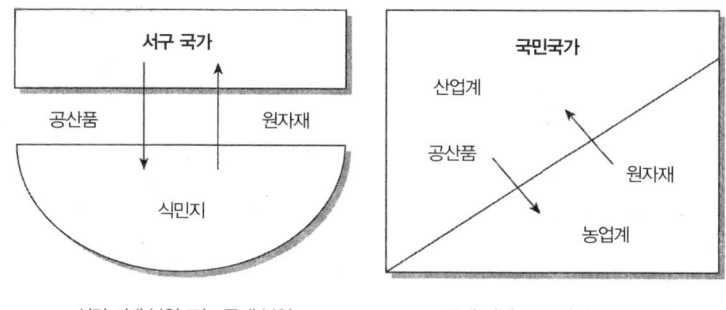

식민 지배 분업 또는 국제 분업　　　　국내 경제 부문 간의 내부 분업

교환 관계를 낳았다.³ 식민지들이 원자재와 먹을거리의 수출지로 변했을 뿐만 아니라, 더 나아가 '지속 가능한 수출지'로 변했던 것이다.⁴

식민지가 노동과 자원의 공급처로 전락하면서, 경제 성장의 원동력이자 그것의 결과인 식민 지배의 분업 구도는 비서구권의 사회와 생태계를 심각한 곤경에 빠뜨렸다. 식민지의 토착 기술 그리고 축산과 작물 재배를 함께하는 혼합 영농법은 단절되었고 상업적 개발로 토지와 산림이 황폐해졌으며 생태계의 균형이 깨졌다. 이런 교환 관계 때문에 비서구 사회는 전통 수공예를 포기했을 뿐만 아니라, 그들의 농업 역시 전문화된 **수출용 단일 경작*** 방식으로 변했다. 식민지 농민들은 땅콩이나 커피 같은 수출용 단일 작물을 재배하거나, 아니면 식민 지배자들이 농민들로부터 강제로 빼앗은 땅에 건설한 대규모 농장(사탕수수, 면화, 차, 고무, 바나나)의 농업 노동자로 전락해야 했다. 수출형 영농 시스템은 오랜 세월을 거치며 자리 잡은 먹을거리와 경작 패턴을 깨뜨렸고, 그 결과 우리에게 이제 대단히 익숙해진 상업형 식품 경제가 등장했다. 그 결과 "재배한 것과 먹는 것이 분리

수출용 단일 경작(export monoculture) 자체 소비용이 아닌 수출용으로 한 가지 작물만을 전문적으로 생산하는 방식.

2장 개발 프로젝트의 기원　**77**

되었고, 역사상 최초로 사람들이 먹는 행위, 더 나아가 사람들이 굶지 않고 먹을 수 있는 행위가 돈에 의해 좌우되기 시작했다."[5]

식민 지배는 흔히 의도적으로 수공예 기술을 약화시켰고, 그 양상은 어디서나 마찬가지였다. 토착 공예 기술이 몰락한 사례 중 가장 잘 알려진 것은 아마 영국이 인도를 지배했던 시기에 일어난 일일 것이다. 19세기까지만 해도 인도산 면으로 만든 모슬린 천과 사라사는 중국산 명주와 공단과 마찬가지로 유럽에 고급 제품으로 팔려 나갔다. 그러나 19세기 이후 동인도 회사(영국 왕실을 대신하여 1858년까지 인도를 다스렸던 회사)는 이런 토착 기술을 억제했고, 자신들이 스스로 표현하듯 "인도를 완제품 생산국에서 원자재 수출국으로 바꾸는 데 성공했다."[6] 동인도 회사는 영국 정부가 인도산 수입 완제품에 70퍼센트에서 80퍼센트의 관세를 부과하게끔 설득했고, 그 대신 인도산 생 면화를 거의 무관세로 영국이 수입할 수 있도록 했다. 그리고 영국의 무역상들은 맨체스터에서 생산한 값싼 의류를 인도 시장에 무차별 공급했다. 산업화된 기술(방적기와 증기 기관)이 정치 권력과 결탁하여 식민 지배의 분업 구도를 강제로 시행했다. 영국이 인도에 건설한 철도를 통해 인도산 생 면화가 가까운 항구 도시로 실려 간 다음 그곳에서 다시 배편으로 리버풀로 운송되었다. 그 배는 영국에서 기계로 대량 생산한 상품을 가득 싣고 인도양을 지나 다시 인도로 돌아왔는데, 그런 과정을 거치면서 인도의 오랜 전통 공예 기술이 사라진 것이다.

식민 지배와 사회의 재조직

식민 지배 분업 구도는 식민지의 생산 공동체와 그들의 수공업과 영농 시스템을 완전히 파괴했다. 18세기 중엽 인도에 처음 도착했던 영국인 로버트 클라이브(Robert Clive)는 방직이 활발하던 다카 시를 다음과 같

사례_ 식민 지배의 분업 구도와 불평등한 생태계 교환

식민 지배 분업 구도를 생태적 차원에서 생각해보면, 산업화의 기본 전제가 재생 시스템으로서 자연을 단순한 '원자재'로 변화시킨다는 발상임을 알 수 있다. 산업 사회와 식민 지배 시대 이전만 하더라도 대다수 인류는 자신의 욕구를 충족시키기 위해 자기 주변의 생태계에 의존했으며 반드시 필요한 것만을 수확하는 방식으로 삶을 꾸렸다. 자연 자원을 과도하게 남용하면 에너지가 낭비되고 생태계의 역량이 소진되어 인류 공동체의 지속 가능성 자체가 위협받을 수 있었다. 하지만 식민 지배의 분업 구도는 과도한 수확을 기본 전제로 삼았다. 각 생태계 범위 바깥의 다른 생태계와 교역을 했으므로 상인들은 수익이 남는 몇몇 자원을 추출하는 것에만 교역의 초점을 맞추었다. 스티븐 벙커(Stephen Bunker)와 폴 시캔텔(Paul Ciccantell)은 아마존 생태계를 연구하여 다음과 같은 결과를 남겼다. "따라서 자원 추출형 경제는 흔히 동식물계를 파괴하거나 극심하게 위축시킨다. 동식물 종의 번식과 동식물이 서식하는 수로와 지형 보존에 반드시 필요한 기능을 수행하는 수계 시스템과 지질학적 구조를 교란하고 오염시켰다. 단 한 가지 종 또는 단일 자원만을 과도하게 추출하면 생산이 늘어나는 게 아니라 전체 생태계의 생산성과 통합성이 아주 작은 단위로 쪼개지면서 오히려 생태계 규모가 줄어든다."

　포르투갈의 초기 식민 지배자들은 원주민 노동력을 강제로 동원하여 아마존 유역에서 카카오, 자단나무, 향신료, 대형 악어, 거북이 알 등 희귀 자원을 채취했는데 이것들은 유럽의 시장에서 거래량 대비 고수익을 올리며 판매되었다. 유럽의 부유층은 거북이 알에서 짜낸 기름을 향수와 램프용 등유로 선호했는데, 이런 식으로 거북이 알을 남획한 결과 아마존 주민들이 주로 의존하던 단백질원이 사라졌고, 아마존 유역의 하천 환경이 훼손되었다. 18세기 영국과 프랑스의 식민 지배자들은 식민지에 사탕수수, 담배, 커피, 차 등을 단일 경작 방식으로 재배하도록 강요했다. 그 결과를 미미 셸러(Mimi Sheller)는 다음과 같이 지적한다. "유럽은 카리브해 주변 지역의 자원을 소비함으로써 …… 유럽 스스로 큰 변화를 겪었다."

19세기가 되면서 유럽과 북아메리카는 고무 같은 산업용 소재를 식민지에서 추출하는 데 집중하기 시작했다. 아마존 유역의 생물 서식처와 생태는 더 교란되었고 식민지의 토착 산업은 유럽에서 수입된 값싼 공산품 ― 유럽으로 고무를 운송한 후 식민지로 돌아오는 배의 거대한 수하물 창고에 가득 실어 들어온 ― 과의 경쟁에 노출되었다. 19세기 말 고무 수요가 급증하면서 영국은 동남아시아에, 미국은 아프리카에 각각 대규모 고무 농장을 건설했다. 고무를 대량으로 단일 경작하게 되면서 동남아시아와 아프리카의 생태계는 완전히 변했고, 그와 동시에 아마존 유역에서는 야생 고무 채취가 줄면서 아마존 지역 경제가 추락해버렸다.

이처럼 개발론자들은 무역을 통한 인간들 사이의 교류에는 초점을 맞추면서 어째서 자연과의 교류는 무시하는가?

출처 : Bunker and Ciccantell, 2005 : 34-47; Sheller, 2003 : 81

이 묘사했다. "이곳은 런던의 시티(런던의 금융 중심가)만큼이나 크고 인구가 많으며 삶이 풍요로운 곳이다." 그러나 1840년이 되면 찰스 트리벨리언(Charles Trevelyan) 경이 영국 의회에서 다음과 같이 증언할 정도가 되었다. "다카의 인구가 15만에서 3만 명 수준으로 줄었으며, 주변의 밀림이 도시를 잠식하기 시작했고 말라리아가 번지고 있다. …… 인도의 맨체스터라고 불리던 다카는 번창하던 도시에서 쇠락한 촌락으로 변해버렸다."[7]

식민 지배 시스템에서 토착 산업은 쇠퇴했고, 지역에 기반을 둔 농사는 밀려났으며, 제일 좋은 땅은 유럽의 소비자와 산업 부문에 공급할 작물을 재배하려는 상업형 농사를 짓는 데 사용하기 시작했다. 전 세계 식민지에

표 2-1 **식민지에서 수출된 곡물들**

식민지	식민 지배 세력	수출 작품
오스트레일리아	영국	양모, 밀
브라질	포르투갈	설탕, 커피
콩고	벨기에	고무, 상아
이집트	영국	면화
가나	영국	카카오
아이티	프랑스	설탕
인도	영국	면화, 아편, 차
인도차이나	프랑스	쌀, 고무
인도네시아	네덜란드	고무, 담배
코트디부아르	프랑스	카카오
케냐	영국	커피, 차, 용설란
말라야	영국	고무, 야자유
세네갈	프랑스	땅콩
남아프리카	영국	금, 다이아몬드

서 대규모 농장의 수와 환금 작물 생산이 급증하였다. 각각의 식민지 농업 생태계에서 잘 클 수 있는 작물이 선정되어 바나나에서 땅콩에 이르는, 각종 특화된 열대 수출 품목을 재배하기 시작한 것이다(표 2-1 참조). 비서구 사회는 자연 자원과 수공업 전통을 상실하면서 근본적인 변화를 겪었다. 전통적 생산 방식을 빼앗긴 식민지 주민들은 광산과 임야와 대규모 농장에서 일해야 하는 처지가 되었고, 머나먼 유럽의 공장에 공급할 수출용 품목을 생산해야 했다. 이것은 **전 지구적으로** 일어난 과정이었다. 식민지의 노예, 농민, 노동자들이 유럽의 산업화된 계층에 설탕, 차, 열대산 기름, 의류용 면화와 같은 값싼 식민지 생산물을 공급해야 했기 때문이다. 서구의 발전은 식민지 사회를 '저발전(underdeveloping)' 상태로 만든, 인종 차별화된 전 지구적인 관계 속에서 이루어졌다. 이러한 불평등 관계는 오늘날까지 이어지고 있다. 예를 들어, 유엔의 인간 개발 지수가 169개국

중 160위인 말리는 국가의 세수입 중 절반을 면화 수출로 충당하고 인구의 40퍼센트가 면화 생산으로 생계를 잇는 형편이지만, 여러 나라들과 불공정한 경쟁을 해야 한다. 미국이나 유럽연합, 중국 등에서 높은 국가 보조금 혜택으로 무장한 면화 생산자들이 값싼 면화를 시장에 내놓고 있기 때문이다.[8]

식민 지배 통치는 식민지 노동력을 동원하는 데 초점을 맞췄다. 예를 들어, 19세기 이전의 남아메리카에서는 토지를 소유한 소수 지배 계층(hacendados)이 **엥코미엔다**(encomienda)라는 토착 농노 제도를 통해 에스파냐와 포르투갈 군주의 이름으로 각 지역을 다스렸다. 정착 식민지는 북아메리카, 오스트랄라시아, 아프리카 남부 등으로 퍼져 나갔는데 이곳에서 유럽 정착민들은 군사력과 법 제도와 경제력을 동원해 현지 주민들로부터 토지를 강탈했고, 노예, 범죄자, 강제 계약 노동력을 동원하여 상업용 농지를 개발하였다.[9] 산업 시대가 진행되면서 아시아와 아프리카의 식민 지배는 더욱 관료화되었다. 19세기 말이 되면 식민지의 행정은 현지에서 자체 충당한 예산으로 이루어졌고, 그러한 체제는 군사력과 현지 귀족, 부족장, 카스트 계급의 복종을 통해 유지할 수 있었다.(인도에 거주한 영국인의 수는 전체 인도인의 0.5퍼센트를 넘은 적이 없었다.)[10] 현지의 식민 협력자에게는 각종 작위와 토지 또는 영농 과세 혜택을 부여해 농민들을 사병으로 모집할 수 있게 하거나, 식민 당국에 세금을 낼 수 있도록 농민들에게 환금 작물의 경작을 강제할 수 있는 권한을 주었다.

남자들이 환금 작물 재배에 동원됨에 따라 전통적인 가부장적 성별 분화가 깨지고 새로운 성별 불평등이 발생했다. 새로운 사유 재산 제도가 도입되면서 여성들이 관습적으로 임야를 사용하던 권리를 빼앗겼고, 전통적으로 여성의 책임이었던 먹을거리 생산의 길이 막혀버렸다. 예를 들어 케냐를 식민 지배했던 영국은 현지 키쿠유족(Kikuyu) 사회를 해체했다. 사유 재산 제도가 도입되면서 농민들이 농토에서 쫓겨나게 되었는데, 이 중에서 남성은 유럽인 소유의 농지로 가서 일용 노동자가 되었다. 여성 역시 자기 일을 빼앗김으로써 자연 자원에 대한 통제권을 잃었고 여성의 지위와 부와 권위는 땅에 떨어졌다.

인도에서 면화, 황마, 차, 땅콩, 사탕수수 같은 상업용 작물 생산이 1890년대부터 1940년대 사이에 85퍼센트나 늘어났다. 반면 같은 시기에 인구가 40퍼센트나 늘어났는데도 주민들이 먹어야 할 먹을거리용 곡물 생산은 오히려 7퍼센트나 감소했다.[11] 영국은 세금 제도와 관개 정책을 이용하여 농민들이 수출용 작물을 재배하도록 유도했으며, 1900년경에는 영국인들의 밀 소비량 중 인도산이 차지하는 비중이 20퍼센트에 달했다. "런던 시민들이 실제로는 인도 사람들이 먹어야 할 빵을 먹고 산다."라는 말이 나오게 된 이유는 근대 기술—곡물을 상품으로 전환하는—이 도입됨으로써 인도인들의 식량 안보가 무너졌기 때문이다. 런던의 곡물 시장 상인들이 책정한 곡물가 정보가 신기술인 전신 시스템을 통해 인도 현지로 즉시 전달되었고, 항구로 이어지는 철도 변에 있던 마을에서 비축하고 있던 곡물을 현지 상인들이 수출용으로 모두 털어 갔던 것이다. 따라서 새롭게 출현한 전 지구적 시장 기술 탓에 인도 현지의 촌락에서 기근이나 가뭄에 대비하여 곡물을 비축해놓던 전통 방식이 허물어지기 시작했다. 예를 들어, 1899년에서 1900년 사이에 베라르 지방에서 발생한 기근으로 14만 3천 명의 농민들이 굶어죽었지만, 그 와중에도 이 지방에서 곡물 74만 7천 **부셸***과 수만 톤의 면화가 외국으로 수출되었다.[12]

식민지의 기근은 현지 자원을 수출용 상품으로 전용했기 때문에 일어

부셸(bushel) 1부셸은 약 2말 정도의 곡물 분량이다.(역주)

2장 개발 프로젝트의 기원 83

난 현상만은 아니었다. 예를 들어, 인도의 영국 식민 지배 당국은 '공유지'를 사유 재산 혹은 국가 독점 재산으로 전환했다. 산림과 목초용 공유지는 비(非)시장적 자원을 생산하는 생태 지역이었고 촌락의 주민들은 통상적으로 공유지를 이용할 자격이 있었다. 아시아 몬순 지대의 촌락 경제는 "공유지에서 나오는 공짜 자원 덕분에 곡물 생산과 수공품 생산을 더욱 늘릴 수 있었다. 공유지 제도로 인해 촌락 주민들은 가축 사료용 건초, 로프용 풀줄기, 연료로 쓸 땔감과 가축의 배설물, 비료용 배설물과 낙엽과 임산물, 주택 수리용 진흙, 그리고 무엇보다 깨끗한 식용수를 얻을 수 있었다. 모든 계층이 공유지를 활용했지만, 특히 빈곤 가구에게 공유지는 생존에 필요한 조건을 제공해주는 수단이었다."[13] 1870년대 말이 되면서 영국인이 인도의 모든 산림—과거에는 지역 공동체에서 공동으로 관리하던—에 경계를 지었다. 공유지의 목초 자원에 주민들의 접근이 금지되면서 '가축 치는 사람들과 농사짓는 농민들 간의 오랜 생태적 상호 의존 관계'가 깨졌고, 면화와 기타 수출용 단일 작물의 재배가 늘어나면서 토양을 재생하려고 대규모 윤작과 장기간 휴한을 하던 전통 역시 쇠퇴했다.[14] 수출용 단일 작물 재배 방식은 토착 관개 시스템을 인공 운하로 대체했는데 그 결과 자연 수로가 막혀 토양의 염도가 높아졌으며 늪에 물이 고여 치명적인 말라리아를 일으키는 학질모기가 서식할 수 있는 최적의 환경을 형성하기에 이르렀다. 1901년에 한 영국인 기술자는 농림수리위원회에 다음과 같이 보고하였다. "운하가 기근을 방지해주지는 못하겠지만, 투자에 비해 엄청난 수익을 낼 것이다."[15]

식민 지배의 분업 구도는 서구의 자본주의 문명을 먹을거리와 원자재를 통해 발전시키면서 그와 동시에 비서구 사회와 비서구 생태계에 큰 피해를 끼쳤다. 서구 산업 사회가 발전하면서 폭증하던 서구 사회의 도시 거주자들은 식민지에서 들여오는 설탕, 커피, 차, 카카오, 담배, 식용유 따위를 더 요구했고, 급격히 확대된 공장 시스템은 더 많은 양의 면화, 목재, 고무, 황마 같은 원자재를 요구했다. 따라서 식민 지배자들은 노예 노동, 세제, 토지 수탈, **강제 계약 노동*** 등 다양한 방법을 동원해 더 많은 식민지 주민들에게 환금 작물을 재배하도록 강요했다.

아프리카 노예 무역이 줄어들면서 서구인들은 새로운 방식의 강제 계약 노동을 창조했다. 식민지에 대한 간섭 혹은 값싼 수입 직물이 불러온 시장 경쟁 때문에 생계가 곤란해진 인도와 중국의 수많은 농민들과 수공업자들이 카리브 제도, 피지, 모리셔스, 남아프리카 나탈 등지의 사탕수수 농장으로, 말라야와 수마트라의 고무 농장으로, 영국령 동아프리카의 철도—아프리카의 자원 수탈과 영국산 저가 공산품 도입이라는 이중 착취를 심화한—공사장으로 일자리를 찾아 떠났다. 1850년에서 1875년 사이에만 100만 명이 넘는 인도의 강제 계약 노동자들이 국외로 일거리를 찾아 나섰다. 오늘날에도 피지에는 현지 주민보다 인도인의 숫자가 많으며, 프랑스령 가이아나 인구의 50퍼센트, 트리니다드 제도 인구의 40퍼센트를 인도인이 차지하고 있다. 같은 시기에 9만 명이 넘는 중국인 강제 계약 노동자들이 페루의 조분석(鳥糞石) 채석장으로 일하러 갔고, 20만 명 이상이 캘리포니아의 과수 재배 농장, 금광, 철도 건설 공사장으로 흘러 들어갔다.[16] 식민지 주민들, 특히 아프리카와 인도와 중국 사람들이 반강제로 고향을 떠나야 했고, 이들이 식민지 내에서 노동력이 부족한 다른 지역으로 노동력을 메꾸기 위해 고향을 떠나 디아스포라(이산) 주민으로 살아야 했던 사실은 전 세계적으로 항구적인 결과를 불러왔다. 이런 식으로 형성된

강제 계약 노동(indentured labor) 형식상 계약을 맺기는 했지만 계약 과정이 반강제적이고 노동 조건이 열악하기 짝이 없었던 노동 형태.(역주)

문화적 모자이크는 인종, 종족(ethnicity), 국적으로 대별되는 근대적 표현형들을 분명하게 드러냈고, 오늘날 전 세계적으로 모든 나라의 정치 문제로 번진 종족 정치(ethno-politics)에 따른 긴장을 낳게 되었던 것이다.

식민 지배의 이상은 세속적·근대적 사회를 건설한다는 것이었지만, 실제로는 인종화된 식민 지배에 지나지 않았다. 그 시대는 산업 기술이나 군사 기술을 통해 노동력과 교육을 조직하거나 도시와 농촌 사회를 감시하고, 위생과 공중 보건을 관리한 시기이기도 했다.[17] 식민지에서 서구가 행사한 권력을 보면 근대 국가의 권력—인종적 모욕을 주어 계급 구조를 확고히 한다는 전제에 기반을 둔—이 얼마나 폭력적인지 실체가 드러난다.[18] 이런 방식 때문에 식민지 주민들은 노동자, 농민, 병사, 관리 등 신분 고하를 막론하고 지배자에게 반발하고 저항했다. 이러한 긴장 관계가 탈식민 정치를 키웠으며 이런 움직임이 커지면서 식민 지배의 억압에 대한 초보적 저항에서 한 걸음 더 나아가 독립을 추구하는, 좀 더 일관되고 민족주의적인 운동이 등장했다.

식민 지배 프로젝트와 개발의 수수께끼

식민 지배는 대단히 폭넓고 다차원적인 결과를 낳았다. 우리가 여기서 식민 지배의 분업 구도에 초점을 맞추는 이유는 그것이 개발이라는 수수께끼를 푸는 하나의 열쇠이기 때문이다. **세계적인** 분업을 통해 만들어진 상호 의존 구도를 이해하지 못하는 한, 이 불평등한 세계를 있는 그대로 받아들이기 쉽고, 선진 서구 사회가 후진 비서구 사회를 선도한다고 하는 자연스러운 연속선상에서 세계 질서를 이해할 가능성이 크다. 하지만 불평등한 이 세계를 순차적으로(앞선 나라를 따라잡아야 한다는 식으로) 보지 않고 관계론적으로(상호 의존한다는 식으로) 본다면, 통상적인 근대의 이해

방식으로 '발전'을 파악하는 데 의문을 제기할 수 있다. 통상 우리는 개별 국가들이 '개발의 사다리' 위에서 앞서거니 뒤서거니 하면서 차례로 발전을 경험하거나 추구한다고 이해하곤 한다. 그러나 만일 서구의 산업 성장이 비서구 사회의 단일 품목 경작 농업에 의존하는 형태였다면 개발이라는 것은, 설령 한 나라의 현상으로 묘사된다 하더라도, 단순히 한 나라 내의 과정이라 할 수 없다. 식민 지배 프로젝트로부터 우리가 내릴 수 있는 결론은 개발 과정 자체가 역사적으로 식민 지배의 불평등한 관계—불공평한 분업과 불공평한 생태적 교환을 포함하는 관계. 이 둘은 식민 시대와 탈식민 시대에 비서구권의 '저발전'이라는 영구적인 유산을 남겼다.—에 기대고 있었다는 사실이다. 물질적 저발전 그리고 거버넌스와 관련한 정치적 저발전의 문제를 비롯해 오늘날에도 계속되고 있는 전 지구적 불평등 때문에 '재식민화(recolonization)'라는 비판의 소리까지 나오는 형편이다.

탈식민화

서구인이 식민지 주민을 '문명화'하려고 시도했을 때 아메리카, 아시아, 아프리카의 식민지 주민들은 서구의 역설에 착안하여 문제를 제기하기 시작했다. 즉, 서구 문명이 내놓은 인권과 주권 담론을 식민지 주민들이 자신들의 종속 상태와 비교하기 시작한 것이다. 프랑스령 산토도밍고의 사탕수수 재배 식민지에서 18세기 말에 일어난 '흑인 자코뱅' 반란은 서구의 이중적 잣대를 만천하에 폭로한 사건이었다. 프랑스 혁명의 구호를 프랑스 식민 지배 세력에게 고스란히 되돌려준 이 거사 덕분에 사탕수수 농장에서 반란을 일으킨 노예들이 독립을 쟁취하여 신생국 아이티를 창설할 수 있었는데, 이 일은 신세계에서 노예를 두고 있던 모든 지역에 엄청난 파

장을 일으켰다.[19]

식민 지배에 대한 저항은 그 후 19세기 초에 라틴아메리카에서 에스파냐와 포르투갈로부터 독립한 공화국들이 설립된 것을 필두로 1990년대 초 남아프리카공화국의 인종 분리 정책(아파르트헤이트)이 철폐될 때까지 거의 200년 동안 계속되었다. 2002년에야 동티모르가 독립하고 팔레스타인 사람들이 주권 국가를 쟁취하기 위해 아직도 투쟁하는 등 탈식민화는 현재도 계속되고 있지만, 전 세계적으로 탈식민화 물결은 서구의 식민 지배가 붕괴됐던 20세기 중반에 최고조에 달했다. 제2차 세계대전으로 인해 프랑스, 네덜란드, 영국, 벨기에의 국력이 반식민 투쟁의 요구를 막아내지 못할 정도로 쇠락해졌던 것이다. 그때만 해도 자유를 획득하는 것은 곧 식민 지배의 수탈을 극복하는 행위로 여겨졌다. 또한 그것을 수행할 도구는 **국민국가**(nation-state)였으며, 그 길만이 형식적인 정치 독립을 확보해준다고 믿었다. 그러나 실질적으로 독립국의 주권은 식민 지배 시절의 문화적·경제적 유산 위에서 성립될 수밖에 없었다.

식민 제국의 붕괴와 신생 독립국

식민 지배로부터 자유를 얻는다는 것은 식민 지배의 사회적·심리적 상흔이 지워진다는 뜻이었다. 식민 지배의 인종주의적 유산은 식민 지배자와 피지배자 모두의 정신에 오늘날까지 깊은 영향을 남겼다. 아프리카 독립 투쟁이 최고조에 달했던 1957년, 튀니지의 철학자 알베르 멤미(Albert Memmi)는 《식민 지배자와 피지배자(The Colonizer and the Colonized)》를 집필했는데, 1967년에 나온 그 책의 미국판을 미국 내의 피지배자인 흑인들에게 헌정했다. 그 책에서 멤미는 다음과 같이 말한다.

인종주의는 …… 식민 지배 시스템에서 최상위의 표현이며, 식민 지배자들의 가장 핵심적인 특징이다. 인종주의는 식민 지배 현실의 필수 불가결한 요소, 즉 식민 지배자와 피지배자 간에 근본적인 차별을 행할 뿐만 아니라, 식민 지배 현실이 절대 변하지 않을 것이라는 불변성의 기초를 놓는다.[20]

이러한 외견상의 불변성을 극복하기 위해 서인도 제도 출신의 정신의학자 프란츠 파농(Franz Fanon)은 알제리에서 해방 선언문이라 할 수 있는 《대지의 저주받은 사람들(The Wretched of the Earth)》을 썼다. 이 책은 서구 식민주의에 대한 준열한 고발이었고, 구식민지(제3세계) 주민들에게 노예 근성을 극복하여 인류를 위한 새로운 길을 열자고 촉구하는 격문이었다. 그는 다음과 같이 말한다.

이 문제는 인류의 새로운 역사를 시작하는 제3세계가 직면해야 할 문제이다. 이 역사는 간혹 서구가 제시한 비범한 논리를 인정하면서도, 서구가 행한 범죄를 잊지 않는 역사가 되어야 한다. 서구의 범죄 중 가장 극악한 범죄는 인간의 가슴 속에서 자행되었다. 그것은 인간의 기능을 병적으로 갈기갈기 찢어 내고 인간의 일체성을 짓밟은 행위였다. …… 인류의 광대한 잣대에 비추어 인종적 증오, 노예제, 착취, 그리고 무엇보다 15억 명의 인류를 괄호 밖으로 내몬 무혈 제노사이드가 발생했던 점을 잊을 수 없다. …… 인류는 우리가 이런 수준의 광대 짓거리, 역겨운 희화에 가까운 짓이 아닌 다른 어떤 일을 할 수 있기를 고대하고 있다.[21]

탈식민화는 대중의 정치적 저항 운동으로 표출된 끓어오르는 해방의 물결에 그 뿌리를 두고 있었다. 오늘의 팔레스타인과 비슷하게, 알제리에서는 독립운동이 그 내부에서 태동했고 식민지 주민들이 프랑스의 점령에 직접 항거하였다. 양측이 모두 자행한 테러 전술은 식민 지배자와 피지배자 사이의 원한 맺힌 갈등을 상징적으로 보여주었다. 이는 질로 폰테코르보(Gillo Pontecorvo)의 고전적 영화인 〈알제리 전투(Battle of Algiers)〉에 잘 표현되어 있다.

다른 형태의 저항도 일어났는데 그중에는 독립군을 결성하여 민족 해방 투쟁을 벌인 경우(포르투갈령 아프리카 식민지들, 프랑스령 인도차이나 등)도 있었고, 식민지에서 발생하는 노동 쟁의도 아주 흔한 일이었다. 이런 측면을 감안했을 때 개발은 식민 지배자들이 식민지 주민들의 물질적 조건을 향상시켜주면서 식민 지배를 유지하려고 한 실용적인 노력이었다고 볼 수 있다. 하지만 식민지 주민들은 이 점을 너무나 잘 알고 있었으며, 발전을 지배자가 베풀어주는 시혜가 아니라 자신들의 권리로 받아들이면서 식민 지배자들을 압박했다. 영국의 식민청 장관이던 맥도널드(Malcolm MacDonald)는 1940년에 다음과 같이 발언했다. "식민 제국에 대해 우리가 지금 당장 어떤 조치를 취하지 않으면, 다시 말해 그들에게 적절한 사회 서비스를 제공하지 않으면, 우리는 식민지를 잃어도 할 말이 없다. 그렇게 될 날이 오는 건 시간 문제일 뿐이다."[22] 이런 점을 생각한다면 피식민지의 대표들이 국제 무대에서 권리와 자유의 언어로 열변을 토하며 정의를 호소하는 장면은 식민 지배 세력의 위선을 만천하에 폭로하는 것과 다름없었다.

새로운 국제 질서가 만들어지고 있었다. 1945년부터 1981년 사이 식민 제국들이 붕괴하면서 105개 국가가 유엔에 가입함으로써 유엔 가입국 수가 51개국에서 156개국으로 급증했다. 인류의 절반이 넘는 비서구 인민들이 정치적 주권을 획득함에 따라 발전의 시대가 본격적으로 열린 것이다.[23] 이 시대에는 이상주의가 거의 무한대로 펼쳐졌다고 할 수 있다. 제1세계와 제3세계의 정부와 국민이 공동으로 경제 성장을 촉진하는 데 협력했으며, 도시와 농촌의 모든 주민에게 교육과 공중 보건과 가족 계획과 대중교통과 통신 수단을 통해 사회적인 진보를 가져다주고, 새로운 나라에서 모든 국민에게 정치적 시민권을 부여하려고 노력했다. 피식민 주민들이 독립운동을 전개하기 위해 식민 지배 세력의 민주주의 담론을 차용했던 것처럼, 신생 국민국가의 지도자들은 개발 시대의 이상주의를 차용하여 만인의 평등 ― 유엔이 1948년에 제정한 세계인권선언의 정신에 따라 ― 을 국내외의 목표로 선언하고 나섰다.

세계인권선언은 인종, 피부색, 성, 언어, 종교, 정치적 견해, 국가나 사회적 출신, 재산, 출생 신분, 그밖에 어떤 지위도 상관없이 모든 이를 위한 자유와 평등과 생명과 안전이라는 기본적 인권으로 이루어진 새로운 세상의 패러다임을 대변했다. 또한 세계인권선언은 시민권, 즉 시민들이 시민권적 사회 계약을 누릴 수 있는 권리도 인정했다. "모든 사람은 사회의 구성원으로서 사회 보장을 받을 권리가 있다. 또한 모든 사람은, 국가의 자체적인 노력과 국제적인 협력을 통하여, 그리고 각 나라가 조직되어 있는 방식과 각 나라가 보유하고 있는 자원의 형편에 맞추어 자신의 존엄과 인격의 자유로운 발전에 반드시 필요한 경제적·사회적·문화적 권리를 실현할 수 있는 자격이 있다."[24]

사례_ 인도 민족 봉기의 교훈

영국의 식민 지배에 대한 간디(Mahatma Gandhi)의 비폭력 저항 모델은 인도의 촌락 생활에서 나타나는 이상형의 전근대적 유대에서 찾을 수 있는 단순성과 덕성을 확인시켜주었다. 당시 등장하던 국민국가들로 이루어진 세계를 받아들이지 않았던 간디는 인도인들이 식민 지배 세력의 강압에 의해서가 아니라 근대의 유혹에 넘어가 종속적인 존재로 전락하고 말았다고 교훈적인 어조로 주장했다. 간디의 접근 방식은 그가 신봉했던 철학, 즉 사회적 도덕성의 인도를 받은 초월적—과학적이거나 역사적이 아닌—진리의 철학에서 흘러나온 것이었다. 간디는 근대 국가가 사용하는 폭력적 권력 행사 방식과 산업화 시대의 제도화된 합리성을 경멸하였으며, 기계 때문에 인도가 쇠망한다고, 인도인의 수공예 전통을 파괴할 뿐만 아니라 인류애를 좀먹는다고 개탄했다.

"인간의 마음은 안절부절 못하는 새와 같다. 더 많이 가질수록 더 많이 원하게 되고, 그러면서도 늘 불만에 차 있다. …… 이 때문에 우리 조상들이 사람들의 방종을 경계했던 것이다. 행복은 정신적 조건 속에 있음을 이미 간파했기 때문이다. …… 우리는 수천 년 전부터 써 오던 똑같은 방식의 쟁기만 가지고도 충분히 밭을 갈 수 있었다. 우리는 예전부터 사용하던 것과 똑같은 움막에서 지금까지 잘살아 왔으며, 토착적인 교육은 과거와 마찬가지로 오늘날에도 우리에게 교훈을 준다. 우리에게는 삶을 좀먹는 경쟁 시스템이 없었다. …… 우리가 기계를 발명할 줄 몰라서 안 했던 게 아니다. 다만, 우리가 그런 데 정신을 팔면 우리 스스로 노예가 되고 우리 자신의 도덕적 핵심을 잃게 되리라는 것을 우리 조상들이 예전에 깨달았기 때문이다."

간디는 직조 기계로 만든 천이 아니라 직접 손으로 짠 의복을 입고, 영어를 쓰지 않기로 다짐했으며, 자기 이익을 중심에 두는 서구 철학을 믿지 않는 방식으로 저항을 실천했다. 간디는 자기 이익을 강조하다 보면 공동체에 기반을 둔 윤리가 침해된다고 보았고, 사회적 권력의 분산을 지지하고 풀뿌리 자립 의식을 호소하면서 다음과 같이 선언했다.

"독립은 가장 밑바닥에서부터 시작되어야 한다. 따라서 모든 촌락은 각각의 공화국 또는 자율성의 전권을 가진 **판차야트***가 될 필요가 있다. 그러므로 모든 촌락은 자체적으로 지속 가능해야 하고, 전 세계에 맞서 자신을 스스로 지킬 수 있을 정도로 최대한 자율성을 지녀야 한다."

간디의 정치 철학 — 잠재적으로 힌두교의 반동적인 이미지에 기대고 있긴 했지만 — 은 인도의 농촌 사회에 큰 감화를 주었지만, 실제로 인도의 민족주의는 인도국민회의(Indian National Congress)라는 정당과 그 정당의 진보적 민주사회주의자였던 자와할랄 네루(Jawaharlal Nehru)를 중심으로 해서 권력 장악의 길로 나아갔다. 네루는 당시 만들어지고 있던 인도의 국민국가를 대변했고, 간디의 철학이 현대 세계에 적합하지 않다고 보았지만 그것의 잠재적인 민중 동원 능력을 인정했다. 인도가 추구했던 산업화 발전의 길을 보완하기 위해 네루는 토지 개혁과 농업 근대화를 요구하는 민족주의 운동을 병행하면서 다음과 같이 선언했다. "현대 세계에서, 한 나라가 고도의 산업화를 이미 달성했고 자체적으로 자원을 완전히 동원할 수 있지 않는 한, 그 어떤 나라도 정치적으로 또 경제적으로 완전히 독립할 수는 없다."

간디와 네루는 각각 독립의 아버지, 그리고 인도 국민국가의 아버지로 추앙받고 있다. 그러므로 인도의 경우 반제국 투쟁은 두 가지 경향으로 전개되었던 것이다. 첫째, 촌락 수준의 자치에 뿌리를 두고 뒤쪽(과거)과 앞쪽(미래)을 동시에 추구하는 초월적 힌두 교리라는 이상주의 경향, 둘째, 근대 국가라는 형식을 바탕으로 삼아 인도 문명을 살려내고 그 문명을 보존하며 예찬함과 동시에 옆길을 추구하는 현실주의 경향이 그것이다.

판차야트(panchayat) 정식 명칭은 그람 판차야트(gram panchayat)이며 자치 권한이 있는 인도의 촌락 단위이다.(역주)

> 인도가 독립을 달성하던 시점에 간디와 네루가 품었던 '발전'에 관한
> 서로 다른 비전이 오늘날 '지속 가능한 발전'과 '최대한의 경제 성장' 사
> 이에 발생하고 있는 긴장을 미리 예시했다고 생각하는가?
>
> 출처 : Chatterjee, 2001 : 86, 87, 91, 97, 144, 151

탈식민화와 개발

탈식민화는 개발에 새로운 의미를 부여했다. 탈식민화 덕분에 이제 개발을 주권의 이상, 피지배민을 시민으로 전환할 수 있는 가능성, 사회 정의를 위해 경제 발전을 추구한다는 의미와 연결 지을 수 있었다. 탈식민화 시대 이전에 이미 독립했던 라틴아메리카 국가들 역시 비슷한 국가 목표를 설정했다. 이들은 프랑스 혁명과 미국 혁명의 자유주의와 민족주의 이념─전 국가적 교육 제도, 국어 사용, 자국 화폐, 근대식 군대, 시민의 투표권─에 영감을 받아 그러한 노선을 추구했던 것이다. 자유주의와 민족주의 이념은 아시아와 아프리카의 20세기 탈식민 운동에도 영향을 주었다. 또한 이 시기는 미국이 전 지구적 영향력과 번영을 구가하던 시기와 맞아떨어졌다. 시장을 확대하고 원자재의 흐름을 유지하기 위해 종전 후의 세계를 재편하려던 미국은, 한 나라가 한 나라 차원에서 잘살게 되는 것을 '발전'으로 보던 사상에 매료되어, 그러한 성공담이 국민국가들로 이루어진 세계에서 각 나라마다 되풀이되게끔 하려는 국제 프로젝트를 이끌게 되었다.

미국이 스스로 경험했던 발전 모델도 이런 식의 '내향적' 비전이었는데, 이는 영국 제국이 추구했던 '외향적' 발전 모델('세계의 공장')과는 달랐다.

미국은 북아메리카 대륙의 영토를 넓히면서 원주민 문화를 철저히 짓밟긴 했지만(**내부 식민화**), 18세기 말 영국의 식민 지배에 맞서 투쟁을 벌인 끝에 독립한 구식민지라는 역사적 사실 때문에 '반식민주의' 성향을 지니고 있었다. 노예제가 폐지된 후 남부 주들이 연방에 편입하면서 국가 전체가 농업 부문과 산업 부문으로 이루어진 거대한 하나의 역동적 경제권이 되었다. 〈그림 2-2〉는 농업과 산업 간의 식민지형 분업과 일국형 분업의 차이를 보여준다.

국제적으로 식민 지배 세력과 식민지 사이의 전 지구적 교환 관계를 규정하던 산업 부문과 농업 부문 간의 분업 구도가, 미국의 경우에는 국내 산업 부문과 국내 농업 부문 사이의 분업 구도로 **내부화**되었던 것이다. 예를 들어 시카고의 상품 거래인들은 중서부 농촌 지역의 농산물을 구입하여 가공했고, 그 대신 농민들에게 농기구와 공산품을 팔았다. 이처럼 미국에서는 도시와 농촌이 함께 번영한다는 것이 **모범**으로 자리 잡았다. 외국 무역과 국외 투자를 계속하면서도 국내의 발전 모델을 **이상형으로 간주**했던 것이다. 하지만 미국에서도 농업은 독자적인 부문으로 남을 수 없었고 산업화의 길을 걸어야 했다. 미국의 농부들은 "광활한 목초지 평원을 개간하여 지표 아래 묻혀 있던 엄청난 유기질 토양의 생산력에 힘입어 큰 수확을 올릴 수 있었다." 비옥한 토양의 생명력이 고갈될 때면 또 다시 변두리의 처녀지를 개척하는 식으로 개발을 계속했지만 이 방식은 결국 생태적 한계에 도달해 1930년대에는 '먼지 폭풍(dustbowl)' 위기를 일으키기에 이르렀다. 이 문제를 해결하려고 내놓은 해법이 공공 자금을 투입한 영농산업화(agro-industrialization) 정책이었다. 이는 문제의 원인은 그대로 둔 채, 농업의 최종 산물인 농산물을 안정적으로 공급하기 위한 프로그램이었다. 이를 위해 전문화된 단일 작물 경작을 장려했으며 화학 비료 같은 산업 투입물을 대량으로 사용하였다. 하지만 화학 비료가 토양에 가한 파멸적 효과는 이른바 '비료의 형벌'을 발생시켰다. 미국은 이런 식의 자본집약적으로 산업화된 농업 모델을 농업 근대화라는 이름으로 세계로 수출했고, 이는 전 세계의 생태 파괴라는 결과를 불러왔다.[25]

제3세계와 '개발의 사다리'

탈식민 시대에 전 세계는 세 가지 지정학적 블록으로 나뉘었다. 이런 구분은 제2차 세계대전(1939~1945) 이후 냉전 시기에 등장했는데 서구 자본주의권을 제1세계, 소련 공산권을 제2세계로 불렀다. 탈식민 나라들은 제3세계로 분류했다. 물론 이 블록들 사이에, 그리고 각 블록 내에는 상당한 불평등이 존재했으며, 각국 내에서도 빈부 격차가 심했다.

전 세계 국가들을 나누는 문제는 상당히 복잡하고 다방면에 걸친 과제이며, 분류의 목적에 달린 문제이기도 하다. 1952년에 프랑스의 인구학자 알프레드 소비(Alfred Sauvy)의 기본적 분류는 세계를 삼등분하는 방식이었다. 제1세계(The First World)는 서구와 일본을 합한 자본주의권이었고, 제2세계(The Second World)는 소련을 포함한 사회주의 진영이었으며, 그 외의 모든 지역은 제3세계(The Third World)로 여겼는데 주로 서구의 구식민지들로 이루어진 블록이었다. 제3세계 내에서도 핵심부는 제1세계와 제2세계 사이에서 독자 노선을 도모하려는 비동맹 국가들이 차지했는데 특히 중국, 이집트, 가나, 인도, 인도네시아, 베트남, 유고슬라비아 같은 나라들이었다. 1980년대에는 주변화된 극빈국들을 따로 호칭하기 위해 제4세계(The Fourth World)라는 말까지 생겼다. 유엔과 그밖의 개발 관련 기관에서는 전혀 다른 명칭 체계인 선진 개발국(developed countries), 개발 도상국

(developing countries), 그리고 최저 개발국(least developed countries)이라는 용어를 사용한다. 이는 '근대화' 이론을 연상시키는데, 이에 따르면 각국은 하나의 연속선 또는 '개발의 사다리' 위에 위치하며, 어떤 나라가 산업 경제와 합리적·법적 행정 체계와 다원적 대의제 정치 체제 쪽으로 나아갈수록 다음 단계로 넘어가는 것이 된다.

탈식민 시대에 경제적·군사적·이념적으로 가장 막강한 나라는 미국이었다. 미국은 높은 생활 수준(1인당 소득으로 따져 서유럽 평균의 3배), 반식민주의 전통, 자유주의적 국내·국제 정책 등으로 말미암아 세계 지도국으로서 정당성을 부여받았고 선진 개발국들의 모델 국가로 여겨졌다.

미국에 맞서는 진영에는 소련과 동구권의 다양한 공산국가들이 있었다. 제2세계는 제1세계 자본주의의 대안으로 여겨졌다. 제3세계 즉 인류의 절반에 해당하는 나머지 ― 대다수가 여전히 자기 먹을거리를 직접 생산하던 농촌 거주자들 ― 는 경제 언어로 표현해서 '궁핍한' 이들, 또는 파농의 정치적·문화적 언어로 표현하자면 "대지의 저주받은 사람들"이었다.

그 당시 제1세계는 전 세계 인구의 20퍼센트를 차지하면서 전 세계 소득의 65퍼센트를 벌어들인 반면, 제3세계는 전 세계 인구의 67퍼센트를 차지하면서 전 세계 소득의 18퍼센트만을 벌었다. 제1세계와 제3세계 사이에 생활 수준의 격차가 벌어진 이유가 각 블록의 경제 성장율이 다르기 때문이라고 보는 사람도 있지만, 그런 이유보다는 역사적 식민 지배 때문에 그런 결과가 나타났다고 믿는 사람도 있다.[26] 더 나아가, 소득 수준에 기반을 둔 단일한 기준을 따라 서로 다른 사회들을 구분하는 것 자체를 회의적으로 보는 사람도 있다. 소득과 상관 없는 활동을 가치 있게 여기는 비서구권 사회도 많다는 이유에서다.

제1세계와 제3세계 사이의 경제적 격차가 워낙 크게 부각되었으므로 제

3세계 국가들의 발전이 반드시 필요하다는 생각이 대두했고, 이는 각 블록의 정치 엘리트와 기업 엘리트들이 적극적으로 국제 개발을 지지하게 된 계기가 되었다. 당시 제1세계의 지도자였던 미국 대통령 해리 트루먼(Harry S. Truman)은 1949년 1월 20일, 자신의 취임식에서 다음과 같이 말했다.

> 우리는 우리의 과학 발전과 산업 진보의 결실이 저개발국의 발전과 성장에 활용될 수 있도록 하기 위해 대담하고 새로운 프로그램에 착수해야 한다. 우리 계획 속에 낡은 제국주의—국외에서 수익을 올리기 위한 착취 활동—를 위한 자리는 없다. 우리가 꿈꾸는 것은 민주적으로 공평한 거래 개념에 기반한 국제 개발 프로그램이다. 인류 가족이 품위 있고 만족스러운 삶, 모든 사람의 권리인 그러한 삶을 살게 하려면, 가장 불운한 취약 계층이 자기 스스로 도울 수 있도록 우리가 돕는 길밖에 없다. 민주주의만이 그런 과업에 필요한 역동적인 힘을 제공할 수 있다.[27]

그 다음 해에 나이지리아의 어떤 민족주의자 역시 위와 같은 관점의 발언을 했다.

> 독립된 자치 정부라 해서 하루아침에 우리를 천국으로 인도하진 못할 것이다. …… 하지만 자치 정부가 수립되면 한 인종이 다른 인종을 지배하는 행위를 끝낼 수 있을 것이다. 그렇게 될 때 각국에서 필요한 내부 사회 혁명의 길을 닦을 수도 있다.[28]

미국과 아프리카 국가들 사이에 커다란 권력 격차가 있는데도 양쪽이 개발에 일정한 정서를 공유하고 있었다는 사실은 탈식민화와 개발 사이의 연계성—신생 주권국가가 제1세계의 도움을 받아 국민 경제 성장을 추구한다는—을 확인해준다. 따라서 신생 독립국들이 추구한 개발 프로그램, 즉 독립 속의 '의존'('dependence' in independence)은 식민 지배 이후 시대의 새로운 경험이 되었다.

트루먼 대통령의 온정주의적 선언은 종전 시대의 새로운 패러다임을 제시함으로써 이러한 서구 의존형 개발 계획을 확인해주었던 것이다. 인류를 이미 개발된 지역과 저개발된 지역으로 나누는 단순 이분법은 이제 시대의 대세가 되었다. 세계를 이렇게 둘로 나눴을 때 모든 나라들의 운명이 하나로 수렴되는 것—못사는 나라가 개발을 통해 선진 개발국을 따라잡아야 한다는—처럼 보인다. 멕시코의 지성 구스타보 에스테바(Gustavo Esteva)는 이렇게 논평했다.

> 그렇다면 저발전은 1949년 1월 20일에 탄생한 셈이다. 이날 전 세계 20억 명이 넘는 사람들이 하루아침에 저발전 상태에 놓이게 되었다. 그날 이후 이들은 정녕 자신의 다양한 정체성을 잃게 되었고, 타자의 현실을 거꾸로 비추는 거울 속에서 우스꽝스러운 모습으로 변형되었다. 이 거울은 저개발국 인민의 정체성을 규정했다. …… 그런데 이런 기준을 제시한 것은 서구권의 일방적이고 편협한 소수 인류였다.[29]

다시 말해 트루먼 대통령의 선언은 전 세계를 근대적 인류와 전근대적 인류로 양분한 것이나 다름없었다. '**개발과 근대**'는 전 세계 담론의 기준이 되었다. 그것은 세계관이나 다름없었고 전혀 새로운 패러다임이었다. 구식민 지역이 낙후했을 뿐만 아니라, 외부 손길의 도움을 받아야 발전할 수 있는 지역이라고 암시하는 것이나 마찬가지였다.

이러한 새로운 패러다임 덕분에 전후 국제 경제의 새로운 제도적 구조 속에 제1세계의 영향력과 특권이 확고하게 자리 잡을 수 있었다. 냉전 당시 제1세계와 제2세계가 구식민지 인민의 마음과 그들의 자원을 놓고 경쟁하는 가운데 '개발' 담론은 제1세계의 부를 계속 유지하기 위해―구식민지의 자연 자원에 대한 전략적인 접근성을 확보하여―자본주의권의 시장을 회복하려는 노력이자 그와 동시에, 제3세계가 제1세계의 문명과 생활 수준을 모방할 수 있는 기회이기도 했다. 개발 담론이 국민국가들로 이루어진 전 세계를 대상으로 한 청사진이었고 **더 나아가** 세계 질서 유지를 위한 특정한 전략이었기 때문에, 필자가 이를 **개발 프로젝트**라고 부르는 것이다. 굳이 프로젝트라는 말을 쓰는 이유는 세계 질서를 조직하는 원칙으로서 개발이 단순히 경제 성장이 아니라, 특별한 정치적 지향을 띠고 있었음을 강조하기 위해서이다. 또한 개발 '프로젝트'라는 용어는 국제 질서의 규정을 제정할 수 있는 수단을 지닌 사람들이 개발을 자의적인 의미로 설정했음을 강조한다.

개발이라는 새로운 패러다임의 힘은, 마치 '개발'이 보편적이고 자연스럽고 그래서 아무 문제 없이 당연히 추구해야 하는 것처럼 보이게끔―식민 지배 시대의 뿌리는 숨긴 채―하는 능력에 힘입었다. 식민 지배가 끝난 시대에 제3세계 국가들은 과거 서구가 비서구권의 노동과 자원을 착취하며 발전을 이룩했던 것 같은 전례를 되풀이할 수 없었다. 따라서 비서구권의 개발은 국외로 진출하지 않고 한 나라 안에서 일어날 수 있는 모델―서구에서 시작되긴 했지만―인 것처럼 제시되었다. 개발은 어느 나라든 필연적으로 추구해야 하는 목표여야 한다는 식의 인상으로 말미암아 비서구권 사회의 모든 가치는 평가 절하되었고, 서구가 비서구권으로부터 배운 점도 무시되었다. 길버트 리스트(Gilbert Rist)는 식민 지배 시대 이후의 신생 국가들을 다음과 같이 표현한다. "이들은 자기 규정권(right to self-definition)을 포기하는 대신 자기 결정권(right to self-determination)을 얻었다."³⁰ 이 말은 신생 독립국들이 서구 중심적인 개발이 표준이 된 미래 세계를 선택함으로써 개발의 비전에 정당성을 부여해주었음을(또는 그것을 자연스런 현상으로 받아 들였음을) 시사한다. 물론 신생국들은 서구식 개발의 비전에 각국의 독특한 문화적 색채를 입혔다. 예컨대 아프리카식 사회주의 색채, 라틴아메리카의 관료적 권위주의 색채, 또는 동아시아의 유교 문화 색채 등을 들 수 있겠다.

개발 프로젝트의 구성 요소

개발 프로젝트는 탈식민화가 일어나던 역사적 시점에 전 세계 상황에 제시된 정치적·지성적 대답이었다. 그 당시의 세계 상황에서 개발은 아주 특별한 의미를 띠었다. 즉 당시에 제시된 개발은 사회 변동을 본질적으로 경제의 문제로만 파악하는 관점(경제 환원주의)을 취하고 있었다. 이런 점에서 개발은 모든 나라에 일종의 시장 문화(market culture) — 국민국가와 경제 성장으로 추동된 — 가 공통적으로 존재한다는 식의 관점에서 보편화될 수 있었다.

국민국가
국민국가*는 개발 프로젝트의 뼈대가 되었다. 국민국가는 영토를 기준

국민국가(nation-state) 일정한 영토 범위 내에 한정된 정치적 단위이며, 국민 즉 네이션이라고 하는 '상상의 공동체'에 충성을 바치는 대신 발전이라는 명분으로 국가가 군사력을 독점하고 시민을 다스리는 시스템.

으로 규정된 정치 시스템으로서 정부와 시민 간의 시민권적 사회 계약 관계에 근거한, 19세기 유럽에서 비롯된 체제였다. 식민주의는 이 국민국가 모델(그것의 군사적 외피와 함께)을 전 세계로 수출하였고, 식민 지배자들이 자의적으로 식민지의 영토를 나누고 확정한 것임에도 불구하고 이 모델에 근거하여 탈식민 운동 정치의 틀이 형성되었다. 예를 들어, 1989년 유엔의 아프리카경제위원회(UN Economic Commission for Africa)는 아프리카 저발전의 원인이 자의적으로 영토를 구분한 데 있다고 주장하였다. 위원회에 따르면, 아프리카에는 바다 없는 내륙 지방에 자리 잡은 나라가 14곳, 인구가 5백만 명 이하인 나라가 23곳, 크기가 5만 헥타르(500제곱킬로미터) 이하인 나라가 13곳이나 있다.[31]

그렇다면 식민 지배 당시 아프리카는 어떻게 분할되었던가?

식민 지배 세력은 아프리카 대륙에 극심한 피해를 입혔다. 조상 대대로 내려온 각 민족들의 땅을 가로질러 국경선을 제멋대로 그었던 것이다. 예를 들어 서구인들은 소말리아에 국경선을 설정하면서 소말리 부족 일부를 인위적으로 분리해 케냐 땅에다 편입시켰다. 대(大) 마사이 왕국을 분할하여 케냐와 탄자니아로 나눈 것도 마찬가지 사례였다. 그밖에 다른 지역에서도 인위적으로 영토를 나누어 새로운 국가들을 만들었다. 원래 나이지리아는 4개의 주요 민족—하우사, 이그보, 요루바, 풀라니—으로 이루어진 나라였다. 끔찍한 나이지리아 내전으로 이미 수십만 명이 죽었지만 문제가 해결된 것은 하나도 없는 실정이다. 이외에도 갈등이 만연한 나라로 수단, 차드, 지부티, 세네갈, 말리, 부룬디, 르완다를 꼽을 수 있다.[32]

1950년대에 아프리카의 반식민운동 지도자들은 식민 지배 이후의 아프리카 대륙에서 국민국가 형태의 정치가 과연 적합한지에 대해 의문을 제기했다. 아프리카에는 식민 지배 이전에 이미 정교한 통치 체제가 발전해 있었기 때문이다. 이들은 식민 시대에 아프리카 대륙에서 자의적으로 설정된 영토 국경선을 초월하는 시스템인 범아프리카 연방주의를 제창했다. 그러나 식민 지배 이후의 정치 시스템 결정은 아프리카가 아닌 런던과 파리에서 내려졌다. 이때 구식민 지배 세력은 자기네 영향권을 유지할 목적으로, 탈식민화 시대에 적합한 정치 체제는 오로지 국민국가 체제밖에 없다고 주장하였다. 실제로 영국식민정책위원회(British Committee on Colonial Policy)는 1957년 총리에게 다음과 같이 제언했다. "식민지에서 우리가 영향력을 행사할 수 있는 동안에, 우리가 할 수 있는 한 우리에게 허용된 모든 조치를 취하는 것이 중요하다. 즉, 사업과 행정에 영국식 기준과 방식이 그 지역의 사회 전체에 스며들도록 최대한 노력해야 한다."[33] 아프리카의 엘리트들은 탈식민화로 얻게 될 이득—개인적이든 국민 전체의 이득이든—을 기대하면서 신생 독립국에서 권력을 장악할 준비를 하였다. 엘리트들이 획득한 권력은 이미 국민국가 시스템에 저당 잡혀 있었다. 이 시스템은 정치적 욕구를 하나의 정치 단위로 제한하는 데 필요한 수단이자, 자연 자원을 추출하는 데—유럽의 군사와 경제 원조, 투자, 무역을 통해—쓰일 수단에 불과했다. 국민국가 주권의 역설인 셈이다.

범아프리카 연방주의는 실패로 끝났지만 대안적인 정치와 영토의 논리를 각인시키는 계기가 되었다. 예를 들어, 기니의 농촌 지역은 다른 나라 도시들—세네갈의 다카르, 코트디부아르의 아비장 등이 좋은 예이다.—의 배후지에 부속되어 있는 셈이다. 오늘날에도 이 지역에서 국경을 넘나드는 밀수가 많은 것을 보면 국경을 초월한 지리적 관계가 이어지고 있음을 알 수 있다. 1960년대에 격렬한 내전이 나이지리아에서 발발했고,

1970년대에는 에티오피아가 무너졌고 1990년대 초에는 소말리아와 르완다와 같은 나라들이 붕괴했다. 21세기 들어서도 콩고의 군사 분쟁이 아프리카 대륙의 재분할을 경고하고 있으며, 2011년에는 수단이 나뉘면서 새로운 국가인 남수단이 탄생했다. 분쟁이 발생할 때마다 어디에서건 종족적 요소—종족에 따른 사회 불평등과 국경 확정에 따른 문제—가 포함되어 있다. 돌이켜보면 범아프리카 연방주의는 상당히 선견지명이 있는 견해였다. 오늘날 각 대륙에 기반을 둔 새로운 지역별 블록을 보면 국민국가 체제의 한계를 지적하는 사상들이 일리가 있음을 알 수 있다.

경제 성장

개발 프로젝트의 두 번째 요소는 경제 성장이었다. 유엔 가입국들이 의무적으로 따라야 하는 유엔 국민 계정 체계(SNA)는 국가의 발전을 공통의 기준에 따라 양적으로 측정할 수 있는 방식을 제도화했다. 1945년에 발효된 유엔 헌장은 '생활 수준 향상'을 전 세계적 목표로 설정했다. 이러한 '물질적 복리' 지표는 한 나라 안에서 상품과 용역의 상업적 결과(산출물)를 측정하는 것이다. 국민총생산(GNP) 또는 1인당 국민 평균 소득이 그 대표적인 방식이다. 1인당 국민 소득이 생활 수준 향상(보건, 문자 해독률 등)을 가늠하는 유일한 측정치가 되지 못하는데도, 이른바 '좋은 사회'를 향한 측정 가능한 진보인 1인당 국민 소득 기준—미국 대통령 고문을 지낸 월트 로스토가 말한 발전의 최종 단계인 '대량 소비 사회'라는 개념으로 유명해진—이 개발의 핵심적 판단 기준이 되었다.[34]

서구의 경제학자들이 보기에, 제3세계가 개발을 하려면 처음에는 일단 외부 자극을 가해 경제 엔진을 가동할 필요가 있었다. 그러나 비서구권에서 익숙했던 방식, 즉 사람들이 자기 것을 서로 나누고, 품앗이로 함께 일하는 방식—개인의 부는 축적하지 못하지만 공동체를 지속 가능하게 유지해주는 방식—은 개발 단계로 전환하는 데 **전통적인** 장애 요인으로 여겨졌다. 이 문제를 해결하기 위한 수단으로 사유 재산과 부의 축적에 기반을 둔 시장 시스템을 도입하게끔 했다. 그러기 위해서는 지속적인 경제 성장을 유지하도록 고안된 여러 종류의 현대적 실천 방식과 제도—예를 들어, 은행과 회계 시스템, 교육, 주식 시장, 법률 체계 등—가 요구되었다.

그러나 **경제 성장**이라는 잣대를 통해 발전을 이해하는 것은 문제가 많았다. 1인당 국민 소득과 같은 지표들은 사회 집단과 계급 사이에 존재하는 불평등을 드러내 보이지 못한다. 소비 수준의 증가와 같은 집합적 지표들은 그 자체로 삶의 질 향상을 정확하게 기록할 수 없다. 예컨대 에어컨 사용은 소비의 증가, 즉 삶의 질 향상으로 나타나지만, 탄화수소를 배출하는 에어컨은 기후 온난화가 진행되는 환경에 부정적인 요소가 된다. 발전을 경제적 판단 기준으로 평가하는 것은 생활 수준을 평가할 수 있는 다른 기준들—인간 관계의 질, 신체적 건강, 영적 건강 등—을 흔히 무시하는 규범적 전제에 입각해서 이루어지기 쉽다.

사람들의 상호 관계를 측정 가능한(그리고 세금을 매길 수 있는) 현금 교환 관계로 전환하는 방식은 비금전적 활동(자연의 순환 과정, 협동적인 노동, 먹을거리 자급자족, 임금이 지급되지 않는 가사 노동, 지역 공동체 봉사 활동 등)의 사회적 가치를 평가 절하하는 것이다. 1940년대 초의 '경제 성장'에 관한 비교 통계 측정 방식을 두고 볼프강 작스(Wolfgang Sachs)는 다음과 같이 말한다.

> 소득 수준을 측정하는 잣대를 확정짓자마자 이 혼란스러운 세상을 구원할 질서가 부여되었다. 수평적 차원에서는 서로 전혀 다른 세계에 속하는 종족들

(예컨대 멕시코의 사포텍족, 북아프리카의 투아레그족, 인도의 라자스타니족)이 개발 도상국이라는 범주로 분류되었고, 수직적 차원에서는 이들이 '부자' 나라들과 비교해서 도저히 측정할 수도 없을 만큼 열등한 존재로 격하되었다. 이런 방식을 통해 '빈곤'이라는 단일 잣대로 수많은 인민을 한 덩어리로 묶어버렸다. 이들의 개별적 정체성이나 이들이 진정으로 원하는 것이 무엇인지는 전혀 고려하지 않은 채, 이들에게 부족한 게 무엇인지 그리고 이들에게 기대되는 바가 무엇인지 하는 따위의 물질적 기준으로만 평가했던 것이다. 따라서 식민 지배 시기의 인종적 경멸이 떠난 자리를 식민 지배 이후의 경제적 멸시가 차지했다.[35]

개발 프로젝트의 틀 짜기

아마 개발 프로젝트에서 가장 강력한 측면은 개발 계획의 담당자, 정부 엘리트, 일반 시민을 가리지 않고, 발전이야말로 국가의 명운이 걸린 과제라고 인식하는 태도였을 것이다. 냉전의 동서 진영 모두가 비록 각자가 추구한 개발의 방식은 달랐을지언정 발전 자체에는 모두 이러한 인식을 공유하고 있었다. 각 진영은 19세기의 핵심 사상가들로부터 영감을 받았다. 서구는 자유 기업 자본주의를 발전의 최종 목표와 동일시했다. 이것은 개인들이 자기 이익을 추구함으로써 공동선이 이루어질 수 있다고 본 제러미 벤담(Jeremy Bentham)의 공리주의 철학에 바탕을 둔 입장이었다. 정통 공산주의 사상은 사회 발전의 목표를 사유 재산 철폐 그리고 중앙 계획 경제와 동일시했다. 이는 "능력에 따라 일하고 필요에 따라 분배받는다."라는 마르크스의 집단주의적 명제에서 도출된 것이었다.

서로 반대되는 두 정치 진영은 인류의 운명에 관해 전혀 다른 입장을 취했지만 이들은 근대라는 동일한 패러다임에 속해 있었다. 그리고 양 진영 모두 국제 차원이 아닌 **국가의 산업화**가 발전의 수단이 될 것으로 보았다.

국가의 산업화 : 이상과 현실

'국가의 산업화'에는 두 가지 핵심 전제가 있었다. 첫째, 발전을 하려면 당연히 농경 사회를 도시 산업 사회로 대체해야 한다고 가정했다. 따라서 제조업과 서비스 부문이 성장하도록 농촌 인구를 의도적으로 줄이는 국가 발전 정책을 취해야 한다고 보았다. 또한 이 정책에 의하면 소작농이 줄어드는 반면 농업 생산성이 증가함에 따라 먹을거리, 원자재, 그리고 농업 부문의 잉여 노동력 같은 자원을 다른 부문으로 이전시켜야 했다. 산업 부문이 성장하면서 농촌을 먹여 살리고 농업 기술도 현대화한다면 그것이 가장 이상적이라 생각했다. 따라서 이 장 앞부분에서 미국의 사례를 논한 것처럼 농업 부문과 산업 부문은 상호 발전의 조건을 이루는 것으로 여겨졌다(그림 2-2 참조).

둘째, 국가의 산업화 논리는 발전이 **직선적 방향**으로 이루어진다고 가정했다. 즉 서구를 따라잡는 것이 국가의 산업화라고 본 것이다. 소련의 독재자 스탈린(Iosif Stalin)은 1930년대에 이미 이런 교의를 설파한 적이 있다. "우리는 선진국에 비해 50년 아니 100년쯤 뒤떨어져 있다. 10년 내로 이 간격을 없애야 한다. 우리가 이 과업을 완수하지 못하면 그들이 우리를 파멸로 이끌 것이다."[36] 스탈린의 결의는 적대적인 세계에서 군사적으로나 경제적으로 살아남아야 한다는 절박한 압력에서 나온 것이다. 소련은 값싼 먹을거리를 통해 도시 산업 발전을 뒷받침할 수 있도록 농촌을 '쥐어짜서' 한 세대 안에 산업화를 달성했다.

냉전의 양 진영을 가리지 않고 산업화는 성공의 상징이 되었다. 동서 양 진영의 지도자들은 자신의 권력을 정당화하기 위해 산업 발전을 열심히 추구했다. 이런 태도는, 국민이 상품과 용역을 더 많이 소비할수록 그러한 상품 생산을 가능하게 해주는 개발 철학을 받아들일 것이고, 그렇게 되면 자국 정부를 더욱 지지할 것이라는 논리에 입각해 있었다. 이렇게 볼 때 **발전은 그저 목표가 아니라 일종의 통치 방식**이었던 것이다.

자국 정부의 정책을 정당화하는 경쟁적이고 역동적인 산업화 과정은 냉전의 동서 진영 모두에서 개발 프로젝트의 기본 틀이 되었다. 제3세계 나라들도 이런 시대 흐름에 적극적으로 호응했다. 개발의 궁극적인 목표는 서구 수준의 풍족한 상태에 도달하는 것이었다. 어떤 나라가 자본주의 방식 또는 사회주의 방식 중 어떤 쪽을 선택해서 조합하든 아무 문제가 없었다. 선진국을 따라잡을 수만 있으면 된다고 보았다. 아프리카 가나의 초대 대통령 콰메 은크루마(Kwame Nkrumah)는 이렇게 선언했다. "우리 가나는 다른 나라들이 100년 걸린 것을 10년 안에 달성할 것이다."[37]

경제 민족주의와 발전국가

탈식민화가 진행되면서 제3세계 전체에 민족주의에 기반을 둔 발전의 열기가 달아올랐다. 각국의 민족주의는 나라의 정치 체제를 형성하는 사회 세력의 양상에 따라 서로 다른 형태를 띠었다. 제3세계 국가들은 민족주의적 발전국가 건설에 사활을 걸었는데, 그 형태는 중앙 집권화를 취한 한국, 조합주의를 취한 브라질, 또는 분권화와 포퓰리즘 경향의 탄자니아 등 여러 종류가 있었다. **발전국가**는 자본과 인민을 동원해서 국가 차원의 경제 성장을 추진하는 국가이다. 발전국가는 개인 소득세와 법인세, 그리고 그밖의 수출입 관세와 판매세 등의 정부 수입을 이용하여 공공 교통 관련 시설을 건설하고 철강이나 에너지 개발을 위해 국영 기업을 설립했다. 발전국가는 또한 경제 발전을 지원할 수 있는 세력과 동맹을 맺었다. 국가 엘리트들은 공공 자원 사용권을 측근 집단에 팔아넘기거나 외국 원조 분배 창구를 독점하는 방식으로 자신들의 권력을 이용해 부와 국가적 영향력을 정기적으로 축적했다. 수가타 보제(Sugata Bose)는 인도의 경우를 다음과 같이 설명한다. "발전이 목표이고 국가가 수단인 것이 아니라, 국가 정당화가 목표이고 발전은 수단이 되었다."[38] 아무튼 어떤 식이었든 발전국가는 전후 국가 개발 시대를 떠받치는 기둥이 되었다.

수입 대체 산업화

정치적 민족주의가 제3세계 인민들의 주권을 추구했던 것처럼, **경제 민족주의** 역시 식민 지배 시대의 국제 분업을 역전시키기 위해 노력했다. 각국 정부는 관세와 공공 보조금 정책 등을 통해 국내 산업화를 보호하고 장려함으로써 원자재 수출에 의존한 경제 구조('자원의 예속')를 탈피하려 했다.

경제 민족주의는 1930년대 아르헨티나 군사 정부에서 경제 자문을 맡았던 라울 프레비시의 아이디어였다. 이 당시 세계 대공황으로 인해 국제 무역이 대폭 줄었고 라틴아메리카의 대토지 소유주들은 원자재 수출 소득이 감소하면서 정치적 영향력이 줄었다. 프레비시는 일종의 산업 보호 정책을 제안했다. 수입을 통제해 비싼 서구 공산품의 수입을 줄이고, 자원을 국내 제조업으로 돌린 것이다.[39] 그 후 이 정책을 1950년대 프레비시가 사무총장으로 재임했던 유엔라틴아메리카경제위원회(ECLA, Economic Commission for Latin America)가 채택하기도 했다.

수입 대체 산업화[*]는, 제3세계에서 정부가 '유치 산업(幼稚産業, infant industries)'을 육성함으로써 초기의 경제 개발을 도모했던 전략이다. 이 전략의 목표는 누적 과정을 통해 국내 산업화를 이룩한다는 것이었다. 예를 들어, 국내에 자동차 산업이 등장하면 철강, 고무, 알루미늄, 시멘트, 도료 산업뿐만 아니라 부품 제조, 도로 건설, 정비 공장 같은 부문도 연이어 발전하게 된다는 식이다. 이렇게 했을 때 국내의 전체 산업 기반이 생겨날 것이라는 논리였다. 수입 대체 산업화는 제2차 세계대전 이후에 경제학의 새로운 정통 이론이 되었다.[40] 수입 대체 산업화 전략으로 경제 민족주의를 공식적으로 장려함에 따라 역설적으로 외국 기업의 직접 투자가 늘어나게 되었다.

브라질 같은 발전국가에서는 사적 투자를 수출 부문으로부터 국내 생산 부문으로 재분배했다. 또한 개발 은행을 설립하여 석유와 전력 생산 같은 핵심 기업 부문의 투자자와 국영 기업에 대출을 제공했다. 내수 시장이 충분히 커졌을 때 다국적 기업들이 브라질 경제에 직접 투자하기 시작했다. 같은 시기의 다른 라틴아메리카 국가에서도 마찬가지였다. 라틴아메리카는 상대적으로 도시 인구가 많았고, 계속 확장 중인 소비 시장을 갖추었다는 특징이 있었다.[41]

이와 대조적으로 한국에서는 국가 발전의 통제권과 산업용 자금 배분을 중앙 정부가 직접 관할했다. 한국은 브라질보다 외국 투자 의존도가 낮았으며, 다양한 제조 상품을 판매하기 위한 수출 시장 개척에 더 의존했다. 광범위한 토지 개혁을 실시해 농촌 주민들 사이에 빈부 격차가 상당히 줄었다. 그리고 한국의 개발은 전략적인 공공 투자 결정—도시 계층들 사이, 그리고 도시와 농촌 사이의 부를 라틴아메리카에 비해 고르게 분산시킨—에 더 크게 의존하였다.

수입 대체 산업화(Import-Substitution Industrialization) 식민 지배 당시 실시했던 국제 분업을 통한 전문 분화 시스템 때문에 서구와 벌어진 격차를 극복하기 위해 관세와 그밖의 수입 장벽을 통해 국내 산업을 보호하는 전략.

산업 기반을 확실히 확대하기 위해 제3세계의 각국 정부는 급속한 산업화를 지원할 목적으로 다양한 사회 집단 사이의 정치 동맹을 결성했다. 라틴아메리카의 **개발 동맹***이 대표적인 사례라 할 수 있다.⁴² 개발 동맹의 사회적 기반은, 상업형 농산물 생산업자, 공무원, 도시 산업 종사자, 상인, 산업화에 의존하는 노동자 등 여러 잡다한 집단으로 이루어졌고, 각종 협회와 노동조합의 형태로 조직되어 있었다. 발전국가의 정책 결정자들은 도시 거주자의 소득을 보완하고, 국가 산업화라는 과업에 이들을 적극 참여시키며, **시민권적 사회 계약**이라는 신생 독립국가의 목표를 실현하기 위해, 보건·교육 프로그램, 저렴한 대중 교통, 식료품 보조금 등과 같은 가격 보조금 정책이나 공공 서비스 제공을 실시했다.

또한 개발 동맹은 **정치적 후견**(political patronage)의 수단이기도 했는데 이것을 통해 국가는 유권자들의 지지를 조작해낼 수 있었다. 20세기의 대부분 시기 동안 멕시코를 통치했던 제도혁명당(PRI)은 정권에 대한 '상향식' 충성을 끌어내고 '하향식' 후견을 제공할 통로를 확보하기 위해 대중조직연맹, 멕시코노동자연맹, 전국농민연맹 같은 조합주의적 기구들을 창설했다. 제3세계의 정치 엘리트들은 개발 프로젝트를 열렬히 지지했으며, 생활 수준 향상이라는 공약을 내걸고 국민들의 동원을 이끌어냈고, 경제 성장이 되면 시민들이 정부의 정당성을 인정해줄 것으로 기대했다.

본서는 개발 프로젝트를 설명하고 평가하기 위해 주로 서방 진영에 초점을 맞출 것이다. 그 이유는 당시 서구의 번영이 개발과 근대화의 보편적 기준처럼 여겨졌고, 그러한 관점이 1989년 소련 제국의 붕괴 이후에도 지구화라는 이름으로 확대되어 왔기 때문이다.

개발 동맹(development alliance) 급속한 산업화를 위해 국가가 주도하여 후원과 사회 서비스 제공을 통한 복합적 계급 동맹을 구축하는 것.

사례_외국 투자와 보호주의의 역설

국가 개발 시대에 각국이 수입품에 대한 관세 장벽을 높이자 다국적 기업들이 제3세계권에 직접 진출하여 국내 산업과 천연자원 산업에 투자하기 시작했다. 브라질의 경우, 1956년에 외국(주로 미국) 자본이 철강과 압연 강판 산업의 50퍼센트, 육류 산업의 50퍼센트, 섬유 산업의 56퍼센트, 전력 생산의 72퍼센트, 담배 제조업의 80퍼센트, 제약 생산의 80퍼센트, 자동차 산업의 98퍼센트, 유류 유통 산업의 100퍼센트를 차지하고 있었다. 페루는 미국 뉴저지에 본부를 둔 스탠더드오일의 자회사가 원유 생산의 80퍼센트를 소유했고, 벨텔레폰은 전화 사업을 독점하다시피 했다. 베네수엘라의 경우, 스탠더드오일이 전체 원유의 50퍼센트, 셸이 25퍼센트, 걸프가 나머지 7분의 1을 생산했다. 브라질 같은 나라에서는 산업 개발을 촉진하기 위해 국가가 직접 나서서 외국 기업과 국내 기업 간의 협력 관계를 알선했는데, 피터 에번스(Peter Evans)는 이를 '삼자 동맹'이라고 표현한다.

출처 : de Castro, 1969 : 241-242; Evans, 1979.

결론

개발 사상은 식민 지배 시대에, 그 당시의 기준에 따라 생겨났다. 개발이 전 세계적 차원의 서열 구조를 통해 탄생했음을 기억하면 개발은 결국 서구의 경험임을 이해할 수 있다. 다른 한편, 식민 지배는 식민지의 노동 체계를 전문적으로 분화함과 동시에 생태계를 파괴하는 수출용 생산에 맞춰 재구성했고, 식민지 주민의 사회 심리에 혼란을 가함으로써 비서구 사회를 사실상 해체했다. 또한 비서구 지식인, 노동자, 병사들이 서구의 자유주의적 권리 담론을 접함으로써 정치 독립을 위한 반식민 투쟁의 불길이 일어났다.

식민지들이 정치적으로 독립하면서 국가의 정치적·경제적 발전을 위한 청사진인 개발 프로젝트가 탄생했다. 이것은 또한 서구가 냉전에서 자기 영역을 확보하는 한편, 안심하고 상거래를 할 수 있는 '자유 세계'를 구축하기 위해 비서구권에 제공한 군사 원조와 맞물려 국제 원조와 무역 및 투자 흐름이 이루어졌다는 점에서 일종의 '보호 명목의 갈취(protection racket)'와 같은 성격을 띠고 있었다. 그리고 제3세계는 각국이 독립을 쟁취하자마자 제3세계 전체가 '저개발권'으로 싸잡아 규정되었다.

산업화를 통해 생활 수준을 향상시키려 했던 노력은, 비서구 세계가 유럽의 전례를 모방했기 때문에 필연적으로 정치적·경제적·문화적 측면에서 서구화의 추진으로 이어졌다. 개발 프로젝트의 영향력이 워낙 강하다 보니 프란츠 파농이 제창했던 비서구적 방식은 그 빛을 잃었고, 탈식민 운동을 약동시키던 주권과 다양성은 제약을 받게 되었다. 또한 개발 프로젝트는, 국가 단위가 아닌 방식으로 정치를 조직하려 했던 범아프리카 연방주의의 대안적 통찰을 거부했다. 비서구적 방식, 그리고 비국민국가적 정치 체제에 관한 대안 사상은 최근 들어 다시 떠오르고 있으며, 점점 더 많은 사람들이 이런 주장에 귀를 기울이고 있다.

지금부터는 개발 프로젝트의 이상이 실제로 어떻게 이루어졌으며, 시간이 지나면서 어떤 식으로 재구성되었는지를 다룰 것이다. 다음 장에서는 개발 프로젝트가 실제로 운용된 역사를 검토한다.

[더 읽을 자료]

강명구, 〈남미의 수입 대체 산업화 발전 전략〉, 《라틴아메리카 연구》, 20(4):41-77, 2007.

김윤태, 〈동아시아 발전국가와 지구화〉, 《한국사회학》, 33:83-102, 1999.

정일준, 〈미제국의 제3세계 통치와 근대화 이론〉, 《경제와 사회》, 57:125-147, 2003.

Achebe, Chinua. *Things Fall Apart*. London:William Heineman, 1958.

Davis, Mike. *Late Victorian Holocausts:El Nino Famines and the Making of the Third World*. London:Verso, 2001.

Escobar, Arturo. *Encountering Development:The Making and Unmaking of the Third World*. Princeton, NJ:Princeton University Press, 1995.

Evans, Peter. *Dependent Development:The Alliance of Multinational, State, and Local Capital in Brazil*. Princeton, NJ:Princeton University Press, 1979.

Fanon, Frantz. *The Wretched of the Earth*. Harmondsworth, UK:Penguin, 1967.

Leys, Colin. *Underdevelopment in Kenya:The Political Economy of Neo-Colonialism*. Berkeley:University of California Press, 1975.

Memmi, Albert. *The Colonizer and the Colonized*. Boston:Beacon Press, 1967.

Mitchell, Timothy. *Colonizing Egypt*. Berkeley:University of California Press, 1991.

3장

개발 프로젝트의 국제적 틀

> 제3세계의 수많은 이들이 미국산 농산물에 맛을 들이는 곳에
> 미래의 거대 식품 시장이 있다. 오늘 우리가 돕는
> 사람들이 내일이면 우리의 고객이 될 것이다.
> – 조지 맥거번(미국 상원의원, 1964년)

세계 각 나라가 신생 국민국가로 독립하면서 그들은 개발 프로젝트에 기반을 둔 국제 관계에 합류하게 되었다. 하지만 개발은 국가별 전략인데 어떻게 국제적인 관계에 속하게 되었는가?

첫째, 식민 지배 분업의 유산인 '자원으로 얽힌 속박(resource bondage)'이 제3세계의 사회 구조에 깊이 새겨 있어서, 토지 소유자와 상인으로 이루어진 무역 계급은 원자재 수출로 큰 이득을 보았다. 당연히 그들은 이러한 국제 관계를 선호했다. 그리고 제1세계 역시 구식민지에서 천연자원과 농산물을 수입하고 공산품을 구식민지에 판매하기를 원했다.

둘째, 새로 독립한 나라가 산업화를 진행하면서 제1세계의 기술을 구매했고, 그 비용을 외국에서 빌리거나 원자재 외국 판매 대금으로 충당했다.

셋째, 국민국가는 일정한 국제 틀 내에서 독립국가로 태어났다. 그 국제 틀은 유엔의 규범적·법적·금융적 관계와 브레턴우즈 제도로 이루어져 있었고 이런 틀을 통해 신생 국가들은 보편적인 국제 정치·경제 관계 속으로 통합되었다.

따라서 각국의 국민 경제 성장 전략은 이러한 새로운 국제 경제 제도가

개발을 얼마나 지원해주느냐에 달린 문제가 되었다. 유엔은 1960년대와 1970년대를 '개발의 십 년대(Development Decades)'로 선포하고 국제 개발 협력을 동원했다. 이 장에서 우리는 브레턴우즈 체제의 성립을 검토하고, 브레턴우즈 체제의 다자 간 구조가 어떻게 국가 발전 전략을 형성했는지 살펴볼 것이다. 그런 후 개발 프로젝트가 국제 분업을 재형성한 방식을 알아보려 한다.

냉전과 개발 프로젝트

개발 프로젝트 시대의 국민 경제 성장은 물질적 국제 관계와 정치적·법적 국제 관계에 달려 있었다. 물질적 국제 지원에는 외국의 원조, 기술 이전, 안정적인 외환 통화, 국제 무역이 포함되었다. 원조와 통상 관계는 구식민 지배 국가와 구식민지 사이의 익숙한 경로를 따랐다. 이런 역사적 관계를 보완해준 것이 브레턴우즈 제도와 미국—경쟁자였던 소련 제국을 봉쇄하려고 노력하던—이라고 하는 새로운 초강대국이 주도하는 정치, 군사, 경제 관계였다.

미국은 1930년대의 대공황과 제2차 세계대전의 참화 이후 세계 경제를 재건하기 위해 두 가지 사업을 전개했다. 양자 간 마셜 플랜(Marshall Plan)과 다자 간 **브레턴우즈 프로그램***이었다. 개발 프로젝트는 마셜 플랜 내에서 등장했고, 브레턴우즈 프로그램에서 공식화되었다. 하지만 개발 프로젝트가 완벽하게 가동하기 시작한 것은 제3세계의 정치 독립이 최고조

브레턴우즈 프로그램(Bretton Woods Program) 1944년에 창설된 국제 경제 체제가 탄생한 장소인 미국 브레턴우즈를 딴 이름. 세계은행의 장기 개발 프로젝트 차관과 국제통화기금의 단기 자금을 동원해서 각국의 경상 수지 적자를 메꾸어주었다.

에 달했던 1950년대에 들어서였다.

개발 프로젝트의 구성 요소

개발 프로젝트는 각 국가에서 관리한 경제 성장을 부양하기 위한 국제 전략이었다. 식민 지배가 끝나면서 신생 독립국의 정치 엘리트들은 성장과 세수 창출, 그리고 정당성 확보를 위한 과업으로 개발을 받아들였다. 서구의 앞선 경험은 단지 (부분적인) 모델만 되었고, 국제 제도 복합체가 전 세계 개발을 위한 금융, 기술 지원을 제공했다. 그리고 이 모든 것이 냉전의 군사적 관계에 의해 보호받았다. 그중에서 중요한 구성 요소 일부만 살펴본다면 다음과 같다.

- 보편적 요구에 근거한 조직화 개념(예를 들어, 생활 수준 향상, 합리성, 과학적 진보로서 개발).
- 경제 성장을 위한 국가적 틀.
- 개발 도상국과 선진 개발국을 묶는 국제 원조 틀(경제와 군사 원조), 그리고 개발 도상국의 천연자원과 인적 자원에 대한 지속적인 접근성 확보.
- 산업화를 우대하는 성장 전략.
- 농업의 산업화를 장려하는 농업 개혁 전략.
- 투자를 관리하고, 국내에서 다계급적 정치 동맹으로 이루어진 발전 동맹(산업 성장을 지원하는)을 형성하는 발전국가 전략.
- 지역, 계급, 젠더, 인종, 종족에 따라 국가와 시장에 깊이 자리 잡은 새로운 불평등을 통한 개발의 실현.

마셜 플랜과 제1세계의 재건

제2차 세계대전 후 미국은 서구권을 안정시키고 자본주의를 지키기 위한 핵심 조치로 유럽의 재건에 초점을 맞췄다. 1946년 유럽의 추곡 수확량은 전쟁 전의 60퍼센트 수준에 불과했다. 노동 기술 부족과 일부 상품의 품귀 현상이 일어나 운송과 통신 네트워크가 마비되었고, 수많은 난민은 크나큰 문제거리였다. 그와 함께 사회 개혁을 향한 대중의 열망도 강했다.[1] 미 국무부 경제 문제 차관 윌 클레이턴(Will Clayton)은 유럽 방문을 마치고 돌아오면서 다음과 같은 기록을 남겼다.

> 전 세계에서 공산주의 운동이 기존 정부를 위협하지 않는 곳이 없다. 모스크바의 지령을 받은 이 운동은 기존 체제의 경제적·정치적 약점을 파고들고 있다. …… 미국은 인류의 자유를 위협하는 전 세계적 도전 앞에 서 있는 셈이다. 이런 문제를 풀 수 있는 유일한 방법은 미국이 직접 제공하는 새로운 대규모 지원 정책밖에 없다.[2]

이런 정치 상황에서 미국은 실의에 빠져 있는 유럽인을 안정시키고, 전 세계 주요 전략 지역의 경제를 되살리기 위해 재정 지원을 하고자 했다. 이런 전략에서 제일 중요하게 고려할 점은 공산주의를 봉쇄하는 것이었다. 우선, 소련이 동독 동쪽 지역의 영토를 요구하기 시작했고, 극동에서도 공산주의가 처음에는 중국, 그 다음에는 북한에서 자리를 잡아 가고 있었다. 미국은 재정 지원을 해주는 대신 각국이 서구식 자유 기업 시스템을 받아들이라고 부추겼다. 1950년에 미 국무부 장관 딘 애치슨(Dean Acheson)은 소련의 동구권 지배에 대응하려면 서유럽에 원조를 집중해야 한다고 제안했다. "우리는 탄환을 전 세계에 똑같이 쏠 수는 없다. 우리가 사용할 수 있는 실탄이 너무 부족하기 때문이다. …… 만일 서유럽에서 어떤 일이 벌어지기라도 한다면 우리의 모든 계획은 수포로 돌아가게 된다."³

미국의 양자 간 원조 정책은 냉전을 맞아 더 중요해져서, 또 다른 프로그램인 다자 간 정책을 보완하는 역할을 했지만, 때로는 서로 모순 관계를 이루기도 했다. 마셜 플랜에 따라 유럽과 일본에 수백억 달러가 양자 간 이전(bilateral transfer)되었고, 이는 냉전 상황에서 미국의 지정학적 목표 달성에 도움을 주었다. 마셜 플랜은 통상을 회복시키고 물가를 안정시켰으며 생산을 확대하여 사회주의 운동과 전투적 노동 운동을 약화했다. 달러의 신용 대부를 통해 세계인들이 미국산 상품을 구입할 수 있었고, 엄청난 규모의 재무장 군비 산업으로 이 나라들의 경제가 미국 경제와 긴밀하게 이어졌다. 이와 동시에 '자유 세계'라는 목표를 향한 서구의 정치적 충성이 강고해졌다.

유럽인은 원래 치밀하게 조절된 국민 경제 정책을 통한 사회적 평화와 완전 고용을 원했다. 그러나 미국 정부는 개방된 세계 경제를 원했다. 마셜 플랜은 이런 딜레마를 해결해주었다. 양자 간 지원을 통해 국제 무역이 장려되었고 유럽의 국가 경제에 미국의 직접 투자가 늘어났기 때문이다.⁴

"세계 경제의 윤활유" 브레턴우즈 체제

국제 은행을 설립하자는 생각은 1940년대 세계 경제 재건 계획 중의 하나였다. 전쟁이나 식민 지배로 피폐해진 지역에 신용 대부를 해주면 국제 무역이 회복될 것이라는 기대에서였다. 1944년 7월, 미국 뉴햄프셔 주의 브레턴우즈에 44개국 재무부 장관들이 모였던 이 유명한 회의에서 국제 은행 체제를 만들 수 있는 기회가 마련되었다. 이때 미국 재무부가 '쌍둥이 자매 기구(twin sisters)'를 창설하는 쪽으로 회의를 주도했다. **세계은행***과 **국제통화기금***이 그들이다.

양 기구 모두 회원국의 출자로 만들어졌다. 세계은행은 회원국들의 출자분에다 국제 자본 시장에서 조달한 자금을 합쳐 개발 지원 자금을 확보했다. 국제통화기금은 각국의 외환 시세를 안정시키기 위해 필요할 경우 정부에 자금 공여를 해주기로 했다. 브레턴우즈 회의의 의장이었던 헨리 모겐소(Henry Morgenthau)는 다음과 같이 내다봤다.

> 이런 조치를 통해 역동적인 세계 경제가 창조될 것이다. 그렇게 될 때 모든 나라 인민은 평화롭게 자신의 잠재력을 구현할 수 있을 것이고, …… 무한한 천연자원으로 축복받은 이 지상에서 더 많은 물질적 진보의 과실을 향유할 수 있을 것이다. 이 조치는 자유와 안전에 필수 불가결한 초석이다. 다른 모든 것은 이 같은 기반 위에서 만들어진다. 기회의 자유는 다른 모든 자유의 토대가 되기 때문이다.[5]

위와 같은 인식이 당시 개발 프로젝트의 핵심 정서였다. 즉, 다국적 보편주의(multinational universalism), 그리고 무한한 자원을 보유한 자연, 정치 발전과 생활 수준 향상의 기본으로서 기회의 자유를 신봉하는 자유주

세계은행(World Bank) 정식 명칭은 IBRD(International Bank for Reconstruction and Development), 즉 '국제부흥개발은행'이다. 대규모 개발 프로젝트에 투자할 공적 기금을 동원하기 위해 1944년에 창설되었다. 대규모 개발 프로젝트에는 인프라 건설과 에너지 산업 관련 차관, 환금 작물 재배, 그리고 최근 들어 채굴 자원 보호 구역 프로젝트 등이 포함된다. 세계은행은 구조 조정과 거버넌스 개선 같은 수단을 통해 채무 이행 관리자 역할을 수행한다.
국제통화기금(IMF, International Monetary Fund) 1944년 브레턴우즈에서 창설된 기금. 세계 각국의 국제 수지 문제를 해결하는 역할을 한다. 최근에는 구조 조정 프로그램을 집행하는 역할도 수행한다.

의 사상 등이 그런 정서의 토대였다.

브레턴우즈 기구의 기능은 다음과 같았다.

- 각국의 재정을 안정시키고 국제 무역을 다시 활성화한다(국제통화기금).
- 제1세계의 인프라 관련 기술을 제3세계가 수입할 수 있도록 재정 지원을 함으로써 각국의 경제 성장을 장려한다.
- 제1세계의 수출품을 제3세계가 구매할 수 있도록 제3세계의 원자재 수출을 확대한다.

세계은행의 임무는 각국에 대규모 차관을 제공하여 댐, 고속도로, 발전소와 같은 국가 기반 시설을 건설하도록 하는 것이었다. 이러한 개발은 소규모의 민간 투자와 공공 투자를 보완하도록 고안되었다. 세계은행이 설립된 후 처음 20년간 은행이 제공한 차관의 3분의 2가 교통 운송 시스템과 전력 생산 시설을 건설하는 데 사용되었다. 그와 함께 세계은행은 대규모 환금 작물 재배에도 투자를 했다. 예를 들어, 카카오, 고무, 가축 사육 등이 투자 대상이었는데 이는 식민 지배 당시의 국제 분업의 유산을 더욱 심화했다.[6]

브레턴우즈 기구는 전 세계에서 구매력이 필요한 지역에 자금을 변통해 줌으로써 세계 경제의 윤활유 역할을 했다. 국제 무역이 확대되면서 제1세계와 제3세계를 통틀어 경제 성장이 늘어났다. 이와 동시에 브레턴우즈 기구들은 개발 프로젝트 기술을 전 세계로 확산시킴으로써 제3세계 국가들이 서구의 자본 집약적 경제 성장 방식을 채택하도록 장려했다. 유럽이 산업화되는 데 몇백 년이 걸린 데 비해, 제3세계 국가들은 다자 간 차관을 통해 단기간에 산업화되기를 기대했다. 그 목표를 위해 수많은 주민들이 이미 원래 주거지에서 쫓겨나 이농민이 되었는데도 노동 집약적 생산 방식을 자본 집약적 생산 기술로 대체하려 했던 것이다.

브레턴우즈 기구는 브레턴우즈 체제가 전 지구적 규모로 생활 수준을 향상시키려는 보편적이고 다자적인 시도라는 식으로 발표했다. 브레턴우즈 회의에 참석했던 44개국 가운데 27개국이 제3세계권이었다. 그럼에도 브레턴우즈 기구는 제1세계적 편향을 띠고 있었다. 첫째, 미국을 포함한 5대 주주국들이 세계은행의 통제권을 지배했다. 이 5대 주주국 대표들이 이사회에 자국 출신 인사를 이사로 임명했다. 나머지 회원국들은 남은 이사직 7석을 나누어 가졌다. 이러한 비대칭성, 그리고 압도적으로 남성 중심적인 구성비가 지금까지 그대로 이어지고 있다. 둘째, 세계은행 총재는 미국 대통령이 선임하며, 국제통화기금의 총재는 유럽의 강대국들(영국, 프랑스, 독일)이 임명한다.[7] 셋째, 세계은행은 승인된 개발 프로젝트의 외환 결제 비용을 제공하며, 개발의 우선순위에서 자본 집약적 서구 기술에 대한 수입 의존성을 장려한다. 마지막으로, 국제통화기금은 수혜국에 '신용 공여 조건(conditionality)'을 요구할 수 있는 정책을 채택했다. 이에 따라 국제통화기금에 신용 공여를 신청하는 대상국은 자금 지원을 받기 위해 자국의 경제 정책을 일정한 기준까지 충족시켜야만 했다. 이에 따라 다른 국제 은행과 공여 기관도 제3세계에 신용 대여를 할 때 국제통화기금의 조건을 따를 수밖에 없었다. 이렇게 해서 제3세계의 개발 우선순위는 외부 평가(제1세계)에 따라 결정되었다.[8]

세계은행의 차관이 아무리 효과적이었다 하더라도, 제1세계에 유리한 조건을 담고 있었다. 왜냐하면 교육, 보건 의료 서비스, 식수와 위생 설비, 주택 등의 '사회적' 투자가 아닌, 에너지나 수출형 농업과 같은 '생산적' 투자를 강조했기 때문이다. 더 나아가, 세계은행은 전 지구적 기관으로서 대규모, 자본 집약적 프로젝트—세계 공통적인 기술 투입과 서로 유사한 평가 메커니즘을 지닌—에 투자하는 것을 편리하게 생각했다.[9] 세계은행은 서구의 **기술 이전***을 후원했을 뿐만 아니라, 제3세계 국가들을 **제도적으로 지도**할 수 있게 했다. 즉 세계은행은 인프라 건설 프로젝트에 재정 지원을 할 때, 해당국의 정부가 아닌 반(半)자율적인 금융·정치적 권한을 지닌 기관을 통해 사업을 집행하곤 했다.

브레턴우즈 기구가 어떻게 개발 프로젝트를 지휘했는지를 검토하기 위해 지금까지 제3세계 개발의 재정을 부담해 온 핵심 다자 간 기구인 세계은행에 초점을 맞춰 살펴보았다. 세계은행은 준국가 기관(parastatal)에 맞먹는 영향력 외에도 해당국에 자리 잡은 프로젝트 집행 기관을 통해 대규모 발전이나 교통 운송 프로젝트를 추진함으로써 개발의 우선순위를 큰 틀에서 좌지우지했다. 그 결과 제3세계에서 서구의 규모로 산업화를 추진하게 된 것이다. 또한 세계은행은 화석 연료와 화학 비료와 살충제, 교잡 종자(hybrid seeds) 같은, 에너지 의존형 기술이 필요한 집약적 농업 개발에 차관을 제공하였다. 은행은 또한 개발 프로젝트의 표준 규범을 만드는 촉매 역할도 수행했는데, 제3세계 관리들(머지않아 제3세계 각국의 총리나 경제 기획 부처 장관이 되었다.)에게 개발의 이론과 실제를 훈련시킬 목적으로 1956년 경제개발연구소(Economic Development Institute)를 창설했다.[10]

요컨대, 세계은행 방식의 다자주의가 브레턴우즈 체제의 핵심 특징을 이루었던 것이다. 즉 세계은행이 개발의 범위를 설정했던 것이다. 대다수 제3세계 엘리트들은 세계은행이 정해준 개발의 범위를 고분고분하게 받아들였다. 왜냐하면 자유 기업이 아닌 어떤 다른 대안을 제시할 수 있는 처지가 전혀 아니었기 때문이다. 만일 개발 도상국의 어느 정부가 사회주의적

기술 이전(technology transfer) 현대 기술을 개발 도상국에 넘기는 것.

정책을 취하면 차관 자금이 당장 줄어들곤 했다.

전후 세계 질서의 정치학

자유 기업의 활동 영토가 넓어지면서 냉전의 정치적 역학도 심화되었다. 미국과 소련이 전 세계를 분할하느라 바삐 움직이고 있는 동안 제3세계 국가들도 국제적으로 자신들의 존재감을 알리기 위해 뭉쳤다. 다음 절에서 이런 모든 움직임들의 상호 작용을 알아보겠다.

국제 원조

서구의 국제 원조 유형을 살펴보면 개발 지원의 양상이 개발 프로젝트의 보편주의와 상반됨을 알 수 있다. 실제로는 모든 국가가 평등한 것이 아니었다. 세계 시장 체제의 질서를 유지하는 데 다른 국가들보다 더 중요한 국가들이 분명히 있었다. 개발의 주류 이념에 반대되는 경쟁 이념(예를 들면 사회주의)을 따르는 나라 혹은 그러한 경쟁 이념에 기반을 둔 정치 운동의 경쟁력을 물리치는 데 서구의 원조가 집중되었다. 지정학적으로 중요한 지역을 안정화하기 위해 한국, 이스라엘, 터키, 이란 같은 요충 지역의 몇 나라에 경제·군사 원조와 무역이 집중되었다. 이런 국가들은 '자유 세계'의 경계를 지키고, 다른 나라들이 소련권으로 기울어지는 '도미노 효과(domino effect)'를 방지하는 데 군사적 전초 기지 역할을 했다.

개발 프로젝트를 둘러싼 정치적 지리학의 상당 부분이 냉전의 경쟁 구도에 영향을 받았다. 소련은 제3세계 국가들, 특히 아시아, 아프리카의 신생 독립국들과 경제·정치와 관련한 접촉면을 넓히고 있었다. 1964년이 되면 소련은 이미 전 세계 약 30개국—그중 8개 나라가 대부분의 원조를 받긴 했지만—에 수출 신용 보증을 제공하고 있었다. 소련의 원조 시스템에서는 빌린 돈을 자국 통화 또는 전통적인 수출의 형태로 갚을 수 있었다. 이런 프로그램은 외환 보유고가 낮은 나라에 큰 도움이 되었다. 소련은 인도네시아나 인도와 같은 핵심 국가에 대단히 가시적인 원조 프로그램을 제공했는데, 그런 원조 정책은 중앙 계획 경제나 소유권 공개념과 같은 사회주의적 개발 전략을 추구하는 나라에 특히 유리했다.[11]

따라서 미국과 제1세계 동맹에게 개발 프로젝트는 서구의 기술과 경제 제도를 단순히 전파하는 경로를 넘어서는 것이었다. 전략적 원자재와 광물질의 핵심 제공처인 제3세계가 공산권의 정치적 대안 공세에 시달리는 한, 제1세계 안보 역시 위험에 처하지 않을 수 없었기 때문이다. 1956년에 영향력 있던 경제학자이자 미 대통령 자문이던 월트 로스트도 이런 견해를 명확히 밝혔다. "저개발 국가들의 지리적 위치, 천연자원, 그리고 인구를 고려할 때 만일 그들이 사실상 소련권에 붙어버린다면 미국은 세계 2등 국가로 전락할 것이다."[12]

1945년부터 1967년 사이의 국제 원조 유형을 보면 이 같은 세계관을 파악할 수 있다. 예를 들어, 유고슬라비아는 소련에 대한 역내 대항 세력으로 여겨져 상당한 규모의 원조를 받을 수 있었다. 그 외 다른 지역들을 살펴보면 몇몇 지정학적 요충 국가들(이란, 터키, 이스라엘, 인도, 파키스탄, 남베트남, 타이완, 한국, 필리핀, 타이, 라오스)에 제공한 원조의 규모가 나머지 제3세계 국가에 제공한 원조를 합친 것만큼 되었다.[13]

비동맹 운동

이러한 양극화된 세계 질서에 맞서 더욱 독자적인 비전을 옹호하는 제3세계 관점이 등장했다. 탈식민화가 진행되면서 유엔의 구성도 비서구권 회원국이 다수를 차지하는 쪽으로 기울어졌다. 국제 정치에서 그 비중이 커져 가던 제3세계권은 1955년 인도네시아의 반둥에서 아시아-아프리카의 '비동맹(non-aligned)' 국가들이 모여 첫 번째 회의를 개최하였다. 그 결과 1961년에 **비동맹 운동***이 탄생했다. 이 운동의 핵심 인사들은 유고슬라비아의 티토(Josip Tito), 인도네시아의 수카르노(Achmed Sukarno), 인도의 네루, 가나의 은크루마, 북베트남의 호치민(Ho Chi Minh), 이집트의 나세르(Gamal Nasser), 중국의 저우언라이(周恩來) 등이었다. 비동맹 운동은 국제 무대에서 집단적 목소리를 내기 시작했고, 국제 관계에서 일종의 내정 불간섭 철학을 제시하기에 이르렀다. 탄자니아의 니에레레(Julius Nyerere) 대통령은 경제 자립이라는 측면에서 이 같은 입장을 정리한다.

비동맹권으로서 우리는 강대국에 다음과 같이 말하고 싶다. 우리도 이 지구상에 살고 있는 존재라고. 우리는 국력이 약소하고 군사력도 미미하지만 우리 스스로 우리의 이익에 맞는 정책을 채택하고, 세계 정세에 우리 나름의 영향력을 발휘할 수 있는 권리가 있음을 주장하는 바이다. …… 하지만 년세 어디시나 …… 경제 발전을 해야 할 필요 때문에 우리 스스로 경제적·사회적·정치적 선택을 할 수 있는 진정한 자유가 제한받고 있는 실정이다.[14]

반둥 회의의 최종 코뮈니케(성명)에 이어서 나온 이 주장의 숨은 의미는 다자 간 제도의 질서에 내장되어 있는 개발 모델의 정당성에 의문을 제기하는 것이었다. 제일 먼저 제기된 쟁점의 원인은 다자 간 차관이 너무 적었다는 점이었다. 1959년까지 세계은행이 제3세계에 빌려준 액수(13억 달러)보다 제1세계에 제공한 금액(16억 달러)이 더 많았다. 유엔의 제3세계 회원

비동맹 운동(NAM, Non-aligned Movement) 제3세계권의 급진적 지도자들이 이끌었던 정치 운동. 1950년대 중반부터 냉전의 동서 진영으로부터 벗어나 독자 노선을 모색했다.

국들은 조건이 양호한 차관을 더 확대하라고 요구하기 시작했다. 이 같은 압력을 받은 제1세계는 세계은행을 통해 문제를 해결하려고 했다. 그 결과 국제개발협회(IDA, International Development Association)가 만들어졌고 이 기구를 통해 저소득 국가에 아주 낮은 금리의 차관(일명 '양허성 차관' soft loans 또는 concessional loans)을 제공하게 되었다. 또한 1959년에는 미주개발은행(IDB, Inter-American Development Bank), 1964년에는 아프리카개발은행(AfDB, African Development Bank), 1966년에는 아시아개발은행(ADB, Asian Development Bank)과 같은 지역별 개발은행도 설립되었다.[15]

77그룹

국제 무역은 늘 논쟁의 대상이 되었다. 1947년 제정된 **관세 및 무역에 관한 일반 협정***은 가맹국 간의 무역 제한이나 차별을 없앨 수 있게 했으나, 과거 식민 지배의 불평등한 결과까지 바로잡지는 못했다.[16] 실제로 1950년대에 전 세계 무역에서 제3세계의 비중이 3분의 1에서 거의 5분의 1 수준으로 떨어졌고, 교역 조건이 불리해지면서 수출 신장세도 확연히 줄었다.[17]

제3세계는 이런 상황을 비판했고 그 결과 **유엔무역개발회의***가 만들어졌다. 유엔무역개발회의는 제3세계 국가들이 G-77이라는 이름으로 집단적으로 세계 경제 개혁을 요구하고 나선 최초의 국제적 포럼이었다. G-77은

관세 및 무역에 관한 일반 협정(GATT, General Agreement on Tariffs and Trade) 1944년 아바나에서 체결되고 1947년부터 발효된 협정. 회원국들 간의 자유 무역을 가로막는 장벽을 낮추고 감시하는 활동을 한다.
유엔무역개발회의(UNCTAD, United Nations Conference on Trade and Development) 1964년에 결성된 조직으로서, 국제 무역 관련 사안에 제3세계의 목소리를 반영하고 추진했다.

일차 상품의 가격 안정과 가격 개선을 요구하고, 제3세계에서 생산한 공산품에 대해 제1세계의 시장을 개방하라는 압력을 넣었으며, 제1세계의 재정 지원 흐름을 확대하라고 주장했다.

유엔무역개발회의가 세계 경제에 끼친 영향은 제한적이었지만, 이 회의를 이끈 학자들과 정책 기획자들 덕분에 각종 국제 기구에 '제3세계주의(Third Worldist)' 관점이 자리 잡을 수 있었다. 아마 유엔무역개발회의는 로버트 맥나마라(Robert McNamara) 총재 재임 시기(1968~1981)에 세계은행의 정책에 가장 확실한 영향을 끼쳤을 것이다. 당시 세계은행은 한동안 단순한 소득 수치만이 아니라 삶의 질과 관련한 개발 이슈에 초점을 맞춘 정책을 펼쳤다.[18]

지금부터는 개발 프로젝트의 제도적 측면을 떠나 개발 프로젝트가 국제 분업에 끼친 영향을 알아보도록 하자.

국제 분업 구조의 재편성

개발 프로젝트를 제3세계의 산업화를 촉진하려는 시도로 본다면 그 프로젝트는 분명히 어느 정도 성공을 거두었다. 그러나 산업화의 결과는 고르지 못했고, 어떤 면에서 상당히 불완전했다. 그렇더라도 1980년까지 이어지던 국제 분업의 양상이 완전히 역전되지는 않았지만 적어도 새롭게 형성된 것은 사실이다. 전체적으로 보아, 제3세계의 수출 품목에서 원자재보다 공산품이 더 많아졌고, 제1세계가 천연자원 일차 상품을 제3세계보다 36퍼센트나 더 많이 수출하게 되었다.[19]

신흥 공업국의 등장

1960년대에 제3세계 전체 평균 성장률은 4.6퍼센트였다. 하지만 제3세계 내에서 **신흥 공업국**[*20] 6개국의 성장률은 7퍼센트에서 10퍼센트 수준이었다.[21] 이들 6개국은 홍콩, 싱가포르, 타이완, 한국, 브라질, 멕시코였다. 신흥 공업국의 부상은 개발 프로젝트의 양 측면을 모두 보여주었다. 한편으로, 신흥 공업국의 성공은 국제 시스템 내에서 국가의 생활 수준 향상과 경제적 지위 상승이 가능하다는 기대를 충족시켰으며, **좋은 선전 사례로서 개발 프로젝트의 정당성을 확보**해주었다. 그밖의 중간 소득 국가들―특히 말레이시아, 타이, 인도네시아, 아르헨티나, 칠레―은 자신들이 신흥 공업국의 성공 사례를 따를 수 있을 것으로 기대했다. 다른 한편으로, 신흥 공업국의 등장은 개발 프로젝트의 **선별성**(selectivity)을 입증해주었다. 신흥 공업국들은 민간 국외 투자의 대부분을 독점했고, 냉전 덕분에 엄청난 규모의 군사 원조를 받아 권위주의 정권을 유지할 수 있었다.[22] 전 세계 국외 투자 중 상당분이 한국, 타이완, 멕시코, 브라질의 수출용 섬유와 전자 제품 생산 설비 발전에 투입되었다. 예를 들어, 1969년 전자 제품 조립 부문의 전 세계 국외 투자는 대부분 아시아 신흥 공업국―홍콩, 한국, 타이완, 싱가포르―에 집중되었다.[23] 1967년에서 1978년 사이, 신흥 공업국의 제조 수출품―초국적 기업이 관장하는―비중은 타이완에서 20퍼센트, 브라질에서 43퍼센트, 싱가포르에서 90퍼센트에 달했다.[24] 제3세계의 산업 성장 역시 특정 지역에 집중되었다. 1966년에서 1975년 사이 제3세계 제조업이 차지하는 비율의 50퍼센트 이상이 아시아 신흥 공업국 네 나라

신흥 공업국(NICs, Newly Industrializing Countries) 1960년대 말부터 시작해서 급속하게 실질적 산업화를 달성한 중간 소득 수준의 제3세계 국가들. 이들의 존재는 다른 제3세계 국가들을 개발에서 '뒤처진' 상태에 놓이게 했다.

그림 3-1 **신흥 공업국의 섬유, 의류, 신발 수출**

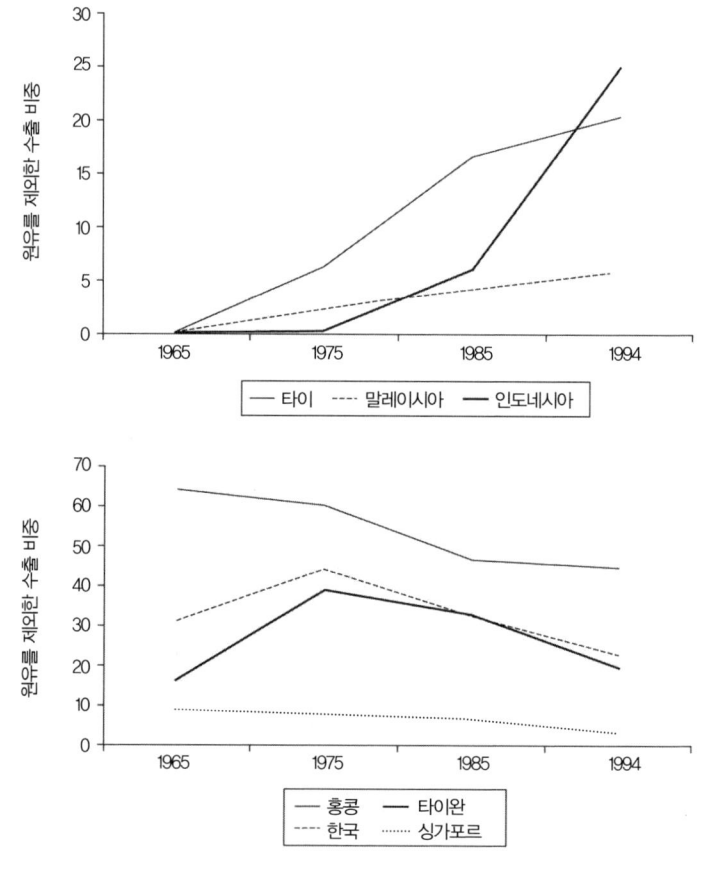

(출처: Ransom, 2001b: 103의 도표에서 수정; 다음 데이터에서 인용 UNCTAD, 1996: 118-119)

의 성장 덕에 이루어졌고, 3분의 2 이상이 여덟 나라―브라질, 멕시코, 아르헨티나, 한국, 인도, 터키, 이란, 인도네시아―의 성장 덕에 이루어졌다.[25]

제3세계를 통틀어 각 국가와 각 지역의 산업화 수준은 모두 달랐다. 1975년의 국내총생산(GDP)에서 제조업이 차지한 비율이 아프리카는 5퍼센트, 아시아는 16퍼센트, 라틴아메리카와 카리브해는 25퍼센트였다.[26]

1972년에 이르러 경제협력개발기구(OECD, Organization for Economic Co-operation and Development)는 다음과 같이 보고했다. "개발 도상국들을 하나의 집단으로 상정하고 그들을 돕기 위해 고안한 조치들이 최저 개발국에는 효과적이지 못했다는 사실이 점점 더 명확해졌다. 최저 개발국이 겪는 어려움은 그들만의 독특한 문제이며 아주 극심하다는 특징이 있다. 이들에게는 이들만을 위한 특별한 지원 조치가 필요하다."[27] 따라서 **발전이 보편적 청사진이라는 사상은 분명히 빛을 잃고 있었다.**

이 시기에 서구 제1세계는 제조업의 핵심 지역으로서 누리던 지위를 잃었다. 그와 동시에 일본과 제3세계 중간 소득 국가들이 전 세계 제조업에서 차지하는 비중이 19퍼센트에서 37퍼센트로 증가했다.[28] 농업 부문을 보면, 제3세계가 전 세계 농산물 수출에서 차지하던 비중이 1950년에서 1980년 사이 53퍼센트에서 31퍼센트로 떨어졌다. 반면 미국의 곡창 지대가 전 세계 농산물 교역에서 필수적인 위치를 점하게 되었다.[29] 1980년대가 됐을 때 미국은 전 세계 밀의 17퍼센트, 옥수수의 63퍼센트, 대두의 63퍼센트를 생산했고, 전 세계 수출 점유율을 따졌을 때 밀의 36퍼센트, 옥수수의 70퍼센트, 대두의 59퍼센트를 차지했다.[30] 지구 반대편에서는, 1961년부터 1975년 사이 제3세계의 농업 생산도와 자립도가 중앙 계획 경제를 시행하던 몇몇 아시아 국가(중국, 북한, 베트남)를 제외하고 모든 곳에서 하락했다. 라틴아메리카를 제외한 모든 제3세계 지역에서 농업 자립도가 100퍼센트 이하로 떨어진 것이다. 예를 들어, 아프리카의 농업 자립도는 1961년 98퍼센트에서 1978년에는 79퍼센트로 감소했다.[31]

여기서 두 가지 질문이 제기된다.

- 어째서 제1세계에서 상업형 농업이 발전하고, 제3세계에서 제조업이 확대되

었는가?

　- 이러한 경향 사이에 어떤 관계가 있는가?

개발 프로젝트의 정치적 구조를 살펴보면 이 질문의 해답을 찾을 수 있다. 수입 대체 산업화(ISI) 전략이 제3세계의 '유치 산업'을 보호해준 반면, 관세 및 무역에 관한 일반 협정(GATT)의 규정에 따른 농가 보조금 정책은 제1세계의 농업을 보호해주었다. 이 두 정책이, 미국의 잉여 농산물 국외 원조와 맞물리면서, 서로 보완하는 역할을 했던 것이다. 그 결과 국제 분업의 양상이 크게 바뀌었다. 이 재형성 과정에서 중심 역할을 한 것이 '식량 원조 레짐(food-aid regime)'이었는데, 이는 개발 프로젝트가 국가 개발을 촉진한다는 명분으로 전 세계 질서를 구축하려는 전략에 근거한 국제적 성격을 지니고 있었음을 보여준다.

사례_한국과 국제 분업의 변화

아마 한국은 한 세대 안에 경제와 사회를 완전히 탈바꿈한, 중간 소득 신흥 공업국 중 가장 성공한 나라라고 할 수 있을 것이다. 1953년에 한국은 국민총생산(GNP)의 47퍼센트를 농업이 주도했고 제조업은 9퍼센트 미만 수준에 불과했다. 그러나 1981년이 되면 이 비율이 역전되어 농업이 16퍼센트, 제조업이 30퍼센트를 차지한다. 전체 산업의 총산출량에서 중화학 공업이 차지하는 비율이 1953년에서 1955년 사이에는 23퍼센트였지만, 1974년에서 1976년 사이에는 42퍼센트로 증가했다. 어떻게 이런 실적을 올릴 수 있었는가?

한국은 1953년 한국 전쟁이 끝난 후 수입 대체 산업화 전략을 추구하는 과정에서 미국 달러의 유입에 의존했다. 1973년에 한국 정부는 중화학 공업 육성 계획을 내놓고 조선, 철강, 기계, 석유 화학 같은 산업 부문을 대폭 지원했으며, 수입 대체 산업화를 수출 중심형 산업화 전략 — 섬유나 의류 같은 노동 집약적 소비재부터 시작하여 — 으로 보완하는 정책을 실시했다. 1960년대 초부터 1980년대 초 사이에, 점점 더 수준 높은 전자 제품 생산이 가능해지고 한국 공산품의 해외 시장 접근성이 늘어나면서, 전체 수출에서 공산품이 차지하는 비율이 17퍼센트에서 91퍼센트로 급증했다.

한국이라는 발전국가는 흔치 않은 적응력을 갖춘 국가 정책과 군사 통치자 박정희(1961~1979)의 유별나게 탄압이 심했던 정치 체제가 결합하여 성공을 이룬 사례라 할 수 있다. 한국 노동자들은 극단적으로 오랜 시간 노동을 해야 했지만 그들이 모은 돈은 오로지 정부 주도의 투자 정책에 이용되었을 뿐이었다. 산업 노동자들은 아무 권리도 없었다. 또한 유교 전통은 사회의 합의를 중시했고 교육과 관료제의 권위를 장려했으며, 엄청난 동원력을 지닌 문화적 신화를 창조했다. 또한 냉전 최전방에 위치한 나라로서의 이점도 있었다. 미국이 한국산 수출품에 자국 시장을 개방해주었던 것이다.

이와 함께, 미국의 값싼 농산물 수출도 큰 도움이 되었다. 1960년 이전에 한국 사회에서는 서구식 밀가루 빵을 거의 소비하지 않았다. 여전히 쌀을 중심으로 한 식단이었고 그 당시만 해도 식량 자급을 하던 나라였다. 그러나 1975년이 되면서 한국의 식량 자급률은 60퍼센트 수준으로 떨어졌고, 1978년에는 미국의 농무부가 '10억 달러 클럽(the billion dollar club)'이라고 부르던 국가군에 속하게 되었다. 이 말은 한국이 25억 달러 상당의 미국 농산물 — 주로 밀 — 을 수입하는 나라가 되었다는 뜻이다. 한국 정부는 전국의 학생들에게 매일 미국산 밀가루로 만든 공짜 빵을 주었고, 수많은 가정 주부가 제빵 기술을 가르치는 교육 과정에 등록했다. 이러한 과정에서 필요한 비용은 미국의 식량 원조 프로그램의 하나인 '대충 자금(counterpart funds)'으로 충당했다.

도시의 공장에서 농촌 지역 노동력을 흡수함에 따라 농업 인구는 50 퍼센트나 감소했다. 1957년부터 1982년 사이 1200만 명 이상의 농민이 서울이나 부산과 같은 산업 도시로 몰려들었다. 농촌에 남은 인구도 있었지만 그 이유는 쌀 생산 농가가 발전했기 때문이 아니었다. 한국의 쌀 농가 규모는 극히 영세한 편이어서 평균 1헥타르(3천 평) 정도에 불과했고, 정부의 농가 신용 지원이나 추곡 수매 같은 정책으로 간신히 버틸 수 있었다.

한국의 경제 발전 '기적'이, 미국이 제공한 값싼 식량에 기댄 공업화 지원책과 수출 공산품의 미국 시장 진출에 크게 의존했다는 점을 감안할 때, 그 발전을 궁극적으로 국내 주도의 과정이라고 할 수 있는가? 아니면 국제적 과정이라고 봐야 할 것인가?

출처 : Chung, 1990 : 43; Evans, 1995; Harris, 1987 : 31-36; Wessel, 1983 : 172-173

식량 원조 프로그램의 진실

제2차 세계대전 이후 미국은 자국의 잉여 농산물을 제3세계에 지원하기 위한 식량 원조 프로그램을 마련했다. 미국의 잉여 농산물은 농산업화 모델의 성공, 그리고 관세 장벽과 보조금 정책에 의한 농업 부문 보호(관세 및 무역에 관한 일반 협정으로 제도화된)에 힘입어 발생한 것이다. 미국 농부들은 한두 작물에만 집중해서 농사를 지었고(예를 들어, 옥수수, 쌀, 사탕수수, 낙농), 공적 자금을 통해 기술 지원을 받았으므로 늘 과잉 생산을 하기 마련이었다. 농가 보조금 덕분에 국내 농산물 가격은 세계 시장 가격보다 높았다. 그 결과 발생한 농산물 잉여분을 제3세계에 보내 산업 노동자들이 싼 가격에 먹을거리를 구입할 수 있게 해준 것이다. 이것은 농산물

그림 3-2 식량 부족 지역과 식량 원조 수원국

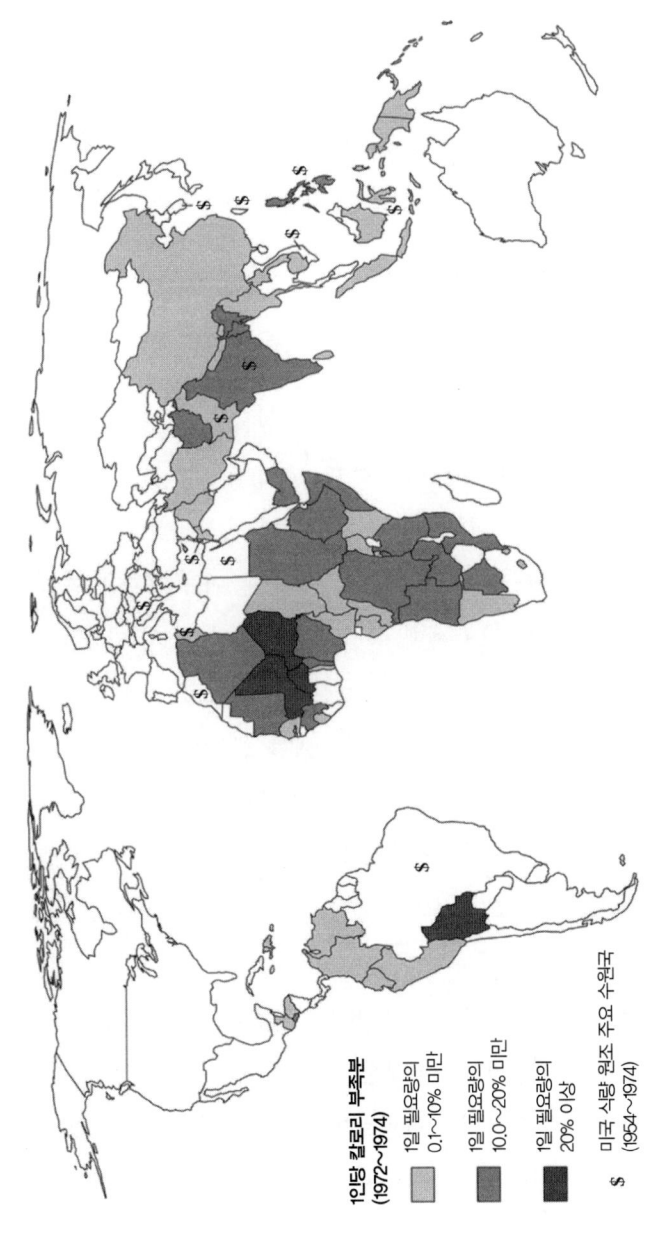

1인당 칼로리 부족분
(1972~1974)

1일 필요량의
0.1~10% 미만

1일 필요량의
10.0~20% 미만

1일 필요량의
20% 이상

$ 미국 식량 원조 주요 수원국
(1954~1974)

(출처: Michael Kidron and Ronald Segal, The State of the World Atlas, London : Pan, 1981.)

3장 개발 프로젝트의 국제적 틀 135

자원을 제3세계의 도시 산업 부문에 큰 폭으로 이전해준 조치였다. 이러한 **식량 원조 레짐**[32]은, 개발 경제학자들이 흔히 주장하는 농촌에서 도시로 자원을 이전해야 발전이 된다는 식의 이론의 토대가 되었다. 식량 원조 레짐이 일반 개발 프로젝트와 차이 나는 점이 있다면, 한 국가 안에서 이루어진 농촌-도시 간 이전이 아니라 **전 세계적 차원**의 농촌-도시 간 이전이었다는 점이다.

공법 480호 프로그램 — 미국산 잉여 농산물 처리법

미국 정부는 1954년부터 자국의 잉여 농산물을 처분하기 위해 공법 480호 프로그램(PL-480, Public Law 480 Program)을 시행했다. 이 공법 프로그램은 세 가지 요소로 이루어져 있었다. 첫째, 농산물을 현지 통화로 저렴한 가격에 상업용으로 제공한다(Title I). 둘째, 기근 구호용 농산물을 무상으로 제공한다(Title II). 셋째, 현지의 전략적 원자재와 미국산 농산물을 물물 교환한다(Title III). 이 프로그램은 공식적으로 "국외에서 미국 농산물의 소비를 늘릴 목표, 미국의 대외 관계를 개선할 목표, 그리고 기타 목표"를 두었다. 1967년에 미국 농무부는 다음과 같이 보고했다. "본 프로그램의 주요 목표이자 대외 정책상 중요한 성공 지표는 이 프로그램을 통해 해당국이 식량 원조 대상 국가에서 상업적 통상 국가로 전환되느냐 여부이다."[33]

이 프로그램의 세 요소 중 첫 번째인 저렴한 농산물 제공 프로그램이 전체 식량 원조 레짐의 핵심(대부분 밀)을 이루었는데, 1954년부터 1977년 사이 전 세계 식량 원조의 70퍼센트가 이 프로그램에 속했다. 1960년대 중반이 되면 식량 원조가 전 세계 밀 수출의 25퍼센트에 달했고, 교역되는 전체 농산물의 가격을 결정하는 중요한 요인이 되었다. 잉여 농산물 관리는 식품 가격 안정을 이루었고, 이것은 다시 개발 프로젝트의 두 상호 보완적 핵심 요소인 미국의 농업 경제와 제3세계 정부의 산업화 육성 계획을 안정시켰다.

식량 자급 국가에서 수입국으로

식량 원조 프로그램에 따라 추진된 밀 수입은 제3세계의 늘어난 도시 인구를 지탱해주었다. 제3세계 정부들은 원조받은 식량을 국내에서 배급할 수 있는 프로그램을 마련해 이른바 '개발 동맹'들—공산품 제조 부문, 노동조합, 도시 전문직 종사자, 중산층—에게 혜택을 주었다. 저렴한 원조 식량 덕분에 제3세계 소비자들은 구매력에 여유가 생겼고, 노동 비용을 보조하는 효과가 발생했으며, 도시 거주민의 불만을 무마하고 제3세계 산업 투자 환경을 개선하는 것 같은 혜택이 돌아갔다.

식량 원조의 영향은 각국의 자원과 각국의 개발 정책에 따라 서로 다르게 나타났다. 한국의 경우, 쌀농사 관리와 산업 생산 중심지에 대한 노동력 제공을 정부가 중앙 관리함으로써 식량 원조가 성공담이 되었다. 하지만 콜롬비아의 경우에는 도시화 이후 시행된 식량 원조 프로그램과 밀 수입 때문에 경쟁력에서 밀리고 보호도 받지 못한 농업 부문이 붕괴해버렸다. 식량 원조 프로그램이 끼친 자극 때문에 1950년대와 1971년 사이에 저렴한 가격의 밀 수입이 10배나 증가하여 콜롬비아 농가에서 생산한 자국산 농산물 가격은 절반 수준으로 폭락했다. 이로 말미암아 농민들의 이농 현상이 발생했고 이는 제3세계 국가의 특징인 도시 지역의 저고용과 저임금 경제로 이어졌다.[34]

1954년부터 1974년 사이 미국의 식량 원조를 받았던 주요 수원국에는 인도, 한국, 브라질, 모로코, 유고슬라비아, 남베트남, 이집트, 튀니지, 이스라엘, 파키스탄, 인도네시아, 타이완, 필리핀 등이 있었다(그림 3-2 참조). 통상 제3세계 정부 입장에서는 자국 농산물을 생산, 운송, 배급하기 위한 장기 정책에 투자하는 것보다, 밀을 수입해서 늘어나는 도시 인구를 직접 먹여 살리는 길이 훨씬 쉽고 돈도 적게 드는 방법이었다.[35] 식량 원조 프로그램은 각국 정부가 그렇잖아도 모자라는 외화를 소비하지 않고 자국 통화로 식량을 구입할 수 있도록 해주었지만, 그 대신 '식량 의존성(food dependency)'을 키웠다.

미국의 원조 식량 대금을 지불할 때 수원국 정부는 달러를 사용할 필요 없이 국내 은행에 개설된 미국 계좌에다 원조액과 같은 금액만큼을 자국 통화로 결제해주기만 하면 되었다. 이렇게 해서 적립된 돈을 '대충 자금(對充資金, counterpart funds)'이라 불렀다. 예컨대, 인도의 경우 1970년대에 인도 루피화 전체 통화량의 3분의 1을 미국이 이런 식으로 보유하고 있을 정도였다.[36] 이렇게 모인 대충 자금은 수원국에 진출한 각종 미국계 기관에서만 사용할 수 있었다. 예를 들어 인프라 건설 프로젝트, 군사 기지 유지 비용, 수원국에 진출한 미국계 농업 기업 같은 미국 기업에 대한 융자, 현지 생산된 각종 상품과 서비스 대금, 그리고 무역 박람회 개최 등 다양한 용도로 자금이 사용되었다. 대충 자금은 또한 제3세계 소비자에게 **새로운 식단**을 장려하는 목적으로도 쓰였다. 주로 학교 점심 급식용 빵을 권장하고 분식 소비를 부추기는 방식이었다. 1964년에 미국의 상원 의원 조지 맥거번(George McGovern)은 다음과 같이 예상했다.

제3세계의 수많은 이들이 '평화를 위한 식량'*을 통해 미국산 농산물에 맛을 들이는 곳에 미래의 거대 식품 시장이 있다. 오늘 우리가 돕는 사람들이 내일이

평화를 위한 식량(Food for Peace) 미국 식량 원조 프로그램의 별칭.(역주)

면 우리의 고객이 될 것이다. …… 만일 인도가 캐나다의 생산성을 절반만 따라잡는다 하더라도 모든 종류의 미국 농산물을 판매할 수 있는 어마어마한 시장이 형성되는 셈이다.[37]

1978년이 되면 미국이 전 세계로 수출하는 밀의 4분의 3 이상을 제3세계에서 소비하게 된다. 이와 동시에, 제3세계의 1인당 밀 소비량이 거의 3분의 2 이상 늘었다. 밀을 제외한 모든 곡물의 1인당 소비량은 20퍼센트 증가했지만, 전통적인 뿌리 작물의 소비량은 20퍼센트 이상 감소했다.[38] 아시아와 라틴아메리카의 도시 주민들도 점점 쌀이나 옥수수보다 밀을 더 많이 섭취하게 되었다. 수입 밀과 수입 쌀이 중남미와 중동 지역 일부에서 옥수수를 대체했고, 서아프리카에서는 기장과 수수를 대체했다. 보조금 덕택에 헐값에 들여온 수입 곡물이 전통적인 전분 음식(감자, 카사바, 참마, 토란)의 가격을 폭락시켰다. 이처럼 전통적인 '농민 음식(peasant foods)'이 도시 노동자들이 소비하는 곡물과 가공 식품, 즉 새로운 '급료 음식(wage foods)'으로 바뀌었다.[39]

제3세계 국가의 수입 밀 소비량 증가는 두 가지 거대한 변화와 이어져 있었다.

- 소농 경작의 감소 : 도시의 저렴한 음식 보급으로 인해 국가 보조로 공급되는 급료 음식이 농민 음식과의 경쟁에서 승리했다.
- 산업 노동력의 확대 : 소농들이 농촌을 떠나 확장 추세의 도시로 이주해 저임금의 일자리를 찾게 되었다.

통상적인 개발 모델에서는 이러한 사회 흐름의 추세 변화가 국가의 틀 안에서 일어난다고 본다. 하지만 실상을 알아보면 개발 프로젝트의 시행과 이런 변화는 국제 정치 경제의 틀 안에서 일어났다. 제1세계의 농부들이 제3세계 산업 노동자에게 농산물을 공급함으로써 국제 분업이 재형성되었던 것이다.

제3세계 농업의 재형성

공법 480호 프로그램의 의도는 제3세계의 소비자들이 밀 중심의 식단을 선호하도록 만들어 향후 미국산 곡물의 상업용 판매 시장을 개척하려는 것이었다. 빵이라는 최종 산물을 많이 소비하면 그와 함께 다른 잉여 농산물(사료 곡물과 같은)의 소비와 농업 기술의 수요도 늘어나게 되어 있었다. 이런 배경 뒤에는 국가가 대규모로 후원하는 미국 농업 생산성 증대 프로그램이 있었다. 1950년대부터 1970년대 사이, 미국 농업의 생산성은 제조업의 생산성보다 높았다. 잉여 농산물의 처분은 정부 차원의 문제가 되었다. 이 지점에서 단기적 '식량 제국(food-empire)' 전략의 장기적 결과를 생각해보는 것이 필요했다. 정부가 공적 자금으로 후원한 '석유 농업(petro-farming)'은 시간이 지나면서 자연 생태의 질을 악화시켰다. 여기서 '석유 농업'이란 농사에서 농업의 자연 생물학적 기반을 버리고 석유를 이용한 기계와 무기 비료, 살충제, 제초제 사용과 종자 코팅 같은 방법을 통해 산업형 영농을 추구하는 것을 말한다. 석유 농업과 같은 집약적 농법을 쓰는 과정에서 토양 침식, 토양 염도 증가, 침수 등으로 연간 200만 에이커 이상의 농지를 잃게 된다. 게다가 지하수를 다시 채울 수 있는 속도보다 160퍼센트나 더 빠르게 수원을 고갈시킨다.[40] 마크 레이스너(Marc Reisner)는 《캐딜락 사막(Cadillac Desert)》에서 미국의 서부를 다음과 같이 묘사한다. "서양 사람들은 자기들이 이곳에 만들어놓은 것을 문명이라 부르겠지만, 해안 거점이라고 부르는 편이 더 정확하다. …… 역사로부터 조금이라도 배울 수 있다면, 우리가 이 지역을 지속 가능하게 유지할 수 있는 가능성을 낮게 잡아야 할 것이다."[41] 개발 프로젝트 시대부터 시작된 이런 식의 농기업 모델은 아직도 핵심 수출 부문으로 남아 있다.

전 지구적 가축 사육 복합체

식량 원조 레짐을 시행하던 시기만 해도 잉여 곡물로 사람이 아닌 가축을 먹여도 될 만큼 곡가가 싸고 공급이 넘쳤다. 사료용 곡물 공급이 늘어나면서 사료용 곡물만 전문적으로 생산하는 생산업자와 동물 단백질을 전문적으로 생산하는 축산업자를 잇는 전 세계적 상품 사슬이 폭발적으로 증가했다. 제3세계 소비자 중 부유층은 밀에 기반을 둔 식단을 넘어 식물 단백질이 아닌 동물 단백질(쇠고기, 닭고기, 돼지고기, 새우)로 먹을거리 사슬을 한 단계 높였다. 이러한 '식단 근대화(dietary modernization)'는 소득 수준 향상뿐만 아니라 의도적인 정책의 결과였다. 햄버거의 상품 사슬과 석유 농업에 의한 산림 훼손 사이에는 연관성이 있다. 예를 들어, 1960년부터 1990년 사이에 중남미 열대 우림의 25퍼센트 이상이 가축 사육에 필요한 목초지 조성용으로 잘려 나갔고, 그렇게 길러진 육우는 미국의 급성장 패스트푸드 산업을 위해 햄버거로 전환되었다. 제러미 리프킨(Jeremy Rifkin)이 상기시키는 것처럼, 쇠고기 생산이—이산화탄소, 산화질소, 메탄 가스 방출을 통해—지구 온난화에 끼치는 영향은 심각한 수준이다. "기후 변화, 작물 재배 시기의 단축, 강우량 패턴 변화, 방목지 침식, 사막화 등은 가축 사육 복합체와 곡물 사료로 키운 쇠고기를 소비하기 위해 만들어낸 인위적인 단백질 사다리의 종언을 고하는 소리로 들린다."[42]

미국의 곡물 가공 산업은, 방목형 사육에서 곡물 사료 사육으로 가축 사육 방식의 변화 추세에 계속 보조를 맞춰 왔다. (1970년대 초에 이미 75퍼센트가 곡물 사료에 의한 사육이었다.) 이전에는 밀을 판매·가공하던 곡물 회사들이 업종을 다변화해 육우용 가공 사료, 돼지용 사료, 가금류용 사료 따위를 생산하기 시작했다. 동물 단백질 소비가 '미국식 생활 방식'의 대명사가 되었다. 1965년에는 모든 식품비에서 육류가 차지하는 비율이 25퍼센트나 되었다.[43] 쇠고기 소비는 20세기 초와 1976년 사이에 거의 두 배가 늘었고, 닭고기 소비는 1930년대와 1970년 사이에 세 배 이상 증가했다.[44] 미국의 공장형 가축 사육장에서 매년 방출하는 10억 톤이 족히 넘는 가축 분뇨—화학 물질, 항생제, 성장 호르몬으로 범벅이 된—는 하천으로 흘러 들어가 하천 바닥에 스며든다.[45] 동물 단백질을 선호하는 문화는 현대의 개발을 가능하게 하는, 문제 많은 화학 기술을 상징적으로 대변한다.

제3세계 중산층에서 동물 단백질을 많이 섭취하게 되면서, 식량 원조 프로그램을 통해 제3세계로 수출하는 사료용 곡물 역시 늘어났다. 미국사료곡물협의회(U.S. Feed Grains Council)는 전 세계에 진출해 있는 400여 개의 농기업체를 통해 식량 원조 대충 자금을 써서 현지의 가축 산업과 가금류 산업을 발전시키려고 노력해 왔다.[46] 1969년에 한국의 4개 회사가 미국의 농기업인 랠스틴퓨리나(Ralston Purina)와 카길과 합작 사업을 시작해서 전문 기술과 마케팅 기법을 전수받았다. 공법 480호 프로그램의 1970년 연례 보고서는 위와 같은 농기업들이 식량 원조 프로그램의 대충 자금을 활용하여 다음과 같은 일을 할 수 있을 것이라고 제안한다. "현대식 가축 사료 배합 시설의 건설과 운영, 그리고 가축과 가금류 생산·처리 시설에 재정 지원을 한다. 그 후 이런 시설들이 완벽하게 가동하면 사료용

사례_ 먹을거리와 계급 관계

성장세인 사료용 곡물의 교역은 사회가 변하면서 함께 변화하는 사회적 식단을 나타낸다.

동물 단백질의 소비는 생활 수준의 향상을 의미한다. 제3세계 중산층에서, 미국이 식량 원조를 통해 직접 장려했던 곡물(특히 밀) 식단을 넘어, 제1세계의 식단을 받아들였기 때문이다. 엥겔(Ernst Engel)의 법칙에서는 전분에서 곡물로, 곡물에서 동물 단백질로, 동물 단백질에서 신선한 채소로 식단이 바뀌는 것과 소득 수준 향상 사이에 상관 관계가 있다고 본다. 그러나 식단의 분화는 개인의 선택이라기보다 누가 특정 식품의 생산을 통제하는가 하는 문제와 소비 패턴이 어떻게 사회 계급에 따라 분포하는가 하는 점을 반영한다.

예를 들어 이집트를 보자. 1974년에서 1975년 사이, 도시에 거주하는 최상 계급의 27퍼센트가 최하 계급보다 동물 단백질을 네 배 이상 소비했다. 소득 수준이 높아졌고, 미국과 이집트 정부의 보조금 정책까지 더해져 콩과 옥수수에서 밀로, 그리고 밀에서 육류 식품으로 식단이 바뀌었다. 1970년에서 1987년 사이에는 가축 생산량이 곡물 생산량을 10 대 1 비율로 앞섰다. 이집트는 일본과 중국 다음으로 세계 최대의 곡물 수입국이다. 티머시 미첼(Timothy Mitchell)은 수입 곡물에 의존하는 것은 정부가 육류 소비를 후원했기 때문이라고 지적하면서 다음과 같이 말한다.

"이집트의 식량 문제는 너무 좁은 땅에 너무 많은 인구가 있어서 빚어진 문제가 아니다. 이 문제는, 국내·국제적으로 지배적인 먹을거리 레짐의 후원을 받은 일부 국내 권력 계층이 이집트의 자원을 일반인을 위한 주식(主食) 생산에서 더욱 비싼 음식의 소비 쪽으로 이동시킨 데에 기인한다."

> 엥겔의 법칙은 전 세계적으로 통용되는 것처럼 보인다. 다른 계급들은 다른 지위의 먹을거리 사슬에서 식사를 하기 때문이다. 그러나 이러한 차이 자체가 개발 프로젝트의 결과임을 기억해야 한다. 부유한 소비자들이 동물 단백질로 이루어진 '높은' 먹을거리 사슬에서 식사를 할 때, 가난한 노동 계층에서는 식량 원조 곡물 또는 먹을거리 사슬의 제일 아래쪽 ― 저단백 전분질 식단 또는 굶주림 ― 에서 식사를 한다.
>
> 소득 수준이 높은 사람들이 동물 단백질을 많이 찾는 것은 **자연스러워** 보인다. 하지만 우리가 육류 소비를 정치 메커니즘과 사회 불평등에서 분리해 설명할 수는 없을 것이다. 사회 불평등은 곡물이나 기타 주식의 직접 소비보다 사료용 곡물의 간접 소비(육류 섭취)를 조장하기 때문이다.
>
> 출처 : Gardner and Halweil, 2000; Mitchell, 1991

곡물이나 그밖의 사료 관련 요소의 시장이 상당히 확대될 것이다."[47]

제3세계로 가축 사육이 확대되면서 전 지구적 차원의 가축 복합체(livestock complex)가 형성되었다. 그때까지는 전문화된 사료용 곡물 공급 구역이 제1세계와 브라질이나 아르헨티나 같은 '중간 소득' 국가에 집중되었다. 1940년대 후반부에서 1988년 사이에 전 세계 대두 생산이 6배나 늘었다. 그와 동시에 옥수수 생산이 전문화되고 자본 집약적인 농기업은 혁명적 변화를 가져왔다. 그 결과 옥수수 생산으로 얻는 가치가 전 세계 밀 교역의 가치를 6배 이상 초과하게 되었다.[48]

생태 농업을 파괴한 녹색 혁명

제3세계 농업을 재형성하는 데 큰 영향을 끼친 또 다른 요인은 **녹색 혁명***이다. 녹색 혁명은 식물 품종 개량용 농업 기술 '혁신 패키지'를 뜻하는 데, 처음에는 록펠러 재단(Rockefeller Foundation)의 멕시코 연구소에서, 그리고 1960년대에 들어서는 필리핀 소재 포드 재단(Ford Foundation)과 공동 연구를 통해, 그 다음에는 나이지리아와 콜롬비아의 열대 작물 연구소에서 개발되었다. 록펠러 재단의 멕시코 연구소에서는 1943년 이후 20년 동안 옥수수, 밀, 콩을 300퍼센트나 늘리는 데 성공했다. 이런 노력은 1971년에 국제농업연구자문그룹(CGIAR, Consultative Group on International Agricultural Research) — 유엔식량농업기구(FAO, Food and Agricultural Organizaition), 유엔개발계획, 세계은행의 후원을 받은—의 탄생으로 결실을 맺었고, 그에 따라 전 세계에 연구소와 유전자 은행이 설립되었다.[49] 또한 녹색 혁명은 미국식 화학 농업 모델이 제3세계에 전파될 수 있는 주요 매개 통로가 되었다. 즉 녹색 혁명은 특정한 정치적 선택과 정치적 결과를 초래한 기술 이전이었던 것이다.

녹색 혁명을 주창한 것은 개발 프로젝트의 이상적인 목표만 강조하는 정책 처방을 상징적으로 보여주었다. 녹색 혁명의 사회적·생태적 결과가 어떨 것인지 이미 알려져 있었는데도 단지 녹색 혁명의 결과물에만 초점을 맞췄던 것이다.[50] 개발의 서사 구조에 따르면 농업이 '현대화'하는 과정에서 농업 인구는 불가피하게 축소될 수밖에 없었다. 여기서 의문이 제기된다. 산업 구조가 노동 집약적이지 않고 자본 집약적이며, 산업 규모가 그리 크지 않고, 슬럼 지역 거주 인구가 제3세계 전체 주민의 50퍼센트를 차지하는 상황에서 왜 굳이 수많은 농업 인구를 줄여야만 했던가?

개발의 역사에서 '생산주의(productivism)'는 언제나 핵심적 주제가 되어

녹색 혁명(Green Revolution) 생명유전학적으로 개발한 혼합 종자로 이루어진 기술 혁신이며, 밀, 옥수수, 쌀과 같은 기초 작물의 농업 생산성을 높이기 위해 고안된 화학적·기계적 투입물과 관개를 필요로 한다.

왔다. 생산주의는 미국의 **토지 공여 대학*** 시스템이 주도했다고 볼 수 있다. 이런 대학들은 상업화할 수 있는 농업 기술 모델을 가르치는 평생 교육 시스템을 개발하여 대규모 자본 농가를 지원했던 것이다.[51] 개발 프로젝트 안에서 "농업 생산량을 늘려야 한다는 주장은 인구 증가에 따른 위기 상황을 미리 예방해야 한다는 식의 고정관념 속에서 틀에 맞추어졌다." 이런 주장은 모든 문제를 기술적으로 해결하려는 태도에(그것의 부정적 결과에도 불구하고) 도덕적·정치적 정당성을 부여했고, 위의 이집트 사례 연구에서 의문을 제기했듯이 인구를 일종의 독립 변수로 간주했으며, 마지막으로 녹색 혁명 프로그램은 당시 개발 사상에서 핵심 요소였던 '경제 민족주의'에도 호소하는 바가 적지 않았다.[52]

어쩌면 이런 점들보다 더 강한 동기는 중국 모델이 지닌 정치적 의미였다. 1949년에 공산 혁명을 거친 중국은 지주들이 독점했던 전체 농지 중 45퍼센트를 소농과 무토지 농민에게 재분배해주었다. 토지의 집단 농장화 덕분에 저고용 상태의 잉여 노동력, 수자원 관리 투자, 지역 기업 등을 동원할 수 있었고, 중앙 정부의 지원과 더불어 분권화된 과정을 통해 기초 보건과 농촌 교육이 향상되었다. 물론 이런 정책의 목표가 농업 부문을 쥐어짜 산업 성장과 중앙 집권 행정에 필요한 재정을 확보하는 것이었음을 지적할 필요도 있다.[53] 어쨌든 이렇게 방대한 사회적 실험이 궁극적으로 성공했는지 여부는 차치하고, 중국식 모델은 인도와 같은 나라에 큰 영향을 끼쳤다. 인도의 총리 네루는 중국을 따라잡겠다는 결의에 차 있었다.[54] 그러나 인도의 국가 제도 개혁은 각 주 정부의 호응 여부에 달려 있었다.

토지 공여 대학(land-grant university) 19세기 후반 모릴 토지공여법에 따라 설립된 대학. 미 연방 정부가 대학 교육을 육성하기 위해 연방 소유의 토지를 각 주에 무상으로 제공해 농학, 과학, 공학 같은 실용 학문을 가르치고 연구하는 대학을 설립하도록 지원했다.(역주)

당시만 해도 인도의 각 주는 토지 개혁이나 노동조합에 적대적인 지주와 상인들이 장악한 상황이었다. 따라서 인도를 포함한 제3세계의 혁명은 적색(노동 해방)에서 녹색(농업 해방)으로 색깔을 바꾸게 된 것이다.

한편 인도 국내에서 대충 자금이라는 지렛대를 갖고 있던 미국은 인도에 토지 개혁을 못 하겠다면 차라리 녹색 혁명 기술을 개발하라고 종용하기 시작했다.[55] 화학 농업을 확대하라는 압력은, 제2차 세계대전 중 폭탄 제조용으로 쓰던 질소 생산물을 민간에서 필요한 무기질 비료로 전환하는 과정에서 발생했다. 그 결과 질소 고정용 작물인 콩과 가축 분뇨로 만든 거름이 무용지물이 되었다. 살충제 개발은 제1차 세계대전 때 쓰인 신경가스에서 비롯했고, 석유 정제와 유기 화학의 발전으로 촉진되었다.[56]

화학 산업과 에너지 부문이 결합된 '석유 농업'은 녹색 혁명 기술의 확산을 가능하게 했고 그와 동시에 녹색 혁명을 장려했다. 유엔식량농업기구는 제3세계에 합성 비료의 보급을 확대하여 제공함으로써 농업이 에너지 부문에 더욱더 의존하도록 만들었다.[57] "녹색 혁명에 쓰인 종자는, 화학적으로 집약된 농업이 토착 종자를 이기지 못하는 한계를 극복하기 위해 고안되었다."[58]

교잡 종자에서 얻은 새로운 다수확 품종(HYVs, High-yielding varieties)은 병충해에 저항하는 화학적 보호 장치―살균제나 살충제―에 크게 의존했다. 거시 영양 요소(알곡)를 적정하게 수확하려면 대규모 관개 시설과 화학 비료의 사용이 필수적이었다. 이와 함께 전통적인 녹엽 작물(비타민 A와 같은 미시 영양 요소를 제공하던)이 '잡초'로 재분류되어 제초제를 뿌려 없애야 할 대상이 되었다. 다수확 품종은 도시 거주 소비자들을 위한 '급료 음식'을 생산해주었고, 그 결과 토양 증산력을 보존하기 위해 윤작 방식으로 재배되던 '농민 음식'은 사라져버렸다. 1984년에 인도의 한 농민은 거름으로 만든 퇴비를 사용하여 비옥해진 토양에 관해 다음과 같이 말했다. "화학 비료는 곡식의 싹을 틔워주지만 …… 거름으로 만든 퇴비는 토양을 강하게 해줍니다. 지력이 약하면 비료를 아무리 주어도 땅에서 소출이 제대로 나올 수 없습니다."[59] 교잡 종자는 자연적으로 재생을 되풀이하는 생태 순환 주기를 끊어버렸고, 구입한 투입물을 뿌리고 상품화된 산출물을 수확한다는 직선적 흐름이 생태 주기를 대체했다. 그 결과 농부들은 '화학적 쳇바퀴'에 사로잡힌 신세가 되었다.[60] 이런 식의 농사가 장기적으로 경제와 환경에 악영향을 끼친 탓에 1993년부터 2003년 사이에 인도의 농부들이 10만 명이나 자살을 택했다.[61]

녹색 혁명식 농업의 확대는 개발 프로젝트의 양면—국제적 측면과 국내적 측면—을 모두 갖추고 있었다. **국내적 관점**에서 보면, 각국 정부는 농업 생산성 향상과 각종 농작물(옥수수, 밀, 쌀)의 도시 지역 공급 확대를 추구했다. 식량 원조 레짐의 맥락에서 이러한 녹색 혁명 **수입 대체** 전략은 식량 원조를 보충하거나, 식량 원조의 경쟁적 악영향으로부터 현지 농민들을 어느 정도 보완해주었다. 녹색 혁명 덕분에 곡물 수확량은 극적으로 늘었지만, 녹색 혁명은 제3세계 중에서도 생태적으로 녹색 혁명이 가능했던 몇몇 지역에만 국한하여 일어났다. 아시아 그리고 훨씬 소규모로 라틴 아메리카에서 신품종의 혜택을 누릴 수 있었지만, 아프리카에서는 대규모 상업형 밀 농사나 쌀 재배가 없었으므로 녹색 혁명으로부터 얻은 게 거의 없었다. 제3세계의 주요 밀 생산국—인도, 아르헨티나, 파키스탄, 터키, 멕시코, 브라질—에서는 대부분의 밀 경작지에다 다수확 품종을 심었다. 1980년대가 되었을 때 전 세계에서 녹색 혁명 방식으로 밀을 재배하는 전체 농토의 86퍼센트가 이 나라들에 집중되어 있었다. 또한 1980년대에 전 세계에서 녹색 혁명 방식으로 쌀을 재배하는 전체 농토의 87퍼센트가 아

시아 6개국—인도, 인도네시아, 필리핀, 방글라데시, 미얀마, 베트남—에 집중되어 있었다.[62]

국제적 관점에서 보면, 식량 원조 프로그램이 녹색 혁명 기술을 전파하는 데 큰 몫을 했다. 미국은 대충 자금을 통해 일상적으로 농기업 활동과 녹색 혁명 기술을 장려했고, 미국국제개발처(USAID, United States Agency for International Development) 또는 세계은행과 같은 기관이 제공한 차관도 이런 활동을 보완했다.[63] 이런 기관들은 제1세계의 농업 기술을 제3세계의 상업형 농업에 이식하는 데 목표를 두고 있었다.

녹색 혁명은 농촌 지역의 소득 불평등을 더욱 악화시키면서 진행되었다. 멕시코, 아르헨티나, 브라질, 베네수엘라 같은 라틴아메리카 국가들, 그리고 푼잡과 하리아나 같은 인도의 관개 지역에서 진행된 녹색 혁명식 농업은 농가들 사이의—그리고 흔히 한 가구 내에서도—경제적 격차를 크게 벌렸다. 농촌 가구에서 여성은 돈을 벌 수 있는 기회가 남성보다 적었다. 교잡 종자와 농사에 필요한 투입물(비료와 농약 등)은 시장에서 구입해야만 한다. 이런 것을 구입하려면 정기적인 소득이 있거나 신용 대부를 받을 수 있어야 한다. 하지만 여성은 이런 과정에서 배제되기 일쑤였다. 여성이 돈을 만질 수 있는 기회가 적은 탓도 있었고, 녹색 혁명의 확대를 불러온 농업 기술이 남성 세대주에게만 전해진 탓도 있었다.

농촌 가구들 사이에서는 형편이 괜찮은 농가가 그나마 새로운 품종을 들여오거나 그에 따른 위험을 감수할 여력이 있었다. 부유한 농가는 다수확 품종을 재배함으로써 더 큰 혜택을 받았다. 이들은 신기술을 적극 활용할 만한 정치적·경제적 능력이 없는 가난한 농가에 비해 정부 지원을 더 많이 받을 수 있었기 때문이다. 농지 가격이 오르면서 덩달아 오른 소작료 때문에 소작농은 큰 타격을 받았고, 잘사는 이웃 농가에 소작권을 양도

하거나 채권자에게 가진 것을 빼앗길 수밖에 없었다. 마지막으로, 녹색 혁명의 특징인 기계 농법과 화학 농법을 도입함으로써 영세 농가나 무토지 농가의 고용 기회가 더욱 줄어들거나, 농토가 살충제나 제초제와 같은 유해 물질에 노출되면서 열악한 노동 조건에 시달려야 했다.[64]

개발 프로젝트의 반농업 편향성

개발 프로젝트의 틀 안에서 제3세계 각국 정부는 정치적 지지를 얻기 위해, 임금 수준을 낮게 유지하기 위해, 국가 안보를 지키기 위해 수많은 도시 인구를 값싸게 먹여 살릴 수 있는 방안을 필사적으로 모색했다. **도시 편향성***이라는 용어는 개발 프로젝트에서 도시의 이익—의료, 교육 서비스부터 고용 정책과 식량 원조 배급에 이르는—만을 조직적으로 보호해 주는 현상을 표현하기 위해 만들어졌다.[65] 제3세계의 도시 거주민들 사이에서 '개발 동맹'을 구축하기 위해 도시 편향성은 반드시 필요했다. 그러나 이 말은 농업은 무용지물이라는 현대인의 믿음을 표현한 것이기도 했다.

하지만 농촌 지역에서 개발의 도시 편향성을 모를 리 없었다. 농촌 빈곤 문제의 악화, 농촌의 주변화, 농지 분배를 둘러싸고 끊임없이 발생하는 농민 저항 같은 문제로 인해 아시아와 라틴아메리카에서 **토지 개혁***이 주요 정치 의제로 떠올랐다. 1959년에 쿠바 혁명이 일어나 토지를 영세농과 무토지 농민에게 재분배하자, 토지 개혁 문제가 라틴아메리카 전체로 확산되었다. 1960년에서 1964년 사이에 브라질, 칠레, 코스타리카, 도미니카공화국, 에콰도르, 과테말라, 니카라과, 파나마, 페루, 베네수엘라 등이 모두

도시 편향성(urban bias) 개발 전략을 정당화하기 위해 흔히 농촌 주민은 낙후되고 비생산적이라고 무시하고, 도시 주민과 제조업 부문을 우대해주는 편견.
토지 개혁(land reform) 주로 사회적 이유 때문에 농지를 분배 또는 재분배하는 정책.

토지 개혁을 단행했다. 1961년부터 미국이 라틴아메리카를 대상으로 시행한 정책인 '진보를 위한 동맹(Alliance for Progress)'은 미국이 토지 개혁 정책을 이용해 급진적인 반란 세력을 꺾고, 미국식 가족농 모델로써 이 지역 농촌 주민을 안정시킬 수 있는 기회를 주었다.[66]

토지 개혁 운동을 할 때 이미 상업화된 농토는 대상에서 제외되었고, 국경 지역의 토지를 포함한 나머지 농토만 재분배되었다. 실제로 이 시기에 상당한 규모로 '재농촌화(re-peasantization)'가 이루어졌다. 라틴아메리카에서 1950년에서 1980년 사이에 추가로 생산된 농산물의 3분의 2가 국경 지역의 새로운 개척지에서 나왔다. 그리고 평균 2헥타르 정도의 농지를 보유한 소농이 92퍼센트나 증가했다. 전체적으로, 경작할 수 있는 토지가 라틴아메리카에서 109퍼센트, 아시아에서 30퍼센트 이상 증가했지만, 아프리카에서는 오히려 줄었을 가능성이 있다.[67] 산림 지역을 포함한 국경 지역―특히 인도네시아, 브라질, 말레이시아, 인도―에 정착촌을 건설하는 계획은 보통 세계은행의 재정 지원으로 이루어졌는데, 이때 주로 남성들이 세대주로서 우대받았다. 이는 "정착 과정에서 여성이 혜택을 받지 못하게 만든 주된 요인"이 되었다.[68] 그런데 재정착 정책은 농촌의 빈곤을 단지 장소만 옮긴 것에 불과한 경우가 많았다. 1960년에서 1980년 사이에 브라질에서는 거의 2800만 명의 소농들이 외화 벌이가 목적인 수출용 기업농에 밀려 자기 땅을 떠나야 했다. 이산 농민들은 아마존 유역으로 흩어졌고 그들은 주로 산림을 불태워 흔히 척박한 새로운 농지를 개척했다.[69]

1960년대까지 이어진 농촌 빈곤 문제는 개발 프로젝트의 도시 편향성을 부각했다. 이 시점에 맥나마라 총재가 이끌던 세계은행에서 새로운 빈곤 완화 정책을 내놓았다. 그것은 소농에게 신용 대여를 제공하고, 과거 농업 개혁이 실패한 곳에서 농민의 생활 환경을 안정시키려는 다자 간 정책이었다. 이 정책은 상당히 복합적인 성공을 거두었다. 신용 기금이 지방의 토호들에게 흘러가기도 했고, 수억 명의 농민이 이농을 했으며, 겨우 살아남은 소농들은 생계형 기본 농업을 포기하고 융자를 받아 상업적 환금 작물을 재배하도록 유도되었던 것이다.[70]

이러한 농업 개혁 정책에서 우리가 얻을 수 있는 교훈은 농민의 재정착이든, 상업형 농업으로의 전환이든, 그 어떤 것도 농생태적 방식의 농업—땅과 물과 생물 다양성을 자연적으로 재생시키는 순환 주기를 보존하는—의 지속 가능한 대안이 될 수는 없다는 사실이다. 본질적으로 개발 프로젝트는 농촌 문화의 유산—물질적으로 낙후된 것처럼 보였을지도 모르는—을 심하게 차별하는 가정에 입각해 있기 때문이다.

이미 식민 지배 시기에 시작되었던 장기적 농촌 말살 정책은 식량의 헐값 판매와 상업형·수출형 농업의 제도적 지원이 결합하면서 더 심해졌다. '급료 음식'의 수입과 생산을 우선시하는 태도는, 농민들의 생계 전략인 농가 식량 생산의 가능성과 농촌 빈곤층의 생계 토대를 무너뜨렸다. 그 결과 수많은 농민이 이농을 하게 되었고 라틴아메리카, 아시아, 아프리카의 과밀한 도시 지역으로 몰려와 '슬럼 행성(planet of slums)'을 만들었다.[71]

결론

개발 프로젝트는 경제 성장이라는 국내 전략과 다자 간·양자 간 지원이라는 국제 프로그램이 결합한 다층적 실체였다. 제3세계의 모든 나라, 모든 지역이 가용 자원, 출발점, 이념 지향에서 서로 달랐음에도 불구하고, **전체가 한 덩어리처럼 단일한** 개발 프로젝트에 포함되었다.

군사·경제 원조 프로그램이 '자유 세계'의 지정학적 윤곽을 만들었고, 제

3세계를 서구의 궤도로 끌어들였다. 원조 프로그램은 또한 산업화 전략을 추진하기 위한 기술 이전과 식량 원조를 통해 개발의 유형을 결정했다. 식량 원조는 지정학적 동맹 관계를 유지하는 데 중요했을 뿐만 아니라, 제3세계의 제조업 지원을 통해 국제 분업 양상을 재편하는 데에도 중요한 역할을 했다. 개발 경제학자들이 예견했듯 제3세계의 산업화는 농촌 자원을 도시로 이동시키는 데에 달려 있었다. 그러나 이런 농촌-도시 간 자원 이동은 국내에만 국한된 과정이 아니었다. 제1세계의 식량과 농업 기술이 제3세계로 수출되면서 전 지구적인 농촌-도시 자원 이동 흐름이 형성된 것이다.

전후 시기의 개발 과정을 이해하는 데는 각국의 사정이 서로 달랐던 것만큼이나 국제적 차원도 중요하다. 각국의 차이점을 여기서 상세히 기술할 수는 없고, 그것이 이 이야기의 핵심도 아니다. 개발 프로젝트가 어떤 식으로 전 지구적 움직임—국제적 제도 틀과 이념의 틀에 국내 정책을 끼워 맞춘—을 일으켰는지 이해하는 것에 우리 초점을 맞춰야 할 것이다. 이러한 국제적 틀은 이론적으로는 국내 경제 성장 정책을 위한 것이었지만, 실제로는 국제화를 위한 것이었다. 제3세계에서 발생한 사회 변동은, 불평등한 관계로 이루어진 개발과 제1세계와 제3세계 사이의 기술 이전이라는, 전 세계적으로 공통적인 과정에다가 각기 자기 나라의 색깔을 약간 덧칠한 것에 불과했다.

여기 3장에서 우리는 그러한 자원 이동의 한 가지 사례를 살펴보았다. 또한 우리는 그러한 이동이 어떻게 새로운 사회 구조를 만들어내는지를 알아보았다. 제1세계의 농업 확대가 제3세계의 새로운 산업 계급의 등장과 이어져 있던 것이다. 그와 동시에 녹색 혁명의 기술을 제3세계로 수출한 결과 제3세계 내에서 남성과 여성 사이, 농촌의 생산자와 노동자와 농업 자본가 사이에서 사회적 분화가 촉발되었다. 값싼 수입 식량과 농촌에

도입된 신기술 농업, 이 양쪽 경쟁에 끼어 희생된 소농들은 고향을 등지고 도시로 몰려들었고, 이들의 유입은 도시 노동자들의 임금을 더욱 떨어뜨렸다. 이런 시나리오 탓에 전 세계의 산업 생산이 대거 제3세계로 이전했고 이는 국제 분업의 완벽한 재구성으로 이어졌다. 이것이 다음 장의 주제이다.

[더 읽을 자료]

김호기, 〈국제 분업의 구조적 변동과 동아시아 신흥 공업국의 산업화: 한국과 대만의 사례〉, 《한국 사회학》 24(2): 2001-2022, 1990.

박은홍, 〈'아세안 방식(ASEAN way)'과 동남아시아 신흥 공업국의 역할 변화: 주권, 개발, 인권의 갈등적 공존과 그 진화〉, 《동남아시아 연구》 16(1): 119-147, 2006.

Chang, Ha-Joon. *Kicking Away the Ladder: Development Strategy in Historical Perspective*. London: Anthem Press, 2002.

Gupta, Akhil. *Postcolonial Developments: Agriculture in the Making of Modern India*. Durham, NC: Duke University Press, 1998.

Kloppenburg, Jack R., Jr. *First the Seed: The Political Economy of Plant Biotechnology, 1492-2000*. Cambridge, UK: Cambridge University Press, 1988.

Rich, Bruce. *Mortgaging the Earth: The World Bank, Environmental Impoverishment and the Crisis of Development*. Boston: Beacon, 1994.

[추천 웹 사이트]

Consultative Group on International Agricultural Research(CGIAR): www.cgiar.org

Food and Agriculture Organization(FAO), UN: www.fao.org

International Monetary Fund(IMF): www.imf.org

United Nations Conference on Trade and Development(UNCTAD): www.unctad.org

The World Bank: www.worldbank.org

4장
개발의 전 세계적 확산

> "동양 여성의 손재주는 세계적으로 정평이 나 있습니다.
> 동양 여성보다 생산 라인 일을 이렇게 효율적으로 잘할 수 있는
> 천성과 재주를 타고난 사람이 또 있겠습니까?"
> – 말레이시아 투자 안내서

우선 개발 프로젝트의 '경제 민족주의'가 하나의 이상이었지만 확실한 보장은 아니었다는 점을 기억할 필요가 있다. 국내 생산의 일부분을 수출용 생산으로 전환했을 때 세계 시장에 대한 국가 경제의 의존은 깊어졌다. 이 장에서는 이러한 전환의 사회 경제적 차원에 초점을 맞출 것이다. 이를 통해 개발 프로젝트가 나중에 지구화 프로젝트로 바뀌면서 등장한 지구화 과정과 지구화 정치를 예상해볼 수 있을 것이다.

개발 프로젝트의 진행은, 비록 일차적으로는 국민국가 내의 발전 목표가 우선시되긴 했지만, 전후 세계 시장이 재구성된 현실에 따라서 좌우되기도 했다. 냉전은 미국을 중심으로 한 세계 시장의 부상을 상징했다. 미국은 식민 지배 시대가 사라진 자리에 비공식적 제국을 건설하기 위해 군사적, 경제적으로 엄청난 지원을 쏟아부었다. 서구가 소련과 중국을 봉쇄하는 데 집중하면서, 개발 프로젝트는 **기업 활동 자유** 그리고 **국제 통화**로서 미국 달러라는 두 가지 경제 기반 위에 건설되었다. 미국과 각국 간의 달러화 지급을 통해 서구와 일본으로 이루어진 주요 국민 경제권이 서로 연결되었다. 그리고 달러화의 원천인 미국의 연방준비제도(U.S. Federal

Reserve System)가 이 국가들의 중앙은행을 지휘하여 국제 화폐 시스템을 전체적으로 조정하였다.[1]

이런 시스템 안에서 제3세계 정치 엘리트들은 미국의 전폭적인 군사, 재정 지원을 받으며 자국의 개발 목표를 추구했다. 제3세계 각국은 천연자원 보유와 정치 체제—군사 독재에서 일당 국가, 그리고 의회 민주주의에 이르는—의 조건이 서로 달랐다. 개발이 전 세계 국가들을 서로 비슷하게 수렴할 것이라는 기대가 있었지만, 실제로는 곧 상이한 양상이 나타났다. 제1세계와 제3세계 사이의 생활 수준 격차가 줄기는커녕 도리어 늘어났으며, 신흥 공업국들이 '도약'하기 시작하면서 제3세계 내에서도 나라들 사이에 큰 격차가 발생했다. 이러한 상이한 개발 현실이 **서로 결합**하면서 국민 국가 내부가 아니라 **국가들 사이에서** 생산 관계의 통합이 발생하기 시작했다. 새로운 형태의 전 지구적 경제가 출현한 까닭에 국가의 경계를 가로지르는 경제 관계의 연결망 속에서 일부 국가가 개발의 '급행 차선'에 올라탔던 것이다. 그 결과 자기 나라부터 개발을 하려고 했던 노력은 뒷전으로 밀려날 수밖에 없었다.

초국적 수출 기지, '세계의 공장'

신흥 공업국의 부상은, 식민 유산이 드디어 사라지고 산업화가 제3세계에까지 확산되었다는 점을 입증한 것처럼 보였다. 서로 약간의 차이는 있었지만 모든 신흥 공업국이 저가치 산업(식품 가공, 의류, 완구)에서 고가치 산업(철강, 자동차, 석유 화학, 기계)으로 이동한 것은 사실이다. 라틴아메리카의 신흥 공업국들(멕시코, 브라질)이 1930년대에 초기 산업화를 개시하고 1950년대에 이미 고가치 산업으로 옮겨 간 데 비해, 아시아의 신흥 공업국들(타이완, 한국)은 1950년대에 기초 생필품을 제조하기 시작했지만 1970년대가 될 때까지 고가치 산업으로 진화하지 못했다. 두 대륙 사이의 또 다른 차이는 아시아 신흥 공업국은 노동 집약적 상품 수출을 통해 수입 대체 산업화에 필요한 재정을 충당했다는 점이다. 라틴아메리카 신흥 공업국 같은 자원 기반과 내수 시장이 없었기 때문이다.[2]

홍콩을 제외한 대다수 신흥 공업국에서는 강력한 발전국가가 인프라 발전에 공공 투자를 유도하고, 사기업과 함께 산업 발전을 도모했다는 특징이 있다. 한국의 발전국가는 국가 투자 유형을 거의 절대적으로 좌우하다시피 했다.[3] 산업화 과정에서 제1세계의 자본 설비 기술(capital equipment technology)을 구매하려면 외환에 대한 접근성이 필요할 뿐만 아니라 내수 시장의 규모도 커야 했다. 기술 사용료가 오르면서 라틴아메리카 신흥 공업국들도 아시아 신흥 공업국에서 외화 확보 수단으로 활용했던 **수출 지향 산업화*** 모델을 채택했다.

광범위한 수출 지향 산업화는 산업화 전략에서 중요한 전환점이 되었고, 점점 초국적 기업(TNC, transnational corporation)의 투자와 마케팅 네트워크에 의해 조직되기 시작했다. 제1세계의 기업들에게 수출 지향 산업화는 소비재와 기계류와 컴퓨터의 생산처를 제3세계로 이전할 수 있는 하나의 방편이 되었다. 제3세계 국가들은 제1세계 기업의 새로운 투자를 환영하면서 법인 혜택을 부여하고, 노동조합 없는 저임금 노동력을 제공했다. 같은 시기에 제1세계에서는 간편한 신용 제도와 함께 소비가 대폭 증가했고, 1970년대에는 쇼핑몰과 패스트푸드 체인이 우후죽순처럼 늘어났다. **전 세계적 소비와 전 세계적 노동력**이 상호 의존하게 된 것이다.[4]

---

* **수출 지향 산업화**(EOI, Export-Oriented Industrialization) 국가가 공공, 민간, 국제 자원을 수출용 제조 부문으로 이전하는 전략.

제3세계의 공산품 수출은 이 시기에 전 세계 제조업의 성장보다 더 큰 폭으로 늘어나, 1960년에서 1979년 사이에는 전 세계 무역에서 차지하는 비율이 6퍼센트에서 10퍼센트로 상승했다. 제3세계 공산품 수출에서 신흥 공업국은 큰 몫을 차지했으며, 그 내용도 1960년대의 직물, 완구, 신발, 의류에서 1970년대의 정교한 전자 제품과 전기 제품(제1세계로 수출) 그리고 기계류와 운송 장비(제3세계로 수출)로 확대되었다.[5] 아시아의 신흥 공업국 발전은 세계 경제 속에 산업화의 뿌리를 내림으로써 가능해졌다.

멕시코, 브라질, 아르헨티나, 인도는 …… 제3세계 전체 산업 생산의 55퍼센트 이상을 차지했지만, 제3세계 전체 공산품 수출(좁은 의미에서)로 보면 약 25퍼센트만 차지했을 뿐이다. 반면, 홍콩, 말레이시아, 싱가포르, 한국 같은 신흥 공업국은 …… 제3세계 총생산 중 10퍼센트 미만이었지만, 제3세계 전체 공산품 수출(좁은 의미에서)로 보면 35퍼센트를 차지할 정도였다.[6]

아시아 신흥 공업국의 수출 지향성은 지정학적 이유에서 특별한 것이었다. 첫째, 냉전 안보 체제 안에서 태평양의 동아시아 지역은 전략적 요충지였다. 미국은 군사 동맹 관계에 있던 동아시아 신흥 공업국의 수출품—흔히 미국 기업용으로 조립한 제품—에 자국 시장을 개방해주었다. 둘째, 역사적으로 이 지역과 무역, 투자 관계를 맺고 있던 일본의 회사들이 국외에 저임금의 조립 생산 라인을 건설하기 시작했다. 그 덕분에 아시아 신흥 공업국들은 미국과 일본의 무한한 시장에 접근하는 혜택을 누렸다. 신흥 공업국의 경제 성장에서 자기 나라의 국내 정책과 국가 경제의 특성만큼이나 전 지구적·지역적 맥락이 중요했다는 점을 간과해선 안 된다.

'세계의 공장'이 된 제3세계

제3세계의 수출 산업—신흥 공업국이 주도한—이 확대된 사실은 당시 전 세계에서 일어나고 있던 거대한 전환에 관한 실마리를 제공한다. 이제 제3세계에 공산품 수출이라는 새로운 '급행 노선'이 생김으로써 자원을 가공해 수출하던 전통적 수출 방식은 구식으로 전락했다. 이 변화는 **세계의 공장***을 탄생시켰다. 내수용 제품이 아닌 세계 시장을 직접 겨냥한 제품을 생산하려는 수출용 제조업체가 다수 생겨났다. 보통은 생산 라인 방식처럼 생산 단계들이 지리적으로 떨어진 곳에 분리·분산되어 있었고, 각지에서 완제품을 생산하거나 부품들을 조립해 최종 상품을 만들었다. 이렇게 해서 세계 차원의 생산품이 한 장소에서 또는 여러 장소로 이루어진 전 지구적 조립 라인에서 만들어졌다. 이러한 일은 다양한 기술, 임금, 기능으로 이루어진 전 세계 노동력을 조직해서 상품 사슬을 창조하는 일이었다.[7]

동아시아 지역과 멕시코 국경 공업 지대의 노동 집약적 방식을 활용한 수출용 상품 제조는 경이적인 신장세를 기록했고 이는 **전 지구적 생산 체제**(global production system)의 등장을 알리는 신호탄이었다. 아시아에서 이러한 생산 체제는 일본의 산업 모델—위계적인 하청 방식—을 지역 내 여러 장소로 전파함으로써 촉발되었다. 멕시코의 **국경 지대 산업화 계획**(BIP, Border Industrialization Program)은 위와 같은 산업 생산의 '탈중앙화' 과정과 함께 진행되었다. 멕시코의 새로운 산업 지대에서는 미완성 제품을 들여와 완제품으로 최종 조립 생산하여 세계 시장으로 수출했다. 1965년 멕시코 정부는 국경 지대 산업화 계획을 통해 미국과 접경 지대 남쪽에 위치한 약 20킬로미터 폭의 생산 벨트에 한해서 외국이 소유한 기업들이 노

세계의 공장(world factory) 전 세계 여러 지역에서 초국적 기업이 생산 시설을 갖추는 것. 전 지구적 노동력이 생산을 담당했다.

동 집약적인 조립 공장을 건설할 수 있도록 허용했다. 이런 생산 시설을 **마킬라도라***라고 불렀다. 멕시코 정부는 경쟁력 있는 '세계의 공장'을 유치하려는 전략에 따라, 미국 노동자 임금의 극히 일부밖에 되지 않는 저임금으로 멕시코 노동자를 고용하는 외국계 기업에 특혜를 주었고, 이 기업들에 최저 수준의 세금과 수입 관세만을 부과했다. 1967년 멕시코의 통산부 장관은 다음과 같이 말했다. "우리는 자유 기업에 홍콩, 일본, 푸에르토리코보다 나은 대안을 제공할 의사가 있다."[8] 마킬라도라 덕분에 멕시코는 부족했던 외화 소득의 3분의 1 가까운 금액을 얻을 수 있었다.

멕시코 국경 지대 산업화 계획을 통해 조립 공장을 건설했던 미국계 기업들은 주로 의류, 전자 제품, 완구류를 생산했다. 1970년대 초가 되면 이런 기업 활동의 70퍼센트가 전자 제품 생산이 되었다. 이는 미국 가전 업체들이 전 세계 각지로—남유럽, 한국, 타이완, 멕시코—조립 공장을 이전한 추세에 따른 것이었다. 일본이 트랜지스터라디오와 텔레비전 시장에 침투함에 따라 미국계 기업들은 저임금 노동력을 찾으려고 했다. 1973년까지 168개 미국계 가전 업체가 멕시코 마킬라도라로 공장을 옮겼다. 이들 중에는 제너럴 일렉트릭(General Electric), 페어차일드(Fairchild), 리턴 인더스트리스(Litton Industries), 텍사스 인스트루먼츠(Texas Instruments), 제니스(Zenith), 아르시에이(RCA), 모토롤라(Motorola), 벤딕스(Bendix), 내셔널 세미컨덕터(National Semiconductor) 같은 회사들이 포함되어 있었다. 또한 108개 의류 생산 업체도 입주하여 수영복, 셔츠, 골프 가방, 내복 등을 생산했다. 리바이 스트라우스 앤 컴퍼니(Levi Strauss & Company) 같은 대기업의 자회사도 있었

마킬라도라(maquiladoras) 미국과 멕시코 접경 지대에 건립된 생산 구역. 멕시코의 값싼 노동력을 이용해서 수입 부품을 조립하여 완제품 상태로 수출한다.

고, 대형 소매 업체에서 도급을 받은 군소 **착취 공장***도 있었다.⁹

제3세계로 생산 라인을 옮긴 이유는 엄격한 환경 규제 기준을 회피하기 위해서였다. 캘리포니아 주와 접경한 멕시코의 멕시칼리 시로 이전한 공장들 중 4분의 1 이상이 멕시코의 느슨한 환경 규제 조치가 공장 이전의 주 원인이라고 말할 정도였다. 물리적, 환경적 악영향이 뒤따랐다. 전자 제품 공장에서는 흔히 유해 물질 — 발암성 산성 물질과 용매제 — 을 내뿜는 개방된 용기를 설치해놓기 마련이다. 멕시코 다큐멘터리 영화 〈마킬라폴리스(Maquilopolis)〉에 나오는 노동자들의 증언에 따르면 이런 환경에서 일할 때 흔히 두통, 후두염, 어지럼증이 발생한다고 한다. 미국의 환경 기준은 멕시코에 비해 엄격하다고 하나, 캘리포니아의 실리콘 밸리에도 미국환경보호국(EPA, Environmental Protection Agency)이 최대 유해 물질 오염 구역으로 지정한 지역이 29곳이나 있다. 이런 환경 오염은 반도체 제조 공정이 널리 확산되면서 함께 발생한 것이다. 마킬라도라에서 방출하는 화공 약품은 인근 빈민가의 개천으로 흘러들어 암, 선천성 기형, 뇌 손상 등을 유발했으며, **수출 가공 공단***의 공장들은 인근 하천으로 유해 물질을 방류하여 마시는 물과 어족을 오염시켰다.¹⁰

저임금 생산 시설이 전 세계적으로 확산된 현상은, 서로 경쟁하는 초국적 기업들 — 미국, 유럽, 일본, 그리고 나중에 등장한 일부 제3세계 국가들의 — 이 주로 제3세계에서 수출용 생산 시설을 전략적으로 활용하는 경향을 보여준다. 이런 기업들이 전 지구적 경쟁력을 높이기 위해 생산 단가를 줄이려 하면서 수출용 생산 시설이 널리 확산되었던 것이다. 이처럼 신흥

착취 공장(sweatshops) 규제받지 않은 저임금, 장시간 노동으로 운영되는 생산 시설.(역주)
수출 가공 공단(EPZs, export-processing zones) 수출용 생산에 필요한 외국 투자를 유치하려고 국가가 설치한 특별 구역. 흔히 노동조합 없는 저임금 노동력, 인프라 건설 보조, 세금 감면 등의 특혜를 부여한다.

공업국의 수출 지향성 산업화 전략은 '세계의 공장'—로스앤젤레스의 착취 공장에서 방글라데시, 아일랜드, 모로코, 카리브 제도의 하청 업체에 이르는—이라는 현상에 불을 붙인 셈이었다.

사례_중국판 세계의 공장

오늘날 현실을 볼 때 어쩌면 중국이 '세계의 공장'을 위한 최상의 장소가 된 듯하다. 중국 정부는 이런 상황을 예견하여 1980년대에 바닷가 지역에 경제 특구(SEZs, special economic zones)를 설립하여 외국 투자를 유치했다. 동아시아의 신흥 공업국들이 비교적 숙련된 노동력을 가진 '중간 소득 국가'로 등장했던 1990년대 중반께 중국은 외국 투자자들—특히 자국의 노동 임금 인상을 피하려 한 한국과 타이완—이 선호하는 국가가 되었다. 1995년에 중국, 한국과 타이완, 일본의 공장 노동 임금 비율은 약 1 대 30 대 80 정도였다. 둥관(東莞) 시의 신발 제조 공장을 조사했던 사회학자 애니타 챈(Anita Chan)은 과거에 논밭이었던 벌판에 광활한 콘크리트 공단이 들어섰다고 보고했다. 현지 농민들은 공장에서 지불하는 토지 사용료로 생활하며, 낙후된 오지에서 몰려온 수십만 명의 농민공이 저임금 노동력을 충당한다. 주 7일, 하루 12시간 교대 근무, 그리고 강제 연장 근로가 보통이며, 관리자들은 2주에서 4주치 임금을 차압하는 등 신분증을 압수하고 군대식으로 농민공들을 통제한다. 1980년부터 2001년 사이에 38만 개의 수출용 공장이 중국에 들어섰고, 이 기간 동안 중국이 세계 수출에서 차지하는 몫이 1퍼센트에서 거의 50퍼센트 대로 뛰어올랐다. 그 결과 중국은 '세계의 공장'과 동의어가 되었다.

오늘날 중국은 전 세계 신발의 약 절반가량을 생산하며, 세계 경제를 위해 전자제품, 완구류, 의복 따위를 활발하게 생산한다. 이런 현상은, 이렇게 생산된 상품의 상당분이 수출용이라는 점에서 중국판 '산업 혁명'이라 볼 수 있겠지만, 그것은 또한 전 지구적 산업 혁명이기도 하다. 그리고 이러한 전 지구적 산업 혁명이 노동력과 자본 집약적 노동을 포함해서 '세계의 공장'들의 조립 라인에 의존하고 있으므로, 국가별 '개발의 사다리'라는 관념은 이제 점점 더 의문의 대상이 되고 있다.

일부 외국의 제조 업체가 현지 기업과 통합해 단순한 생산 과정을 초월한다 하더라도, 그러한 개발을 착취 공장의 노동자들이 겪는 고통과 어떻게 조화시킬 수 있을 것인가?

출처 : Boyd, 2006; Chan, 1996; 20; Faison, 1997 : D4; Greider, 2001; Myerson, 1997; Perrons, 2005; Sachs, 2005

'세계의 공장' 시스템과 정보 기술

'세계의 공장' 시스템은 정보화 시대의 기술로써 유지된다. 이러한 혁명에서 최근 가장 중요한 동향은 반도체 산업이다. 반도체, 특히 컴퓨터 칩은 새로운 정보 기술—경제 지구화를 심화하는—의 핵심 요소이다. 통신 기술의 발전 덕분에, 뉴욕, 런던, 도쿄와 같은 글로벌 시티에 본사를 둔 기업들이 전 세계 각국에 흩어져 있는 장소에서 이루어지는 생산 과업을 조율할 수 있게 되었다. 정보 기술 덕분에 자회사들은 서로 생산 디자인의 청사진을 신속하게 돌려볼 수 있었고, 유행 추세에 맞춰 생산을 조정하라고 지시를 내리거나 국외 공장의 생산 방식을 재조직하도록 만들 수 있게 되었다. 따라서 우리는 캘리포니아의 실리콘 밸리 혹은 스코틀랜드의 실리콘 글렌에서 타이완, 싱가포르, 말레이시아, 스리랑카의 공장에 이르는 전 지구적 조립 생산 라인을 목격하고 있다.[11] 이런 현상은, 국가의 회계적 관점에서 보면 얼핏 산업 수출의 외부 확대처럼 보이지만, 점점 더 전 지구적으로 조직화된 생산 체제가 되었음을 대변한다. 각국의 생산 공장들은 전

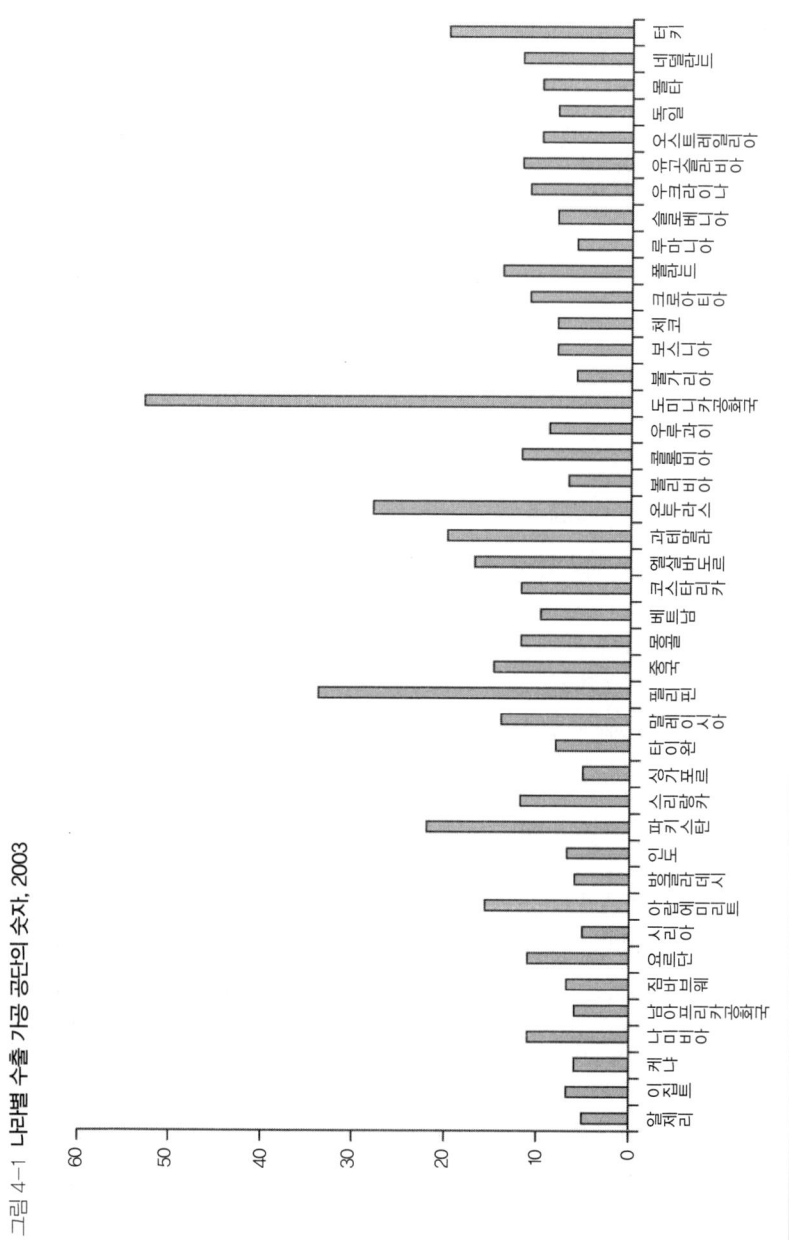

그림 4-1 나라별 수출 가공 공단의 숫자, 2003

(출처: International Labor Organization, ILO, 2003)

164 거대한 역설

지구적 조립 생산 라인의 한 축을 맡아 비행기 날개 또는 자동차 계기반 또는 신발 바닥 또는 단추 구멍 등을 특화해서 제작·생산할 수도 있다. 수출형 생산 시설은 대체할 수 있으므로 어느 한 나라에서만 이루어지는 생산은 오래갈 수가 없다.

어떻게 이런 일이 벌어졌는가? 그 해답은 초소형 전자 제품에 있다. 전자 제품 조립에 필요한 기술이 비교적 단순한 기술임을 감안한다면, 그리고 전 세계 수출형 공장으로 전자 제품의 **생산**이 확산되어 나간 것을 감안한다면, 초소형 전자 제품은 '세계의 공장' 시스템을 만들어낸 주도적 산업이라 할 수 있다. 반대로, 컴퓨터나 디지털 통신 기술과 같은 하이테크 전자 제품 덕분에 다른 산업—예를 들어 은행, 섬유, 자동차 같은—의 생산과 순환을 전 지구적으로 확대하고 조정하는 것이 가능해졌다. 따라서 정보 기술은 재화의 생산과 서비스 모두를 지구화한다. 특히 정보 기술은 수출 가공 공단을 폭발적으로 증가시켰다.

수출 가공 공단과 착취 공장

수출 가공 공단 또는 자유 무역 지역(FTZs, free trade zones)은 관세가 거의 부과되지 않는 전문화된 수출품 생산 공단을 말한다. 이곳에서는 노동 규제 조치와 납세 의무가 보통 면제된다. 수출 가공 공단은 저임금을 원하는 기업들, 그리고 외국 자본 유치와 수출을 통한 외화 획득을 원하는 제3세계 정부의 기대를 충족하기 위해 만들어졌다. 최초의 수출 가공 공단은 1958년 유럽 아일랜드의 샤논에 건설되었다. 제3세계에서는 인도가 1965년에 수출 가공 공단을 처음으로 설치했는데, 이미 1980년대 중반에 전 세계 173개 수출 가공 공단에 약 180만 명의 노동자가 고용되어 일하고 있었다. 2006년에는 전 세계 130개국에 3,500개의 수출 가공 공단이

들어섰고, 총 6600만 명의 노동자를 고용할 만큼 규모가 급증했다(그중에서 4천만 명이 중국 노동자였다).[12]

수출 가공 공단의 발전은, 국내 생산 역량과 소비를 강조하는 내수 시장 발전보다 수출 시장 발전을 선호한다는 점에서 개발 프로젝트의 특징이었던 경제 민족주의에 어긋나는 현상이었다. 수출 가공 공단은 경제적으로나 사회적으로 섬처럼 **고립된** 곳이다. 이곳은 흔히 자국 영토에서 완벽히 단절된 채 철조망과 출입문으로 통제되고 특수 보안 요원들이 철통같은 경비를 서는 가운데, 외국의 원자재나 부품을 직수입하여 제조한 최종 생산 제품을 항공편이나 배편으로 바로 수출한다. 단기 계약직 노동자들이 매일 버스로 출퇴근하거나 공단 내에 머무르면서 일한다. 수출 가공 공단의 노동자에게는 바깥 사회에서 통용되는 시민권이나 노동 조건이 전혀 적용되지 않는다. 1983년 한 연구에 따르면 "자유 무역 지역이란 ······ 기업에게는 더욱 많은 자유, 사람들에게는 더욱 적은 자유를 뜻한다."[13] 다시 말해, 수출 가공 공단은 유럽 산업화 초기의 노동 조건과 비슷한 열악한 조건에서 사람들을 노동력이라는 형태로 조직해놓은 곳이라 할 수 있다. 그런 조치를 통해 현대 전 지구적 기업들의 채산성을 높여주는 장소인 것이다.

초기 섬유 산업 당시 영국과 미국의 농촌 여성들이 공장을 채웠던 것처럼, 수출 가공 공단은 제3세계 여성을 전 지구적 노동력에 편입시킨 최초의 관문 역할을 했다. 제3세계 새로운 '공순이(factory girls)'의 1주일치 급여는 동일한 일을 하는 제1세계 여성의 1시간치 급여와 맞먹었다. 1980년대 초반, 수출 가공 공단에서 일하는 근로자의 80퍼센트에서 90퍼센트가 16세에서 25세 연령의 여성이었다. 여성은 '선천적으로 고분고분'하고 '손재주가 좋아서' 이런 생산직에 아주 적합하다고 여겨졌다. 타이완의 한 생산 공장 인사 관리자는 다음과 같이 말한다. "젊은 남성 근로자는 단조롭고 승진 가능성도 없는 일을 참을성 있고 진득하게 해내지 못한다. 이들은 화가 나면 태업을 하거나 공장장에게 대들기도 한다. 하지만 공순이들은 기껏해야 눈물만 약간 흘리는 정도로 끝난다."[14] 말레이시아의 투자 안내서는 다음과 같이 오리엔탈리즘을 자극하는 선전 문구를 싣기도 한다. "동양 여성의 손재주는 세계적으로 정평이 나 있습니다. 손이 작아 세밀한 일을 아주 꼼꼼하게 빨리 할 수 있습니다. 그러므로 동양 여성보다 생산 라인 일을 이렇게 효율적으로 잘할 수 있는 천성과 재주를 타고난 사람이 또 있겠습니까?"[15]

전체적으로 보아 전 세계에서 현재 약 2700만 명으로 추산되는 수출 가공 공단의 노동력 중에 다수가 여성이다.[16] 1975년에서 1995년 사이에 이루어진 의류 생산 덕분에 방글라데시에서만 120만 개의 일자리가 생겼는데 그중 80퍼센트를 여성이 차지했다. 이런 식의 성비 불균형은 이슬람 문화에 상당한 영향을 끼쳤다. 1998년 국제노동기구(ILO, International Labor Organization)는, 전 세계 2천 곳가량의 수출 가공 공단에서 2700만 명의 노동자를 고용하고 있는데 그중 90퍼센트가 여성이라고 추산했다. 멕시코의 경우, 1979년에 **마킬라도라**에 고용된 노동력 중 약 78퍼센트가 젊은 여성이었고, 1990년대 중반에는 이 비율이 약 85퍼센트로 올랐다가, 2004년에는 54퍼센트 정도로 떨어졌다.[17] 노동력의 성비가 이처럼 변한 것은 멕시코 전역에서 **마킬라도라** 방식 생산 체제가 일반화되었음을 뜻한다. 이것을 '탈여성화(defeminization)'라 부를 수 있다. 노동의 내용이 단순 조립 이상의 수준으로 높아진 것이다. 수출 가공 공단의 업무가 단순 조립 중심인 인도네시아, 모리셔스, 튀니지, 스리랑카, 필리핀 같은 곳에서는 주로 여성 노동자의 비율이 높다.[18] 하지만 지금도 계속해서 여성화된 노동력의 기반 위에서 전 지구적 생산 조립 활동이 이루어지고 있다. 착취 공장 시스템이 저임금 노동과 적절한 생산처를 찾아 각국을 순환하고 있기 때문이다. 노동자의 권리와 노동 조건의 규제가 없으므로 이런 노동자들은 극단적인 착취에 시달린다. 주문 물량을 맞추기 위해 피고용자들은 열악한 조건에서 흔히 주당 48시간까지 초과 노동을 하도록 강요당한다. 미차 페레드(Micha Peled) 감독의 다큐멘터리 영화 〈차이나 블루(China Blue)〉에 이런 상황이 잘 나타난다. 멕시코 티후아나 근방의 전자 제품 **마킬라도라**에서 일하는 어느 노동자에 관한 다음과 같은 증언이 착취 공장의 노동 상황을 잘 묘사하고 있다.

구리 도선을 수작업으로 물레에 감는 것이 그녀의 일이다. 아주 가는 구리선을 겹치지 않게 촘촘히 일렬로 감아야 하기 때문에 이런 일을 계속 하다 보면 극심한 두통을 겪는다. 이런 일을 1년 정도 하고 나면 보너스를 지급하는 회사도 있지만, 대다수 노동자는 그때까지 견디지 못한다. 1년 동안 버티는 경우도 간혹 있지만 그때쯤이면 시력이 나빠져 안경을 껴야 한다. 얼마나 살인적인 일인지 노동력이 계속 교체된다.[19]

착취 공장도 개발의 지표로 본다면 일종의 발전으로 기록할 수 있겠지만, 라켈 그로스먼(Raquel Grossman)은 시력이 나빠져 공장을 그만둔 여성들은 공장 근무 환경과 그 이전의 생활 환경 사이에서 이도저도 아닌 어중간한 존재가 되기 쉽다고 지적한다. 이런 식으로 이직한 여성들은 술집이나 레스토랑 같은 '엔터테인먼트' 업소에서 일하거나 성매매에 종사하게 된다.[20]

수출 가공 공단에서 노동자를 고용하는 외국 기업은 수출입 자유 무역이나 인프라 건설 지원, 면세, 재수출을 위한 입지 선정 같은 여러 특혜를 누린다. 예를 들어, 미국-멕시코 접경 지대에서 제일 가난한 주에 속하는 소노라 지역의 마킬라도라 공장에 투자하는 외국 기업에게 멕시코 정부는 처음 10년간 전액 면세, 그 다음 10년간 50퍼센트 면세라는 파격적인 조건을 제공한다.[21] 요약하자면, 수출 가공 공단은 그 나라 안에서 고립된 섬으로 존재하며 국내법의 적용을 받지 않고, 형편없는 일자리 창출과 수출세 부과를 통한 외화 획득이라는 점 외에는 국가 경제에 큰 도움이 되지 않는다. 수출 가공 공단은 어느 한 나라에 속하지 않고 세계 시장용 상품을 수출하는 전 세계 생산 공장 군도(群島)—라틴아메리카, 카리브 제도, 아시아에 집중된—에 속하는 별도의 분리된 존재인 것이다.

새로운 국제 분업의 출현

전 지구적 노동력은 이미 개발 프로젝트 시대에 형성되기 시작했다. 개발의 도시 편향성, 녹색 혁명으로 인한 농민 계급의 양극화, 값싼 식량 수입 같은 요소들이 합해져 농민들은 고향을 떠날 수밖에 없었다. 1950년에서 1997년 사이에 전 세계 농촌 인구는 약 25퍼센트가 줄었고, 오늘날 전 세계 인구의 절반 이상이 도시에 살거나 도시 인근에 거주하고 있다.[22] 유럽의 탈농촌화(depeasantization)는 몇백 년에 걸쳐 서서히 일어났으며, 아메리카와 오스트랄라시아의 정착 식민지로 사람들이 이주하면서 도시의 인구 압력을 줄일 수 있었다. 그러나 제3세계의 탈농촌화 과정은 단지 몇 세대 동안에 급히 일어났다. 라틴아메리카에서만 그 과정이 약간 더 길었을 뿐이다. 농민들의 이주는 도시 지역을 휩쓸었고 '슬럼 행성'이라는 현상을 탄생시켰다.[23]

탈농촌화 자체로는 전 지구적 노동력을 만들어내지 못한다. 단지 생계 수단을 잃고 임금 노동이 필요한 이농 인구를 양산할 뿐이다. 전 지구적 노동력을 만들어내기 위한 임금 노동은 제1세계 제조업의 **단순화** 때문에, 그리고 이렇게 단순화된 일상적 업무를 저임금의 일자리로 **전환하여 전 세계에 수출**한 결과로 만들어진다. 이렇게 형성된 생산 라인은 전 세계적으로 이어진다.

처음에는 제1세계의 대량 생산이 전문적으로 세분화된 업무의 생산 라인을 이용한 대규모 생산 시설 중심으로 발전했다. 단순화는 생산 조립 작업에서 높은 수준의 기술이 필요치 않은 **탈기술**(deskill)로 이어졌고, 이는 전 지구적 생산 라인의 선구가 되었다. 그 후 '세계의 공장'이 출현하면서 의류·신발 산업에서 절단, 재봉, 봉제 같은 업무, 그리고 전기·자동차·컴퓨터칩 산업에서 조립, 기계 관리, 동판 부식 같은 업무가 노동 임금이 저렴한 지역으로 옮겨 갔다. 이와 동시에 이러한 단순 업무를 서로 조정하는 데 기술을 제공할 새로운 숙련 노동―관리, 공학 기술, 디자인 등―이 필요해졌고, 이런 숙련 기술은 흔히 제1세계가 보유하고 있었다. 이런 과정 속에서 전 지구적 노동력의 분화(bifurcation of the global labor force)가 이루어졌다. 숙련 노동은 주로 제1세계에, 미숙련 노동은 주로 제3세계에 분포하게 된 것이다. 초국적 기업은 이미 1970년대 초기부터 자기들의 '내부' 노동 서열 구조를 통해 이러한 노동력의 분화를 조정해 왔다.

인텔(Intel)은 캘리포니아의 실리콘 밸리 중심부에 자리 잡고 있다. …… 이곳의 엔지니어가 새로운 전자 회로나 생산 과정을 고안하면 캘리포니아 산타클라라 밸리에 있는 공장의 기술자가 시제품을 만들어 테스트하고 디자인을 수정한다. 그러나 신제품 생산에 필요한 모든 준비가 완료되더라도 캘리포니아 공장에서 바로 생산을 개시하지는 않는다. 말레이시아의 페낭에 있는 인텔 공장으로 부품을 공수하여 그곳에서 대량 생산을 한다. 페낭 공장의 노동력은 주로 여성인데, 이 여성 근로자들이 실낱같이 미세한 회로 선을 일일이 수작업으로 납땜하는 힘든 업무를 맡는다. 이렇게 해서 더 큰 단위의 제품이 만들어지면 그것을 다시 캘리포니아로 보내 최종 테스트를 하거나 더 높은 단위의 최종 제품 속에 집어넣는다. 그 후 마지막으로 이 신제품은 미국이나 유럽의 시장, 또는 태평양을 다시 건너 일본의 시장으로 출고된다.[24]

1970년대에 들어 탈기술화된 업무를 국외 저임금 지역으로 이전하는 일이 너무 흔한 현상이 되어 **신국제 분업***이라는 개념이 새롭게 생겨났다. 신국제 분업은 제1세계에서 제3세계로 **산업 생산의 탈집중화**가 일어난 것처럼 보이는 현상을 지칭한다. 이러한 이전을 가능하게 한 조건으로, 값싸고 무한정한 제3세계의 노동, 탈기술화된 생산 업무를 별도로 분리하여 그것을 국외로 이전할 수 있게 한 신기술, 전 지구적 생산 시스템을 조정할 수 있게 하는 운송 기술과 정보 기술의 출현 등을 들 수 있다.[25]

노동 기술이 전 지구적으로 분화하면서, 숙련 노동은 처음에 제1세계에 집중되었다가 동아시아의 신흥 공업국(한국, 타이완, 싱가포르, 홍콩)처럼 기업 활동이 왕성한 나라들로 확산되었다. 이 나라들은 공공 투자를 통해 노동력 기술을 향상시켰다. 신흥 공업국에서 노동 기술 향상이 필요했던 이유는 말레이시아, 인도네시아, 필리핀과 같은 다른 수출 생산국과 비교해 임금 수준이 오르고 있었기 때문이다. 1975년 당시 미국의 전자 제품 생산직의 시간당 임금을 100으로 잡았을 때, 동일한 노동에 대한 상대적 가치가 홍콩과 싱가포르는 12, 말레이시아는 9, 타이완과 한국은 7, 필

신국제 분업(NIDL, new international division of labor) 수출용 제조와 생산 과정에서 제3세계의 일부 지역이 세분화된 업무를 담당하게 된 현상.

사례_전 지구적 노동력의 성별 분화

'제3세계 값싼 노동력의 무한정 공급'이라는 표현은 더 정확한 규정이 필요하다. 복잡한 가부장적 서열과 하청 계약 서열에 따라 노동 집약적 근로의 대부분을 여성이 담당하게 되었기 때문이다. 노동 집약적 수출 산업에서는 젊고 미혼이며 비교적 교육 수준이 높은 여성을 선호한다. 고용주는 여성의 손재주와 참을성을 고용의 이유로 들곤 하지만, 여성의 이러한 특징은 그 일자리에 필요한 특성만큼이나, 가부장적 관습과 행태—생산 라인, 착취 공장, 가내 공업 내에서 재생산되곤 하는—때문이라고 봐야 한다. 상황에 따라 어떤 일자리에서 요구하는 특성이 변하기도 한다. 로라 레이놀즈(Laura Raynolds)가 보고하듯 도미니카공화국의 대규모 농원에서는 전통적으로 여성 근로자를 채용하지만, 경기 침체 시기에는 실직한 남성이 현지의 연줄을 동원해 여성을 몰아내고 그 자리를 차지한다. 이때 농장의 일자리가 마치 남성에게 더 적합하다는 식으로 재성별화(regendered)된다는 것이다.

여성은 남성과 비교해 흔히 장시간 노동과 저임금 노동의 대상이 된다. 아시아, 중남미, 중동 지역에 특히 더 산재해 있는 여성 노동력은 높은 노동 회전율, 노조 결성 권리 박탈 같은 특징을 보이며, 성희롱과 열악한 보건 환경에 노출되어 있다. 이런 상황에서 외국의 투자를 유치하려고 경쟁하는 가부장제 국가는 여성이 노동력에 편입하기를 장려함과 동시에 그들의 품행을 공식적으로 단속하는 노력을 기울인다(특히 이슬람 국가). 그리고 이 국가들은 남성이 지배하는 노동 시장에서 여성은 단지 '이등 노동력'에 불과하다는 이유로 여성 근로자에게 출산 휴가, 자녀 양육 기회와 교육 기회를 제대로 제공하지 않는다. 농촌 가구에서는 십 대 딸아이를 노동 시장으로 내보내거나 심지어 팔아넘기기도 한다. 딸의 노동을 마치 자식의 의무 혹은 가계에 꼭 필요한 수입원으로 보기 때문이다. 안나 푸엔테스(Anna Fuentes)와 바버라 에런라이크(Barbara Ehrenreich)는 신시아 엔로(Cynthia Enloe)의 다음과 같은 말을 인용한다. "기업의 관리 전략에서는 가족을 강조하는 것이 절대적으로 필요하다. 고용 모집조차 가족이 개입된 과정이다. 젊은 여성이 혼자 사회에 나가 일자리를 찾기는 어렵다. …… 열심히 일하는 것은 본인의 문제가 아니라 가족의 문제가 된다. 월급 봉투를 부모에게 꼬박꼬박 갖다 바쳐야 하기 때문이다. 일반적으로 말해, 가족 생활 주기가 공장 근로자의 생활을 제한하고 규정한다."

어린 여성과 아동은 가내 수공업(흔한 사례)을 하는 경우가 많은데 이때 가내 수공업체에 하청을 주는 원청 업자는 하청 업체의 근로자를 다스리는 데 가부장적 압력을 이용한다. 근로 현장에서 십 대 소녀들은 흔히 피임약을 복용하도록 강요당한다. 출산 휴가와 출산 급여를 주지 않기 위해서이다. 그리고 만일 임신을 할 경우 낙태를 하도록 압력 받는다. 고용주나 관리자는 흔히 젊은 여성에게 성관계를 조건으로 삼아 일자리를 주기 때문에 '공장을 향락 업소처럼 보는 사고 방식'이 만연하다. 여성 노동력이 끊임없이 제공되는 이유는 여성이 맡는 업무의 성격상 — 어린 여성의 눈과 손이 제일 완벽하게 움직이는 시기는 16세에 최고도에 달한다. — 고용 기간이 짧기 때문이다. 저임금과 허약한 몸, 열악한 영양 상태 때문에 육체가 일찍 망가진다. 그리고 희롱과 착취로 말미암아 이직률도 높다. 장시간 근로와 단순 노동으로 삶의 기력을 오롯이 소진하는 경험을 하게 된다. 그런데도 농촌이나 빈곤층에서 혹은 국제 인신 매매를 통해 끊임없이 젊은 여성이 노동 시장에 공급된다. 이런 식의 노동 조건은 아주 특수한 성격과 규모로 이루어진 단순 노동력을 전 세계적으로 양산하며, 이런 노동을 통해 기업의 소유주는 전 세계 소비자의 갈증을 채워주는 브랜드 명품을 제공할 수 있다.

이처럼 젠더 불평등을 통해 얻은 노동의 결과로 도대체 어떤 발전을 이룰 수 있다는 말인가?

출처 : Agarwal, 1988; Fernandez-Kelly, 1983 : 129; Fuentes and Ehrenreich, 1983; Kernaghan, 1995; Ong, 1997; Pyle, 2001; Raynolds, 2001

리핀은 6, 인도네시아와 타이는 5였다.[26] 이렇게 임금 격차가 벌어지기 시작했으므로 동아시아 신흥 공업국은 전 지구적 노동력 속에서 자국의 노동력 기술을 향상시키지 않을 수 없었다. 그저 국가 내부에서 생긴 것처럼 보이는 현상이라도 이처럼 특정한 세계사적 연원이 있는 것이다.

동아시아 국가들은 제1세계 시장을 대상으로 해서 높은 수준의 수출품 생산을 통해 자국 경쟁력을 높이기 시작했다. 경쟁력을 높이는 데는 반숙련 또는 미숙련 노동보다 (주로 남성의) 숙련 노동을 활용했다. 일단 노동력 기술을 향상시킨 신흥 공업국은 일종의 역내 성장 전략으로서 숙련 노동의 유치를 추진했다. 숙련 노동이 유입되기 시작하자 신흥 공업국은 새로운 지역 내 분업의 본부 혹은 핵심지가 되었다. 이런 현상은 일본과 동아시아·동남아시아 주변국들 간의 생산 서열 구조를 본떠 진행되었다.

1985년이 되면, 생산 서열의 향상을 통해 미국 기업에 납품하는 반도체 산업에 동아시아 역내 분업 구도가 자리를 잡았다. 반도체의 최종 테스트(컴퓨터와 레이저를 사용하는 자본 집약적 노동)와 회로 디자인 센터가 홍콩, 싱가포르, 타이완에 들어섰다. 반도체 기판의 제작은 말레이시아에서, 그리고 반도체 부품의 조립은 말레이시아, 타이, 필리핀, 인도네시아에서 이루어졌다. 1970년대만 해도 동남아시아에서 조립한 반도체 부품을 미국으로 다시 보내 테스트를 거친 후에 배포했는데, 1980년대에 들어서는 한국과 말레이시아에서 조립한 반도체 부품을 홍콩으로 보내 테스트를 거친 후 제1세계로 재수출하거나, 그 부품을 홍콩의 유명한 시계 생산에 사용했다.[27]

전 지구적·지역적으로 부품을 조달하는 방식은 이제 전 세계로 확산되었으며, 특히 정보 과학(informatics)의 발전으로 이 같은 경향이 늘어났다. 기업들은 노동 집약적 소비재 산업—의류, 신발, 완구, 가사 용품, 가전 제품—부문에서 외국에 지사를 설립하거나 광범위한 도급 계약을 통해 생산 부품을 조달하기 시작했다. 나이키(Nike)는 운동화의 대부분을 한국, 중국, 인도네시아, 타이 등지의 생산처와 하청 계약을 맺어 생산한다. 하지만 상품 디자인과 판촉 활동은 미국 본사에서 총괄하는데, 본사는 "신발의 상징적 가치를 퍼뜨리고, 판매 수익의 대부분을 차지한다."[28] 이런 점에서, '세계의 공장' 혁명이 남긴 유산이 노동력의 전 지구적 분화에 발단이 되었다고 볼 수 있다. 노동 기술의 분화는 전 지구적 하청 계약으로 인해 더욱 복잡한 양상을 띠기 시작했다. 기업이 생산 공급을 조직하고, 비용을 절감하며, 전 지구적·지역적 마케팅용 최종 생산 라인의 위치를 결정하려고 다방면으로 합작 투자를 했기 때문이다.

초국적 기업과 전 지구적 하청 시스템

전 세계적으로 하청이 일반화되면서, 신국제 분업에서 말하는 제1세계의 숙련 노동과 제3세계의 미숙련 노동이라는 단순한 분화가 **전 세계 모든 곳의 노동 분화**(bifurcation of labor everywhere)로 전환되었다. 왜 이런 변화가 일어났을까? 첫째, 신흥 공업국 기업들의 기술 향상이 이러한 전환을 불러왔다. 둘째, 전 지구적 하청은 공장 이전을 통해 제1세계 노동 운동을 위협하면서 노동조합을 약화시키고 비정규직 노동을 만들어냈다. 노동의 분화는 제1세계와 제3세계를 불문하고, 비교적 안정적이고 임금 수준이 높은 핵심부의 노동과 주변부의 비정규 저임금 노동을 분리했다. 예를 들어 고등 교육 부문을 볼 때, 각 대학 사이에서 그리고 대학에서 가르치는 일자리가 전임 교수와 비전임 강사로 나뉘었다. 이런 관계는 북반구와 남반구로 나누었을 때 가장 현저하게 드러나지만, 세계 어디에서나 공통적으로 일어나고 있다.

노동 분화는 하청을 부추긴다. 하청은 전 세계적으로 보호받지 못하는

그림 4-2 **수출 가공 공단 국가에서 수출한 생산, 제공, 서비스 관련 노동력 비율(1994)**

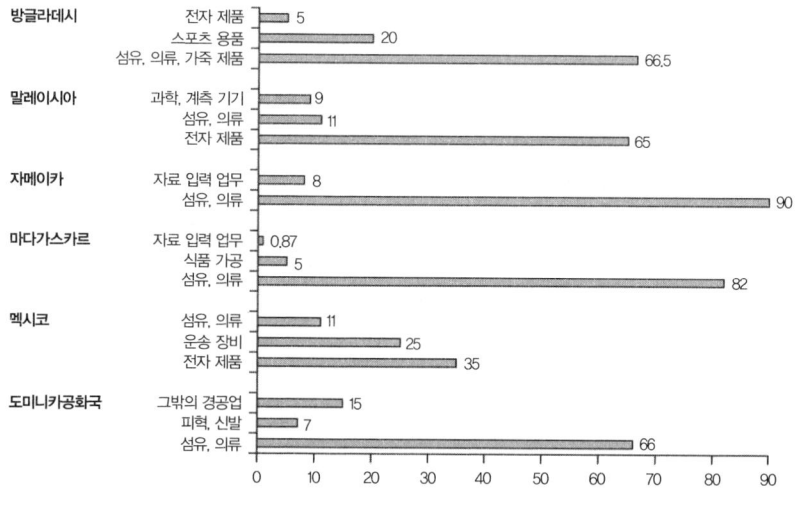

(출처: International Confederation of Free Trade Unions, 1995, www.cftu.org;
International Labor Organization, 1995, www.ilo.org)

노동력의 착취라고 하는 어두운 현상을 초래했다. 1999년에 유엔은 전 세계적으로 약 2천만 명의 강제 계약 노동자가 존재하며, 그중 절반이 인도에 몰려 있다고 보고했다. 이와 유사하게 국제노동기구도 전 세계적으로 14세 미만 어린이 약 8천만 명이 건강에 해로운 일자리―농사, 가사 노동, 마약 밀매, 불꽃 제조, 어업, 벽돌 제작, 카페트 직조, 성노동, 채석, 소년병 같은―에서 노동하고 있다고 추산한다. 많은 어린이가 혼잡하고 위험한 일터에서 하루 14시간씩이나 일한다.[29] 초국적 기업이 현지 하청 업체보다 더 나은 일자리를 제공한다는 주장도 있긴 하나, 그 주장의 진위를 떠나 전 지구적 하청 시스템이 고용 조건의 규제를 크게 약화하거나 무효화하고 있음을 부정할 수 없다.

구조 개편을 단행하면서 **린 생산 방식***을 받아들인 기업들은 저숙련 일자리를 줄이고, 저숙련 일감을 하청 계약—흔히 외국의 비정규직 노동으로 수행되는—을 통해 해결하려는 경향을 보였다. 미국 자동차 산업은 1970년대 말부터 매우 많은 양의 부품 제작 공정을 외주로 해결하는 바람에 노동조합에 가입한 노동자의 비율이 3분의 2 수준에서 1990년대 중반경에는 4분의 1 수준으로 급감했다. 외주로 말미암아 자동차 산업 노동이 분화되었을 뿐만 아니라, 비노조 노동력이 늘어나면서 임금도 감소했다. 1975년에서 1990년 사이, 저임금 노동력이 142퍼센트나 증가했는데, 이를 전체 자동차 산업 노동자로 계산하면 17퍼센트에서 40퍼센트로 늘어난 것이다. 그리고 미국 전체 노동력으로 보면, 산업 구조 개편 탓에 1970년대 중반에서 1990년대 중반 사이 주당 평균 실질 임금이 18퍼센트나 감소했다. 그와 함께 1980년에서 1995년 사이에 전체 노조 결성률이 25퍼센트에서 14.5퍼센트로 떨어졌다.[30]

1970년부터 1994년 사이 제1세계에서 **탈산업화**(de-industrialization)가 일어났다. 이 기간 동안 제조업 부문의 고용이 영국은 50퍼센트, 미국은 8퍼센트, 프랑스는 18퍼센트, 독일은 17퍼센트 감소했다. 축소된 제조 업종은 신발, 섬유, 금속 같은 주로 '로 테크(low-tech)' 쪽이었다. 1995년 한 해만 해도 미국의 의류 산업에서 일자리가 10퍼센트 줄었고, 섬유 산업에서 사라진 일자리가 그 해에 전체 제조 업종에서 없어진 일자리의 40퍼센트를 차지했다. 아시아와 라틴아메리카에서 수입된 값싼 제품이 미국 의류 시장의 50퍼센트 이상을 점유했다. 미국에서 1980년대에만 약 6만 5,300

---

* **린 생산 방식**(lean production) 급변하는 수요에 유연하게 대응하기 위해 생산 방식을 합리화하는 것. 정보 기술, 수작업 노동, 착취 공장 노동을 결합해 안정적으로 핵심 노동자를 보존하면서 임시직 노동은 외주로 해결하는 방식.

개의 신발 생산 관련 일자리가 사라졌다. 예를 들어, 나이키는 미국 내에서 운동화 생산을 중단했고 대부분의 생산 라인을 한국과 인도네시아로 이전했다. 1990년대 초 인도네시아의 신발 생산 노동자—주로 여성—한 사람이 하루 1.03달러를 받았는 데 반해, 미국 신발 제조 업체의 평균 임금은 **시간당** 6.94달러였다.[31] 제조업이 제3세계로 넘어가면서 생긴 공백을 부분적으로 후기 산업 업종—소매업, 의료, 보안, 금융, 외식업—이 채웠고, 이 분야에 외국인 노동자들이 많이 채용되었다. 하지만 경제 상황이 나빠지면 종족 간 긴장이 높아지는 악순환이 발생했다. 1995년 미국 전체 피고용자의 3분의 1을 차지한 임시직과 파트 타임 고용, 그리고 여러 직업을 동시에 가지는 것이 저숙련 노동자의 공통적인 취업 양상이 되었다.

기업의 구조 개편 전략은 제조 부문의 노동을 조직적·수적으로 상당히 열세에 놓이게 했고, 이는 질적 차원에서 노동의 개편으로 이어졌다. 영국에서 보수당 정권이 10년 이상 노동력을 재편(노동조합의 권리 약화, 최저 임금제 폐지, 실업 급여 축소)한 후, 영국은 1990년대에 유럽 대륙의 국외 투자 대상 국가가 되었다. 그런데 이런 투자는 주로 전자 제품 조립이나 의류, 사무직 등의 파트 타임 일자리를 만들었고, 주로 여성들이 유럽보다 상당히 낮은 임금을 받으며 이 자리를 채웠다.[32] 린 생산 방식을 도입하면서 북반구에서도 '제3세계'와 같은 노동 조건이 흔하게 나타났다. 예컨대 의복 생산 착취 공장—뉴욕 시와 같은 곳—은 지속적으로 나타난 문제였고, 지난 20년 사이 제1세계의 도시들에 '제3세계'형 일자리들이 등장했다. 달리 말해, **전 지구적 노동력** 그리고 전 지구적으로 비슷한 노동 조건이, 장소에 따라서는 아주 미미한 곳도 있었지만, 세계 도처에서 출현했던 것이다.

생산을 전 세계적으로 통합한 후 사람들과 그 공동체는 상습적으로 무시받기 시작했다. 전 지구적 차원의 경쟁 압력 때문에 일자리가 기계화되거나 다른 곳으로 이전되었기 때문이다. 전 지구적 차원의 경쟁으로 인해 회사들은 전 세계로 사업을 확대했을 뿐만 아니라 발주를 융통성 있게 해야만 했다. 그 결과 하청 업체와 하청 노동자들은 원청 업체의 결정만 바라보고 있을 수밖에 없었다. 미국, 홍콩, 한국, 타이완, 필리핀, 중국, 브라질 등지로 외주를 주는 여성 의류 판매 업체인 리즈 클레이븐(Liz Claiborne)은 다음과 같이 주장한다. "우리 회사는 제조 시설을 소유하지 않는다. 모든 제품은 독립 공급처와 맺은 계약을 통해 생산한다. …… 본사는 우리 제품을 생산하는 공급 업체와 어떠한 장기적·공식적 계약 관계도 맺지 않는다."[33] 세계 시장이 전체적으로 기업화함에 따라, 과거 온정주의적 '회사 직영 타운'을 거느리고 있던 회사들도 그런 관행을 포기했으며 더욱 추상적인(유연하고, 언제든 갈아 치울 수 있는) 전 지구적 노동력을 이용해 생산을 하게 되었다.

기업이 전 지구적 고용 정책을 펼침에 따라 북반구 주민은 실질 임금의 감소(1972년부터 시작된 추세), 빈곤의 심화, 가족 관계의 불안정, 사회적 부조화, 공공 의료비 상승과 같은 문제를 경험하고 있다. 노동의 여성화가 진행되면서 임금 저하와 일자리 조건의 악화가 일어나고 있으며, 사회 서비스의 축소 외에도 사회적 재생산 메커니즘이 크게 위협받고 있다. 특히 사회적 재생산에서는 여성이 대부분의 책임을 지고 있는 실정이다.[34] 노동자가 고용 변화 상황에 적응할 수 있도록 직업 재훈련을 제공한다고 하지만 효과가 없기 십상이다. 대다수 새로운 일자리는 저임금인 데다 노동 혜택이 적거나 없는 서비스 직종이기 때문이다.[35]

일자리 상실은 생산을 국외로 이전하는 것('전 지구적 발주')만을 의미하지는 않는다. 일자리가 없어지면 나라의 경제 기반에 공동화(空洞化)가 발생하며 고용 조건을 비롯해 고용과 관련하여 생활 기반을 안정시켜주는 사회 제도가 잠식당한다. 국가들 사이의 고르지 못한 국경선을 '시장의 바람'(winds of the market)이 스쳐 지나가게 되면 노동 시장에서, 노사 관계에서, 공동체에서 한 세기 동안 쌓아올렸던 제도들이 하루아침에 사라질 수도 있다. 직장이 있는 사람이라도 생계를 유지하려면, 놀라운 기술 발전을 이뤘음에도, 더 긴 시간을 일해야만 한다. 개발은 이제 '도 아니면 모' 식의 게임이 되고 말았다.

사례_ 세계 시장의 기업화

수출 시장은 북반구에 집중되어 있다. 북반구 시장은 남반구 시장보다 훨씬 조밀하고 소비자 문화가 발달해 있다. 흔히 초국적 기업이 수출 시장 혹은 세계 시장을 조직하곤 한다. 유엔의 자료에 따르면 세계 무역의 3분의 2를 초국적 기업이 좌우하고 있다. 국가를 포함해서 전 세계 100대 경제 주체 중 50개가 초국적 기업이다. 예를 들어, 제너럴 모터스(General Motors)와 도요타(Toyota)의 총수입액은 말레이시아, 나이지리아, 파키스탄, 이집트, 페루의 총수입액보다 더 크다. 초국적 기업은 전 세계 재정 거래, 생명 기술, 산업 역량의 대부분을 통제한다. 여기에는 원유 생산과 정제, 석탄, 가스, 수력 발전, 원자력 발전, 광물 채굴과 정련, 가전 제품, 화학 물질, 의약품, 산림 벌목과 목재 등이 포함된다.

각 분야별 주요 시장(제트기, 자동차, 컴퓨터 중앙 처리 장치, 곡물)에서 5대 초국적 기업이 전 세계 매출의 40퍼센트에서 70퍼센트를 차지하며, 각 분야의 10대 기업이 통신 산업 부문의 86퍼센트, 컴퓨터 산업의 70퍼센트를 차지하고 있다. 2002년에 유엔무역개발회의는 초국적 기업 국외 자회사들의 매출고가 재화와 서비스의 전 세계 수출 가치보다 2배나 높으며, 6만 개의 초국적 기업이 82만 개의 자회사와 4550만 명의 종업원을 거느리고 있다고 보고했다(1982년에는 1750만 명이었다). 전 세계 200대 기업의 연 수입 총액을 합한 액수가 전 세계 인구의 80퍼센트를 차지하는 182개국 세수입의 합보다 더 크다. 대다수 북반구 나라에서 법인세 비율이 굉장히 떨어졌으며(미국의 경우 1950년대 초 이래 30퍼센트에서 7퍼센트로 하락), 그 부담은 복권 판매, 개인 소득세, 판매세 등으로 넘어갔다.

전 세계 350대 초국적 기업 대다수가 본사를 프랑스, 독일, 일본, 영국, 미국에 두고 있으며, 전 세계 초국적 투자의 70퍼센트, 그리고 전 세계 모든 기업의 국외 투자 중 50퍼센트를 차지하고 있다. 오늘날 세계 최대 기업인 월마트(Walmart)는 중국산 제품의 최대 수입 업체이며, 백만 명이 넘는 비노조 근로자들 — 이들 중 다수가 최소한의 혜택만 받으면서 파트 타임 근무를 한다. — 을 채용하고 있다.

이러한 지구화의 환경 속에서 개발의 틀과 내용이 재정의된 것처럼 보인다. 정부가 자국 시민의 사회적 형평을 추구하는 것이 더는 개발이 아니게 되었다. 이제 기업이 전 지구적 소비자-시민을 위한 '선택'을 추구하는 것이 개발로 정의되는 세상이 되어버렸다.

소비자-시민은 많아야 전 세계 인구의 5분의 2밖에 되지 않는다. 그렇다면 이런 상황에서 우리가 추구하는 개발과 지구화는 도대체 어떤 것이란 말인가?

출처 : Alperovitz, 2003 : 15; Baird and McCaughan, 1979 : 135-136; Beams, 1999; Brown, 1993 : 47; Daly and Logan, 1989 : 67; Ellwood, 1993 : 5; 2001 : 55-63; Hightower, 2002; Karliner, 1997 : 5; Korten, 1995 : 323; Martin and Schumann, 1997 : 12; Perrons, 2005 : 69; The Economist, July 16, 1994; Global Policy Forum, 2011

생산 유연화와 전 지구적 조달 전략

전 지구적 조달*은 초국적 기업과 기업 유치 국가가 세계 시장에서 자기들 위치를 향상시키고, 투입물의 안정적 공급을 확보하는 데 사용하는 전

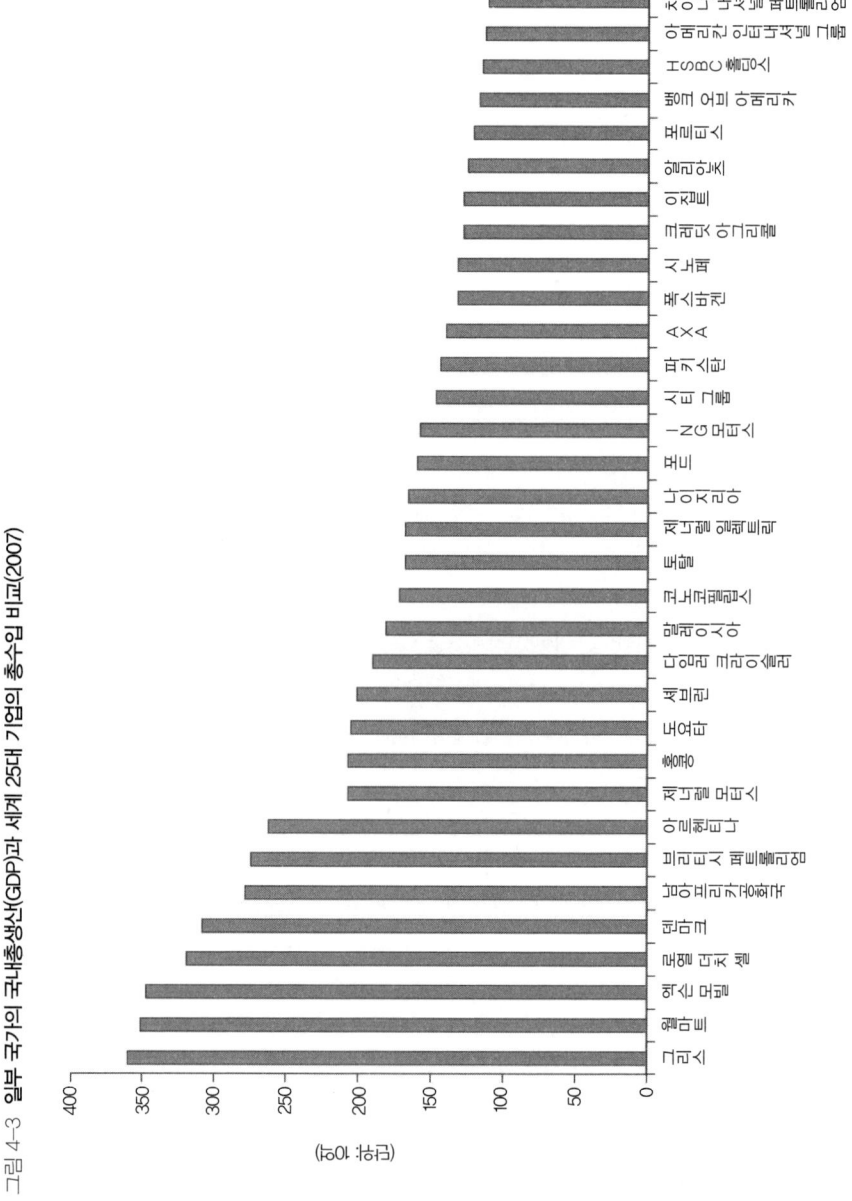

그림 4-3 일부 국가의 국내총생산(GDP)과 세계 25대 기업의 총수입 비교(2007)

(출처 : Global Policy Forum, July 20, 2011)

략이다. 무한정 공급이 가능한 전 지구적 노동력이 형성되면서 기업들은 소비 시장을 분할하기 위해 마케팅 전략을 새롭게 조직했다. 이것은 표준화된 대량 생산 방식을 **유연 생산 방식***으로 대체한다는 뜻이다. 이때 소규모의 덜 세분화된 다중 업무 노동력을 사용하게 된다. 사실 유연 생산 방식(또는 린 생산 방식)은 소비 시장을 한없이 분할하거나 분화하려고 대량 생산 방식을 재조직하는 방식이다. 운동화 제조 부문이 좋은 예이다. 시장 분할의 크기는 사회 계층의 소득에 달려 있으며, 소비자 상품이 큰 폭으로 계층화되어 있는 현실과 서로 조응한다. 시장이 전 세계적으로 확장되면, 신제품의 유통 주기가 짧아지면서(유행이 빨리 변하거나 신기술의 출현 등으로) 기업은 소비자의 기호에 맞춰야 한다는 압력을 점점 더 강하게 받게 된다. 소비자의 기호 변화에 맞추려면 회사의 생산 방침, 투입물의 사용, 재고품의 활용, 판매 전략 등이 대단히 유연해질 필요가 있다. 1980년대에 도요타는 '유연한 대량 생산'을 할 수 있는 **적기 생산 방식**(JIT, just-in-time system)을 도입했다.[36] 정보 과학을 통한 적기 생산 방식 덕분에, 새로운 동시 공학(SE, simultaneous engineering) 기법이 연속적 대량 생산 방식—유연하지 않게 고정된 생산 라인에서 제품을 만들어 그것을 표준화된 소비 시장에 공급하는—을 대체하게 되었다. 연속적 대량 생산 방식과 대조적으로 동시 공학 기법은 디자인과 생산을 재빨리 바꿀 수 있어서 기업이 변화무쌍한 소비 시장에 적절히 대응할 수 있다.

적기 생산 방식은 전 지구적이면서 **동시에** 지역적인 기업 전략을 추진하게 해준다. 유행의 변화는 값싼 전 지구적 노동력에 의한 하청을 선호하

전 지구적 조달(global sourcing) 초국적 경제 활동의 일부로서 원자재와 가공 물질에 대한 접근성을 갖는 것.
유연 생산 방식(flexible production) 변화하는 시장의 욕구에 신속하게 대응하기 위해 소규모의 비교적 전문화되지 않은 다중 업무 노동력을 활용하여 생산을 조직하는 시스템.

사례_남반구 초국적 기업의 전 지구적·지역적 전략

우리는 초국적 기업을 북반구 회사로만 생각하기 쉽다. 하지만 방콕의 차로엔 폭판드(CP, Charoen Pokphand) 그룹은 1921년 농업용 투입물을 중개하기 위해 중국계 형제가 설립했다. 차로엔 폭판드는 1960년대에 동물 사료 생산을 시작했고, 그 후 수직적으로 통합된 양계 생산을 하게 되었다. 농민에게 투입물(병아리, 사료, 의약품, 신용, 확대 서비스)을 제공하는 한편, 동아시아 지역에서 닭고기를 가공하고 마케팅하는 사업까지 맡게 된 것이다. 1980년대에 차로엔 폭판드는 판매업에까지 뛰어들어 타이의 케이에프씨(KFC) 사업권을 확보했으며, 현재 자사의 닭고기를 판매할 수 있는 통로로 전국 패스트푸드점의 약 4분의 1을 지배하고 있다. 또한 전국적으로 세븐일레븐(Seven-Eleven) 편의점 715개 업소를 보유하고 있기도 하다. 1990년대 중반에 차로엔 폭판드는 타이의 최대 초국적 기업이자 아시아 최대 농수산업 재벌이 되어 20개국에 10만 명의 종업원을 거느렸다. 차로엔 폭판드는 또한 중국에도 일찍 진출해 이미 1979년 콘티넨털 그레인(Continental Grain)과 합작 투자하여 선전(深圳)에 사료 공장을 설립했다. 1995년에 차로엔 폭판드는 중국의 30개 성 중 26개 성에서 75개 사료 공장을 운영하고, 중국을 대신해 KFC 가맹점 지배권을 13개 시에서 행사했다. 차로엔 폭판드의 닭고기 사업은 중국에서 소비되는 통닭의 10퍼센트를 공급할 정도의 규모이고, 연간 2억 3500만 두의 병아리를 생산하고 있다.

오늘날 차로엔 폭판드가 투자하는 영역은 다음과 같다. 비료, 살충제와 농화학 제품, 운송 기구, 트랙터, 슈퍼마켓, 이유식, 양계와 양돈, 유가공 제품, 곡물 재배와 가공, 종자 생산, 양식 산업, 주트(jute) 카펫, 통신, 부동산, 물류, 시멘트, 석유 화학 제품 등이 그것이다. 차로엔 폭판드는 또한 터키, 베트남, 캄보디아, 말레이시아, 인도네시아, 미국 등지에서 닭고기를 생산하며, 인도네시아, 인도, 베트남에서 동물 사료를 생산한다.

오늘날 차로엔 폭판드는 새우 양식 사업도 벌이고 있다. 타이 시장에서 판매되는 새우 중 65퍼센트를 지배하고 있고, 세계 최대 양식 새우 생산 업체이다. 양식장 때문에 타이의 해수 생태계가 오염된 후에는 인도네시아, 베트남, 중국, 인도 등지에서 양식업을 운영하기 시작했다.

초국적 기업의 영향력이 지역 또는 전 지구적 경제 활동으로 확산되는 것을 볼 때 이러한 발전이 장차 어떤 방향으로 나아갈 것인가? 그리고 초국적 기업은 누구의 미래를 위해 봉사할 것인가?

출처 : Goss et al., 2000

게 만든다. 자동화된 기술을 쉽게 다른 영역으로 이전할 수 없는 자본 집약적 부문의 회사는 역내의 특정 장소에 투자하는 경향이 있다. 그렇게 해야 현지 혹은 지역에서 일어나는 유행의 변화 움직임에 신속하게 대응할 수 있기 때문이다.[37] 최근 전 세계적 투자 흐름이, 세계 시장이 조밀하게 분포된 지역으로 이동하는 경향은 이러한 기업 전략을 반영한다. 따라서 멕시코나 말레이시아 같은 나라들이 최근 중요한 투자 지역이 된 이유는 바로 북미자유무역협정(NAFTA, North American Free Trade Agreement)이나 아시아태평양경제협력체(APEC, Asia-Pacific Economic Cooperation) 같은 새로운 지역 내 복합체의 등장 때문이다. 최근의 사례로, 멕시코 남부와 파나마를 연결해 농촌에서 쫓겨난 저임금 토착 노동력을 동원하여 북미 시장용 상품을 생산하겠다는 푸에블라-파나마 계획(PPP, Plan Puebla de Panama)을 들 수 있다.[38]

농업의 지구화

식량 원조 레짐과 녹색 혁명이 제3세계 각국을 식량 생산 기술과 농기업 기술의 회로 속에 밀어넣음에 따라 '세계의 공장'과 함께 **'세계의 농장**(world farm)'이 등장했다. 이 과정에서 제3세계 국가 발전의 양상이, 자국 농업을 국내 산업으로서 현대화하겠다는 목표에서 농업을 세계 산업으로 발전시키겠다는 방향으로 바뀌었다. 제2차 녹색 혁명(second green revolution)이 이러한 변동을 촉진했다.

3장에서 보았듯이 우리는 1960년대부터 녹색 혁명이 농기업으로 하여금 제3세계 도시 노동자를 위한 '급료 음식'을 생산하도록 장려했음을 알고 있다. 이때까지만 해도 농업은 **국가 내의** 사업이었다. 그러나 농기업 기술은 급료 음식 생산에 그치지 않고 기본 곡물 생산에서 그밖의 곡물—특히 사료용 곡물—생산과 가축 사육으로 확대되었고, 신선한 과일과 채소를 재배하는 원예농으로까지 발전했다. 더 나아가, 농기업 기술은 카사바 같은 사료 곡물 대체재, 옥수수 글루텐 사료, 시트러스(citrus) 사료 등을 만들어 냈고, 생명 기술은 화학 산업에 필요한 식물성 '공급 원료(feedstocks)'를 만들어냈다. 이런 식의 농업은 교잡 종자, 화학 비료, 살충제, 동물 항생제, 성장 촉진 화학 첨가물, 특수 제조 사료, 그리고 최근에는 유전자 변형 식물 따위에 의존하기 마련이다. 이런 것들은, 식품 가공과 농화학 기업에 더해, 고가치 시장을 겨냥한 대단히 전문화된 고투입 농업이라 할 수 있다. 기본 식량 증산 차원을 넘어 녹색 혁명 기술을 소비자용 전문 식품과 농산업용 투입물을 생산하는 차원으로 발전시킨 형태인 것이다. 그래서 이것을 제2차 **녹색 혁명**이라 부른다.[39] 과거와 다른 점은, 제1차 녹색 혁명이 **내수 시장**(기본 양식 생산)을 대상으로 한 공적 사업이었던 데 반해, 제2차 녹색 혁명은 점점 더 **전 지구적 시장**을 대상으로 한 **사적 영리 사업**이라는 점이다. (또한 식품 섭취의 불평등도 함께 발생한다.)

또한 제2차 녹색 혁명은 사계절 내내 신선한 채소와 과일 같은 고가치 먹을거리 시장을 전 지구적으로 확산시키는 데 이바지했다. 이 시장은 농기업에서 수익성이 가장 좋은 분야로 꼽힌다. 전 지구적 시장이 뿌리를 내리고 운송 기술이 더욱 발전하면서 등장한 '냉장 사슬(cool chains)' 덕분에 제3세계에서 재배한 신선한 과일과 채소를 저온 상태에서 전 세계 슈퍼마켓으로 운송할 수 있게 되었다. 돌(Dole), 치키타(Chiquita), 델몬트(Del Monte) 같은 미국 회사들은 바나나와 파인애플 같은 전통적 과일 상품을 넘어 다양한 과일과 채소로 품종을 넓히고 있다. 이 회사들은 서로 다른 기후 지대에 흩어져 있는 생산자들을 잘 조율해서 과일과 채소의 계절성을 줄일 수 있게 되었다. 사계절 농산물뿐만 아니라 이국적인 과일, 채소, 샐러드용 식물도 많이 재배하고 있다.[40]

이런 식의 신국제 농업 분업 체제에서 초국적 기업은 소농과 하청 계약을 맺거나 소농을 직접 고용하여 수출 가공용(통조림 제조, 냉동 작업, 가스 주입, 상자 담기, 과즙 생산, 썰기)으로 쓸 특수 원예 작물과 사철 과일과 채소 농산물을 생산하여 유럽, 북미, 아시아태평양 등지의 점점 커져 가는 소비 시장에 공급하고 있다. 농업이 전 지구적 산업―점점 더 여성화되는―으로 전환되면서, 그것이 여성의 생계와 식량 안보, 그리고 그 가족들의 식량 안보에 끼치는 영향도 커졌다. 전 세계에서 소비하는 대부분의 먹을거리는 여성이 생산한다. 라틴아메리카의 경우 여성의 먹을거리 생산 비율이 30퍼센트에서 40퍼센트, 아시아에서는 50퍼센트에서 60퍼센트, 그리고 사하라 이남 아프리카에서는 80퍼센트에서 90퍼센트에 이른다.[41] 여성의 토지 소유가 허용되지 않고 소유권도 없는 경우가 많아 먹을거리의

사례_ 전 지구적 농업 노동과 식량 안보 문제

전 세계 과일·채소 산업은 유연한 계약 노동직에 의존한다. 신선한 채소의 사철 공급을 위해 다양한 생산지를 한꺼번에 조정하려면 정보 기술이 필요하다. 이러한 공급 사슬은 생산자와 소비자의 관계를 끊고, 흥미로운 결과를 자아낸다. 소비자는 농산물이 만들어지는 생산 조건(특히 젠더 불평등)을 전혀 알지 못하고, 생산자는 자기가 사는 공동체를 위해서가 아니라 먼 곳의 소비자를 위해 농산물을 재배한다.

데버러 반트(Deborah Barndt)는 토마토가 멕시코에서 북아메리카에 소재한 수많은 패스트푸드점과 슈퍼마켓 진열대로 이동하는 경로를 조사했다. 데버러는 토마토가 소수 민족과 여성의 노동으로 생산된 점을 강조하려고 토마토를 토마시타(Tomasita)라 부르면서, 멕시코 최대의 농업 수출 회사인 산타 아니타 팩커스(Santa Anita Packers)의 한 공장을 묘사한다. 한창 바쁜 철에 이 회사가 고용하는 인원은, 과일 따는 사람이 2천 명, 상자에 과일을 담는 사람이 700명에 달한다. 개량 종자 품종은 살충제를 많이 써야 하는데도 건강과 안전 교육이 이루어지지 않고, 반드시 착용해야 하는 보호복도 없었다. 아마 이 중에서도 단일 작물 재배에 따른 제일 놀라운 광경은 상자 담기 작업을 하는 공장일 것이다. 수백 명의 여성이 고용되어 이 작업을 하는데, 회사는 이들을 여러 지역의 공장들로 이동시킨다. 이것은 "일종의 이동 마킬라도라이며 …… 멕시코 쪽에서 제공하는 투입물은 오직 땅과 태양과 노동자밖에 없다. 남반구에서 종자가 비롯되었지만, 북반구의 생명 기술이 종자를 변화시켰고 …… 토마토를 생산하는 노동자에게 돌아오는 혜택은 거의 없다. …… 이 노동자들은 이제 일년 내내 여기저기 농장을 거치며 일하는데, 그것 때문에 자기 고향의 텃밭에서 먹을거리를 재배할 틈도 없다. …… 이렇게 자기 삶의 통제권을 잃으면 정신적 상실이 온다. 그리고 종자와 유기 비료와 천연 살충제에 관한 지식의 상실, 윤작이나 한 해 휴경과 같은 지속 가능한 농법 — 대지를 수천 년 동안 유지해주었던 방식 — 의 상실을 경험한다."

북반구 소비자의 식량 안보는 멕시코 주민의 식량 불안정에 의존한다. 자기 고향을 떠난 캄페시나(campesina, 농민들), 특히 원주민 여성 노동자는 '농업 마킬라도라' 또는 북아메리카의 과수원이나 대규모 농장에서 일하는데 이렇게 해서 멕시코에서 일 주일 일해야 벌 돈을 하루 만에 벌 수 있다.

전 지구적 먹을거리 시스템의 장기적 결과가 무엇인가? 그 먹을거리 시스템이 수익 창출과 맛없는 토마토를 사철 공급한다는 이유만으로 농민 공동체의 안정을 해치고 남반구의 식량 의존만 가중시키고 있지는 않은가?

출처 : Barndt, 1997: 59-62

상품화는 곧 여성의 식량 생산에 대한 역할과 통제권의 상실을 뜻하게 되었다. 소농이 불안정해지면서 여성이 대형 농장이나 식품 가공 공장 같은 농기업 부문에서 씨를 뿌리거나 과일을 따는 일을 해야만 생계를 유지할 수 있게 되었다. 이에 따라, 여성의 소득이 다소 늘고 그와 함께 '권한 강화(empowerment)'도 어느 정도 이루어지겠지만, 전 세계 농업 노동력의 여성화와 여성의 근로 시간도 함께 증가하게 되었다.

신흥 농업국의 등장

농기업 관련 투자 역시 제조업과 마찬가지로 처음에는 제3세계 몇몇 국가에만 한정되었다. 이들을 **신흥 농업국***이라 부르는데,[42] 해당 국가가 도

---

* **신흥 농업국**(NACs, new agricultural countries) 농산업화와 농업 수출을 추진하는 제3세계권의 중간 소득 국가들.

시 시장과 수출 시장을 위해 농업의 산업화를 추진했다는 점에서 신흥 공업국과 유사하다. 개발 프로젝트가 퇴조하면서 농산물 수출이 활발해졌다. 그러한 농산물 수출을 비전통적 수출(NTEs, nontraditional exports)이라고 불렀는데, 그 이유는 농산물 수출이 식민 지배 시대의 전통적 열대 산물 수출을 대체하거나 보완했기 때문이다. 비전통적 수출은 동물 단백질 제품과 과일, 채소 등 고가치 먹을거리, 또는 저가치 사료 곡물과 생물 연료에 집중되는 경향이 있다.

국제 분업에서 차지했던 타이의 전통적 역할─쌀, 사탕수수, 파인애플, 고무 수출국─을 이제 비전통적 일차 수출품이 보완했다. 예를 들어 사료용 카사바, 참치 통조림, 새우, 닭고기, 가공육, 생과일·야채와 가공 과일·야채 등이 비전통적 일차 수출품이다. 옥수수나 수수처럼 과거에는 수출용이었던 작물을 이제는 대부분 국내에서 집약적 가축 사육용으로 소비하고 있다. 1980년에 타이의 수출에서 80퍼센트를 차지했던 비가공 농산물은 이제 30퍼센트에 불과하다. 그리고 가공 식품이 전체 상품 수출의 30퍼센트를 점하게 되었다. 그만큼 타이는 대표적 신흥 농업국으로 꼽히게 되었다.[43] '아시아의 슈퍼마켓'으로 여겨지는 타이는 농촌의 소농이 식품 가공 회사와 계약을 맺고 농산물을 납품하는 형태의 식품 가공 산업을 확대했다. 일본, 타이완, 미국, 유럽의 식품 회사들은 타이를 역내 그리고 전 세계로 향한 수출 생산 기지로 활용한다. 예를 들어, 타이 정부는 양계업 생산물 수출을 위해 농기업, 농민, 금융 기관 복합체를 조직했고, 정부 각 부서를 동원해 수출 계약을 장려했으며, 토지가 없는 농민들에게 토지를 분배하여 계약 영농과 가축 사육을 하도록 했다.[44] 저임금 노동과 결부된 사료 산업 덕분에 타이의 닭고기 생산자들은 일본 시장을 놓고 미국(그리고 이제 중국)의 생산자들과 경쟁할 수 있었다. 타이는 전 세계 최대의 양식 새우 생산국이다.[45] 이 사실은 소비자의 지출 여력과 신흥 농업국 현상이 서로 상승 작용을 한다는 점을 상징적으로 보여준다.

신흥 공업국이 제조업에서 전 지구적 공급 사슬의 기반이 된 것처럼, 신흥 농업국도 **전 지구적 조달**의 기반이 되었다. 미국의 3대 농기업 회사는 전 세계적 육류 포장, 그리고 자기들의 자회사에서 공급하는 사료로 육우, 양돈, 양계업을 운영한다. 미국 미네소타에 본사를 둔 카길은 70개국에서 800개 이상의 공장 혹은 사무소와 7만 명 이상의 종업원을 둔 세계 최대 곡물 거래 업체이다. 이 회사는 일본의 니폰 미트 팩커스(Nippon Meat Packers)와 합작 투자하여 선 밸리 타이(Sun Valley Thailand)를 설립했고 그곳에서 미국 사료로 키운 닭고기를 일본 시장에 수출한다. 네브래스카 주에 본사가 있는 콘아그라(ConAgra)는 26개국에 56개 지사와 5만 8천 명의 종업원을 두고 있다. 미국, 캐나다, 오스트레일리아, 유럽, 극동, 라틴아메리카에서 사료와 동물 단백질 제품을 가공 생산한다. 미국 아칸소 주에 본사를 둔 타이슨 푸드(Tyson Foods)는 일본 농기업 회사인 이토추(Itochu)와 합작 회사를 운영하며 미국산 사료를 이용해 멕시코에서 닭고기를 생산하여 멕시코 국내에서 소비하고 일본으로도 수출한다.[46]

제2차 녹색 혁명, 그리고 비전통적 수출은 전 세계에서 농업을 한 국가 내의 농사가 아니라 전 지구적 시장에 농산물을 공급하는 '세계의 농장'으로 탈바꿈시켰다. 오늘날 전 세계의 농민과 농업 노동자가 기업과 직접 계약하는 방식으로, 더 많은 양의 과일과 채소를 재배하고 있다. 전 세계 과일과 샐러드 그릇은 그 크기가 무제한인 것처럼 보인다. 재배업자와 하청 계약을 맺고 전 세계 소비 시장으로 상품을 공급하는 거대한 식품 회사와 월마트, 테스코(Tesco), 까르푸(Carrefour), 아홀트(Ahold) 같은 전 지구적 슈퍼마켓이 대부분의 과일과 채소의 생산을 조직하는 시대에, 농작물 재배업자는 새로운 노동 조건에 직면하고 있다.

  남아메리카, 동아시아(중국과 일본 제외), 북-중유럽, 남아프리카의 대부분 지역에서 슈퍼마켓을 통한 식품 판매의 평균 비율이 1990년에는 대략 10퍼센트에서 20퍼센트였는데 2000년대 초에는 약 50퍼센트에서 60퍼센트로 증가했다. 또한 2005년 미국, 영국, 프랑스에서 슈퍼마켓을 통한 식품 판매 비율은 약 70퍼센트에서 80퍼센트 수준이었다. 슈퍼마켓을 통한 식품 판매의 '둘째 물결'은 동남아시아, 중남미, 멕시코, 남-중유럽 등으로 퍼져나갔는데, 1990년에 5퍼센트에서 10퍼센트 사이이던 이곳의 평균 비율은 2000년대 초 30퍼센트에서 50퍼센트 수준으로 증가했다. '제3의 물결'은 2003년 10퍼센트에서 20퍼센트 수준에 도달했던 곳으로서 아프리카(특히 케냐), 중남미의 나머지 지역들, 동남아시아, 그리고 중국, 인도, 러시아 등을 꼽을 수 있다. 현재 중국, 인도, 러시아는 슈퍼마켓의 식품 판매가 대단히 활발한 나라들이다.[47]

  2장에서 보았듯, 카리브 제도와 아메리카 대륙의 농민들 그리고 아시아-아프리카의 비서구권 농민들은 꽤 오랫동안 특화된 농산물을 생산해왔다. 하지만 수출용 먹을거리 생산의 규모와 수익성은 최근 들어 엄청나게 늘었다. 전 세계 식품 소비자—전 세계 슈퍼마켓 체인에서 철저히 관리하는—의 수와 집중도가 늘어났기 때문이다. 이런 변화는 시장을 관리하기 위해 농산물 생산업자가 점점 더 민영화(기업화)되는 품질 기준과 균질성이라는 높은 요구 조건에 맞춰야 함을 의미한다. 따라서 계약 농민—주로 여성—은 자주 바뀌는 경쟁 기준 앞에서 취약하기 마련이다. 농산업 단지에서 여성은 남성보다 더 믿을 만하고 주의력 높은 노동자라고 여겨진다. 그래서 여성 농업 노동자는 식물 건강과 생육을 관찰하고, 효율적으로 과일을 돌보고 그밖에 업무를 다루는 훈련을 받는다. 고용주는 유연성이 필요한 작업인 계절성 고용, 간헐성 고용(추수, 가공, 포장)에 여성이 더욱 적합하다고 생각하는 경향이 있다.[48]

금융의 지구화

금융 지구화는 초국적 생산과 초국적 소비의 심화를 가져온다. 초국적 은행들(TNBs, transnational banks)은 돈이 쏟아져 들어온 **역외 자본 시장** (offshore capital market)을 통해 1970년대에 형성되었다. 초국적 은행은 그 어떤 정부의 관할권이나 통제에서도 벗어난 지역—스위스, 바하마, 케이맨 제도(Cayman Islands)—에 자금을 유치해 두는 은행을 말한다. 초국적 은행은 1970년대에 이런 예치금을 제3세계 각국 정부에 엄청난 규모로 대출해주었다.[49] 왜 이러한 금융 지구화가 발생하게 되었는지 이해하려면 브레턴우즈 체제의 이중성을 살펴볼 필요가 있다. 이 체제 안에서 **각 나라**의 경제 성장은 미국 달러화의 **국제적** 순환에 의존했기 때문이다.

브레턴우즈 체제는 교역 국가들 사이에서 안정적인 외환 통화를 유지했다. 고정 환율은 국내 이율을 안정시켰고, 따라서 각국의 경제를 안정시켰다. 제2차 세계대전 후 세계 경제 질서의 창안자였던 케인스(John Maynard Keynes)는, 각국 정부가 "국제 자본 흐름의 등락이나 투기성 단기 자금 (hot money)의 유출에 간섭받지 않는" 거시 경제 정책을 집행할 수 있어야 한다고 말한 바 있다.[50] 이렇게 안정된 금융 체제의 틀 안에서 제3세계 국가는 어느 정도 예측 가능한 개발 정책을 추구할 수 있었다.

금융 자유화와 투기 자본의 등장

1950년대와 1960년대의 제3세계 각국의 경제 성장은 외국의 원조와 투자로 유지되었고, 그 과정에서 미국 바깥의 역외 달러 시장이 형성되었다. 소련도 이 역외 금융 시장을 이용할 수 있었다. 이 시장은 주로 유럽 주도의 통화 시장이었고, 처음에는 런던의 금융 시장인 시티에 집중되어 있었다. 초국적 기업은 수익금을 역외 금융 시장에 예치함으로써 브레턴우즈 체제의 통화 안정 규제 조치―국경간 자본 이동을 통제할 목적의―를 피할 수 있었다.

이렇게 예치된 달러를 '유러달러(Eurodollar)'라 불렀는데, 베트남 전쟁 시기에 미국의 군사·경제 관련 국외 지출이 커지면서 유러달러의 규모가 급팽창하였다. 국외의 달러 예치금 규모가 미국 내의 달러 보유고보다 훨씬 더 커지면서, 외국의 중앙은행이 달러 대신 금 교환을 요구하면 전부 금으로 인출해주어야 하는 사태를 우려하는 목소리가 늘었다. 그래서 1971년에 닉슨 미 대통령은 달러의 금 태환제를 폐지한다고 발표했다. 그 조치로 인해 각국이 미국 달러화를 기축 통화로 하는 금 태환제, 즉 각국 통화의 환율을 달러에 **연동**시켜놓은 제도가 종언을 고했던 것이다. 그때부터 각국의 통화는 상대적인 시세에 따라 **변동**하게 되었다. 하지만 달러는 여전히 지배적인 준비 통화(reserve currency)의 지위를 유지했다. 그와 동시에 미국은 일본과 유럽의 뜻을 거스르고 국제 금융의 자유화를 단행했다. 외환 규제를 푼 탓에 미국의 정책과 역외 금융 활동이 분리되면서 미국은 정책의 자율성을 지킬 수 있었다. 외환 시세가 변동하게 되면서 미국은 대규모 적자 재정을 조정해야 하는 과제를 다른 투자자나 국가―이들이 달러나 미국 자산을 투기적으로 구매하거나 자국 통화를 평가 절상함으로써―에 떠넘길 수 있게 되었다.

금융 시스템의 탈규제는 세력 균형의 변화를 알리는 신호탄이 되었다. **국제적으로**, 경쟁 상대국이 나타나고 베트남 전쟁과 외국 기업 투자로 말미암은 재정 적자가 가중되면서 미국의 힘이 약화되었다. **미국 국내에서 보수 세력—점점 더 확실한 세력으로 등장한 신자유주의 동맹을 포함하여—과 다국적 기업은 브레턴우즈 이후 시대에 미국의 힘을 다시 과시할 수 있는 금융 자유화(financial liberalization)를 선호했다.**[51]

탈규제로 인해 환율 투기 세력이 각국 통화를 사고 팔게 되면서, 통제되지 않고 늘어나기만 하는 자본 이동성(capital mobility)의 시대가 도래했다. 상품 교역이 아니라 금융 시장이 통화 가치를 좌우하기 시작했고, 통화 시세 변동에 대한 투기는 각국의 금융 안정성을 무너뜨렸다. 1990년대 초, 전 세계 금융 시장은 각국의 통화를 하루에 약 1조 달러—각국 정부의 통제 범위를 넘어서—어치나 거래하고 있었다.[52] 각국 정부가 자국 통화의 통제권을 상실하면서 정치·경제적 주권이 위협받기 시작했다. 이 말은 사회적 우선순위가 아니라 금융적 우선순위가 각국 정부의 정책 내용을 결정하기 시작했다는 뜻이다.

외채로 유지되는 제3세계

1973년에 석유수출국기구(OPEC, Organization of the Petroleum Exporting Countries)의 주도로 발생한 유가 폭등은 역외 자본 시장을 1973년 3150억 달러 규모에서 1982년 2조 550억 달러 규모로 급증시켰다. 같은 시기 동안 미국 7대 은행의 총수익에서 외국의 수익이 차지하는 비중이 22퍼센트에서 60퍼센트로 올랐다.[53] 1970년대 말이 되면 외환 거래 총액이 전 세계 상품 교역 총액의 11배를 넘어섰다. 통화 불안정 그리고 그와 함께 발생한 수익성 조건 불안정으로 인해 초국적 기업은 위험 부담을 줄이기 위해 전 세계 사업을 다변화하기 시작했다.[54] 이런 방식을 통해, 금융 혁명과 석유 달러의 폭증이 합해져 **전 지구적 생산 시스템**(global production system)이 확고하게 자리 잡았다. 유가가 오르면서 제1세계에 경기 침체가 발생했고, 전 세계 은행들은 외화 차용을 간절히 원하던 제3세계 각국 정부―채무를 불이행(default)할 가능성이 없어 보이는―쪽으로 눈을 돌리기 시작했다. 이 은행들은 대규모 외화 차용을 부추김으로써 1970년대에 제3세계에서 중간 소득 국가들―전 세계 경제 성장을 견인하는 엔진으로 여겨진―이 늘어나는 데 한몫을 했다.

1970년대 초만 하더라도 제3세계 부채의 13퍼센트만이 은행 대출이었고, 33퍼센트가 다자 간 유상 차관이었다. 그러나 1970년대 말이 되면 이 비율이 역전되어 은행 대출이 모든 부채의 60퍼센트 선으로 상승한다.[55] 원래의 개발 모델에 큰 변화가 온 것이다.

제3세계 국가는 돈을 기꺼이 빌려주려는 민간 대부업자 덕분에 공식 금융 시장에서 약간의 자율성을 행사할 수 있었다. 1984년이 되면 미국의 9대 은행들 모두가 자기 은행의 주주들 지분의 100퍼센트를 멕시코, 브라질, 아르헨티나, 베네수엘라에 대부해주고 있었다. 런던의 로이즈(Lloyds)는 이런 나라들에 은행 자본의 165퍼센트나 되는 놀라운 규모의 대출을 해줄 정도였다.[56]

은행 융자는 여러 기능을 수행했다. 제3세계 정치 엘리트들은 민족주의적 주제를 표현한 거대한 공공 개발 프로젝트를 벌여 자기들의 통치를 정당화하고, 군대를 강화하고, 대출에서 발생한 수익성 높은 사업 계약을 후견 네트워크에 제공하려고 애썼다. 예를 들어, 브라질에서는 1964년부터 1985년 사이에 집권한 군부 통치자들이 연이어 라틴아메리카 특유의 국가주의 모델에 따른 개발 프로젝트를 시행했다. 대출금을 이용해 철강, 에너지, 원자재 생산 등의 공공 부문을 건설했던 것이다. 브라질은 이런 식의 채무 조달(debt financing)을 통해, 그 전까지 단 하나의 상품, 즉 커피 판매로 수출 수입의 70퍼센트를 올리던 방식에서 다양한 산업재―철강, 알루미늄, 석유 화학 제품, 시멘트, 유리, 무기, 항공기―와 오렌지 주스나 두유 같은 가공 식품의 주요 생산국이자 수출국으로 탈바꿈했다. 리우데자네이루와 상파울루에 새로운 지하철 시스템을 건설했고, 내륙 깊숙한 지역에서 채굴한 철광석을 항구로 운송해주는 철도를 깔았다. 또한 현대적 통신망이 주요 도시들을 연결했다.[57]

1976년부터 1984년 사이 공공 국외 채무와 민간 자본 유출(은행 대출)―뉴욕이나 케이맨 제도, 그밖의 역외 금융 피난처(financial havens)로 이전한―이 거의 비슷하게 늘어났다.[58] 또한 1960년대와 1970년대 말 사이에 라틴아메리카로 차입된 자본의 구성이 크게 변했다. 공식 유상 차관이 40퍼센트에서 12퍼센트로 떨어지고, 외국의 민간 직접 투자도 34퍼센트에서 16퍼센트로 줄어든 반면, 외국 은행과 채권 시장에서 조달한 민간 금융은 7퍼센트에서 65퍼센트로 대폭 늘어났던 것이다.[59] 1970년부터 1982년 사이 라틴아메리카 12개국의 공공 부문에서 국내 총투자가 차지하는 평균 비율은 32퍼센트에서 50퍼센트로 늘어났다. 국가 경영자들은 공공 사업을 확대하려고 외부에서 대규모 차입을 끌어왔다. 자국에 진출해 있던 외국 투자자들에 대항하는 수단으로 그렇게 하는 경우도 있었다.

1970년대 라틴아메리카에서 공공 부문의 국외 부채가 민간 부문의 국외 부채보다 두 배나 빨리 늘어났다. 1978년이 되면서 멕시코 정부 예산 적자의 43퍼센트, 국영 기업 적자의 87퍼센트를 국외 부채로 충당할 정도가 되었다. 제3세계에서 공공 부문의 국외 부채가 늘어남에 따라, 각국 정권은 개발 프로젝트의 이상과 동떨어진 상황에 놓이게 되었다. 후견 네트워크를 살찌우기 위해서, 또는 군비 증강이나 대형 프로젝트를 통해 권력을 강화하기 위해서, 또는 그저 부족한 예산을 메꾸기 위해서 국외 차입을 늘리게 된 것이다. 1970년대에 제3세계의 국가 사업이 국내총생산(GDP)에서 차지하는 비중은 거의 50퍼센트에 육박했다. 국외 부채가 워낙 통제되지 않은 채 늘어난 탓에, **부채 조달을 통해 발전국가의 기반 자체가 부풀려진 것**이다. 그 후 불거진 외채 위기로 인해 외국 은행과 다자 간 관리자들—1980년대에 출현한—에 대한 제3세계 발전국가의 취약성은 더욱 악화되었다.

1970년대, 개발 프로젝트의 해체기

1970년대는 개발 프로젝트가 서서히 해체되는 과도기였다. 첫째, 금융의 탈규제로 내수 시장이 국경 간 자본 흐름에 개방되면서 국가 주권이 위협받았고, 이는 거시 경제 정책을 어렵게 만들었다. 둘째, 제3세계에 규제되지 않은 민간 은행 대출이 공식적·다자 간 대출을 밀어내고 그 자리를 차지했다. 하지만 그러한 부채 조달은 건전하지 않은 방식이었다. 국가라면 어떤 일이 있어도 파산하지 않으리라고 가정하고 너무 많은 돈을 무분별하게 빌려주었기 때문이다. 막상 외채 위기가 닥치자 그것을 해결하기 위해 시행한 긴축 정책은 개발 프로젝트로 이룩했던 많은 성과를 단번에 무너뜨리는 결과를 초래했다. 셋째, 초국적 기업이 공산품과 농산품을 내수 시장이 아닌 세계 시장용으로 더 많이 생산했다. 넷째, 1980년대가 되면 개발 프로젝트의 담론이 변하면서 국내 발전이 아니라 '세계 시장 참여'가 개발의 핵심 내용으로 떠오르기 시작했다.

사례_봉쇄 전략과 부패 — 외채 위기의 배양

외채 위기의 책임을 누구에게 돌릴 것인가는 복잡한 문제이다. 우선 식민 지배 시대의 유산인 대리 통치 방식이 탈식민 시대에도 이어져 내려온 점을 들 수 있다. 개발 프로젝트 시기 동안 제3세계에서 군부 통치는 예외라기보다 원칙에 가까웠다. 서구는 냉전 구도 속에서 제3세계 독재자들에게 재정을 지원해 그들을 친서방 정권으로 포섭했다. 필리핀의 페르디난드 마르코스(Ferdinand Marcos), 칠레의 아우구스토 피노체트(Augusto Pinochet), 이라크의 사담 후세인(Saddam Hussein) 같은 강력한 군부 통치자들은 공포 정치를 펴면서 국가의 재산을 탕진했다. 석유 수출국이 아닌 제3세계 국가들은 제공된 차관의 약 20퍼센트를 군사 장비를 구입하는 데 사용했다. 즉 개발 프로젝트의 군사화가 진행된 것이다.

미국중앙정보국(CIA)는 콩고에서 세세 세코 모부투(Sese Seko Mobutu) 대통령을 권좌에 앉혀 31년씩이나 독재를 하도록 만들었다. 모부투는 국가명을 자이르(Zaire)로 개칭하고 아프리카 민족주의라는 이름으로 통치를 정당화했다. 그러나 모부투는 1970년대 말 수십억 달러의 외국 차관과 미국이 사하라 이남 아프리카에 제공한 원조 총액의 절반가량을 받고 자국의 광대한 천연자원을 팔아넘겼다. 이런 약탈 행위를 통해 모부투는 1980년대 중반까지 40억 달러를 착복했으며, 콩코드(Concord) 전세기를 타고 유럽에 사 둔 수십 군데의 별장을 방문했다. 모부투는 자이르를 통치하는 동안 500대의 영국산 이층 버스를 도입했으며, 세계 최대의 슈퍼마켓을 개장하는가 하면, 필요하지도 않은 제철소를 건립하기도 했다. 1996년 모부투가 권좌에서 쫓겨난 후 그의 가족은 재산을 물려받았지만, 자이르는 120억 달러의 외채를 물려받았다.

1998년 인도네시아의 수하르토(Suharto) 장군이 대통령직을 사임했을 때 그는 약 150억 달러에 상당하는 재산을 축적해놓았는데, 그것은 국가가 빚진 전체 외채 — 그중 상당 부분이 세계은행에 대한 채무 — 의 13퍼센트에 해당하는 액수였다. 수하르토가 30년 동안 독재할 때에 세계은행은 300억 달러 이상의 차관을 인도네시아에 제공했다. 그중 일부는 건설적인 문자 해득 프로그램에 지출되었지만, 6억 3천만 달러 이상이 정권의 악명 높았던 '초국적 이주' 프로그램 — 인도네시아 인근 도서 지역을 식민화하는 사업으로서 동티모르 학살도 이 사업을 실시하는 과정에서 일어났다. — 을 추진하는 데 쓰였다. 1997년 자카르타에서 공개된 세계은행의 한 비밀 보고서는 인도네시아의 개발 프로젝트에 엄청난 추문이 있었음을 밝히고 있다. 즉, 세계은행이 제공한 차관 중 "적어도 20퍼센트에서 30퍼센트 이상이 비공식적 경로로 인도네시아 정부의 공직자와 정치인들이 유용했다."는 것이다.

만일 냉전의 봉쇄 전략이 제3세계 각국의 군사 독재를 부추겼고 그 결과 부정 부패가 만연했다면 그런 상황이 개발에 어떤 영향을 주었는가, 그리고 어째서 외채 변제의 부담을 제3세계의 시민들이 불공평하게 짊어져야 하는가?

출처 : Pilger, 2002 : 19-20; Roodman, 5-6; 27

결론

본 장에서는 전 지구적 생산 시스템의 등장을 살펴보았다. 한 국가의 틀 안에서 경제 활동이 되풀이된 것이 아니라, 전 세계 경제가 전문화하면서 '개발'에 관한 새로운 기준이 만들어졌다. 신흥 공업국과 신흥 농업국이 점점 더 초국적 기업의 수출 기지 역할을 하게 되었고, 초국적 기업은 이 두 범주의 국가들에 각각 유연 생산 기술과 제2차 녹색 혁명 기술을 전수해주었다. 그 결과 '세계의 공장' 현상과 '세계의 농장' 현상이 제3세계 전역에서 우후죽순처럼 나타났다. 이런 현상을 통해 전 세계 소비자 계급을 위한 전 세계 제품이 생산되었다. 제1세계의 공장에서 제3세계의 수출 가공 공단으로 일자리가 옮겨 가면서 노동의 비정규직화가 일어났다. 초국적 기업이 정보 기술을 활용하면서, 제1세계의 조직화된 노동이 제3세계의 저임금, 무노조 노동의 경쟁력 앞에 무릎을 꿇었기 때문이다. 전 지구적 노동력의 형성은 제1세계의 시민권적 사회 계약을 해체하려는 정치적 결정과 제3세계의 노동을 착취 공장을 통해 순환시키려는 정치적 결정에 따른 것이었다. 저숙련, 저임금 일자리는 주로 여성의 몫이 되었지만, 신흥 공업국과 후발 신흥 공업국에서 노동이 조직되고 임금이 상승하고 산업 수준이 높아지면 '탈여성화'가 일어나기도 한다. 이러한 양상은, 개발 프로젝트 시대에 국가가 관리했던 국민 경제 성장 전략이 국제 시장 네트워크 활동—그 뒤에 따라온 지구화 프로젝트를 예견한—으로 옮겨 간 경향을 반영한다.

실제로, 각국 경제권 사이의 국제 무역을 넘어 새로운 전 지구적 단일 경제권이 등장하고 있었다. 전 지구적 금융 기구들이 제3세계의 수출 전략을 통한 전 지구적 생산 시스템의 출현을 설계했다. 역외 금융 시장이 민간 자본을 대출 형태로 각국 정부에 재분배했으며, 초국적 기업은 수출 생산 부문에 투자했다. 신흥 공업국을 모방하고자 했던 제3세계 국가들은 이렇게 차입한 융자금으로 엄청난 규모의 개발 사업을 벌였다. 공공 투자를 유치해 민간 기업을 보완하고 민간 기업에 재정 지원을 했지만, 각국은 외채 위기 앞에 취약해졌다. 다음 장에서 살펴보겠지만 1980년대 들어 신용 차입이 고갈되어 외채 위기가 닥쳤을 때 발전국가에 의존하던 원래의 개발 프로젝트가 역전되었고, 그 자리에 지구화 프로젝트의 토대가 들어서게 되었다.

[더 읽을 자료]

안득기, 〈제3세계 식량 안보에 관한 연구:식량과 굶주림의 국제 정치 경제〉,《글로벌 정치 연구》1(2):127-159, 2008.

정보배·김희강, 〈국제 원조 정책, 무엇이 문제인가? 토마스 포기(Thomas Pogge)의 논의를 중심으로〉,《OUGHTOPIA》27(1):67-99, 2012.

Bonnano, Alessandro, Lawrence Busch, Willam Friedland, Lourdes Gouveia, and Enzo, Mingione, eds. *From Columbus to ConAgra:The Globalization of Agriculture and Food*. Lawrence:University Press of Kansas, 1994.

Gereffi, Gray, and Miguel Korzeniewicz, eds. *Commodity Chains and Global Capitalism*. Westport, CT:Praeger, 1994.

Hoogvelt, Ankie. *Globalization and the Postcolonial World:The New Political Economy of Development*. London:Macmillan, 1987.

Nash, June, and Maria Patricia Fernandez-Kelly, eds. *Women, Men, and the International Division of Labor*. Albany:State University of New York Press, 1983.

Sklair, Leslie. *Assembling for Development:The Maquila Industry in Mexico and the United States*. Boston:Unwin Hyman, 1989.

[추천 웹 사이트]

Gender Equality and Development(UNESCO):www.unesco.org
Global Policy Forum:http://www.globalpolicy.org/home.html
Institute for Agriculture and Trade Policy(USA):www.iatp.org
International Labor Organization(UN):www.ilo.org
Multinational Monitor(USA):www.multinationalmonitor.org

| 제2부 |

지구화 프로젝트

1980년대~2000년대

DEVELOPMENT AND SOCIAL CHANGE

5장
지구화 프로젝트의 정치학

> 이것은 신세계다. 더 자유로운 시장과 개방 무역 덕분에
> 개발 도상국권이 국제 경제에서 주요한 역할을 하게 된 것은 의미심장한
> 변화다. 역사적 중요성으로 따져 산업혁명에 비견할 만한 일이다.
> - 레나토 루지에로(WTO 초대 사무총장)

지구화 프로젝트가 개발 프로젝트를 승계했다. 개발이 종말을 맞았기 때문이 아니라 개발의 좌표가 변했기 때문이었다. 과거에는 개발이 공적인 프로젝트였지만, 이제는 민간에서 추진하는 전 지구적 프로젝트로 재규정되었다. 왜 그냥 '지구화(globalization)'라 하지 않고 '프로젝트'라는 말을 붙여 '지구화 프로젝트'라고 하는가? 지구화는 우리가 원하든 원하지 않든 인류 역사에서 필연적으로 오게 되어 있는 현상이 아닌가? 어쩌면 그럴 수도 있을 것이다. 하지만 개발을 추구하는 수단으로서 지구화를 불가피한 현상으로 본다면, '자유 시장'이 번영을 가져다준다는 약속에도 불구하고 지구화로 인한 물질적 혜택을 전 세계 인구의 5분의 2만이 누릴 수 있다는 점을 냉정하게 인식할 필요가 있다. 나머지 5분의 3은 대단히 착취적인 노동 조건에서 뼈 빠지게 일하거나, 손바닥만 한 농지 또는 도시 빈민가에서 생존을 위해 발버둥 쳐야 한다. 구매력이 있는 5분의 2가 자유 시장에서 모든 자원을 독점하기 때문이다. 따라서 굳이 '지구화 프로젝트'라고 부르는 이유는 지구화를 둘러싼 정치를 강조하기 위해서이다. 시장은 자연스러운 현상도 아니고 자유로운 현상도 아니다. 시장은 제도적으

로 만들어진 구성물이며, 국제 금융 기구, 은행, 기업, 국가, 심지어 비정부 기구들(NGOs)까지 가세한 권력의 관리를 받는다. 지구화 프로젝트의 특징은 개발 프로젝트의 한계를 넘어서기 위해 정치적으로 개입을 단행했다는 점이다.

지구화 프로젝트의 정치적 개입이란, 제3세계가 취했던 정책—외국 기업이 제3세계의 자원과 시장에 접근하는 것을 제한하는—에 서구가 20년 이상 군사적·재정적으로 제재를 가한 사실을 의미한다. 이러한 제재 조치는 아마 1965년에 인도네시아에서 수하르토 장군을 권좌에 앉혔던 사건에서부터 시작되었을 것이다. 제3세계에서 수출 지향적 산업화는 제3세계의 경제 성장에 불을 붙였고 이것은 개발의 새로운 '자유 시장' 모델에 정당성을 부여했다. 과거에는 개발이 국가적으로 관리된 경제 성장을 뜻했지만, 세계은행의 〈세계 개발 보고서 1980(World Development Report 1980)〉에서는 개발을 '세계 시장 참여'라는 식으로 재규정했다.[1] 이런 식의 개념 변화는 경제 민족주의를 탈피하고 지구화를 수용할 수 있는 길을 마련해주었다. 이제 국가 경제가 아니라 **전 지구적 경제가 개발의 단위로 등장**하기 시작했다.

전 지구적 시장 제국의 건설

1965년 인도네시아의 수카르노 대통령과 그가 추구하던 경제 민족주의가 수하르토의 유혈 군사 쿠데타로 붕괴되었다. 기밀 해제된 1964년의 영국 외무성 문서를 보면 동남아시아에서 서구의 이익을 수호해야 한다고 주장하고 있다. 이 지역이 "필수 상품의 주요 생산지이기 때문이다. 동남아시아 지역은 전 세계 천연 고무의 거의 85퍼센트, 주석의 45퍼센트 이상, 야자 과육의 65퍼센트, 크로뮴 광석의 23퍼센트을 생산한다." 1963년의 미국중앙정보국 문서는 영국의 해럴드 맥밀런(Harold Macmillan) 총리와 미국의 케네디(John F. Kennedy) 대통령이 "상황과 기회를 봐서 수카르노 대통령을 제거하기로" 합의했음을 보여준다.[2]

언론 매체인 타임 라이프사(Time-Life, Inc.)는 1967년 제네바에서 수하르토와 그의 경제 자문들이 국제 기업체 대표들을 만날 수 있도록 주선했다. 주요 석유 회사와 은행들, 제너럴 모터스, 임페리얼 케미컬 인더스트리즈(Imperial Chemical Industries), 브리티시 리랜드(British Leyland), 브리티시-아메리칸 토바코(British-American Tobacco), 아메리칸 익스프레스(American Express), 지멘스(Siemens), 굿이어(Goodyear), 인터내셔널 페이퍼(International Paper Corporation), 유나이티드 스테이츠 스틸(US Steel) 같은 회사들이 이 만남에 참석했다. 수하르토 장군은 포드 재단의 도움을 받아 국외 투자와 동반자 관계를 통한 발전 계획을 새로이 수립했다. 타임 라이프의 회장이던 제임스 리넨(James Linen)은 개막 연설에서 이 모임을 '**새로운 세계 질서의 탄생**'이라고 표현했다. "우리는 민간 기업과 개발 도상국이 손잡고 일할 수 있는 새로운 환경을 창조하기 위해 이 자리에 모였습니다. …… 이 모임은 자유 세계에 더 많은 이익을 가져다줄 것입니다. 이러한 국제적 기업의 세계는 각국 정부가 모인 것 이상의 거대한 세계입니다. …… 그것은 혁명적인 속도로 전 세계의 생활 조건을 형성해 온 이음매 없는 기업들의 그물망입니다."[3]

이 사건은 하나의 전환점이 되었고, 국가와 기업 간의 **전 지구적 개발 동반자 관계**(global development partnership)라는 새로운 담론을 만들어 냈다. 새로운 경제적 개입은 1959년 아이젠하워(Dwight Eisenhower) 대통령이 동남아시아 지역용으로 구상한 봉쇄 정책과 긴밀하게 이어져 있었다.

일본이 무역을 늘릴 수 있는 최상의 기회는 동남아시아가 자유와 발전을 구가할 때에 올 수 있다. …… 한 나라에 원자재가 많이 필요하다면, 다른 나라는 공산품이 많이 필요하다. 양측이 서로 보완할 수 있다. 남베트남을 키우고, 남태평양과 동남아시아의 안보를 보장함으로써 우리는 이 지역과 고도로 산업화된 일본 사이에서 엄청난 교역 잠재력을 점진적으로 발전시킬 수 있다. 이렇게 될 때 미국과 동남아시아는 모두 혜택을 보게 될 것이다.[4]

그 후 10년간 미국이 주도한 국제 동맹국들이 수행한 베트남 전쟁이 바로 이 같은 정책을 확실히 입증했다. 그 후 칠레, 엘살바도르, 니카라과, 파나마, 그라나다, 이라크 등에도 미국이 전략적으로 개입했다. 그뿐만 아니라 '자유 세계'와 자원 제국의 영토를 확고히 유지하기 위해 군사·경제 원조도 제공했다. 이 과정에서 핵심은 군사화였다. 제3세계를 자기편으로 확보한 다음, 당시 출현 중이던 전 지구적 개발 프로젝트―지배적 권력이던 미국이 조정한―를 위해 제3세계를 강제로 개방시킨 것이다.

하지만 제3세계권은 지구화 프로젝트의 서막이 준비되던 이 시기에 고분고분하게 협조만 하지는 않았다. 1974년부터 1980년 사이에 제3세계권의 14개 국가에서 민족 해방 운동 세력이 권력을 장악했다. 아마 베트남 민족 해방 운동이 보여준 저항에서 영감을 받았을 것이다. 1973년의 유가 인상을 둘러싸고 석유수출국기구 회원국 사이에서 일어난 내분이 서구의 경제적 안정을 위협하는 사태로 번졌다. 그 다음 해인 1974년에 G-77 국가들이 유엔에 **신국제 경제 질서***라는 제안을 내놓았다. 이것은 국제 교역

신국제 경제 질서(NIEO, New International Economic Order) 1974년에 G-77 국가들이 세계 경제의 조직과 관리를 더욱 평등하고 대표성이 있는 방향으로 개편하자고 제안했던 정책이었지만 성공적인 결실을 맺지 못했다.

에서 제3세계의 지위, 그리고 기술과 재정 자원에 대한 제3세계 국가들의 접근성을 개선하자는 제안이었다. 신국제 경제 질서 제안은 제1세계의 구조적 권력이 제3세계의 발전을 저해했다는 '종속 이론'적 시각을 반영하고 있었다. 제2차 '개발의 십 년대(1970년대)' 기간에 제3세계권의 연간 경제 성장률은 유엔이 설정한 목표치인 5퍼센트를 넘었지만, 경제·사회 지표상 대다수 제3세계 국가가 개발 프로젝트가 약속한 생활 수준 향상을 달성하지 못한 실정이었다. 1974년 세계은행은 다음과 같이 보고했다.

> 저개발 국가들의 급속한 경제 성장이 10년 이상 이어졌지만 대략 3분의 1 이상의 주민에게 그러한 성장의 효과가 미약하거나 전무했다는 점이 이제 분명히 드러났다. 역설적으로, 제1차 '개발의 십 년대'(1960년대) 시기의 성장 정책이 목표치를 초과 달성했음에도 불구하고, 성장 총계치(aggregate growth)의 증가를 사회적 목표로 설정하려는 발상 자체가 의문의 대상이 되었다.[5]

알제리의 우아리 부메디엔(Houari Boumedienne) 대통령은 1974년 유엔 총회에서 다음과 같이 발언했다.

> 구질서가 유지되고 강화되는 한, 그리고 구질서가 계속 부익부 빈익빈을 양산함으로써 위세를 떨치는 한, 그런 경제 질서는 제3세계 모든 나라들이 기대하는 발전과 진보라는 희망을 가로막는 장애일 수밖에 없다.[6]

신국제 경제 질서는 신케인스적 관점에서(공공 부문을 중심으로 한) 전 세계 경제 개혁을 성문화하려고 고안된 경제적 권리나 경제적 의무 헌장과 같은 것이었다. 전 세계가 '제3세계의 반란'으로 받아들인 신국제 경제 질서는 비동맹 운동(NAM)에서 유래한 집합적 정치의 정점을 이루었다. 하지만 신국제 경제 질서는 잘 해야 개량적 운동에 불과했다고 말할 수도 있을 것이다. 왜냐하면 알제리, 이란, 멕시코, 베네수엘라같이 원유 수출로 당시 엄청난 부를 획득했던 나라들의 대통령이 신국제 경제 질서를 주도했고, 이 나라들은 극빈 최저 개발국(LDCs, least developed countries)이나 신흥 공업국과는 분명히 구분되었기 때문이다.[7] 제3세계권의 통일 전선 전략은 오래지 않아 붕괴되었다. 제3세계 사이에서 중간 소득 국가와 저소득 국가 사이의 격차가 점차 벌어진 것이 원인이었다.

신국제 경제 질서 제안과 같은 시기에 제1세계권의 핵심부는 더욱 강화되었다. **G-7**[*]이 결성된 것이다. 미국, 영국, 프랑스, 독일, 일본, 이탈리아, 캐나다의 재무 장관들은 매년 비밀리에 모여 경제 위기를 관리하고 신국제 경제 질서의 요구를 차단하며 제3세계의 경제 민족주의 정치를 봉쇄하기 시작했다.[8] 1980년대 제3세계의 외채 위기는 G-7의 목표를 위한 완벽한 기회가 되었다.

외채 위기와 채무 레짐

1980년대에 닥친 외채 위기는 **전 지구적 거버넌스**(global governance)라는 새로운 시대를 탄생시켰다. 전 지구적 거버넌스 안에서 개별 국가의 정책은 외부에서 주어진 '규정에 기반을 둔' 절차의 통제를 받게 되었다. 이 덕분에 제1세계는 국제 금융 기구(국제통화기금과 세계은행)를 통해 제3세계 통제권을 더 많이 확보할 수 있었다. 달리 말해 외채 위기가 채무 레짐

G-7(Group of Seven) 선진 핵심 경제 국가인 미국, 영국, 프랑스, 독일, 일본, 이탈리아, 캐나다의 모임. 정기적으로 모여서 실제 전 세계 경제를 관리하는 데 필요한 의제를 주도했다.

을 낳았던 것이다. 제3세계가 극빈국과 신흥 공업국으로 나누어진 탓에, 전 세계 정치·경제 엘리트들은 제3세계의 빈국들이 같은 제3세계의 신흥 공업국들이 세계 시장에서 취했던 수출 다변화 전략을 모방하지 않아서 외채 위기가 발생했다고 주장할 수 있게 되었다.[9] 하지만 신자유주의 이념 (neoliberalism)을 정당화하려고 신흥 공업국을 시장 제도의 성공 사례로 추켜세우긴 했지만 신흥 공업국은 신자유주의 체제가 아니라 사실상 국가가 관리한 경제 체제였다.

외채 위기는 1980년, 미국 연방준비제도이사회가 1970년대의 대출 붐 때문에 발생한 달러의 과잉 순환에서 비롯한 달러화 가치 하락을 막으려는 조치—공세적인 통화 회수 정책으로 달러의 과잉 순환을 줄이려는—를 취하면서 시작되었다.[10] 그 결과 통화의 신용 거래가 위축되면서 은행들은 자금 확보 경쟁에 나섰고 그로 인해 이율이 상승했다. 제3세계에 대한 융자가 줄어들었고, 대부 기한도 줄었다. 높은 이율에다 상환 기한마저 단축된 것이다. 그러나 원유 가격 인상이라는 부분적 요인 덕분에 여전히 대출이 진행되었다. 실제로 제3세계에서 유가 인상분 때문에 발생한 채무가 제3세계 부채 총액의 25퍼센트 이상을 차지했다.[11]

1986년에 제3세계의 부채 총액은 1조 달러에 달했다. 이 금액은 그 해 미국의 국가 부채 총액의 절반밖에 안 되는 규모였지만, 제3세계에는 의미심장한 수준이었다. 왜냐하면 제3세계 국가들이 차입한 신규 대출은 순전히 그 이전의 대출금을 갚는 외채 상환에 쓰였기 때문이다.[12] 달러 본위제(달러는 세계 각국과 중개상들이 선호하는 국제 지불 준비 통화였다) 덕분에 외채 상환에 따른 충격이 적었던 미국과는 달리, 제3세계 국가들은 계속 외채를 상환할 여력이 없었다. 실질 금리가 급상승하면서 달러 비축분이 힘을 쓸 수 없었고, 제1세계의 경기 침체로 인해 제1세계가 수입하는 제3세계 수출품이 줄었으며, 원자재 수출 가격이 제1세계의 공산품 수출 가격 대비 17퍼센트나 하락하면서 제3세계의 수출과 수입이 폭락했기 때문이었다.[13]

세계은행은 이러한 '외부' 충격으로 인해 1981년에서 1982년 사이 각국의 연평균 GDP에 발생한 부정적 효과를 다음과 같이 추산했다. 케냐는 19.1퍼센트, 탄자니아는 14.3퍼센트, 코트디부아르는 18.9퍼센트, 브라질은 8.3퍼센트, 자메이카는 29퍼센트, 그리고 필리핀은 10퍼센트 이상 GDP가 줄었다.[14] 제3세계 각국은 갑자기 **채무의 덫**(debt trap)에 걸렸다. 외채가 각국 경제의 목을 조르기 시작한 것이다. 적어도 이자라도 갚기 위해서는 수입을 줄이고 수출을 큰 폭으로 늘릴 수밖에 없었다. 하지만 기술 수입을 줄이면 성장을 할 수 없었다. 수출을 확대하는 것도 문제가 많았다. 원자재 가격이 40년 이래 최저치를 기록했기 때문이다. 각국이 외채를 줄이기 위해 한꺼번에 원자재 수출을 늘린 결과였다. 시장만으로는 이 위기를 해결할 수 없게 되었다.

국제통화기금 구제 금융의 역할

따라서 외채를 관리할 수 있는 다른 방안을 찾게 되었다. 제3세계 외채의 60퍼센트가 민간 은행에서 차입한 사채였지만, 어쨌든 브레턴우즈 기구들이 다시 운전석을 차지했다. 국제통화기금은 자문 역할을 떠맡아 1980년대 중반부터 구조 조정 정책(SAPs, Structural Adjustment Policies)을 시행하기 시작했다. 이것은 채무국의 생산 우선순위와 정부 프로그램을 전반적으로 재편하는 정책이었다. 국제통화기금은 세계은행과 세계은행이 제공하는 구조 조정 차관(SALs, structural adjustment loans)을 활용하여 대출 상환 기일을 조정해주는 대가로 채무국에 경제 재편 조건을 부과했다. 즉 채무국의 전반적인 **정책 재편**(policy restructuring)을 요구한 것인데, 그로 인해 채무국은 정치·경제 개혁을 위한 긴축 처방을 받게 되었다.

유엔아동기금(UNICEF)의 사무총장 제임스 그랜트(James P. Grant)는 1989년에 다음과 같이 말했다.

> 지난 십 년간 미친 듯이 외채를 끌어다 쓴 후 오늘날 누가 가장 큰 대가를 치르고 있는가? 군부도, 외국 은행에 비밀 계좌를 가진 자들도, 오랫동안 외채를 허비한 정책을 입안했던 자들도 아니다. 그 대신 기초 생필품도 없이 살아가야 하는 빈곤층, 평생 땀 흘려 일한 결과를 잃게 된 실직자들, 몸을 건사하기 위한 최소한의 음식도 못 먹는 여성들, 질병과 영양 실조로 몸과 마음이 제대로 발육하지 못한 영유아들, 취학 기회조차 박탈당한 아이들이 그 대가를 치르고 있다. …… 부자들은 대출을 받아 챙겼고, 빈자들은 빚을 떠안았다 해도 전혀 지나친 말이 아니다.[15]

이런 식의 채무 레짐에서는 외채가 발생한 원인이 시스템의 문제가 아니라 개별 국가의 유동성 문제(즉, 외환의 부족) 탓이라고 규정되었다. 다시 말해, 채무 관리자는 전 세계 금융 시스템 문제는 덮어두고, 채무국의 차입 정책에만 책임을 돌렸던 것이다.

1982년, 800억 달러의 외채를 짊어진 멕시코가 전 세계 금융 체계에서 첫 번째 '시한폭탄'이 되었다. 외채 총액 중 75퍼센트 이상이 민간 은행에서 빌린 사채였다. 멕시코의 정치 세력은 '은행가 동맹'과 '카르데나스 동맹(Cárdenas alliance)'—노동과 농민 계급에 뿌리를 둔 민족주의 연합—으로 분열되었다.[16] 당시 임기가 끝나 가던 호세 로페스 포르티요(José López Portillo) 대통령은 카르데나스 동맹과 연대하여 채무 관리 정책에 반대하면서 멕시코의 은행 부문을 국유화하고 자본 유출을 통제하는 외환 시스템을 도입했다. 그는 대통령 이임사에서 다음과 같이 선언하여 국제 금융 계를 경악하게 만들었다.

· 전 세계에서 금융 흑사병이 더욱 기승을 부리고 있다. 이 괴질은 중세 때처럼 차례대로 모든 나라를 휩쓸 기세다. 이 역병은 쥐들이 퍼뜨리는데, 그 역병의 결과는 실직과 빈곤, 기업 도산, 투기성 치부로 나타난다. 사이비 의사들은 환자에게 음식을 섭취하지 말고 억지로 쉬라는 처방을 내린다. 이런 조치에 조금이라도 저항하면 벌을 받게 되고, 겨우 살아남은 자는 케케묵은 교조와 맹목적 패권의 이기심으로 무장한 의사 앞에서 자기가 얼마나 착한 환자였는지를 증언해야 한다.[17]

포르티요를 승계한 보수파의 미겔 데라마드리드(Miguel de la Madrid Hurtado) 대통령은 구제 금융을 받기로 결정했으며, 이에 국제통화기금이 13억 달러, 각국 정부가 20억 달러, 은행들이 50억 달러를 '비자발적 대여(involuntary loan)' 명목으로 제공하는 데 동의했다. 1986년 멕시코는 라틴 아메리카 지역의 나라들이 단결해 채무국 클럽(debtors' club)을 결성하려는 시도에 반대한 공으로 다시 국제적 지원을 받을 수 있었다.[18]

그 후 멕시코의 구제 금융 사례는 하나의 모델이 되었다. 멕시코와 같은 다른 중간 소득 국가(브라질, 타이, 터키)에서 개발 동맹이 권력을 이용해 외채 상환의 비용 부담을 노동 계급의 빈곤층에게 떠넘기게—복지 서비스의 예산 삭감을 통해—되었던 것이다. 1989년 세계은행의 수석 경제학자 스탠리 피셔(Stanley Fischer)는 다음과 같이 지적했다. "외채 상환 부담의 대부분을 채무국의 임금 노동자들이 짊어져야 했다."[19]

개발 프로젝트의 후퇴

각국이 채무 레짐의 규정을 받아들여 자국 경제 시스템을 재편함에 따라 개발 프로젝트는 후퇴를 경험하게 되었다. 그들은 이제 개발을 '세계 시장 참여'라고 재규정했고, 수출 확대와 '국가 축소'에 초점을 맞추기 시작했다. 국가 정책에서 사회 보호 대책의 성격이, 품목별 사회 부조(line-item subsidy)에서 '비상 기금(emergency funds)'으로 변했다. 비상 기금은 세계은행이 카리브 제도, 라틴아메리카, 아프리카에서 긴축 정책의 영향을 완화하기 위해 만든 '사회 기금(Social Funds)'에서 비롯되었다. 볼리비아의 '비상사회기금(Fondo de Emergencia Social)'과 이집트의 사회 기금과 같은 이른바 '사회 안전망(social safety net)'은 분권화된 서비스 제공과 미소 금융(microcredit) 프로그램을 통해 비정부 기구가 집행했다. 하지만 이런 조치는 흔히 프로그램을 제안할 능력이 거의 없는 공동체를 간과했고, 젠더 차이도 무시했다.[20] 그렇게 해서 확보한 외채 상환 유예 조치로 당분간 시간을 벌 수는 있었지만 그것 때문에 큰 대가를 치러야 했다.

구조 조정 정책에는 다음과 같은 조치가 포함되어 있었다.

- 공공 예산의 대폭 삭감(특히 식비 보조금 같은 사회 프로그램).
- 통화 평가 절하(무역 수지를 개선하려고 취한 조치 때문에 수입품 가격이 상승하고 수출품 가격이 하락함).
- 수출 확대(외화 획득 목적).
- 국영 기업의 민영화(시장을 '자유화'하기 위해).
- 외국 투자자를 끌어들이고 수출 가격을 낮추기 위한 임금 삭감.

이런 조치 대부분이 극빈층과 사회 취약 계층—임금과 국가 보조에 의존해 살아가는—에게 부담으로 돌아갔다. 일부 기업과 수출 업체는 호황을 만났지만, 빈곤률이 급격히 늘어났다. 탈산업화와 도시 주민을 보조하는 데 필요한 재정이 바닥나면서 각국 정부가 국내에서 결성했던 개발 동맹 역시 붕괴했다.

멕시코의 경우, 채무 레짐으로 인해 기초 식품—토르티야, 빵, 콩, 분유 같은—의 보조금 제도가 사라졌다. 영양 실조 인구도 늘어났다. 1983년부터 1989년 사이 최저 임금이 50퍼센트나 줄었고, 1970년대와 비교해 구매력이 3분의 2나 감소했다. 1990년에는 멕시코 국민 중 4100만 명이 기본 욕구도 충족하지 못할 지경에 놓였고, 1700만 명은 극빈 상태로 전락했다.[21] 다른 한편, 1980년에서 1982년 사이 1.9퍼센트였던 제조업 성장률이 1985년에서 1988년 사이에는 0.1퍼센트로 급감하여 공식적인 취업 기회가 거의 사라져버렸다.[22] 그리고 정부의 재정 지원으로 멕시코는 주요 농산물 수출국으로 변모했다. 1986년에는 20억 달러어치의 신선한 과일과 야채와 쇠고기를 미국으로 수출할 정도였다.[23]

아프리카에서 외채 부담이 얼마나 심각했는지 탄자니아, 수단, 잠비아의 경우 1983년에 수출로 번 수익의 100퍼센트 이상을 외채를 갚는 데 써야 했다. 1985년 잠비아에서는 GNP 대비 외채 비율이 16퍼센트에서 56퍼센트까지 치솟았다. 개별 원자재 수출이 전체 수출·수입의 40퍼센트에서 85퍼센트를 차지하던 아프리카 국가들은 1980년대에 원자재 가격 인하로 특히 큰 타격을 받았다. 그 결과 아프리카의 커피 수출 농가는 수입 트랙터 1대를 구입하려면 커피를 30퍼센트 이상 증산해야 했고, 트랙터를 굴리는 데 필요한 석유를 구입하려면 커피를 더 많이 생산해야 했다.[24]

아프리카에서 국제통화기금과 세계은행이 추진한 구조 조정 정책으로 인해 식품 보조비와 공공 서비스가 삭감되자, 탄자니아, 가나, 잠비아, 모

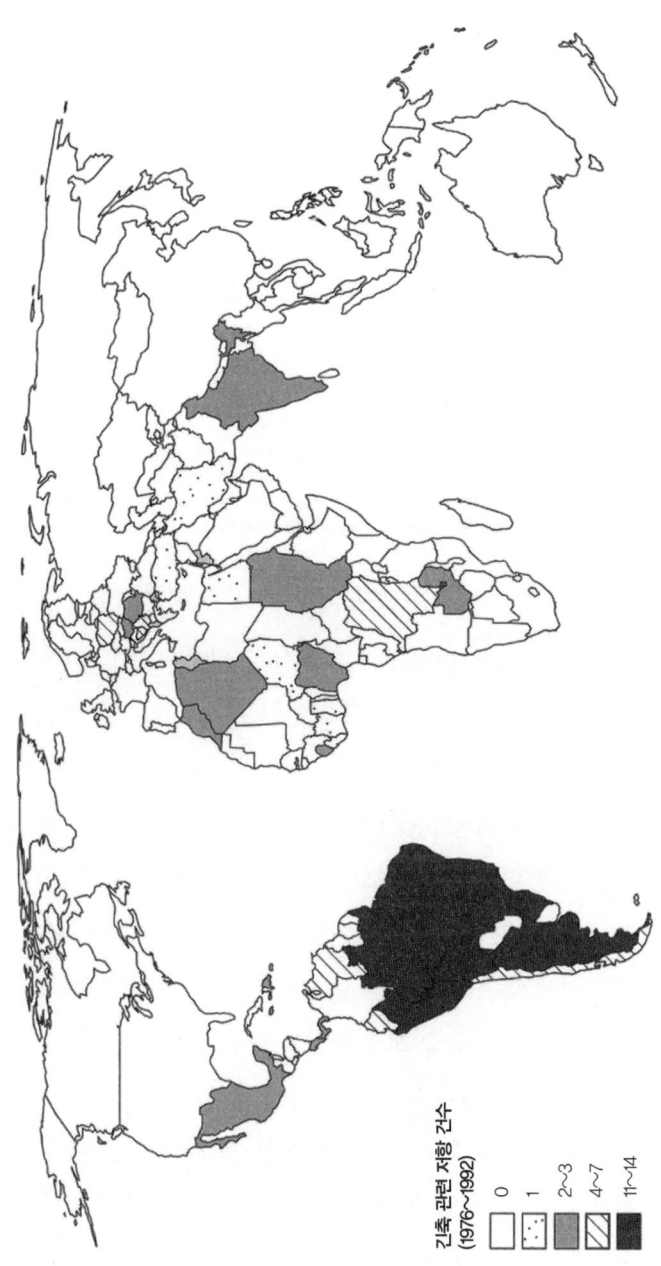

그림 5-1 긴축 프로그램으로 인해 폭동이 발생한 지역

긴축 관련 저항 건수
(1976~1992)
0
1
2~3
4~7
11~14

그림 5-2 **제3세계 국가에 대한 장기 대출의 순 이동분**

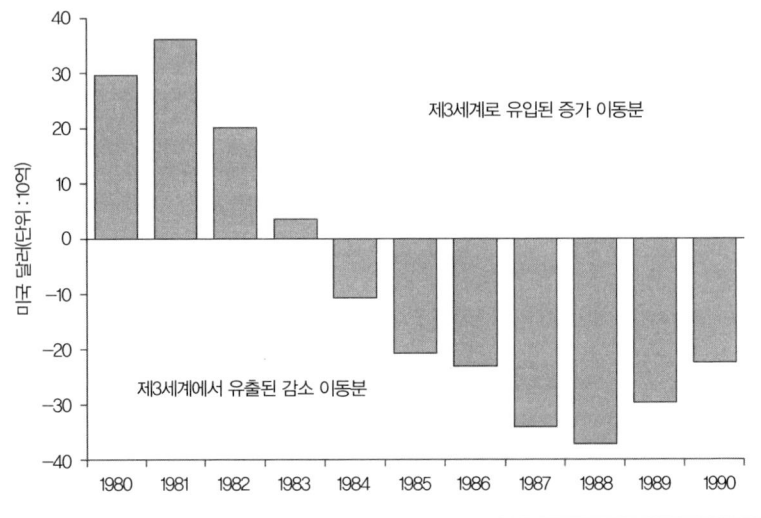

(출처 : UN, Human Development Report, 1997 : 64)

로코, 이집트, 튀니지, 수단에서 가두 시위와 소요 사태가 발생했다. 예를 들어, 잠비아에서는 1980년대 중반 구조 조정 이후, 주식인 맷돌에 간 옥수수(cornmeal) 가격이 120퍼센트나 급등했다. 1980년에서 1986년 사이 1인당 평균 소득이 10퍼센트 감소했고, 실업률은 거의 세 배나 늘었다.[25] 실제로 영유아 사망률을 포함한 모든 '발전' 관련 지표가 구조 조정 정책에 영향을 받아 하락했다. 국제 NGO인 옥스팜(Oxfam)이 1993년에 발표한 자료에 따르면 주로 사하라 이남 아프리카 지역에서 세계은행의 구조 조정 프로그램으로 인해 공중 보건 예산이 삭감되었고 초등학교 진학률이 10퍼센트 감소했다고 한다.[26]

1980년대의 이른바 '잃어버린 십 년' 동안 전 세계 빈곤 지역은 상당한 경제적 퇴보를 겪었다. 1978년에서 1992년 사이에 전 세계 70개국 이상이 외채를 관리하기 위해 총 566건의 안정화 정책과 구조 조정 프로그램을

사례_ 국제통화기금 소요 사태 — 시민 대 구조 조정

이른바 '국제통화기금 소요 사태'가 제2세계와 제3세계를 휩쓸었다. 이는 개발 프로젝트의 종언을 상징하는 사건이었다. 1976년부터 1992년 사이 약 80개 채무국 중 39개 국가에서 총 146건의 소요 사태가 발생했다. 여기에는 루마니아, 폴란드, 유고슬라비아, 헝가리 같은 동유럽 국가도 포함되어 있었다. 이러한 대규모 도시 소요 사태—흔히 잘 조직된—는 공공 긴축 조치에 대한 반발로 발생했으며, 시위자들은 식량 저장 시설을 습격하는 경우가 많았다. 시위자들은 생계 수단의 불공평한 분배에 분노했고, 시민권적 사회 계약의 정신을 파괴하는 정책에 저항했다. 붕괴된 사회 복지 프로그램에는 도시의 과밀 거주자들을 위해 국가 보조금으로 운영되는 서비스—식품, 의료, 교육, 교통, 주택 등—가 포함되어 있었다. 시위는 사회적 재생산을 위한 기본적 생계 메커니즘을 회복하려고 했다. 또한 국가의 공적 역량과 인민 주권 원칙을 저해하는 원흉으로 국제통화기금을 지목하여 비판했다. 베크만(Björn Beckman)은 구조 조정 프로그램의 논리가 다음과 같다고 주장한다. "그것은 국가가 인민의 요구에 반응해야 할 동기를 더욱 약화하는 것이다. 인민의 요구는 식민 지배 이후 신생 국가 형성 과정에 처음부터 포함되어 있었는데도 불구하고 말이다."

구조 조정이 된 제3세계 전체에서 일어나고 있는 본질적인 변동을 고려할 때, 일련의 소요 사태가 단순히 물질적 자원의 부족에 대한 항의만을 의미하는 것이라 할 수 있는가? 혹시 민주적 공간의 축소, 혹은 개발이 처음 약속했던 시민권적 사회 계약의 종언을 의미하는 것은 아닐까?

출처 : Beckman, 1992 : 97; Kagarlitsky, 1995 : 217; Walton and Seddon, 1994

받아들였다.²⁷ 채무국들은 전체적으로 보아 1982년에 지고 있던 채무보다 61퍼센트나 늘어난 외채를 짊어지고 1990년대로 진입했다.²⁸

외채가 늘어남에 따라 많은 나라가 자국의 부를 국제 기구의 관리 아래 두었을 뿐만 아니라, 전 지구적 채무 관리자의 감시를 더욱 심하게 받게 되었다. 1984년이 전환점이 되었다. 그 해에 자본 흐름의 방향이 역전된 것이다. 즉 외부에서 제3세계권으로 유입된 차관과 투자자본보다, 제3세계에서 **외부로 유출된** 채무 상환액이 더 커진 것이다(그림 5-2 참조).

1980년대에 제3세계에서 외부로 빠져나간 금융 자원의 순(net) 유출액이 4천억 달러 이상이었다.²⁹ 외채 위기로 인해 제3세계—이제 '전 지구적 남반구'라고 불리게 된³⁰—의 빗장이 풀린 탓에 북반구가 강요한 규정과 국외 투자가 밀려들어 왔고, 외채를 갚기 위한 수출 생산이 지속 가능하지 않은 수준으로까지 급증했다.

발전국가의 위기

1980년대에 신자유주의가 정통 경제 학설로 굳어지면서 채무 관리자들은 사회적 지출 삭감과 국가 활동의 **민영화**를 통해 제3세계권 국가에 **축소**를 요구하기 시작했다. 부채 상환 연기 조건을 충족하려면 각국 정부는 공공 자산을 매각해야 했다. 그 결과 제3세계 국가에서 평균 민영화 건수가 10년 사이 열 배나 늘어났다. 1986년부터 1992년 사이에 민영화를 조건으로 하여 제공된 세계은행 구조 조정 차관의 비율이 13퍼센트에서 59퍼센트로 올랐고, 1992년이 되면 80개국 이상이 거의 7천 개에 가까운 국영 기업—대부분이 상수도, 전기, 전화 같은 공공 서비스—을 민영화했다.³¹

과거에는 발전국가의 엘리트들이 과도한 공공 지출을 한 경우도 있었

그림 5-3 **일부 국가에 대한 외국의 직접 투자 흐름, 1990년과 2004년**

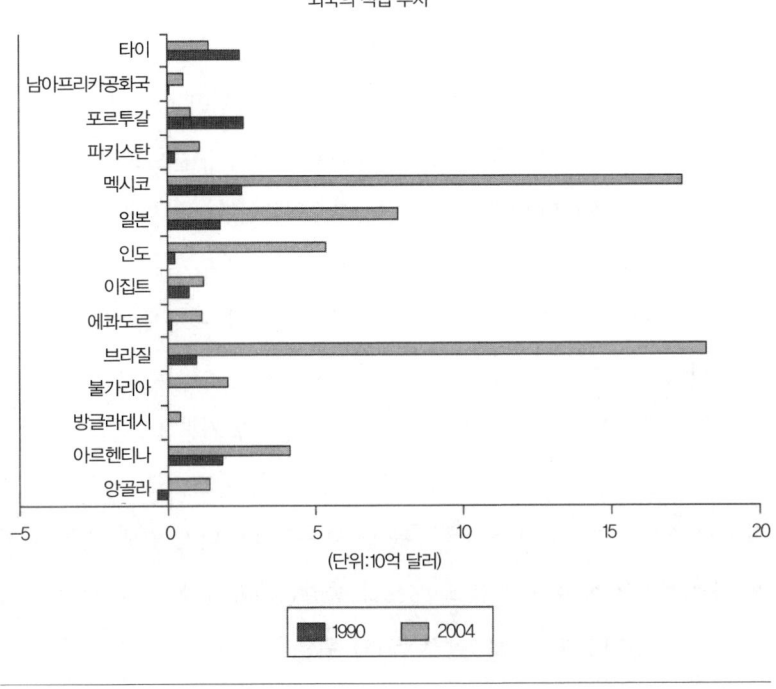

(출처: World Development Indicators, 2006)

다. 하지만 새로운 민영화 정책으로 인해 두 가지 근본적인 변화가 발생했다.

- 민영화는 발전을 위한 계획 수립과 이행 과정에서 공공 부문의 역량을 축소했고, 기업 부문을 우대했다.
- 민영화는 외국이 남반구의 자산을 취득하고 소유할 수 있는 범위를 넓혔다. 이는 남반구 각국이 1970년대에 고수하려고 노력했던 바로 그 핵심 내용을 뒤집은 것이다(그림 5-3 참조).

국제 은행들은 과거에 대규모로 대출을 제공했다 큰 손실을 입었던 것과는 달리, 이제 제3세계에 투자하는 것만으로 연 40퍼센트의 수익을 올리는 실적을 거두고 있었다.[32] 제3세계에 대한 국외 투자는 특히 멕시코, 중국, 말레이시아, 아르헨티나, 타이 등지에서 1989년부터 1992년 사이에 재개되었는데, 그 규모가 290억 달러에서 400억 달러 수준으로 늘어났다.[33] 남반구 경제가 재편되면서 이제 이곳이 고수익을 올릴 수 있는 민간 투자 선호 지역으로 떠올랐다. 임금이 낮은 데다, 각국 정부가 더는 민간 자본 시장에서 외국 자본을 유치하려고 애쓰지 않았으며, 원자재, 제조업, 식품 같은 산업의 수출이 활기를 띠기 시작했기 때문이다.

채무 레짐이 작동하던 기간에 세계은행은 준국가 기관으로 알려진 현지 기구를 설립하여 구조 조정 프로그램을 시행했다. 구조 조정 차관은 국가 경제를 재편하고 국가 내의 권력 관계를 바꾸었다. 다시 말해, 정부가 정책 시행 부서(사회 보장, 농업, 교육)보다 중앙은행과 통상·재정 관련 부서에 더 힘을 실어주었으므로, 발전국가를 위한 정치적 동맹과 목표를 약화한 것이다.[34] 이러한 권력 개편으로 인해 서민, 특히 빈곤 계층에 큰 영향을 주는 경제·사회 부문을 지원하고 규제하는(예를 들어, 수입 대체 산업화) 국가 기관의 자원이 고갈되었다. 이런 자원은 그 대신 전 지구적 기업 활동과 직결된 기관으로 옮겨 갔다. 전 지구적 경제의 판단 기준이 국가의 사회적 판단 기준을 넘어선 것이다(그림 5-4 참조).

세계은행은 발전국가가 지나치게 관료적이고 비효율적이라는 점, 그리고 다른 한편으로 발전국가가 시민들의 요구에 제대로 대응하지 못했다는 점에 근거를 두고 이러한 정책 변화를 시도했다. 세계은행은 사하라 이남 아프리카 대륙에 관한 보고서에서 국가의 '축소'가 사실은 대중의 이니셔티브를 장려하기 위해 국가의 행정을 재조직한다는 뜻이라는 새로운 설

그림 5-4 **외채와 사회 서비스 관련 정부 지출(1995)**

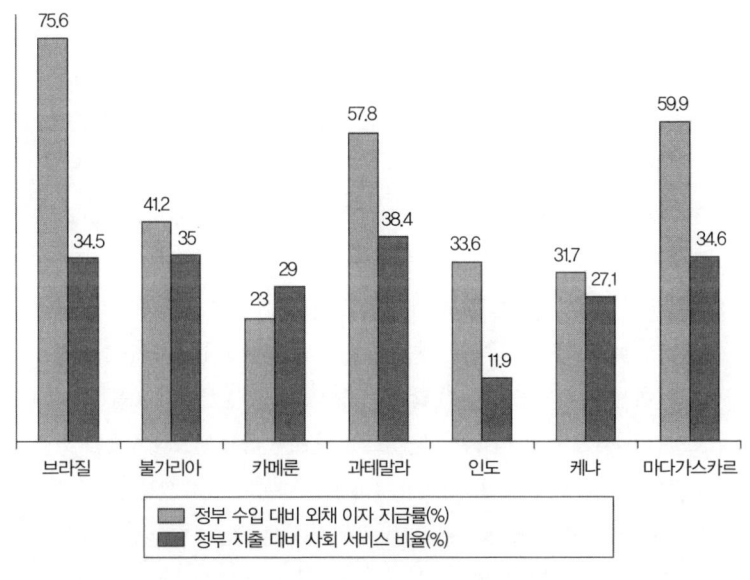

(출처 : World Bank, World Development Report, 1998-1999)
참고 : 사회 서비스에는 보건, 교육, 사회 보장, 복지, 주택, 지역 사회 서비스 등이 포함된다.

명을 내놓았다. 이런 설명에도 일리가 없진 않았다. 부패하고 '공허한' 개발 프로젝트에 국가 자금을 탕진한 권위주의 정부의 사례—제트기를 타고 전 세계를 유람하던 자이르의 모부투 대통령이 보여준 허랑방탕한 생활상, 바티칸의 성 베드로 대성당보다 더 웅장한 대성당을 자기 고향에 건립했던 코트디부아르의 펠릭스 우푸에-부아니(Félix Houphouët-Boigny) 대통령의 허장성세 등—가 그러한 설명을 뒷받침한다. 하지만 세계은행이 제안하고 강요한 해결책은, 정통 금융 정책이라는 이름으로, 이런 나라를 외부에서 통제하는 정책을 새로운 방식으로 대체한 것에 불과했다.[35] 이처럼 1990년대에 재등장한 '신탁 통치'를 제프리 삭스(Jeffrey Sachs)는 다음

사례_탄자니아의 시민 사회와 구조 조정

국가가 긴축 조치를 취함으로써 개발 동맹의 대전제였던 시민권적 사회 계약을 저버렸을 때 도시에 풀뿌리 저항 운동이 등장해 정치 민주화가 진행되는 경우도 있다. 또는 시민이 생존을 위한 전략으로 '비공식 경제'에 의존하는 사례도 나타난다. 1974년부터 1988년 사이 실질 소득이 83퍼센트나 줄었던 탄자니아에서는 시민의 '비공식' 소득 증대 활동이 활발하게 일어났다. 농업 부문에서 곡물을 지하 시장을 통해 판매하거나 임금 노동자들이 제빵, 목공, 재단 같은 과외 활동을 통해 부수입을 얻었다. 어린이들은 학교에 가지 않고 가족의 소득을 벌기 위해 일을 했다. 교사는 과외를 했고 의사는 개인적으로 진료를 하여 별도의 수입을 마련했다. 아일리 마리 트립(Aili Mari Tripp)은 다음과 같이 말한다. "주로 여성, 어린이, 노인들이 노동을 해서 가구 소득의 90퍼센트 이상을 비공식 부문에서 충당했으므로 국가 긴축 조치의 영향이 약간이나마 상쇄될 수 있었다. 국가의 소득 기반 약화에 대한 일종의 대안책이 생겼기 때문에, 자칫 국가를 덮칠 수도 있었을 시민들의 저항이 완화되었던 것이다. …… 국가가 발전 의제의 핵심이자, 사회 전체의 복리를 보장하는 주체라고 국가 스스로 주장해 왔는데도, 결국 시민 입장에서는 거의 아무것도 국가에 요구하지 않게 된 결과가 초래된 것이다."

이런 식의 시민 자구책이 대안적이고 지속 가능한 개발의 미래상을 우리에게 보여주는 사례라고 말할 수도 있을까? 아니면 이것은 여성화된 사회적 재생산이 악화된 형태에 불과한 것일까?

출처 : Rist, 1997 : 130–132; Tripp, 1997 : 3–6, 13.

과 같이 표현한다.

대영 제국이 이집트와 오스만제국의 재무 부서에 영국인을 고위 공직자로 직접 임명했던 시대와 별로 다르지 않게, 국제통화기금이 전 세계 거의 75개국 정부의 핵심 부서에 교묘하게 자리를 잡았다. 이 나라들은 모두 합쳐 14억 명에 가까운 인구가 사는 지역이다. 이 정부들은 국제통화기금 직원과 협의 없이 자체적으로 정책을 시행하는 법이 없다. 만일 그렇게 했다가는 자본 시장과 국외 원조의 생명줄이 위험에 빠지고, 국제적 평판이 추락하는 일을 감수해야 한다.[36]

앞선 탄자니아 사례에서 볼 수 있듯, 국가가 국민을 상대로 정치적 책임을 지지 않을 때, 시민은 '그림자' 경제와 사회 속으로 몸을 숨기곤 한다.

요컨대, 채무 레짐은 경제 관리의 조건 자체를 새롭게 규정했다. 국가의 권력을 교체함으로써, 지구적 관리 기구와 전 지구적 시장이 국가의 정책에 영향력을 발휘할 수 있도록 국가를 열어젖힌 것이다. 세계은행과 국제통화기금의 구조 조정 프로그램은 채무국에 개별 맞춤형 처방을 한 것이 아니라, 일률적인 처방을 강요했다. 제3세계권의 정부와 비지니스 엘리트들은 흔히 이런 움직임에 동조했다. 외국 자본이 유입되면 이득을 볼 수 있는 위치에 있었기 때문에 그런 행동이 가능했는데, 그렇게 해서 얻은 혜택의 일부는 각종 정치적 후견 활동에 사용되었다. 다른 한편, 외채의 부담은 예나 지금이나 빈곤층이 더 많이 져야 하는 형편이다.

워싱턴 컨센서스, 지구화 프로젝트의 탄생

채무 레짐과 함께 1980년대에 미국은 자유 시장에 관한 전 세계적 합의를 만들기 위한 노력을 주도했다. 그래서 시장 자본주의에 저항하는 소련 제국(제2세계)을 붕괴시키는 데 온 힘을 기울였다. 이것이 당시 출현 중이던 지구화 프로젝트의 지정학적 핵심 전략이었다.

공교롭게도, 불만에 차 있던 시민들이 요구하는 생필품을 수입하려고 서방에서 외채를 들여왔던 동유럽 국가들도 국제통화기금의 관리를 받게 되었다. 1986년에 소련의 미하일 고르바초프(Mikhail Gorbachev) 대통령은 브레턴우즈 기구에 가입하는 조건으로 국내에서 페레스트로이카(perestroika, 재편)를 추진하겠다는 계획을 짜고 있었다. 그런데 국제통화기금은 정책적으로 소련의 중앙 계획 경제를 '시장-반응적' 경제 활동으로 대체하고, 식료품, 교통, 난방 연료, 주택과 같은 국가 보조 활동(즉, 사회주의 국가 국민의 경제적 권리)을 줄이라고 요구했다. 사회적 평등은 이제 민간 기업 활동 기회의 평등으로 재규정되었고, 그것을 악용한 구체제 관리들은 국유 재산을 민영화하는 과정에서 엄청난 축재를 할 수 있었다. 소련이 1989년에 붕괴된 후 서구에서 도입한 '충격 요법'을 시행했지만 그 방법은 러시아인들의 급격한 생활 수준 하락과 조직 범죄의 폭발적 증가를 낳았을 뿐이다. 그러나 세계는 이제 냉전 시기의 양극화 시대를 지나 단극화 시대에 접어들었고, 지구화 프로젝트를 본격적으로 추진할 수 있게 되었다.[37]

지구화 프로젝트의 핵심 원칙은 자유로운 세계 시장을 실현한다는 것이었다. 개발 프로젝트와 관련 있었던 경제 민족주의는 이제 발전을 저해한다고 여겨졌다. 왜냐하면 전 지구적 자원을 효율적으로 (즉, 민간이) 배분해야 하는데 경제 민족주의가 상품, 화폐, 기업의 초국적 이동을 가로막는다고 보았기 때문이다. 1971년 창설된 친기업적인 세계경제포럼(WEF, World Economic Forum)은 그 당시에 벌써 다음과 같이 선언했다. "민족주의는 경제적으로 옹호하기 어렵다."³⁸ 그리고 경제 민족주의의 자리에 초국적 기업이 조직한 세계 시장이, 국가가 조직한 내수 시장 대신에 들어섰다.

지구화 프로젝트를 관리했던 세계무역기구(WTO, World Trade Organization) 같은 조직들이 초국적 기업을 대변했다. 세계무역기구의 초대 사무총장이던 레나토 루지에로(Renato Ruggiero)는 이 점을 다음과 같이 표현했다.

> 이것은 신세계다. …… 냉전은 이제 끝났다. 더 자유로운 시장과 개방 무역 덕분에 개발 도상국권이 국제 경제에서 주요한 역할을 하게 된 것은 더욱 의미 심장한 변화이다. 역사적 중요성으로 따져 산업혁명에 비견할 만한 일이다. 이 모든 변화가 지구화—기술, 정보, 사상, 그리고 경제학을 통해 서로 다른 발전 수준의 국가들을 한데 묶는 과정—라는 배경에서 일어나고 있다.

이런 비전에 따르면 개발의 미래는 세계 시장—신고전주의 경제 담론 규칙으로 서로 이어진—의 확대에 달려 있다. 루지에로는 다음과 같이 지적한다.

> 만일 우리가 진정 일관성 있는 전 지구적 정책 형성과 종합적인 국제 의제를 원한다면, 최상층에서 조정이 이루어져야 하고, 선출된 지도자가 그 역할을 해주어야 한다. …… 21세기의 도전을 해결하는 일은 우리가 단지 일관성 있는 전 지구적 관리 구조를 만들 수 있느냐 하는 것뿐만 아니라, 지구화를 위한 정치적 지지 기반을 구축할 수 있느냐에 달려 있다. …… 세계무역기구가 없다면 우리는 국경선과 보호주의와 경제 민족주의와 갈등으로 가득 찬 구세계로 되돌아가게 될 것이다.³⁹

루지에로는 다음과 같이 지구화 프로젝트의 비전을 제시한다. 그것은 국민국가 시스템 전반에 걸쳐 정책과 기준을 재편함으로써 '시장 규칙(market rule)'을 실행한다는 비전이다. 지구화 프로젝트가 어느날 갑자기 시작된 것은 아니지만, 그것이 개발에 관한 새로운 사고 방식을 상징하는 것만은 분명하다. 어쨌든 자본주의의 전 지구적 관리가 1980년대에 출현한 것은 확실하다. 이때 브레턴우즈 기구들은 채무 레짐을 통해 **전 지구적으로 경제를 관리**하겠다는 입장을 명확히 표명했다. 정치 엘리트와 경제 엘리트들 간에 일종의 합의가 이루어졌다. 즉, 개발을 민간 활동―'원조가 아닌 무역(trade not aid)'―으로 재규정한다는 합의였다. 이러한 입장은 다자 간 기구가 채무 관리를 재정적으로 강제하는 정책에 힘을 얻었으며, 결국 **워싱턴 컨센서스***라는 명칭을 얻게 되었다. 이렇게 해서 지구화 프로젝트가 마침내 탄생하였다. 하지만 지구화 프로젝트가 탄생했다고 해서 개발 프로젝트가 완전히 사라진 것은 아니었다. 개발의 의미가 변했을 뿐이다. 전 세계 엘리트들은 이제 개발을 시장―자원의 배분자로서―의 확대라는 식으로 새롭게 규정했다. 지구화 프로젝트에는 국가 그리고 국가의 공적 책임의 부담과 미래를 (재)규정할 정치적 선택이 포함되어 있었다. 그런데 세계 시장에서 경쟁하기 위해 공공 지출 삭감 정책―고용, 보건, 교육에서 보호 장치와 기준을 줄이는―이 필요하다면, 지구화는 시장에서 자연적으로 생겨난 현상이 아니라 정치적으로 의도된 결정에 불과하다. 또한 지구화 프로젝트는 각국 정부를 관할하고 재구성하는 '거버넌스(governance)'에 초점을 두고 있었다.

워싱턴 컨센서스(Washington Consensus) 다자 간 기구, 미국 대표, G-7이 모두 동의하는 일련의 신자유주의적 경제 정책이며, 기업의 지구화를 가능하게 한 합의.

전 지구적 거버넌스

 개발 프로젝트에서 지구화 프로젝트로 무게 중심이 옮겨지면서 각국 정부는 전 지구적 기구들이 더욱 강력한 통치 역할을 맡게 된 세계 질서에 직면하게 되었다. 전 지구적 기구들의 역할이 절대적인 것은 전혀 아니었고, 국가들이 스스로 준수해야만—합의 혹은 강제의 형식으로—작동할 수 있었다. 하지만 이런 특징 때문에 2011년에 '**아랍의 봄**'* 사태라는 역풍을 맞기도 했다.

 각국의 동의를 얻어내는 가장 효과적인 방법은 결국 시장 규칙을 제도화하는 것이었다. 이렇게 되면 개별 정부의 기능은 전 지구적 거버넌스 기능으로 재구성되고, 다자 간 준칙을 통해 시행되는 셈이다. 실제로 1996년 12월 세계무역기구의 1차 각료 회의에서 루지에로 사무총장은 전 지구적 투자 조약을 마련하는 일이 "전 지구적 단일 경제를 위한 헌법 제정"과 같다고 언급했다. 채무 레짐은 이러한 권력 게임의 서곡이었고, 명백한 정치적 기원이었다. 이 점을 1990년 당시 새롭게 결성된 남반구위원회(South Commission)—전 지구적 남반구 국가들이 연합해 결성한 위원회—가 지적한 바 있다.

> 북반구가 남반구의 곤경을 이용해 남반구의 개발 경로를 지배하고 영향력을 발휘하려 했다는 점이 명명백백하다. …… 엄청난 수지 불균형 문제를 안고 있는 북반구 정부들 역시 정책을 조정할 필요가 있지만 그것을 강제하는 압력은

아랍의 봄(Arab spring) 아랍 지역의 만연한 청년 실업, 정치적 탄압, 긴축 정책, 기초 식량 부족 등에서 촉발된 사태로서, 권위주의적이고 군사주의적인 정권에 대항하여 시민들이 인권과 시민권을 요구하면서 일으킨 민중 혁명.

존재하지 않는 실정이다. 북반구는 남반구의 어려움을 가중시키는 정책만 마음대로 시행하고 있다. **북반구의 최강대국들은 전 세계 경제에서 사실상 이사회 역할을 하고 있으며,** 자기들의 이익을 최대한 보호하면서 남반구에 자기들의 의지를 강제로 부과하려 한다. 이렇게 될 때 남반구 정부들은 자국 국민의 분노 혹은 심지어 폭력에 직면하게 될 것이다. 남반구 국민의 생활 수준은 현재 세계 경제의 운용 패턴을 보존하기 위해 강제로 억제되고 있다.[40]

달리 표현해, 세계은행과 국제통화기금이 협력하여 특정 국가를 구조조정하는 것은 단순한 경제적 개입이 아니라 일종의 **통치 방식**이며, 탈규제된 전 세계 통화 시장의 불안정성을 해결하기 위한 시도라 할 수 있다. 세계무역기구의 지원을 받아 전 세계 금융 활동을 계속 관리하는 일은, 각국 경제를 안정시키고, 그 과정 속에서 각국 경제를 개방하고 '탈국가화'시키는 데 현실적으로 필요한 사안이 되었다.

채무, 화폐, 투자, 연기금 같은 전 지구적 정책이 각국 경제 속에 워낙 깊이 뿌리를 내린 탓에(그 반대도 가능), 불안정을 발생시키는 금융 현실—1990년대 말 아시아에서, 그리고 2000년대 말 유럽에서 도미노처럼 발생했던 금융 위기에서 잘 드러난 것처럼—을 안정시키는 일이 각국 정책의 초미의 과제가 되었다. 전 지구적 거버넌스 준칙을 각국 정부는 다양한 방식으로 받아들였는데, 시장 개방을 선호하는 이 준칙은 **전 지구적 관리자들**(global managers)—국제통화기금과 세계은행 같은 국제 금융 기구의 관료들, G-7의 정치 엘리트들, 초국적 기업의 임원들, 전 지구적 은행가들—의 요구 사항 또는 그들이 선호하는 조건을 반영한 것이었다. 채무국들은 신용 등급을 회복하려면 전 지구적 금융 공동체의 기준에 맞춰 정치·경제상의 우선 순위를 재조정해야 한다. 예를 들어, 국내 식량 안보

사례_멕시코의 주권 침해—위로부터의 침해와 아래로부터의 침해

북미자유무역협정 참여를 통해 멕시코가 경제무역협력기구에 가입하자, 1994년 치아파스 주에서 사파티스타(Zapatista) 반군이 봉기를 일으켰다. 차아파스 주는 외국 기업들이 엄청나게 많은 자원을 추출하던 지역이었다. 사파티스타 반군의 대변인 마르코스(Subcommandante Marcos)는 살리나 대통령의 경제 정책에 항의하면서 그 정책은 '원주민에 대한 사형 선고'라고 주장했다. 사파티스타는 다음과 같이 말한다. "우리가 정부에 대항해 봉기했을 때 정부는 존재하지도 않았다. 알고 보니 우리는 멕시코 정부가 아니라, 대금융 자본과 투기와 투자─멕시코, 유럽, 아시아, 아프리카, 오세아니아를 비롯하여 모든 곳에서 주요 결정을 내리고 있던─에 반대하여 봉기한 것이었다." 사파티스타의 봉기는 멕시코의 주권에 의문을 제기했으므로 역내 금융 시장에 파문을 일으켰다. 사파티스타는 북미자유무역협정이 지구화 프로젝트의 속임수라고 암시했다.

"1994년 말, 살리나가 멕시코 국가와 국제 경제를 속여 왔던 경제 코미디가 마침내 폭로되었다. 돈으로 흥청대던 국가는 전 세계의 거만한 권력자들을 저녁 식사에 초대했으며, 그 와중에 자기 조국의 땅과 하늘을 배신하면서 멕시코인들이 흘린 피로 배를 불렸다. 경제 위기로 말미암아 멕시코인들은 제1세계에 진입했다는 달콤한 백일몽에서 비로소 깨어날 수 있었다."

1994년 12월에는 멕시코 페소화의 가치가 30퍼센트나 떨어졌다. 이러한 화폐 가치 하락은 라틴아메리카 전체 금융 시장에 부정적인 '테킬라 효과(tequila effect)'를 불러일으켰다. 국제 금융가들은 페소화를 진정시키기 위해 서둘러 180억 달러 규모의 금융 패키지를 주선했다. 그중 미국이 90억 달러, 유럽 중앙은행이 50억 달러, 캐나다가 10억 달러, 그리고 시티은행(Citibank)을 비롯한 여러 국제 은행이 30억 달러어치의 신용 공여를 제공했다. 마지막으로 국제통화기금도 이 과정에 참여하여 대출을 제공하는 것과 함께 멕시코 경제에 대한 투자자들의 신뢰 회복을 승인해주는 역할을 맡았다. 클린턴 미 대통령은 1995년에 다음과 같이 언급했다. "멕시코는 라틴아메리카 전체, 그리고 전 세계 개발 도상국 가운데 일종의 선도 국가에 해당된다." 즉 멕시코 사태로 인해 북미자유무역협정에 대한 신뢰가 붕괴할 위험에 처했음을 인정한 것이다.

멕시코에 시행한 금융 구제 조처가 전 지구적 경제를 안정시키고, 지구화 프로젝트의 정당성을 보존하려는 것이었다면, 왜 지금까지 치아파스 지역을 멕시코 연방군이 점령하고 있는가 하는 의문이 제기된다. 인권보다 국외 투자를 중시하는 지구화 프로젝트의 정체는 도대체 무엇인가?

출처 : Bradsher, 1995 : D6; Starr, 2000

를 위협할 가능성이 있는 농산물 수출 정책이라 하더라도 '건전한' 금융 정책 조건에는 부합할 수도 있다는 말이다. 그렇게 했을 때 일시적인 외화 획득에는 도움이 될지 몰라도, 그런 농업 정책은 자국 농업을 외국 소비자를 위한 공급 농업으로 전환시킨다. 이런 식으로 전 지구적 거버넌스는 국가들 사이의 전 지구적 시장 관계를 심화하며, 각국의 주권과 시민에 대한 정부의 책무성을 약화한다.

이런 조건에서, 이제 각국 정부를 제치고 주된 개발(금융) 기구가 된 세계은행은 핵심적인 통치 역할을 수행하게 되었다. 세계은행은 1989년에 〈세계 개발 보고서〉를 출간한 이래 '대출 과정을 통해 법적·제도적 변화를 지시'할 수 있게 되었다. 이 보고서에서 세계은행은 채무국의 거버넌스 평가가 자신의 관할권에 속하는 업무라고 주장했다.[41] 각국 시민이 세계은행이나 국제통화기금을 선출한 것도 아니고, 더구나 세계무역기구 준칙—넓게 보아 '자유화(liberalization)'라고 불리는—에 공식적으로 동의하지도 않았는데 말이다.

시장 자유화 전략과 개발의 재구성

자유화는 국가 발전이라는 사회적 목표를 끌어내리고, 세계 시장 참여를 밀어올린 기획이었다. 세계 시장에 참여하기 위해 관세 인하, 수출 장려, 탈금융 규제, 외국 투자 규제 완화와 같은 수단을 총동원했다. 이런 조치들이 합해져 개발을 일종의 전 지구적 기획으로 재구성해낸 것이다. 초국적 기업, 은행, 정보 과학, 다자 간 기구 등이 만든 세계 시장에서 자유화된 국가들이 전 지구적 기획으로서 개발을 실행에 옮겼다. 자유화는 기업의 발전에 도움이 되는 모델인데, 자유화의 지지자들은 자유화가 자본 이전, 경쟁, 교역 확대—경제 성장과 일반 복리를 증대할 방안으로서—등 국가 발전에 도움이 된다고 주장한다. 그러나 다음에 나오는 칠레의 사례 연구에서 나타나듯 자유화는 위와 같은 방식만이 아니라 새로운 사회적 불평등의 형태로 나타나기도 한다.

시장 개방 자유화 전략의 이론적 정당화는 19세기 영국의 정치경제학자 데이비드 리카도(David Ricardo)의 **비교 우위설***에서 비롯했다. 비교 우위설은 경제 전문화—그 나라 자원의 상대적인 장점을 반영하는—를 통해 무역의 우위를 최적화하면 모든 나라에서 경제 성장이 일어난다는 이론이다. 비교 우위설은 각국이 세계 시장에서 각각 제일 경쟁력 있는 생산품을 서로 교환하면 국내는 물론이고 국제 차원에서 경제 효율성이 이루어진다

비교 우위설(comparative advantage) 각국이 인적 자원과 천연자원의 측면에서 타국에 비해 상대적으로 우수한 것을 생산하고 교역하는 방향으로 특화해야 한다는 이론.

사례_ 칠레 — 경제 자유화의 원조 모델

칠레는 어쩌면 경제 자유화의 창설 모델 국가라 할 수 있을 것이다. 민주적으로 선출된 사회주의 노선의 살바도르 아옌데(Salvador Allende) 대통령은 1973년에 쿠데타로 축출되었고, 그후 8년에 걸쳐 칠레 국민 수천 명을 불법 구금하고 고문과 처형을 자행하는 극악한 권위주의 통치가 이어졌다. 아우구스토 피노체트 장군은 '충격 요법(shock treatment)'이라고도 알려진 급진적 자유 시장 개혁을 추진했다. 이 개혁은 신고전주의 경제학의 중심지였던 시카고 대학 출신의 유학파 경제학자들에 의해 시행되었다. 그 후 20년 동안 칠레의 국영 기업 600개가 매각되었고, 철강, 통신, 항공사 같은 전략적 부문에까지 외국의 투자가 확대되었다. 보호 무역 조치는 줄었고, 국내총생산(GDP)의 무역 의존도가 1970년에 35퍼센트에서 1990년에는 57.4퍼센트로 늘었다. 달리 말해, **칠레는 구조 조정 프로그램이 전 세계적으로 유행하기 전에 구조 조정이 되었던** 것이다. 아옌데 정부의 광업부 장관이던 세르히오 비타르(Sergio Bitar)는 다음과 같이 말한다. "민영화는 칠레 역사상 최대 규모의 공공 자금 전용 사건이었다. 민영화는 국민 여론을 들어보지도 않고, 의회에 대한 책무성도 감안하지 않은 채 자의적으로 추진한 정책이었다."

칠레의 의회 제도와 민간 기관을 대상으로 한 이런 식의 철저한 공세가 이루어지기 전만 하더라도 이 나라는 라틴아메리카 전체에서 가장 민주적인 나라에 속했다. 1980년대에 채무 조건을 변경하면서 사회 양극화가 심해졌다. 사회적 지출이 계속 줄었고, 임금은 동결되었으며, 페소화는 큰 폭으로 평가 절하되었다. 탈산업화가 진행되기 시작했고, 실업률이 20퍼센트에서 30퍼센트 수준으로 올랐으며, 실질 임금이 20퍼센트나 감소했다. 다른 한편 수출 붐이 일어나면서 외채 상환이 이루어져 칠레의 실험은 기적이라는 별명을 얻게 되었다. 미국의 조지 H. W. 부시(George H. W. Bush) 대통령은 1990년 칠레를 방문해 다음과 같이 선언했다. "칠레는 역내 모든 나라와 전 세계 앞에서 경제적 모범 국가가 되었다. 시장에 기반을 둔 해법을 추진한 여러분의 의지가 아메리카 대륙 전체에 영감을 주었다."

칠레는 한때 견실한 중산층으로 유명했던 나라지만 1990년에 1300만 국민 중 약 40퍼센트가 빈곤에 허덕이고 있었다. 전 지구적 효율성을 추구한 정책 노선은 국내의 사회 보장 기반을 약화했고 국내 생산을 억눌렀다. 그 결과 1970년대 중반부터 도심의 슬럼가(poblaciones)에서 풀뿌리 사회 운동이 나타났으며, 이 운동은 1989년에 피노체트를 누르고 선거에서 승리하기에 이른다.

신자유주의 정책의 원조 실험 국가로서 칠레의 사례는 지구화 프로젝트의 형성에 관하여 어떤 점을 시사해주는가?

출처 : Bello, 1994 : 42, 44-45, 59; Collins and Lear, 1996 : 157, 162; George, 1988 : 131-132; Schneider quoted in Chomsky, 1994 : 184; Schneider, 1995 : 3, 194, 201

고 가르쳤다.[42] 이 이론은 내수 시장에 집중된 일련의 각국 경제권을 건설한다는 개발 프로젝트의 이상과 맞지 않지만, 개발의 단위를 전 지구적 경제에 두고 개발에 초점을 맞추는 지구화 프로젝트와는 잘 부합한다. 그러나 이 이론은 자본 이동성(capital mobility)─오늘날 기업이 주도하는 비교 우위를 구축하는 데 중심적인 역할을 하는─을 고려하지 않았다는 약점이 있다.

그런데 이 점에서조차 흔히 수출 신용 기관(ECAs, export credit agencies)이 '자본 이동성'을 차입 자본의 투기 대상으로 삼곤 한다. 수출 신용 기관이 남반구 국가에 공여해주는 유상 차관은 북반구 기업의 국외 투자를 돕고 보증을 서주는 역할을 한다. 영국의 수출 신용 기관들은 다음을 목적으로 삼는다. "영국계 상품과 서비스 수출 업자의 비즈니스 활동을 지원하고, 영국계 회사에 보증, 보험, 손실 재보험을 제공함으로써 그들의 국외 투자를 돕는다."[43] 미국의 수출 신용 기관은 아메리칸 텔레폰 앤드 텔레그래프(AT&T, American Telephone and Telegraph Co.), 빅텔(Bechtel), 보잉(Boeing), 제너럴 일렉트릭, 맥도넬 더글러스(McDonnell Douglas) 같은 회사를 선호한다. 1990년대에 수출 신용 기관이 제공한 개발 융자는 전 세계 개발 원조 총액의 평균 2배 수준이었다.

1970년대까지만 해도, '비교 우위설'은 경제 사상에서 소수 이론에 불과했고, 20세기 중엽의 사회사와 부합하지 않는 이론으로 여겨졌다. 하지만 복지국가의 임금과 사회 보장 프로그램 비용이 기업의 수익을 잠식하자, 기업 측의 대항 운동이 일어나 신고전주의 시장 이론을 되살렸고, 그 와중에 케인스의 국가 개입과 공공 투자 사상이 뒷전으로 밀려나게 된 것이다. 신고전주의 경제 이론의 정치적 형태를 신자유주의라 하는데, 이는 복지 개혁, 복지 후퇴, 임금 삭감, 무역 규제 완화, 민영화 계획 같은 일반적 형태로 나타났다. 바로 이런 움직임이 지구화 프로젝트의 기반을 이루었다.

비교 우위 정책은 자유화로 인해 사회적 권리에 가해지는 압력과 자유화의 수출 레짐 사이의 관계를 정당화한다. 이 점은 어디에나 존재하는 공급 사슬(식료품, 제조업, 서비스업)의 맨 밑바닥에 위치한 전 지구적 노동력이 확대된 상황에서 잘 드러나며, 천연자원 추출이 심화되는 상황에서도 잘 드러난다. 천연자원 추출 산업이 생물 서식지를 위협하게 되면, 쫓겨난 농민, 어민, 산촌 주민은 늘어난 전 지구적 노동력에 편입되기도 하고 그 중 일부는 수출 생산 관련 일자리를 찾기도 한다. 이러한 비교 우위 정책은 세계 시장에서 자기만의 틈새 시장을 찾는 나라들에 새로운 개발 전략이라는 식으로 제시되기도 한다. 또한 이런 정책은 **선별적 개발**의 수단, 즉 빈곤국의 현지 기업이나 외부의 초국적 기업이 원거리 소비자에게 제공할 생산품을 수출하기 위해 빈국의 저렴한 토지와 노동을 동원하는 수단으로 해석되기도 한다. "과거 빈곤국의 빈곤 계층이 호구지책으로 농사를 짓던 수백만 에이커의 토지가 오늘날에는 중상 계급 소비자를 위한 키위, 아스파라거스, 딸기, 어린 당근 재배용으로 사용되고 있다. 중상 계급 소비자는 옛날 같으면 왕족이나 겨우 맛보았을 별미를 일년 365일 마음대로 접할 수 있다."[44] 이런 현상은 다음과 같은 결과를 낳았다. 즉, '고도의 대량 소비'가 모든 국가가 아니라 부분적으로만 실현되었고, 소비자 계급이 확대되었으며, "에너지와 자동차와 건축 자재와 가사 도구와 그밖의 자원 집약적 상품을 향한 그칠 줄 모르는 탐욕"이 생겨난 것이다.[45]

이런 상황에서 천연자원의 상업적 추출이 전 세계적으로 심화되어 환경과 자원 재생산을 위협하고 있다. 외채와 수출 자유화, 그리고 높은 산림 훼손 비율 사이에 긴밀한 상관관계가 있음은 잘 알려진 사실이다(그림 5-5 참조).[46] 칠레에서는 목재 수출이 1980년대 들어 두 배나 늘어나, 산업용 인공림의 벌목을 넘어 천연림에도 손을 대기에 이르렀다. 칠레에 불어닥친 수출 붐이 천연자원을 재생산할 수 있는 한계를 넘어서 영구적으로 훼손하기 시작한 것이다.[47] 세계은행이 아프리카의 구조 조정 **모범국**이라고 칭찬했던 가나는, 코코아의 수출뿐만 아니라, 전 세계 시장에서 계속 하락하던 코코아 가격 간의 차이를 메우기 위해 광물, 어족, 목재 수출도 급격히 늘려야만 했다. 1983년에서 1988년 사이에 목재 수출량이 1600만 달러에서 9900만 달러로 증가했는데, 그 결과 가나의 열대 우림은 원래 넓이에서 25퍼센트나 줄었다.[48] 디벨로프먼트 GAP(Development Group for Alternative Policies)라는 NGO는 다음과 같이 보고했다.

산림 훼손은, 오늘날 그리고 미래에, 가구의 생계와 국가의 식량 안보를 위협

그림 5-5 외채와 산림 훼손

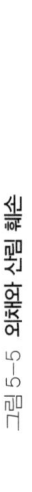

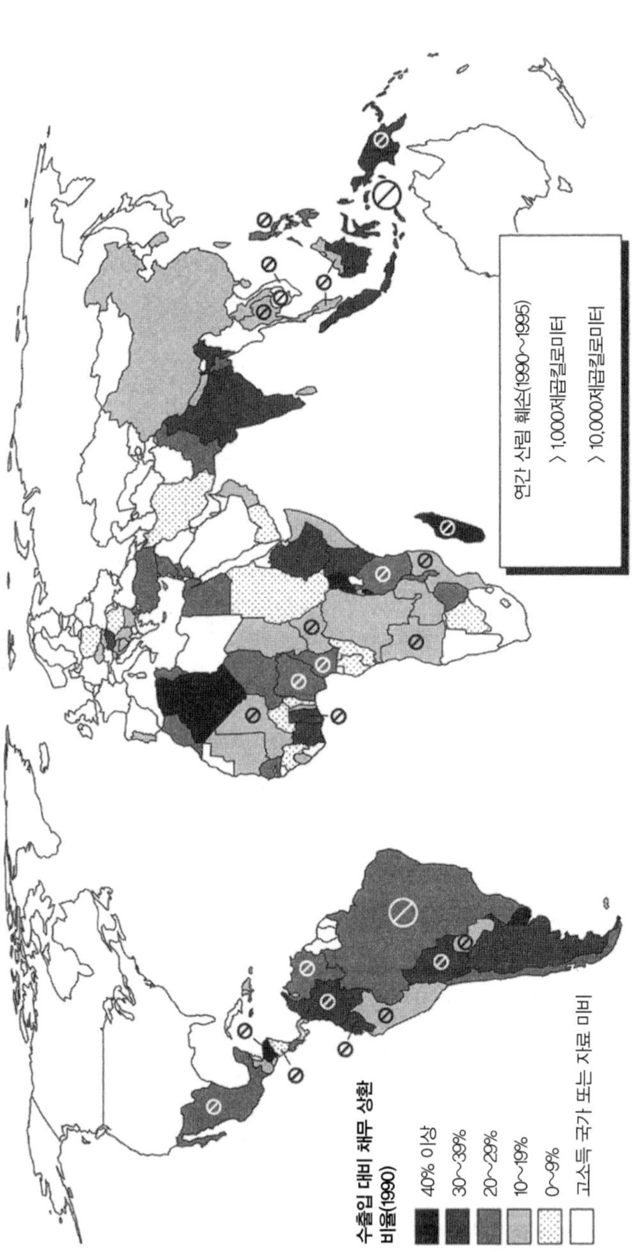

(출처: Thomas and Crow, 1994; World Bank, World Development Report(1998~1999)).

한다. 가나 국민의 75퍼센트가 식량을 보충하기 위해 야생 사냥감에 의존한다. 그런데 산림을 베어버리면 사냥감을 찾지 못해 사람들이 영양 실조와 질병에 시달리는 비율이 급격히 증가한다. 숲에서 채취하는 식품과 땔감, 약초 등은 여성에게 극히 중요한 자원이다. 식량 생산이 줄어들고, 임금이 낮아지며, 식량 안보를 위협하는 여러 충격이 발생하는 시기에는 이런 점을 특히 고려해야 한다.[49]

전 세계 70여 국가에서 구조 조정이 이루어진 후 원자재 수출 시장이 전 세계적으로 얼마나 팽창했는지 세계 시장에서 원자재 가격이 1930년대 이래 최저치를 기록했다. 옥스팜은 이를 '수출 주도형 붕괴(export-led collapse)'라 부른다.[50] 오늘날 전 세계 2천만 가구에서 커피를 재배하지만, 과잉 생산 탓에 원두 가격이 지난 30년 이래 최저 수준으로 떨어졌다. 커피 한 잔이 약 2.7달러라고 했을 때 재배 농민은 평균 2.3센트를 받고, 프록터 앤드 갬블(Proctor & Gamble), 필립 모리스(Philip Morris), 네슬레(Nestlé) 같은 초국적 기업은 약 1.33달러를 벌어들인다.[51]

신고전 경제학파의 이론과는 달리, 남반구 국가는 수출에 의존할수록 흔히 **비교 열위**(comparative disadvantage)에 놓이기 쉽다. 자유화는 개발의 조직 원리였던 자립 경제를 세계 시장에 대한 의존으로 대체한다. 그 과정에서 국가 발전의 전통적 규범—공공 투자, 현지 생산자의 보호, 노동 세력, 지역 공동체, 환경, 공유물, 사회적 권리 등—을 부정해야만 채무 국가에 외부의 신용이 제공된다. 이러한 전통적 규범은 시장에 장애가 되는 요인으로 여겨진다. 바로 이 때문에 지구화 프로젝트가 시장 자유화—'효율성'으로 가는 첩경으로서—에서 출발하는 것이다. 지구화 프로젝트는 전 지구적 질서라는 명확한 비전을 품고 있다. 이것은 개발 프로젝트 시대의 일국적 비전과는 상당히 다른 관점이다.

- 개발 프로젝트 시대에는 "서구로부터 배우되, 서구를 따라잡자."라는 구호가 유행했다. 이제 비교 우위의 시대를 맞아 "전 지구적 시장에서 틈새를 발견하자."라는 구호가 유행이 되었다.

- 개발 프로젝트 시대에는 국가 발전을 위해 외부를 모방(replication)하는 것을 높게 평가했지만, 지구화 프로젝트는 경제 성장의 왕도로서 전문적 분화(specialization)를 강조한다.

하지만 단일 경작 농업을 실시하거나 전 지구적 생산 라인에서 전문적 분화가 이루어진다 해도, 전문화 메커니즘의 현실은 모든 분야에서—임금 삭감, 생태 균질화, 민영화, 사회적 권리의 축소—반복되고 있으며, 시장에서 경쟁은 더욱 심화되는 실정이다. 이렇게 되면 시민권적 사회 계약이나 환경 보호와 같은 가치를 장기적으로 희생하면서, 단기적 경쟁과 효율성만 추구하게 된다. 이론적으로는 이 같은 상황이 생산성 향상을 불러온다고 하지만, 생산성 향상에는 상당한 정도의—그리고 되돌릴 수 없는—경제·사회적 주변화, 극빈, 환경 침해, 인구 이동 같은 희생이 따르기 마련이다.

우루과이 라운드와 자유 무역 레짐

채무 레짐은 브레턴우즈 기구를 남반구를 대상으로 한 거버넌스 수행 조직으로 승격시켰다. 1986년부터 1994년 사이에 전 세계는 GATT의 새로운 다자 간 협상인 우루과이 라운드(Uruguay Round)의 표적이 되었다. 우루과이 라운드의 목적은 자유 무역, 투자 자유, 지적 재산권 보호와 관련한 일련의 강제력 있는 새로운 규정을 설정하는 것이었다. 이렇게 제정된 규정들이 뒤이어 세계무역기구의 틀을 마련했다.

사례_신자유주의가 발전국가를 대체하다

브라질 상파울루 대학의 사회학자 에미르 사데르(Emir Sader)는 발전국가 모델에서 신자유주의로 전환한 것을 다음과 같이 규정한다. "시장이 국가를 대체하고, 소비자가 노동자와 시민을 대체하고, 경쟁이 권리를 대체하고, 신용 카드가 노동자 증명서와 선거인 명부를 대체하고, 쇼핑 센터가 대중 광장을 대체하고, 텔레비전이 인간적 유대를 대체하고, 사기업체의 후생 복지가 사회 정책을 대체하고, 전 지구적인 것이 일국적인 것을 대체하고, 사회적 배제가 사회적 통합을 대체하고, 차별이 평등을 대체하고, 불평등이 정의를 대체하고, 이기심이 연대를 대체하고, 소비자주의가 휴머니즘을 대체하고, NGO와 자발 조직이 정당과 사회 운동을 대체한 것."

출처 : Sader, 2009 : 171.

미국은 국제무역기구(International Trade Organization)—세계인권선언에 나오는 완전 고용, 노동 조건, 사회 보장 조항을 정관에 명시하고 있었던—의 대안으로 1948년 GATT를 추진해 성립시켰다.[52] GATT가 출범하면서 무역의 확대는 **시민권적 사회 계약과 분리된 채** 진행되었다. 1948년부터 1980년까지 GATT는 공산품 교역에 관한 관세율을 75퍼센트 이상 줄였다.[53] 하지만 농업 부문은 GATT에서 제외되었다. 경기 침체와 미국의 산업 주도권이 약해졌던 1980년대 들어 미국은 농업과 서비스(예를 들어, 은행업, 보험, 통신)를 자유화할 목적으로 우루과이 라운드를 개시했다. 이 분야에서 미국이 경쟁 우위를 점하고 있었기 때문이다. 북반구의 압력, 그리고 남반구의 상품—농산물을 포함한—을 북반구 시장에서 개방해주겠다는 약속에 힘입어 남반구의 지지를 끌어낼 수 있었다.[54]

'자유 무역' 농산물 수출국(케언스그룹The Cairns Group), 그리고 IBM(International Business Machines), 아메리칸 익스프레스 같은 초국적 기업, 카길, 랠스턴퓨리나, 제너럴 밀스(General Mills), 콘티넨털 그레인, R. J. 레이놀즈 내비스코(R. J. Reynolds Nabisco), 콘아그라와 같은 농기업이 적극적으로 로비를 벌여 개방화 움직임이 본격적으로 일기 시작했다. 이들은 관세 장벽, 국내 가격 보조 정책, 화학 비료와 화공 약품 같은 농가 투입물의 수요를 낮추기 위한 공급 관리 정책 등을 억제하는 데 목적을 두었다. 식품 기업은 전 세계에서 농산물을 생산하고 그것을 전 세계로 판매한다. 그렇게 하면 계절의 차이와 영양의 차이를 서로 상쇄하는 이점을 취할 수 있기 때문이다. 반면에 각국의 가족농은 지리적으로 고정되어 있는데다, 경제적으로 생존하기 위해 자국의 농업 정책—농업 투입물의 정부 지원, 농산물 가격의 정부 보조, 농가 신용 대여, 농업 재해 보험, 농산물 수입 제한 조치 등—에 의존할 수밖에 없다.

미국과 유럽이 경쟁적으로 잉여 농산물을 헐값에 수출하면서 전 세계의 농산물 가격이 1975년부터 1989년 사이에 39퍼센트나 폭락했으므로,[55] GATT는 "전 세계 농산물 교역에 안정적인 질서와 예측 가능성을 시급히 확보할 필요"가 있다고 제안했다.[56] 특히 남반구의 농업 부문은 제1세계의 농산물 헐값 수출로 큰 타격을 받았다. 특히 사하라 이남 아프리카 지역은 수입 농산물 의존도가 높아졌다. 애초 농업 자유화의 목표가 전 세계 농산물 시장을 안정시키는 데 있었지만, 오히려 남반구에서는 농업 부문이 불안정해진 것이다. 그 이유는 농산물 시장을 지배하는 거대 농기업들이 가족농을 희생시키면서 농산물 가격을 제멋대로 책정했기 때문이다. 그러한 연장선상에서 미국은 식량 안보를 규정한 GATT 제11조를 공격하면서 비교 우위 정책을 강조했다.

미국은 언제나 식량 자급과 식량 안보가 동일한 개념이 아니라는 입장을 유지해 왔다. 미국에 따르면 식량 안보―필요한 식량을 필요한 시점에 얻을 수 있는 능력―는 세계 시장이 원활하게 작동할 때에 가장 잘 확보할 수 있다고 한다.[57]

요컨대, 자유 무역 레짐이 만들어지면서 '식량 안보'를 시장의 개념으로 재정의―기업형 농업을 중시하고 보호하는 한편, 소농은 비교 열위에 두는―하게 된 것이다. 이제 식량 안보는 사회적 기준이 아니라 기업의 기준에 따라 시장에서 '관리'하는 어떤 것이 되어버렸다.

초국적 권력, 세계무역기구

GATT 우루과이 라운드의 유일한 성과는 1995년 1월 1일에 세계무역기구를 창설한 것이다. 투표권이 있는 150여 개 회원국으로 이루어진 세계무역기구는 GATT의 규정을 강행할 수 있는 엄청난 권한을 지니고 있다. 아래에서 보겠지만, 세계무역기구가 역사상 유례없이 막강한 조직인 이유는, 이 기구가 교역에 관해 규정상의 일관성을 유지하기 때문이라기보다 자유화를 통해 산하 회원국들을 직접 관할하기 때문이다. 세계무역기구 규정이 관할하는 정책 범위를 헤아릴 때 **자유 무역**이라는 용어를 사용하는 것 자체가 잘못된 관행이다. 세계무역기구는 그 권한을 총동원해 각국의 민주적 정치 과정에 도전하며, 스위스의 제네바에 있는 불투명한 심판위원회에서 비밀리에 주요 의사 결정을 내린다. 이때 이른바 '시장 논리'를 활용하여, 개별 국가의 정책이 '자유 무역'과 상충할 때 그 정책을 무효화할 수 있다.

무역에 관한 조약에 불과했던 GATT와는 달리, 세계무역기구는 유엔과 비슷한 독자적인 사법 관할권을 보유한다. 다시 말해 세계무역기구는 그 결정 사항을 회원국에 강제할 수 있는 권한이 있다. 이런 권한에는 국가 간 교역에 관한 판결을 넘어, '무역 관련' 쟁점 영역 전반에 판결을 내릴 수 있는 권한까지 포함된다. 이 말은 상품, 자본, 생산 시설을 다른 나라로 이동하는 문제와 관련한 규정을 마음대로 정할 수 있다는 뜻이다. 이런 규정이 만들어지면, 해당 국가가 그러한 이동을 제한하는 법규를 제정하거나 정책을 실시하기가 어렵게 된다. 무역 자유를 촉진하려는 목표를 지닌 세계무역기구 규정은 기업이 국제적으로 경쟁할 수 있는 권리를 우선시한다. 이것은, 초국적 기업도 국내 기업과 동일한 대우를 받는다는 뜻이고, 전 지구적 시장에서 기업의 경쟁력을 저해할 수 있는 무역·투자 관련 현지 규제(예를 들면 노동, 보건, 환경 관련 법규)를 줄이거나 제거한다는 뜻이다. 세계무역기구의 직원은 선출되지 않은 관료들이며, 그들이 결정한 사항은 대외비여서 무역 관련 정책을 입안하고 평가하는 데 시민의 참여가 원천 봉쇄되어 있다. 1994년 세계은행의 경제학자인 허먼 데일리는, 각국 정부의 통상 규제 권한을 압도하는 외부 규정을 만들면 '공동선을 위한 정책을 실행할 능력이 있는 가장 중요한 정치 공동체인 국가에 치명적인 타격'을 입힐 것이라고 경고한 바 있다.[58]

세계무역기구는 **통합된 분쟁 해결**(integrated dispute settlement) 메커니즘을 보유하고 있다. 만일 한 국가가 어떤 부문에서 자유 무역 의무 사항을 왜곡—예를 들어, 산림을 보호하려고 벌목 관련 투자를 제한하는 조치—한다고 여겨질 경우, 다른 경제 부문, 예컨대 공산품 수출에 제재 조치를 가함으로써 그 나라를 제재할 수 있다. 세계무역기구의 회원국은 세계무역기구를 통해 무역과 관련한 쟁점에 이의를 제기할 수 있는데, 이에 대해 세계무역기구가 어떤 결정을 내리면 그 결정은 모든 회원국이 반대하지 않는 한 자동으로 적용된다. 이런 결정에 어떤 국가가 승복하지 않을 경우, 세계무역기구는 이의를 제기했던 제소 국가가 일방적인 보복 조치를 취할 수 있도록 승인할 수 있다. NGO 단체인 제3세계네트워크(Third World Network)의 마틴 코어(Martin Khor) 사무총장은, 세계무역기구가 '무역을 왜곡'하는 행동을 규제한다는 명분으로 '발전을 왜곡'하는 우를 범했다고 말한다.[59] 세계무역기구가 어떤 조치를 취하겠다고 한 **위협**만으로도 각국의 건강과 환경 관련 법률을 희석시키는 효과가 나타났다.

세계무역기구는 시장 자유를 강제로 시행하면서도 자신의 엄청난 사회적 영향력을 마치 정치와 무관한 행동인 양 **탈정치화**하고 있다. 예를 들어, 1996년에 발표된 싱가포르의 각료급 선언(Ministerial Declaration)은 노동권 관련 법규를 반대한다. "우리는 노동권 기준을 보호주의적 목적으로 사용하는 데 반대한다. 또한 우리는 각국의 비교 우위 특히 저임금 개발도상국의 생산비 비교 우위는 어떤 경우에도 반대할 수 없다는 데 동의한다."[60] 그리고 1994년에 피터 서덜랜드(Peter Sutherland)는 GATT 사무총장직에서 물러나면서 다음과 같이 선언하기도 했다. "정부는 통상 활동에 되도록 간섭하지 않아야 한다."[61] 이 말은 환경, 보건, 무역 특혜 정책, 사회적 보조, 노동 입법 등 국가의 법률과 규제 전반에 대한 무차별적 도전을 의미한다. 세계무역기구의 이러한 도전이 국가의 모든 법률을 제거하지는 못하지만, 국제적 차원에서 각국의 규제 조치를 **조정**하려 하고, 한 국가 내에서 민주적인 의사 결정을 내릴 여지를 축소하려고 노력하는 것은 틀림없는 사실이다. 뒤에서 보겠지만, 경제의 탈정치화(depoliticization)라는 목표 자체가 역풍을 맞을 수 있고, 바로 이 때문에 전 지구적 사회 정의 운동이 폭발적으로 터져 나왔던 것이다.

이렇게 볼 때 비록 정책 시행에 약간 차이는 있지만 세계무역기구의 조치는 지구화 프로젝트의 핵심을 표현하고 있다고 말할 수 있다. 즉, 전 지구적 경제 관리자들이 초국적으로 배치되어 있는 전 지구적 경제 활동망을 관할하는 엄청난 권한을 보유하며, 민주적 권리보다 기업의 권리를 우선시하고 있다는 뜻이다. 아래에서는 세계무역기구를 떠받치는 네 가지 주요 기둥—서로 효과를 배가하는—을 검토할 것이다. 그것은 농업 협정(AoA, Agreement on Agriculture), 무역 관련 투자 조치(TRIMs, Trade-Related Investment Measures), 무역 관련 지적 재산권(TRIPs, Trade-Related Intellectual Property Rights), 서비스 교역에 관한 일반 협정(GATS, General Agreement on Trade in Services)을 말한다.

세계무역기구의 첫째 기둥 : 농업 협정

1995년에 체결된 농업 협정은 보호 무역, 농업 보조 제도, 정부 개입 등을 일률적으로 축소하는 데 목표를 두고 있었다. 농업 협정이 제정된 후 5년 동안 수많은 남반구 농민들은, 전 세계 농산물 가격이 30퍼센트 이상 폭락한 탓에 생산비 원가도 회수하지 못했다.[62] 미국이나 유럽같이 경제적 능력이 있는 지역에서는 북반구보다 훨씬 더 많은 남반부 농민—북반부의 농산물 '헐값 판매' 때문에 언제나 위협을 받는—을 희생하면서 실질적인 농가 보조금 제도를 유지했다.

자유화 조치로 인해 농민들은 어디에서나 농작물을 싸게 팔아넘기라는 경쟁 압력을 받지만, 기업농들은 '규모의 경제' 덕분에 국가 보조금을 받으며 생존할 수 있다. 1998년에서 1999년 사이에 영국의 농가 수입이 약 75퍼센트나 감소하여 농민 2만 명이 농토를 떠나야 했고, 1996년에서 1999년 사이에 미국의 농가 수입 역시 거의 50퍼센트나 줄었다. 남반구에서는

사례_전 지구적 비교 열위─농업의 종말?

시민 단체 퍼블릭시티즌(Public Citizen)의 보고서 〈전 지구적 무역 감시(Global Trade Watch)〉는 북미자유무역협정이 남긴 유산 탓에 북미의 전 지역에서 소농이 사라져버린 현실을 기록하고 있다. 200만 명에 달하는 멕시코 농민이 북반구에서 수출한 값싼 옥수수―국가 보조를 받은―때문에 더는 농사를 짓지 못하게 되었는데, 미국의 농민들도 마찬가지로 멕시코와 캐나다산 농산물의 수입 때문에 과일, 야채, 그밖의 노동 집약적 미국산 농산물이 수세에 몰리면서 경쟁 압력을 받고 있다. 1994년 이래 소득 수준이 연간 10만 달러 이하인 약 3만 3천 미국 농가가 사라졌다(1988년에서 1993년 사이의 비율보다 6배 높음). 멕시코의 경우, 농촌 인구의 절반이 하루 1.40달러 미만의 소득을 올리고 있으며, 약 500명의 농민이 매일 농촌을 떠나고 있다.

이런 식의 정책 변화는 농기업의 권력을 키웠다. 미국의 농업 정책을 두고 퍼블릭시티즌은 다음과 같이 지적한다.

"농업 개혁 법안의 지지자들은 농업이 기업화하면 시장에 더 빠르게 반응하는 효율적인 영농이 이루어질 수 있다고 주장했다. 하지만 그 정책은 본질적으로 먹을거리 생산을 농기업에 전담시키는 것밖에 되지 않았다. …… 이 법안이 발효된 이래 의회는 한 해도 빠지지 않고 매년 도산 위기에 처한 농민들에게 투입할 엄청난 비상 구제 금융 조치를 의결해야 했다."

그런데 역설적으로 납세자의 돈으로 마련한 비상 구제 금융의 56퍼센트가 소득 상위 10퍼센트의 농가에 제공되었다. 북미자유무역협정으로 인해 멕시코에서 외국 투자자의 권리가 100퍼센트 보장되자 필스버리(Pillsbury)의 자회사 그린자이언트(Green Giant)가 캘리포니아에 있던 냉동 식품 가공 공장을 멕시코로 이전했다. 저임금, 낮은 수준의 식품 안전 기준, 미국으로 재수출할 경우에 받을 수 있는 무관세 혜택에 끌린 탓이었다. 카길 역시 멕시코 살티요에서 쇠고기·닭고기 처리 공장을 구입했고, 카길 드 멕시코(Cargill de Mexico)는 툴라에 식물성 기름 정제와 대두 가공을 위해 거의 2억 달러 상당의 투자를 단행했다. 타이슨 푸즈는 아메리카 대륙 전체에서 자유화 정책이 시행될 것으로 예상하고 멕시코, 브라질, 아르헨티나, 베네수엘라에 자회사를 설립했다. 콘아그라는 아르헨티나에서 피마자유를 가공하고, 아처 대니얼스 미들랜드(Archer Daniels Midland)는 멕시코와 중남미에서 피마자유 유가공 처리하고 옥수수와 밀을 제분 처리하며 가축 사료를 생명 공학적으로 생산한다. 월마트 역시 멕시코, 아르헨티나, 브라질에서 농기업 활동을 한다. 퍼블릭 시티즌은 다음과 같이 지적한다.

"다국적 농기업은 새로운 통상 규정─내수 시장의 공급 현황과 상관없이 외국에서 농산물 수입을 하도록 각국에 강요할 수 있는─을 잘 활용할 수 있는 극히 좋은 위치에 있다. 이런 회사들은 외국의 자회사를 일종의 수출 전진 기지로 삼아 농산물을 수입하여 미국에서 판매한다. 이런 방식으로 농산물 공급이 늘어나면 미국 내 작물 가격은 폭락한다."

자유 무역 정책과 북반구 국가들의 농업 보조금 정책 덕분에 농기업이 비교 우위를 **인위적으로 확보**할 수 있다면, 그리고 그 결과 가족농과 소농이 '비효율적' 영농의 상징처럼 치부되고 농촌 거주 인구의 식량 안보가 위협받게 된다면, '시장에 기반을 둔 분배'라는 것을 도대체 어떻게 믿을 수 있겠는가?

출처 : Davis, 2006; Jordan and Sullivan, 2003 : 33; Public Citizen, 2001 : ii-iv, 10, 13, 16, 19-21.

1990년대에 농업 협정과 무역 자유화의 영향으로 말미암아 2천만에서 3천만 명의 농민이 농토를 포기해야 했다.[63]

자유화는 무역의 자유를 확실히 보장해주려는 것이 전혀 아니고, 기업이 주도하는 식량 레짐을 공고하게 만들려는 것이다.[64] 세계무역기구는 농업 협정을 통해 민간 공급 방식의 식량 안보를 제도화했다. 농업 협정에 따르면 각국은 식량 자급 권리를 자국의 전략으로 삼을 수 없다. 오히려 최저 시장 접근성 규칙에 따라 국가가 수출을 보조하는 경우라 할지라도, '수출할 권리'(그리고 수입해야 할 의무)를 보장해야만 한다. 그렇다면 '식량 안보'란 식량 자급이 아니라, 남반구의 상당수 인민이 수입 식량에 의존해야 함을 뜻한다. 1990년대 중반에 전 세계 88개국 저소득, 식량 부족 국가에서 외화의 절반을 식량 수입에 써야 했다.[65]

남반구의 공공 부문은 사정이 열악하므로, 국가의 보호를 받지 못하는 농민들은 비교 열위에 놓여 있다. 2000년에 옥스팜은 다음과 같은 질문을 던졌다. "1년에 230달러(최빈국의 1인당 평균 국민 소득)를 버는 농민이 1년에 2만 달러(OECD 국가의 평균 국가 보조금 규모)를 받는 농민과 어떻게 경쟁할 수 있겠는가?"[66] 인도의 데빈더 샤르마(Devinder Sharma)는 다음과 같이 말한다. "이제 소농에게 국가 보조금을 주는 제도는 사라졌지만, 기업농에 대한 지원은 엄청나게 늘어났다. …… 그 결과 토질이 좋은 주곡 생산지가 이제 수출용 작물 재배지로 전환되었고, 앞으로는 주식용 곡물을 오히려 수입해야 할 지경에 놓였다."[67] 케냐의 어린이 중 40퍼센트가 대규모 농장—파인애플, 커피, 차, 설탕—에서 일하고 있다. 이렇게 재배한 농작물이 유럽 시장에 팔려 나가지만 400만 케냐인들은 영양 실조에 빠져 있는 실정이다.[68]

세계무역기구의 둘째 기둥 : 무역 관련 투자 조치

무역 관련 투자 조치를 제정한 목적은 외국의 투자를 유치하는 현지 정부가 투자자에게 부과한 '이행 의무(performance requirements)'를 제한하려는 것이다. 그러한 이행 의무로, 어느 나라에 투자하는 초국적 기업에게 국내 투자뿐만 아니라 국내 고용, 국내 구매, 투자 접근성 보장에 대응하는 기술 이전을 요구하는 것 등을 꼽을 수 있다.[69] 세계무역기구는 무역 관련 투자 조치(TRIMs)를 이용해, 상품과 서비스 생산이 국경 사이를 자유롭게 이동하는지 감시한다. 이는 특히 무역이 투자 흐름을 따르기 때문에 그러한데, 실제로 1995년에 전 세계 무역의 3분의 1이 다국적 기업 내부에서 만들어지는 상품과 서비스의 국제적 이동으로 이루어져 있었다. 무역 관련 투자 조치는 마치 외국 투자자들이 정치적 영향을 전혀 발휘하지 않는다고 가정하면서 그들의 경제적 권리를 보장하려 한다. 이 조치를 지지하는 사람의 말을 들어보자. "다국적 기업들의 공동체에서는 이 조치를 통해, 생산성, 품질, 비용 등을 헤아려 지역 또는 전 세계적 발주 전략을 합리적으로 관리할 수 있을 것이다. 이렇게 되면 현재 기업 활동을 방해하는 정치적 제약 조건을 뛰어넘을 수 있다."[70]

무역 관련 투자 조치의 지지 논리에 따르면 무역 관련 투자 조치를 통해 신기술 채택 제한이나 품질 저하, 미흡한 경영 방식 등을 막을 수 있을 뿐만 아니라, 자원 배분을 왜곡하고 비용을 증가시키며 경쟁적 투자를 억제하고 소비자에게 피해를 끼치는 투자 유치국의 이행 의무를 금지할 수 있다고 한다.[71] 다시 말해, 현지의 규제 마찰을 줄여 초국적 투자 조건을 개선하는 것이 무역 관련 투자 조치의 역할이라 할 수 있다. 무역 관련 투자 조치 덕분에 투자자의 자유가 늘어나면 "평균 이상의 임금과 각종 혜택, 고급 기술, 수준 높은 경영과 마케팅 기법"이 보장된다는 증거가 있

사례_ 기업 재산권의 진화

무역 관련 투자 조치는 외국 투자자들이 현지 정부가 부과한 '이행 의무'에 도전할 수 있게 해줌으로써 기업 재산권(corporate property rights)의 토대를 마련했다. 북미자유무역협정 제11장에 따르면 투자국 현지의 도시, 주 또는 국내의 법규가 기업의 수익을 위협할 경우 기업은 현지 법원을 통하지 않고 투자국 정부를 상대로 직접 소송을 제기할 수 있다. 이 규정에 의거해서 미국의 메탈클래드사(Metalclad Corporation)는 멕시코 지자체의 엄격한 환경 보호 조치를 이유로 들어 멕시코 정부를 직접 제소했다. 산루이스포토시 주의 과달카사르 시 정부가, 생태 보호 구역에 독극물 매립장을 건립하겠다는 메탈클래드에 건설 허가를 내주지 않은 것이 빌미가 되었다. 회사는 그 이전에 이미 연방 정부와 주 정부로부터 건설 허가를 받아놓은 상태였지만, 시 정부가 끝까지 매립장 건설을 반대―부지 소유자의 요청도 거부하고―했던 것인데, 그 결과 시 정부는 메탈클래드에 1660만 달러의 배상금을 지불하라는 지시를 받았다. 역내 자유 무역 관련 재산권을 확장한 북미자유무역협정에 이어 세계무역기구 역시 무역 관련 투자 조치를 확대한 새로운 규정을 제정하여 기업의 수익을 제한하는 정부를 기업이 제소할 수 있게 하라는 압력이 커지고 있는 실정이다.

각국 정부는 어째서 자국 시민을 대변할 수 있는 자신의 주권과 권한을 스스로 제한하는 무역 협정에 서명하는 것일까?

출처: McBride, 2006; Wallach and Woodall, 2004 : 270.

고, 현지 국내 경제와 외국 투자가 강력하게 '통합되는 효과'가 발생하므로 무역 관련 투자 조치를 추진해야 한다는 논리이다. 이런 논리에서는 멕시코의 자동차 산업 사례를 들곤 한다. 모회사가 현지의 이행 의무 때문이 아니라 자기 이익을 추구하기 위해 현지 공급 업체에 투자한 결과, 전 세계적으로 경쟁력을 갖춘 멕시코의 토종 자동차 부품 공급 업체들이 탄생할 수 있었다는 것이다. 또한 말레이시아의 반도체 산업도 마찬가지 사례로 거론되곤 한다. 외국 투자자에게 부품을 공급하던 현지 기계 공구 회사들이, 국내와 국제 시장에 고정밀 컴퓨터 연산 장비와 공장 자동화 설비를 공급하는 기업으로 성장할 수 있었다는 것이다.[72] 하지만 '통합 효과(integration effect)'는 원래 취지와는 다른 방식으로 통합을 촉진한다. 외국 투자자들이 국내 산업화 프로그램에 통합되는 것이 아니라, 현지 생산 업체들이 세계 시장에 흡수되는 방식으로 통합이 이루어지는 것이다.

세계무역기구의 셋째 기둥 : 무역 관련 지적 재산권

세계무역기구의 웹사이트는 지적 재산권을 "어떤 사람의 정신이 창조한 결과를 그것을 창조한 사람에게 인정해주는 권리이다. 지적재산권은 어떤 것을 창조한 사람에게 일정 기간 자신의 창조물을 사용할 수 있는 독점 권리를 부여한다."라고 설명한다. 무역 관련 지적 재산권(TRIPs) 규약은 미국의 12대 기업과 일본의 한 경제 단체 연합, 그리고 유럽의 기업·산업체 대표 단체 등으로 이루어진 협의체를 거쳐 만들어졌다. 유럽과 미국의 특허법을 종합한 규정을 토대로 하여 제정된 무역 관련 지적 재산권 규약에 따라 세계무역기구를 통해 지적 재산권의 보호 조치를 집행하게 된 것이다. 이 규약의 지지자들은 규약이 제정되면 국가 간 재산권 보호 절차가 간편해지고, 모든 사람의 창의성을 보호하고 장려―컴퓨터 소프트웨어, 생명 기술 제품과 생산 과정, 그리고 의약품 등의 기술 개발에 따른 수익을 보장해줌으로써―할 수 있다고 주장한다. 그러나 비판자들은 기업이 규정한 지적 재산권 개념에 반대하면서, 생물 다양성과 토착

지식은 전 지구적 '공유물'로서 인류의 공통 자산으로 남아 있어야 한다고 주장한다.[73]

오늘날 수많은 상업적 의약품이 열대 지방의 동식물에서 채취한 화학 물질로 만들어지고 있다. 북반구 주민의 생활과 이런 종류의 자원 추출은 직접 관련이 있다. 예를 들어, 아동 백혈병과 고환암을 치료하기 위해 마다가스카르의 일일초에서 추출한 약품, 서아프리카의 산딸기에서 추출한 강력한 감미료인 브라제인(Brazzein), 인도산 님 나무(neem tree)에서 추출한 살충제, 헌팅턴 무도병(Huntington's disease)과 낭포성 섬유증(cystic fibrosis) 같은 질병을 야기하는 유전자를 규명하기 위한 인간 세포주 등이 그것이다.[74]

전 세계의 생물 다양성이 인류 전체를 위해 사용되어야 한다는 말은 자명한 논리처럼 들린다. 바로 이 때문에, 예를 들어 열대 우림을 보호하자―풍부한 생물 다양성을 감안하여―따위의 주장이 그토록 많이 제기되는 것이다. 여기서 문제가 되는 것은 자원의 통제권, 그리고 북반구 주민의 생활과 개발 도상국―거의 모두 남반구에 소재한―원주민 권리 사이의 관계라고 할 수 있다.

남반구는 전 세계 생물 다양성의 90퍼센트를 보유하고 있고, 북반구의 과학자와 기업들이 전 세계 모든 특허의 97퍼센트를 보유하고 있다. 생물학적 자원에 관한 특허가 있으면 특허권자는 그 유전 물질에 배타적인 지배권을 행사할 수 있다. 기업들은 흔히 정당한 지불이나 계약 없이, 남반구 국가에서 채취한 유전자 물질의 특허를 획득하여 그것을 의약품 같은 상품으로 전환한 후 그 유전 자원을 활용하여 생산한 제품에 사용료를 부과하거나, 그 유전 자원으로 생산한 제품을 고가에 판매한다. 그 유전자 물질을 원래 채취하던 나라―오랜 세월 동안 그 자원을 보유하고 있던―에도 그 물질을 판매하는 일이 생긴다. 비판자들은 외지인의 이 같은 유전자 물질 도용을 **생물 해적질***이나 마찬가지라고 본다.[75]

이처럼 자원 환경과 자연 자원을 상품화하려는 시각에서 보면 전체 생물계는 순전히 돈을 벌기 위한 수단에 불과할 것이다. 원래 무역 관련 지적 재산권은 시계나 CD 등 서구에서 생산한 제품을 남반구에서 도용하지 못하게끔 지적 재산권을 보호하려고 고안한 제도였는데, 역설적으로 오늘날에는 상품의 권리 보호가 아니라 남반구 주민의 생계를 위협하는 생물학적 약탈을 정당화하는 제도처럼 되어버렸다. 현재 남반구의 약 14억 인구가 농토에서 생산된 종자와 곡물 유전자 다양성―문화적·생태적 지속 가능성의 토대로서―에 주로 의존하고 있는 실정이다. 농민들은 만약 기업이 토종 종자에 특허를 출원할 수 있게 되면, 토종 종자를 사용하는 것 자체가 특허권 위반이 되지는 않을까 염려하고 있다.[76] 이런 걱정은 단순한 기우가 아니다. IC 인더스트리스(I.C. Industries), 파이어니어 하이브레드(Pioneer Hi-bred)와 같은 기업들이 이미 아프리카산 광저기 사용 면허를 획득하려고 했었기 때문이다. 광저기의 유전자를 옥수수나 대두와 같은 곡물에 투입하면 병충해에 강한 품종을 만들 수 있다. 국제농촌발전재단(RAFI, Rural Advancement Foundation International, 현재는 ETC로 개칭)은 이렇게 묻는다. "누가 진짜 발명자인가? 유전자를 추출한 과학자인가? 아니면 이 유전자를 지닌 식물의 가치를 처음 알아내어 그 식물을 발전시키고 보호해 왔던 서아프리카의 농민들인가?"[77] 국제 재산권 레짐은 각국 정부와 기업을 법률적 주체로 인정하는 반면, 촌락 농민의 실험 지식적 권

생물 해적질(Biopiracy) 현존하는 생명체로부터 유전자를 추출하거나 생명체에 유전자를 삽입하는 것과 관련한 생물학적 과정에 특허를 출원하는 것. 그러한 유전자 변형을 통해 유전 자원을 이용할 수 있는 독점 사용권을 획득하는 행위.

사례_ 거대 제약 회사와 지적 재산권 문제

지적 재산권을 둘러싸고 벌어진 가장 가시적인 논쟁은 인간 면역 결핍 바이러스(HIV) 감염자와 에이즈 환자를 치료할 제네릭 의약품(generic drugs)—특허 보호를 받지 않은 의약품—을 중심으로 일어났다. 브라질은 1996년 무역 관련 지적 재산권 협정 이전에 제네릭 의약품을 생산하기 시작하여 제약 회사에 저작권 사용료를 내지 않은 상태에서 약품 판매가를 80퍼센트나 줄였다. 브라질 정부는 제네릭 약품 덕분에 연간 2억 5천만 달러의 의약품 예산, 그리고 치료받지 못한 환자의 병원 입원비를 절감할 수 있었다. 제약 회사에서 만든 약품의 성분을 분석하여 국내에서 제네릭 약품을 저렴하게 생산할 수 있도록 개발한 정부 산하 연구소들은 제약 회사로부터 세계무역기구에 제소하겠다는 협박을 받았다. 유엔인권위원회와 세계보건기구(WHO)가 인권을 근거 삼아 개입하여 중재를 한 결과, 브라질 보건부가 약값의 50퍼센트만 줄이기로 제약 회사와 타협을 보았다. 다른 한편, HIV 관련 질병을 치료하기 위해 적절한 가격의 의약품을 이용할 수 있도록 하자는 운동을 전개한 남아프리카의 에이즈 구호 단체 TAC(Treatment Action Campaign)는, 국경없는의사회(MSF, Médecins Sans Frontières)와 옥스팜과 연대하여, 남아프리카 정부를 상대로 저렴한 제네릭 의약품을 제3자로부터—브라질과 같은 나라로부터—구입하지 못하도록 소송을 제기했던 39개 초국적 제약 회사와 싸워 승리하는 성과를 거두었다.

흔히 사용하는 에이즈 혼합 치료제는 연간 만 달러에서 만 오천 달러가 소요된다. 남반구의 수많은 에이즈 보균자가 도저히 부담할 수 없는 액수다. 인도, 이집트, 타이, 아르헨티나, 브라질과 같은 큰 나라들은 저렴한 제네릭 의약품(약 600달러 수준)을 생산하여 공중 보건 비용을 대폭 줄일 수 있었지만, 무역 관련 지적 재산권 규약에 규정된 특허권을 침해했다는 이유로 거대 제약 회사들의 도전을 받아 왔다. 하지만 세계보

> 건기구는 2003년 8월에 국가적 보건 비상 사태 시에는 제네릭 의약품을 생산하거나 수입할 수 있도록 하는 예외 규정 — 오랫동안 제약 회사와 미국 정부가 반대해 온 — 을 2003년 8월 세계무역기구에 의해 제정하기에 이르렀다.
>
> 보건 문제의 위기 상황에서, 아니 어떤 상황에서든 지적 재산권을 이유로 공공의 권리를 기업의 권리보다 하찮게 취급할 수 있는가?
>
> 출처 : Ayittey, 2002; Becker, 2003 : 14; Booth, 1998; Boseley, 2007; Central Intelligence Agency, 2000; De Waal, 2002 : 23; Dugger, 2007 : 6; Elliott, 2001 : 12; Flynn, 2002; Gevisser, 2001 : 5-6; Le Carre, 2001 : 13; Médecins Sans Frontières, www.msf.org; Perlez, 2001 : A12; Stuart, 2003 : 21.

리를 무시하고 그들의 존재를 인정하지 않는다.[78]

무역 관련 지적 재산권 규약은 지적 재산권 보호를 위해 전 세계적으로 공통된 기준을 설정했으며, 동식물은 특허법 체계에서 제외해놓았다. 하지만 세균, 미생물 조작과 미생물 관련 제품, 그리고 작물 품종—특허 출원이 가능하거나 혹은 효과적인 고유 품종(sui generis) 시스템의 관할 범위에 속하며, 국가가 생물 다양성 보호에 해당한다고 해석한—을 만들어 낸 '발명자'의 지적 재산권은 보호해주어야 한다고 주장한다. 1992년의 생물 다양성 협정(Convention on Biological Diversity)은 유전 자원에 대한 국가의 주권을 확인했고, 각국이 "자원으로 인한 혜택을 공정하고 평등하게 공유할 수 있는" 권리가 있음을 인정했다. '고유 품종' 제도가 중요한 까닭은, 생물 다양성에 대한 집단적 권리를 인정하는 사람이라면 다양한 문화적 지식과 관습 역시 인정할 것이기 때문이다. 그러나 무역 관련 지적 재산권이 어느 정도나 이런 식으로 이용될 것인가 하는 점은 전혀 다른 차원의 문제이다.

세계무역기구의 넷째 기둥 : 서비스 교역에 관한 일반 협정

서비스는 상품과는 달리 '당신의 발밑에 떨어뜨릴 수 없는 모든 것'이라고 정의된다.[79] 공공 서비스와 금융 서비스를 모두 포함하는 개념이다. 1994년에 제정된 서비스 교역에 관한 일반 협정(GATS) 레짐은 금융, 통신, 교통 분야의 서비스 제공을 위해 회원국에 기업이 '진출'할 수 있는 권리를 설정해줌으로써 서비스 교역 시장의 문호를 개방했다. 그 후 등장한 '서비스 교역에 관한 일반 협정 2000'은 훨씬 더 포괄적인 규정으로서 각국 정부로 하여금 서비스 제공업자가 국내 시장에 제한 없이 접근—서비스 제공 활동의 사회적·환경적 영향과는 상관없이—할 수 있도록 강제하고 있다.[80] 토니 클라크(Tony Clark)가 지적하듯 '서비스 교역에 관한 일반 협정 2000'은 다음과 같은 특징을 지닌다.

- 환경, 보건, 소비자, 그리고 기타 공익 기준을 보호할 수 있는 정부의 능력에 극도의 제한을 가한다. 정부의 '입증 책임(necessity test)' 규정도 있는데, 이는 정부가 어떤 서비스에 규제를 가할 경우 세계무역기구의 상품 교역 관련 규정과 부합하는 방식으로 그 규제가 '최소한의 무역 제한' 효과만 발생시킬 뿐이라는 점을 증명해야 하는 규정이다.
- 공공 사업, 도시 서비스, 사회 프로그램 등을 대상으로 한 정부의 재정 지원을 제한함. 정부의 조달 사업과 보조금 제도에 관한 세계무역기구의 '내국민 대우(national treatment)' 원칙을 활용하여 공공 서비스에 대한 정부의 재정 지원 역할을 축소하며, 이러한 서비스 부문에 외국에 있는 민간 서비스 제공 업체도 동등하게 접근할 수 있도록 보장함.
- 서비스 교역에 관한 일반 협정 회원국 내에서 외국 기업이 서비스 관련 사업 활동을 할 수 있도록 허용함으로써, 민간 서비스 제공 기업들이 국내 시장의

전 분야에 무제한 접근할 수 있는 길이 더 크게 열림.

- "상상할 수 있는 모든 서비스가 논의되고 있음. 여기에는 폭넓은 공공 서비스 부문이 모두 포함됨. 예를 들어, 환경, 문화, 에너지와 천연자원, 식용수, 의료, 초중등 교육, 고등 교육, 사회 보장, 교통 서비스, 우편, 교도소, 도서관, 그밖의 다양한 도시 행정 서비스가 포함될 수 있음."

- 마지막으로 서비스 접근성에 관련된 규정은 과거보다 훨씬 더 범위가 넓어졌음. '서비스 교역'에 영향을 끼치는 대다수 정부 조치에 이 규정이 적용됨. 예를 들어, 노동 법규, 소비자 보호, 보조금 제도, 무상 급여, 면허 기준과 자격 요건, 시장 접근 제한, 경제적 욕구 심사, 현지 콘텐츠 제공 등에 위의 규정이 모두 적용될 수 있음.

다시 말해 서비스 교역에 관한 일반 협정은 국가와 시민 간의 시민권적 사회 계약을 기업과 소비자 간의 사적 계약으로 대체하겠다고 위협하고 있는 것이다. 시민-국가 간 민주적 관계는 소비자-시민 간 사적 구매 역량에 자리를 내주고 말았다. 이때 공익과 공익을 개발 현장에서 표현하던 방식은 희생되기 마련이다. 서비스 교역에 관한 움직임을 통해 우리는 발전국가의 조그만 흔적조차 모두 지워버리고, 그 자리를 전 지구적인 기업 서비스로 대체하고 있는 현실을 보고 있다.

서비스 교역에 관한 일반 협정 2000의 지지자들이 활용한 전략은, 그 협정을 듣기 좋은 표현으로, 즉 '무역 협정'으로 부른다는 것이었다. 또한 이 전략은 초국적 기업에서 제공하는 '국경 간' 서비스를 더 개방해 달라고 요구하고, 그것이 충족되어야만 의복, 섬유, 농산물을 유럽연합(EU)과 미국의 시장에 개방할 수 있다고도 했다.[81] 옥스팜의 케빈 왓킨스(Kevin Watkins)는 이것이, 과거 북반구가 남반구 국가에 초국적 기업의 특허(기술

사례_ 식용수의 상업화

서비스가 상품화되면 구입할 능력이 있는 사람만 그 서비스를 소유할 수 있다. 일부 사람들이 시장에서 서비스를 구입할 수 있게 되면, 다른 사람들에게는 그것이 희소한 상품이 되어버린다. 민간 투자자들이 보기에, 물은 개척해야 할 마지막 인프라 시장의 최전선이나 다름없다. 현재 상수도 서비스의 5퍼센트만이 민간 사업 영역에 포함되어 있어 식용수 사업의 확대 기회는 수조 달러 규모에 달할 것으로 추산된다. 식용수 민영화 사업은 프랑스의 두 초국적 기업—비방디 유니버설(Vivendi Universal SA)과 수에즈 리요네즈 데조(Suez Lyonnaise des Eaux)—이 주도하고 있다. 기타 초국적 기업들, 예컨대 벡텔, 엔론(Enron), 제너럴 일렉트릭 등도 식용수 사업에 참여해 왔다. 서비스 교역에 관한 일반 협정의 규약에 따르면 물과 같은 공공재도 민영화하는 것이 좋다고 본다. 북미자유무역협정의 한 조항—수자원을 상업적으로 이용할 경우, 그 국가가 국내 기업을 선호하지 못하도록 규정한—에 나와 있는 대로, 서비스 교역에 관한 일반 협정은 식용수 민영화 사업도 시행할 것으로 예상된다. 다른 한편, 국제통화기금과 세계은행은 자금 지원 조건 중 하나로 상수도 서비스의 민영화를 요구하고 있다.

아프리카 가나의 사례도 검토해볼 만하다. 2002년 국제통화기금은, 가나 정부가 국내 공익 기업에 '총비용 회수(full cost recovery)'를 요구한다는 조건에 동의한 후에야 비로소 유상 차관의 일부 지급분을 풀어주었다. 프랑스의 비방디, 수에즈, 소어(Saur), 그리고 영국의 바이워터(Biwater) 등은 이 조건부 규정을 이용해 수익성 높은 계약을 많이 따낼 수 있었다. 그 과정에서 하수도, 위생 시설 부문 서비스와 도시 빈민, 지자체와 지역 공동체용 농업 용수를 위한 서비스 제공은 제외되었다. 외채를 갚으려고 국가 예산 규모를 축소하자, 공공 서비스가 사라졌고 물 가격은 천정부지로 뛰고 있다. 한 시민의 말을 들어보자. "빗물이 비방디,

> 수에즈, 소어, 바이워터의 지붕에만 떨어지는가? 빗물이 세계은행과 국제통화기금의 지붕에만 떨어지는가? 빗물은 모든 사람의 지붕에 똑같이 떨어지지 않는가? 그런데도 왜 이 사람들은 이렇게까지 욕심이 많은가?"
>
>   물이나 음식 같은 기본적이고 소중한 자원의 이용과 분배를 시장의 힘에만 맡겨도 되는 것일까? 시장의 힘은 구매력이 있는 사람에게만 혜택을 주고, 사람의 인권을 침해하는 경향이 있지 않은가?
>
> 출처 : www.corpwatchindia.org; Amenga-Etego, 2003 : 20-21; Barlow, 1999 : 2, 7, 14, 18, 27, 33, 38; Godrej, 2003 : 12; Vidal, 2003 : 24.

비용의 증가 때문에 남반구 국가들이 거의 400억 달러의 빚을 짊어지게 됨)를 보장해주는 대가로 북반구의 시장을 개방하겠다고 공약했던 것같이, 사실상 우루과이 라운드의 재판이라고 지적한다. 왓킨스는 또한 게임은 달라졌어도 규정은 옛날 그대로라고 시사한다. "당신이 북반구의 은행과 보험회사에게 당신의 내수 시장에 제한 없는 접근을 허용할 경우, 서구는 당신의 바나나와 셔츠를 사줄 것이다."[82] 서비스 교역에 관한 일반 협정의 지지자들은, 공공 기관을 민간 소유의 수익 창출 기관으로 전환하면 관료제에 따른 비효율성과 정부 채무를 줄일 수 있다고 선전한다. 그렇게 되었을 때 사용자가 요금을 지불하는 고품질 서비스가 실현될 수 있다는 말이다.

지구화 프로젝트의 구성 요소

지구화 프로젝트는 여러 갈래의 경향을 결합해놓은 것이다.

  - 국가가 관리하는 발전 전략이 아니라, 시장에 기반을 둔 발전 전략을 선호하는 전 지구적 관리 계급과 정책 결정자들의 '워싱턴 컨센서스'.

- G-7 국가들이 중앙에서 관리하는 전 지구적 시장 규칙.

- 세계은행, 국제통화기금, 세계무역기구와 같은 다자 간 기구를 통해 이러한 시장 규칙을 강행함.

- 초국적 기업의 수중에 시장 권력 집중, 그리고 초국적 은행의 수중에 금융 권력 집중.

- 모든 국가를 경제적 규율(무역, 금융 등)에 종속시킴. 지정학적 위치, 전 세계 통화 체제에서 서열, 외채 규모, 천연자원 보유 정도 등에 따라 차이가 있음.

- 계급, 젠더, 인종, 종족 등에 따른 새로운 불평등을 통해 전 지구적 발전을 실현.

- 모든 수준에서 저항 발생. 소외된 공동체에서 국가 관리 계급, 심지어 다자 간 기구 내의 일부 세력조차 고삐 풀린 시장의 지배에 항의함.

결론

원래의 개발 프로젝트는 일종의 경제 민족주의를 배양했는데, 그것은 초국적 기업을 점점 제약하는 조건이 되었다. 그와 동시에, 폭증한 외채 위기는 채무 레짐을 통한 세계 질서의 새로운 방향 제시를 가능하게 했다. 이러한 새로운 방향 제시가 곧 지구화 프로젝트이다. 이 프로젝트는 점증하는 초국적 은행과 초국적 기업의 규모와 권력에 상응하게끔 경제 성장을 조직하려는 대안적 개발 방식이다. 경제적 교환의 정도가 늘어나고 화폐와 기업의 이동성이 커지면서 국민국가의 범위를 넘어선 조절 형태—설령 그러한 조절을 국민국가 시스템을 통해 집행한다 하더라도—가 필요해졌다. 이런 초국적 조절의 한 형태가 세계무역기구이다.

새로운 전 지구적 조절 시스템은 국가의 사회 보호 책임을 자유화 정책 아래에 종속시켰다. 전체적으로 보아, 국가 간 차이는 있었지만, 국민국가들은 전 지구적 경제의 대리 관리자—이것을 '시장 국가(market states)'라 한다—로 전락하고 말았다. 표준화된 자유화 정책은 세계의 모든 지역과 장소를 재조직한다. 오랜 세월 공공 토지에서 농사를 지어 온 멕시코 농민들의 추방, 동유럽 공공 소유 경제 체제의 급속한 해체, 수출 가공 공단과 농업 수출 기반의 폭발적 증가 등이 좋은 사례들이다. 수출 전용 생산 시설이 급증하면서 '자유롭게 떠도는' 기업들의 유연한 이전 전략—전 지구적으로 좋은 조건의 발주처를 찾아 마음대로 이동하는—때문에 국내 경제가 불안정해져 피해를 겪는 경우가 많아졌다. 지역 공동체가 자원 기반(사회 보조 제도의 축소, 산림 훼손 등)을 상실하거나, 고용 기반(기업의 규모 축소 또는 국외 이전 때문에)을 상실함으로써 사회적 보호의 수준이 낮아졌다.

이러한 조건 속에서, 보편주의를 내세우는 지구화의 결과는 전혀 보편적이지 않았다. 지구화 프로젝트는 지역 공동체, 각 대륙, 그리고 국민국가에 전 지구적 경제 체제를 위한 새로운 틈새 시장이나 전문화된 역할(주변화되는 것을 감수하라는 주문을 포함한)을 개척하라는 임무를 부여한다. 과거의 개발 프로젝트는 개별 국가가 감독하는 국민 경제 성장을 통한, 그리고 국가와 시민 간의 시민권적 사회 계약에 따른, 사회 통합을 제시했었다. 하지만 지구화 프로젝트는 시장이 관할하는 새로운 형태의 권위와 규율을 제시한다.

[더 읽을 자료]

김명애, 〈1970년대 미국의 대외 정책과 라틴 아메리카 외채 위기의 원인〉,《미국사 연구》 14:101-126, 2001.

김윤태, 〈경제 위기와 지구적 거버넌스〉,《계간 민주》 2(0):197-219, 2012.

박한규, 〈유엔 새천년 개발 목표의 효과적 달성을 위한 글로벌 거버넌스에 관한 연구〉,《국제 지역 연구》 13(1):467-490, 2009.

임의영, 〈지구화 시대 국가의 거버넌스 전략에 대한 비판적 고찰〉,《정부학 연구》 11(1):103-138, 2005.

조윤영, 〈글로벌 거버넌스와 국제 제도: 유엔의 사례를 중심으로〉,《세계 지역 연구 논총》 24(3):347-370, 2006.

George, Susan. *The Debt Boomerange: How Third World Debt Harms Us All*. Boulder, CO: Westview Press, 1992.

Mgbeoji, Ikechi. *Global Biopiracy: Patents, Plants, and Indigenous Knowledge*. Ithaca, NY: Cornell University Press, 2006.

Payne, Anthony. *The Global Politics of Unequal Development*. New York: Palgrave Macmillan, 2005.

Rosset, Peter M. *Food Is Different: Why We Must Get the WTO Out of Agriculture*. Halifax, NS: Fernwood, 2006.

Soederberg, Susanne. *Global Governance in Question: Empire, Class, and the New Common Sense in Managing North-South Relations*. London: Pluto, 2006.

Wallach, Lori, and Patrick Woodall, eds. *Whose Trade Organization? A Comprehensive Guide to the WTO*. London: New Press, 2004.

Woods, Ngaire. *The Globalizers: The IMF, the World Bank and Their Borrowers*. Ithaca, NY: Cornell University Press, 2006.

[추천 웹 사이트]

Bretton Woods Project(USA): www.brettonwoodsproject.org

International Forum on Globalization(USA): www.ifg.org

Millennium Development Goals(MDGs): www.un.org/millenniumgoals

Public Citizen Global Trade Watch(USA):www.citizen.org/trade
Structural Adjustment Participatory Review International Network:www.saprin.org
UN Capital Development Fund:www.uncdf.org
World Health Organization(WHO):www.who.int/en
World Trade Organization(WTO):www.wto.org

6장
지구화 프로젝트의 실상

> 현대 아프리카 국가는 피상적인 창조물에 불과하다.
> 대다수 아프리카인은 식민 지배 세력이 만들어준 국민국가를
> 이해하지 못했고, 국민국가와 연결되어 있다고 느끼지도 않았다.
> – 왕가리 마타이

지구화 프로젝트는 시장 통합, 정당성의 관리, 그리고 저항에 관한 이야기이다. 21세기 벽두에 유엔이 보고한 바에 따르면 1960년에 전 세계 인류의 상위 20퍼센트에 속한 부자들의 소득이 하위 20퍼센트에 속한 빈자들의 30배에 달했는데, 1997년에는 그 비율이 74배나 되었다.[1] 전 세계 시장을 통합한 결과 전 지구적 차원의 불평등이 악화한 탓에 국제 개발의 주도 세력은 자유화와 기업 친화적 발전 전략을 계속 추진하기 위하여 **정당성의 관리**(legitimacy management)를 최우선으로 해결해야 하는 과제를 떠안았다. 이런 배경에서, 세계무역기구가 창설되기 직전인 1994년에 미주개발은행이 발표한 성명에는 식량 폭동, 빈곤 안정화 정책, 그리고 멕시코 남부의 치아파스 주에서 발생한 극적인 봉기가 강조되었다. "전 세계 시장을 통합함으로써 경제 성장을 다시 이룩할 수 있었지만 엄청난 사회적 대가를 치러야 했다. 빈곤과 실업률 증가, 소득 불평등이 발생했으며 이 모든 것이 더해져 엄청난 사회 문제를 야기했다."[2] 이로부터 5년이 지난 1999년에 시애틀에서 열린 세계무역기구 각료 회의를 계기로 하여 '반지구화(anti-globalization)' 저항 운동의 강도가 한층 더 세졌다. 전 세계의 다양한 사

회 정의 운동이 회의 진행을 가로막고, 전 지구적 발전이라는 신자유주의 모델을 향한 대중의 폭넓은 불만을 제기한 것이다. 그 다음 해 유엔은 21세기의 핵심 문제를 해결하기 위해 **새천년 개발 목표***를 의제로 채택하고 '인간의 얼굴을 한 지구화' 제안을 전 세계에 내놓았다. 이러한 핵심 문제에는 계속되는 빈곤, 질병, 환경 훼손, 젠더 불평등, 남반구의 채무 등이 포함된다. 인터넷 사용의 폭발적 증가와 기업 합병, 국외 투자와 무역의 급증 같은 일견 건강해 보이는 국민 계정상의 수치가 '흥청대는 세계'의 팽창을 이끈 와중에, 남반구에서는 각종 사회 문제가 발생하고 있었던 것이다. 8장에서 다시 보겠지만 이런 식의 경제 팽창은 오래 가지 못했다.

지구화 프로젝트는 두 얼굴을 하고 있었다. 전 세계에서 소수에 속하는 투자자들과 소비자들이 유례없는 호황을 누렸지만, 다른 한편의 사람들은 안정된 일자리, 정부 지원, 지속 가능한 거주 환경 대신에 빈곤과 이산, 직업과 식량의 불안, 보건상의 위기(에이즈), 비공식적 경제 활동 증가(10억 명 이상의 슬럼 거주자)와 같은 어려움을 겪으며 근근이 살아가야만 했다. 지구화의 이런 상반된 모습이 이 장의 주제를 이룬다.

여기서 우리는 의도된 기획인 지구화에 내포된 몇 가지 핵심적 실상—빈곤의 거버넌스, 외부 발주(외주), 이동과 배제, 비정규화, 그리고 재식민화—을 검토한다. 이러한 현상들이 8장에서 검토할 전 지구적 정의 운동을 자극했던 것이다.

새천년 개발 목표(MDG, Millennium Development Goals) 21세기의 핵심적 도전을 해결하기 위해 유엔이 채택한 개발 목표. 기아와 빈곤, 세계적 질병, 환경 훼손, 젠더 불평등, 남반구의 부채, 보편 교육 등을 포함한다.

빈곤의 거버넌스

지구화 프로젝트가 낳은 전 지구적 거버넌스라는 지붕 아래에서 세계은행과 국제통화기금은 중심적인 역할을 수행한다. 1980년대에 시작된 구조 조정 정책에 이어 1990년대 중반부터 세계무역기구는 자유화 정책을 일률적으로 채택했다. 그러나 구조 조정 정책이 빈곤층의 취약성을 더욱 악화한다는 사실을 인식한 국제 금융 기구들은 1988년, 빈곤의 틈 사이로 떨어져버린 계층을 위해 세계은행의 사회 비상 기금(social emergency fund)과 국제통화기금의 확대 보상 금융 제도(CCFF, Compensatory and Contingent Financing Facility)를 마련해야만 했다. 1990년대에 국제 금융 기구들은 전 지구적 정책의 '인간화'를 시도하면서, 지속 불가능한 외채 부담을 짊어진 나라에 예외적인 지원을 제공하기 위해 1996년부터 최빈국 부채 경감 계획(HIPC, Heavily Indebted Poor Countries Initiative)을 시행하기 시작했다.[3] 국제 금융 기구들의 목표는 빈곤 문제에 대응하는 '거버넌스' 메커니즘을 고안하여 정당성의 위기를 불식하려는 것이었다. 이런 움직임은 빈곤 퇴치가 제대로 이루어지지 않은 탓에 오늘날까지도 이어지고 있다. 정당성의 문제가 극히 중요해진 이유는, 북반구 국가들이 국제 금융 기구에 제공하는 재정 기여분을 크게 줄인 탓에 세계은행과 국제통화기금이 활동 자금을 조달하기 위해 채무국의 부채 상환금에 점점 더 의존하게 되었기 때문이다.

정당성을 확보하기 위해 구조 조정 정책의 '민주화'가 시도되었다. 그런 움직임 속에서 국제 금융 기구들은 각국 정부와 NGO들에 정책 형성과 이행을 '자기 일처럼 책임지고' 추진할 것을 장려했다. 그 후 1999년에는 아프리카의 채무국들을 염두에 두고 최빈국 부채 경감 계획의 확대판이 나왔다. 새로운 정책은 광범위하고 참여적인 빈곤 감소 전략을 적용하기 위해 구조 조정 정책에 '조건부 규정'을 새롭게 적용했다.[4] 세계은행의 총재는 '시민 사회 혁명'을 거론하면서, "신뢰와 지속 가능성을 배양하기 위해 …… 포용과 참여, 시민 사회와 현지의 경쟁, NGO들, 민간 부문, 그리고 빈곤층을 한자리에 결속한" 토대 위에서 개발을 추진해야 한다고 주장했다.[5] 이런 맥락에서 세계은행은 전 세계 50개국의 빈곤층 남녀 6만 명의 증언을 모으는 이른바 '빈곤층의 목소리(Voices of the Poor)' 프로젝트를 시작했다. 이들은 대부분 자국 정부의 부정부패에 깊은 불만을 표출했고, 자국의 개발에 세계은행이 더 개입하면 좋겠다는 의견을 표명했다. 하지만 이 프로젝트에 참여한 연구자들은 이것이 세계은행의 정당성 강화 작업에 불과하다고 암시했다.[6] 이 연구 작업이 진행되던 중, 최빈국들의 외채가 1996년부터 1999년 사이 590억 달러에서 2050억 달러로 4배 가까이 증가했다. 이런 사태로 북반구의 사회 운동가들이 캠페인에 나섰고, 특히 외채 탕감을 목표로 삼았던 '주빌리2000(Jubilee 2000)'이라는 단체가 큰 역할을 했다.[7]

이런 상황에서 여전히 외채 상환에 집착하던 국제 금융 기구들은 참여적인 수사를 동원해 신자유주의 정책을 재단장하고, 전 세계 NGO 지도자들을 세계은행의 네트워크에 포함했다. 대중으로부터 외면받던 구조 조정 정책은 '동반자 관계'라는 새로운 이름으로 탈바꿈했고, 각국 정부가 자체적으로 발전 계획을 입안하여 국제 금융 기구의 승인을 받는 방식으로 바뀌었다. 이런 새로운 과정을 거쳐 유상 차관, 외채 상환 조건 변경, 부채 탕감 등이 이루어지게 된 것이다. 이른바 **빈곤 감축 전략 보고서***라고 알려진 이 계획은 각국의 '이행 성과(performances)'를 집계하는 방식으로 마련되었다. "국제 금융 기구들은 외부에서 일방적으로 구조 조정 조건을 강요하는 것이 비민주적이라는 비난에 대응하기 위해 국가 외에 NGO, 교회 기관, 노동조합, 기업을 비롯한 사회의 여러 이해 관계자들이 발전 계획을 입안하는 과정에 참여해야 한다고 주장하고 나섰다."[8] 빈곤 감축 전략 보고서는 일종의 위기 관리 방안이었고, 국제 금융 기구들의 남반구 관리에서 새로운 단계를 상징하는 것이었다. 브레턴우즈 체제에서 세계은행은 원래 공공 인프라 건설을 위한 **프로젝트 차관**(project loans)에 초점을 맞췄다가, 1980년대에는 시장 개혁 사상의 영향을 받아 국제 금융 기구의 발전 철학이 변하면서 남반구의 구조 조정을 위한 **정책 차관**(policy loans)을 제공하는 쪽으로 활동 초점을 이동했다. 하지만 그 후 빈곤 감축 전략 보고서 도입을 계기로 하여 세계은행의 초점이 개발 **과정의 조건**(process condition)을 강조하는 쪽으로 한 번 더 변했다.[9]

2002년, 세계은행과 국제통화기금은 빈곤 감축 전략 보고서를 "저소득 국가의 빈곤을 줄이는 새로운 접근 방식으로서, 각국이 자체적으로 계획한 빈곤 감축 전략에 기반을 둔 정책"이라고 규정했다.[10] 빈곤 감축 문제의 책임을 해당 국가에게 넘기겠다는 발상은 공적인 정책 우선순위를 민간 활동에—사실상 '거버넌스 국가(governance states)'를 만들겠다는—맡기겠다는 것이다.[11] 각국 차원에서 민법 체계에 속하는 상법 조건을 공공 정책으로 채택한다면 "무역을 통해 가난에서 벗어나라."고 각국에 요구해 온 세계무역기구의 처방을 받아들이는 셈이 된다. 전 지구적 차원에서 빈곤 감축 프로젝트—2000년에 유엔이 발표한 새천년 개발 목표와 동시에 진행된—는 세계무역기구, 국제통화기금, 세계은행 간의 정책 조율이 필요하다.[12]

빈곤 감축 전략 보고서(PRSPs, Poverty Reduction Strategy Papers) 1990년대 들어 대중의 신뢰를 상실한 구조 조정 정책을 정당화하기 위해 해당 국가와 개발 기구들이 협력해 참여 원칙을 새롭게 도입하여 만든 경제·정치 개혁에 관한 계획.

빈곤 거버넌스의 내용에는 국제 NGO들이 정보와 자원에 접근할 수 있도록 조정해주는 일도 포함된다. 그 결과 오늘날 아프리카의 실패한 국가들(failed states)에는 국제 NGO인 월드비전(World Vision International)과 국경없는의사회가 각각 교육과 의료 부문에 대단히 많이 진출해 있다.[13] 예를 들어 옥스팜은 다음과 같이 지적한다. "빈곤 감축 전략 보고서 덕분에 옥스팜이나 다른 NGO들이 지방, 국가, 국제 차원의 정책과 행동에―입안 단계와 실행 단계 모두에―영향을 발휘할 수 있는 좋은 기회가 생겼다."[14] 이러한 국가의 민영화(privatization of states)는 초국적 정책 네트워크(TPNs, Transnational Policy Networks)에 의해 형성되기도 한다. 아프리카의 경우, 세계은행이 설립한 전문 연수 기관인 아프리카정책연구소포럼(African Policy Institutes Forum)이 초국적 정책 네트워크를 주도하고 있으며, 이곳에서 각국의 빈곤 감축 전략 보고서의 준비 과정을 도와주기도 한다.[15]

이제 더는 민영화가 공공 자산을 매각하는 것만을 의미하지는 않는다. 오늘날 민영화는 국가가 전 지구적 시장의 중개자로서 초국적 정책 네트워크에 통합되는 것까지를 의미한다. "국제 NGO 공동체와 국제 금융 기구들은 수원국-공여자 동반자 관계에서 …… 일종의 시민 사회의 대리자 역할을 각각 행하고 있다."[16]

시장 접근성을 장려하면, 국가의 권위를 '시민 사회'의 권위가 보완(혹은 오도)함으로써 국가와 시민 사회의 관계가 새롭게 구성된다. 예를 들어 국제 금융 기구가 부과한 조건을 충족시키기 위해 시민 사회가 '예산 모니터링(budget monitoring)'을 한다거나, 국가의 민주적 정치 과정을 규율할 수 있는 '감시 구조'를 마련하는 것을 들 수 있겠다.[17] 이러한 감시 메커니즘에는 NGO 중개자를 통해 빈곤층에 미소 금융을 제공하는 것도 포함된다.[18]

이런 정책을 합리화하는 논리는, 미소 금융을 통해 빈곤층이 의존하던 생존 네트워크—세계은행이 '사회적 자본(social capital)'이라고 보는—를 빈곤층의 돈벌이 활동으로 대체하고 그 방향으로 유도하자는 것이다.[19] 요컨대 빈곤의 거버넌스는 제도의 정당성을 강화함과 동시에 전 사회를 시장적 계산의 논리에 종속시키는 효과를 가져온다.

아웃소싱의 시대

아웃소싱(outsourcing)은 비용 절감 전략의 하나인데 재화와 서비스 생산을 외부로 이전하는 것을 뜻하며, 조직의 운영상 유연성을 높일 수 있는 수단이다. 아웃소싱에는 기업이 생산처의 위치를 바꾸는 국외 이전(offshoring)도 포함된다. 아웃소싱은 두 가지 이유에서 중요해졌다. (1) 금융 탈규제의 시대를 맞아 자본의 이동성이 극히 늘어났고(hypermobility), 기업이 값싸고 유연한 노동력에 접근할 기회도 크게 늘었다. (2) 국가가 민영화되었다. 신자유주의 시대에는 기업만 아웃소싱에 의존하는 것이 아니라, 정부 역시 공공 예산을 절감하거나 또는 민간 부문에 특혜를 주려고 공공 서비스를 하청 계약으로 처리한다. 서비스 교역에 관한 일반 협정과 국제 금융 기구들은 공공 서비스의 아웃소싱을 장려하는데, 대체로 공공 시설 관리에 관한 독점 권한을 사기업에 넘겨주고, 정부의 '거버넌스' 기능을 NGO에 이전하는 결과로 나타난다.

남아프리카공화국 정부가 국영 전화 회사 텔콤(Telkom)을 아웃소싱한 것이 좋은 사례이다. 이 회사는 민영화되기 전부터 빈곤 가구의 전화료는 인상하고 부유층과 기업의 전화 요금은 큰 폭으로 줄였으며, 전화료를 납부하지 못하는 가구의 전화선 80퍼센트를 끊어버렸다. 그런데도 남아공 정부는 2003년에 텔콤을 완전히 민영화한 것이다.[20] 2001년 필리핀의 아로요(Gloria Macapagal Arroyo) 대통령은 국제통화기금과 아시아개발은행으로부터 10억 달러의 신용 공여를 철회하겠다는 위협을 받은 후, 국영 전력 공사를 분할 매각했다. 그 결과 "법으로 국가의 자원 분배 시스템을 민영화했지만, 국가 정책과 관련한 외채는 민영화하지 않았다. 필리핀의 납세자들은 국가의 채무를 앞으로도 계속 떠안게 되었다."[21]

다른 한편으로 세계은행은 공공 부문의 비효율성 때문에 의료 부문 서비스의 적절한 이행이 저해된다는 입장을 고수하면서, 공공 의료를 민간이 운영하는 의료 서비스로 대체하는 데 필요한 차관을 제공해 왔다. 라틴아메리카의 경우 애트나(Aetna), 시그나(CIGNA), 에이아이지(AIG, American International Group), 프루덴셜(Prudential)과 같은 초국적 의료 기업이 아르헨티나, 칠레, 브라질, 에콰도르에 많이 진출해 있다. 이러한 신자유주의 정책은 세 가지 특징적인 결과를 가져왔다. (1) 투자가 늘었는데도 빈곤층의 의료 서비스 접근성은 줄었다. "1996년부터 1999년 사이 다국적 의료 기업의 수입이 미국에서보다 라틴아메리카에서 훨씬 빠르게 증가했다." (2) 공공 부문의 아웃소싱과 예산 삭감 때문에 예방 의학 프로그램이 축소되었고 그 결과 콜레라, 뎅기열, 티푸스처럼 예전에 사라졌던 질병이 전염병으로 다시 출현했다. (3) 미국의 여러 주에서 일어났던 일처럼, 공공 의료 시스템을 민영화하여 거대한 수익을 올렸던 민간 의료 회사들과 건강 보험 회사들은 수익률이 떨어지자 현지에서 철수해버렸다.[22]

기업의 아웃소싱은 이제 지구화와 거의 동의어가 되었다. 우리는 이미 4장에서 신국제 분업—전 지구적 통합 시대의 전신으로—의 토대 위에서 '세계의 공장'이 출현했던 사실을 살펴보았다. 이런 양상은 무역 관련 투자 조치 때문에 더욱 강화되었고, **'전 지구적 분업'**으로서 공고하게 자리 잡았으며, 이제 고임금·저임금 서비스와 단기간에 변질되기 쉬운 농산물 부문에까지 확대되었다. 생산의 아웃소싱은 정보 통신 기술의 확대, 특히 컴퓨터 기술과 섬유 광학의 발전에 의존하고 있다. 예를 들어, "칠레에서 케냐로 40쪽짜리 문서를 이메일로 보내면 10센트도 들지 않지만, 팩스는 10달러, 특급 우편은 50달러가 든다." 21세기에 접어든 후 "단 하나의 회선을 통해 1초당 전송되는 정보의 양이 1997년에 전 세계 인터넷을 통해 한 달 동안 전송된 정보의 양보다 더 많아졌다."[23] 이런 식으로 시간이 단축되어 공간적 거리가 압축된 탓에 기업이 전 세계 각지의 흩어진 생산 활동을 아웃소싱할 수 있는 능력이 향상했다. 공급 사슬을 통한 부품의 이동뿐만 아니라 계절과 시간대를 넘나드는 식품의 이동을 중앙에서 조정할 수 있게 된 것이다. 1970년대부터 시작된 생산직의 지속적인 국외 이전에 더해, 1990년대 들어 **서비스직** 역시 북반구에서 남반구로 이동하기 시작했다. 예를 들어, 1996년부터 2000년 사이 미국 기업의 아웃소싱이 1천억 달러에서 3450억 달러 규모로 급증했는데, 주로 콜센터, 그래픽 디자인, 컴퓨터 프로그래밍, 회계 등의 분야에 집중되었다.[24] 예를 들어, 카리브 제도에서 창출된 신규 일자리 대부분이 데이터 처리와 관련된 것이었다. 이는 미국의 거대 보험 산업, 의료 산업, 잡지 구독 갱신 업무, 소비자 신용 대여 업무, 그리고 소매업이 저비용 지역으로 이전했기 때문이었다. 스위스항공(Swissair), 영국항공(British Airways), 루프트한자(Lufthansa) 같은 항공사들은 예약 업무 중 많은 부분을 인도 벵갈루루 지역으로 이전했는데 이곳의 "직원들은 영어로 가르치는 대학에서 교육을 받은 데다 북반구의 직원들보다 훨씬 낮은 임금으로 채용이 가능하다." 스위스항공은 다음과 같이 말한다. "우리는 스위스인 한 사람을 쓰는 비용으로 인도인 세 사람을 고용할 수 있다." 수익 회계 업무를 국외로 이전하면 800만 프랑크와

취리히의 120개 일자리를 절약할 수 있다. 동유럽은 노동 집약적인 컴퓨터 프로그래밍의 경쟁적 투자처로 점점 더 각광받기 시작했고, 이 지역에 '가상 착취 공장(virtual sweatshop)'도 많이 들어섰다. 예를 들어, 루마니아 노동자들은 서구의 부유한 컴퓨터 게임 소비자들을 위해 온라인 게임 서비스 노동을 제공한다.[25] 인도의 델리에 소재한 통신 회사 셀렉트로닉(Selectronic)은 무료 발신 국제 전화로 미국 의사들이 구술해주는 환자 처방전을 받아 적어 텍스트로 정리한 후 그것을 미국의 민간 의료 보험 회사인 HMO(Health Maintenance Organization)로 전송한다. 다른 한편, 아메리카 온라인(America Online)은 600명의 필리핀인을 고용하여 매일 1만 건에 달하는 기술 관련, 고지서 관련 문의를 처리하게 한다. 아메리카 온라인의 고객 이메일 시스템의 80퍼센트를 차지하는 미국이 주된 문의처이다. 고용된 고객 담당 필리핀 직원이 받는 일당은 미 본토의 미숙련 노동자가 한 시간에 받는 시급과 같은 수준이다. 인도에 아웃소싱된 콜센터의 성격이 상품의 연구 개발, 금융 분석, 보험 처리, 급여 지급 등으로 상향 변동함에 따라 콜센터 직원의 급여가 50퍼센트나 인상되었고, 그 까닭에 필리핀으로 콜센터를 아웃소싱하는 경우가 늘어났다. 이러한 변화로 인해 필리핀에서는 5년 동안 콜센터 관련 일자리가 100퍼센트나 증가했고, 2006년 하반기에는 취업자가 모두 20만 명 선에 달할 정도가 되었다.[26] 오늘날 인도는 사무 지원 산업의 확대 기회를 유지하기 위해 아웃소싱 업무를 다시 아웃소싱하고 있는 실정이다. 인도의 급여 수준은 오른 반면, 중국, 모로코, 멕시코가 인도의 사례를 본뜨고 있기 때문이다. 인도의 타타 컨설턴시 서비스(Tata Consultancy Services)는 멕시코, 브라질, 칠레, 우루과이에 사무소를 두고 있다. 코그니전트 테크놀로지 솔루션(Cognizant Technology Solutions)은 미국의 피닉스와 중국 상하이에서 지부를 운영하며, 인포시스(Infosys)는

아웃소싱 하청을 받아 그것을 다시 필리핀, 타이, 폴란드, 중국, 멕시코 등지로 하청한다.[27]

인도의 IT 서비스 산업은 연간 30퍼센트에서 60퍼센트 비율로 확대되어 왔는데, 초국적 기업이 운영하던 고객 서비스 센터 업무를 넘어 '가상 서비스(virtual service)'라는 새로운 영역을 개척하는 중이다. 예컨대, "의료 부문에서, 어느 한 나라에서 초음파 스캔을 하여, 그것을 다른 나라에서 판독하고, 제3국에서 두 번째 판독을 한 후, 원래 나라로 다시 보내는 일을 들 수 있다."[28] 요즘 전 세계를 대상으로 강의를 하는 경제학 교수들 역시 또 다른 모바일 '가상 서비스'의 사례라 할 것이다. 토머스 프리드먼은 이것을 '기술의 민주화'―그가 내놓은 '평평한 세계'라는 개념의 전신―라고 부르는데, 이에 따르면 남반구의 기술적 역량이 늘어난 덕분에 전 지구적으로 고른 경기장 위에서 공정한 게임을 펼칠 수 있다고 한다.

특히 인도는 전통적으로 영어를 사용해 왔기 때문에 상당한 이점을 누리고 있으며, 마찬가지로 카리브 제도, 남아프리카공화국, 파키스탄, 필리핀 같은 나라에서 사용하는 특정 언어는 이제 이런 류의 서비스 아웃소싱에서 비교 우위의 대상이 되었다. 델리의 스펙트라마인드(Spectramind)라는 콜센터 운영 업체에서는 직원들에게 영국 왕실에 관한 2시간짜리 세미나를 실시할 뿐만 아니라, "입사자들은 영국 문화에 관해 20시간씩 집중 수업을 받는다. 지역 사투리를 익히기 위해 연속극을 시청한다. 요크셔 푸딩이 어떤 음식인지도 익힌다. 영국 특유의 변덕스러운 날씨에 관해서도 배운다." 미국 텔레비전 프로그램과 스포츠 속어를 배우는 직원들도 있다. "이들은 야구 경기의 복잡 미묘한 특징을 익히고 책상 위에 '테네시 타이탄스' 팀의 우승기 모형도 올려놓는다."[29] 1991년에 있었던 자유화 조치 이후 외국계 회사들은 IT, 금융 서비스, 기업 업무 처리, 제약, 자동차 부품 등을 아웃소싱하려고 인도에 지사를 설립했다. 이렇게 해서 수많은 신규 일자리가 새로 만들어졌고 북반구에 비해 연 경제 성장률이 두 배나 높을 정도였다. 벵갈루루, 하이데라바드, 델리, 뭄바이 같은 도시들은 새로운 부에 힘입어 '전 지구적 도시(global cities)' 반열에 올랐다.[30] 하지만 벵갈루루 주민 중 3분의 1은 여전히 슬럼 거주자이고, "주민의 절반은 카푸치노 커피는 말할 것도 없고 상수도조차 없이 살아가며, 6만 명에 달하는 컴퓨터 전문가보다 9만 명으로 추산되는 넝마주이와 길거리 노숙 어린이들이 훨씬 더 많은 실정이다.[31] 인도 전체 인구 중 2억 3천만 명이 아직도 황폐한 농촌 지역에 살고 있을 뿐만 아니라, IT 부문의 소득을 모두 합쳐도 전 국민 총소득의 2퍼센트 미만에 불과하다. 고용 규모로 따져봐도 매년 800만 명의 노동력이 쏟아져 나오는 나라에서 IT 산업이 흡수하는 인력은 100만 명밖에 되지 않는다.[32] 이처럼 아웃소싱은 국내에서보다 국가 사이를 연결한 네트워크 속에서 더 많은 부를 생산한다.

하청 생산을 위해 농지를 수용하는 것은 일상적인 일이 되었다. 물론 아무 저항 없이 농민들이 고분고분하게 땅을 내놓지는 않는다.[33] 리복(Reebok)과 나이키(Nike) 신발을 생산하는 공장이 있는 중국 둥관 시의 현지 농민들은 공장에서 지불하는 토지 사용료로 생활하며, 낙후된 오지에서 몰려온 수십만의 농민공이 저임금 노동력을 채우고 있다.[34] 1970년대 후반에만 해도 벼농사 지역이던 다탕(大塘)은 가내 공업으로 양말을 만들기 시작해 현재 연간 90억 켤레의 양말을 생산하는 거대 생산 지역이 되었다. "다탕이 양말 산업의 중심지라는 표시는 어딜 가나 볼 수 있다. 다탕의 중심가는 정부의 지원을 받아 건설한 거대 양말 시장으로 변했다. 과거 논이었던 곳에 포장 도로가 끝없이 들어섰고 모두 비슷비슷해 보이는 공장이 늘어서 있다. 빌딩 바깥에는 양말을 선전하는 플래카드가 휘날린다."³⁵ '양말 도시'로 불리는 다탕은 연안을 따라 건설된 수많은 생산 신도시 중 하나에 속한다. 동남부에는 전 세계 넥타이의 수도인 선저우(深州)가 있고, 서부에는 스웨터 도시와 아동복 도시, 그리고 남부의 저임차료 지대에는 속옷 도시도 있다.³⁶ 이런 도시 중 한 곳의 청바지 공장에서 촬영한 영화 〈차이나 블루〉는 오지 출신 십 대 소녀들의 노동력에 의존하는 청바지 생산업자들을 그리고 있다. 이 영화는 민속지적인 접근을 취하고 있는데 영국의 원구매자가 비용을 절감하라는 압력을 공장주에게 가하고, 그 압력이 가장 취약한 노동자에게까지 내려가는 과정을 자세히 묘사한다. 노동자들은 간혹 적기 생산 방식에 따른 주문 물량을 맞추느라 40시간씩 연속 노동을 해야할 때도 있다. 윤리적 상품을 판매하라는 압력을 받는 영국의 원구매자는 감독관을 현지에 파견하기도 하지만 이들은 제품의 품질에만 신경 쓸 뿐 가짜 노동 시간 기재표를 자세히 살펴보지도 않는다. 또한 하청 공장 사장이 감독관의 질문에 대비해 종업원들에게 어떻게 대답할지를 미리 훈련시키는 경우도 있다.

전 지구적 슈퍼마켓 혁명은 '원구매자 주도 상품 사슬(buyer-driven commodity chains)'의 아웃소싱 모델에 기반을 두고 있다. 이 사슬에 따라 계약 영농 재배업자들이 중앙화된 식품 가공 과정과 소매업체에 연결된다.³⁷ 아홀트, 까르푸, 월마트 같은 초국적 회사들이 라틴아메리카의 슈퍼마켓 체인 중 상위 5대 기업을 이루며, 이들은 라틴아메리카 전 지역의 농가에서(그리고 자체 보유한 식품 가공 공장에서) 농산물을 중앙 집중식으로 조달하여, 네슬레, 퀘이커(Quaker)와 함께 남아메리카 4개국 공동 시장(Mercosur) 무역 지대 동쪽의 소비자 시장으로 상품을 공급한다. 식품 판매의 35퍼센트를 슈퍼마켓 체인이 지배하는 과테말라의 경우, "슈퍼마켓 체인이 갑자기 등장하면서 수많은 빈곤 소농에게 예기치 않은 곤경이 닥쳤다." 소농들은 슈퍼마켓과 구속력 있는 계약 관계를 맺지 못했고, 슈퍼마켓이 요구하는 새로운 품질 기준을 언제나 일관성 있게 맞추기 어려우며, 소매업자에게 거의 무제한으로 공급을 하는 소농들 간의 경쟁 때문에 농산물 가격은 계속 떨어지고 있는 실정이다.[38]

'품질 기준'은 아웃소싱 혁명에서 가장 중요한 요소라 해도 과언이 아니며, 특히 단기간에 변질되기 쉬운 상품은 더욱 그러하다. 세계무역기구의 무역 규정은 민간 업자들의 광범위한 생산 기준을 통해 한 번 더 보완되고 있는데, 이에 따르면 품질, 안전성, 포장, 편의성 같은 기준을 엄격하게 준수해야만 한다. 새롭게 등장한 '품질 감독 문화(audit culture)'는 글로벌 GAP(Global Good Agricultural Practices) 같은 인증 제도를 발전시켰는데 이것은 흔히 공적으로 요구받는 식품 기준을 훨씬 상회하는 수준이다. 이 인증 제도는 유럽의 슈퍼마켓 체인 연합에서 제정한 것인데 곡물 재배, 가축 재배, 양식업을 대상으로 한 품질, 안전성, 환경, 노동 기준 등을 엄격히 따진다.[39] 슈퍼마켓의 입장에서는 위험 요소를 관리하려면 생산 과정을 확실히 감독할 필요가 있다. 영국의 슈퍼마켓들은 위험 요인에 노출되는 것을 최대한 줄이기 위해 생산과 배급 과정에 대한 통제를 강화했다.[40] 케냐에서 재배한 원예 작물의 90퍼센트가 유럽(특히 영국)으로 수출되는데, 1990년대 중반에 소농들에 의한 계약 생산 방식이 중앙 집중화된 농장 노동과 포장 공장 출하 방식으로 바뀌면서 농촌 여성이 이주 노동력으로—가구의 생계를 감당하기 위한 전략상—전환되었다.[41] 이와 유사하게 '신농업 지대'로 불리는 브라질의 상프란시스쿠 밸리에서는 망고, 포도, 토마토, 열대성 체리(acerola)를 생산하는데, 그 과정에서 엄격한 품질 관리와 생산품 외형 기준을 충족해야 하며, 노동 조건과 환경 조건을 준수해야만 한다.[42]

사례_ 필리핀의 아웃소싱 현황

스티븐 맥케이(Steven McKay)는 지구화가 위로부터 부과된 획일적 과정이라는 통념을 비판하면서 하이테크 전자 제품을 생산하는 데 필요한 기업의 외주 전략이 값싼 노동력에 대한 접근성만을 의미하지는 않는다고 지적한다. 현지의 노사 관계가 전 지구적 기업 활동에 영향을 주기도 하기 때문이다. 이 경우 필리핀이 인텔, 텍사스 인스트루먼츠, 필립스(Philips), 도시바(Toshiba), 히타(Hitachi) 같은 초국적 기업들과 협력하여 노동조합을 우회하고, 노동력의 충성도와 노동 기술—기술 집약적 생산 요구와 반도체, 컴퓨터 하드디스크의 시험 생산에 필요한—을 확보하는 데 젠더와 종족에 근거한 고용 정책을 시행했던 사례를 살펴볼 필요가 있다. 필리핀이 하이테크 생산직을 비정규직화한 게 아니라 오히려 정규직화한 것을 두고 맥케이는 "기업의 입장에서 보면 특정 지역에 특별한 투자를 한 것, 그리고 노동 활동의 일부를 전략적으로 현지화한 선택으로 볼 수 있다. 이러한 선택을 한 까닭은 생산비를 낮추고 노동통제와 노동자의 헌신성을 더 잘 확보하기 위해서였다."라고 지적한다.

국가가 민영화할 때 공공 서비스를 아웃소싱으로 처리하곤 한다. 그런데 필리핀의 경우, 외국 투자를 유치한 국가가 초국적 기업이 엄선된 노동력—젠더와 종족에 따라 특별히 선택된—에 접근할 수 있도록 지원함으로써 시민의 주권까지 민영화한 것으로 볼 수 있는데, 이는 어떻게 해석할 수 있을까?

출처 : McKay, 2006 : 13-14, 39, 130, 170, 188-189, 197, 217.

사례_ 바베이도스 제도의 하이힐과 하이테크

칼라 프리먼(Carla Freeman)은 카리브 제도의 '핑크 칼라' 노동과 정체성에 관한 혁신적 연구를 통해 아프리카계 카리브 주민들이 정보 과학 산업 부문에서 어떤 식으로 전 지구적 분업을 받아들였는지 조사했다. 카리브 제도 국가들은 멕시코가 북미 지역의 무역 협정을 통해 특혜를 받는 상황 때문에 불리한 입장에 처해 있었다. 하지만 바베이도스, 자메이카, 트리니다드 같은 수출 지향적 역내 국가들은 외부 발주처에 자신들의 영어 능력을 적극적으로 내세웠다.

문자 해독률이 98퍼센트에 이르는 나라인 데다 차분하고 공손한 서비스로 유명한 바베이도스는 그러한 이점을 살려 역외 정보 처리 노동 — 영국과 미국계 텔레콤 기업의 자회사들이 전 세계에서 아웃소싱을 하는 — 의 중심지로 탈바꿈했다.

"전형적인 교대 근무 상황에서 …… 한 층당 약 50명에서 100명 정도의 바베이도스 여성들이 아침 7시 30분부터 오후 3시 30분까지 개별 칸막이로 된 작업실에서 컴퓨터 앞에 앉아 업무를 본다. 점심 시간은 30분, 그리고 중간에 15분 정도 휴식 시간을 갖기도 한다. 이 여성들은 항공권 매출표, 소비자 상품 보증 카드, 또는 미국의 일류 항공사에서 기내 비치용으로 제공하는 싸구려 소설의 원고, 각종 용구 회사 안내문, 출판업 관련 서류 등을 컴퓨터에 입력하는데, 시간당 자판 입력 속도가 컴퓨터에 기록된다. 어떤 업무이든 간에 컴퓨터를 통한 감시와 감독관들의 눈길을 피할 수 없는 데다 자판 입력 확인 기술 덕분에 회사가 자랑하는 99퍼센트의 정확한 입력 실적에 맞춰 생산 과정이 이루어진다."

이런 노동은 숙련 노동이라 할 수 없고, 분명 젠더화된 단순 노동이긴 하지만, 프리먼의 연구에 따르면 이 여성들은 급여 수준이 더 높은 사탕수수 밭에서 막노동하는 것보다 자료 입력 업무를 더 선호한다고 한다. 이들이 '핑크 칼라' 노동에 끌리는 이유는 여러 가지이다. 우선, 사무직 노동이라는 점과 정보 과학 기술과 관련한 노동이라는 이유 때문이다. 그리고 바베이도스 정부의 공식 개발 계획 — 정보에 기반을 둔 수출을 통해 발전을 이루겠다는 정책 — 에 따라 이들은 산후 휴가, 병가, 유급 휴가와 같은 기본적 고용 혜택을 누릴 수 있다. 마지막으로 사무직 노동은 착용 의복과 소비 행태를 통해 농장 노동이나 공장 노동과는 구분되므로 이 여성들이 "젠더화된 노동 체계 내에서 아프리카계 카리브 사무직 노동자로서 일종의 특권적 계급 지위를 경험"할 수 있기 때문이다.

소득 격차를 지닌 객관적인 '경제' 질서로서 전 지구적 자본주의라는 담론, 그리고 그것이 문화적 필터를 통해 구체적으로 실현되는 방식 — 바베이도스 여성의 경우처럼 개발이라는 주제가 전 지구적 계급과 젠더 관계의 복합적인 현지 결합으로 나타나는 — 사이의 차이를 어떻게 이해해야 할 것인가?

출처 : Freeman, 2000 : 23-48, 65

이동과 배제의 경제 논리

지구화의 그늘에는 딜레마가 숨어 있다. 노동의 비정규화와 종업원 해고가 그것이다.[43] 전 지구적 경제가 팽창했는데도, 아니 어쩌면 팽창되었기 때문에, 남반구의 실업자(추산하기 힘든 장기 실업자를 포함해서) 숫자가 1973년부터 21세기 초 사이에 1천만 명에서 5천만 명으로 늘어났다.[44] 이것이 구조적 실업의 딜레마이다. 자동화와 업무의 아웃소싱으로 인해 안정된 일자리가 사라졌으며, 일단 해고된 노동자는 새 일자리를 찾지 못하게 된 것이다. 이런 과정과 함께 전 세계에서 다른 형태의 이동과 배제도 일어나고 있다. 예를 들어, 구조 조정 프로그램에서 요구하는 수입 대체 산업화 부문의 해체와 공기업의 민영화, 인프라 건설 사업으로 인한 강제 이주(예를 들어, 중국 양쯔 강의 싼샤댐 건설로 120만 명의 이주민이 발생),[45] 내전, 시장의 힘에 의해 와해된 농촌 공동체(농산물 헐값 판매, 토지 집중, 농가 보조 제도 폐지) 등이 그것이다. 21세기 초엽 전 세계 노동력의 3분의 1에 해당하는, 주로 남반구 주민 10억 명이 실업 상태에 놓여 있거나 저고용 상태에 빠져 있는 실정이다.[46]

이동과 배제는 탈농촌화에서부터 시작된다. 농업이 전 세계 대다수 빈곤층의 주된 식량원이자 수입원인데도 그러하다. 전 세계 인류 중 약 38억 명이 농업 부문과 직접 관련이 있으며, 남반구에서는 전체 주민 중 절반 이상이 농민이다. 빈곤국 중에는 전체 주민의 85퍼센트가 농민인 나라도 있다. 유엔식량농업기구는 다음과 같이 말한다. "농업은 농촌 공동체에 사회·문화·환경적 측면에서 엄청난 중요성을 지닌다. 농업은 특히 여성들에게 중요한 경향이 있다. 여성은 가족을 먹이는 책임뿐만 아니라 개발 도상국의 농산물 중 60에서 80퍼센트를 생산하고 있다고 추산된다."[47] 장기적으로 보아 식량 안보는 곡물 종자의 다양성 여부에 달려 있다. 하지만 기업형 영농에서 생산하는 전체 식품 칼로리의 90퍼센트가 15개 곡물에서 나오는 형편이다.[48] 전 세계 모든 곳의 농업이 농기업과 전 지구적 소매업에 종속되면서 농민들은 일자리 없는 성장 시대에 전 세계 슬럼 지대로 한없이 밀려들고 있다.

5장에서 보았듯이 신자유주의적 식량 안보라는 말은, 남반구의 많은 나라에서 자국 농산물 생산보다 수입 먹을거리를 더 중시한다는 뜻이다. 농민들의 초국적 운동인 '비아 캄페시나(Via Campesina)'는 다음과 같이 지적한다. "전 세계적으로 엄청난 양의 식량이 이동하는 현실 탓에 인간의 이동도 점점 더 늘어나고 있다."⁴⁹ 세계무역기구의 농업 협정 때문에 북반구의 농가 보조금과 농산물 가격 사이의 연결고리가 끊어지고 농산물 최저 가격선이 무너지면서, **싸구려 농산물**이 '세계 시장 가격(world price)'을 형성했다. 또한 세계 모든 곳의 농민을 희생하면서 전 지구적 식량 산업과 관련한 중개인, 식품 가공업체에 혜택이 돌아가는 실정이다.

자유화 정책은 국제통화기금과 세계은행의 구조 조정 프로그램에 뿌리를 두고 있다. 자유화 정책을 추진하려면 언제나 곡물의 '자유 시장'이 필요했다. 예를 들어, 과거 식량 자급국이던 말라위, 짐바브웨, 케냐, 르완다, 소말리아 등도 자유화를 시행하기 위해 곡물 시장을 개방했다. 10년간 신자유주의 정책을 시행했던 인도의 농무부는 2000년에 다음과 같은 발표를 했다. "농업 성장이 1990년대 들어 위축되었다. 불리한 가격 조건과 낮은 부가 가치 탓에 농업이 비교적 인기 없는 직종이 되면서 농사를 포기하고 이농하는 농민들이 늘었다."⁵⁰ 신자유주의 정책 때문에 주민들이 '자유' 시장에서 쫓겨나는 것은 신자유주의의 역설이라 할 수 있다.⁵¹

전 지구적 경제는 전 세계인들을 국내에서뿐만 아니라 국제적으로도 계층화했고, 전 지구적 경제 통합은 인간의 이동과 배제를 심화했다. 유럽부흥개발은행(EBRD, European Bank for Reconstruction and Development)의 초대 총재인 자크 아탈리(Jacques Attali)는 도발적인 이미지를 차용하여 인류를 '**잘사는 유목민**(부유한 지역의 소비자와 시민)'과 '**가난한 유목민**(전 세계적 규모의 난민)'으로 나눈다.

희망 없는 주변부의 대중은 불안과 초조 속에서 다른 지역의 눈부신 경제 성장을 목격할 것이다. 특히 지리적으로 북반구와 근접해 있고 문화적으로 이어져 있는 멕시코, 중남미, 북아프리카 같은 남반구 지역에서는 수많은 사람들이 끊임없이 밀어닥치는 채울 수 없는 욕구의 물결에 유혹을 느끼고 또 한편 분노를 느끼기도 할 것이다. …… 항공 여행과 정보 통신의 시대에 자기 나라에서는 그 어떤 미래도 없다고 여긴 절망한 사람들이 북반구에서 희망을 찾으려 하는 것은 어쩌면 당연한 일이다. …… 인간의 이동은 이미 본격적으로 시작되었다. 그 규모는 앞으로 늘어나기만 할 것이다. 베를린의 터키계 이주민, 마드리드의 모로코계 이주민, 런던의 인도계 이주민, 로스앤젤레스의 멕시코계 이주민, 뉴욕의 푸에르토리코와 아이티계 이주민, 홍콩의 베트남계 이주민들이 좋은 사례이다.[52]

수면 아래 잠재해 있던 고정 관념에서 기인한 두려움 때문에, 그리고 남반구 사람들이 테러와 연관되어 있을지도 모른다는 우려 때문에, 전 지구적 관리자들과 북반구의 소비자-시민은 전 세계적인 노동 이주를 막으려고 애쓴다. 이런 경향의 결과로 다양한 반응이 나오고 있다. 북반구에서 '울타리를 두른 동네'와 대형 수브(SUV) 차량이 늘어나고, 시민권이 축소되는가 하면, 2011년 노르웨이에서는 인종 혐오 때문에 대중을 무차별 살상하는 사건이 벌어지기도 했다.

북반구의 언론을 일별해보면 전 세계적으로 지하 노동력을 이루는 다양한 종족 분포에 관한 대중의 우려가 널리 퍼져 있음을 알 수 있다. 이런 분위기는 이른바 '초청 노동자(guest workers)'에 대한 폭력 사태로 이어지기도 한다. 동유럽, 터키, 중앙아시아, 중국, 프랑스어권 서아프리카에서 건너온 수백만 '불법' 이주자가 식당, 건설 현장, 농장에서 일하고 있는 유럽 대륙에 이런 태도가 만연해 있다. 이들은 "노동자의 권리, 그리고 국가의 보호나 사회적 혜택을 전혀 누리지 못하고 있다. …… 법에 호소할 길이 없는 이들은 법적 최저 임금에도 미치지 못하는 대우와 상시적인 체불

사례_전 지구적 경제와 이주 노동

21세기 초, 전 세계적으로 1억 5000만 명이 이주 노동자로 살아가고 있다고 추산된다. 이 중에서 아시아 여성이 가장 빠르게 증가하는 그룹인데 매년 100만 명 이상이 이주 노동자로 편입된다. 환경 문제로 인한 이주가 점점 더 중요한 현상이 되었다. 2050년이 되면 추가로 10억 명의 환경 이주자가 발생할 수 있다는 보고도 나왔다. 현재의 상황은 다음과 같다.

- 농토가 사막으로 변하는 바람에 고향을 떠나게 된 1억 3500만 명(사막화).
- 토양 침식, 가뭄, 사막화, 범람 등에 취약한 지역에서 1일 1달러 미만으로 연명하는 세계 최빈층 9억 명.
- 기후 변화로 인해 해수면이 상승하면서 고향에서 쫓겨온 2억 명.
- 기후 변화로 인해 기아의 위협이 상존하는 지역 출신 5000만 명.
- 만성적인 물 부족을 이미 겪고 있는 5억 5000만 명.

출처: Baird, 2002 : 10; Boyd, 1998 : 17; Perrons, 2005 : 211; Vidal, 2007a.

에 노출되어 있는 실정이다." 이주 노동 운동가들은 '미등록 이주자(sans papiers)'의 지위를 합법화하는 것이 외국인 혐오증을 줄이는 방법이라고 주장한다.[53] 초청 노동자는 21세기에 새롭게 등장한 현상이 아니다. 해당국의 경제 주기에 따라 유입과 추방이 반복되는 만성적 현상으로 보아야 한다.

북반구 입장에서는 지속적인 이주 노동력의 유입이, 값싼 노동력이 필요한 기업과 하인이 필요한 특혜 계층의 이익에 부합된다. 남반구의 돌봄 노동자들이 여성화되고 국외로 수출되면서 **사랑의 이동과 배제**가 발생했다. 남반구 여성이 북반구 직장 여성의 자녀를 돌보는 것을 '전 지구적 심장이식 수술(global heart transplant)'이라고 부르는데, 이것은 '사랑의 사슬(chains of love)'을 통해 남반구에서 '돌봄의 유출(care drain)'이 일어나는 현상을 일컫는다. 이때 남반구 여성들은 자기 자녀는 제대로 돌보지 못하는 정서적 비용을 치르면서 '전 지구적 유모' 역할을 감당해야만 한다. 고향에 남겨진 아이들은 친척 혹은 집안의 십 대 소녀의 손에 양육될 수밖에 없다.[54]

새로운 수출 품목, 노동

신자유주의가 보장하는 자본의 이동 권리는 노동에는 해당하지 않는다. 하지만 노동은, 그것이 '합법' 노동이든, '불법' 노동이든, 노예·강제 계약 노동이든, 점점 국경을 넘어 일자리를 찾아 헤매고 있다. 이주가 이번 세기에 출현한 새로운 현상은 아니다. 자기 땅에서 사람들을 바깥으로 배출하는 행위는 현대 세계의 발전에 깊이 각인되어 있는 보편적 현상이다. 식민 지배로 말미암아 자유민과 비자유민의 이주가 급격히 늘어났다. 미국만 놓고 보더라도 1810년에서 1921년 사이에 주로 유럽인이 3400만 명이나 이주해 왔다. 오늘날 이주의 특징은 이주민의 여성화이다. 난민과 이산민 중 75퍼센트가 여성과 아이들이다.[55]

1980년대에 추진했던 채무 레짐으로 인해 경제 구조가 재편되면서 3억에서 4억에 이르는 제3세계권의 인구가 국내 이산민으로 전락했다.[56] 국내 이산민이 늘면서 이들은 자기 나라의 대도시에서 다시 북반구로 이주를 단행하여—본국의 가족에게 생활비를 보내기 위해—전 지구적 이주의 물결을 이루었다. 전 세계적으로 외국의 이주 노동자들이 본국으로 보내는 돈에 의존해 살아가는 사람들이 10억 명이 넘을 것으로 추산한다. 예를 들어, 1990년대 터키의 무역 적자분 중 3분의 2를 외국에 있는 터키계 노

동자들의 송금으로 보전했다.[57]

세계은행은 2009년 전 세계의 이주자 송금액이 4140억 달러에 달했다고 추산했다. 이 중 3160억 달러가 1억 9200만 외국 노동자들—세계 인구의 3퍼센트에 해당하는—이 남반구로 송금한 것이었다. 송금을 받는 나라 중에서 전체 GDP의 3분의 1을 송금으로 충당하는 곳도 있다. 또한 외국 송금은 이제 전 세계 외부 금융 총액의 약 3분의 1 수준이다. 더 나아가, 다른 형태의 외부 금융보다 이주 노동자들이 보낸 외국 송금액이 훨씬 더 안정적인 흐름을 이루고 있는 것처럼 보인다.[58]

외국에서 들어오는 송금이 국내에 꼭 필요한 외화의 주요 공급원일 뿐만 아니라, 구조 조정과 민영화 시대에 송금 자금은 공공 사업을 보완하거나 공공 사업의 주요 재정원이 되기도 한다. 따라서 인도네시아의 촌락에서는, 공적 자금 대신에 외국에서 들어오는 송금을 활용해 학교, 도로, 주택을 건설한다. 이주 노동자들이 멕시코의 사카테카스에 새 도로, 학교, 교회, 상수도 시설, 공원을 건설하는 데 600만 달러를 지원하기도 했다. 멕시코의 비센테 폭스 케사다(Vicente Fox Quesada) 대통령은 2002년에 다음과 같은 발언을 했다. "외국에서 송금을 받는 가족들이 그 돈으로 아이들의 신발, 교복, 책을 구입하곤 했다. 그러나 이제 우리는 송금액의 일부를 일자리를 창출할 수 있는 공공 프로젝트의 건설에 쓸 수 있도록 유도할 계획이다." 이주 노동자들이 송금한 액수만큼 국가가 대응 자금을 출연하여 고향 동네의 공공 프로젝트를 추진하겠다는 발상인 것이다.[59] 인도 남부 케랄라 주의 사례도 있다. 이곳은 유엔이 1975년 보건과 교육 관련 지출이 우수하다고 인정할 만큼 사회적으로 대단히 진보적인 지역이다(평균 수명과 문자 해독률이 인도 전체 평균보다 훨씬 높음). 이처럼 시장에 의존한 개발 모델보다 사회적 우선순위를 강조하는 '케랄라 모델(Kerala model)'의 지역인데도 지방 세입의 25퍼센트를 향토 출신 이주 노동자들—주로 페르시아 만 연안 국가에서 일하는 200만 명의 노동자—이 보내 오는 송금에 의존하고 있다.[60]

외채 위기가 가중되면서 노동 수출이 중요한 외화 획득 방안이 되었다. 예를 들어, 외국에 나가 있는 필리핀 출신 이주 노동자들의 연 송금액은 57억 달러에 이른다고 한다. 약 600만 명의 필리핀인이 전 세계 130개 국가에서 계약직 노동자(선원, 목수, 석수, 기계공, 가정부)로 일하고 있다.[61] 필리핀 정부는 수출 지향적 발전 전략에 노동 수출을 이미 포함시켜 놓은 상태이다.[62] 따라서 필리핀은 제품 수출뿐만 아니라 주로 원유 수출 지역인 중동으로 노동을 수출하는데, 국내의 인력 송출 중개업자들이 외국 수출 노동력의 규모를 관리한다. 예를 들어 노스웨스트 플레이스먼트(Northwest Placement)라는 민간 국외 이주 중개 회사는 외국의 일자리를 구해주는 대가로 1인당 5천페소(181달러)를 받는다. 이 액수는 필리핀 노동부가 고시한 최고치이다. 이 신청금으로 의료 보험, 비자 발급, 정부 출국 허가 경비 등을 충당한다. 이런 상황에서 수많은 무인가 대행 업체가 영업을 하는 현실은 전혀 놀랍지 않다.[63]

국제 노동의 이동은 공식 정책과 완전히 비공식적인 노동 조건이 결합한 형태이다. 이주 노동자의 인권은 흔히 무시된다. 예를 들어, 중동 페르시아 만 연안 국가들은 노동자를 강제 계약 형태로 묶어놓고, 시민적 권리도 보장하지 않으며, 다른 직종을 선택할 자유도 주지 않고, 열악한 고용 조건을 호소할 통로도 마련해주지 않는다. 게다가 임금은 노동자의 출신 국가 소득 수준에 맞춰 지급한다. 이주 노동자들은 현지에 도착하는 즉시 여권을 맡겨야 한다. 이들은 일 주일 내내, 하루 12시간에서 16시간씩 일해야 한다. 아시아의 인력 송출 국가들은 외화를 벌어들이려고 자

그림 6-1 **남반구 국가 중 외국 송금을 받는 상위 10개국(2006~2010)**

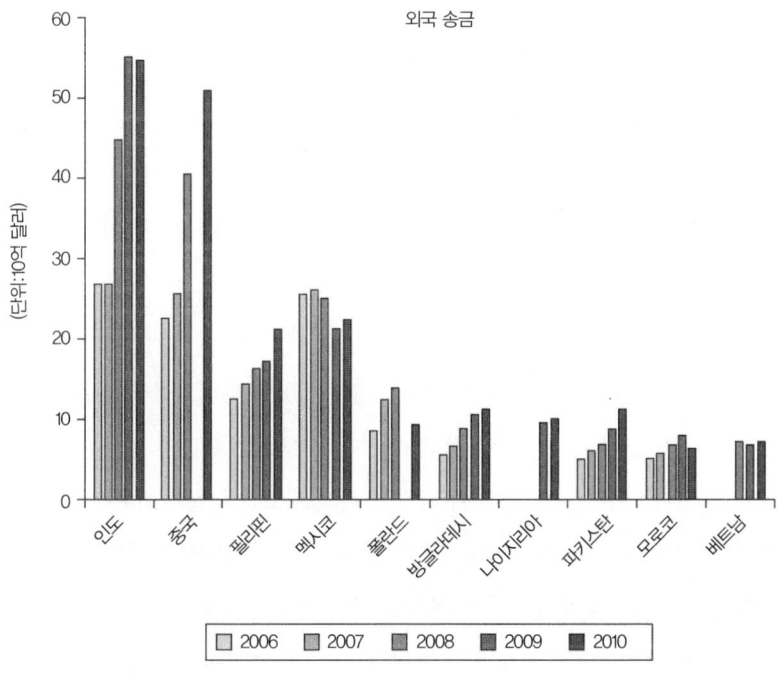

(출처: wikipedia/Remittance)

국 노동자들이 외국에서 착취당하는 현실을 수수방관한다고 한다. 국제 노동 운동 관련 기구들은 이런 문제에 효과적으로 대처하지 못했다. 특히 중동 국가들은 국제 무대에서 자국의 노동 조건이 공개적으로 거론되지 못하도록 공조해 왔다.[64]

미국은 전 세계에서 노동자들이 이주해 오는 나라이다. 미국으로 건너 오는 이주자의 규모가 워낙 방대하여 이들은 미국 사회에 동화되기보다 자신의 문화적·언어적 전통을 고수하는 경우가 많다. 노동 유입국에 노동 송출국의 문화가 겹쳐질 때 **다문화적** 효과가 발생한다. 하지만 뉴욕

시의 노동국 직원이 증언하듯 그런 결과가 반드시 좋은 것만은 아니다. "뉴욕 시의 베트남, 쿠바, 도미니카, 중남미, 중국계 이주자들이 모여 사는 동네에서 운용되는 지하 경제의 경우 동포가 동포를 착취하는 일이 허다하다."[65] 신자유주의적 구조 조정과 경제 상황의 불확실성은 '토박이 우선주의(nativism)'를 포함한 '종족 중심주의(ethnicism)'를 강화했다. 예를 들어, 이주 노동자 문제에 역풍이 불면서 미국의 정치 담론이 미등록 멕시코 이주 노동자 문제를 중심으로 양분되는 경향을 보인다. 하지만 흔히 이런 논쟁에서, 미국에서 수입한 값싼 옥수수로 인해, 그리고 북미자유무역협정이 체결되면서 농가 신용 제공 제도가 폐지된 탓에 멕시코에서 200만 명이 넘는 농민이 농사를 포기해야 했던 사실은 망각되곤 한다.[66]

노동의 이동이 심화될 수밖에 없었던 원래의 조건을 생각해보면 다문화주의(multiculturalism)가 상당히 많은 문제를 지닌 이상적 사상임을 알 수 있다. 노동 수출의 현장에서 이주 노동자의 인권과 대표성은 무시되며, 전 세계 경제 중심지에서 경제와 공동체 삶의 조건이 악화되면서 '배제의 정치(exclusionist politics)'가 폭발했고 그것은 다시 문화적 소수자들을 희생양으로 삼고 있다. 원래 개발 프로젝트가 추구했던 이상은 광범위한 계급 운동과 정치적 동맹—동화 그리고 자원의 재분배를 중시하는—에 근거한 '포용의 정치(politics of inclusion)'를 하자는 것이었다. 하지만 신자유주의로 인해 포용의 정치를 하겠다는 이상은 경제 개혁에서 비롯한 분리주의 정치에 위협받고 있다. '바닥을 향한 질주(race to the bottom)'는 단지 임금 삭감만을 의미하는 게 아니라, 정체성의 차이를 둘러싼 긴장을 의미하는 것이기도 하다.

사례_ 전 지구적 인신 매매와 여성의 인권

인신 매매는 오늘날 전 지구적 시장에서 가장 빠르게 성장 중인 강제 계약 노동 형태이자, 중요한 인권 침해 문제라 할 수 있다. 전 세계적으로 연간 70만에서 200만에 달하는 여성과 어린이가 매매되고 있으며, 인신 매매되어 위험한 일을 강제로 해야 하는 사람이 약 1천만 명으로 추산된다. 인신 매매는 마약 밀매와 무기 거래에 이어 세 번째로 규모가 큰 불법 거래 활동이다(연간 약 60억 달러의 수익을 낸다고 추산됨). 오늘날 어린이 인신 매매의 규모는 과거 대서양 노예 무역이 최고조에 달했을 때보다 약 10배나 더 큰 규모이다. 이들의 최종 종착지는 농장, 식당 일, 가사 노예 노동, 어장, 매매혼, 노점상, 가게 점원, 그리고 성매매이다.

인신 매매된 사람들 — 법적 지위도, 외국어 구사 능력도 없는 — 의 인권 착취는 너무나 쉽게 자행되고, 그 양상도 광범위하다. 1990년 이래 성매매와 착취 공장 노동 분야에서만 약 3천만 명의 여성과 어린이가 인신 매매의 대상이 되었다. 인신 매매가 늘어난 이유는 전 지구적 빈곤의 여성화, 그리고 인터넷이 성매매의 포럼 기능을 하는 현실과 직접 연관되어 있다.

타이의 경우, 동아시아의 급격한 경제 성장 탓에 문화적 전통과 가족 생활에 큰 변화가 오면서 1980년대부터 여성들의 이동이 본격적으로 시작되었다. 농촌 지역의 젊은 여성들이 고향으로 송금할 수 있는 수입을 찾아 수도 방콕으로 밀려들었다. 그중 다수가 유럽, 미국, 일본, 동남아의 다른 국가, 오스트레일리아, 남아프리카공화국, 또는 페르시아 만 연안으로 다시 건너갔다. 그곳에서 이들은 거짓 선전에 넘어가거나 혹은 본인의 선택에 따라 급성장 중이던 향락 산업에 자리를 잡았다.(성매매는 교육 수준이 낮은 여성들에게 비교적 고소득 일자리에 속한다.) 타이 국내 섹스 관광 산업에 영향을 받아 외국에서도 타이 여성을 찾는 수요가 늘었다. 타이 북부 지방에서 조사한 한 연구에 따르면 전체 가구 소득의 28퍼센트가 외지에 나간 딸들이 보내주는 송금액으로 충당된다고 한다. 타이 여성들이 외국으로 진출하는 공통적인 동기는 가난과 빚에서 벗어나려는 것이다. 또한 부모가 선금을 받고 자기 딸을 전 세계 향락 산업에 팔아넘기는 경우도 허다하다. 아니면 여성이 스스로 약 500달러 정도의 중개료를 내고 취업하기도 한다. 성매매 산업에 발을 내딛는 순간, 여성들의 인권은 사라진다. 강제 계약 노동에 시달리고, 불법 성매매와 불법 거주 등의 혐의로 체포될 수도 있으며, 외국에서 의료 보험이나 사회 서비스 혜택을 받을 수도 없고, 강제로 성을 팔아야 하는 데다, 인간 면역 결핍 바이러스(HIV)에 감염될 위험도 크고, 인종 차별을 받기 쉬우며, 체포될 경우 공개적으로 수치를 당하기 쉽다.

인신 매매를 근절하려는 노력 앞에는 여러 장애가 놓여 있다. 우선 딸을 팔아넘긴 가족과 중개업자의 결탁 때문에 문제 해결이 어렵다. 지하 산업의 고용주가 쳐놓은 덫에 빠진 여성들 자신의 생활상도 문제 해결을 어렵게 만든다. 또한 국제적 평판이 나빠지는 것을 피하려 드는 송출국 정부가 필요한 정보를 숨기기도 한다.

자국의 정부가 외화나 관광 수입을 잃을까 봐 적극적으로 개입하기를 꺼려할 때 국제 인권 단체들은 인신 매매의 비극을 막기 위해 어떤 일을 할 수 있을까?

출처 : Pyle, 20001; Skrobanek et al., 1997 : 13-31, 68, 103; "Slavery in the 21st Century", 2001 : 18; Worden, 2001.

비공식 경제의 출현

지구화 프로젝트는 야누스의 얼굴을 하고 있다. 지구화는 시장의 문화를 과장스럽게 강조하면서 동시에 공식적인 시장과 정반대인 가치를 극대화한다. 즉, 비공식적이거나 주변적인 활동을 키우는 것이다. 비공식적 문화에서 사람들은 시장의 주변부를 맴돌고, 비정규적이고 규제되지 않은(흔히 하청 업무의) 일을 하며, 여럿이 함께 일하거나 노점상, 또는 법에 어긋난다고 여겨지는 경제 활동에 종사하기 쉽다. 개발에서 소외되거나 주변화된 사람들은 시장적 문화와 비교되는 자체 문화를 형성하곤 한다. 비공식 문화가 공식 문화에 대항하는 진정한 대안인지, 아니면 그저 공식 문화로부터 인정받지 못하거나 형편없이 열악한 주변부 문화에 불과한 것인지는 맥락에 달린 문제이다. 예를 들어, 생계형 농업을 되살리는 것이, 농토를 활용할 수 있는 한, 농촌의 임노동자로 살아가거나 농촌의 주변부에서 근근이 살아가는 것보다 생활 수준을 더 높일 수도 있다. 주변화 현상(marginalization)은 이동과 배제의 형태와 긴밀하게 맞물려 있다. 예를 들어, 공식적 경제 활동의 팽창·수축 사이클 혹은 소수 기업의 수중에 자원이 집중되는 현실은 비공식화를 낳을 수밖에 없다.

비공식화(informalization)는 일종의 정치·문화적 과정이다. 시장 사회가 등장하면서 세금 수입을 확보할 목적으로 국가는 공식적 경제의 범위를 확정하고 규제했다. 그러나 공식적 경제의 경계 짓기는 언제나 불완전하고 유동적이었다. 보통은 의도적으로 경계가 나누어졌고, 관습적으로 인정되기도 했다. 예를 들어, 하인이나 가사 도우미는 늘 '세금을 내지 않고' 일하는 게 정상이었다. 중소 기업 부문에는 비정규직이 따르기 마련이었고, 대규모 사업체라 하더라도 추수 기간에만 고용되는 계절성 노동자는 공식적 경제에서 제외되곤 했다. 또한 전 세계에서 매일 이루어지는 엄청난 양의 노동—예컨대, 가사 노동이나 가족 텃밭 돌보기—이 모두 무임금, 비과세 노동인 것이다.

합법적·도덕적 의미로 포장된 공식적 경제와 불법적·비도덕적 의미로 포장된 비공식적 경제를 구분하는 것은 인위적인 구분 혹은 정치적인 구분에 불과하다. 그렇지만 우리가 여기서 이 둘을 구분하는 이유는 그러한 구분을 통해 공식적이고 형식적인 개발 전략의 한계를 드러내고, 공식적이지 않은 대안적 생존 전략을 확인하기 위해서이다. 물론 이 둘은 긴밀하게 연결되어 있고, 서로가 서로의 조건을 형성한다. 경제학자들과 정부가 공식, 비공식 경제를 구분하는 것은 국민 계정 체계에서 합법적인 금전 교환만을 측정하기 때문이다. 비공식적 경제 활동을 무시한다면 개발 정책은 매우 중요한 사회적 재생산 메커니즘—공식적인 '생산 경제'가 의존하고 있는—을 경시하고 홀대하는 셈이 된다. 이런 식의 인위적 구분은 구조 조정 프로그램의 위기를 잘 드러내 보여준다. 또한 물질 생산 활동의 젠더화된 기반을 부각해 보여주기도 한다. 바라티 사다시밤(Bharati Sadasivam)은 다음과 같이 말한다.

구조 조정 프로그램이라는 어휘는 거의 전적으로 '생산 경제(productive economy)'에만, 그리고 수익 창출과 비용 처리에만 집중한다. 그 과정에서 인간의 욕구를 충족해주고 삶을 지탱해주는 '재생산 경제(reproductive economy)'에는 전혀 주의를 기울이지 않는다. 주류 거시 경제학 모델에서는 재생산 과정과 인적 자원이—자원이 어떤 방식으로 재분배되든 상관없이—계속 유지될 것이라고 가정한다. 주류 거시 경제 모델은 출산, 양육, 장보기, 취사, 가사 같은 노동과 생산이 경제에 크게 기여하는 바를 덮어버린다. 국가의 서비스를 삭감하고 시장의 힘을 마음껏 풀어놓는 구조 조정 정책과 같은 경제 개혁은 그러한 개혁이 '생산 경제'와 '재생산 경제' 간의 관계에 어떤 영향을 끼칠 것인지를 고려하지 않는다. 왜냐하면 '재생산 경제'를 떠받치는 것은 무임금, 비시장적 노동을 하는 여성들인데, 거시 경제학에서는 이런 일을 하는 여성 노동력이 무한정 공급될 수 있다고 가정하기 때문이다. 거시 경제학은 여성의 노동이 '재생산 경제'에서 발생하는 변화—국가 보조금과 서비스 삭감 그리고 생필품 가격과 세금 인상 같은 거시 경제 정책 때문에 발생하는—에 잘 적응하고, 변화로 인해 발생하는 결함을 보충해줄 것으로 기대한다.[67]

'비공식 경제'는 두 가지 서로 연관된 영역—위에서 보았듯이 생산을 보완하는 사회적 재생산 활동, 그리고 세금을 내지 않는 비공식적 '생산' 활동—을 모두 포괄한다. 예를 들어, 전 세계에서 가장 큰 슬럼 지대 중 하나인 인도 뭄바이 시의 다라비에서 연간 12억 5천만 달러 규모의 '비공식' 산출물이 생산된다. 이는 대부분 1600만 명이 거주하는 인근 뭄바이 시에서 나오는 폐기물을 다라비의 25만 노동자들이 재활용함으로써 나온다. 하지만 다라비 슬럼 거주자들의 왕성한 생활력을 찬양하기 전에 다음과 같은 점을 지적할 필요가 있다. "대다수 가내 수공업 공장은 공공 부지에 불법적으로 건립된 것이고, 전기를 몰래 끌어다 쓰는 경우가 다반사이며, 허가를 받고 상거래 활동을 하는 경우도 없다. 주민 1,500명당 화장실이 1개꼴로 있고, 공공 병원은 단 한 군데도 없으며, 공립학교 몇 개만 있을 뿐이다. 슬럼 전체에서 닭고기, 양고기를 파는 가판대에서 나온 동물 내장을 인분과 산업 폐기물로 뒤범벅되어 있는 인근 도랑으로 공공연하게 흘려보낸다. 그 때문에 콜레라, 티푸스, 말라리아 같은 질환이 흔히 발생한다. 수돗물은 거의 언제나 나오지 않는다."[68]

슬럼 거주자들은 오늘날 전 세계 도시 인구의 **3분의 1**을 차지하며, 남반구 주민의 절반 정도를 이루고 있다. 유엔해비타트(UN-HABITAT)의 추산에 따르면 세계 최고의 슬럼 거주 비율은 다음과 같다. 에티오피아와 차드의 경우 전체 도시 거주 인구 중 슬럼 거주자가 99.4퍼센트, 아프가니스탄은 98.5퍼센트, 네팔은 92퍼센트 순이다. 슬럼 거주자의 숫자로 치면 뭄바이가 1천만에서 1200만 명으로 세계 슬럼의 수도라 할 수 있을 정도이고, 멕시코시티와 다카가 900만에서 1천만 명, 그 다음으로 라고스, 카이로, 카라치, 킨샤사-브라자빌, 상파울루, 상하이, 델리가 600만에서 800만 명 수준이다.[69]

실질적으로 신자유주의적 발전과 '슬럼 행성' 현상은 나란히 진행된다. 물론 이러한 '도시 변두리' 공동체(peri-urban communities)—슬럼화를 일컫는 전문 용어—는 2006년에 전 세계 인구 중 도시 거주자가 농촌 거주자를 넘어섰던 것처럼, 20세기 전체 기간을 통틀어 꾸준히 확대해 왔다.

1950년 이래 전 세계 인구 폭등의 거의 3분의 2를 도시가 흡수해 왔다. 오늘날 전 세계 도시 인구는 매주 100만 명—새로 태어난 아이들과 이주민들—씩 늘어나고 있다. …… 또한 전 세계 농촌 지역 인구도 이제 한계에 달했고 2020년이 지나면 줄기 시작할 것이다. 그러므로 앞으로 증가하는 세계 인구의 거의 전부를 전 세계의 도시가 흡수할 것이 분명하다. 2050년이 되면 전 세계 도시의 총인구가 100억 명 선에서 최고점을 기록할 것으로 전망된다. 그때 전 세계 도시 인구 중 개발 도상국의 도시 거주 인구가 95퍼센트를 차지할 것이다. …… 실제로 중국, 인도, 브라질의 도시 거주 인구를 합한 숫자가 이미 유럽과 북아메리카의 전체 인구 숫자와 거의 맞먹는 수준이다.[70]

전 세계가 통합되면서 인구 계층 간의 경계가 훨씬 더 대규모로, 분명하고, 급속하게 구분되고 있다. 제1세계 엘리트로 이루어진 전문직, 관리직 계층은 각국의 생산자·소비자 공동체를 잇는 전 지구적 경제 회로(상품, 금전, 전자 통신, 빠른 속도의 교통)에 들어가 있다. 이러한 엘리트의 다수가 기업의 영역—각국의 국내 영역과는 동떨어진 상업과 여가 활동의 중심지

그림 6-2 **전 세계 최대 도시들의 성장, 1950년과 2007년**

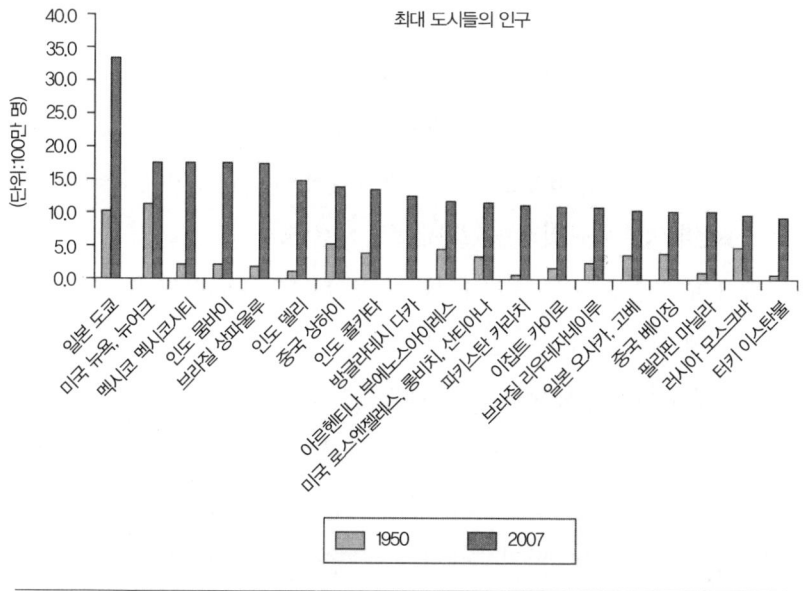

(출처 : Earth Policy Institute, 2008, www.earth-policy.org/)

와 직접 연결된—안에서 살아간다.[71] 그리고 이러한 전 지구적 경제 회로가 비껴가거나 배제하는 사람들이 있다. 이들은 일자리 없는 노동력이고, 구조적 실업 상황에 놓여 있는 주변인이다. 이런 주변적 존재들은 달동네나 도시 빈민촌에서 삶을 꾸리거나, 아니면 이주 노동자로서 전 세계를 떠다닌다.

하나의 과정으로서 비공식화는 두 가지 연관된 측면을 가진다. 기업의 구조 조정으로 인한 노동의 비정규직화, 그리고 새로운 형태의 개별적·집합적 생계 전략이 그것이다. 기업이 주도하는 지구화의 특징은 전 세계에서 노동의 비정규직화—유연하고 저렴하고 임금 상승을 억제할 수 있다는 이유로—를 엄청나게 발생시킨다는 것이다. 노동의 비정규직화는 수

6장 지구화 프로젝트의 실상 **297**

출 가공 공단에서 시작되었다. 노동 관련 규제가 약화·해체되면서 노동은 계속해서 **탈조직화**(disorganize)의 길을 걸었다. 여기에는 탈농촌화가 진행되면서 생겨났던 취약한 1세대 노동력도 포함되어 있었다. 국제노동기구의 자료를 보면 비농업 부문 고용에서 비정규직화 비율은 지역마다 차이가 있다. 북아프리카는 48퍼센트, 라틴아메리카는 51퍼센트, 아시아는 65퍼센트, 사하라 이남 아프리카는 72퍼센트로 나온다.[72]

중국의 경우는 노동 비정규직화의 흥미로운 사례이다. 중국의 가혹한 농지세 제도, 그리고 도농 간의 격차가 세계 최고 수준인 상황 때문에 1996년에서 2000년 사이에 1억 7600만 명의 농민이 일자리를 찾아 도시로 밀려들었다. 하지만 이들에게는 도시 거주자에게 주어지는 사회적 혜택이 전혀 없다. 국내 이주 노동자들은 주로 신흥 수출 가공 공단에서 도시 출신 노동자 임금—이것마저 북반구 노동자에 비하면 미미한 수준에 불과하지만—의 3분의 1을 받고 일함으로써 외국계 기업의 비용을 크게 절감해준다. 농민들이 시골에서 도시로 이주하는 와중에 비정규직 노동자 중 여성의 비율이 45퍼센트에서 65퍼센트로 늘어났다.[73] 2002년에 사회학자 리취앙(Li Quiang)이 베이징의 이주 노동자를 조사한 바에 따르면 4분의 1이 임금을 받지 못했고, 거의 3분의 2가 하루 10시간 이상 노동을 했으며, 그중 상당수가 하루 16시간을 일하기도 했다(주문 물량 때문에 초과 근무하는 것을 포함하여). 의료 보험 혜택은 아예 존재하지 않았다.[74]

다른 한편, 남반구의 수출형 농업 부문에서 고부가 가치 원예 작물(장미, 사과, 완두, 녹두, 아보카도 등)의 생산, 가공, 판매에 종사하는 노동자들 중 50퍼센트에서 90퍼센트를 차지하는 수백만 여성 노동자도 비정규직화를 경험하고 있다. 초국적 기업은 자신의 시장 지배력을 이용하여 원예 작물의 전 지구적 공급 사슬을 조직하며, 사업 비용과 위험 부담을 공급업자에게 전가한다. 공급업자는 이러한 비용과 위험 부담을 노동자에게 다시 떠넘긴다. 국제노동기구는 농업 노동자들의 인권 침해가 '부지기수'이며, 여성 노동자들은 미비한 노동권, 비정규직화, 저임금, 긴 노동 시간, 보건 안전 기준 미흡, 젠더 고정 관념, 성희롱과 같은 피해를 입고 있다고 보고한다. 비공식 농업 노동 부문의 인권 침해가 아동 노동 부문에까지 확대되고 있다. 예를 들어, 2003년에서 2004년 사이에 인도의 안드라 프라데시 주의 면화씨 농장에서는 8만 3천 명의 어린이들이 일하고 있었다. 그중에는 어드밴타(Advanta), 바이엘(Bayer), 몬산토(Monsanto), 신젠타(Syngenta), 유닐레버(Unilever) 등과 같은 초국적 기업의 자회사에 물량을 공급하는 농장도 있었다. NGO의 보고에 따르면 아동 노동자 중 많은 수가 10살 미만이고, 85퍼센트가 소녀이며, 낮은 카스트에 속한 아이들도 많다고 한다. 가족의 부채를 갚기 위해 채무 노예처럼 팔려 온 경우가 흔하다. "통상 어린이들은 하루 최대 13시간씩 수작업으로 면화 꽃의 가루받이(受粉) 일을 한다. 그 과정에서 어린이들은 독성이 높은 살충제에 노출되어 …… 두통, 구토, 경련 등을 호소한다."[75]

'그림자 경제(shadow economy)'—남반구 인구의 50퍼센트 이상이 속해 있는—에서 일어나는 생산 활동과 사회적 재생산 활동의 확대가 비공식화의 또 다른 얼굴을 이룬다. 상업형 농업과 생물 서식지 훼손으로 말미암아 농민과 농촌 노동자들은 상시적으로 농토에서 쫓겨난다. 이들은 라디오에서 들은 정보와 먼저 도시로 나간 지인들의 네트워크를 통해, 일자리와 편의 시설을 찾을 수 있는 도시로 모인다. 에르난도 데 소토(Hernando de Soto)는 다음과 같이 말한다.

오랜 세월 동안 페루의 법 제도는 도시의 일부 지배 계급의 욕구를 충족시키고 그들의 특권을 강화하는 방향으로, 그리고 농민들을 농촌 지역에 지리적으로 고립시키는 방향으로 발전해 왔다. …… 그러나 일단 농민들이 도시에 정착하고 나면 법 제도의 사회적 유용성이 사라진다. 도시 이주자들은 자기들이 법에 규정되어 있는 시설과 편의에서 배제되어 있음을 발견하게 된다. …… 법에 규정된 혜택을 받으려면 다른 사람들과 경쟁해야 할 뿐만 아니라, 사회 시스템과도 싸워야 한다는 사실을 깨달았다. 그런 까닭에 도시 이주자들은 살아남기 위해서 비공식 경제에 종사하게 된 것이다.[76]

칼파나 샤르마(Kalpana Sharma)는 뭄바이의 슬럼인 다라비에 관해서 쓴 《다라비의 재발견(Rediscovering Dharavi)》에서 위와 같은 다라비의 인상을 다음과 같이 보완한다.

- 이것은 사람들의 창의력과 진취성에 관한 이야기이다. 보조금이나 복지 혜택 없이 살아남은 이야기이다. 정장부터 가죽 제품, 사탕, 파파즈(papads), 장신구까지 생산하는 곳을 그냥 '슬럼'으로만 표현하는 것이 얼마나 부족한지를 잘 보여주는 이야기이다.
- 다라비에서는 한 뼘의 땅이라도 아무런 생산 활동을 하지 않고 놀려 두는 법이 없다. 이곳은 인간화된 '기업'과도 같다. 국가 혹은 그 어떤 법의 지원이나 제한도 받지 않고 자유롭게 장사를 하는 섬과도 같은 곳이다. 이곳에서는 불법 영업을 외려 자랑한다. 아동 노동, 유해 산업, 불량 식품, 재활용, 청량 음료에서 치약에 이르기까지 다라비에서 만들어지는 이 모든 것들을…….
- 최고의 별식 굴랍 자문을 먹고 싶다면, 최고급 치키를 구입하고 싶다면, 수출용 명품급 가죽 핸드백을 사고 싶다면, 세계보건기구가 보증하는 수술용 봉합사를 주문하고 싶다면, 최신 기성품 의복 디자인을 보고 싶다면, 새로운

정장 한 벌을 맞추고 싶다면, 입던 옷을 수리하고 싶다면, 남반구와 북반구의 음식을 맛보고 싶다면, 인도 남부의 전통 금 세공품을 감상하고 싶다면, 뭄바이 전체에서 다라비만 한 데도 없을 것이다.[77]

이런 식의 긍정적 묘사가 '비공식 경제 영역'에서 살아가는 사람들의 삶을 바라보는 관점에 균형을 잡아주기도 하지만, 슬럼 거주자들은 무허가 건물의 철거로 인해 거듭되는 폭력을 경험하며 살아간다. 사회학자 가야트리 메논(Gayatri Menon)은 다라비에서 행한 연구를 통해 다음과 같이 지적한다. "무허가 건물을 지을 때 여러 조건을 감안하여 부지를 고르긴 하지만, 어쨌든 대로상에서 살고 있는 셈이기 때문에 이런 사람들은 폭력적인 철거와 가옥 파괴에 시달리기 일쑤다."[78] 판투 체루(Fantu Cheru)는, '보이지 않는 존재'라는 관념을 활용하여, 아프리카 농민들이 공식 경제로부터 적극적으로 빠져 나가는 행위를 '침묵의 혁명'이라고 표현한다. "농촌 협동 조합의 재기, 전통적인 국경 간 카라반 무역, 오래전 사라졌던 조리 활동과 그밖의 경제 활동 탓에 국가의 세금 수입—전통적으로 반민중·반농민적인 개발 정책을 시행하는 데 쓰이던—이 증발했다."[79] 국가 정책으로부터 언제나 무시당하던 생산자와 노동자에게 체제 이탈은 전략적 해결책이기도 하다. 세르주 라투슈(Serge Latouche)는 비공식적인 것을 다음과 같이 해석한다.

그것은 도시 변두리 지역의 뿌리 뽑히고 배제당한 사람들이 자기 삶에 닥친 도전에 대응하는 종합적인 전략이라 할 수 있다. 이 사람들은 잃어버린 전통과 불가능한 근대성 사이에서 찢긴 존재들이다. 비공식적인 것의 영역은 두말할 것도 없이 경제적으로 대단히 중요하다. 일종의 새로운 장인 활동으로 규정할 수

있다. 많은 고용 기회를 창출하고 현대적인 경제 활동과 비견될 만한 소득을 올리게 해준다.[80]

'잃어버린 십 년'은 이미 과부하가 걸린 도시에 새로운 생계 전략을 짜야 한다는 강한 압박을 가했다. 함께 힘을 모아 땅과 가옥과 공공 서비스(상수도, 전기)를 마련하는 것이 멕시코 도시 빈민들이 광범위하게 활용한 전략이었다. 그렇게 해서 친지, 이웃과 네트워크를 형성해 저렴하게 자가 주택을 건설했다.[81] 1992년에 멕시코의 지식인 구스타보 에스테바는 '새로운 공유물(new commons)'이라는 문화 현상을 다음과 같이 관찰했다. "농민과 도시의 풀뿌리 그룹은 중심부 경제 활동에서 밀려난 사람들과 함께 새로운 기술을 공유하는 중이다. 그 기술이란 공식 경제를 줄이고, 주류 경제학의 신조를 비웃으며, 현대 기술을 재기능화하거나 재구성하기 위해 경험으로 체득한 엄청난 기술이다."[82]

비공식 경제 영역의 민중 사이의 조밀한 네트워크 속에 녹아 있는 이러한 문화는 개발 전문가들에게 일종의 새로운 '안전 밸브'로 떠올랐다. 사회적으로 배제된 사람들의 영역이 늘어난 것이 구조 조정 추진 세력에게는 당혹스러운 현상이었다. 왜냐하면 비공식 영역의 사람들이 채택한 상호 부조와 협동 생계 전략 같은 전통적·집합적 행동 방식은 시대 착오적인 것으로 보였기 때문이다. 이러한 정당성의 위기를 해결하고 빈곤층을 안정화하기 위해(시장을 통해, 국가를 넘어), 세계은행은 빈곤층의 생존 전략 구실을 하는 '비공식성의 문화(culture of informality)'를 일종의 경제적 자원 그리고 **사회적 자본***으로 재규정하고, 미소 금융의 대상으로 삼기 시작했다.

사회적 자본(social capital) 개인적·집합적 활동과 진취적 정신을 통해 공동체의 자원을 획득하는 것. 지역 사회의 재능을 활용하고 한데 모아 지역 사회의 삶의 질을 향상시키려는 목적.

미소 금융이 저소득층 여성들을 돕는 데 어느 정도 성공한 것은 사실이지만, 네팔에서 진행한 연구에 따르면 이것이 젠더 서열을 강화할 수도 있다고 한다. 여성의 노동 부담이 커지고 장사를 해 돈을 벌어오면 남편이 가로채기 쉽기 때문이다. 다시 말해, 개인적으로 돈을 벌어 권한이 강화되더라도 그것만으로는 부족하고, 젠더 관계의 전환을 통해 보완될 필요가 있다는 뜻이다.[83]

구조 조정에 의한 박탈이라는 점 외에도, 미소 금융은 극빈층—여성과 아동—이 생존하는 데 반드시 필요한 상호 부조 네트워크를 파괴하는 경향이 있다. 데라로차(Mercedes Gonzales de la Rocha)는 다음과 같이 경고한다. "멕시코에서 20년에 걸쳐 지속된 빈곤은 가난한 사람들을 완전히 무릎 꿇린 거나 다름없다." 그리고 아이티의 한 NGO 활동가는 다음과 같이 주장한다. "우리가 서로 돕고 함께 살아가는 상호 부조 전통이 완전히 사라지고 있다."[84] 이런 조건에서 비공식성이 큰 지역은 아노미 상태에 빠져버렸다. 아동 성매매와 인간 장기 판매와 같은 착취가 기승을 부린다. 인도의 첸나이는 '콩팥 농장'으로 전 세계에 알려져 있다.[85]

유엔해비타트에 따르면 슬럼 거주자가 매년 2500만 명씩 늘어나고 있다. 그 결과, 인도와 같은 나라에서는 비공식 영역의 사람들을 흡수하기 위해 2차 도시를 개발 중이다. 인도 정부의 수석 경제학자인 몬텍 싱 알루왈리아(Montek Singh Ahluwalia)는 다음과 같이 말한다. "앞으로 10년 동안 1억 명 이상이 도시로 몰려들 것이다. 이 사람들을 델리나 뭄바이 같은 대도시가 아니라, 2등급 정도 되는 도시에서 흡수하는 것이 필요하다."[86] 《슬럼, 지구를 뒤덮다(Planet of Slums)》의 저자 마이크 데이비스(Mike Davis)는 다음과 같이 말한다. "하이테크 감시 기술을 이용해 국경선을 막는 바람에 부자 나라로 대규모 이주가 일어나는 일은 이제 어려워졌다. 이번 세기의 잉여 인간들을 수용하는 문제에 대해 가장 온전한 민주적 해결책은 슬럼 지역밖에 없다."[87]

사례_ 비공식화와 아프리카 국가 — 지구화의 또 다른 측면

아일리 마리 트립은 아프리카 전역에서 늘어나고 있는 비공식 부문을 일종의 저항으로 해석한다. 트립은 비공식화를 국가와 기업의 개혁에 따른 수동적인 결과라는 식으로만 보지 않으면서, 아프리카인들이 발전국가—십 년 넘게 구조 조정으로 악화되어 온—의 실패에 창조적인 방식으로 대응한 것에 초점을 맞춘다. 식량 공급이 끊기면서 도시 농업이 우후죽순으로 늘어났다. 탄자니아의 다르에스살람에서는 전체 가구 중 68퍼센트가 직접 야채를 재배하고 가축을 키운다. 국가에 대한 불복종은 탄자니아에서 새로운 제도적 자원을 창출했다.

도시 거주민들이 자신의 고향을 도우려 함에 따라 1980년대 말부터 고향 마을에 주택 개발 협회들이 나타나기 시작했다. 고향을 돕고자 했던 도시 거주민들은 이런 협회를 활용해서 고향에 학교, 고아원, 도서관, 도로, 병원을 건립했다. 환경 보존을 위한 프로젝트도 시행했고, 태양열 전기와 상수도도 제공했으며, 여성에게 사업용 미소 금융을 제공하기도 했고, 식량 제공과 그밖에 구호 활동에 필요한 기금을 조성했다. 이런 새로운 협회들은 1900년대 초에 다르에스살람에서 형성되었던 초기의 종족적 상조회, 경조회를 닮았다. 오늘날의 협회가 그 당시와 다른 점은 농촌 고향 마을 사람들을 돕는 데 초점을 둔다는 점이다.

이런 활동 외에도 산파 일과 공예 같은 전통적 자원이 부활했으며, 흔히 여성들이 이런 활동을 맡고 있다. 노점상, 제빵 가판대, 이발, 해초 수출 같은 새로운 경제 활동도 생겨났다. 비공식 경제 활동이 돈을 아주 잘 버는 성공 직종이 되어 공식 부문으로 이동한 경우도 생겼다(예를 들어, 제분업, 드라이클리닝, 새우 양식). 비공식화 현상은 개인의 진취성과

> '도덕적 경제'— 시장이 아닌 공동체의 이익으로 경제 활동의 가치를 평가하는 — 를 결합한다. 비공식 경제의 중요성을 인식한 결과 탄자니아에서는 1991년에 잔지바르 선언(Zanzibar Declaration)이 나올 정도가 되었다. 이 선언은 공식 부문의 부정부패 바깥에서 벌어지는 비공식 경제 활동의 정당성과 사회적 필요성을 인정했다.
>
> 비공식화는 현대적 해결책이 없는 오늘의 문제 중 하나인가? 아니면 비공식화가 현대적 문제에 대한 하나의 해결책인가?
>
> 출처 : O'Meara, 1999 : 34; Santos, 2002; Tripp, 1997 : 13, 127, 188.

전 지구적 재식민화

지구화 프로젝트는 식민 지배의 잔재를 유지한 권력의 장내에서 발생한 축적, 박탈, 방임 같은 대단히 선별적인 메커니즘을 통해 실현되었다.[88] 전반적으로 중앙 집권화, 군사화되어 있던 식민 지배 이후의 아프리카 국가들은 일반적으로 부를 추출하는 도구의 역할만 했을 뿐이었다.[89] 아프리카에서는 식민 지배 시절의 인위적인 부족 서열에 따라 만들어진 국가 후견 시스템 때문에 도시 편향이 늘어났다.[90] 인위적으로 설정된 정치적 경계선 내에서 권력을 다지거나, 그러한 경계선을 존중하면서 국민국가를 운영하는 것이 어려웠으므로 아프리카 특유의 일당 국가 체제(one-party state)가 등장했다. 이런 식의 양분된 권력 — 중앙 집권화된 현대 국가, 그리고 '자기 부족의 영토 내에서 전통적 관습법을 시행하는 부족장 권력' — 이 오늘날 아프리카 국가들이 무기력해지는 데 일조한 것이다.[91] 이러한 권력 구조로 인해 도시 엘리트들이 농촌 지역을 착취하기 쉬웠다. 또한 도시 엘리트들은 자원 추출을 위해 유입된 외국의 투자로 배를 불렸다.[92]

노벨 평화상 수상자인 왕가리 마타이(Wangari Maathai)는 다음과 같이 말한다. "현대 아프리카 국가는 피상적인 창조물에 불과하다. 종족 공동체 혹은 소집단의 느슨한 집합체라 할 수 있다." 식민 지배 세력이 이런 단위를 하나로 모아 국민국가로 묶어버린 것이다. "국경선 내에 수백 개의 소집단이 한데 모인 나라도 있고, 몇 개의 부족으로 이루어진 나라도 있다. 케냐는 42개, 나이지리아는 250개 …… 짐바브웨는 10개 미만, 부룬디와 르완다는 3개 …… 이런 식이다. 대다수 아프리카인은 식민 지배 세력이 만들어준 국민국가를 이해하지 못했고, 국민국가와 연결되어 있다고 느끼지도 않았다. 아프리카 사람들은 자기가 속한 작은 부족의 물리적·심리적 경계를 이해했고, 부족과 관계를 맺었으며, 부족에 애착을 가졌다."[93] 이렇게 복잡한 국민국가라는 조건을 통해 권력과 부를 향한 접근성이 작동했는데, 이 과정에서 국가적 응집성은 희생되기 쉬웠다. 예산 삭감과 자원 추출 정책을 결합한 신자유주의 시대는 아프리카 국가들의 이러한 내적인 긴장을 더욱 악화시켰다. 두 가지 경향이 나타났다. 즉 국가가 자국의 오지와 전 지구적 경제를 연결하는 구동 벨트 역할을 하거나, 국가 하부의 부족 세력이 국가의 정치적 분열과 무능을 이용해 국가와 똑같은 착취를 한 것이다.

21세기 들어 인류학자 제임스 퍼거슨(James Ferguson)은 다음과 같이 관찰한다. "아프리카의 불평등 심화는, 자본이라는 트럭이 '사용 불가능한' 아프리카 지역은 그냥 지나치고, 광물 자원이 풍부한 특정 지역—자국의 주류 사회와는 완전히 단절된—에만 내려서 사업을 벌이는 상황에서 기인한다. 여기서 다음과 같은 질문을 할 필요가 있다. 민간 자본이 장악한 광물 추출 지역과 외부의 인도적 지원에 근근이 의존하는 낙후된 오지, 이 두 종류로 이루어진 아프리카의 현실을, 개탄할 만큼 부실한 지구화의 증거가 아니라 지구화가 상당히 정교하게 발전하고 진화한 형태로 보아야 하는 게 아닐까?"[94] 응집력 있는 국가 제도와 사회를 희생하면서 식민 지배 당시의 분업 체계를 복원한 이런 모델은 일종의 '재식민화'를 상징한다.

과거 상당히 온정주의적으로 사업을 운영하던 잠비아의 구리 광업계와 오늘날 앙골라의 원유 채굴업계를 비교해보면 아주 유익하다. 잠비아의 경우 광산촌에 주택, 학교, 병원, 사회 사업가, 스포츠 클럽 등 폭넓은 사회적 투자를 하다 신자유주의적 개혁의 바람을 맞아 투자를 줄인 경우지만, 앙골라는 처음부터 영리 목적의 민간 투자만을 시작한 경우였다. "앙골라에서는 원유를 채굴한 후의 나머지 거의 모든 생산이 국외에서 이루어진다. …… 원유 채취로 생긴 부는 앙골라 전체 사회에는 거의 유입되지 않았다. 25년 동안이나 원유 생산 붐이 일었는데도 앙골라 국민은 아직도 전 세계에서 가장 가난하다."[95] 앙골라와 비슷하게, 아프리카 전역에서 출현 중인 지배적인 모델의 특징으로 "대단히 능란한 민간 기업이 착취하는 광물 자원 밀집 지대, 기업이 '필요한 대로' 무엇이든 제공해주는 보안 전문 업체, 명목상 주권을 보유한 국내 엘리트 집단이 외국 기업으로부터 한 줌의 보상을 받는 대가로 합법적 영업과 국제적 정당성을 보증해주는 관행"을 꼽을 수 있다.[96] 존 러카레이(John Le Carré)가 1996년에 발표한 소설 《미션 송(The Mission Song)》은 이런 유형을 극화해서 보여주었다.

아프리카의 불평등은 신자유주의적 발전의 선별적 양상을 보여준다. 아프리카가 지구화 프로젝트에서 주변화되었다는 논의는 흔히 다음과 같은 사실을 간과하기 쉽다. 즉, 2003년에 사하라 이남 아프리카 국가의 GDP 중 대외 무역이 차지한 비중이 52.7퍼센트였는데, 이는 전 세계 평균치 41.5퍼센트와 비교하면 훨씬 높은 수치이다. 어쩌면 아프리카 국가들의

"전반적인 부는 지구화 과정에 통합되는 정도와 역비례 관계를 이룬다." 고 말할 수도 있을 정도이다.[97] 2004년에 유엔개발계획이 발표한 '인류 빈곤(human poverty)'—경제와 복리를 합한 수치—순위 중 최하위 20개국이 모두 아프리카 국가였다. 또한 최하위 50개국 중 아프리카 국가가 39곳에 달했다.[98] 금융 자유화라는 목적이 달성되지 않았고, 연간 수십억 달러의 돈이 외국의 개인 계좌로 흘러나가고 있다는 사실을 세계은행이 인정한 후에도, 2005년 최빈국 부채 경감 계획이 확대되면서 거시 경제 긴축 기조와 서비스 민영화라는 신자유주의 조건부 조항이 강화되었다.[99]

G-8 그룹이 (2002년 아프리카연합의 결성을 예상하면서) 서로 합의한 대아프리카 정책인 '아프리카 개발을 위한 신협력(NEPAD, New Partnership for Africa's Development)'은 위와 같은 정책을 계속 추구하면서 아프리카의 지도자들에게 "자국 내에서 민주주의와 인권을 장려하고 …… 그와 동시에 금융 시장을 위한 투명한 법적·규제적 틀을 시행할 것"을 촉구했다.[100] 아프리카의 금융 시장을 개방하는 데 압력을 행사하기 위해 역내 모든 나라에서 외국 자본이 전염병처럼 빠져나가기 시작했다. "아프리카가 계속 가난한('주변화') 것은 지구화가 부족해서가 아니라, 지구화가 지나치게 많기 때문이다. 아프리카의 주 수출 품목인 원자재 가격의 폭락에서 오는 출혈, 부채 상환의 후유증, 초국적 기업의 수익 국외 송금 때문에 아프리카가 이토록 빈곤한 것이다."[101]

자문 회사인 맥킨지 앤드 컴퍼니(McKinsey and Company)가 2010년에 펴낸 낙관적인 보고서의 제목은 '움직이는 사자들(Lions on the Move)'이었다. 이 보고서는 아프리카 대륙의 국민 경제가 확대되고, 중산층 소비자가 늘어나며(2000년 이래 휴대폰 구입자가 3억 1600만 명에 달한다), 남반구 중에서 외국 투자자에게 가장 높은 수익률을 보장해주는 지역이라고 아프리카 대륙을 긍정적으로 그렸다. 이 보고서는 중국이 세계은행보다 더 많은 도로, 전력, 철도, 그리고 기타 인프라를 제공함에 따라 아프리카의 경제 현실에 큰 변화가 오고 있음을 지적했다.[102] 신자유주의의 외투 속에서 아프리카는 '추출 자원' 전문 지역으로 지정된 것처럼 보인다.

거버넌스 개혁으로 인해 아프리카의 '자원 수탈'이 가능해졌다. 2000년에 아프리카 전체 수출량에서 천연자원의 수출분이 거의 80퍼센트에 달했다. 남반구 전체 평균이 31퍼센트였고, 북반구의 전체 평균이 16퍼센트였던 것과 크게 비교되는 수치이다. 2003년에 유엔무역개발회의는 아프리카의 12개 국가들이 단 하나의 수출품에만 의존하고 있다고 밝혔다. 원유(앙골라 92퍼센트, 콩고 57퍼센트, 가봉 70퍼센트, 나이지리아 96퍼센트, 적도기니 91퍼센트), 구리(잠비아 52퍼센트), 다이아몬드(보츠와나 91퍼센트), 커피(부룬디 76퍼센트, 에티오피아 62퍼센트, 우간다 83퍼센트), 담배(말라위 59퍼센트), 우라늄(니제르 59퍼센트) 등이다.[103] 1986년에는 아프리카에 대한 외국의 직접 투자가 20억 달러에 불과했지만 2004년에는 150억 달러로 급상승했다. 그런데 신규 투자는 대부분 광물 자원 추출에 집중되었다. 특히 앙골라, 적도 기니, 나이지리아, 수단 등에 광물 투자가 몰렸고, 서아프리카 해안의 심해 원전 개발—2015년이 되면 미국이 이곳에서 수입한 원유가 미국 전체 수입 원유의 25퍼센트를 차지할 것이다.—에도 투자가 이루어졌다.[104]

중국 경제가 급성장하는 시대에 자원 획득을 둘러싼 경쟁 역시 심화되고 있다. 1990년까지만 해도 원유 자급국이던 중국은 2003년부터 미국 다음으로 세계에서 두 번째로 큰 원유 수입국이 되었고, 또한 중국은 2001년에서 2005년 사이에 세계의 원유 수요 총 증가분에서 40퍼센트를 차지했다.[105] 중국의 원유 수입 중 3분의 1이 아프리카산이다. 2006년 셸(Shell)

을 제치고 세계 6대 원유 회사에 속하게 된 중국석유천연기집단공사(中國石油天然氣集團公司, CNPC)와 다른 중국계 대형 회사 2개가 아프리카 17개국에서 사업을 벌이고 있다. 이 중에는 다르푸르 분쟁에도 불구하고 수단이 포함되어 있으며, 이곳의 남부에서 중국석유천연기집단공사가 전체 원유 개발량의 40퍼센트를 소유하고 있다. 또한 이곳에는 4천 명의 중국군이 중국계 회사를 지키기 위해 주둔해 있다.[106] 2006년에 중국은 앙골라에서 새로운 원전 개발을 하기 위해 앙골라와 14억 달러 어치의 계약을 맺었다. 이제 앙골라는 사우디아라비아를 제치고 중국의 최대 원유 공급국이 된 것이다. 이 계약에는 중국이 앙골라에서 철도, 교량, 내륙 도로, 관개 시설, 병원, 학교를 건설해준다는 약속이 포함되어 있었다.[107]

외국 원조를 반대하고 무역을 지지하는 논쟁적인 경제학자 담비사 모요(Dambisa Moyo)에 따르면 '인프라의 폭발적인 발전'이 '아프리카에 천지개벽의 기회'가 되어 중산층이 늘어나고 시민 사회가 성숙할 수 있는 절호의 계기가 마련될 것이라 한다. 하지만 이런 식의 '인프라와 자원의 교환'에 기반을 둔 발전은 경제 성장의 통계 수치를 발표할 때에, 그리고 국가의 후견을 받는 중산층에는 도움이 되겠지만, 인프라 의존 그리고 장기적으로 보아 수원국의 무능력이 지속된다는 점에서 의문이 제기된다. 콩고의 한 법률가는 다음과 같이 말한다. "60억 달러어치의 인프라 건설을 진정한 발전이라 할 수 없다. …… 중국은 서구의 자리를 차지하고 있을 뿐이다. …… 우리의 코발트 광물은 흙더미 형태로 중국에 수출되지만, 값비싼 배터리의 형태로 우리에게 돌아온다." 콩고의 한 법학대학 학장은 다음과 같이 지적한다. "중국인들은 콩고 사람들의 재능을 활용할 생각조차 하지 않는다. 노동자만 고용할 뿐이다. 나중에 중국인들이 돌아가면 콩고에 남는 것이라곤 아무 것도 없다. 우리의 인적 자원에 도움이 되는 점이 하나도 없다는 말이다. 우리 땅을 파헤치고, 그 속의 천연자원을 빼내고, 그 상태로 버려두는 것밖에 없다."[108]

중국이 아프리카와 만나는 방식은 과거 식민 지배를 연상시킨다. 그러나 21세기 모델의 새로운 특징도 있다. 2001년에서 2006년 사이에 중국이 아프리카를 대상으로 한 무역은 5배가 늘어서 500억 달러 규모로까지 상승했다. 중국의 대유럽 무역보다 더 큰 규모이다. 그 결과 중국은 아프리카의 대외 무역 파트너 중 세 번째로 큰 상대가 되었다. 아프리카에서 약 700개의 중국 국영 공사가 800개의 합작 투자 사업을 벌이고 있다.[109] 2006년에 대외관계협의회(Council on Foreign Relations)는 다음과 같이 보고했다. "중국은 주요 인프라 프로젝트에서 서구 국가들을 물리치고 천연자원 자산의 통제권을 획득했다. 또한 경쟁력을 강화하기 위해 해당 국가에 양허성 차관(soft loans)과 기타 유인책을 제공한다."[110] 같은 해에 중국은 '남-남 연대'라는 수사를 동원하여 다음과 같이 선언했다. "우리는 아프리카와 정치적 평등, 상호 신뢰, 경제적 협력 관계에 기반을 둔 전략적 동반자 관계를 발전시키고자 한다." 이 말은 중국이 여타 국제 금융 기구처럼 원조와 무역의 전제 조건으로 거버넌스 개혁, 반부패 정책 등을 요구하지 않을 것이라는 의미를 품고 있다. "이런 태도를 두고 일부에서는 중국이 짐바브웨나 수단과 같은 독재 국가와의 거래를 정당화하려 한다고 보기도 한다."[111] 사회학자 칭콴리(Ching Kwan Lee)는 이런 관계가 획일적인 것은 아니고, 중국의 영향력은 아프리카 현지의 정치적 조건과 중국 기업의 현지 학습 능력에 달려 있다고 신중하게 지적한다. 따라서 예를 들어, 잠비아의 구리 광부들은 노조 조직화의 전통이 있으므로, 자원 민족주의라는 이름과 세계 구리 가격의 상승이라는 맥락에서 잠비아 참비시 광산의 새 소유주인 중국 회사로부터 노동 조건 보장에 관한 양보를 받아낼 수 있을 것이라고 한다. 하지만 이런 예측은 다르에스살람의 탄자니아-차이나 프렌드십 밀즈(Tanzania-China Friendship Mills)의 방직 노동자들이 노동 규제 없이 비정규직화되었던 사례와 비교된다는 점도 지적할 필요가 있다. 어쨌든, "중국은 아프리카에서 강력하고 효과적인 자본주의의 통로가 되었다. 크게 봐서 국제 금융 기구의 도움을 받지 않고 자력으로 오늘날까지 온 …… 중국의 유례없는 성공 사례는 하나의 개발 모델로서 많은 아프리카 국가에 거대한 교훈이 되었다."[112]

폐해가 심한 신자유주의 개혁, 끝날 줄 모르는 채무 변제 그리고 '아프리카 개발을 위한 신협력'이 스쳐 지나간 자리에서 아프리카 국가들은 이제 북반구가 아닌 곳에서 온 부자 나라, 식민 지배의 유산과 관련이 없는 나라, 즉 중국에 접근성을 갖게 되었다. 하지만 신식민주의적 관계는 여전히 살아 있다. 외국에서 수입하는 의류의 86퍼센트가 중국제인 남아프리카공화국은 2002년 이래 30만 개의 섬유 관련 일자리를 잃었다. 2000년 이후 나이지리아는 중국과의 경쟁으로 인해 직접적으로는 35만 개의 일자리, 간접적으로는 150만 개의 일자리를 상실했다.[113] 저렴한 중국산 상품의 수입과 더불어, 상용 항공기, 농기계, 도시 교통, 통신 부문에 중국의 투자가 이어지고 있다.[114] 국제 인권 단체인 휴먼라이츠워치(Human Rights Watch)는 서구의 역사적 전례를 본뜬 중국의 대아프리카 정책 덕분에 '아프리카 대륙 최악의 인권 탄압국들이 목숨을 이어가는 중'이라고 주장한다.[115] 천연자원의 착취는 '지속 가능성 수출'이라는 식민 지배 유형을 재생산한다. 중국의 이러한 행태에 우려가 제기되고 있다. "아프리카에서 중국이 운영하는 광산 프로젝트의 환경 영향력에 문제가 적지 않다. 잠비아와 콩고의 구리 광산, 모잠비크, 케냐, 탄자니아, 마다가스카르의 생태적으로 민감한 지역에서 벌어지는 티타늄 채취 사업들이 그러하다."[116]

사례_나이지리아의 종족 정치, 자원, 그리고 재식민화

나이지리아에는 250개 이상의 종족 집단이 있으며 그 중 세 종족—하우사-풀라니(Hausa-Fulani), 요루바(Yoruba), 이보(Ibo)—이 주도적인 종족이다. 이 종족들은 각각 정치적인 특징을 지니고 있다. 북부의 하우사-풀라니족은 식민 지배 이전 시대의 강압적이고, 관료적이며, 위계적인 국가에 뿌리를 두고 있다. 서쪽의 요루바족은 각기 중앙 집중화되어 있는 왕국들의 느슨한 연합체로서 각 왕국의 군주는 부족장들의 협의회에서 선출되고 그 협의회와 권력을 공유한다. 남쪽의 이보족은 분권화되고 평등주의적인 사회적 조직 방식을 보유하고 있다. 종족 지향적 정치로 인해 국가적 단합이 늘 위협받고 있으며, 부족한 자원을 둘러싼 종족 간 갈등도 심하다.

종족 간의 균열과 연관하여 북부의 이슬람교도와 남부의 기독교도 사이의 기본적 차이도 존재한다. 북부가 남부의 원유 자원을 착취해 온 것이 사회 분열을 더욱 악화시켰다. 1960년에 나이지리아가 독립한 후 일련의 부패한 군부 지도자들이 남부 원유 자원에서 나오는 부를 이용해 권력을 유지해 왔다. 오늘날 나이지리아의 1인당 국민 소득은 1980년대의 4분의 1 수준에 불과하다. 군부 독재자들은 인구 700만의 니제르 델타 지역의 원유 수익을 지역 발전을 위해 재투자하지 않았다. 1967년에 비아프라가 분리 독립을 시도했던 것처럼, 남부가 독립을 선택하지 못하도록 미리 조치를 취한 것이다. 1995년, 나이지리아의 작가 켄 사로위와(Ken Saro-Wiwa)가 남부의 저개발 현실에 항의하다 군사 정권에 의해 처형당해 국제적으로 문제가 되었다. 사로위와는 남부의 저발전이 북부 출신이 지배해 온 정치 권력의 착취, 그리고 외국계 석유 회사와 군사 정권의 결탁에서 시작되었다고 주장하면서 남부 지역과 자기 동포인 오고니족에게 보상하라고 요구했다.

모빌(Mobil), 셸, 텍사코(Texaco), 셰브런(Chevron) 그리고 그밖의

서구 석유 회사들이 니제르 델타 지역에서 원유를 뽑아내고 있다. 예를 들어, 1998년 한 해 동안 셰브런은 전 세계에서 306억 달러의 순익을 올렸는데, 이는 아프리카에서 제일 잘사는 축에 속하는 나이지리아의 1997년 GNP인 307억 달러와 비견되는 규모이다. 다른 한편, 1970년에서 2000년 사이, 나이지리아의 극빈 계층이 1900만 명(36퍼센트)에서 9천만 명(70퍼센트)으로 늘어났다. 국가의 사회 투자가 사라진 상태에서 모빌, 셸, 셰브런은 오늘날 사실상 정부 역할을 하고 있다. 피해 보상을 요구하는 현지 사회 운동이 석유 회사로 하여금 식수, 전기, 병원, 도로 등 기본적인 지역 개발 사업에 재정 지원을 하도록 하는 데 성공했던 것이다. 그러나 석유 회사의 자유를 보장하는 '사업 면허' 덕분에 원유산업은 막대한 이득을 얻을 수 있다. 현지의 정치적 불안정 그리고 아프리카를 테러리즘의 새로운 변경 지대로 표현함으로써, 위험을 무릅쓰고 원유를 추출했다는 명분으로 유가를 높일 수 있었기 때문이다.

물론 모든 근대 국가는 공식적인 세속주의, 그리고 전통적인 인종·종족 정치 사이의 역사적 긴장 — 지구화의 충격으로 인해 더욱 악화하는 — 을 품고 있기 마련이다. 그렇다면 아프리카 국가들은 이런 일반적 양상과 어떻게 다른가?

출처 : Cohen, 1998 : A1; Onishi, 1998 : A1, A6; 1999, 20–29; Sandbrook, 1995 : 93–94; Zalik, 2004; Zalik and Watts, 2006.

자원 주권의 상실은 정치적 권위의 훼손을 동반한다. "특히 사하라 이남 아프리카의 정부군은 부패에 빠져 있고, 민간 보안 조직—지방의 군벌에 충성하는 무장 단체, 시민의 자체 방위대, 기업 후원 군사 집단, 외국계 용병, 범죄 집단—이 기승을 부리고 있다. 사실상, 무장 집단을 놓고 합법이냐 불법이냐, 공조직이냐 민간 조직이냐를 명확히 구분하기도 어렵게 되었다."[117] 아프리카 일부 국가가 정치적 응집성이 와해된 것을 극적으로 보여주는 사례로서 급증하는 '국제 난민'과 '내부 난민'의 행렬을 들 수 있다. 분쟁으로 인한 난민의 증가는 아프리카 대륙의 군사화 때문에 민간인이 희생되고 있는 현실을 뒷받침해준다. 오늘날 아프리카의 군사화는 식민 지배 시대의 오래된 뿌리가 재식민화 시대와 이어지는 현상인 것이다. 1884년의 베를린 회의로 상징되는 19세기 서구 열강에 의한 아프리카 쟁탈전이 21세기에 재현되고 있다. 이번에는 원유, 천연가스, 목재, 보크사이트, 구리, 다이아몬드, 금, 그리고 콜탄을 둘러싸고 미국, 프랑스, 영국, 인도, 중국이 덤벼들고 있는 것이다.

결론

지구화 프로젝트는 여러 사회적·정치적 측면을 지니고 있다. 지금까지 그중 다섯 가지 특징—빈곤 거버넌스, 아웃소싱, 이동과 배제, 비공식화, 재식민화—만을 검토해보았다. 이 특징들이 지구화 프로젝트에만 나타나는 고유한 특징은 아니다. 이전 시대에도 각종 형태로 출현했던 적이 있는 특징들이다. 하지만 그 당시에는 오늘날처럼 그 규모가 크지 않았다. 이들은 오늘날 서로 이어져 있으며, 서로가 서로의 조건을 형성하는 식으로 존재한다. 또한 이들은 모든 나라에 영향을 미치는 전 지구적 재편이라는 단일한 과정 속의 다양한 차원이라 할 수 있다. 물론 각 지역에 따라 편차는 있다.

빈곤의 거버넌스는 빈곤화 정책을 국가 자체에 이식함으로써 국가의 빈곤 퇴치 책임을 다른 곳으로 전가한다. 빈곤 거버넌스는 다음과 같은 현상과 이어진다. 즉, 기술이 발전하면서 노동이 배제되고, 구조 조정 프로그램 때문에 인원 감축과 경기 침체가 일어나며, 그에 따라 임금 노동이 비정규직화되면서 비공식 부문이 팽창하게 되는 것이다. 농촌에서 쫓겨난 농민들의 이동만큼이나, 유연화를 추구하는 기업의 전략도 이러한 비공식화를 부채질한다. 비공식화를 공식 경제와 국가 규제에 맞서는 일종의 대항 운동—'새로운 공유물'의 문화를 부르짖는—으로 파악하는 시각도 있다. 그러나 비공식화는 방임과 배제와 자원 박탈의 부산물로 봐야 한다. 오늘날 재식민화 과정을 통해 자원 각축이 벌어지고 있는 아프리카에 특히 만연한 현상이다. 지구화 프로젝트가 일종의 보편적 비전을 지녔을 수는 있겠지만, 흔히 결과는 불평등하기 일쑤다.

[더 읽을 자료]

김승석, 〈멕시코의 민영화와 구조 조정〉, 《국제 지역 연구》 9(2):188-216, 2006.

김윤정, 〈신자유주의 경제 논리와 가치의 부재: 다국적 제약 회사의 사례를 중심으로〉, 《글로벌 정치 연구》 4(2):117-143, 2011.

박병영, 〈신자유주의 지구화의 진전과 발전 모델의 변화〉, 《한국 사회학》 37(2):123-148, 2003.

이덕재, 〈신자유주의 경제 정책의 모순과 위기〉, 《민주 사회와 정책 연구》 15(0):77-105, 2009.

이충훈, 〈국제 이주 노동의 정치 경제학: 미국을 중심으로〉, 《시민 사회와 NGO》 5(1):91-142, 2007.

Caraway, Teri L. *Assembling Women: The Feminization of Global Manufacturing*. Ithaca, NY: Cornell University Press, 2007.

Davis, Mike. *Planet of Slums*. London: Verso, 2006.

Elyachar, Julia. *Markets of Dispossession: NGOs, Economic Development, and the State in Cairo*. Durham, NC: Duke University Press, 2005.

Ferguson, James. *Global Shadows: Africa in the Neoliberal World Order*. Durham, NC: Duke University Press, 2006.

Guerrero, Dorothy-Grace, and Firoze Manji, eds. *China's New Role in Africa and the South*. Capetown:Fahamu & Bangkok:Focus on the Global South, 2008.

[추천 웹 사이트]
China Labor Watch:www.chinalaborwatch.org
FoodFirst Information and Action Network:www.fian.org
Grameen Bank:www.grameen-info.org
International Labor Rights Forum:www.laborrights.org
International Labour Organization(ILO):www.ilo.org
Maquila Solidarity Network(Canada):www.maquilasolidarity.org
Migrant Rights International(Switzerland):www.migrantwatch.org
TransAfrica Forum(USA):www.transafricaforum.org
Transparency International:www.transparency.org
Union Network International:www.union-network.org
United Nations High Commissioner for Refugees(UNHCR):www.unhcr.ch

7장

전 지구적 대항 운동

원주민이라는 용어는 원주민, 부족민, 하층 계급민,
소수 민족 집단 등을 포괄하는 말이다. 역사적·문화적 상이점에도 불구하고
이들은 흔히 국가 발전 과정에 참여할 수 있는 능력이 떨어진다.
– 세계은행(1990년)

지구화 프로젝트는 비교적 일관된 관점을 유지해 왔으며, 국가와 각종 국제 기구와 기업 같은 막강한 세력이 이 프로젝트를 지원해 왔다. 그러나 지구화 프로젝트는 다양한 불평등을 통해 실현되는 까닭에 지구화 프로젝트의 담론과 규칙은 늘 논란에 빠지곤 한다. 지구화 프로젝트는 과거의 개발 프로젝트와 마찬가지로 하나의 핵심적인 원칙에 입각한 기획이다. 지구화 프로젝트의 핵심 원칙은 자유 시장이며, 강력한 정치·금융 기구들을 통해 그 원칙을 관철하려 한다. 그러한 조직 원칙은 권리와 자유라는 담론의 틀 안에서 표현되는데, 그 원칙의 힘은 궁극적으로 권리와 자유라는 이상을 어떻게 해석할 것이며, 그 효과가 무엇인가에 달려 있다. 다이앤 페론스(Diane Perrons)는 다음과 같이 말한다.

신자유주의는 영향력이 대단히 큰 이념이고, 사람들의 자기 이익에 호소하는 이념이다. 이 사상은 어쨌든 자유 시장이야말로 자연스럽고 필연적인 세상 현실이라고 보며, 자유 시장을 통해야만 개인의 노력이 보상받을 수 있다고 본다. 아마 이런 이유 때문에 빈곤층이 불평등의 심화를 용인하는지도 모른다. 왜

냐하면 그들은 자유 시장이 더 자유롭고 개방적인 사회를 가져올 것이고, 그렇게 될 때 자기들도 언젠가는 부자가 될 수 있을 것이라고 믿기 때문이다.[1]

대항 운동(countermovements)은 지구화의 여러 측면에 반대한다. 대다수 정부는 새롭게 출현하는 전 지구적 규칙을 따라야 한다는 압력을 느끼기 쉽지만, 시민들이 언제나 정부의 견해에 동의하는 것은 아니다. 이 장에서는 지구화와 연관된 이러한 대항 운동들의 기원과 목표를 훑어볼 예정이다. 각 대항 운동을 검토하면 지구화 프로젝트에 근거를 둔 발전을 재구성할 수 있는 독특한 시각이 나올 것이다. 대부분의 대항 운동은 '전 지구적 사회 정의 운동(환경주의, 페미니즘, 세계주의 운동, 식량 주권 등)'으로 수렴되지만, 그중에는 보수적 대항 운동―각종 종교 근본주의―도 존재한다.

'침묵의 봄'과 환경주의

대항 운동으로서 환경주의는, 자연과 자연의 축복이 무한정하리라는 근대적 가정에 의문을 제기한다. 환경주의에는 두 가지 주요 흐름―서로 배타적이지 않은―이 존재한다. 첫째, 북반구 시민 사이에서 환경 의식이 높아지면서―1962년 레이첼 카슨(Rachel Carson)의 《침묵의 봄(Silent Spring)》에서 영감을 받은―나타난 흐름이다. 카슨의 선구적인 저작은 농업용 화학 물질 때문에 벌어진 지구 생태계의 파괴를 기록했다. 책 제목인 《침묵의 봄》은 봄이 왔는데도 새소리가 들리지 않는 상황을 나타낸 것이다. 카슨의 은유는 지상의 생명이 지속 가능한 생태계에 의존하고 있음을 극화해 보여주었다. 이 책은 또한 서구가 자연을 인간 사회의 '외부'에 존재하는 것으로 인식하고 있음을 고발했다. 이러한 서구의 인식이야말로 자연은 인간이 무한정 이용할 수 있는 대상에 지나지 않는다는 믿음을 강화해준 생각이었다.[2]

카슨의 연구를 통해 드러난 단순 명쾌한 진리에 귀 기울이는 사람이 많아지면서, 다양한 '녹색' 운동이 우후죽순처럼 생겨났다. 흔히 '녹색론자'들은 규제받지 않은 경제 성장이라는 가정과 실천에 의문을 제기한다. 그와 동시에 경제 시스템이 자원을 재생 가능하게 사용하는 수준으로 낮아져야 한다고 주장한다. 이 중에는 지속 가능한 농업에 초점을 맞추는 입장도 있다. 즉, 자본 집약적이고 화공 약품 집약적인 농법으로 야기된 환경의 압박을 역전시키자는 말인데, 이런 입장은 현재 급신장 중인 유기농 먹을거리 운동과 이어져 있다. 녹색론자의 핵심 목표는 소비주의적 생활 방식을 보완하면서 자연의 아름다움을 유지하자는 데 있으며, 인간의 건강을 보존하고 여가 활동을 많이 할 수 있도록 하자는 점을 강조한다.

두 번째 환경주의 흐름은 특정한 생물 지역(bioregion)을 환경 파괴 활동으로부터 보호하려는 남반구의 환경 운동이다(따라서 '빈곤층의 환경 운동'이라 불린다). 전 세계적으로 농촌 주민들이 자신의 먹을거리를 60퍼센트 이상 생산하는 지역의 인간 공동체는 지역 특유의 생태계 생명력에 크게 의존하고 있다. 따라서 이런 운동은 현존하는 문화적 서식지도 함께 보존하려는 특징이 있다. 시장이 환경에 끼치는 영향을 규제하려는 북반구의 환경주의와는 달리, 남반구의 환경주의는 시장의 힘 자체에 의문을 제기한다. 국가와 기업이, 인간 공동체가 의존하는 천연자원을 '금전화'하고 그것을 통해 수익을 올리려 하는 곳에서는 특히 남반구형 환경주의가 강하게 나타난다.

지역 공동체들은, 자연을 보존하는 일이 지역 문화 유지에 극히 중요한 모든 지역에서 환경을 훼손하는 활동을 비판해 왔다. 20세기 말, 열대 산림 지역의 주민들은 대규모 벌목 사업으로부터 열대 우림을 보호하기 위한 활동을 펼쳐 전 세계의 주목을 받았다. 1980년대에 농산물 수출 붐이 일면서, 이미 훼손되었던 산림 지역에서 또 다시 벌목과 육우 방목이 기승을 부렸다. 이는 남반구 환경주의를 더욱 강화하는 역할을 했다. 또한 자원 추출과 하천 댐 건설부터 천연자원 남용에 이르기까지 환경에 가해지는 압박 문제를 해결하기 위해 북반구형 환경 규제가 활성화되었다. 그 결과 사막화, 식용수의 염분 증가, 녹색 혁명과 연관된 농화공 약품 사용에 따른 부작용에 대한 경각심이 늘어났다.

대다수 환경 운동의 공통 분모는 천연자원이 무한정 재생되지 않는다는 것을 믿는 데 있다. 자연의 유한함을 우려하는 시각은 그동안 널리 유포되어 왔다. 인구 증가로 말미암아 땅과 땅에서 수확할 수 있는 먹을거리가 부족해질 것이라는 신(新)맬서스 학파의 경고부터, 현대 경제를 유지해주는 화석 연료와 목재 같은 원자재의 공급이 줄어들지도 모른다는 우려에 이르기까지 다양한 시각이 존재해 왔다.

그러나 최근 들어 이런 식의 직선적 관점이 퇴조하고 더욱 역동적인 관점—대기, 기후, 생물 다양성 같은 자연의 작용에 심각한 위협이 가해지는 것을 강조하는—이 출현했다. 벌목한 숲은 다시 나무를 심는 사업을 통해 다시 살릴 수 있지만, 숲을 가꾸는 데 큰 역할을 하는 대기 조건은 일단 훼손되면 쉽게 되살릴 수 없기 때문이다. 현 세계는 지구의 지속 가능성을 위협하는 새로운 차원의 위험 수준에 도달했다.

과거에는 주로 원유나 금 같은 재생 불가능한 자원이 부족해질까 봐 걱정했다. 하지만 오늘의 관점에서 보면 재생 불가능한 자원은 걱정할 필요가 없다.

점점 더 급박하게 파괴되고 있는 것은 오히려 재생 가능한 자원들—영원히 지속될 것으로 생각했던—이다. 재생 가능한 자원은 모두 살아 있는 것이거나, 아니면 살아 있는 생태계의 역동적인 일부분이다.[3]

더 나아가, 공해와 환경 오염이 공중 보건상 심각한 문제를 불러옴에 따라 인간 종의 생존 자체가 위협받을 정도가 되었다. 이런 문제에는 납 중독, 신종 암, 오존층이 파괴되면서 발생하는 백내장, 자외선 방출에 따른 면역력 억제, 먹을거리와 의약품 생산용 유전·생물 자원의 소실 등이 포함되어 있다.[4]

'재생 가능' 자원을 생산할 때에도 생태계 지속 가능성이 훼손될 수 있다. 예컨대, 단일 수종으로 조림을 하면 목재를 생산할 수는 있지만, 자연림이 해 오던 자연의 재생 기능은 수행하지 못한다. "그렇게 되면 소득이 는다는 착각이 들기는 하겠지만, 실제로는 부의 영구적 상실이라는 결과가 나타난다."[5]

'자연이 수행하는 서비스(nature's service)'가 중요하다는 사실을 인식함에 따라 일종의 **생태적 회계***가 등장했다. 예를 들어, 전 세계 생태계가 수행하는 서비스의 가치를 현 시가로 연간 약 33조 달러로 추산하는데, 이 수치는 전 세계 GNP 총액인 25조 달러를 훨씬 웃도는 규모이다. 자연의 가치를 이런 식으로 계산하는 것이 과연 적절한지 여부를 떠나, 이러한 경향 자체는 전통적 경제 논리—환경의 영향력을 보이지 않는 것으로 치부하는—에 일종의 해독제 역할을 할 수 있다.[6]

생태적 회계(ecological accounting) 경제적 거래를 계산할 때 그전까지는 외부화했던, 즉 배제했던 환경 관련 비용을 계산에 포함하는 것. 이 비용에는 '자연 자본(natural capital)'의 분할 상환도 포함된다.

이러한 사고의 변화는 여러 분야에서 자극을 받아 이루어졌다. 우선, 신사회 운동(new social movements)의 영향이 있었다. 이번 장에서도 다룰 내용이다. 신사회 운동이 오늘의 역사 단계에서 등장한 것은 자본주의에 기반을 둔 발전주의에 대한 비판적 사유와 새로운 형태의 사회·정치적 행동, 그리고 주체성(subjectivity)의 모색이라는 경향을 반영하고 있다.[7]

사고 변화의 두 번째 자극은 '지구라는 우주선(spaceship earth)'이 얼마나 보잘것없이 작은 것인지를 점차 인식한 데서 시작되었다. 1960년대 말부터 우주 공간에서 지구 사진을 찍을 수 있었고, 그 덕분에 우리 세계가 생물·물리학적으로 얼마나 제한적인 공간인지를 인류가 절실히 깨닫게 되었다. 1987년, 브룬틀란위원회(Brundtland Commission)의 선언은 전 지구적 경제 활동과 지구 생태 사이의 위험한 상승 작용에 경종을 울렸다. "이 세계에 수많은 사람이 살고 있지만 지구는 단 하나밖에 없다. 인류의 삶을 유지하는 데 우리 모두가 단 하나의 생물권(biosphere)에 의존하고 있음을 기억해야 한다."[8]

셋째, 다양한 풀뿌리 운동이 지역 문화와 전 지구적 시장 사이의 경계선상에서 발생 중인, 점차 증가하는 갈등에 주목하기 시작했다. 예를 들어, 아마존의 카야포족은 벌목과 목축, 유전자 자원 추출의 위협에 맞서 자신들의 열대 우림 거주지를 방어하는 문제를 놓고 전 세계인들에게 호소함으로써 자신들의 요구를 내세울 수 있었다. 이런 요구에 브라질 정부는 자체적으로 관리하는 **천연자원 보호 구역***을 창설하여 현지 부족과 고무 채취업자들을 목축업자와 외부 정착민의 접근으로부터 보호하도록 했다. 이러한 보호 구역은 정부가 산림 거주자들의 천연자원 채취를 보호할 목

천연자원 보호 구역(extractive reserves) 생계를 위해 천연자원을 채취하는 산림 거주자들을 보호하려는 목적으로 정부가 설정해준 산림 지역.

사례_ 신사회 운동

신사회 운동의 여러 흐름—녹색주의, 페미니즘, 달동네 거주자, 식량 주권, 노동자 소유 협동조합, 참여형 예산 책정, 먹을거리 정책 협의회, 자가 주택 연합, 마을 집회, 무토지 농민 노동자 등—은 경제 만능주의, 중앙 집권화, 그리고 개발 프로젝트상의 서열을 비판한다는 공통점을 지니고 있다. 어떤 국가에 속한 추상적 시민으로서 공식적 권리를 획득하는 것('구사회 운동'의 목표)은 이제 특정한 실천 방안—지배적인 가치와 권력 관계에 의문을 제기하는—을 확보하려는 목표에 비하면 부차적인 것이 되었다. 깁슨-그레이엄(J. K. Gibson-Graham)이 시사하듯, 아르헨티나의 실업 노동자들이 2001년 금융 위기 당시에 버려진 공장을 점거했을 때, 이들은 개인주의적이고 임금 수준에만 신경을 쓰는 노동 운동 사고 방식을 초월하여 "실업 노동 운동의 구성원으로서 '연대의 경제'와 연대의 사회성을 구성할 수 있는 법을 배워야 했다." 이와 유사하게 인도 뭄바이의 슬럼 거주자 동맹은 남아프리카의 지역 공동체에서 관리하는 저축 예금 제도를 도입했고, 자기들의 존재감을 드러내기 위해 '가시성의 정치'를 활용하여 자체적 여론 조사와 거주민 호구 조사를 실시했다.

출처 : Gibson-Graham, 2006, xvv, xxxv; Menon, 2010.

적으로 마련해준 비교적 넓은 산림 지역이다.[9]

마지막으로, 신자유주의 시대에 농촌 지역의 빈곤층에 의해 천연자원에 압박이 가해지는 현상을 들 수 있다. 농촌 지역 주민이 장기간에 걸친 빈곤으로 말미암아 생계 유지를 위해 농토의 지력과 연료 자원을 소진시킨 탓에 이런 압박이 발생한다. 1980년대에 들어 농토와 산림을 수출 생산용으로 사용하게 되었고, 이에 따라 수많은 농촌 빈곤층이 열대 우림의 생태계를 서로 차지하려고 부딪쳤다. 그 결과 나무를 마구 베는 행위와 같은 환경 훼손이 발생했던 것이다.

환경 운동은 '지속 가능한 발전'을 추구하면서, 중앙 주도형 개발보다 자체 조직형 개발을 중시한다. 인도 나르마다 댐(Narmada Dam) 건설 반대 운동이 좋은 사례이다. 인도 정부는 1980년대 이래 세계은행의 지원을 받아 나르마다 강 협곡에서 대규모 댐 건설 프로젝트를 추진해 왔다. 이 거대 토목 공사 프로젝트 때문에 200만 명 이상의 수몰민이 발생할 것으로 예상되었다. 리우 환경 정상 회의가 열리고 있던 1992년, 세계은행이 지원했던 인도의 또 다른 댐(사르다르 사로바르 댐) 건설 계획에 관한 독립적인 검토 보고서—이런 성격의 보고서로는 사상 최초—가 발표되어 큰 물의가 빚어졌다. 당시 세계은행 총재가 집필을 의뢰했던 이 보고서는 세계은행과 인도 정부가 '중대한 직무 태만'—토목 공사와 원주민 강제 이주, 양 측면 모두에서—행위를 저질렀다고 주장하고 나섰다. 보고서의 폭로와 나르마다 살리기 운동(Narmada Bachao Andolan) 덕분에 세계은행은 댐 건설 지원을 포기해야 했다. 댐 건설을 반대했던 풀뿌리 저항 운동은 다음과 같이 주장한다.

이 저항은 마하트마 간디의 비판적 유산을 확실히 드러내 보였다. …… 또한 국가의 중앙 집중화와 권위주의화, 그리고 현재 주도적인 경제 활동—지역의 생계형 경제 활동을 잠식하고 파괴할 뿐만 아니라 생태계의 다양성을 짓밟는—의 자원 추출적 성격에 저항하는 전국적인 투쟁을 똑똑히 보여주었다. 그러므로 이 운동은 소외 계층이 자기 삶에서 경제적·정치적 통제권을 확보하는 데 점차 자신감을 찾아가는 경향을 상징한다고 하겠다.[10]

지속 가능한 발전

'지속 가능한 발전(sustainable development)'이라는 말은 1987년에 〈인류 공통의 미래(Our Common Future)〉라는 제목으로 발표된 〈브룬틀란 보고서〉에서 처음으로 그 개념이 제시된 후 널리 쓰였다. 이 보고서는 지속 가능한 발전의 개념을 "현 세대의 욕구를 충족하면서도 미래 세대의 욕구 충족 능력을 해치지 않는" 발전이라고 규정했다.[11] 이 목표를 어떻게 달성할 것인가 하는 문제는 아직도 미완의 과제로 남아 있다. 브룬틀란위원회는 다음과 같은 조치들, 예컨대 천연자원의 보존과 확대, 개발 과정에 풀뿌리 참여 장려, 그리고 소규모 기술과 에너지 절약형 기술을 중시하는 적정 기술(appropriate technologies) 채택을 제시한다. 위원회는 "제3세계에서 한 사람이 더 늘어나는 것보다 산업화된 나라에서 한 사람이 더 늘어나는 것이 더 많은 농토를 소비하고, 천연자원에 더 많은 압박을 가할 것"이라고 인정하면서, 한편으로 개발 도상국 빈곤층의 욕구로 말미암아 환경에 가해질 압박을 줄이기 위해 그들의 경제 성장도 필요하다고 권고했다.[12]

이 보고서는 환경 악화의 근본 원인이 무엇인가 하는 질문의 해석을 놓고 벌어진 논쟁—인류 공통의 미래가 위협받는 상황이 빈곤에서 비롯되는지 또는 풍요에서 비롯되는지—을 완전히 해결하지는 못했다.

- 빈곤이 주원인이라고 주장하는 사람은 빈곤한 대중이 천연자원에 압박을 가함으로써 환경에 가장 큰 위협이 발생한다고 지적한다.
- 풍요가 주원인이라고 지목하는 사람은 전 지구적 불평등과 풍요로운 생활 양식을 지속하려고 자원을 낭비하는 행태가 환경에 가장 큰 위협이 된다고 지적한다.

후자의 주장을 뒷받침하는 측정치는 많다. 그중 상당히 도발적인 주장을 꼽아보자면 다음과 같다. 즉, 미국 시민 한 사람이 멕시코 시민 한 사람보다 지구 온난화에 60배 이상 책임이 있으며, 캐나다 시민 한 사람이 인도네시아 시민 한 사람보다 190배 이상 책임이 있다고 한다. 이런 관점에 영향을 받아 세계은행의 전 경제학자였던 허먼 데일리는 '불가능성 법칙'을 주장했다. 이 법칙은 '미국식 고자원 소비 기준'이 지구의 지속 가능성에 더는 부합하지 않는다고 본다.[13]

지구 환경 정상 회의

위와 같은 논쟁점이 1992년 유엔환경개발회의(UNCED, United Nations Conference on Environment and Development)에 활기를 불어넣었다. 흔히 리우 '환경 정상 회의'로 불리는 이 모임은 역사상 최대 규모로 개최된 외교 행사였다. 유엔환경계획이 조직한 이 회의에서는 〈브룬틀란 보고서〉의 이행 상황을 점검했다. 이 회의에서 '의제 21(Agenda 21)'이라는 실천 계획—모든 쟁점을 망라한—이 채택되었다. 그 후 10년 동안 논의가 이어졌고 2002년에는 요하네스버그에서 지속가능세계정상회의(World Summit on Sustainability)가 개최되기에 이르렀다. 그러나 이 회의는 대중의 주목을 그리 끌지 못했고 효과적이지도 않았다는 평을 받았다.

이러한 정상 회의를 통해 남반구는 북반구가 지구 행성의 생존을 위해 이산화탄소 배출을 줄이고, 생물 다양성과 열대 우림을 보존하려는 의향이 있음을 인정했다. 또한 남반구는 북반구로부터 재정 지원을 받는 대가로 전 지구적 환경 보호 프로그램에 참여하기로 동의했으며, 북반구에 남반구의 지속 가능한 발전—보건, 위생, 교육, 기술 지원, 자원 보존을 포함한—에 필요한 대규모 투자를 하라고 촉구했다.[14]

그러나 유엔환경개발회의는 전 지구적 불평등이라는 핵심 문제를 정면으로 다루지 않았고, 환경 보호가 최우선 의제임을 강조하면서도 그것이 "국제 무역과 국제 투자를 왜곡하지 않아야" 한다고 주장했다.[15] 그 결과 〈브룬틀란 보고서〉에서 강조한 것과 다른 흐름이 나타났다. 즉, 현지 또는 국내에서 환경 문제를 다루는 것이 아니라 환경을 **전 지구적으로** 관리하는 데 방점을 두었고, 악화하는 남반구 경제 상황을 해결하기보다 전 지구적 경제의 활력을 유지하는 데 초점을 맞추기로 한 것이다. 지구화 프로젝트의 의도가 여기서도 그대로 관철된 것이다. 이런 분위기 속에서 세계무역기구는 외국 투자자들이 현지에서 자국의 투자자들과 동일한 권리를 보유할 수 있도록 허용해주는 국내 동일 처우 규정을 제정할 수 있었다. 이것은 전 세계적으로 '자르고 튀는(cut-and-run)' 벌목 사업을 제도화할 위험이 큰 규정이었다.[16]

전 지구적 공유물의 관리

환경을 잘 관리하는 문제는, 물질적·문화적 생존을 확보하려는 인류 공동체의 욕구만큼이나 오래된 욕구라 할 수 있다. 전 지구적 환경을 관리하려면 지구의 자원을 보존하는 노력을 해야 한다. 하지만 그러한 보존의 목적이 무엇인지, 혹은 보존을 위해 각국이 어떤 조건으로 동참할 수 있을 것인지에 관해서는 구체적 해결책이 나와 있지 않다. 지구화 프로젝트라는 조건 속에서, 외화 획득에 목말라 하고 그것을 위해 국내 개혁을 해야 할 지경으로 몰리기까지 하는 각국 정부가 기업—천연자원을 확보하고, 미래에도 자원의 통제권을 유지하려고 애쓰는—에 매달리는 상황을 쉽게 이해할 수 있다. 하지만 지역 사회 주민들은 NGO의 지원을 받아 환경의 상품화와 환경 훼손을 비판하는 목소리를 높여 왔다. 현지 주민들이야말로 역사적으로 또 정신적으로 자기들의 환경과 밀착해 있기 때문이다.

특히 남반구의 풀뿌리 운동은, 전 지구적 환경 관리자들과 그들을 후원하는 막강한 국가 동맹 세력이 전 지구적 경제 활동의 수익성을 보장하는 방향으로 지구 환경을 관리하려 한다고 생각한다. 이러한 세력의 움직임에는 자원의 사용과 산림, 습지, 수계와 같은 전 지구적 폐기물 투입지의 활용 등을 규제하는 조치가 포함된다. 새롭게 나타난 북반구 주도의 '**전 지구적 생태**'는 환경 문제와 사회 정의, 자원 분배 문제를 서로 연계하지 않고, 다음 네 가지 사항에만 우선순위를 둔다.

- 주로 자동차와 산림 소각으로 발생하는 온실가스의 배출을 줄인다.
- 주로 열대 우림의 생물 다양성을 보존한다.
- 국제 공해상의 오염을 줄인다.
- 오존층 파괴를 역전시킨다.

유엔환경개발회의의 실패는 전 지구적 경제 관리를 오히려 강화했다. 또한 전 세계 생태 관련 활동을 재정 지원하기 위해 **지구환경기금***이 창설되었다. 세계은행은 전 지구적 환경 사업에 재정을 지원하기 위해 지구환경기금의 설립을 추진했는데 특히 위에서 논한 네 가지 범주에 맞는 사업을 집중적으로 지원하려 했다. 지구환경기금의 제1차 승인 사업 분할 지급금 중 50퍼센트가 생물 다양성 보호 관련 사업이었다. 이와 더불어, 유엔환경개발회의는 유엔식량농업기구를 통해 각국 정부의 지원 속에 남반구의 토

지구환경기금(GEF, Global Environmental Facility) 전 지구적 환경 보호 활동에 재정을 지원하고 관리하기 위해 유엔환경개발회의가 주관하고 세계은행이 설립한 기구.

지를 환금 작물용 농토로 전환할 계획을 세웠다. 이런 계획에 따라 '천연 자원의 부족' 또는 '환경과 사회·경제적 제한 요인' 때문에 환금 작물 생산 증대가 어려운 곳에서만 생계형 농업이 허용되었다. 또한 각국 정부가 인구 과밀 지역으로 지정한 곳의 거주민을 국내의 다른 지역으로 강제 이주시키거나 혹은 재정착 프로그램의 대상으로 삼았다.[17]

이러한 시나리오는 '전 지구적 공유물(global commons)'의 관리와 인구 과잉과 천연자원의 부족을 환경 문제에서 가장 시급한 문제로 파악한다는 뜻이다. 이런 식의 시각은, 자원 접근성이 극단적으로 불평등한 현실이 가장 중요한 문제라는 전제에서 '인구 과잉' 문제를 바라보는 시각과는 뚜렷한 차이를 보인다. 예를 들어, 브라질에서는 인구의 1퍼센트 미만이 비옥한 농토 44퍼센트를 소유하며, 3200만 인구가 공식적으로 극빈층에 속해 있다. 구조 조정 정책, 곡물 수입, 그리고 수출용 대두 생산의 확대와 같은 조치는 소농들의 삶을 황폐하게 했다. 브라질의 사회 복지 관련 부서가 많은 권한을 잃은 상황에서, 무토지농업노동자운동(MST, Movimento dos Trabalhadores Rurais Sem Terra)에 가담하지 않은 농민과 도시 혹은 접경 지역으로 이주하지 않은 농민은 NGO가 조직한 '빈곤 관리' 프로그램에 포함되어 부유한 토지 소유자의 값싼 노동력으로 전락했다.[18]

대규모 환경 관리를 주요 목표로 삼는 '전 지구적 생태'적 접근에서는 지속 가능성을 최우선으로 여기곤 한다. 이때 지속 가능성은 지역 사회에 남아 있는 현지의 환경 관리자들이 우선적으로 여기는 가치와는 다르다. 남아시아와 동남아시아에는 약 2억에서 3억에 이르는 산림 지역 거주민―관개 농업에 의존하는 저지대 농촌 공동체와 구분되는―이 있다고 추산된다. 그중 일부는 정부에서 지정한 공식 명칭으로 분류되며 사회 내부에서 특수한―흔히 2등 시민으로서의―지위를 보유하고 있다. 인도의

'특수 지정 부족(adivasis)', 타이의 '고산 지대 부족', 중국의 '소수 민족', 필리핀의 '문화적 소수 부족', 인도네시아의 '고립된 이방 부족', 타이완의 '원주민 부족', 말레이시아의 '원주민'이 대표적 집단이다. 이 집단들은 특정 국가에 속한 하위 존재라는 정체성에 도전하면서 국제적으로 횡적인 연대를 주창한다. 그 결과 이 집단들은 자신들을 스스로 '원주민(indigenous people)'이라는 공통 명칭으로 부르게 된 것이다.[19]

전 세계의 원주민과 부족민들은 국제노동기구 협정(ILO Convention)에 자기들의 토지 권리와 자기 결정 권리를 포함시키는 데 성공했다. 그런데도 외부에서는 이런 집단을 그저 주변적 존재로만 여길 뿐이다. 세계은행은 1990년에 '원주민'을 포함한 문헌을 발표하면서 다음과 같이 진술했다. "원주민이라는 용어는 원주민, 부족민, 하층 계급민, 소수 민족 집단 등을 포괄하는 말이다. 역사적·문화적 상이점에도 불구하고 이들은 흔히 국가 발전 과정에 참여할 수 있는 능력이 떨어진다. 문화적 장애 또는 사회·정치적으로 낮은 지위 때문이다."[20]

개발의 렌즈로 이들을 바라보는 관점은 의미심장한 결과를 가져온다. 이런 관점은 문화적 소수 집단이 외부의 지도를 요한다는 근거 없는 가정을 고착시킨다. 다른 한편으로는 소수 집단을 상업적 벌목이나 정부 주도의 산림 개발 프로젝트—식목 사업을 포함한—와 같은 국가 발전 전략에 종속시킨다. 원주민들은 대규모 재정착 프로그램의 대상이 되곤 한다. 이들의 빈곤과 생계 유지형 삶의 방식이 산림을 훼손한다는 믿음이 널리 퍼져 있기 때문이다.

환경 저항 운동

위의 모든 경우에서 다자 간 금융 기구와 각국 정부—영토를 보전하고 외화를 획득하려고 애쓰는—가 서로 협력하는 유형이 뚜렷이 관찰된다. 반면에 원주민 문화는 배제되고 주변화되기 쉽다. 인도네시아의 산림부는 전 국토의 74퍼센트를 관할하는데 이 부서의 장관이 1989년에 다음과 같은 발언을 한 적이 있다. "인도네시아에서 산림은 국가 소유이지 사람들의 소유가 아니므로 …… 원주민들의 거주지가 벌목 사업으로 파괴된다 하더라도 그들은 보상을 받을 아무런 권리가 없다."[21]

이러한 상황에서 '빈곤 계층의 환경 운동'이 폭발적으로 늘어났다. 여기에는 두 가지 형태가 있다. 우선, 국가와 시장이 주거지를 점거하는 데 대항한 적극적인 저항이 있을 수 있다. 둘째, 환경이 악화되는 상황에 직면하여 거주 환경을 새롭게 회복시키는 오래된 실천 형태인 '적응'을 들 수 있다. 적응이야말로 오늘날의 환경 문제를 해결하는 일종의 해답이 될 수 있다.

인도의 히말라야 중앙 지대에서 전개했던 칩코 운동(Chipko movement)은 저항 운동의 극적인 사례였다. 1973년에 고페쉬왈 마을의 여성들은 상업적 벌목에 맞서 예로부터 내려온 농민 저항의 전통을 되살려 나무를 끌어안는 방식으로 간디의 비폭력 전략을 상징적으로 나타냈다. 이와 유사한 저항 운동이 인도 북부를 휩쓸었다. 부족민들의 산림 거주지를 보호하기 위해서였다. 저항 운동에 참여한 주민들은 숲과 토양을 살리기 위해 칩코 운동이 실천하는 나무 심기 방식을 모방하여 '나무를 뽑고 다시 심는' 전술을 활용했다. 운동가들은 유칼립투스 나무—그늘을 제공해주지도 않고, 지하수를 고갈시키는데도 공식적 식목 사업에서 선호받는 수종—를 뽑아버리고, 그 자리에 현지 주민에게 유용한 산물을 생산해주는 토착 수종을 심었다.[22] 이처럼 환경 운동은 남반구 전역에서 활발하게 전개되고 있다. 국가가 유칼립투스—산림 거주민들을 쫓아내면서 심었던—재배를 권장하는 타이에서는 '토착 수종에 대한 공동체의 권리' 대 '유칼립투

스 단일 품종 재배'라는 구도로 농촌 환경 운동이 벌어지고 있다.[23]

남반구 전역에서 풀뿌리 환경 운동이 일어나면서 지역 공동체에서 자기 지역의 환경을 통제하겠다는 주장이 점점 호응을 받게 되었다. 이와 동시에 개발 프로젝트와 연관된 기술 이전의 제도적 측면에 의문이 제기되었다. 유엔식량농업기구에서 산림 부서를 이끌었던 책임자의 말을 들어보자.

> 새로운 제도를 만드는 행위 자체가, 기존에 있던 원주민들의 비공식적 제도—정상적이고 내구력 있는 개발의 기본 토대로 활용했어야 하는—를 약화하거나 심지어 파괴할 수도 있다는 생각이 한참 지나서야 개발 전문가들에게 들기 시작했다. 원주민들의 이러한 비공식 제도 중에는 가족, 혈족, 부족, 마을, 각종 상호 부조 조직과 농민들의 모임, 농촌 지역 노동자를 위한 노동조합, 마케팅 시스템과 배급 시스템 등이 있었다.[24]

산림 거주자들은 언제나 자신들의 환경을 적절하게 관리해 왔다. 하지만 식민 지배자와 개발론자의 관점으로 봤을 때 원주민 공동체가 자연환경을 잘 관리하는 것 같지 않았다. 왜냐하면 식민 지배와 함께 시작된, 상업을 통해 부를 전문적으로 축적하는 서구의 관점에서는 원주민들의 관습을 도무지 이해할 수 없었기 때문이다. 따라서 풀뿌리 주민들의 환경 관리 활동은 흔히 탄압받거나 무시되었다.

식민 지배 당시의 산림 정책이 토착 지식을 지우고 천연자원을 잠식했던 반면, 최근에는 풀뿌리형 동원—케냐 여성들의 그린벨트 운동 같은—을 통해, 토양 재생용 간작(inter-cropping)을 실시하고, 산림 유지용 식목 사업을 재개하기 시작했다. 개발 기구와 개발 계획 담당자들이 환금 작물을 재배하려고 관개 농업—예를 들어 세네갈 동부 지역에서—을

사례_라스 가비오타스 — 열대 지방의 지속 가능성

1970년대 초 파올로 루가리(Paolo Lugari)와 협력자들(엔지니어, 예술가, 학생, 원주민, 심지어 노숙 어린이)이 콜롬비아의 수도 보고타에서 500킬로미터 떨어진 오지 평원에 지속 가능한 촌락, 라스 가비오타스(Las Gaviotas) 마을을 건설했다. 마약용 코카 경작 문제로 콜롬비아의 내정이 계속 불안했지만 라스 가비오타스 마을은 지금까지 살아남았다. 기발한 신재생 에너지 기술(물 관리 시스템, 증류기, 태양열 조리 기구, 풍차, 펌프 등), 수경 재배, 마을을 둘러싼 척박한 사바나 토양을 전환하여 열대 우림을 되살리는 계획 등이 성공했기 때문이다. 마을 인근의 사바나 지대가 한때 아마존 우림의 일부였다는 사실을 깨달은 루가리는 카리브산 소나무를 들여와 심음으로써 그늘을 만들어 토양의 수분을 증가시키고 생물 다양성을 늘릴 수 있었다. 숲이 되살아나자 식수 공급이 가능해졌고, 다목적으로 활용할 수 있는 송진, 수액, 방향제 등이 생산되어 자급자족 실험에 도움이 되었다. 이 마을은 200명의 노동자들에게 성과급에 따른 임금, 숙소, 식사, 의료를 제공한다. 마을의 50여 가구와 인근 지역의 약 500명의 어린이가 마을 학교에 다닌다. 성인들은 마을의 일을 돌아가며 맡는다(건설, 식목, 조경, 취사). 도시 생활의 스트레스에서 해방된 공간을 제공할 뿐만 아니라 마을의 모든 주민이 지속 가능성 프로젝트에 참여하게 된다. "되살아난 주변 우림으로부터 나오는 생산물을 이용해 지속 가능하게 마을 공동체를 꾸려 나가는 라스 가비오타스의 성공은 사바나 지대 전체에서 산림을 되살릴 수 있을 뿐만 아니라, 환경적으로나 사회적으로 성공을 거둘 수 있을 것이라는 새로운 희망을 심어주었다. ……" 라스 가비오타스보다 열 배 더 넓은 주변 산림을 재생한 것을 포함하여 엄청난 사회적·환경적 변화를 이룩한 공로를 인정해 2004년에 콜롬비아 정부는 이 마을을 정식으로 승인했다. 탄소 포집(捕集) 시스템, 상수도 시설, 생태 관광 같은 추가 계획을 실행하는 데

> 필요한 비용은 벨기에의 제로 이미션 앤드 리서치 이니셔티브(ZERI, Zero
> Emissions and Research Initiatives)라는 단체가 지원해주기로 했다.
> 과연 풀뿌리 환경주의와 '녹색 자본주의'의 결합이 환경과 자본 두 가
> 지를 모두 지속 가능하게 유지시켜줄 수 있을까?
> 출처 : White and Marino, 2007 : 22.

장려해 왔지만, 세네갈의 사라콜레족 촌락 연맹(Senegalese Federation of Sarakole Villages)과 같은 운동은 지속 가능한 소농 경작을 위해 환금 작물을 재배하는 방식을 집단적으로 거부해 왔다.[25]

남반구의 환경 운동에 따르는 도전은 두 가지이다. 자본·에너지 집약적인 전문 영농에 맞서는 대안 농법을 개발하고, 지역 생태계를 유지하고 보존할 목적에 적합한 산림 농업(agro-forestry)을 창조하는 것이 첫째 도전이다. 두 번째 도전은 관료적이고 하향적인 개발 계획―천연자원 사용을 지속 가능한 사회적 목표를 위해서가 아니라 흔히 상업적 목표에 종속시키는―에 맞서는 대안 모델을 구축하는 일이다. 어쩌면 남반구 환경주의를 향한 가장 근본적인 도전은 세계은행의 정책이 제기하는 다음과 같은 관점일지도 모른다. "개발 장려가 환경을 보호할 수 있는 최선의 방안이다."[26] 하지만 여기서 핵심은 세계은행의 관점으로 이해하는 개발이 지속 가능성의 원천이 될 수 있겠는가 하는 점이다.

개발 담론에 대한 페미니즘의 도전

페미니즘(féminisme)이라는 용어는 1880년대 프랑스에서 처음 등장했는데, 원래 여성의 권리를 옹호하는 운동을 뜻했다. 이 말은 젠더 평등을 위

한 여성 해방 운동이 벌어지던 1970년대에 '페미니즘의 2차 물결'로서 다시 등장했다. 이때 재등장한 페미니즘은 여러 여성 집단—제3세계 여성, 유색 여성, 레즈비언, 여성 노동자 등—에게 다양한 의미를 지니고 있었다.[27] 개발과 관련하여 페미니즘은 우리가 개발을 이해하는 방식 자체와 개발의 의미를 바꾸는 데 일조했다. 또한 페미니즘 덕분에 단순한 개발이 아니라 인간 개발(human development)이라는 개념—"사람들이 창조적이고 유용하며 만족하는 삶을 살아갈 수 있도록 그들의 잠재력을 키우는"—속에서 폭넓은 젠더 평등을 추구하는 정책 의제를 제도화할 수 있게 되었다.[28] 1999년 경제정의실천여성국제동맹(Women's International Coalition for Economic Justice)은 '경제 정의와 여성 권한 강화 선언(Declaration for Economic Justice and Women's Empowerment)'을 발표했다. 이 선언은 다음과 같은 요구를 내걸었다. "그저 성장과 무역과 기업의 수익만을 확대하는 것이 아닌, 여성과 빈곤층의 권리를 옹호하고 환경을 보호하도록 고안된 거시적 정책을 입안해야 한다. …… 경제 효율성의 의미를 재정의하여 여성의 임금 노동뿐만 아니라 비임금 노동도 측정의 대상으로 삼고 가치를 부여해야 한다. 경제적 효율성의 방향을 성장과 무역과 기업 수익이 아닌, 인간 개발과 인권의 효과적인 실현 쪽으로 재조정해야 한다."[29]

이 성명은 페미니즘의 세 가지 흐름—대안적 개발 의제를 형성하는—을 모두 포함하고 있다. (1) 생산 노동에서 평등을 중시함. (2) 사회적 재생산의 과업을 중시함. (3) 경제 만능주의에서 휴머니즘으로 사회적 가치를 재조정함. 이러한 흐름이 페미니즘이 개발 사상에 영향을 발휘할 수 있게 한 것이다. 특히 일터에서의 경제 정의와 관련한 쟁점, 비임금 노동을 지원하는 사회 정책, 가부장제와 시장 시스템이 서로를 강화하면서 인류의 지속 가능성을 위협하는 원인이 되었다는 사실 인식 등이 개발 사상에 결정적인 기여를 했다. 2000년에 등장한 여성운동 네트워크인 세계여성행진(World March of Women)에서 비롯된 '여성의 세계적 요구 주창 지침(Advocacy Guide to Women's World Demands)'은 다음과 같이 선언했다.

우리는 근본적으로 반인간적인 신자유주의적 자본주의가 지배하는 경제 체제로 이루어진 세계에서 살고 있다. 이 체제는 민영화와 자유화와 탈규제를 갈구하는 고삐 풀린 경쟁으로 우리를 몰아넣고 있다. 온전히 시장의 독재로만 운영되는 체제이며, 기본적 인권의 완전한 향유가 시장의 법칙보다 더 낮게 평가되는 체제이다. 그 결과, 엄청나게 많은 인구 집단이 사회적으로 철저히 배제되면서 세계 평화와 지구의 미래가 위협받게 되었다. ……
신자유주의와 가부장제는 서로가 서로를 먹여 살리며, 서로가 서로를 강화한다. 대다수 여성을 문화적 열등, 사회적 천시, 경제적 주변화, 여성 존재와 노동의 '비가시화', 여성 몸의 시장화와 상품화 같은 상황 속에 내버려 두기 위해서이다. 이 모든 상황은 마치 남아프리카공화국의 아파르트헤이트와 흡사하다.[30]

페미니즘이 개발에 영향을 끼친 역사는 1975년 멕시코시티에서 개최된 제1차 유엔세계여성회의(UN World Conference on Women)에서부터 시작되었다. 이 회의는 기존의 개발 프로그램을 확대하여 여성을 포함할 수 있도록 하는 데 초점을 맞췄다. 특히 고용과 교육 부문에서의 평등, 여성의 정치 참여, 의료 서비스 등에 논의가 집중되었다. 이러한 움직임은 '개발 내의 여성(WID, Women in Development)'이라고 불렸고, 유엔이 제정한 '여성의 십 년대(UN Decade for Women, 1976~1985)'를 이루는 틀이 되었다. 그 이후 페미니즘 운동은 변화를 거듭하여 단순한 처방을 제시하는 데에서 적극적인 대안 제시로 방향을 바꾸었다.[31] 루나크 야한(Rounaq Jahan)은 이것을 '통합주의(integrationist)' 접근 방식에서 '의제 설정(agenda-setting)' 접근 방식으로 변화했다고 설명한다. 후자는 페미니즘의 관점에서 기존의 통상적 개발 사상에 도전을 제기한다.[32] 이러한 관점의 목표는 모든 여성을 의사 결정자로 참여시켜 여성이 자신의 다양한 상황 속에서 자율성을 지니도록 돕자는 것, 그리고 모든 형태의 젠더 차별(예를 들어, 성별화된 분업)에 반대하자는 것이다. 이런 관점을 '젠더와 발전(GAD, Gender and Development)'이라 칭하는데, 이것은 젠더 쟁점을 개발에서 분리해 별도의 프로젝트로 다루지 않으면서도, 여성과 남성의 서로 다른 발전 우선순위와 욕구에 다시 초점을 맞춰보자는 입장이다. 이 두 가지 접근 방식은, 특히 개발 기관의 정책 형성을 통해, 개발 담론과 정책에 영향을 줄 수 있는 방안에 집중해 왔다.

이러한 기획의 중요한 자원으로서 1979년 유엔총회에서 채택된 여성 차별 철폐 조약(CEDAW, Convention on the Elimination of All Forms of Discrimination against Women)을 들 수 있다. 이 조약의 제5조는 국가에 여성을 차별하는 모든 관습과 태도와 관행을 변화시킬 책임을 부여한다. 여성 차별 철폐 조약은, 여성에 대한 차별을 조사·연구하는 데 결정적 역할을 했던 유엔여성지위위원회(UN Commission on the Status of Women)의 30년 활동 역사를 총정리한 규범이었다.

개발에 대한 페미니즘의 공식

'개발 내의 여성(WID)' 관점에서는 개발의 이론과 실행에서 젠더 이슈가 빠진 문제, 특히 "경제 구조와 정책의 개념 정의, 그리고 생산 과정 자체에 대한 접근성과 참여에서 여성이 겪는 불평등" 문제를 시정하려 한다.[33] 개발 논의에서 '개발 내의 여성'의 여성주의자는 다음과 같은 식으로 문제를 발굴하고 그 해결책을 제시한다.

- 사실상 여성은 늘 생산을 도맡아 온 사람이었다. 그러나 개발이 남성의 돈벌이 활동에만 초점을 맞추는 바람에 여성을 대상으로 한 기술적·직업적 지원은 아주 적었다. 그러므로 개발 계획자들은 여성의 기여, 특히 농촌 가구를 위한 먹을거리 생산자의 역할, 그리고 심지어 도시의 시장에 공급할 먹을거리 생산자의 역할 — 남성도 수출용 농업 부문에 고용되지 않거나 환금 작물 재배를 하지 않을 때에는 이러한 노동을 함 — 을 인정해야 한다.
- 여성은 자녀를 낳고 기른다. 개발을 철저히 이해하려면 사회적 지지대로서 교육, 의료, 가족 계획, 영양 같은 부분을 개발에 포함해야 한다.
- 마지막으로, 여성은 임금 노동에 종사할 경우에도 임금 노동 외에 비임금 가사·농장 노동을 수행하므로 개발 계획자들은 여성의 이러한 부담을 덜어주려는 조치를 취해야 한다. 연구에 따르면 여성이 소득을 올리는 활동을 하는 경우 그것의 순혜택이 공동체의 복지로 모이는 반면, 남성의 소득은 흔히 소비 시장 또는 도시 시장에서 흩어져버린다고 한다. 따라서 '개발 내의 여성'은 여성이 개발에 대해 요구하는 바를 지지할 뿐만 아니라, 개발이 여성에 요구하는 바도 지지한다.[34]

반면에 '젠더와 발전(GAD)' 페미니즘에서는 다음과 같이 개발의 해결책을 제시한다.

- 젠더는 사회적으로 구성되기 때문에, 단순히 누가 무엇을 하는지, 그리고 젠더 불평등의 해소가 과연 가치 있는 일인지 등을 놓고 젠더 불평등을 해결하는 것만이 능사가 아니다. 누가, 어떻게 해서 활동이 가치 있다고 여기는지, 그

리고 누구의 이익을 대변해 그렇게 하는지를 질문함으로써 젠더 불평등을 해소하는 것이 더 중요하다. 단순히 여성의 차별을 확인하는 것만이 목표가 아니라, 젠더 차별이 구조화되는 현실을 이해하는 것이 목표가 되어야 한다.

- 갈등적이거나 또는 협력적으로 젠더화된 분업을 시행하는 각 가구는 분화된 사회적 단위이다. 그러므로 생산 노동과 재생산 노동 간 관계의 성격을 이해하고, 개발이 가구 안의 관계에 미치는 영향(그 반대도 마찬가지)을 이해하는 것이 중요하다.

- 그러므로 '젠더와 발전'은 문제의 초점을 젠더 관계 혹은 젠더 역할로 돌림으로써, 그리고 사회적 재생산 노동을 가시적으로 보이게끔 함으로써, 정책 결정자들로 하여금 여성에게 자원을 제공하는 것이 얼마나 '이득'이 되는지를(형평성의 차원에서가 아니라, 개발과 효율성의 차원으로 보더라도) 깨닫게 한다.

이러한 두 가지 프로젝트는 개발 정책을 개혁할 토대 역할을 해 왔다. 세계은행은 1987년에 '개발 내의 여성' 프로젝트를 시작한 후 1990년대 중반부터 '젠더와 발전'식 접근 방식으로 초점을 이동했다. '개발 내의 여성' 프로젝트는 크게 보아 보완적인 움직임이며, 여성과 남성이 각각 서비스, 자원, 삶의 기회를 두고 서로 다른 접근성을 갖는 문제, 그리고 사회적인 결과와 개발의 결과에 서로 다른 접근성을 갖는 문제를 그대로 내버려 두는 편이다. 1995년에 열렸던 베이징 세계여성대회 이래 세계은행은 젠더 이슈를 '주류화(mainstream)'하려고 노력해 왔는데, 경우에 따라 서로 다른 실적이 나왔다.[35]

여성 운동은 이른바 '정책-페미니즘(policy-feminism)'이라고 불리는 영역을 넘어서, '초국적 여성 네트워크(TFN, transnational feminist networks)'를 기반으로 삼아 급성장했다. 이 네트워크는 국내 조직, 다자 간 조직, 정부 간 조직을 아우르며, 지역 조직과도 협력하여 인권, 탈군사화, 노동 기준과 같은 특정 문제에 대해 주창 활동을 전개한다. 밸런타인 모가담(Valentine Moghadam)은 이러한 초국적 여성 네트워크가 전 지구적 통신 기술 덕분에 유동적인 지지 기반과 유연성을 지닐 수 있다고 지적한다. 이런 특징은 비서열적인 페미니즘 원칙과 잘 어울리고, 공식·비공식적 활동 방식과도 결합하기 쉽다. 일부 초국적 여성 네트워크의 예를 들어보면 다음과 같다.[36]

- DAWN(Development Alternatives with Women for a New Era) : 특히 가난한 남반구 여성과 전 지구적 부의 재분배를 위한, 젠더와 경제 정의, 국제 금융 기구 정책, 재생산 권리, 보건 문제에 관한 활동.

- WIDE(Women in Development Europe) : ACP(African, Caribbean, Pacific) 국가들을 대상으로 한 유럽의 원조 증액, 북반구와 국제 금융 기구와 세계무역기구의 경제 이론과 개발 정책에 대한 페미니즘 대안.

- WEDO(Women's Environment and Development Organization) : 정책 결정에 여성의 동등한 참여, 전 지구적 문제의 대안적이고 지속 가능한 해법 제시, 세계무역기구의 민주화.

- WLUML(Women Living Under Muslim Laws) : 이슬람 국가의 여성 인권 신장, 이슬람 근본주의와 국가의 결탁 폭로, 모든 이슬람 국가에서 여성 차별 철폐 협약 이행.

- SIGI(Sisterhood Is Global Institute) : 여성 인권 옹호 활동.

예를 들어 DAWN은 '신사회 운동'의 취지에 발맞춰 다음과 같이 주장한다. "여성들은 정부에 기댈 게 아니라 자체 조직을 통해 자율적으로 발전해 가야 한다." 이 네트워크의 선언에는 DAWN이 지향하는 휴머니즘적 비전이 나와 있다.

각 개인은 자신의 잠재력과 창의성을 온전히 발전시킬 수 있는 기회를 보장받아야 한다. 또한 양육과 연대의 가치가 인간 사이의 관계를 규정해야 한다. 이러한 세계에서 여성의 재생산 역할은 재규정될 것이며, 남성은 자신의 성적 행동 그리고 남녀 모두의 생식과 복리를 함께 책임지게 될 것이다. 남성, 여성, 그리고 사회 전체가 어린이의 양육을 책임질 것이다.[37]

휴머니즘 비전은 사회적 태도와 사고방식, 그리고 공공 정책에 내재된 '남성 편향'을 확인한 것에서부터 발전하기 시작했다. 이런 점은 1999년에 출간된 다이앤 엘슨(Diane Elson)의 《개발 프로젝트의 남성 편향(Male Bias in the Development Project)》에 잘 나와 있다. 구조 조정 정책에서는 사회 서비스가 긴축 정책의 영향으로 축소되더라도 여성이 무한정 사회적 재생산을 해낼 수 있다는 식으로 전제하는 경향이 있다고 엘슨은 지적한다. "외부 형편이 아무리 힘들어도 숨어 있는 '평형 요인'이 나쁜 상황을 상쇄해주는데, 그런 것이 바로 개별 가구 내에서 일어난다. 특히 여성들은 긴축 상황에서 더 열심히 일하고 쪼들리는 살림을 어떻게든 '꾸려감으로써' 구조 조정의 안정화 프로그램에 따른 충격을 흡수할 수 있다."[38] 비임금 노동을 무시하는 남성 편향적 정책에서는 '효율성'과 같은 용어를 즐겨 사용한다. 예를 들어, 공공 병원 부문에 투입될 예산을 삭감할 경우 '그에 따른 비용을 생산 경제에서 재생산 경제로 전가'함으로써 효율성을 여전히 유지한다는 것이다. 그러므로 수술을 받은 환자가 일찍 퇴원하더라도 자택에서 집안 여성의 도움과 돌봄을 통해 회복하는 경우, 병원 예산 삭감에 따른 부정적 영향이 묻혀버린다는 말이다.[39] 또한 예를 들어, WIDE 네트워크는 이 점을 '자유 시장' 이론에 대한 일반적 비판으로까지 확장해 다음과 같이 주장한다. "우리 여성들은, 삶의 모든 영역이 점점 더 상품처럼 거래되는 전 지구적 시스템—사람을 시민이 아니라 소비자로 보는—속에서 시장 자체를 바꿀 각오를 해야 한다."[40]

이런 과정을 거쳐 출현한 여성주의 패러다임은 정책상의 계산에 단순히 여성이라는 요소를 추가하는 것에 만족하지 않는다. 여성주의자들은 여성의 경험이라는 관점에서 기존 경제 모델의 한계와 침묵과 폭력에 관해 독특한 시각을 확보했다. 기존 경제 모델에서는 비용에 해당하는 차변(借邊)—경제학자들이 '외부성'이라 부르는—을 고려하지 않는 지속 불가능한 시스템 속에서 자의적으로 규정한 '생산' 노동만을 정당한 경제 활동으로 인정한다. 이것은 유엔의 국민 계정 체계에서 시작되었다. 국민 계정 체계에서는 GNP가 늘어난 것은 계산에 포함하지만, 차별(교육, 영양 섭취, 고용 등에서 발생하는)이나 환경 훼손, 가정 내의 비가시적 노동인 사회적 재생산 같은 '비용'은 포함하지 않는다. 1988년에 메릴린 웨어링(Marilyn Waring)이 《여성을 계산에 포함시킨다면 : 새로운 여성주의 경제학(If Women Counted : A New Feminist Economics)》이라는 저술에서 지적한 대로, 기존의 경제학이 현금을 생산하는 활동만 가치 있는 활동이라고 협소하게 해석하는 한, 경제학은 '권력을 잡은 사람들의 도구' 역할만 할 수 있을 뿐이다. 집안일만 하게 된 여성은 천시받고, 토착 농민과 유목민 그리고 산림 거주자 같은 비공식 경제 활동인은 '비생산적'이라는 이유로 주변화되거나 쫓겨난다. 이런 일은 생태계의 가치를 경제 논리와 더불어 이해하는 '자연의 경제(nature's economy)' 논리를 무시하는 과정에서 일어난다. 이처럼 기존의 경제 이론은 개발을 실천하는 과정에서 여성과 자연을 상대로 약탈적 관계를 고착시킬 가능성이 높다. 통상적인 개발 패러다임에서는 유럽 중심적 이성주의 접근 방식을 채택함으로써, 생태적이고 문화적으로 실행되는 여러 다양한 비유럽적 지식—자연을 돌보는 행위가 단순히 하나의 프로그램이 아니라 문화적 활동으로 인정되는—을 과소평가하기 마련이기 때문이다.[41]

크게 보아, 여성주의 패러다임에서는 개발이 단일하고 보편적인 과정이 아니라, 관계론적 과정임을 강조한다. 또한 우리가 어떤 목표를 당연히 좋은 '이상'이라고 전제해버리면 우리와 다른 사회, 그리고 그 사회의 욕구를 우리의 '이상'에다 끼워 맞추는 우를 범하기 쉽다는 것을 명심해야 한다. 예를 들어, 제3세계의 맥락에서 여성의 권한 강화를 논할 때 개인의 해방이라는 추상적인 이상을 논하기보다는 그들이 처해 있는 상황을 헤아려야 하는 것이다. '전 지구적 노동력의 여성화'를 예로 들어보자. 방글라데시에서 의류 생산 공장이 늘어나는 현상을 제프리 삭스는 다음과 같이 설명한다. "이때 의류 제조 착취 공장은 시골에서 태어나 극심한 빈곤을 겪고, 문맹인 데다 교육도 전혀 받지 못하고, 배고픔과 가부장적 사회가 지배하는 억압적 환경에서 자란 여성들이 극빈 상황에서 빠져 나올 수 있는 탈출 사다리의 첫 단계가 된다."[42] 그러나 착취 공장에 취업하는 것이 시골 출신의 여성들에게 무조건 득이 되는 것은 절대 아니다. 착취 공장의 일자리 자체가 여성에게 반복적이고, 더는 발전 가능성이 없는 막다른 자리인 데다, 흔히 심신을 소진시키는 노동에 불과하기 때문이다. 이런 일자리에 취업하여 전 지구적 경제에 편입되는 것은 처음부터 불평등한 조건 속에서 이루어지는 과정으로 이해해야 마땅하다. 값싼 노동력이 도대체 어떤 식으로 만들어지는가 하는 질문으로 시작한 신시아 인로의 연구에 따르면, 단순히 지구화 과정에서 여성들이 일터로 동원된 것은 아니다. 오히려 기업의 지구화 전략 자체가 생산 현장에서 여성성(femininity)을 먼저 어떤 식으로 구성할 것인가 하는 점에 달려 있다고 지적한다.[43] 그리고 아시아 여성들은 임금 인상을 경험했지만(아시아 역내 분업 구조 속에서 산업화 수준이 높아지면서 '탈여성화'가 발생하기 전까지), 멕시코의 마킬라도라에 관한 연구에 따르면 이곳의 여성 노동자들은 임금이 정체되는 경험을 거쳤다고 한다.[44] 루르드 베네리아(Lourdes Benería)는 다음과 같이 주장한다. "문제의 맥락을 제대로 살펴보려면, 여성 고용의 효과를 평가함에 있어, 여성이 싸구려 일자리에 취업할 때 젠더의 사회화와 권력 관계의 차원에서 어떤 현상이 발생하는지를 제대로 고려할 필요가 있다."[45] 공교롭게도 마킬라도라의 여성 노동 조직들은 남성 노동자들이 흔히 임금에만 관심을 기울이는 것과는 다른 활동을 오래전부터 해 왔다. 임금뿐만 아니라 건강, 재생산의 자유, 환경 문제를 고려해야 한다고 요구해 왔고, '공장 안에서 일어나는 일과 지역 사회에서 일어나는 일은 서로 관련이 없다고 하는 태도'와 '회사는 공장 바깥의 일에 아무런 책임도 없다는 태도'를 비판해 왔던 것이다.[46]

여성과 환경

지역 사회의 자원과 공동체를 보호하자는 남반구의 풀뿌리 운동에서 여성들은 결정적인 구실을 하곤 한다. 이런 보호 운동은 늘 있는 것이지만, 특히 식민 지배의 결과로 말미암아 이런 측면의 활동은 여성의 전유물처럼 되었다. 식민 지배 시대에 토지의 사적 소유 제도가 출현하면서, 여성들은 공유지에서 가축 방목, 땔감 모으기, 동물 사냥, 약용 종자 채취 같은 일에만 전념하게끔 되었다. 여성들은 이런 일을 통해 상업 부문에서 남성들이 벌어들인 소득을 보완했다. 여성은 환경 관리자 역할도 맡았는데, 시간이 지날수록 천연자원의 상업용 추출이 늘어나면서 더욱 악화한 환경 조건에 적응해야만 했다.

식민 지배 아래에서 시행된 개인 재산권 제도 덕분에 남성들이 특히 혜택을 받았다. 그 결과, 남성과 여성의 일이 서로 보완 관계를 이루던 전통적 사회 시스템이 파편화되었다. 남성의 일은 전문화되었고, 국가의 통계에서 남성의 일은 상업 부문에 이바지하는 공헌으로 여겨졌다. 이와 반대로 '소득 외의 벌이'로 규정된 여성의 일은 대부분 비가시적이고, 상업 부문에서 벗어난 과외의 활동으로 간주했다. 이런 비가시적 노동 중에는 공유지를 유지하는 일도 포함되어 있었다. 그러나 여성이 환경을 돌보는 데 '타고난' 적임자라고 가정하는(일부 생태 여성주의자들의 주장처럼) 것만으로는 충분치 않다. 오히려 여성이 자연과 맺는 관계는 여성의 사회적 재생산 노동의 일부를 이룬다. "여성은 자신의 생계 전략으로서 천연자원과 관계를 맺는다. 이러한 관계 맺기는 다중적 목적, 영향력 있는 정치 세력, 그리고 특히 젠더 관계를 반영한다. 다시 말해, 생산과 재생산의 과정에서 사회적 관계가 조직적으로 남성과 여성을 가르는 것이다."[47]

실천의 차원에서 여성은 다원적인 활동에 참여한다. 전 세계 여성 단체들은 현지 자원 관리를 위해, 가난한 여성과 공동체의 권한을 강화하기 위해, 각국 정부와 국제 기구에 여성 권리를 신장할 압력을 가하기 위해 동원 전략을 구사해 왔다. 여성이 행하는 수많은 자원 관리 활동이 이러한 실천의 토대를 이룬다. 아마 이런 활동 중 가장 기초적인 것은 시장과 텃밭에서 생물 다양성을 보존하는 활동일 것이다. 알뿌리 곡물인 카사바를 주식으로 삼는 페루의 아구아루나 히바로족 여성들은 현지에서 100가지가 넘는 카사바 품종을 가꾼다. 여성은 남성이 담당하는 환금 작물 시스템 바깥에서, 그리고 그 시스템 안에서, 가계를 담당하는 여러 놀라운 대안을 생각해냈다.[48] 그런 활동의 하나로서 여성들은 숲에서 나오는 생산물(사냥감, 약용 식물, 양념감)을 가꾸고 채취하는 것이다.

케냐의 라이키피아에 사는 키쿠유족 여성들은 354개의 여성 모임을 결성하여 천연자원에 대한 접근성과 사용에 관한 공동체의 의사 결정을 여성들이 스스로 조정할 수 있도록 했다. 모임의 크기는 마을에 따라 20명에서 100명에 이르기까지 모두 다르며, 농민부터 공유지 거주자에 이르기까지 다양한 사람으로 이루어져 있다. 모임의 구성원들은 현금과 생산물, 또는 노동력을 모임에 제공하며, 모임은 이렇게 모인 자원들을 다시 구성원들에게 똑같이 분배한다. 이 모임의 구성원들은 함께 기금을 모아 토지를 사들이고, 소규모 사업을 벌이기도 한다. 이 중 하나인 므웬다-니레(Mwenda-Niire) 모임은 무토지 산림 거주자들이 결성했다. 이들은 토지 소유자가 재배하는 작물 사이에 자기들의 옥수수와 감자를 심어서 거둔 수확으로 기금을 만들고, 정부와 정치적 협상을 통해 567헥타르에 달하는 농장을 사들여 130여 무토지 가구가 정착 농민이 될 수 있도록 했다. 이들은 협업과 공동 인프라 사업, 공동 마케팅을 통해 집단 정신을 이어간다. 이런 사업과 같은 집단 운동은 개발의 실패를 만회하는 것 이상의 의미가 있다. 이런 사업을 통해 여성이 식민 지배 당시 그리고 식민 지배 이후의 개발 과정에서 빼앗겼던 자원 접근성을 되찾고 있기 때문이다.[49]

여성, 빈곤, 출산

여성들이 자원을 창의적으로 관리하지만, 빈곤 탓에 이러한 창의성이 빛을 보지 못하는 경우가 허다하다. 예를 들어, 여성이 토지에 대한 권리를 확보하지 못할 때 이들은 지속 가능한 방식으로 자원을 추출할 수가 없고, 그 대신 환경 훼손을 초래할 수도 있다. 이런 여성들이 산림을 황폐하게 하거나 농토의 지력을 소진하는 것을 우리가 목격한다 하더라도 그것은 빙산의 일각일 뿐이다. 수출용 환금 작물을 재배할 목적으로 토지가 전환되면서 이런 여성 중 상당수가 땅에서 쫓겨나거나, 그동안 생계원이었던 공유지를 사용하지 못하게 되었다.

빈곤에서 시작된 환경 훼손은 제3세계에서 인구 증가를 둘러싼 논쟁을 촉발했다. 인구 통제는 흔히 여성을 대상으로 이루어졌다. 여아 살해부터 인도의 강제 불임 시술, 개발 기관에 의한 가족 계획 시행 등이 그 사례이다.[50] 여성주의자들은 여성의 사회적·생물학적 기여가 왜곡되지 않게 하려고 이 논쟁에 뛰어들었다.

여성주의자들은 여성이 자신의 출산 능력을 스스로 통제할 수 있어야—여성을 인구 문제의 주요 원천으로 지목하지 않고—한다고 주장한다. 유엔은 지금보다 더 적극적으로 개입하지 않는 한, 현재 70억인 지구 인구가 2050년이 되면 지금의 두 배 정도로 늘어날 것으로 예상한다. 연구에 따르면 여성의 교육과 여성에 대한 적절한 의료 제공이 출산율을 낮출 수 있다고 한다. 1992년에 나온 세계은행의 보고서는, 중등 교육을 못 받은 여성들은 평균 7명의 자녀를 두었지만, 만일 모든 여성이 중등 교육을 받는다면 1인당 평균 3명의 자녀를 둘 것이라 지적했다.[51]

더 나아가, 방글라데시에서 이루어진 피임약 사용에 관한 연구 결과 덕분에 통상적인 '인구 변천(demographic transition)' 가설이 옳지 않다는 점이 판명되기도 했다. 인구 변천 이론은 서구의 경험에서 인구학적 변화—경제 성장이 진행되면 출생률이 매우 감소한다는 이론—가 일어나는 유형을 추정해내는 것이다. 산업화 이전 사회에서 산업 사회로 이동할 때 교육과 보건상의 지식이 확산하면서 인구학적 변화 역시 문턱을 한 단계 넘어서게 된다. 인구 변천 이론에 의하면 과거에는 아이를 낳는 것을 가족 경제를 돕는 일손 혹은 높은 영유아 사망률을 만회하는 데 필요한 대응책으로 생각했지만, 이제 아이는 점점 더 경제적으로 부담되는 존재로 여겨진다. 그러나 방글라데시의 연구를 따르면 국가적인 가족 계획 사업이 활발하게 시행되던 15년(1975~1991) 동안 출산율이 21퍼센트나 줄었다. 연구진은 이러한 결과가 "흔히 '개발이 최상의 피임약이다'라고 하는 통념에 의문을 제기한다."고 주장하면서, 개발과는 상관없이 "피임이 최상의 피임약"이라고 말한다.[52]

여성주의 그룹에서는 가족 계획과 피임을, 여성의 권리라는 광의의 맥락 속에서 다룰 필요가 있다고 주장한다. 현재도 여성의 문맹률이 남성보다 거의 두 배나 높으며, 그 격차가 더욱 벌어지고 있다. 교육받지 못한 빈곤층 여성은 흔히 자신의 권리나 피임 선택권을 이해하지 못한다. 국제여성건강동맹(International Women's Health Coalition)은 방글라데시 전국의 10여 군데 진료소에서 11만 명의 여성에게 출산과 관련한 서비스를 제공하는 방글라데시 여성건강동맹(Bangladesh Women's Health Coalition)을 일종의 모범 사례—향후 유엔의 가족 계획 사업을 위한—로 제시한다. 이 단체는 1980년부터 임신 중절 서비스를 제공하기 시작했다. 그 후 이 단체는 서비스를 받았던 여성들의 제안을 받아들여 여러 분야로 활동을 확대했다. 가족 계획, 기초 의료 서비스, 아동 접종 사업, 법률 지원, 문장 해석 교육과 고용 기술 전수 등이 대표적인 사업이다.[53]

여성의 권리와 저출산율 간의 상관 관계는 여러 경로로 확인된다. 튀니지는 1956년에 제정된 개인 권리 강령에 따라 여성의 정치적 평등권, 가족 계획, 합법이자 무상인 임신 중절을 보장했다. 이 점에서 튀니지는 아프리카의 선도 그룹—국민의 인구 증가율이 1.9퍼센트도 안 되는—에 속하는 나라이다. 튀니지의 국가·가족 인구청 책임자인 네비하 게다나(Nebiha Gueddana)는 이슬람 사회에서도 성공적인 가족 계획이 가능하다고 주장한다. "우리는 30년간이나 여성의 평등을 경험해봤지만 …… 그렇다고 해서 가족의 가치가 훼손되지는 않았다."⁵⁴ 여성의 문자 해독률이 인도 전체 평균의 2.5배나 높은 곳, 여성의 지위가 국내 다른 곳과 비교할 수도 없을 정도로 높은 곳이 바로 인도의 케랄라 주라 할 수 있다. 이곳에서는 토지 개혁과 종합적인 사회 복지 프로그램에 힘입어 1960년부터 1985년 사이에 출산율이 40퍼센트나 감소했고, 1980년대에는 인구 증가율이 1.8퍼센트 선에 그치는 실적을 거두었다.⁵⁵

사회의 외부 조건이 양호한 가운데, 여성이 출산과 관련한 결정을 스스로 내릴 수 있다면 그 출산은 개인과 집단 모두에 이익이다. 개별 여성의 출산 결정은 대개 가부장적 환경—가정이든 사회이든—에서 일어난다. 최근의 인구학적 논의에서는 여성주의 시각을 일부 받아들여, 여성이 생계를 확보하면서 정치적 참여를 할 필요가 있다는 맥락에서 여성의 재생산 권리와 보건을 강조한다.⁵⁶ 이런 견해는 1994년에 열린 유엔인구개발회의(UN Conference on Population and Development)부터 공식 문헌에 포함되었다. 바티칸과 특히 이란을 비롯한 일부 이슬람 국가에서는 이런 견해에 반대하지만, 이 규범 문헌에서는 여성이 재생산과 성적 건강—재생산과 관련한 모든 문제에서 "신체적이고 정신적이고 사회적으로 완전한 웰빙"—을 누릴 권리가 있다고 진술한다.⁵⁷

여성의 권리

페미니즘은 '개발 내의 여성' 사상이 나타난 이래 개발 의제에 분명한 영향력을 발휘해 왔다. 그렇지만 전 세계에서 여성의 물질적 조건과 사회적 지위는—생계를 위한 생산에서 여성의 활동이 통계적으로는 많이 개선되었지만—지역에 따라 고르지 않게 개선되었다.⁵⁸

1989년, 구조 조정의 십 년이 끝날 무렵, 유엔은 〈개발에서 여성의 역할에 관한 세계 조사(World Survey on the Role of Women in Development)〉라는 보고서를 발표했다. 다음은 그 내용이다.

최종 결과를 보면, 성장률로만 측정했을 때엔 경제적 진보가 이루어진 것 같지만, 적어도 대다수 개발 도상국에서는 여성의 경제적 발전이 거의 중단되다시피 했고, 사회 진보가 느려졌으며, 여러 경우에 사회적 웰빙도 악화되었다. 그리고 여성의 사회적·경제적 역할이 중요하므로 현행 개발 전략의 틀 안에서 여성들의 포부가 달성되기는 현실적으로 어려울 것이다.[59]

2005년, 유네스코는 십 년 만에 여성의 삶의 조건에 관한 새로운 '실적 조사'에 착수했다. 여기에는 여성의 권한 강화 수준을 통계 수치로 측정해보자는—여성 차별 철폐 협정을 시의적절하게 보완할—제안도 포함되어 있었다. 이 보고서의 핵심은 두 가지였다. 첫째, 새천년 개발 목표는 초등 교육 부문만 제외하고 젠더를 고려하지 않은 중립적 개발 지표를 만들어놓았다. 여성의 비임금 돌봄 노동, 재생산과 성적 권리, 폭력에 대한 굴종, 권한 강화 욕구—예를 들어, 중등 교육 기회를 확대하면 혼인 시기가 늦춰지고 출산이 줄고 고용 전망이 호전되며, 아동 영양 실조가 개선되는 점—에 관해서는 침묵을 고수했다. 둘째, 권한 강화 조치를 발전시키는 데 "남성의 접근성과 권리에 비교한 여성의 접근성과 권리를 이해하는 것만큼이나, 여러 사회 집단 사이에서 여성의 참여도와 권리를 정하는 것이 중요하다."[60] 2011년에 새롭게 조직된 기구인 유엔여성(UN Women)이 펴낸 첫 번째 보고서에 따르면 전 세계 노동 여성의 절반인 6억 명 이상이 법적 보호를 받지 못하는 불안정한 일자리에 취업하고 있으며, 많은 여성에게 법의 지배는 거의 아무런 도움이 되지 않는다고 한다. "예를 들어, 캄보디아는 강간 혐의를 입증하기 위한 법의학적 검사를 받으려면 급여 2주치에 해당하는 검사료를 내야 한다. 케냐에서는 상속 분쟁과 관련해 토지 청구 소송을 하려면 800달러나 되는 거금을 내야 한다."[61]

여성 권리의 문제는, 문화가 달라지면 여성의 사적인 삶의 모습이 얼마나 달라지는가 하는 문제도 제기한다. 이슬람 문화권에서, 나라마다 상당한 차이가 있긴 하지만, 여성 권리는 이슬람법에 종속된 채, 혹은 이슬람교도 여성주의자들의 주장처럼 남성이 코란을 해석하는 방식에 종속된 채로 있다. 예를 들어, 모로코에서는 여성이 결혼하거나 자녀의 이름을 짓거나 직업을 가지려면 집안 남성의 허락을 받아야 한다. 부모 재산도 딸은 아들의 절반만을 상속받을 수 있고, 남성이 강압적으로 우겨서 결혼하는 관습이 통용된다. 이슬람권의 여성 단체들은 혼외 정사를 한 여성을 죽이는 '명예 살인(honor killings)' 관습을 폐지하기 위해 노력하고 있을 뿐만 아니라, '무슬림 아파르트헤이트(Muslim apartheid)'라고 부르는 인종 격리 정책을 없애려고 다 함께 힘을 모으고 있다. 지중해 연안 지역에서는 도시화가 급속히 진행되면서 여성의 교육 수준이 높아졌고, 전문직에 종사하는 여성도 늘어났다. 이들은 이슬람법을 우회하기 위해 세속법을 개정하는 과제에 힘을 모으고 있다.[62] 국제적으로 보장된 여성의 권리와 문화 상대주의(문화적 차이의 존중) 사이에서 균형을 맞추기 위해 다양한 해결책이 제시되었다. 이 중 몇 가지만 들어보면, 인권이 언제나 국가의 종교법보다 중요하다고 보는 '원칙적 접근(principled approach)', 젠더 권리와 종교 자유를 비교하여 경계에 속한 문제를 명확하게 판별하는 '균형 잡힌 접근(balanced approach)', 그리고 문화적 감수성을 강조하는 '세계 여행자적 접근(world-traveler approach)' 등이 있다.[63]

마지막으로, 여성환경개발기구(Women's Environment and Development

Organization)는 베이징 여성 회의의 성과를 평가하면서 다음과 같이 보고했다. 전 세계 187개국 정부 중 70퍼센트가 여성 권리를 향상하는 취지의 국가 계획을 수립했고, 66개국에서 여성 담당 부서를 설립했으며, 이 중 34개국에서는 여성 관련 입법이 이루어졌다고 한다. 베이징 회의 개최 이후 현지 여성 단체와 국제 여성 단체의 압력으로, 멕시코, 독일, 뉴질랜드, 중국 같은 나라에서 몇 가지 개선이 이루어졌다. 예를 들어 가정 폭력을 근절하기 위한 법을 제정한 것이 대표적인 사례이다.[64] 하지만 2005년의 유네스코 보고서에 따르면 아직 갈 길이 멀다. 예를 들어, 전 세계적으로 입법부 의원 중 15.6퍼센트만이 여성이고, 전체 문맹자 중 3분의 2가 여성이며, 여성이 남성보다 더 많은 급여를 받는 나라는 한 곳도 없다. 특히 민간 부문에서 남녀의 임금 격차(평균 50~80퍼센트)가 크다고 보고했다. 유엔총회의 역대 의장 49명 중 단지 2명만이 여성이었고, 여성에 대한 폭력은 이 순간에도 계속되고 있다.[65]

사파티스타 봉기와 세계주의 운동

지구화 프로젝트와 그 이전의 개발 프로젝트를 구분하는 결정적인 판단 기준은 전 지구적 통합이 심화되면서 세계주의적 운동의 흐름 역시 활발해진다는 점일 것이다. 요컨대 세계주의적 운동이란 각 지역 현지에서 나타나지만 '전 지구적으로 사고하는' 운동을 말한다. 즉, 이런 운동은 지역을 배경으로 하고 있지만 세계사적 맥락 속에 자신들의 조건과 가능성을 두는 운동을 뜻한다. 볼프강 작스는, 일종의 보편적 권리로서 다양성을 중요시하는 태도에 근거를 둔 '**세계주의적 지역주의**'*라는 개념을 제시한다.

오늘날, 그 어느 때보다도 보편주의가 위협받고 있다. 과학과 국가와 시장의 개선 행진은 계속되고 있지만, 그것을 바라보는 사람들의 열기는 식어 가고 있다. …… 이 세상은 이제 하나의 동질적인 공간—서로 다른 차이들이 하나로 통일되어야 하는—으로 여겨지지 않는다. 오히려 현 세계는 수많은 곳에서 고유의 차이점들이 활짝 피어나는 이질적인 공간으로 그려지고 있다.[66]

세계주의 운동은 전 지구적 개발 프로젝트에서 다루는 획일성 개념에 의문을 제기하며, 대안적 문화 전통—문화 존중과 전 지구적 생존의 문제로서—을 보존할 필요성을 강조한다. 세계주의 운동은 폭넓은 맥락에서 인권과 민주 권리를 보존하거나 강조하려는 다양한 움직임을 포괄한다. 또한 이 운동은 세계주의 운동의 병행 개념인 '세계주의적 민주주의(cosmopolitan democracy)'를 제창한다.[67]

세계주의 운동의 가장 확실한 사례로서 멕시코 남부의 치아파스 주에서 발생한 농민 봉기를 들 수 있다. 치아파스 주는 광활한 목장과 커피 농장들이 소농 지대를 에워싸고 있는 곳이다. 반 세기도 전에 멕시코에서 일어난 토지 개혁 운동 당시에 해결하지 못했던 농지의 약 3분의 1이 치아파스 주에 몰려 있다. 그 후 멕시코 정부는 이 문제를 해결하기 위해 무토지 소농들에게 라칸돈 지역의 밀림을 개간하여 생계용 작물과 커피를 재배하고 목축을 할 수 있도록 허용해주었다. 1980년대 들어 커피, 가축, 옥수수 가격이 모두 하락한 데다 숲의 벌목을 금지하는 조치까지 발표되었다. 하지만 목재 회사의 벌채는 계속되었다.[68] 따라서 농민 봉기의 밑바탕에는 계급 불평등이라는 현실에서 악화된 상황이 놓여 있었던 것이다. 하지만

세계주의적 지역주의(cosmopolitan localism) 지역 차원에서 발생하는 사회적 행동으로서, 지역의 정치적 관점과 전략을 구축하는 데 자신들의 세계사적·정치적·사회적 맥락을 고려하는 운동.

사례_안데스의 대항 발전 또는 '문화적 긍정'

세계주의적 지역주의는 다양한 형태를 띠곤 한다. 그중 한 형태는 지역 사회의 세계관을 중시―지역 사회의 관점에서 현대 서구 지식을 평가―하는 대화체 방식이다. 이 말은 지역 사회의 문화를 귀중하게 여기는 법을 배우고, 외국 지식을 맥락에 맞춰 이해함으로써 외국 지식이 보편적인 진리와 필연성―서구의 지식과 그 관리 체계에서 주장하는―을 내세우지 못하게 한다는 뜻이다. 그런 뜻에서 근대성은 특히 유럽의 문화와 역사로부터 출현한 서구적 우주론의 관점에서 이해해야 하며, 이러한 관점에는 전 세계에서 제국주의적 팽창을 정당화하는 보편주의적 주장도 포함된다. 페루의 안데스 산맥에서 한 무리의 원주민 작가들과 활동가들이 1987년에 안데스소농기술프로젝트(PRATEC, Proyecto Andino de Tecnologias Campesinas)라는 NGO를 결성했다. 이 단체는, 미래 농촌 개발자들을 교육하여, 전통적인 안데스 농촌 문화와 기술을 부흥하고 실천하는 데 목표를 두고 있다. 안데스소농기술프로젝트는 안데스의 우주론을 지역 사회의 역사는 물론이고 생태계와도 연결 짓는다. 안데스소농기술프로젝트는 스스로를 정치 운동이라 생각지 않고, 일종의 문화 정치―근대성과 연관된 추상적이고 동질적인 지식이 아닌, 안데스 문화의 가치를 재평가하고 현지 사회의 다양성을 확인하려는 목표를 지닌―의 한 형태로 본다. 이 단체에 소속된 한 농민은 다음과 같이 말한다. "우리는 자연이 우리에게 전해주는 것을 굳게 믿는다. 그러한 징표는 인간의 과학으로 이룩한 결과가 아니고, 경험 많은 인간이 발명한 것도 아니다. 그것은 자연의 목소리 자체이며, 우리가 곡식을 심을 때 반드시 지켜야 할 예법을 가르쳐준다." 안데스 농민들은 약 1,500종의 퀴노아, 330종의 카니와, 228종의 타르위, 3,500종의 감자, 610종의 오카(또 다른 종류의 알뿌리)와 같은 곡물에 관해 잘 알고 있으며, 그것들을 직접 재배하고 있다. 안데스소농기술프로젝트의 한 핵심 멤버는 다음과 같이 설명한다. "우리 자신을 탈식민화하려면 전 지구적 기업이 주도하는 발전 양식과 작별해야 한다." 페루의 공식 경제 부문의 붕괴, 정부 주도 개발 정책의 정당성 상실, 환경 훼손 같은 맥락에서, 토착 생태계와 참여 문화에 기반을 둔 안데스소농기술프로젝트가 한 가지 대안이 될 수 있을 것이다. 이렇게 본다면 서구의 발전 모델이 실은 얼마나 특수한 모델인지를 상상할 수 있다.

개발을 서구 권력의 특정한 형태로서 비판하면서도, 애나 칭(Anna Tsing)이 제안하는 것처럼, 그중에 포함된 일부 '보편자(이성, 권리 등)'를 포용할 방법은 없을까? "다른 문화를 포용하는 보편자들이 차이를 가로지르는 여행을 하며, 그 여행을 통해 서로 자극을 받고 변하기도 하는" 일이 실제로도 일어날 수 있을까?

출처 : Apffel-Marglin, 1997; Tsing, 2005: 8.

불평등의 원천은 치아파스 지역에서만 비롯된 것은 아니다.

1994년 새해 첫날, 치아파스 주에 사는 수백 명의 농민은 자신들 지역의 생존권을 계속 박탈하던 멕시코 중앙 정부에 대항하여 봉기를 일으켰다. 봉기가 북미자유무역협정이 발효되기 시작한 날을 기해 일어난 것은 결코 우연이 아니었다. 치아파스 반란 세력에 북미자유무역협정은 1917년에 선포된 멕시코 헌법의 혁명 전통—지역 주민들이 공유하는 토지를 빼앗지 않는다는—을 배신하는 상징과도 같은 것이었다. 그러나 1992년, 구조 조정 정책과 북미자유무역협정의 혜택이라는 명분으로 멕시코 정부는 지역 주민들의 공유지를 멕시코 국내와 외국의 농기업들에 매각하려 했다. 그뿐만 아니라, 북미자유무역협정에는 생필품 시장—특히 농민들의 주곡인 옥수수 시장—의 규제를 푼다는 조항이 포함되어 있었다.

치아파스 주의 봉기는 세계주의적 지역주의를 잘 드러내 보여준다. 지역 생존권을 위한 투쟁을 더 넓은 정치적·역사적 맥락과 연결했기 때문이다. 다시 말해, 사파티스타—반란군이 멕시코 독립운동가였던 에밀리오 사파타(Emilio Zapata)의 이름을 따서 자신들을 스스로 부른 명칭—는 멕시코 중앙 정부를 치아파스 지역의 문화와 자연을 착취하는 주범으로 인식한 것이다. 전 세계를 향해 발표한 여러 선언문 중 하나에서, 사파티스타 반군의 대변인이었던 마르코스(Subcommandante Marcos)는 치아파스 주의 현실을 다음과 같이 묘사했다.

원유, 전력, 가축, 돈, 커피, 바나나, 꿀, 옥수수, 코코아, 담배, 설탕, 대두, 멜론, 수수, 마메이, 망고, 타마린드, 아보카도, 그리고 치아파스 주의 피가, 멕시코 남동부 지역의 목에 박힌 천 개 하고도 하나가 더 많은 이빨을 통해 빠져나간다. 수십억 톤의 천연자원이 멕시코의 항만, 철도, 공항, 도로를 통해 세계 도처의 목적지—미국, 캐나다, 네덜란드, 독일, 이탈리아, 일본—로 흘러가지만 그 목적은 단 하나, 제국을 먹여 살리는 것이다. …… 그 결과 자기 농토를 탐욕스러운 짐승들에게 빼앗긴 농민들이 하는 수 없이 큰 칼을 휘둘러 밀림을 베고 있다. …… 가난한 민중은 벌목을 못하게 되어 있지만 외국계 원유 회사는 나무를 마음대로 벌채할 수 있다. …… 왜 연방 정부는 평화를 위해 제안된 대화 의제에서 국내 정치 문제를 빼버렸는가? 치아파스 주민들이 착취당할 때는 멕시코인이지만, 국내 정치에 관한 견해를 내세울 만큼은 충분히 멕시코적이지 않다는 말인가? 치아파스의 원주민은 도대체 어떤 종류의 시민인가? '계속 만들어지고 있는 시민'인가?[69]

사파티스타 민족 해방군(EZLN, Ejército Zapatista de Liberación Nacional)은 멕시코와 전 세계의 소외된 공동체들—사파티스타와 유사한 요구

사례_새로운 노동 운동 세계주의와 사회 운동형 노동조합주의

'세계주의 운동' 개념은, 초국적 맥락에 적응 중인 노동 운동에도 그대로 적용될 수 있다. 노동에 지구화 프로젝트는 양날의 칼과 같다. 한편으로, 전 지구적 발주 관행은 북반구의 전통적인 블루칼라 산업(섬유, 자동차, 가정 용품)을 약화했다. 다른 한편으로, 이런 변화 때문에 블루칼라 산업이 남반구로 이전되어 남반구의 핵심 노동력을 재구성하게 되었다. 이와 동시에 특히 초소형 전자 기술 혁명이 산업의 새로운 핵심이 되었다. 또한 산업 전 분야에서 반도체를 사용함으로써 전자 기술 외의 다른 모든 생산 시스템도 크게 변했다. 반도체 산업 부문의 노동력은 주로 남반구의 새로운 노동력—여성 노동의 특징을 지닌—에서 집중적으로 형성되었다. 베벌리 실버(Beverley Silver)는 다음과 같이 지적한다. "이런 변화 과정이 합쳐져 대량 생산 산업 부문의 무산 계급은, 규모가 커지고 다수의 저임금 국가에서 중요성이 높아지면서 계속 늘어나는 추세이다." 실버는 생산 라인이 지리적으로 이동했다고 해서 "노동 조건이 바닥을 향한 질주처럼 추락하지는 않았다."고 주장한다. 노동 운동 특히 신흥 공업국의 노동 운동이 노동 조건을 정치적 이슈로 만드는 데 일조했고, 정치 민주화 과정에도 이바지했기 때문이라고 한다. 그러나 지구화로 말미암아 제조업이 남반구로 확산되긴 했지만, 그 과정에서 초국적 기업과 국제 분업이 핵심적 역할을 한 까닭에 부가 남반구로 이전되는 데에는 한계가 있었다.

그렇더라도 각국의 경계를 넘어 노동력을 분리하는 전 지구적 기업과 자유롭게 생산 설비를 이전시키는 기업에 대해 새로운 국제주의 노동 운동이 공동 전선을 펼쳐 대항하기 시작했다. 또한 국제주의 노동 운동은 반노동적인 자유무역협정을 체결하는 국가에 대해서도 연합 전선을 펴기 시작했다. 북미자유무역협정이 이런 추세를 대표하는 핵심 사례이다. 미국 내의 북미자유무역협정반대연합전선은 애초부터 일반 노조원들이 시작했고, 이들은 소비자와 환경 운동 단체와 그밖의 북미자유무역협정에 반대하는 제 세력과 전국적인 정치 동맹을 결성하여 다음과 같이 주장하고 나섰다. 즉, 멕시코의 노동조합은 국가가 조직한 어용 노조이며 최저 임금 수준이 낮게 책정되어 있으므로, 이런 식의 불공정 경쟁 앞에서 북미자유무역협정이 미국의 노동을 보호해주지 못할 거라고 경고했던 것이다. 그 결과 미국과 멕시코 양쪽의 노동을 보호하기 위해 국경을 넘어선 노동 운동이 시작되었다. 멕시코 정부가 노동 운동에 가하던 억압은 독립 노조인 정통노동전선(Authentic Labor Front)이 조직됨으로써 그 기세가 꺾였으며, 이 독립 노조는 1990년대 초 북미의 여러 노동 운동 단체 — 예를 들어, 전미전기노동조합(United Electrical Workers), 전미트럭운전자조합(Teamsters), 전미철강노동조합(Steel Workers), 그리고 미국과 캐나다의 다른 4개 조직 — 와 연대하여 국제 노동 운동을 벌였다. 그 이후 미국노동총연맹-산업별노동조합회의(AFL-CIO, American Federation of Labor and Congress of Industrial Organization)는 멕시코와 중남미 지역의 독립 노조들과 연대를 모색했으며, 마킬라도라의 독립 노조 지원 활동도 펼치고 있다. 1997년 12월에 멕시코 티후아나의 한국계 기업 한영(Han Young)이 오랜 대치 끝에 공장 종업원들의 독립 노조 결성, 임금 30퍼센트 인상, 해고 노동자 복직 등에 합의하기에 이르렀다. 이런 일들은 피터 에번스가 '역 양면 공격(reverse whipsawing)'이라고 부른 현상 — 단체들의 연대 덕분에 강한 노동 단체가 약한 노동 단체의 권리를 옹호해줄 수 있는 것 — 을 입증한다.

이러한 변화는, 전 지구적 통합 움직임에 대해 독립 노조들이 저항하는 남반구의 노동 운동과도 유사하다. 예를 들어, 초국적정보교류(TIE, Transnational Information Exchange)라는 단체는 전 세계 노동 운동과 네트워크를 결성해 '세계 차(world car)' 생산 프로젝트에 저항했다. 또한 초국적정보교류는 전 지구적 상품 사슬에 기반을 둔 코코아-초콜릿네트워크(Cocoa-Chocolate Network)를 결성하여 유럽의 산업 노동자들과 아시아, 라틴아메리카에 있는 대형 농장의 노동자와 소농들을 연대시키기도 했다. 초콜릿 공장과 카카오 재배 농장이 노동 운동을 매개로 하여 연결된 것이다. 통신 기술이 발전하면서 이러한 초국적 연대가 가능해졌는데, 그 이유는 단순히 정보 교류가 쉬워진 것뿐만 아니라 에번스가 주장하듯, 연대를 위한 문화적 가능성이 새롭게 형성되었기 때문이다. 또한 NGO들이 노동 단체와 실질적으로 연계하여 공정 무역과 생산 규범이라는 이슈로 소비자들을 동원했다는 점도 지적해야 하겠다. 초국적정보교류는 지역 사회 공동체를 조직하는 데 초점을 두는 **사회 운동형 노조 운동***을 실천했다. 지역 사회를 조직하는 이유는 흔히 저임 노동이 분산된 하도급 계약 조건에서 일어나기 때문이다. 이런 식의 노동조합 운동은 국경을 넘어 비정규직 노동을 서로 연결하고, 인종주의와 이주 노동자 문제를 해결하려고 노력한다. 사회 운동형 노조주의는 브라질, 남아프리카, 한국 등 중간 소득 국가에서 확장되고 있는데, 이때 노동 운동은 광범한 연대 조직들의 선두에서 정치 체제의 민주화를 요구하고, 경제적 권리(노동 조건)를 정치적 권리(독립 노조), 사회적 권리(시민권적 사회 계약의 회복, 그리고 사회 정의 요구에 대한 대응성)와 연결하는 역할을 수행한다. 이러한 독립 노조는 전 지구적으로 경쟁하는 산업체에 고용된 까닭에, 필요하면 파업을 통해 세계적으로 전략적인 영향력을 발휘할 수 있다.

만일 노동을 초국적으로 조직하려면, 고용 안정, 적정 임금, 공정한 노동 조건에 대한 권리를 보호하고 유지하는 데 국민국가를 넘어선 어떤 제도적 메커니즘이 필요할까?

출처 : Beneria, 1995: 48; Brecher and Costello, 1994: 153-154; Calvo, 1997; Dillon, 1997, 1998; Moody, 1999 : 255-262; Ross and Trachte, 1990; Rowling, 2001 : 24; Seidman, 1994; Silver, 2003 : 105, 168, 172; Evans, 2010.

사회 운동형 노조 운동(social movement unionism) 정부가 인정하는 노동조합 운동을 거부하고, 노동조건 개선을 위해 지역 사회 권리와 자원 활용을 요구하는 민주적 형태의 노동조합 운동.

를 하면서 동원을 주도한—에 영감을 불어넣어주었다. 북미자유무역협정의 시행 시점에 맞춰 감행한 사파티스타 봉기는 지구화의 정치에 강력하고 상징적인 비판을 제기한 셈이었다. 그런 점에서 사파티스타의 '지역 사회' 요구—멕시코 내부에서 지역의 자치 권한을 요구하는—는 세계주의적 주장과 맞닿아 있었다.

식량 주권 운동

21세기 초반 시점에 전 세계 약 10억 인구(주로 남반구의)가 식량이 부족해 일일 에너지 소비량을 충족하지 못하는 상태이다. 다른 한편, 6대 식품 기업이 전 세계 곡물 무역의 85퍼센트를 담당하고 있으며, 먹을거리 사슬—유전자부터 슈퍼마켓 선반에 이르는—을 통합하고 중앙 집중화하며 통제하려는 움직임이 날로 심해지고 있다. 이런 식의 북반구형 먹을거리 모델(공장형 가축 사육에 따른 위험과 식품 오염을 포함한)이 지구화라는 이름으로—식량 불안정에 대한 해결책으로서—비서구권에 수출되어 북반구와 남반구의 농민을 모두 황폐하게 만들었다. 캐나다의 농민 네티 위브(Nettie Wiebe)는 다음과 같이 말한다. "우리같이 농사짓는 사람들에게 어려운 점은, 우리는 우리가 사는 곳에서 우리가 먹을 음식을 생산하지만, 기업은 전 세계를 돌아다니면서 수익을 올릴 수 있다는 사실이다."[70]

'**식량 안보**'*라는 전 지구적 개념에 반대하는 저항의 목소리가 여러 곳에서 터져 나오고 있다. 이런 저항은 '**식량 주권**'*이라는 대안적 개념의 틀 안

식량 안보(food security) 양곡 비축이나 안정된 시장을 통해 충분하고 예측 가능하게 식량을 공급하는 것.
식량 주권(food sovereignty) 어떤 공동체나 국가가 자신들의 식량 안보에 관한 정책을 스스로 결정할 수 있는 정치적·인간적 권리와 그러한 권리를 유지할 수 있는 문화·사회·생태적 조건.

에서 나타난다. 이것은 단지 현지 농업을 보호하는 것만이 아니라, 국가 하부 수준에서 민주적·문화적·생태적 순환 과정을 되살리자는 것이다. 전 세계 2억 농민의 초국적 운동 조직인 비아 캄페시나는 다음과 같이 주장한다. "농민들의 권리는 현저하게 집단적인 권리이므로 사적 소유 권리와는 전혀 다른 법적 틀로써 헤아려야 한다." 1992년에 결성된 비아 캄페시나는 아프리카, 유럽, 아시아, 라틴아메리카 지역 70개국에서 무토지 농민, 가족농, 농업 노동자, 농촌 여성, 원주민 집단으로 이루어진 150개의 지부로 구성되어 있다.[71] 이 단체는 다음과 같이 지적한다. "생물 다양성 개념은 그 본질적 기반으로서 인간 다양성을 인정한다. 인간 다양성은 인간이 서로 다르다는 사실, 모든 인민과 모든 개인이 생각의 자유 그리고 어떤 존재가 될 자유를 누린다는 사실을 받아들인다는 뜻이다. 이런 식으로 보면, 생물 다양성은 단지 동식물과 지구, 물, 생태계와 관련 있는 것만이 아니다. 생물 다양성은 문화, 생산 시스템, 인간·경제 관계, 정부 형태에 관한 것이다. 요컨대, 생물 다양성은 자유와 동의어이다."[72] 비아 캄페시나는 생물 다양성과 **농생태론***의 발전을 옹호할 뿐만 아니라, 그것들이 '세계를 먹여 살리고 지구 행성을 식히는' 대표 주자—다양한 소농 경작 시스템이 안정되면 전 세계적으로 농촌 지역에 더 많은 영양 실조 문제를 해결할 수 있고, 저투입 농업을 유지할 수 있는 한—라고 자임한다.

이런 비전으로 볼 때 식량 주권은 '인민과 지역 사회 공동체와 세계 각국이 스스로 농업, 노동, 어업, 먹을거리, 토지에 관련된 정책—자신들의 독특한 환경에 생태적으로, 사회적으로, 경제적으로, 문화적으로 적절한—을 결정할 수 있는 권리'를 뜻한다.[73] 비아 캄페시나는 먹을거리가 세

농생태론(agro-ecology) 전통적 영농 기술과 현대 생태학의 발전을 결합한 영농법이며 점차 인기가 높아지고 있다. 환경에 영향을 적게 주는 다기능 농업을 위해 고안한 방식이다.

계무역기구 레짐의 관리를 받아서는 안 된다고 주장한다. 먹을거리 생산은 독특한 사회적 역할을 수행하므로, 시장의 지배에 종속되어서는 안 된다는 논리이다. 식량 자립이 무엇보다 중요하고, 무역은 그다음의 문제이다. 농민 운동은 국제 무역을, 토지와 신용에 대한 접근성과 공정 가격—유엔무역개발회의에서 협상된 공정 무역 규정을 통해 정치적으로 정해진—에 종속시키려 노력한다. 또한 이 과정에서 농업 정책과 먹을거리 정책을 민주적으로 규정하는 데 농민들의 적극적인 참여가 반드시 필요하다. 식량 주권 운동의 핵심은 농민 대 농민(campesino a campesino) 네트워크인데, 이 네트워크를 통해 농민들이 자립과 생태 회복 능력을 발전시키는 데 반드시 필요한, 종자와 지식과 노동을 서로 교환하게 된다.[74]

일부 소비자 운동(예를 들어, 유럽의 슬로푸드 운동을 실천하는 6만여 개의 마을과 도시)에서 '이제 먹는 것이 정치적 행위가 되었음'을 깨달았다면, 비아 캄페시나는 한 걸음 더 나아가 "인류를 위해 질 좋은 먹을거리를 생산하는 일이 정치적 행위이므로 …… 이 점은 세계 시민으로서 농민의 정체성에 관한 문제가 되었다."라고 지적한다.[75] 이것을 위해서는 토지 접근성이 무엇보다 시급하게 보장되어야 한다. 비아 캄페시나는 다음과 같이 선언한다.

> 농민들이 토지 접근성을 확보하는 문제는, 농민 생존 보장, 농민 문화의 안정 대책, 농민 공동체의 자율성, 그리고 인류와 미래 세대를 위해 천연자원을 보존해야 한다는 새로운 비전으로서 이해해야 한다. 토지는 모든 이의 복리를 위해 사용해야 하는, 자연이 내린 재화이다. 토지는 재정적으로 부담할 능력이 있다는 이유만으로 얼마든지 살 수 있는 상거래 상품이 아니며, 그렇게 될 수도 없다.[76]

비아 캄페시나 지부들 중에서 가장 중요한 곳은 아마 브라질의 무토지 농업노동자운동(MST)일 것이다. 무토지농업노동자운동의 운동가들은 20년이 넘는 기간 동안, 경작하지 않고 내버려 둔 땅을 점거해 수백만 에이커의 토지를 확보했고 그 땅에 거의 50만 무토지 가구를 정착시켰다. 이런 운동이 태동한 계기는 브라질의 구조 조정 개발 모델 때문이었다. 브라질에서는 1퍼센트의 토지 소유자들이(자기 땅에서 반드시 경작하는 것은 아님) 전체 토지의 50퍼센트를 소유하는 탓에 480만 가구가 무토지 가구로 남아 있다. 브라질 정부가 시행하던 광범위한 농가 보조금 제도가 철폐되었지만, 경제협력개발기구 선진국들의 농업 보조금 정책은 연간 3천억 달러 규모로 지속되고 있다. 무토지농업노동자운동의 웹 사이트는 다음과 같이 설명한다. "농가 통계 조사에 따르면 1985년부터 1996년 사이, 94만 2천 개의 농장이 사라졌는데, 그중 96퍼센트가 100헥타르 미만의 소규모 농가였다. 소규모 농가 중 40만 가구가 카르도수 정부 초기인 1995년에서 1996년 사이에 파산했다." 1985년부터 1996년 사이에는 농촌에서 550만 개의 일자리가 사라졌고, 1995년부터 1999년 사이에 400만에 달하는 브라질 농민이 농토를 떠나야 했다. 1980년대까지만 하더라도 브라질은 연 100만 달러 규모의 밀, 사과, 국내에서 생산되지 않는 농산물을 수입하는 정도에 불과했다. 그러나 "1995년부터 1999년 사이, 연간 농산물 수입액이 68억 달러 규모로 엄청나게 늘어났다. 그중에는 브라질 국내에서 재배할 수 있는 농산물도 많았다."[77]

무토지농업노동자운동은 토지 점거의 정당성을, 경작하지 않은 사유 재산 토지를 압수할 수 있도록 규정한 브라질의 헌법에서 찾는다. "공화국은 사회적 기능을 수행하지 않는 농촌의 재산을, 사회적 이익과 농업 개혁을 위해 환수할 수 있다."[78] 브라질의 26개 주 중 23개 주에서 무토지농업노동자운동을 결성했으며, 토지 없는 농민들이 회원의 60퍼센트를 차지하지만, 실직 노동자와 농업 정책에 환멸을 느끼는 공무원들도 이 운동에 참여하고 있다. "점령하라! 저항하라! 생산하라!"라는 구호를 내건 토지 점거 운동은 협동조합의 결성으로 이어졌으며, 이것을 통해 '경제 투쟁을 정치 투쟁과 이념 투쟁으로 전환하는' 사회적 동원이 이루어졌다.[79] 민주적 의사 결정을 통해 노동자들 사이에 협동 관계가 발전했으며, 정착촌에서 벌어들인 소득 중 일부를 공동 출자하는 대안적인 토지 사용 유형도 등장했다. 참여적 예산 책정을 통해 농가 수리, 토질 개선, 가축 사육, 컴퓨터 구매, 주택 건설, 교사 급여, 아동 보육, 주민 동원 등을 지원한다. 이 같은 사회 프로젝트에서 가장 근본적인 점은 파울루 프레이리(Paulo Freire)의 다음과 같은 견해이다. "정착촌은 하나의 생산 단위이기 때문에 하나의 전체적인 교육 단위가 되어야 한다."[80] 교육은 아동의 일상적 관점에서 시작하여 학습자의 직접 경험을 쌓아 가는 것이어야 하고, 농촌 생활의 내재적 가치를 타인과 나눌 수 있어야 한다. 이런 접근 방식은 기업 경제 모델―농민의 복리, 농민의 지식, 농민의 권리를 무시하는―이 추구하는 생산주의적 접근 방식과 전혀 다르다.[81] 무토지농업노동자운동의 총재 주앙 페드루 스테딜리(João Pedro Stedile)는 다음과 같이 설명한다.

객관적인 경제 조건에서 우리가 추구하는 토지 개혁이 고전적인 자본주의형 토지 개혁의 단순한 모델―대규모 농토를 분할해서 나누어주고 생산적으로 농토를 활용하라고 장려하는 식의―을 따라서는 안 된다. 오늘날 전혀 다른 사회적 기반 위에서 농업을 재조직해야 한다는 점을 우리는 철저히 자각하고 있다. 즉, 자본에 대한 접근성을 민주화하고, 농기업의 생산 과정을 민주화하고 (토지 소유권 문제만큼이나 중요한 이슈), 노하우에 대한, 다시 말해 공교육에

대한 접근성을 민주화해야 한다.[82]

정부가 인정한 무토지농업노동자운동의 1,600개 정착촌에는 병원과 보건 요원 훈련 센터, 1,200개 공립 학교와 15만 명의 학생과 3,800명의 교사가 있다. 유네스코의 지원으로 2만 5천 명의 성인 문맹자에게 글쓰기를 가르치는 프로그램을 운영하고 있으며, 무토지농업노동자운동이 직영하는 기술 교육 과정과 교사 양성 과정도 있다. 무토지농업노동자운동 산하의 협동조합형 기업에서는 수천 명의 회원에게 일자리를 제공하며, 유기농 먹을거리 생산 그리고 지역 사회와 국내 시장과 세계 시장 수출용 의류 생산을 통해 연 5천만 달러 규모의 매출을 올린다. 무토지농업노동자운동은 저소득 계층 소비자(도시 거주 부유층 혹은 외국의 소비자가 아닌)를 위한 주식용 곡물 생산에 최우선 순위를 두고 있으므로, 2003년 룰라 정부는 전국적 기아 퇴치(Zero Hunger) 캠페인의 하나로서 정착촌에서 재배한 곡물을 직접 구매하기로 했다. 다음과 같은 평가를 들어보자.

이러한 집단적 사업들을 보면 왜 무토지농업노동자운동이 국제적 공정 무역 운동의 선두주자인지 알 수 있다. 무토지농업노동자운동은 기업의 지구화에 대항하여 진정으로 실현 가능한 대안을 제시하고 있다. 이들은 수익 창출보다 공동체의 가치와 환경 보호를 더 중요하게 여긴다. 무토지농업노동자운동 협동조합은 환경적으로 지속 가능하고 사회적으로 공정한 거래가 어떤 것인지를 명확히 보여준다.[83]

사례_공정 무역 장려

공정 무역 아이디어는 전 지구적 시장 통합이 심화되는 와중에 나타났다. 원조 기관이 남반구의 장인들과 북반구의 소비자들—민속 상품을 애호하는—을 연계하기 시작한 것이다. 공정 무역은 이제 자유 무역 시스템에서 발생하는 문제들을 극복하는 방안으로, 그리고 전 세계적으로 유통되는 상품이 어떤 조건에서 만들어지는지를 소비자에게 알릴 방안으로 주목받고 있다. 공정 무역이 활성화되면 적정 가격을 책정할 수 있고, 환경적으로 건전한 소비 관행을 정착시킬 수 있으며, 건강한 소비를 장려할 수도 있다. 또한 생산자와 소비자가 서로 각자의 욕구를 직접 알 수 있게 된다.

공정 무역 거래는 연 4억 달러어치의 시장 가치를 지닌다. 그리고 공정 무역 생산품 시장은 매년 10에서 25퍼센트씩 늘어나는 중이다. 공정 무역 생산품 중 커피, 바나나, 코코아, 꿀, 차, 오렌지 주스와 같은 유기 농산물이 60퍼센트를 차지하고, 유기농 면화로 제작한 청바지 그리고 여러 다양한 공예품도 거래된다. 공정 무역 부문의 3대 회사로 트랜스페어(Transfair), 막스 하벨라르(Max Havelaar), 페어트레이드 마크(Fairtrade Mark)를 들 수 있는데, 이들은 1980년대 말에 유럽 시장에 진출했다가 오늘날에는 국제공정무역상표기구(FLO, Fairtrade Labelling Organizations International)로 통합되었다. 국제공정무역상표기구는 일종의 우산 NGO로서, 각 국내 공정 무역에 관한 규정이 아직 존재하지 않는 상황을 타개하기 위해, 서로 다르게 시행되던 품질 기준을 통일하고, 단일한 공정 무역 시장을 조직했다. 국제공정무역상표기구의 목표는 다음과 같다. "기존의 국제 무역 관행이 생산자에게 끼치던 부정적 영향을 소비자에게 알리고, 소비자의 구매력을 이용해 생산자가 긍정적인 방식으로 생산 활동을 할 수 있도록 유도한다." 로라 레이놀즈는 공정 무역 인증 제도를 시행하려면 다음과 같은 점이 필요하다고 지적한다. "민주적으로 조직된 소농들의 연합체 또는 노동자들의 민주적 독립 노조 같은 조직이 완벽하게 대변하는 대형 농장 체제가 필요하다. …… 또한 노동 조건은 국제노동기구의 기본 협정(결사의 자유, 차별 금지, 아동 노동과 강제 노동 금지, 사회적 최저 조건, 안전하고 건강한 작업 환경 권리)을 모두 준수해야 한다." 그리고 세계 시장 평균 가격을 웃도는 가격을 보장할 필요가 있다. 예를 들어, 코스타리카에서 코페트라바수르(Coopetrabasur)라는 협동조합은 바나나 공급자로서 공정 무역 인증을 받았다. 그렇게 함으로써 이 조합은 제초제 사용을 완전히 없앴고, 화학 비료를 줄였으며, 민주적 노동조합을 갖추고 임금을 올렸으며, 지역 공동체를 위해 사용할 '사회적 공헌기금'을 마련했다(주거 환경 개선, 전기 설비, 환경 감시 등에 쓰인다).

대니얼 재피(Daniel Jaffee)는 공정 무역이 "불의를 만들어낸 바로 그 메커니즘인 시장을 활용하겠다는 발상을 함으로써 근본적인 역설"을 제기했다고 지적한다. 이런 상황에서 스타벅스(Starbucks)와 같은 초국적 기업조차, '녹색 자본주의(green capitalism)'라는 새로운 단계를 맞아, 공정 무역 커피를 팔기 시작했다. 공정 무역이 잘해야 종속적 위치에 있는 열대 지방의 생산자들에게 공정한 판로를 보장해주는 정도의 병행적 운동으로 그칠 것인가, 아니면 대중 교육과 소비자의 구매력을 동원하여 전 지구적 시장을 민주화할 수 있을 정도의 운동으로 승화될 수 있을 것인가?

출처 : Jaffee, 2007: 1 ; Ransom, 2001b; Raynolds, 2000: 298, 301, 306; J.Smith, 2002: 40-41.

결론

 이 장에서 우리는 전 세계의 몇몇 화급한 쟁점을 살펴보았다. 그 과정에서 개발주의의 실패와 기업이 주도한 지구화가 초래한 혼란에 대응해서 사회 운동들이 어떤 형태를 취하고 있는지를 확인했다. 사회 운동의 대응은 여러 갈래로 나누어져 있다. 완전한 대안적 프로젝트(여성들만의 협동조합, 비자본주의적 실천 형태의 회복 등)로 회귀하자는 움직임에서부터 개발의 과제를 권리와 사회적 보호라는 식으로 재정의하자는(여성주의 운동, 사회적 환경주의, 지역 사회 자율성 확보 투쟁 등) 움직임까지 다양한 제안이 나와 있다. 이 모든 대응은 지구화 경향이 팽배한 현 세계에서 사회적 대안을 마련하는 문제가 참으로 쉽지 않다는 현실을 잘 보여준다. 또한 이 모든 대응은 지구화 프로젝트가 초래한 동질화와 권한 상실의 역학을 분쇄하고, 새로운 형태의 공동체 의무를 강조하는 결사체 정치(associative politics)에 기반을 둔, 지속 가능한 사회적 삶을 마련하고자 하는 근본적인 갈망을 표현하는 것이다.

 지구화 프로젝트에 대한 또 다른 형태의 저항으로서 소비자 보호 운동의 폭발적 증가를 들 수 있다. 그중 한 가지 폭넓은 소비자 운동인 착취공장반대학생연합(USAS, United Students Against Sweatshops)은, 미국 대학가에서 판매하는 학교 로고가 찍힌 상품을 생산하는 외국의 착취 공장에 대해 각 대학 내에서 수년간 문제 제기를 해 오다 1998년에 정식으로 결성되었다. 이와 연관된 인권 옹호 활동으로 파키스탄의 축구공 생산 과정에서 아동들이 바느질 노동에 동원되는 현실을 고발하는—아동 노동을 완전히 감시하지는 못하지만—소비자 운동이 활발하게 전개되기도 했었다.

 요컨대, 개발의 정치적 미래로 나아가는 길은 여러 갈래가 있다. 전 세계의 대항 운동들은 짐바브웨의 지역 곡물 은행 결성, 서부 벵골 지역의 여성 생태 운동, 멕시코 소농들의 신용 협동조합, 노동자들 사이의 연대 네트워크 구성, 유럽의 슬로푸드 운동, 열대 지방 산림 거주자들의 권리 옹호 등 다양한 활동을 전개하고 있다. 이런 운동들이 얼마나 효과적으로 정치적인 연대—활발하게 출현 중인 사회 포럼들을 통해 지역 사회, 역내, 전 지구적 차원에서—를 이룰 수 있을지는 아직 미지수이다. 또 다른 문제는, 이런 운동들이 지역 사회의 생계와 문화적 생존 조건을 놓고 기존의 국가와 어떻게 협상할 수 있을까 하는 점이다. 잠재성으로 평가한다면, 새로운 운동은 정치에 새로운 생명력을 불어넣을 수 있다. 새로운 대항 운동은 전후 시대 발전국가의 특징이었던 중앙 집권화 경향을 넘어서며, 여러 다양한 규모의 민주적 사회 조직 형태를 되살리고 시민 사회의 의미를 확장하려는 모델을 개발하고 있다. 개발 프로젝트와 지구화 프로젝트에서 소외되었던 공동체들이 더는 국가나 국제 기구를 바라보지 않고, 자신들을 대변해주고 지원해줄 대상으로서 NGO에 많은 기대를 걸기 시작했다. 공식 조직의 정당성 부족 문제가 심각해지고, 풀뿌리 차원의 개발 활동을 NGO들이 주도하는 시대를 맞아, NGO들은 자신의 대표성과 책무성에 관한 질문을 제기한다.

 21세기가 펼쳐지면서 전 지구적 개발 프로젝트의 기본 전제와 내용에 대해 전 지구적 정의 운동은 계속 의문을 제기하고 있다. 심지어 초국적 기업의 중역실과 개발 기구와 국가 권력의 장에서도 이러한 의문이 제기되는 형편이다. 따라서 다음 장에서는 지구화 프로젝트가 맞은 위기를 주제로 다루려 한다.

[더 읽을 자료]

김종덕, 〈농업의 세계화와 대안 농업 운동〉, 《농촌 사회》 12(1):133-159, 2002.

김홍순, 〈환경론의 재검토 : 환경 문제에 대한 시장주의적 접근의 한계〉, 《공간과 사회》 29(0):4-31, 2008.

안숙영, 〈세계화, 젠더 그리고 지구적 전략〉, 《젠더와 문화》 3(1):175-202, 2010.

윤병선, 〈세계화와 식품 체계의 변화 : 초국적 농식품 복합체의 농업 지배에 관한 고찰〉, 《농촌 사회》 14(1):7-41, 2004.

정회성, 〈세계화와 지속 가능한 지구 환경〉, 《국토연구원》 250(0):43-51, 2002.

조희연, 〈민주주의의 지구적 차원〉, 《경제와 사회》 79:10-37, 2008.

허성우, 〈여성적 빈곤, 민주주의와 젠더-거버넌스 : 필리핀 사례를 중심으로〉, 《한국 여성학》 24(1):5-49, 2008.

Baviskar, Amita. *In the Belly of the River:Tribal Conflicts over the Development in the Narmada Valley*. New York:Oxford University Press, 2005.

Desmarais, Annette Aurelie. *La Via Campesina : Globalization and the Power of Peasants*. Halifax, NS:Fernwood, 2007.

George, Susan. *Another World Is Possible, If⋯⋯*. London:Verso, 2004.

Harcourt, Wendy. 2009. *Body Politics in Development:Critical Debates in Gender and Development*. London and New York:Zed Books.

Hawken, Paul. *Blessed Unrest*. New York : Penguin, 2008.

Martinez-Alier, Joan. *The Environmentalism of the Poor : A Study of Ecological Conflicts and Valuation*. London:Edward Elgar, 2002.

Raynolds, Laura T., Douglas Murray, and John Wilkinson, eds. *Fair Trade : The Challenges of Transforming Globalization*. Abingdon, UK:Routledge, 2007.

Starr,Amony. *Naming the Enemy : Anti-Corporate Movements Confront Globalization*. London:Zed Books, 2000.

Wolford, Wendy. *This Land Is Ours Now : Social Mobilization and Meanings of Land in Brazil*. Durham and London:Duke University Press, 2010.

[추천 웹 사이트]

Amnesty International : www.amnesty.org

Corporate Watch(USA) : www.corpwatch.org

Development Alternatives with Women for a New Era(DAWN) : www.dawnnet.org

Equal Exchange : www.equalexchange.com

Erosion, Technology, and Concentration : www.etcgroup.org

Fairtrade Labelling Organizations International(FLO, Germany) : www.fairtrade.net

Focus on the Global South(Thailand) : www.focusweb.org

Food First(USA) : www.foodfirst.org

Friends of the Earth International(Netherlands) : www.foei.org

Genetic Resources Action International(GRAIN) : www.grain.org

Global Environment Facility(USA) : www.gefweb.org

Global Exchange(USA) : www.globalexchange.org

Greenpeace International(Netherlands) : www.greenpeace.org/international/

International Forum on Globalization(USA) : www.ifg.org

Jubilee South : www.jubileesouth.org

Medecins Sans Frontieres : www.msf.org

Oxfam International(UK) : www.oxfam.org

Public Citizen Global Trade Watch(USA) : www.citizen.org/trade

Rainforest Action Network(USA) : www.ran.org

Survival International(UK : tribal peoples' rights) : www.survivalinternational.org

Sweatshop Watch(USA) : www.sweatshopwatch.org

Third World Network(Malaysia) : www.twnside.org.sg

Transnational Institute(Netherlands):www.tni.org

United Nations Development Fund for Women(UNIFEM):www.unifem.org

United Students Against Sweatshops(USA):www.usas.org

Via Campesina(Honduras):www.viacampesina.org

| 제3부 |

지속 가능성 프로젝트

2000년대~현재

DEVELOPMENT AND SOCIAL CHANGE

8장
지구화 프로젝트의 위기

> 지구화가 철학적으로나 윤리적으로 파탄을 맞은 이유는,
> 우리 삶의 모든 측면을 상품으로 환원하고, 인간의 정체성을
> 전 지구적 시장의 소비자밖에 안 되는 존재로 국한한 데 있다.
> — 반다나 시바

　지구화 프로젝트가 아직도 여전히 개발 계획과 개발 정책의 형태를 결정하고 있지만, 지구화가 가장 합리적인 발전의 길을 대표한다는 주장(그리고 그것을 실천할 수 있는 능력)이 무너지고 있다는 징표가 속속 나타났다. 개발 도상국에서 구조 조정을 통한 개발 의제가 시행된 후, 21세기 들어 북반구에서도 구조 조정 정책이 시행되기 시작했는데 이는 우리에게 중요한 질문을 던진다. 첫째, 북반구의 '발전'에서 구조 조정은 무엇을 뜻하는가? 북반구에서 구조 조정 정책이 시행되면 '선진국'과 '개발 도상국'을 가르는 통상적인 구분이 없어지는가? 또한 지구화 프로젝트의 위기를 알리는 이 같은 징표가 새로운 개발 프로젝트로의 전환을 알리는 시작점이 될 것인가? 마지막으로, 우리가 화석 연료의 시대를 지나 에너지 제약·보존의 시대로 진입하면서, 석유 생산 정점(peak oil)이라는 현실이 개발에서 하나의 분기점이 될 것인가? 우리가 지금까지 개발이라고 이해해 온 실체가 무너지고 새로운 레짐—군사화된 안보에 기반을 둔 레짐, 혹은 민주주의의 지속, 혹은 이 둘 사이의 어떤 것—이 도래할 것인가?
　이런 질문에 답하려면 북반구가 직면하고 있는 경제 위기가 어떤 구

도에서 벌어지고 있는지를 파악하는 것이 중요하다. 북반구의 채무 위기는 1980년대 개발 도상국의 채무 레짐을 떠오르게 한다. 그 당시 남반구의 각국 정부는 국제 금융 기구의 제안을 받아들여 금융 부문을 안정시키기 위해 공적 자산을 민영화하는 조치를 취했다. 부채와 관련한 규제 조건 때문에 남반구가 신자유주의적 민영화 모델을 강요받으면서 이른바 '발전국가' 모델이 종언을 맞기도 했다. 이런 식의 반국가 증후군(anti-state syndrome)이 북반구로 확산되면서 1990년대 들어 생산 투자를 장려한다는 명분으로 법인세를 축소 조정하여 공공 재정이 타격을 입었고 성장률이 떨어졌다. 이렇게 되니 스칸디나비아를 제외한 북반구 각국이 세수보다 지출이 더 많은 상황이 벌어졌다.[1] 21세기 초 10년 동안 채무 위기가 북반구를 덮쳤고 민영화와 새로운 긴축 금융 조치가 시행되면서 공공 서비스의 질이 하락했다. 긴축 금융 조치는 그 전 20년 동안 생산 라인을 국외로 이전하면서 이미 약해뒀던 경제를 더욱 나쁘게 만들었다. 안정된 직장이 줄면서 과세 표준(tax base)도 낮아졌고 북반구 주민의 상당수가 생계 수단을 상실했다.

실업률이 증가하면서 북반구와 남반구 사이의 격차도 많이 줄었다. 2010년 무렵 전 지구적으로 실업자 수가 2억 명에 이르렀다(14억 명으로 추산되는 노동 빈곤층에 더해). 전 세계 노동력의 약 절반이 비정규직으로 일하고 있다. 이것은 전 세계 노동력의 90퍼센트 정도가 형편없고 취약한 취업 상태이거나 실직 상태에 놓여 있음을 뜻한다. 유럽연합(EU)에만 5천만 명의 '취약' 노동 계층이 있고, 7200만 명의 노동 빈곤 계층이 존재한다.

이 중에서 가장 극적인 현상은 2009년 말에 이른바 '선진국 경제권과 유럽연합'의 실업률이 9퍼센트에 달한 사건이었다. 이것은 중유럽, 남동유럽, 라틴아메리카, 카리브 제도를 포함해 전 세계 어떤 지역보다 높은 실업

그림 8-1 **전체 고용 : 같은 기간 내 전년도 대비 백분율 변화**

(출처 : International Labor Organization, 2010)

률 수치였다.[2]

여기에는 두 가지 연관된 과정이 작용했다. 첫째, 북반구 경제의 침체 혹은 공동화(hollowing-out)가 발생했다. 둘째, 재화와 서비스 생산이 남반구로 이전되었다. 그 결과 한편으로 전 지구적 소비 계층, 그리고 다른 한편으로 남반구와 북반구 양쪽의 비정규직과 실업 노동력이 분명하게 갈라졌다. 전 지구적으로 중산층의 활력과 안전을 확보하는 과제는, 사회적으로 박탈된 인구의 확산을 막음과 동시에, 노동과 거주처라는 자원에 접근할 수 있느냐 하는 점에 달려 있다. 그 결과는 광범위한 국가 무능력과 불안정한 세계로 나타났다. 부유층은 자기 나라를 향한 충성을 철회하기에 이르렀고, 일자리와 먹을거리와 공공 자원이 더욱 부족해지면서 사회적 저항이 나타나기 시작했다. 이러한 긴장에서 창조적인 사회적·생태적 실험—필요에 따라 자연적으로 생겨나기도 하고, 합리적인 계획에 따라 나타나기도 한—이 등장했다. 이 장에서는 주로 위기의 윤곽을 그리는 데 초점을 맞출 것이고, 이런 위기에 대한 대응은 9장에서 설명할 것이다.

정당성의 위기

개발 프로젝트의 목표가 빈곤을 완화하는 것이었다면, '개발의 시대'였던 20세기가 끝날 무렵, 개발의 목표를 달성하지 못했음이 분명히 드러났다. 개발은 '정당성의 위기(legitimacy crisis)'를 겪고 있다. 세계은행 총재였던 제임스 울펀슨(James Wolfensohn)은 2000년에 다음과 같이 말했다. "우리는 아직도 오래된 문제를 풀지 못한 상태이다. 무엇보다, 전 세계의 가진 사람들(the haves)과 가지지 못한 사람들(the have-nots) 사이의 크나큰 격차를 해소하지 못했다."[3] 이 문제에 관한 응답으로 유엔은 2000년에 **새천년 개발 목표**를 발표하면서 2015년까지 전 세계 기아를 절반으로 줄이고, HIV와 에이즈의 확산을 저지하며, 젠더 불평등을 해소하고, 초등 의무 교육을 제공하겠다는 핵심 목표를 제시했다. 그로부터 10년이 지난 2010년에 나온 〈새천년 개발 목표 보고서(MDGs Report)〉는, 1990년대에는 영양 실조를 줄이는 성과를 올렸지만 2000년 이후에는 그런 추세가 멈춘 상태라고 보고했다. 1990년에서 1992년 사이에 8억 1700만 명으로 추산되던 영양 실조 인구가 2008년에 발생한 식량 위기와 금융 위기 때문에 2010년에는 10억 명이 넘을 것으로 예상되었다.[4]

그림 8-2 **기아선상의 인구 수(1969~2010)**

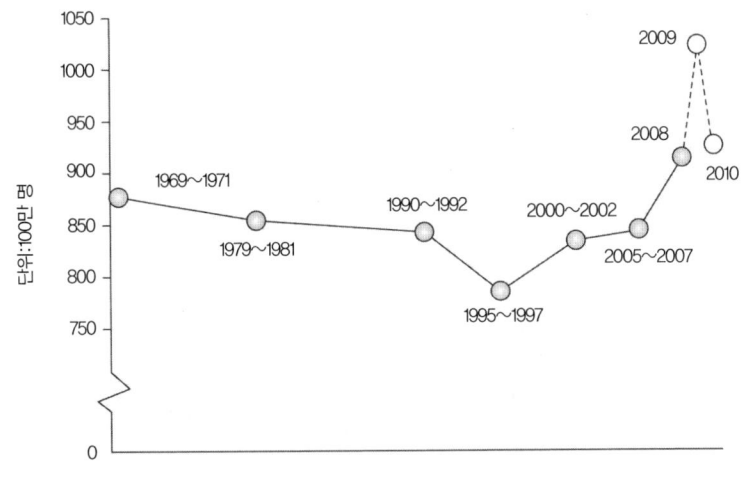

(출처: Food and Agriculture Organization)

전 세계 빈부 격차는 더 벌어지고 있다. 절대 빈곤 상태에서 살아가는 세계 인구의 비율은 전반적으로 줄었지만('중국 효과'), 각국 사이에서 그리고 각국 내에서 불평등이 광범위하게 늘어나고 있다. "1990년대에 발생한 전 지구적 경제 성장 덕분에 전 세계 부유층은 빈곤층보다 더 많은 혜택을 받은 반면, 빈곤층의 1인당 소비 증가율은 전 세계 평균치의 절반에 지나지 않았다."[5]

정당성의 위기는 개발 기구들이 전 지구적 **불평등** 문제를 해결하려 하지 않거나, 해결하지 못하는 상황에서도(새천년 개발 목표에서 보듯이) 드러난다. 따라서 신자유주의적 개발이 빈곤층보다ㅡ또는 빈곤층을 희생하면서ㅡ부유층을 더 지원한다는 점이 재차 명확해진 것이다. 따라서 "신자유주의의 정책 목표는 전 지구적 불평등 해소가 아니라 전 지구적 빈곤 퇴치이고, 분석의 도구는 경제 데이터 처리이며, 근본적인 처방은 인간의 얼

사례_상대적 빈곤

미디어에서는 경제 위기가 북반구 국가에 끼친 영향에만 집중하는 경향이 있지만, 얀 브레만(Jan Breman)은 이런 접근의 문제를 경고한다. "전 지구적 경기 침체는 가장 취약한 계층에게 상대적으로 더 불리한 영향을 준다. 저임금, 낮은 교육 수준, 동원할 자원이 없는 수많은 노동 계층이 전 세계 경제의 최하층을 빼곡하게 메우고 있다." 2008년에 국제노동기구는 비공식 노동자들이 라틴아메리카에서 전체 노동력의 50퍼센트, 사하라 이남 아프리카 지역에서 70퍼센트, 인도에서는 80퍼센트를 차지한다고 추산했다. "쓰레기 매립지에서 폐지, 넝마, 플라스틱을 모으며 살아가는 인도의 여성 수거인은 전보다 수입이 절반이나 줄었다. 손실분을 보충하기 위해 이제 이들은 새벽 5시가 아니라 3시부터 일을 시작하고 부족한 일손을 돕기 위해 아이들까지 데리고 나온다. 아마다바드의 비공식 부문 노동자들을 조직하는 여성자활협회(Self-Employed Women's Association)는 '과거에 비해 여성 넝마 취급자의 수입이 줄었고, 노동 일수도 줄었으며, 재활용 자재의 가격도 폭락해 가계를 도저히 꾸려나갈 수 없게 되었다.'라고 증언한다." 다른 한편, 2009년에 〈월스트리트저널〉은 비공식 부문이 "금융 위기의 암흑 시기에 마지막 남은 도피처이며 …… 경제 위기가 확산할수록 극히 중요한 안전망 구실을 한다."고 보도했다. 브레만은 이를 다음과 같이 표현한다. "노상에서 연명하는 이들은 돈이 많이 드는 사회 보장이나 실업 급여 없이도 스스로 근근이 살아가곤 한다." 이 말은 결국 '비공식 부문 노동자들'이 신자유주의 정책의 부정적 효과를 모두 뒤집어쓰고 있다는 뜻이다.

세계 도처에서 사회 안전망이 너덜너덜해져 있는 상황에서 남반구의 경험이 북반구의 미래를 미리 보여주고 있지는 않은가?

출처 : Breman, 2009.

굴을 한 시장의 힘을 풀어놓는 것에 불과하다."⁶ 바로 이 때문에 신자유주의적 개발론에서 이른바 '최하층 10억 명(bottom billion)'을 그토록 강조하는 것이다. 이렇게 되면 개발을 불평등한 관계로 보는 것이 아니라, 단계별 사다리(staged ladder)로 보는 관점을 재생산하게 된다. 최근 들어 개발의 대상으로서 가난한 나라가 아니라, 전 지구적 빈곤층에 초점을 맞추기 시작했다. 바로 이런 상황 속에서 부자의 도구로써 빈자를 돕는다는 취지의 미소 금융이 유행하게 되었다.

미소 금융의 명암

미소 금융(微小金融, microfinancing)은 세 가지 역할을 동시에 수행한다. 첫째, 빈곤층에 사업 지원용 신용을 제공한다. 둘째, 사회 속에 시장적 관계망을 깊이 퍼뜨린다. 셋째, 정당성 회복을 위한 한 가지 수단으로써 금융 기회를 확대한다. 그라민은행(Grameen Bank) 같은 비영리조직이 처음 시도했던 미소 금융 제도는 아나냐 로이(Ananya Roy)의 표현대로 '빈곤 자본(poverty capital)'으로 발전했다. 이제 상업 은행, 투자 기관, 단기 금융 시장(money market)에서조차 미소 금융을 취급한다.⁷ 국제통화기금의 수석부총재를 지냈고 현재 이스라엘 중앙은행의 총재인 스탠리 피셔의 말에 따르면 "미소 금융은 은행가에게 수익성 있는 사업 기회를 제공하고, 빈곤층에게는 자기 나라의 경제적 미래에 참여할 수 있는 지분을 제공한다."⁸ 이런 빈곤층을 이른바 '최하층 10억 명'이라 부를 수 있을 것이다.

노벨 평화상 수상자인 무함마드 유누스(Muhammad Yunus)는 다음과 같이 말한다. "1983년에 나는 사람들, 특히 가난한 여성들이, 스스로 빈곤에서 빠져나올 수 있게 도우려고 그라민은행을 설립했다. 그때만 해도 미소 금융이 미래에 또 다른 형태의 악덕 사채업자들을 낳을 거라고는 상상도 하지 못했다."⁹ 현재 전 세계 3천 개 이상의 기관에서 6억 5천만 명의 고객이 미소 금융을 이용하고 있다. 그중 1억 8천만 명이 인도에 있다. 평균 대출액은 250달러이며 이율은 흔히 20퍼센트 이상이다.¹⁰

미소 금융은 발전을 개인—자기 이익을 극대화하는 주체로서—의 책임으로 돌리는 신자유주의 철학을 구체적으로 표현한다. 미소 금융은 '나쁜 국가, 좋은 시장'이라는 명제에 입각해 지구화 프로젝트의 이념을 재생산한다. 미소 금융은 신용을 제공하고 감시할 때 NGO들과 협력하는데, 이용자의 권한이 강화되도록 도우면서 동시에 그들을 규율하는 역할을 한다. 즉, 지배로서 개발이 이상적 개발 형태(금융 의존을 통한 금융 기회 확보)라는 입장인 것이다. 미소 금융은 신용의 소비자인 빈곤층의 생활을 안정시키고, 개발이 곧 소비라고 하는 관념을 강화하기도 하지만, 그와 동시에 '신용은 근본적 인권'이라고 하는 유누스의 미심쩍은 주장을 실현하기도 한다.

미소 금융의 성공 여부를 판단하는 데에는 여러 기준이 있다. 예를 들어, 주변화된 여성의 권한 강화, 빈곤층의 생활 안정, 은행의 수익 추구와 영역 확대, 비공식 경제의 축소, 영세 기업(microenterprise)의 신장, 세계은행의 정당성 강화, 개발의 NGO화(NGO-ization), 또는 개발의 새로운 '사용료' 부과와 같은 여러 기준으로 판단할 수 있는 것이다. 하지만 미소 금융의 근본적 중요성은, '빈곤층 자금 지원(bankrolling the poor)'을 통해 신자유주의적 발전의 정당성을 다시 확립했다는 데에 있다. 인류학자 줄리아 엘리아차르(Julia Elyachar)가 카이로에서 행한 연구에 따르면 미소 금융의 무담보 소액 대출은 사회적 삶의 여러 다양한 대안적 가치와 비전을 가로챈 것이라 할 수 있다. "토착적 형태의 생산, 시장, 사회성 같은 대안적 가치가 지배적 권력 형태인 자본을 재생산하는 자원으로 둔갑했다."¹¹ 전통적인 사회적 생존 네트워크를 '권한 강화를 돕는다는 명분의 부채'로 전환하는 미소 금융은 양날의 칼을 가진 실체로 판명이 났다. 사업 자금으로 쓰기보다 흔히 일상적 욕구를 충족하는 데 소비되는 소액 대출을 통해 '비공식' 노동자와 장인들을 공식 대출 관계 속에 포함시키면, 새로운 영세 기업이 나타날 수도 있지만, 새로운 개인적 종속 관계(계급 또는 젠더 불평등으로 채워져 있는)가 출현할 수도 있다.[12] 소액 대출로 빚을 지게 되면 뜻하지 않은 세대 간 결과가 초래되기도 한다. 예를 들어, 대출을 갚기 위해 아이들 특히 여자 아이를 학교에 보내지 않고 일을 시키는 경우가 생기는 것이다.[13] 유엔과 세계은행의 미소 금융 지원 제도에 관해 세계은행의 빈곤층지원자문그룹(Consultative Group to Assist the Poor)이 펴낸 보고서는 다음과 같은 결론을 내린다. "소액 대출을 위해 재정 지원을 한 프로젝트 중 성공이라고 판단할 수 있는 사례가 4분의 1도 되지 않았다."[14]

　비공식 부문의 활동을 '빈곤'으로 분류하면 비공식 부문의 문화적 네트워크의 활력이 사라지게 되는데도, 개발 주도 세력은 '인간적 규모'로 개발을 추진함으로써 신자유주의적 발전 전략의 정당성을 되살리려 한다. 하지만 풀뿌리에 신용 대출을 해주는 것과, 풀뿌리 개인들이 자체적으로 조직화하는 것은 전혀 다른 문제이다. 예를 들어, 신용협동조합 그리고 지역 공동체에 기반을 둔 각종 금융 기관을 통해 지역 공동체가 직접 관리하는 미소 금융 사례들이 많다. 이런 사례는 가난한 지역 공동체에서 사람들이 함께 저축을 하도록 유도하는 것이 개인에게 채무를 통해 직접 신용을 제공하는 것보다 더 효과적이라는 원칙에 기반을 두고 있다.[15]

워싱턴 컨센서스의 위기

　이른바 워싱턴 컨센서스의 주도로 진행된 신자유주의적 개발을 둘러싼 정당성의 위기가 지난 20년 동안 계속 분출해 왔다. 세계은행의 수석 경제학자를 지냈던 조지프 스티글리츠(Joseph Stiglitz)는 2006년에 불평등의 심화로 인해 새로운 보호 무역의 시대가 올 수도 있다는 경고를 내놓았다.[16] 국제통화기금(IMF) 반대 시위에서 자유무역협정 반대, 전 지구적 정의 운동 등 신자유주의에 반대하는 대중의 항의가 끊이지 않았고, 이는 세계경제포럼에 대항하는 세계사회포럼(WSF, World Social Forum)의 출범으로 이어졌다.

세계사회포럼은 수많은 전 지구적 시민 사회의 움직임에 정치적 통로를 마련해주기 위해 2001년에 창설되었다. "또 다른 세계는 가능하다(another world is possible)."라는 슬로건을 내건 세계사회포럼은 스스로 자신들의 정체성을 일정한 단체가 아닌 하나의 과정으로 본다. 세계사회포럼은 '원칙 헌장(Charter of Principles)'을 통해 포럼이 '전 세계 시민 사회를 대변하는' 기구라고 선언한다. 포괄적인 사회 운동을 지향하는 세계사회포럼은, 사회를 시장 속에 포함시키는 게 아니라 시장을 '사회 속에 다시 집어넣는(socially re-embedding)' 일에 매진하고 있다. 사회 운동 단체 리빙 데모크라시 무브먼트(Living Democracy Movement)의 대변인 반다나 시바(Vandana Shiva)는 다음과 같이 주장한다.

> 지구화가 철학적으로나 윤리적으로 파탄을 맞은 이유는, 우리 삶의 모든 측면을 상품으로 환원하고, 인간의 정체성을 전 지구적 시장의 소비자밖에 안 되는 존재로 국한한 데 있다. 생산자로서 인간의 역량, 공동체 구성원으로서 인간의 정체성, 자연·문화 유산의 관리자로서 인간의 역할 등이 모두 사라지거나 파괴되었던 것이다. 그 대신 시장과 소비자주의만 확대되었다. 타인에게 내주고, 타인과 나눌 수 있는 인간의 역량은 위축되었다. 그러나 인간의 정신은, 인

간성 따위는 없어도 된다는 식의 세계관에 종속되기를 거부한다.[17]

21세기 들어 지구화 프로젝트는 자신감을 완전히 상실한 상태이다. 이런 위기감은 1997년 아시아 경제 위기 당시에 시작되었고 이제 북반구로까지 번졌다. 말레이시아는 자유화 정책을 거부하여 아시아 경제 위기에서 어느 정도 벗어날 수 있었는데, 이는 국제통화기금의 '연체 위기(arrears crisis)'를 더욱 심화함으로써 각국이 국제통화기금 체제에서 철수하는 상징적 계기가 되었다.[18] 2005년부터 2008년 사이 라틴아메리카 국가들은 국제통화기금 금융 지원에 대한 의존도를 크게 낮췄다. 그 결과 국제통화기금의 유상 차관 정책에서 미지급 대출액이 80퍼센트에서 1퍼센트로 급격히 떨어졌다.[19] 뒤에서 다시 보겠지만 2008년이 되면 금융 위기가 북반구로까지 번져, 그 전에는 연기만 나는 정도였던 정당성의 위기가 본격적인 재난으로 전환된다.

라틴아메리카의 저항

신자유주의적 개발의 정당성 위기는 라틴아메리카에서 가장 극명하게 나타났다. 21세기에 접어들면서 라틴아메리카 대륙 전체가 민주 혁명의 기세에 휩싸였다. 역사의 시계추가, 시장의 절대 우위에서 사회권의 회복과 발전국가의 역할 쪽으로 다시 움직인 것이다. 쿠바의 사회주의 체제와 함께, 라틴아메리카 지역의 11개 나라에서 사회민주주의 성향의 대통령이 선출되었다. 이 나라들의 정부는, 빈곤층과 원주민 계층이 지구화 프로젝트가 초래한 박탈에서 느끼는 심각한 불만을 수용했고, 이념이 아니라 실용적이고 포퓰리즘적인 정책을 시행했다.

라틴아메리카는 전 세계에서 불평등이 가장 심한 지역이다.[20] 신자유주의를 30년 동안 시행한 결과 라틴아메리카 주민의 4분의 3이 빈곤 상태에 놓여 있는 실정이다. 사회 운동은 민영화와 저임금 노동, 생물 서식지 파괴, 과거 독재 정권의 유산인 심각한 외채 규모, 그리고 국가 주권의 침해에 대항하여 대중 동원에 나서고 있다. 하지만 라틴아메리카 지역에서는 베네수엘라, 볼리비아, 에콰도르 세 나라에서만 '포스트 신자유주의(post-neoliberalism)'가 어느 정도 세를 형성하여 자본 통제 정책을 펴고 있다. 예를 들어, 투기적 투자를 생산적 투자로 대체하고, 노동권을 지지하며, '자유 무역(free trade)'보다 '공정 무역(fair trade)'을 장려하는 움직임을 들 수 있겠다.[21] 이 세 나라 외에도 멕시코와 파라과이의 대선 후보들은 워싱턴 컨센서스에 반하는 선거 공약을 제시했고, 2000년대 중반 미주자유무역지대(FTAA, Free Trade Area of the Americas)를 창설하자는 제안을 거부하기도 했다.

선거 정치에서만 변화가 온 것은 아니다. 라틴아메리카의 저항이라는 호된 시련을 겪은 후 몇 가지 뚜렷한 정치적 변화가 출현했다. 예를 들어, 아르헨티나의 노동자들은 가동이 중단된 공장과 작업장 200군데를 점거한 후 협동조합 모델을 본떠 노동자들이 스스로 생산 체계를 조직했다.[22] 또한 볼리비아의 원주민들은 사회주의운동(MAS, Movimiento al Socialismo)이라는 정당을 만들어 새로운 목소리를 내기 시작했고, 볼리비아 역사상 최초로 원주민 출신 대통령 에보 모랄레스(Evo Morales)를 당선시켰다.[23] 베네수엘라는 1999년 인간 개발 목표를 중심에 두고, 정치 영역(지역 공동체 협의회 참여)과 경제 영역(협동조합 설립)을 통해 시민들이 스스로 권한을 강화할 수 있는 비전을 제시한 신헌법을 채택했다.[24]

베네수엘라의 논쟁적인 대통령 우고 차베스(Hugo Chávez)는 원유 생산으로 얻은 부에 힘입어(자원 경제학자라면 원유 자원이 부정적인 영향을 준다고 하겠지만) 수십억 달러를 '볼리바르 혁명(Bolivarian Revolution)'에 쏟아부었다. 그 결과 보건과 교육을 확대하고(이제 베네수엘라는 유엔의 기준에 의하면 '문맹률 제로 지역'에 속한다), 식품과 연료에 보조금을 지급하며, 비혼모에게 현금 보조 그리고 영세 기업에 저금리 융자를 제공하고, 국가가 몰수한 목장과 사탕수수 농장에서 노동자들이 농업 협동조합을 운영하도록 장려했다.[25] 베네수엘라의 신헌법은 "모든 시민에게 의료 권리를 보장하고 의료 서비스의 민영화를 금지"했다. 이는 사회적·참여적 의학을 통해 의료 제도를 혁신하려는 정부의 목표를 대변한 것이었다. 베네수엘라 정부는 쿠바의 의료진을 초청하여 노동 계층의 지역 공동체에서 환자를 진료하고, 보건 요원을 양성하며, 그곳에 정착해 살게끔 했을뿐더러, 지역 사회 공동체가 직접 지역보건위원회를 결성하여 정부가 제공하는 재원으로 지역 병원을 운영하도록 했다.[26] 차베스의 석유 포퓰리즘(petro-populism)은 반자본주의가 아니라 사회 동원 전략이 그 핵심을 이루고 있다. 이런 전략을 차베스의 풀뿌리 지지자들은 '참여 민주주의'라고 찬양하지만, 차베스 정권의 반대자들은 이를 수혜자 정치(client politics)라고 비난한다.[27]

볼리바르 혁명을 뒷받침하기 위해 차베스는 2002년 라틴아메리카의 새로운 **자원 민족주의*** 물결을 주도하기 시작했다. 이에 따라 베네수엘라 정부는 외국계 석유 회사에 국영 기업과 합작하도록 종용하고, 그러한 합작 사업에서 베네수엘라 국가의 소유 지분이 적어도 60퍼센트는 되어야 한다는 조건을 내걸었다. 이런 흐름에 따라 에콰도르는 옥시덴트 석유 회사(Occidental Petroleumco)를 강제 수용했고, 페루와 볼리비아도 유사한 정책을 취했다. "이런 조치 앞에서 외국계 석유 회사, 특히 브라질의 페

자원 민족주의(Resource nationalism) 국내 자원을 외국의 소유 혹은 착취로부터 보호하려는 목적을 지닌 국가 주도 발전 전략.

트로브라스(Petrobras)는 전혀 저항하지 않고, 유전의 국유화를 받아들였다."[28] 하지만, 적어도 베네수엘라의 경우, 이런 정책에 따른 부작용도 만만치 않았다. 석유로 벌어들인 수입으로 인해 국가 관료제에 부정부패가 만연하게 된 것이다. 국가의 공식 예산과 별도로 운용되는 개발 기금이 불투명한 후견 정치의 원천이 되어버렸다. 예를 들어, 국제투명성기구(TI, Transparency International)는 라틴아메리카 국가 중 베네수엘라의 부패도가 제일 심한 편에 속한다고 분류한다.[29] 그렇더라도 자원 민족주의는 외세 지배에 대한 역사적인 저항과 연결되어 있으며, 원주민이 유럽인 ─ '라틴아메리카를 수백 년 동안 지배해 온 백인 정착민 엘리트' ─ 에게 느끼는 뿌리 깊은 반감이라는 정치적 차원을 포함하고 있다.[30]

오늘날 라틴아메리카의 사회 운동은 시몬 볼리바르(Simón Bolívar) ─ 19세기 라틴아메리카 독립 투쟁 지도자 ─ 의 반식민 투쟁 유산을 물려받아, 외국계 기업과 은행 그리고 미국의 역내 군사 개입으로부터 두 번째 독립을 요구하면서 남미국가공동체(South American Community of Nations)를 결성하자고 제안한 상태이다. 이러한 공동체는 2007년에 **남미국가연합***으로 발전했는데, 이로 말미암아 라틴아메리카는 단일 통화 ─ 국제 준비 통화의 하나로서 내정되어 있는 수크레(sucre) ─ 를 중심으로 한 경제 통합을 이루어 미국으로부터 독립하는 방향으로 한 걸음 더 내딛게 되었다. 2009년 남반구은행(Banc del Sur)이 국제통화기금의 대안으로 설립되었고 이 조치는 조지프 스티글리츠의 지지를 받았다.

더 급진적인 통합 계획으로는 베네수엘라의 차베스와 쿠바의 피델 카스트로(Fidel Casto) 대통령이 주도한, 일종의 지역 경제 블록인 '**아메리카를

남미국가연합(UNASUR, Union of South American Nations) 미국과 국제통화기금으로부터 남미 지역을 독립시키기 위해 고안된 지역 경제 통합체.

위한 볼리바르 동맹'*이 있다. 이 조직은 '협동 우위(cooperative advantage)' 라는 개념에 기반을 두고 있으며, 베네수엘라의 저렴한 원유 그리고 쿠바의 의사와 교사 등 상호 문화·경제적 교류를 배양하고, 집단적 이익―물질적 재화와 사회 서비스 공유―을 장려하기 위한 일종의 협력적 개발 형태를 구축하는 데 목표를 두고 있다.[31]

이렇게 다양한 이니셔티브가 어떤 식으로 발전할 것인지는 새로운 정부의 활력성 그리고 라틴아메리카 대륙 동맹의 견고함에 달려 있는 문제일 것이다.

아랍의 봄?

2011년에 아프리카개발은행은 튀니지의 혁명이 개발을 둘러싼 논쟁의 핵심에 '사회적 포용(social inclusion)'이라는 의제를 재이식했다고 주장한 바 있다. 역설적으로 인구가 1천만 명인 북아프리카 국가 튀니지는 개발 기관으로부터 거시 경제상의 성공 사례로 꼽혀 왔다. 예를 들어, 북아프리카 지역 전체의 문제인 고질적인 사회·지리적 불평등에도 불구하고 2007년에 튀니지의 경제 성장률은 6.7퍼센트에 달했다. 2011년 6월, 아프리카개발은행의 지역 책임자는 다음과 같이 말했다. "여덟 달 전만 해도 역내 각국 정부는 본질적인 문제를 거론하기 싫어했다. 그런 주제 자체가 금기시되었다. 하지만 튀니지 사태로 침묵의 벽이 완전히 무너졌다." 튀니지를 23년간 통치한 진 엘아비딘 벤 알리(Zine el-Abidine Ben Ali) 대통령이 하야한 후 '아랍의 봄'이 격화하면서 그 불길이 이집트, 리비아, 바레인, 예

아메리카를 위한 볼리바르 동맹(ALBA, Alianza Bolivariana para los Pueblos de Nuestra América) 베네수엘라와 쿠바가 창설한 조직으로서 상호 문화·경제 교류를 통해 '협동 우위'를 배양하기 위한 지역 경제 집단.

멘, 시리아, 그리고 심지어 팔레스타인으로까지 번졌다. 튀니지와 관련해서 아프리카개발은행은 튀니지에 대한 융자 지원 제안서에서 다음과 같이 지적했다.

> 혁명과 그에 따른 사회적 저항은 실업—특히 내륙 지방의 젊은이들—과 지역 격차, 투명성 결여, 그리고 개인의 자유와 같은 문제를 시급하게 해결해야 함을 보여준다. 혁명이 성공할수록 기대치가 높아진 국민들은 혁명의 핵심에 속하는 사회적 요구를 더욱 부르짖을 것이다.

아프리카개발은행은 튀니지 정부에 양허성 차관을 제공하면서 공공 부문을 통해 노동 집약적인 일자리 프로그램을 시행하도록 했다. 또한 낙후된 농촌 지역에 공공 서비스를 확대하는 조치도 포함되어 있었다. 특히 교육이나 의료 같은 공공 서비스는 시민의 평가를 받도록 했다.[32]

아랍의 봄에서 젊은 층이 중요한 역할을 했다는 사실은 잘 알려져 있다. 예를 들어, 튀니지는 2008년에 전체 실업자 중 72퍼센트가 30세 미만이었고, 1990년에서 2010년 사이에 대학 졸업자의 실업률이 10배나 증가했다.[33] 처음에는 노동 계층의 젊은이들 사이에서 소요가 시작되었지만 경찰의 과잉 진압이 보도되면서 중산층으로까지 시위가 확산되었다. 젊은 층이 사용한 사회 관계망 기술이 희망과 행동을 위한 새로운 공간을 창조해 주었다. 사회 내부의 세력 균형에 따라 각국의 폭력 사태 수준이 모두 달랐다. 이집트에서는 폭력이 비교적 적었지만, 바레인, 리비아, 시리아에서는 극심한 폭력 사태가 발생했다. 이집트는 경찰국가의 가혹한 탄압이 막후에 존재하긴 했지만 미디어와 선거 시스템을 통해 제도적으로 비교적 개방된 나라의 면모를 갖추고 있었다. 또한 이집트 국민은 탈식민 지배 후기

(1919~1967)에 꽃피웠던 민주주의 전통을 계승할 수 있었다.

중동 전체에서 3억 5천만 아랍인 중 절반 이상이 30세 미만이며, 지역에 따라 청년 실업률이 80퍼센트에 달하는 곳도 있을 정도로 젊은이들의 희망을 꺾는 상황이 계속되고 있었다. 이런 상황이 이어지면서 중동 지역에서 지구화 프로젝트의 위기가 배양되었고, 그것이 2010년대 들어 아랍의 봄 사태로 터져 나온 것이다.[34] 나이절 깁슨(Nigel Gibson)은 2011년에 다음과 같이 썼다.

> 이집트에서 혁명이 일어난 날은 1월 25일이지만, 몇 년에 걸친 노동 투쟁의 전사(前史)가 존재한다. 몇 가지만 꼽아보자면, 2006년의 연좌데모, 파업, 시위, 2007년 초 거의 매일같이 일어난 노동자 항의 시위, 2008년 문할라 알 쿠브라에서 폭발한 여성 섬유 노동자들의 대규모 파업 사태 등을 들 수 있다. 이런 사태가 발생했을 때 정권은 어떻게든 상황을 무마하려고 구타와 투옥 같은 강수를 두거나 약간의 임금 인상과 식품비 보조 같은 미봉책을 썼다. 경제 곤란, 정치 탄압, 사회 통제 이 모든 것들이 얼마나 철저하게 구체제를 타도해야 하는지 보여주는 증거였다.[35]

그런데 과거와는 달리 2000년대 들어서는 정부의 노동 탄압이 완화되었다. 외국 자본을 유치하는 데 혈안이 되었기 때문이다. 이런 변화 덕분에 독재 정권에 맞서 공개적이고 대규모인 투쟁을 전개할 기회가 이집트 국민에게 열린 것이다.[36] 지구화 프로젝트가 시행되던 기간에 이집트에서는 식량 폭동이 빈발했다. 정부가 주식 곡물인 밀 대신 수출 곡물의 재배를 장려했고, 부유한 소비자들을 위해 농가 보조금을 사료 곡물과 동물 단백질 생산 부문으로 돌렸기 때문이다. 그 결과 2000년대 말에 식품 가격이

50퍼센트나 폭등했다.[37] 카이로의 타흐리르 광장에서 시민들이 스스로 잘 조직한 시위를 통해 공적인 공간을 탈환한 후 국민 다수가 처한 피폐한 현실, 국가 기구의 잔혹성, 이집트의 대다수 기업과 계약을 독차지해 온 지배·군부 엘리트의 부패상 등을 만천하에 폭로했다.[38]

고용을 통해 국민을 사회적으로 포용하라는 것이 시위대의 핵심 요구였다. 하지만 실업은 더 깊은 문제의 증상에 불과했다. 아랍권의 각국 정부는 시민권적 사회 계약을 준수해야 할 책임을 저버렸던 것이다. 서구 세력 특히 미국은 이스라엘과 가까운 거리에 있는 아랍의 원유 보유국들의 장기적 안정을 더 선호했다. 이 정권들은 "동유럽, 남아메리카, 아프리카를 휩쓴 민주화의 큰 물결로부터 아무런 영향을 받지 않는 것처럼" 보였으므로 민주화에 관한 한 "아랍은 예외"라고 여겨졌다.[39] 어쩌면 아랍 지역에서는 예외가 법칙인지도 모른다. 아랍권 국가들은 제국주의의 탈을 쓰고 계속 권위주의적 통치를 해 온 탓에, 철저하게 불평등한 사회를 통제하기 위해 비상 조치와 인권 침해로 일관하는 약탈 국가가 되어버렸던 것이다.

이집트의 봉기는 국가로 하여금 약간의 양보를 하게 했다. 무바라크 대통령이 권좌에서 물러나 체포되었고, 군부의 정치 개입이 줄었으며(완전히 없어지지는 않았지만), 정권과 결탁했던 부패 세력의 은행 계좌가 동결되었고, 새로운 선거를 실시하고 헌법을 개정하겠다는 공약이 나왔다. 시위 이후에도 혁명적 흐름이 지속되어 이슬람 종교 단체와 군부 내에서 자체 개혁 움직임이 태동했고, 혁명을 수호하기 위해 이집트국민의회(Egyptian National Congress)를 결성했으며, 다양한 시민 사회 단체와 전문가 조직이 발언 수위를 높이기 시작했다.[40] 2011년 6월에 국제통화기금은 이집트 임시 정부에 30억 달러의 차관을 제공했고, 미국도 자금을 빌려주었으며, G-8은 원조를 보냈다. 튀니지와 마찬가지로 이집트에서도, 국외의 지원은

'사회적 포용'을 장려한다는 취지를 담고 있었다. "그 결과, 30년 동안 월 6달러 수준으로 묶여 있던 국민 최저 임금 수준이 약 120달러로 올랐고, 실업 급여를 제공하기 위한 기금이 마련되었다."⁴¹

한편, 민주 혁명을 찬양하는 정치적 수사와 더불어 미국과 그 동맹국들에게 이 지역의 안보 문제는 극히 중요한 이슈로 남았다. 2011년 3월, 사우디아라비아 군의 개입으로 재빨리 진압된 바레인의 소요 사태는 미디어에 많이 보도되지는 않았지만 대단히 심각한 의미를 지니고 있었다. 넬리다 푸카로(Nelida Fuccaro)는 다음과 같이 말한다. "이 작은 섬나라는 중동의 축소판이다. 분파주의, 계급 문제, 빈곤, 정치 탄압, 늘어나는 젊은 세대 등 모든 문제가 모여 있다. 이보다 더 중요한 것은 바레인이 전 지구적 경제에 제공되는 대부분의 석유를 생산하는 지역 한 중간에 위치해 있고, 그중에서도 가장 불안정한 국가라는 사실이다."⁴²

통상적 개발 이론으로 보면, 특히 원유 생산국 정권은 '자원의 저주(resource curse)'를 받았다고 볼 수 있다. 그 이유는 '기적적' 효능을 지닌 특정 자원만을 추출·생산함으로써 생산적 경제 활동을 다변화하지 못한 채 특정 부문만 전문화시켜 결국 석유를 판매한 수입에 과도하게 의존하게 되기 때문이다.⁴³ 유엔이 2009년에 펴낸 〈아랍권 인간 개발 보고서(Arab Human Development Report)〉는 아랍권 전체에서 산업화가 1970년보다 2007년에 더 후퇴했다고 지적했다. 정부가 원유, 가스 같은 특정 자원으로 벌어들이는 소득에 힘입어 공공 서비스 부문의 대규모 노동력과 저렴한 수입품 시스템을 유지했기 때문이다. 베네수엘라와 달리, 아랍권에서는 대중 계급을 무마하거나 동원하기 위해 원유로 벌어들인 수익을 재분배하지 않았다. 오히려 이들은 불로 소득 경제(rentier economy)를 계속 유지했으므로 개혁을 추진하기가 훨씬 더 어려웠다. 게다가 이 지역의 전략적 가

사례_ 개발과 원유

원유는 중동 문제를 좌우한다. 서구가 중동 페르시아 만 지역의 독재 정권에 오랫동안 지원해 온 것을 두고 예외가 법칙이 된 경우라 할 수 있다. 다시 말해, 이 지역에서는 나라별 성장 단계에 따른 경로 의존적 개발의 과정을 밟지 않고, 지정학적 고려에 따른 개발이 위로부터 이루어졌다는 뜻이다. 아랍의 봄이 분출하기 오래전부터 중동 지역에서는 세계은행 원조의 절반 이상이 금융 부문과 민간 부문 발전에 집중되었고, 교육과 보건을 비롯한 사회 서비스에 대한 투자는 평균 6.5퍼센트에 지나지 않았다. 이집트의 학자 노하 엘 쇼키(Noha El Shoky)는 다음과 같이 말한다. "신자유주의를 장려한 세계은행의 차관 덕분에 정치 권력과 경제 권력이 소수의 수중에 집중될 수 있었고, 소수 지배 세력은 혁명이 터지기 전까지 이집트 국민을 조직적으로 착취하고 억압하고 고문했다." 조르주 콤(Georges Corm)은 이것을 다음과 같이 요약한다.

"아랍의 신흥 기업가 계층—착복한 석유 수입으로 탄생한 억만장자들, 권력의 핵심부가 낳은 산물—은 아랍 경제의 이른바 '근대화'를 극명하게 보여주는 사례였다."

이러한 극소수 성공 사례 외에 다른 모든 문제가 은폐되었다. 실업률, 특히 젊은 층의 실업률은 세계 평균을 훨씬 상회했다. 두뇌 유출과 외국 이주가 증가했다. 사회 안전망이 없는 수많은 민중의 실소득이 감소했다. 부정부패가 만연하고 국민의 사기는 저하되었다. 중산층은 도탄에 빠졌다. 민간 부문은 전혀 규제받지 않고 방치되었으며 부패가 만연했다. 튀니지처럼, 민간 부문은 지도층의 약탈 대상이 되었다. 경제 성장률이 비교적 높았고, 국제 금융 기구와 유럽연합으로부터 재정 건전성 점수를 잘 받기 위해 경제 개혁을 열심히 추진하는 것처럼 보였지만, 사회·

> 경제적 실상은 완전히 별세계와 같은 상태에 놓여 있었다.
> 개발의 실패로 말미암아 표출된 아랍의 봄 혁명이, 사실은 개발이 의존하고 있는 바로 그 자원(원유) 때문에 일어났다는 것이 역설적이지 않은가? 또한 자원 때문에 개발이 무덤을 파게 되었다는 점 역시 역설적이지 않은가?
>
> 출처 : Shoky, 2011; Corm, 2011.

치 때문에 개혁보다는 현상 유지의 압박이 심했다. 이집트는 주요 원유 수출국이 아니지만 극히 중요한 전략 국가로서, 수에즈 해협 통행료와 관광 산업 수입 그리고 이스라엘과 맺은 평화 협정 대가로 제공되는 외국의 원조에 의존해 왔다.[44] 그렇다면 신자유주의적 긴축 정책으로 인한 위기가 표출된 아랍의 봄은, 국내적 이슈로서만이 아니라, 지정학적인 전략 안보―전 지구적 정치 경제를 유지하기 위한―의 소용돌이 속에 들어 있는 아랍권의 위치에 대한 문제 의식과 함께 다뤄져야 할 것이다.

브릭스의 부상, 지정학적 전환

지구화 프로젝트의 제도적 위기는 1990년대에 줄곧 제기되었다. 긴축 정책이 남반구를 휩쓸었고, 국제 금융 기구의 모금액이 줄었으며, 아시아 금융 위기가 세계 경제를 불안정하게 만들었고, 세계무역기구 레짐의 비대칭성 때문에 남반구의 불만이 늘어났다. 1997년의 아시아 금융 위기 이후 G-20*이 결성되었다. 이 조직은 G-8 국가와 오스트레일리아와 유럽연합,

---

* G-20(Group of 20) 전 세계 경제 관리를 강화하기 위해 1999년 선진국과 신흥 경제 강국들이 함께 결성한 조직.

그림 8-3 **세계 경제 근위병 교대식**

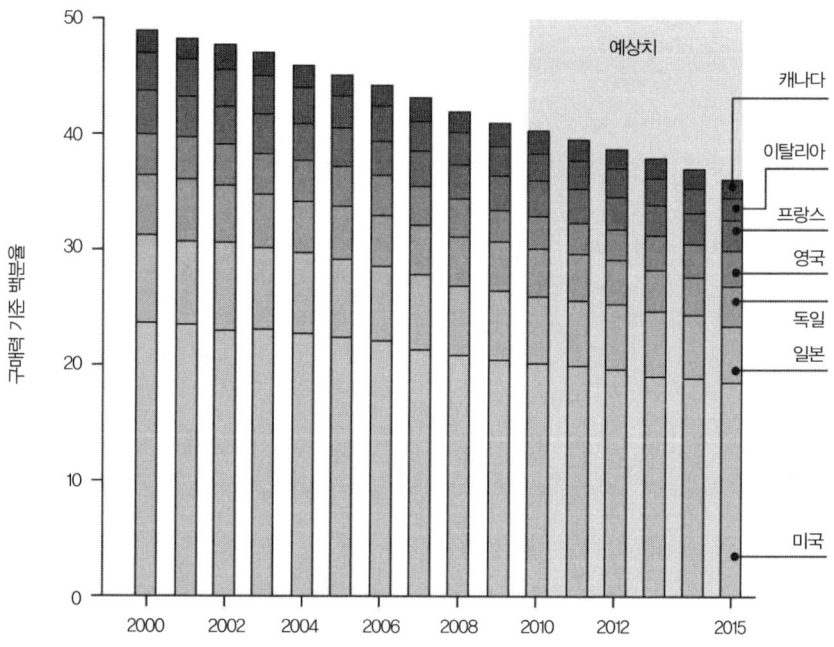

그리고 남반구의 주요 국가들(아르헨티나, 브라질, 중국, 인도, 인도네시아, 멕시코, 사우디아라비아, 남아프리카, 한국, 터키)이 모여서 만들었는데 이들은 전 세계 경제의 90퍼센트를 차지한다. 하나의 집단으로서 G-20이 중요한 이유는, 이 그룹의 핵심 남반구 국가인 브라질, 인도, 중국이 도하에서 열린 '개발 라운드' 협상—2001년에 시작해 2003년 칸쿤으로 이어진—에서 세계무역기구 규정을 통해 불평등한 경제력을 유지하려고 하는 북반구 국

전 세계 경제 생산량에서 신흥 경제권이 차지하는 비중

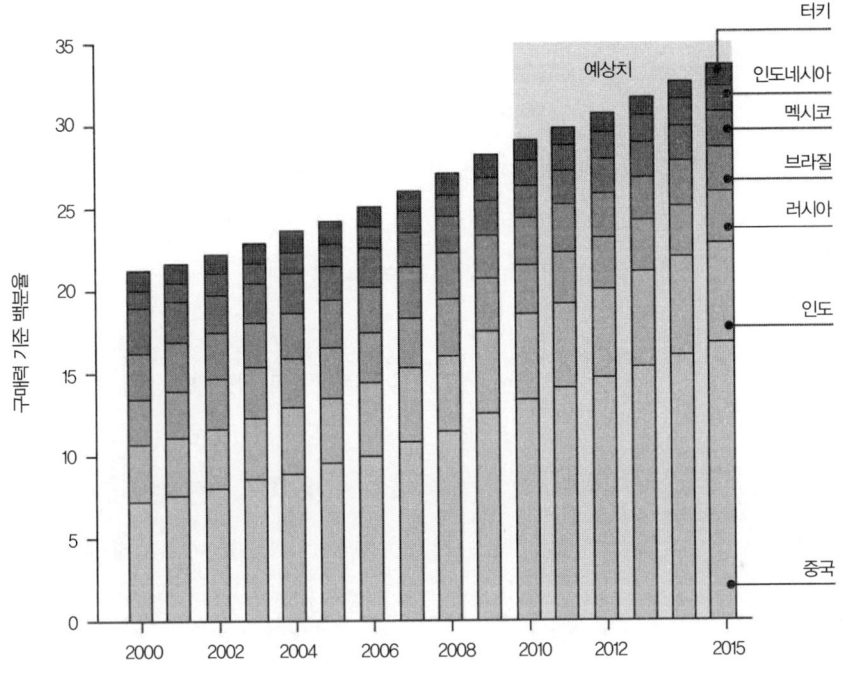

(출처 : IMF, Federal Reserve and Schroders, 다음에서 인용 Martin Wolf, 2010a, "Three years on, fault lines threaten the world economy." The Financial Times, July 14:7.)

가를 대상으로 강력한 저항을 주도했기 때문이다. 북반구의 비민주적 행동, 남반구 시장을 지배하려는 북반구의 공격적인 자세, 북반구에서는 농가 보조금 제도를 유지하면서 남반구에서는 폐지하도록 한 세계무역기구의 결정으로 드러난 북반구의 이중 기준 등이 남반구 국가들이 세계무역기구 체제에 반발하게 된 결정적 계기였다.

G-20의 출현은 **전 지구적 세력 균형에 하나의 전환점이 되었다.** 세계무

역기구를 둘러싼 정치로 인해 남반구 국가들이 연대를 형성했을 뿐만 아니라, 그러한 연대가 G-20에 속할 정도로 경제 성장을 이루었기 때문이다. 이 중에서도 주도적 그룹인 이른바 브릭(BRIC)—브라질, 러시아, 인도, 중국—은 전 세계 경제 성장의 50퍼센트, 전 세계 경제 총량의 15퍼센트를 차지한다.[45] 2010년 중국은 일본을 제치고 세계 2위 경제 대국이 되었다.(하지만 미국은 중국에 비해 2.5배나 더 많은 생산을 하고 있다.) 이런 변화가 〈그림 8-3〉에 나와 있다. 2008년의 금융 위기에 대해 〈파이낸셜타임스〉의 마틴 울프(Martin Wolf)는 2010년에 다음과 같은 논평을 했다.

지난 몇 년간 일어났던 격변 탓에 서구 경제가 큰 손상을 입었지만, 신흥 경제권 특히 아시아 국가들은 무풍 지대에 있었음을 우리는 알고 있다. 금융 위기는 서구의 우월한 입지를 뿌리째 흔들어놓았다. 적어도 2세기 동안 서구는 경제적으로나 지적으로 전 세계를 지배했다. 그런 시대는 이제 막을 내렸다. 지금까지 신흥 경제권의 지도자들은 서구의 거들먹거림을 심정적으로 싫어했지만, 서구의 능력만큼은 인정했다. 그런 것도 이제 끝이 났다. 앞으로 다시는 서구가 모든 것을 독점할 수 없게 되었다. 전 세계 경제를 주도하는 G-20 국가들의 부상은 권력과 권위에 관한 새로운 현실을 반영한다.[46]

이러한 새로운 권력 현실은 점차 다극적(polycentric)으로 나타나고 있다. 횡단 비교 연구 결과는, 새롭게 부상 중인 '중간 소득 국가군(MICs, middle-income countries)'의 경제가 얼마나 활발하게 성장하고 있는지 잘 보여준다. 수전 조지(Susan George)는 다음과 같이 말한다. "브라질 국민의 3분의 1이 독일 최하층 5퍼센트보다 더 잘산다. 중국의 상층 2억 인구도 마찬가지이다."[47] 그런데 전 세계 경제의 중력점이 중간 소득 국가군으로 이동하는 중이라 하더라도, 이 나라들의 이해 관계는 모두 제각각이다. 예를 들어, 생필품 가격이 오르면 러시아(원유, 밀, 광물)와 브라질(대두, 원유, 설탕, 오렌지 주스)은 이득을 보지만, 인도와 중국은 손해를 본다. 그런데도 2009년 러시아에서 개최된 제1차 브릭 정상 회담은 전 세계 무역의 주 결제 통화인 미 달러화를 다른 통화로 교체할 것인가 하는 질문을 제기했다. 또한 새로운 경제 세력 균형을 반영하기 위해 국제 금융 기구를 개혁해야 한다는 주장도 나왔다.

2011년 4월에 남아프리카공화국이 이 클럽에 참여하면서 모임의 명칭은 브릭스(BRICS)로 바뀌었다. 남아프리카공화국은 비록 경제 규모는 크지 않지만 이 클럽에 가입함으로써 아프리카 대륙에 대한 남아프리카공화국의 영향력, 그리고 광물 자원과 토지 자원 획득 경쟁의 경험을 논의에 포함시킬 수 있게 되었다.[48] 또한 남아프리카공화국은 이 모임을 통해 아프리카 대륙에서 자신의 전략적 이해 관계—그리고 갈등 해소를 위한 공식 국제 원조 기관의 역할—를 추구할 수 있게 되었다. 전 세계 국제 원조 프로그램에서 남-남 협력(주로 중국과 브라질이 주도)이 이미 10퍼센트 정도의 비중을 차지한다.[49] 남-남 원조는 남-남 동맹, 특히 브릭스 국가들 간의 동맹으로 연결되고 있다. 2003년 인도, 브라질, 남아프리카공화국은 입사(IBSA)라고 불리는 자기들만의 포럼을 조직했다. 이들의 목표는 '소자간(小子間, minilateral)' 상업 관계—말라리아와 에이즈 연구, 나노 기술, 생물 연료, 풍력 에너지, 해양학 등의 기술 협력을 포함한—를 발전시키는 것이다. 이외에도 이 동맹은 유엔, 세계무역기구, 국제통화기금에서 자국의 존재와 영향력을 확대한다는 목표를 지향한다. 2010년에는 기후 변화 협상에 대응하기 위해 입사 국가들에 중국을 추가한 베이식(BASIC)이 등장했다.[50]

중간 소득 국가로 이루어진 새로운 블록이 부상하는 현상은, 지정학적으로 점차 중요성이 커지는 전환의 현실을 보여준다. 미국의 기업들이 전 세계를 지배하고 있긴 하지만, 〈파이낸셜타임스〉에 따르면 1990년대 후반에는 전 세계 상위 500대 기업 중 미국이 57퍼센트를 차지했는데 2008년에는 36퍼센트로 하락했다고 한다. "미국계 기업들은 그 숫자보다 기업 가치에서 더 큰 비중을 차지하고 있지만, 2위 국가인 중국의 중요성을 직시해야 한다."[51] 더 나아가, "금융과 비즈니스 서비스 분야의 양대 중심지는 여전히 북대서양 양쪽에 자리 잡고 있지만, 이차적 중심지로 보면 일곱 개의 교점 국가(nodes) 중 여섯 개가 서태평양 연안에 자리 잡고 있다."[52] 예란 테르보른(Göran Therborn)은 다음과 같이 말한다. "2010년을 기점으로 돌이켜 생각해보면, 지구화로 인해 미국식 자본주의가 확장된 것이 아니라, 중국과 인도가 미국식 자본주의의 확장을 제한한 것처럼 보인다."[53]

앙투안 반 아그마엘(Antoine van Agtmael)은 2007년 자신의 저서 《이머징 마켓의 시대(The Emerging Markets Century)》에서 역사적 추세 전환을 언급하면서 제3세계가 "2030년에서 2035년경이면 제1세계를 추월할 것"으로 내다봤다. 그는 각국의 몇몇 대기업의 사례―한국의 삼성, 인도의 인포시스, 중국의 하이얼(Haier), 멕시코의 시멕스(Cemex) 등―로부터 자신의 예측을 끌어왔다.[54] '추월'이 정확히 무엇을 의미하든 간에, 제3세계의 부상을 일컫는 '중국-인도화(Chindia)'라는 현상이 비즈니스 세계의 주목을 받고 있음은―투자 기회로서 혹은 북반구 기업과 일자리에 대한 위협으로서―틀림없는 사실이다. 2003년에 골드만 삭스(Goldman Sachs)가 발표한 투자 전략 보고서 〈브릭의 꿈 : 2050년으로 가는 길(Dreaming with BRICs : The Path to 2050)〉은 2050년이 되면 중국이 세계 1위 경제 대국이 될 것이고, 2위는 미국, 3위는 인도가 차지할 것이라고 예측했다. 이 보고서는 또한 중국이 2015년이면 일본을 제치고 세계 2위 경제 대국이 될 것으로 내다봤는데 이 예측은 2011년에 실제로 맞아떨어졌다.[55]

중국은 권위주의적 사회주의 국가인데도—또는 바로 그 이유 때문에—전 지구적 차원에서 경제와 생태에 큰 영향을 주는 자본주의적 경제 혁명을 수행하고 있다. 중국의 시민은 평균적으로 인도 시민에 비해 연 2.5배의 소득을 벌어들인다.[56] 무역 수지 적자에 관한 자료에 따르면 중국에 대한 대부분의 투자는 역내―일본과 동아시아 신흥 공업국들―에서 이루어지고 있다. 이 국가들은 제조업이 쇠퇴한 경우가 많아, 노동 집약적 생산 라인을 중국으로 이전한 것이다.[57] 중국은 전 세계의 초국적 기업이 생산하는 상품 사슬에서 최종적 생산 라인 역할을 해 왔으며, 중국 전체에서 제조하는 모든 생산품의 60퍼센트가 초국적 기업의 상품이다.[58] 이런 점에서 볼 때, 중국의 변신은 지구화 프로젝트에서 중요한 일부분이었다고 볼 수 있다. 중국의 경제 개방이 1980년대 후반의 자본 이동과 규제 철폐 시점과 맞물린 것으로도 이 점이 입증된다. 당시 중국의 수출 가공 공단은 지구화 프로젝트의 주요 대상이었는데, 이런 점은 2000년에 중국이 세계무역기구에 가입하면서 공식적으로 완성되었다.

중국은 전 세계 완구류의 70퍼센트, 자전거의 60퍼센트, 신발의 50퍼센트, 가방의 33퍼센트를 생산하며, 더 나아가 전 세계 노트북 컴퓨터의 55퍼센트, 전자 오븐의 50퍼센트, 텔레비전의 33퍼센트, 식기세척기의 25퍼센트, 냉장고와 컴퓨터 칩의 20퍼센트를 생산한다.[59] 중국은 저가치 상품에서 고가치 상품 생산―전자 제품과 정보 기술 관련 제품이 중심인―으로 이동하긴 했지만, 아직도 외국에서 디자인하거나 생산된 부품들을 조립하거나 외국 제품을 모방하는 경우도 많다.[60] 하지만 중국의 이런 모델 자체가 변하고 있다. 노동력이 부족해지고 임금이 상승했기 때문이다. 이런 현상이 일어나는 이유는 복합적이다. 우선, 2008년에 새로 제정된 노동 계약법에 따라 노동 쟁의가 빈번하게 일어나기 시작했다.(2009년 상반기에만 17만 건의 쟁의가 발생했다.) 베트남, 방글라데시, 인도 등지에 중국보다 값싼 생산처가 생겼다. 부의 지역적 분배를 위해 중국 정부가 내륙 오지에 투자를 하기 시작했다. 또한 중국의 '한 자녀' 정책이 불러온 역사적 유산 탓도 있다.[61] 경쟁이 심화되면서 중국은, 세계은행과 공동 후원하는 산업 시설 공단을 통해, 저가치 제조업을 아프리카로 아웃소싱하게 되었다. 중국이 가나에 투자한 340개 사업 중 100개 이상이 제조업 부문이다. 아프리카에서 중국이 자원만 빼앗아 간다는 이미지를 개선하려는 중국 측의 바람이 엿보인다.[62]

다른 한편, 인도에서는 전 지구적 서비스 제공에서 내수용 제품을 생산하는 쪽으로 산업 구조를 변화시키려는 조짐이 보인다. 지구화 프로젝트에서 흥미로운 변동(또는 역전)이 아닐 수 없다. 〈워싱턴포스트〉의 스티븐 펄스테인(Steven Pearlstein)은 지구화에 미국인들이 느끼는 우려를 평하면서 다음과 같은 장면을 묘사한다. "야심찬 이십 대 청년 수십 명이 …… 마치 만원 지하철에 빼곡히 앉아 있는 통근자들처럼, 긴 테이블 위에 놓여 있는 낡은 컴퓨터 앞에 나란히 앉아 미국을 비롯한 전 세계 회사들의 웹 사이트를 제작하고 있다." 인도 푸네의 컴퓨터 회사에 다니는 종업원은 대부분 한 달에 약 270달러 정도를 번다. "그 돈이면 작은 아파트 월세와 스쿠터 비용 그리고 주말에 인근 쇼핑몰 식당가에서 외식을 할 수 있을 정도가 된다. 이런 직원들을 찾는 회사가 많으므로 약 40퍼센트 정도가 매년 더 큰 회사, 예를 들어 위프로(Wipro)나 인포시스 같은 곳으로 이직한다. 큰 회사에서 근무하면 인도의 산업 중심지인 이곳에 들어서 있는 하이테크 산업 시설 중의 한 곳에서 일한다는 자부심을 가질 수 있다." 펄스테인은 마치 토머스 프리드먼을 겨냥한 듯한 말을 했다.

이런 광경은 인도의 경제 성장 붐을 상징한다. 저임금과 기업가적 열정, 그리고 인터넷 기술에 기반을 둔 경제 붐이다. 이것은 완전한 경쟁에 가까운 시장—예전 같았으면 신고전주의 경제학자들의 상상 속에서만 존재하던—을 창조하는 데 성공했다.[63]

그러나 인도의 교육은 숙련된 소프트웨어 기술자의 수요를 모두 맞추지 못하고 있다. 기술 인력이 부족한 탓에 매년 임금이 30에서 40퍼센트나 오르고 있어서 인도 하이테크 산업의 비용 경쟁력이 떨어지고 있다. 따라서 정책 결정자들은 개발 방향을 바꾸기 시작했다. 저숙련 노동을 더 많이 고용할 필요가 있는 내수 시장—중산층 소비자를 겨냥한—발전에 더욱 집중하고 있는 것이다. 이런 추세와 함께 "전 지구적 생산업자들은 이미 중국의 심각한 인구학적 위축을 예상하고 있다. …… 2020년이 되면 인도는 20에서 24세 사이의 노동자를 1억 1600만 명 보유하겠지만 중국은 그 숫자가 9400만 명에 지나지 않을 것이다." 인도의 인프라는 아직 미발전 상태에 놓여 있지만(중국은 도로, 항만, 전기 등의 인프라에 인도보다 7배나 더 많이 투자한다), 중앙 정부는 델리, 뭄바이, 콜카타, 하이데라바드, 첸나이 등지에 산업 시설 공단의 건설 사업을 열심히 추진하고 있다.[64]

인도의 마힌드라 앤드 마힌드라(Mahindra & Mahindra)와 합작한 르노-닛산(Renault-Nissan), 포드(Ford), 제너럴 모터스, 모토롤라, 한국의 현대와 포스코, 네덜란드의 미탈 스틸(Mittal Steel) 같은 초국적 기업들은 인도를 서비스 산업 중심지에서 제조업 중심지로 변화시키고 있다. 인도산 공산품의 대미 수출은, 증가 비율로 봤을 때 중국보다 빨리 늘어나고 있으며, 2000년대 중반의 국외 투자 중 3분의 2 이상이 제조업 부문으로 유입되었다.[65] 인도는 이미 전 세계에서 11번째로 큰 자동차 소비 시장이 되었으며(중국은 가장 역동적인 시장임), 타타(Tata)와 라자브(Rajav) 같은 국내 자동차 제조 업체들은 내수 시장을 겨냥한 저가형 모델을 생산하려고 르노와 경쟁을 벌이고 있다.[66] 2009년 〈월스트리트저널〉은 첸나이에서 연 150만 대의 자동차를 생산하는 것은 미국의 어떤 주보다 더 큰 규모라고 지적하면서 다음과 같이 보도했다. "첸나이에서 하는 것과 같은 생산 활동이 인도에 가장 필요한 일이다. 즉, 인도는 전 인구의 60퍼센트를 차지하는 농업 부문의 노동력, 그리고 비교적 고용 규모가 작은 아웃소싱과 같은 첨단 서비스 산업, 이 둘 사이의 틈을 메워줄 산업이 필요한 것이다." 첸나이에 20억 달러 규모의 투자를 한 현대는, 로봇 기술을 다룰 수 있는 기술자가 많다는 점과 값싼 생산 노동력이 많다는 점을 투자 유인 요소로 꼽는다. 첸나이 주 정부는 컴퓨터 프로그래머와 기술자를 훈련시키던 주내 전문학교의 교육을 자동차 생산 기술 교육으로 바꾸고 교육을 마친 기술자들을 현대 공장에 공급하고 있다. 이는 최근까지 IT와 소프트웨어 산업을 강조하던 추세에서 크게 벗어난 현상이다.[67]

　인도 인구의 3분의 2가 아직도 농업 부문에 종사하지만, 약 3억 명에 달하는 중산층의 확대로 내수 소비 시장이 상당히 넓게 형성되어 있다. 이런 추세는 인도에서 일어나고 있는 슈퍼마켓 혁명으로 입증된다. 과거 인도의 소매업 중 97퍼센트가 가족이 직영하는 작은 가게들로 이루어져 있었지만, 2005년 뭄바이의 서부 교외 지역에 개장한 서구식 슈퍼마켓 하이퍼시티(Hypercity)는 인도가 드디어 전 세계적인 대규모 판매 문화에 동참하게 되었음을 알리는 상징이었다. 인도는 중국보다 몇 년 늦게 전 지구적 슈퍼마켓을 도입했다. 중국에서는 2000년에 슈퍼마켓 체인의 개점을 허용했고, 오늘날 중국의 홍청대는 대도시 쇼핑가에는 전 세계 70대 슈퍼마켓 기업 중 절반 가량이 영업을 하고 있다.[68] 2006년 말 인도의 릴라이언스 인더스트리즈(Reliance Industries Limited)는 하이데라바드에 최초의 인도계 회사가 직영하는 슈퍼마켓을 개장했다. 미국계 슈퍼마켓인 월마트에 대항하려는 의도가 있었던 것이다. 하지만 많은 인도인이 민족주의의 이름으로 슈퍼마켓에서 장볼 필요는 없다고 생각한다. "슈퍼마켓이 많이 들어서면 1200만 동네 가게, 4천만 노점상과 6억 농민 중 적어도 2억 명의 소농이 생계를 위협받게 된다."[69] 이러한 긴장은 전혀 다른 두 세계의 작동을 상징적으로 보여준다. 가족이 직영하는 소매상과 영세 기업, 그리고 전 지구적 시장의 확대—새로운 고성장 시장 창출로 수익을 올림으로써 전 지구적 자본주의의 침체를 상쇄하겠다는 발상—가 그것이다. 도요타나 캐논 같은 일본 기업들은 슬럼가와 농촌 부락에서 하층민의 푼돈이라도 끌어가기 위해 제품을 현지 취향에 맞춰 다시 디자인하고 있다. 캐논의 부회장은 다음과 같이 말한다. "아무리 가난한 사람이라도 딸의 결혼식 사진은 갖고 있어야 한다."[70] 또한 엘지전자의 인도 자회사에 근무하는 한국계 CEO는 인도가 전자 제품에 관한 한 마지막 개척지라고 주장한다.

아시아 지역의 2인조로서 중국과 인도는 지구화 프로젝트에 맞서는 대항적 추세를 보여주는 사례이다. 두 나라는 자국의 노동력을 전 지구적 시장에 두긴 했지만, 신자유주의적 원칙을 무작정 받아들이지는 않았던 것이다. 이들은 자본과 투자에 관한 통제권을 포기하지 않았다. 중국은 지금까지도 위안화의 자유로운 태환을 허용하지 않으며, 산업 자산 중 적어도 절반을 여전히 정부에서 통제하면서 인프라 구축에 많은 투자를 하고 있다. 인도 역시 중국의 사례를 따라가는 중이다.[71] 중국 정부는 2008년의 전 세계 경제 위기를 맞아 총 4조 위안(5860억 달러)을 인프라와 산업

화 프로젝트 분야에 쏟아부었다.[72]

2000년대 중반, 새롭게 선출된 인도의회당(Indian Congress Party) 정부는 포퓰리즘적 경향—고속도로, 공장, 광산, 벌채, 농산업 공단 때문에 삶터를 빼앗긴 소농들을 대상으로 하는 정책—이 있는 포용적 민족주의 노선에 다시 집중했다. 중국과 달리 민주주의 전통이 있는 인도에서는 이 같은 정책을 펴기가 용이하다. 구체적 예를 들자면, '사회적 감사(social audit)'를 통해 공적 기금을 빈곤층에 투자하는 국가적 실험이 가능하다는 말이다. '사회적 감사' 덕분에 촌락 거주민들은 인터넷상에서 감시 기능을 수행할 수 있을 뿐만 아니라, 부정부패를 줄이고 고용을 촉진하고 구매력을 상승시키겠다는 정부 정책—2010년부터 2015년까지 2500억 달러를 지출하겠다는 계획—이 제대로 이행되도록 도울 수 있게 되었다. 이 기금의 상당 부분이 인도의회당의 농촌 프로그램 지원에 쓰인다. 농촌 거주자에게 1년에 100일씩 마을의 인프라 구축 근로 사업에 종사하도록 하고 최저 임금을 받을 수 있게 하는 제도인 것이다.[73]

중국과 인도에서 민족주의적 노선을 선택한 것은 사회적, 생태적으로 반드시 필요한 일이었다고 할 수 있다. 두 나라 모두 농촌 인구가 압도적으로 많고, 농촌 지역에서 소요 사태가 자주 일어나고 있었기 때문이다. 2007년에 인도 중앙 정부는 경제 특구(SEZs)와 산업 생산 공단용 부지 매입을 전면 중단했다. 자기 땅에서 쫓겨난 사람들에게 적절한 조치를 취하도록 제정된 정책에 보조를 맞춘 것이었다. 중앙 정부의 이러한 정책은, 경제 특구용 대지 14만 에이커—타타 그룹과 인도네시아의 살림(Salim) 그룹이 콜카타 교외에 공장을 건립하려 했던—의 수용을 둘러싸고, 토지 매입을 추진한 서부 벵골 주 정부(역설적으로 공산당이 주도하고 있는)와 토지 매입에 반대한 농민들이 격렬한 싸움을 벌인 후에 나온 결과물이었다.[74]

그리고 2010년 들어 인도의 대법원도 토지 매입을 통한 개발과 그에 따른 정치적 후유증에 우려를 표하기에 이르렀다. 인도 전국의 588개 군 중에서 광물 자원이 풍부한 200개 군의 산림 지역에서 마오주의 반군이 오랫동안 출몰했던 점을 감안하면 이해가 되는 입장이었다. 대법원의 판결은 다음과 같다. "개발을 둘러싼 모든 쟁점은 너무나 간단하고 논리적이며 상식적인 것으로 보인다. 하지만 수많은 인도 국민에게 개발이란 말은 무섭고 끔찍한 단어이다. 개발이란 게 자신들의 기초적인 생계조차 파괴하려 드는 과정처럼 여겨지기 때문이다."[75]

중국에서도 개발 명목으로 정부가 토지를 수용하는 것 때문에 농민들의 저항이 늘어나고 있다. 이런 갈등은 중앙 정부의 예산 분권화 정책으로 더 악화되고 있다. 예산이 분권화되면서 지방 정부가 개발업자들과 결탁할 유인 요인이 늘었기 때문이다. 이 과정에서 농촌 주민들의 합법적 권리는 무시되기 일쑤다.[76] 2007년 정부는 경작 세금과 지자체 관련 납부금을 폐지하고, 농촌 건강 보험을 제공하고 토지 수용에 대해 더 많은 보상을 해줌으로써 농민들의 불만을 무마하려 했다.[77] 다른 한편, 집약적 농업도 계속 늘어났다. 윤작이 감소하고, 토양이 침식되고, 비료를 과도하게 사용한 데다, 토양—예전에는 분뇨 퇴비로 농사를 짓던 땅—의 유기질이 소실되면서 중국 농촌의 토양은 계속 질이 떨어지고 있다. 매년 2,000평방킬로미터나 되는 땅이 사막으로 변하는 중이다.[78] 그 결과 수백만 농민이 이농을 하게 되어, 착취당하는 값싼 노동 예비군으로 전락했다. 분석가들은 중국인의 먹을거리 대외 의존도가 심해지면서 전 지구적 곡물 위기가 올 수도 있다고 예측한다.[79] 《배가 물을 가라앉힐 수 있을까? : 중국 소농들의 삶(Will the Boat Sink the Water? The Life of China's Peasants)》이라는 책—중국 내에서는 판금됨—의 저자는 다음과 같이 말한다.

결론적으로 삼농(三農) 문제—농민, 농촌, 농업의 문제—가 중국의 문제 그 자체라 해도 과언이 아니다. 삼농 문제는 농업이나 경제의 문제만은 아니다. 삼농 문제는 오늘날 중국공산당이 직면한 가장 심각한 문제이다. 지금 이 순간에도 우리는 삼농 문제와 대면하고 있다.[80]

이렇게 거대한 규모로 진행되는 사회 경제적 변혁을 안정시켜야 하는 근본적 과제에 직면하여 중국과 인도가 취한 발전 모델은, 시장을 사회의 통제 아래에 두려고 하는 라틴아메리카의 정책을 연상시킨다. 중국과 인도의 경우 탈농촌화의 규모가 훨씬 크다는 차이밖에 없다. 전 지구적 경기 침체와 사회·경제적 위기의 누적을 감안할 때 일종의 발전국가—신자유주의의 보편성 주장에서 한 걸음 떨어진—가 다시 유행할 가능성도 있다. 일부에서는 이런 현상을 '베이징 컨센서스(Beijing Consensus)'라 부르기 시작했다.[81]

서구가 중국의 부상을 일종의 위협으로 보기도 하지만—단기적으로는 일자리, 장기적으로는 지정학적 권력을 둘러싼—어떤 미래가 우리 앞에 펼쳐질지는 아무도 모른다. 국내적으로 중국은 점점 더 심한 불안정을 겪고 있다. 계급 불평등이 심화되고, 농민 문제가 악화된 데다가, 출현 중인 중산층이 정치적 권리와 국가 민주화를 요구하고 나섰기 때문이다. 국제적으로 중국은 2004년에 '신안보 개념(新安全觀)'을 발표하여 패권주의를 추구하지 않겠다는 약속을 했다. 현재 중국은 세계 각지에서 자원을 확보하는 문제에 사활을 걸고 있다. 아시아권에서 중국은 인도에게 두 번째로 큰 교역 상대국이며,[82] 현재 중국을 중심으로 한 역내 정치 경제가 구축되는 중이다. 인도의 경제 성장률이 향후 수십 년 동안 대단히 높을 것으로 예상되지만, 미국과 유럽연합은 인도가 향후 아시아에서

중국의 잠재적 대항마 역할을 해줄 수 있느냐 하는 문제에 더 초점을 맞추고 있다.[83]

사례_초지역적 개발

개발이 국가별로 서열에 따라 조직되어 있다는 전통적인 개발 이론이 지구화 시대 들어 와해되고 있다. 각국 사회가 발전 정도에 따라 수직적으로 분포되어 있다고 하는 통상적인 이미지가, 시민권적 사회 계약에 대응하는 국가에 의해서가 아니라, 주주들의 요구에 대응하는 수평적(선별적) 시장에 의해 대체되고 있는 중이다. 이렇게 되면 불평등이 심각해지는 것은 불문가지이다. 인도의 초갑부(super-rich)들—2010년 기준으로 영국에 35명, 프랑스에 10명, 인도에 50명이 있음—은 자유화로 촉발된 경제 붐의 혜택을 받은 사람들이다. 이들은 인도 GDP의 25퍼센트를 차지하지만, 인구 숫자로 따져 0.00001퍼센트밖에 되지 않는다. 중국의 경우 2010년에 최고급 승용차인 람브로기니의 판매가 3배 이상 늘었고, 그 해에 롤스로이스는 146퍼센트의 판매 신장세를 보이면서 678대가 팔려 영국 내 판매량을 앞질렀다. 2030년에 중국의 자동차 숫자가 2000년 전 세계 자동차 숫자보다 더 많을 것이라는 보도도 있다. 조너선 와츠(Jonathan Watts)도 이와 유사한 추세를 지적한다.

"최근 들어 전 세계 최대 기업들이 서구를 따라잡으려는 중국인들의 구매에 의존하게 되었다. 미국은 경제가 나빠지기 전까지 소비 천국이었다. 하지만 미국은 이제 채무에 시달리고, 비만으로 허덕이며, 자신의 생활을 보호하기 위해 군대에 의존해야 하는 지경에 처했다. 세계 최대의 소비자가 소화 불량을 앓고 있는 것이다. 이런 틈을 메우기에 유럽은 너무 낡았고 보수적이다. 따라서 전 지구적 생산업자, 판매업자, 레스토랑 경영자들은 중국인의 입맛을 돋우기 위해 안간힘을 쓰고 있다. 상하이는 그들의 교두보이다."

중국의 시장은 전 세계 최대 완구 제조 업체인 마텔(Mattel)과 같은 기업에 의해 1990년대 초에 개방되었다. 이 회사는 오늘날 상하이에 세계 최대 규모의 바비 인형 전시관을 운영하고 있다. 최근 들어 루이뷔통(Louis Vuitton), 구치(Gucci), 샤넬(Chanel), 스타벅스 같은 국제 브랜드들이 기존의 대형 판매 업체인 미국의 월마트, 프랑스의 까르푸, 영국의 테스코, 일본의 이토요카도(Ito Yokado) 등을 보완하고 있다. KFC 1호점이 1987년 톈안먼 광장 근처에서 문을 연 이후에, 현재 KFC는 중국 최대의 패스트푸드 체인으로서 400개 도시에 2천 개의 분점을 거느리고 있다. 맥도널드는 800개 분점이 있다. 따라서 오늘날 중국인의 15퍼센트가 비만이며, 당뇨와 심장병이 늘고 있는 현실이 그리 놀랍지 않다.

정치학자 샌드라 핼퍼린(Sandra Halperin)은 '개발'이 원래는 유럽의 귀족 계급—'단일한 초지역적 엘리트들이던'—사이에 존재하던 초지역적(trans-local) 교역과 투자의 흐름을 확장하고 통합하려는 시도였다고 주장했다. 이런 움직임은 한 국가 안에서 '경제적 이원성(economic dualism)'으로 나타났다. 즉, 부유한 엘리트들, 그리고 피폐한 19세기 유럽 노동 계급의 분화가 나타났던 것이다. 핼퍼린은 **국가**의 발전이 가능하다고 봤던 20세기식 전제를 비판하면서, 식민 지배 이후 시대의 국내 엘리트들이, "초지역적 교역과 투자의 흐름을 지속시키고 재생산하고자 했던 구식민 행정가들과 여러 다양한 초국적 엘리트들과 동일한 비전을 공유하면서" 국가주의적 개발 신화를 활용하기만 했다고 주장한다. 중국의 부유층이 전체 인구 중 10퍼센트 정도인 것을 감안한다면 핼퍼린의 '이원성'이 중국 모델에서도 다시 등장하고 있다고 할 수 있을 것이다. 물론 중국에서 상류층뿐만 아니라 전 지구적 시장의 혜택을 보려고 하는 중산층 소비자가 상당수 출현한 것도 사실이다.

> 궁극적으로, 이 모든 것은 '개발'이라는 개념에 어떤 의미를 부여하는가? 로스토가 말한 '고도의 대량 소비 사회' 단계가, 제2차 세계대전 이후 제1세계 국가에서 등장했던 특유의 현상임과 동시에, 오늘날에는 특정 국가가 아닌 전 세계의 부유한 소비자 계층이 출현한 현상을 뜻하기도 하는 것일까?
>
> 출처 : Watts, 2010; Halperin, 2005: 42; Chang, 2008; Ramesh, 2009: 17; Wilson, 2010: 17; Watts, 2011b.

신용 천국이 불러온 금융 위기

2008년에 발생한 심각한 금융 침체(거의 금융 붕괴) 사건은 이른바 '금융화(financialization)' 시대의 특징적인 위기였다. 금융화란 재화와 서비스의 생산보다 금융 거래(인수, 합병, 파생) 부문에 더 많이 투자하는 것을 뜻한다. 2000년대에 미국에서 금융계의 수익이 제조업 부문의 수익보다 언제나 두세 배 더 많았으며, 영국의 금융계는 연수익 20퍼센트라는 기록을 세우기도 했다.[84] 금융계가 이렇게 구조적인 우위에 서게 된 것은 1990년대 말의 금융 탈규제 덕분이었다. 금융 규제가 풀리면서 상업 융자 은행은 각종 금융·투자 상품을 개발할 수 있게 되었다. 경제 권력이 금융업자들에게 쏠리게 되었고, 규제되지 않은 시장이 분배적 효율성을 높여준다는 신자유주의의 주장이 이런 경향을 정당화해주었다. 미국계 은행인 시티코프(Citicorp)와 보험이나 증권 같은 금융 서비스를 판매하는 트래벌러스 그룹(Travelers Group)이 기업 역사상 최대 규모의 합병을 단행하여 시티그룹이 되었다. 그 후 이러한 회사들은 "한 지붕 아래에 은행, 투자, 증권, 보험을 모두 모아놓았고, 그 명칭조차 '금융 서비스 기업(financial services corporations)'으로 바꾸었다."[85]

이렇게 해서 개발된 가장 흔한 방식의 금융 파생 상품은 담보 부채 (mortgage debt)에 근거한 보증 상품이다. 이는 금융업자가 부채를 매도하고 재매도하면서 금융 상품 패키지를 구성하므로 위험 부담을 서로 돌려 막는 것이 특징이다. 이렇게 되면 신용에 허점이 생기면서 담보 부채가 눈덩이처럼 커진다. 다시 말해, 물리적 기반에서 '고도의 대량 소비'가 분리되어 별개로 돌아가는 것이다. 오래지 않아 공급이 수요를 초과하여 주택 가격이 폭락했다. 미국에서는 서브프라임 융자가 붕괴하면서 담보 대출 이율이 급상승했고 이는 주택 차압 사태로 이어졌다. 그 결과 담보 부채 보증이 하락했고, 금융 회사들은 거대한 '채무 대 자기 자본 비율' 사태에 직면하여 시장 전반이 위기에 빠졌던 것이다. 북반구 전체에 이런 사태가 연쇄적으로 닥쳤다. 금융 부문의 정부 감독은 오래전에 사라진 상태였고, 위기 이후에 정부가 한 일이라고는 완전한 경제 붕괴를 막기 위해 몇몇 은행에 구제 금융을 투입한 것밖에 없었다.

북반구의 각국 정부는 가용 기금이 바닥나 있었다. 기업과 부자들에게 세금을 감면해준 탓에 세수입이 고갈되었기 때문이다. 미국의 경우, 20세기 후반 25년 동안 법인세율을 계속 내렸고, 2000년대 들어서 고소득자의 개인 소득세도 대폭 깎아놓은 상태였다. 2008년 금융 위기가 닥쳤을 때 활용할 수 있는 공적 자금은 아주 적었고, 납세자들이 그 부담을 져야 하는 상황이 되었다.

북반구의 채무 위기는 장단기적 여러 경향을 극명하게 보여준다. 지구화 프로젝트는, 법인세 인하 효과를 상쇄하는 복지국가의 규제 조치에 맞서 재계의 이익 단체들이 장기적인 대항 동원(countermobilization)을 전개한 것이라 할 수 있다. 북반구의 제조업이 저임금 지역으로 아웃소싱되면서, 노동 생산성에 비해 조직화된 노동의 실질 임금이 하락했다. 이는 상향식으로 재분배가 일어난 것이나 다름없다. 예를 들어, G-7 국가들은 1982년부터 2005년 사이에 국민 소득에서 임금이 차지하는 비중이 6퍼센트나 하락했다(전 세계적 추세와 유사).[86]

일자리가 국외로 빠져 나가면서 북반구의 과세 기반이 줄었고, 그와 동시에 손쉬운 신용과 값싼 수입품의 유혹에 빠진 소비자들은 부채의 늪으로 빠져들었다. 신자유주의 개발 이론에서는, 경쟁적인 경제 시스템에서 노동의 탈조직화(dis-organization)를 통한 유연한 노동 시장이 투자자들에게 훨씬 더 매력적이라고 가르친다. 그러나 노동 시장이 유연해지면 투자가 늘어나 일자리가 만들어지는 것이 아니라, 그 반대로 실업률만 높아진다. 정통 경제 이론과 금융화의 실상(자본은 비생산적 투자를 선호함) 사이에 이처럼 큰 간격이 존재하는 것이다. 제도적으로 유연한 노동 시장이 형성된 미국이나 에스파냐 같은 나라의 실업률이 제일 높다. 반면에 "강력한 노동 조합과 단체 교섭의 오랜 전통이 있는 독일이나 노르웨이의 경우에는 실업률이 쉽게 늘어나는 법이 없다."[87]

2010년 국제통화기금은 높은 실업률 문제를 해결하기 위해 처음에는 정부의 적자 재정을 권고했지만, 그 후 유럽과 미국의 긴축 조치에서 보듯, 실제 채택된 정책은 '시장'을 중시하는 것이었다. 즉, 실업률을 줄이기 위해 취한 대응 조치가 하나같이 부채 감소라는 이름으로 정부 지출을 줄이는 데에만 초점을 두고 있었다. 공공 긴축 정책을 주장하는 논리는 시장에 기반을 둔 것이다. 신자유주의는 국가가 퇴각하면 민간 부문이 국가의 공백을 메울 것이라 주장한다. 하지만 금융화 탓에 시장이 국가의 공백을 메우는 일은 거의 일어나지 않았다. 그 결과, 일자리가 불안정하고, 주택을 얻기가 어려우며, 직장과 자녀 양육을 동시에 감당해야 하는 노동 인구가, 이제 가이 스탠딩(Guy Standing)의 표현대로, 새로운 '프레카리아트(precariat)' 즉 '불안정한 무산 계급'(precarious proletariat)을 대변하게 되었다. 스탠딩에 따르면, 오늘날 영국 국민의 40퍼센트가 프레카리아트에 속하며, 이들은 '중산층'보다 더 큰 비중을 차지한다. 또한 불만의 정치 (politics of frustration)가 점점 더 자주 분출하기 시작했다. 이런 현상은 미국의 티파티 운동(Tea Party Movement, 보수주의 운동)으로 잘 나타났으며, 인종적 긴장이 고조되는 지역에서도 나타나고 있다.[88]

1980년대에 발생했던 제3세계의 외채 위기와는 달리, 북반구의 채무 위기는 유지 불가능한 개인 채무와 탈규제의 결합에서 시작해 **국가 채무 위기***로 번졌다는 특징이 있다.[89] 그런데 규제되지 않은 자본주의가 이런 위기를 불러왔다고 하지 않고, 마치 국가가 위기에 빠진 것처럼 묘사하는 경향이 있다. 유럽에서 발생한, 이른바 국가 채무 위기는 유럽연합에 속한 회원국의 지위 때문에 더 나빠진 측면이 있다. 유럽연합 회원국들은 자국에서 발권하지 않은 유로 통화를 사용해야 하므로 적자가 발생하면 국외에서 돈을 차입해야만 한다. 금융 위기는 유럽연합에서 상대적으로 약한 나라들(포르투갈, 아일랜드, 그리스, 에스파냐)의 취약성을 드러낸 계기가 되었다. 이 국가들은 유럽중앙은행과 국제통화기금이 유럽연합과 유로화 가치와 유로존의 활력을 보존하기 위해 부과한 차관 조건인 긴축 정책을 시행하도록 강요받았다. 예를 들어, 독일과 프랑스 정부는 2010년과 2011년에 다시 그리스에 구제 금융을 제공하기로 결정했지만, 그 대신 공공 부문의 예산을 대거 삭감—감원, 봉급, 연금, 기타 근로자 혜택 삭감 등—하도록 했다. 그리스는 국민 투표를 통해 이를 받아들일 수밖에 없었다.

국가 채무 위기(sovereign debt crisis) 국가의 부채가 누적되어 발생한 위기를 일컫는 용어.

그리스의 사태로 유럽연합의 한계가 드러났다. 유럽연합은 "회원국들의 경제 정책을 효과적으로 조정할 수 있는 권한을 충분히" 가지고 있지 않으며, 따라서 납세자들이 "다른 나라의 예산 편성에 따른 위험" 부담을 떠안게 되어 있는 구조이다.⁹⁰ 독일이나 프랑스처럼 강한 나라의 납세자들이 약한 나라의 시민들이 흥청망청 쓴 돈을 대신 갚아줘야 한다고 느끼는 데서 발생한 반감을 보면, 서로 경제 발전 단계가 다른 나라들이 하나의 연합체를 이룬 상황에서 비롯된 딜레마가 극명하게 드러난다. 하지만 강한 나라의 납세자들이 느끼는 반감은, 가혹한 긴축 정책을 받아들여야 하는 약한 나라의 납세자들이 느끼는 억울함과 분함에 비하면 아무것도 아니다. 2011년 6월 13일 브레턴우즈 프로젝트(Bretton Woods Project)는, 포르투갈에 부과된 융자 조건이 "구조 조정 시기에 국제통화기금이 아프리카 국가들에 부과했던 조건을 연상시킨다."라고 보고했다. 그러한 조건에는 "신재생 에너지 보조금 삭감, 지방 자치 단체 수 조정, 고용주 부담 사회 보장 비용 축소"와 민간 은행 구제 등이 포함되어 있었고, 그것에 더해 민영화, 임금 삭감, 감원, 환자의 치료 부담금 증액 등도 들어 있었다. 포르투갈의 최대 노조 연합체인 노동자총연맹(CGTP)는 이 같은 조건 조항을 다음과 같이 표현했다. "이것은 민주주의와 국가 주권에 대한 공격이다. 외국의 내정 간섭 앞에 무릎을 꿇은 것이고, 한 나라의 발전을 가로막은 것이며, 노동자와 민중에게 선전 포고를 한 것이다."⁹¹

가혹한 예산 삭감을 강요했던 2010년의 그리스 구제 금융 지원 조치는 결국 성공적이지 않았고, 한 해 동안 그리스의 경제 규모를 5.5퍼센트나 위축시켰다. 실업률이 40퍼센트까지 치솟았는데, 특히 청년 실업률은 재앙 수준인 42퍼센트에 달했다. 2011년 6월 그리스는 단기 부채뿐만 아니라, 지급 능력의 위기에 봉착했다. 이번에는 4년간 긴축 정책을 시행하라는 새로운 조건을 강요받았다. 유로존의 은행 융자가 너무 많았던 것이 이 같은 결과를 초래한 원인이 되었다고 해석되었다. 2011년 5월과 6월에 벌어진 시민들의 대규모 시위 사태—아테네의 중앙 광장을 반영구적인 농성장으로 만든—는 아랍의 봄 사태에 비견될 정도였다.[92] 그러나 이 같은 시위는 정권을 대상으로 벌어졌다기보다 채무 레짐의 정치 자체, 그리고 그것이 은행업의 이익만 보호해주는 현실을 겨냥하고 있었다. 유로존의 적자 국가—그리스, 포르투갈, 아일랜드, 에스파냐, 이탈리아—들이 지급 능력을 상실했다거나 경제적으로 취약하다고 발표했던 신용 평가 기관들에 힘입어, 유럽의 대형 은행들은 굉장히 부풀려진 채무 채권 이율을 이용해 엄청난 수익을 올릴 수 있었다.[93]

북반구 경제 위기의 의미와 중요성에 관하여 여러 가지 **해석이** 나와 있다. 통상적으로 미국 쪽에서는, 저출산과 평균 수명이 긴 유럽 대륙이 더는 국립 의료 제도와 폭넓은 복지 혜택, 여유로운 휴가, 조기 퇴직 같은 사회 모델을 유지할 수 없다고 본다.[94]

이와는 다른 견해도 있다. 즉, 국가 채무에 다시 초점을 두는 것 자체가 여러 형태의 복지국가를 완전히 해체하려는 신자유주의 혹은 기업측 이익의 마지막 시도를 나타낸다고 하는 해석이 그것이다. 미국에서는, 국가를 경제적으로 붕괴시킨 금융 기구의 무모한 행동을 대중이 인식했지만, 그런 인식이 규제 감독의 필요성을 인정하거나 그와 관련한 메커니즘의 부활로 이어지지는 않았다. 오히려 구제 금융 제공, 그리고 여야 합의에 따라 대규모 예산 삭감과 모든 종류의 사회 서비스 축소가 이루어졌다. 금융 부문을 국가가 구제한 것이 국가 채무의 주원인이 되었다고 볼 수 있다.

이보다 더 급진적 해석도 있다. 즉 이제 위기가 일상화되고 영구화되었으며, 이런 사태를 자본주의가 탈규제와 위험 부담—시민들이 결국 부담

사례_'충격 독트린'

나오미 클라인(Naomi Klein)이 제시한 '충격 독트린(shock doctrine)'에 따르면, 신자유주의 정책을 온전히 시행하려면 사회가 극히 불안정한 시대—전쟁, 군사 쿠데타, 자연 재난, 금융 위기 등—여야 한다. 비상 사태를 맞으면 경제를 살리기 위해 경제를 재편한다는 명분을 들어 공공 부문의 축소와 같은 큰 변화를 단행할 수 있기 때문이다. 정부가 축소되면 시민 특히 여성 시민들이 비용을 부담하게 된다.

공공 부문 일자리의 40퍼센트, 그리고 공무원 조직 중 파트 타임 일자리의 85퍼센트가 여성으로 이루어진 영국에서 실시한 연구에 따르면, 세금과 사회 서비스를 삭감했을 때 72퍼센트에 달하는 여성이 피해를 입는다. 예를 들어, 슈어 스타트(Sure Start)라는 양육 지원금 제도 삭감(25만 명 이상의 여성 피해), 아동 양육 보조비 동결, 주택 보조금 제도 개혁, 비혼모 소득 지원 제도 폐지(여성 90퍼센트 피해) 등은 불평등한 지위에 놓여 있는 여성 노동자—이미 남성보다 값싼 노동력으로 취급받는—의 상황을 더욱 악화한다. 어느 장관은 이런 예산 삭감 조치를 '한 세대에서 여성에 대한 최대의 공세'라고 표현했다.

하지만 시민들도 수수방관하지는 않았다. 이들은 대안을 제시하면서 투쟁하여 공공 부문을 탈환하기도 했다. 영국의 노동조합들은 민간 입찰자들과 직접 경쟁하기도 했다. 예를 들어, 뉴캐슬의 공공 부문 산별 노조인 퍼블릭 서비스 얼라이언스(Public Services Alliance)에 속한 유니슨(Unison) 노조는 시의회에 정보 기술을 제공하는 서비스 사업 계약—10년간 2억 5천만 달러 규모—을 놓고 다국적 기업인 브리티시 텔레콤(BT, British Telecom)과 경쟁하여 승리했다. 이와 유사하게 노르웨이의 트론헤임에서는 노조와 시민 사회 단체들이 연합하여 노동당에 압력을 넣어 민영화 정책을 지지하지 않게끔 만들기도 했다. 그 결과 이들은 트론헤임 시의 공공 서비스인 대중 교통, 시립 영화관, 노인 요양원,

> 학교, 비혼모 지원 제도 등을 지켜낼 수 있었다.
>
> 　금융 시장을 운용하다 보면 경제 위기가 불가피하다는 식의 정당화 논리 덕분에 경제 위기가 오면 오히려 기업들에 기회가 주어지는 것처럼, 경제 위기를 시민들이 정치의 문제로 확대하여 발전 정책을 탈환할 기회로 삼을 수는 없을까?
>
> 출전 : Klein, 2007; Asthana, 2010; TNI, 2007.

을 떠안게 되는—을 통해 고도 성장을 한다는 증거라고 보는 것이다. 이런 견해는 사유 재산 제도에서 은연중에 상정하는 경제와 정치의 분리에 초점을 맞춘다. 이런 견해에 따르면, 자유민주주의는 규제 권한과 긴축 정책 사이에서 투쟁이 벌어지는 공간이긴 하지만, 재계와 금융계의 이익은 정치적 제재로부터 궁극적으로 분리되어 보호받는다(헌법과 로비에 의해, 또는 정치인에 대한 시스템 유지 압력 덕분에).

　또 다른 관점으로 보면, 금융 위기의 심각성과 조건은 양날의 칼에 가깝다. 전 인류를 잘살게 해준다는 지구화 프로젝트의 정당성 주장은, 긴축 조치가 전 인류에 어려움을 주는 현실과 상반된다. 이제 이런 식의 지구화 비전이 지속 가능한 것이냐 하는 것이 핵심적 질문으로 떠올랐다. 우리가 지금까지 보았듯이 긴축 정책만이 사회적 소요를 발생시키는 건 아니다. 식량 가격 상승, 에너지 부족, 기후 변화와 같은 상황이 지구화에 의한 개발 프로젝트의 위기를 가중시키는 요인이다.

불평등의 폭발, 식량 위기

　2007년에서 2008년 사이에 이탈리아, 인도네시아, 멕시코를 시작으로 해서 전 세계를 휩쓴 식량 폭동은 기초 식품 가격이 폭등한 현실을 뚜렷이 보여준 사건이었다. 2010년에서 2011년 사이 식량 가격이 한 번 더 오르자 모잠비크, 인도, 세르비아, 파키스탄, 중동 북아프리카 지역(MENA)의 국가에서 폭동이 재연되었다. 신자유주의 정책이 대중의 생계 역량(특히 식량 비축분)을 허물어뜨리고, 남반구에서 식량 의존도를 심화─먹을거리 무역의 자유화를 통해─하는 한, 식량 폭동은 신자유주의 정책 자체를 겨냥하며 터져 나온 것으로 봐야 한다.

북반구 주민들은 남반구 주민들만큼 식량 가격 상승을 예민하게 느끼지 않는다. 미국의 최하위 20퍼센트에 속하는 빈곤 가구의 생활비에서 식품 구입비가 차지하는 비율이 16퍼센트밖에 되지 않는 반면, 나이지리아 국민의 식품 구입비는 생활비의 73퍼센트, 베트남 국민은 65퍼센트, 인도네시아 국민은 50퍼센트, 인도 국민은 70퍼센트, 중국 국민은 50퍼센트나 된다.[95] 남반구를 통틀어 사하라 이남 아프리카 지역의 기아 비율이 집중적으로 늘어나고 있다. 2011년 현재, 전 인류의 약 14퍼센트─약 10억 명─가 기아선상에 있거나 영양 실조 상태에 놓여 있다(특히 여성들). 전체 기아 인구 중 대다수인 65퍼센트가 인도, 중국, 콩고민주공화국, 방글라데시, 인도네시아, 파키스탄, 에티오피아 등에 몰려 있다.

곡물 가격이 오른 이유는, 석유 생산 정점이 지난 상태에서 20여 중간 소득 국가의 10억 명에 달하는 새로운 소비자 계급의 에너지와 식량 수요가 급격히 증가했기 때문이다. "구매력 기준으로 계산해서 중간 소득 국가 출신 새로운 소비자들의 지출 총계는 미국과 맞먹을 정도이다."[96] 이들에게 부의 상징은 자동차 소유와 육류 소비이다. 이러한 소비 품목들은 식품 가격의 상승을 부채질한다. 생물 연료와 사료 곡물(옥수수와 대두)의 수요가 늘어나기 때문이다. 생물 연료와 사료 곡물이 둘 다 재배용 농지

그림 8-4 **전 세계 기아 인구 분포(2009)**

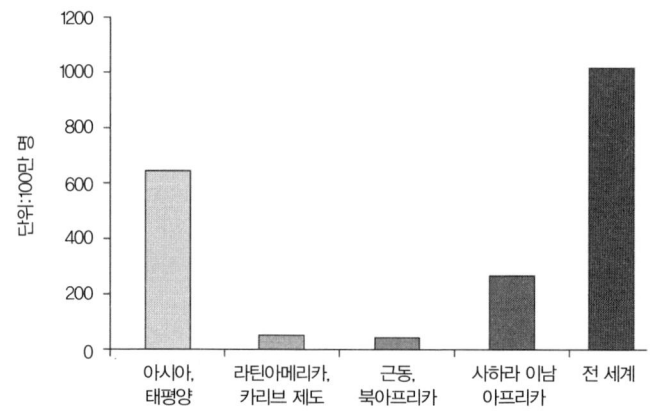

(출처 : Earth Policy Institute 자료에서 재구성. www.earth-policy.org; UN Population Division;
World Urbanization Prospects : The 2007 Revision(New York : February 2008), pp. 10, 164–167;
World Urbanization Prospects : The 2007 Revision Population Database).

확보를 둘러싸고 경쟁을 벌이기 때문에 생물 연료용 곡물과 사료 곡물의 가격이 함께 오르는 결과가 발생하고, 식량 곡물 생산용 농지가 더욱 줄어들게 된다. 여기에 금융 투기까지 가세해 문제를 악화시켰다. 금융 위기 탓에 생필품 선물 거래에 투기 자본이 몰리는 바람에 투자자들이 농산물과 원유 쪽에 투자하기 시작했고, 그 결과 식량 가격과 석유를 포함한 농업 투입물 가격이 함께 상승한 것이다.[97]

많은 사람이 이제 값싼 먹을거리의 시대가 끝난 것으로 보고 있으며, 식량 가격 폭등을 의미하는 '애그플레이션(agflation)'으로 말미암아 전 세계는 '포스트 잉여 농산물 시대(post-food-surplus era)'로 접어들었다.[98] 더 나아가, 기후 변화에 관한 정부 간 패널(IPCC, Inter-Governmental Panel on Climate Change)은, 기후 변화 탓에 전 세계 기아 인구가 4천만 내지 1억 7천만 명 정도 늘어날 것으로 예측한다.[99] 식량 위기가 사회적 생존에 가하는 압박이 워낙 강하기 때문에, 그리스의 폭동과 아랍의 봄 사태에서 본 것처럼, 도시 지역의 식량 폭동은 국가의 공공 질서를 위협할 정도가 되었다. 2008년 1월의 〈뉴욕타임스〉는 다음과 같이 보도했다.

> 식량 위기를 맞아, 많은 빈곤국 정부가 식품 보조금을 증액하고, 가격을 통제하며, 곡물 수출을 억제하고, 식량 수입 관세를 줄였다. …… 올 겨울 들어 식용유만큼이나 가격이 폭등한 식품도 없었다. …… 서구에서 식용유 가격은 아주 하찮은 것일 수도 있다. 그러나 개발 도상국에서는 식용유가 중요한 열량원이며 가난한 가구에서 제일 지출이 높은 품목이다. 개발 도상국 주민들은 먹을거리를 직접 재배하는 경우가 많지만 그것을 요리하려면 식용유가 있어야 하기 때문이다.

여기에 역설이 존재한다. 식용유 중에서도 제일 흔한 기름은 동남아시아에서 생산되는 야자유이다. 유럽에서는 대체 에너지 사용이 의무이기 때문에 바이오디젤유의 수요가 높은데, 이 바이오디젤유는 야자유로 만든다. 빈곤국 주민들은 필수 식품 가격이 하늘 높은 줄 모르고 치솟는 현실을 겪어야 할뿐만 아니라, 자기 나라 정부가 이런 식량을 북반구의 부자 나라에 연료용으로 판매하는 상황을 바라보고만 있어야 한다. 이렇게 될 때 북반구와 남반구의 생활 수준이 서로 경쟁 관계에 돌입하게 된다. 남반구의 식품 가격이 떨어지면 북반구의 바이오디젤유 가격이 올라가기 때문이다.

남반구에서 국내 식품 공급을 희생하면서 고가치 식품을 북반구로 수출하게끔 한 것이 신자유주의 식품 체계의 핵심이다. 이때 남반구는 값싼 주식 곡물을 수입할 수밖에 없고, 그렇게 했을 때 국내의 식량 생산자들은 도저히 경쟁을 할 수가 없게 된다. 일단 식량 생산 기반이 무너지면 곡물 가격이 오른다 하더라도 국내에서 식량을 더 많이 생산하기가 어렵다. 구조 조정 정책은 시장 효율성 그리고 민영화된 곡물 비축—전통적으로 비상시를 대비해 남겨두곤 하던—시스템이라는 명분으로 소농에 대한 지원 조치(신용 제공, 보조금, 정부가 관장하는 식품 마케팅)를 없애버렸다.[100]

2011년 1월, BBC는 다음과 같이 보도했다. "세계 각국의 지도자들은 식품 가격이 폭등하면 사회적 소요 사태가 일어나고, 심지어 '경제 전쟁'이 터질 수도 있다고 경고해 왔다. …… 하지만 세계경제포럼의 재계 지도자들은 생필품에 대한 투기를 줄이라는 요구를 거부해버렸다."[101] 이런 식으로 단절된 상황은 지구화 프로젝트의 위기가 얼마나 심각한지를 드러낸다. 전 지구적 시장이 농산물을 지배할 때—비교적 부유한 소비자들의 육류 식단을 위해 곡물을 가축 사료로 쓰거나(농지의 70퍼센트가 사용됨), 또는 연료로 사용하거나, 금융 투기의 매력적인 투자 항목이 될 때—식량에 대한 접근성의 불평등은 심화될 수밖에 없다.

사라진 미래, 생태 위기

생태 위기를 논할 때 다음과 같은 사실을 맨 먼저 기억할 필요가 있다. 즉, 1961년 이래 경제 지구화가 환경에 끼친 영향을 조사한 2008년의 평가 보고에 따르면, 제일 잘사는 나라들이 전 지구 환경 훼손의 42퍼센트만큼 책임이 있으면서도 그에 따른 비용은 3퍼센트만 부담해 왔다는 사실이다.[102] 두 번째로 기억해야 할 점은, 지난 200년 동안 자연 과학과 사회 과학이 치명적으로 분리됨으로써 환경이 크게 훼손되었다는 사실이다. 개발 이론이 대표적인 사례이다. 전통적인 개발 이론은 인간 사회가 마치 생태적 기반과 상관없이 존립할 수 있다는 식으로 주장해 왔다. 하지만 이런 개발 이론을 받아들인 농업과 산업조차 자연에서 추출한 모든 것에 온전히 의존하고 있는 현실이다. 게다가 전통적 개발 이론은 개발이 환경에 끼친 영향을 간과해 왔다. 최소한 지금까지는 그랬다. 이것은 분명히 위기 상황이다. 인류는 자신이 의존하고 있는 생태계의 파멸에 직면해 있는 것이다.

환경 위기가 인구 증가와 지구상 모든 곳에서 이루어진 인간 식민화의 결과로 생물 다양성을 유지할 수 있는 자연 공간(습지, 산림, 초지 등)이 급속하게 소멸한 데서 시작되었다고 말하기는 쉽다. 그러나 문제의 핵심은 이보다 더 깊은 곳에 있다. 컬럼비아 대학의 생태학 교수 샤히드 나임(Shahid Naeem)은 다음과 같이 말한다.

우리가 야생 생물종들을 공원, 동물원, 정원, 종자 은행과 같은 장소에 몰아넣을수록, 그리고 야생 종들의 자리에 사육 생물종(가축과 상업용 작물)들을 많이 키울수록, 이 세상은 점점 더 동질적인 공간으로 전락한다. …… 지구 표면에 서식하는 생물종의 평균 수치가 줄어들수록, 지구 표면의 생물 자원과 생물 지질 화학적 특성도 함께 나빠진다. 이렇게 되면 안정된 방식으로 생명을 유지해주는 생물권(biosphere)이 전체적으로 쇠퇴할 수밖에 없다.

나임이 내린 결론의 핵심은 "인간의 복리와 번영의 모든 측면이 생물 다양성이라는 토대에 달려 있다."라는 것이다.[103]

예를 들어, 우리는 오늘날 전 세계 해양의 40퍼센트가 훼손되었다는 사실—특히 산호초—을 잘 알고 있다. 산호초는 전 세계 어종이 생존을 의존하고 있는 해양 생물 다양성의 기반인데도 말이다.[104] 전 세계 어획량의 3

분의 1 정도가 심각한 타격을 받은 상태이다. 예를 들어, 세계 4대 어장의 하나이며 풍부한 어획량으로 유명한 캐나다 동부 그랜드뱅크스에 서식하던 대구 어종은 이제 씨가 말라버렸다. 현재 추세로 보면 반 세기 내에 상업적으로 지속 가능한 해양 어업은 종료될 것이다.[105]

대양이 인류에 남은 마지막 재원인데, 자연산의 어획량이 줄면서 양식업이 차세대 공장형 어업 복합체로 진화하고 있다. 내륙의 담수 공급도 안심할 수 없는 상황이다. 전 세계에 존재하는 물 중 3퍼센트만이 담수인데 그 중 3분의 2는 얼음 형태로 보존되어 있는 —아직까지는— 형편이다. 민간 부문 컨소시엄인 수자원그룹(WRG, Water Resources Group)은 2030년이 되면 전 세계적으로 물 공급과 수요 사이에 40퍼센트의 격차가 발생할 것으로 예상한다. 또한 세계지속가능발전재계협의회(World Business Council for Sustainable Development)는 농업 부문에서 전 세계 담수의 70퍼센트를 사용한다고 추산한다. 전 세계 인구의 3분의 1을 차지하는 중국과 인도는 전 세계 물 공급분 중 10퍼센트 미만을 보유하고 있다. 히말라야 산맥의 빙하가 녹으면서 중국과 인도는 물론이고 티베트, 파키스탄, 방글라데시 같은 나라에 앞으로 엄청난 문제가 발생할 것이다. 농업이 분쟁 이슈가 될 가능성이 높다. 인도의 수자원 중 90퍼센트와 중국의 수자원 중 70퍼센트가 농업 용수로 사용되기 때문이다. 현재 인도는 7400억 입방미터의 물을 사용하고 있지만, 2030년이 되면 53조 입방미터의 물을 사용할 것으로 예상된다. 늘어나는 중산층이 소비하는 육류와 설탕은 물 집약적 생산 방식에 의존한다.[106]

이런 시나리오에 따르면, 지금까지 원유가 지정학적 자원 갈등을 촉발했다면, 앞으로는 물이 그 역할을 하게 될 것이다. 농학자들은 작물 재배와 관개 기술을 개선하라는 압력을 받고 있지만, 물 집약적 영농을 통해 고급 작물을 생산하는 문제를 둘러싸고 앞으로 계속 긴장이 높아질 가능성이 크다. 예를 들어, 아스파라거스의 최대 수출국인 페루에서는 '물 발자국(water footprint)' 문제가 심각하다. 세계은행의 투자를 받아 페루는 이카 계곡 인근 사막을 개간하여, 1만 개의 일자리가 생기고 수출 수입이 늘었지만, 현지 지하 수자원이 고갈되면서 지역 소농들의 생계가 위협받고 있다.[107] 물 자원 접근성을 둘러싼 위기가 점증하는 가운데, 인간의 활동 때문에 깨끗한 수원지와 습지를 보존하려는 노력이 위협을 받고 있다.

2010년 4월, 멕시코 만에서 영국의 석유 회사 브리티시 페트롤리엄(BP, British Petroleum)이 개발하던 심해 유전 시추공에서 폭발 사건이 발생하여 미국 역사상 최대 규모의 원유 유출—2억 500만 갤런 규모—사고가 일어났을 때 '전 세계'는 경악을 금치 못했다. 하지만 전 세계 미디어가 놓친 원유 유출 사건이 또 있었다. 지난 반 세기 동안 셸과 엑슨 모빌이 나이지리아의 니제르 델타 지역에서 5억 4600만 갤런의 원유를 유출한(연간 1100만 갤런) 사실은 감추어졌다. "생태적으로 극히 민감한 니제르 델타 습지 지역은 아프리카 대륙의 맹그로브 대부분이 자라는 홍수림이다. 미국에서 수입하는 원유의 10퍼센트가 이곳에서 뽑아 올린 원유이다. 이 지역은—마치 멕시코 만 유출 사건이 일어났던 루이지애나 해안 지역처럼—풍부한 어종, 어패류, 야생 생물, 작물로 오랫동안 내륙 지방을 먹여 살렸던 곳이다."[108] 물론 생태계 파괴에는 온실가스 배출로 인한 기후 변화 문제도 포함된다. 2010년에 〈가디언〉의 사설은 음울한 전망을 내놓았다.

전 세계 모든 나라가 오늘 당장 화석 연료 사용을 중단한다 하더라도 지구의 해수 온도는 계속 오를 것이고, 해수면은 계속 상승할 것이며, 태풍과 해일이 열대 지방의 수많은 주민의 목숨을 계속해서 앗아갈 것이다. 인류는 지금까지 지구 온난화 수준을 극히 일부만 내렸을 뿐이다. 각국 정부는 30년 전에 결정적인 행동을 취했어야만 했다. 하지만 1980년 당시에는 그 누구도 기후 변화가 이렇게 급속하게 일어날 줄은 상상도 하지 못했다.'[109]

어쩌면 우리 시대의 가장 중요한 쟁점으로서 '돌이킬 수 없는 전 지구적 기후 변화(irreversible global climate change)'의 가능성을 꼽을 수 있을 것이다. 〈이코노미스트〉는 이것을 "전 지구적 재난을 불러올 수 있는 잠재적 시한폭탄"이라 불렀다.[110] 전 세계는 온실가스 배출을 90퍼센트까지 줄이기 위해 에너지 사용 유형을 완전히 변화시킬 수 있는 방법을 아주 짧은 시간 안에 배워야 한다. 현재 인류가 재화와 서비스를 소비하는 수준은 전혀 지속 가능하지 않은 규모이다. 게다가 현재의 관행은 공정하지도 않다. 평균적으로 에티오피아 주민이 배출하는 이산화탄소 양은 미국인이 배출하는 평균 양의 300분의 1 수준밖에 되지 않는다. 하지만 탄소를 적게 배출하는 이들이 기후 변화 앞에 더 취약한 것이 오늘의 현실이다. "기후 변화를 해결하려는 노력은 인센티브의 분리(split incentive)라는 문제를 안고 있다. 기후 변화에 제일 책임이 적은 사람들이 기후 변화로 가장 큰 피해를 보기 때문이다." 위기를 해결할 시간이 부족하다. 산업화 이전의 전 지구적 평균 기온에 비춰 오늘날의 평균 기온을 2퍼센트 이상 오르지 않게 해야 하는 절박한 과제가 우리 앞에 놓여 있다. 국제 과학계는 이를 '임계 양성 피드백(critical positive feedback)'의 문턱이라고 간주하는데, 이 문턱을 넘으면 지구가 스스로 기후 변화를 가속화하는 길을 걷게 된다.[111]

지구가 생물 거주 불가능 지역으로 변할지도 모른다는 전망 앞에서 전 세계인은 행동에 나서야 마땅하며, 또 그런 행동을 해야만 할 것이다. 현재까지의 대응은 전혀 충분치 않다. 각국이 온실가스 배출을 자발적으로 줄이기로 했으나, 법적으로 구속력 있는 목표치를 설정하기 어렵기 때문이다. 세 종류의 장애 요인이 오늘날 전 지구적 개발 모델에 포함되어 있는 긴장을 드러낸다.

첫째, 국가들 사이에 그리고 국가 내부에 존재하는 '불평등(inequality)'이라는 객관적 장애가 있다. 온대 지방의 부국들은 생태 변화의 영향을 비교적 적게 받으며, 자연재해(범람, 가뭄, 극단적 기온 등)에 맞서 자국 시민을 보호할 역량을 보유하고 있다. 부국 내에서도 최상위 부유층들은 자연재해의 영향을 가장 적게 받을 수 있는 자원을 갖추고 있다.[112] 1990년대에 자연재해로 사망한 사람의 97퍼센트가 남반구 주민이었으며, 자연재해 사망자의 90퍼센트가 가뭄, 범람, 태풍, 폭풍같이 물과 관련한 기상 이변으로 목숨을 잃었다.[113] 전 세계 인구의 약 20퍼센트가 해수면 상승에 취약한 연안 지대—특히 카리브 제도, 중남미, 나일 삼각주 지역, 방글라데시, 인도 동부, 그리고 중국의—에 거주하고 있다. 기후 변화로 수백만의 환경 난민이 발생할 것으로 예상된다. 큰 성과 없이 막을 내렸던 2010년의 칸쿤 기후정상회담에서 볼리비아의 에보 모랄레스 대통령은 다음과 같이 발언했다. "에어컨 시설이 갖춰진 방에서 사는 사람들이 우리 지구를 파괴하는 정책을 계속 시행하기란 쉽다. 그 대신 우리 모두가 물과 식량이 부족해 비참한 생활을 하며 기아로 고통받고 있는 볼리비아 민중 또는 그밖의 어려운 처지에 놓인 세계인의 입장이 되어 생각해보아야 한다."[114] 볼리비아인은 이같은 투쟁의 최전선에 서 있다. 세계은행의 보고에 따르면 지구 온난화로 20년 내에 볼리비아의 빙하가 사라질 수 있으며, 그렇게 되면 거의 1억 명에 가까운 주민이 절박한 물 부족 사태를 겪게 될 것이다.[115] 지구 온난화의 그라운드 제로(Ground Zero, 폭탄 낙하점 즉 대재앙의 현장)라 할 수 있는 북극의 기온이 지구 전체 평균 기온 상승보다 두 배나 빠른 속도로 높아지고 있다. 이는 부분적으로 알베도 효과(albedo effect)가 줄어들어 생기는 현상이다. 태양열 반사율이 줄면서 빙하가 녹고, 그 때문에 대지가 태양열을 더 많이 흡수하여 영구 동토층(permafrost)까지 녹는 악순환이 일어나는 것이다.[116]

두 번째는 '불균등 발전(uneven development)'이라고 하는 주관적 장애가 있다. 예를 들어, 영국의 UCL 대학 연구진과 영국 기상청이 "아마존 열대 우림이 이제 회복 불능 임계치 가까이에 이르렀다."라고 발표했지만,[117] 브라질 대통령은 브라질 국민의 발전을 위해 열대 우림을 개발할 권리가 있다고 주장하면서 북반구가 행했던 개발 경로를 북반구에 상기시켰다. "부유한 나라들은 대단히 똑똑하다. 기후 협약을 체결하고, 산림 훼손을 방지할 필요가 있다는 식의 웅변을 토한다. 하지만 그들은 이미 모든 산림을 벌채하지 않았는가?"[118] 이런 주장은 주권 원칙과 협상 전략용 지렛대가 결합한 것이다. 브라질은 실제로 열대 우림 훼손을 막기 위해 국제적 재정 지원을 받아 왔지만 아마존 유역 농민들의 개발 압력으로 그런 조치가 크게 성공적이지는 못했다. 다른 한편, 중국의 외교부는 부국들이 온실가스 감축 노력을 주도해야 한다고 주장한다. 1992년 리우 환경정상회담에서 미국 대통령이 미국민의 삶의 방식을 희생하면서까지 환경 정책을 시행할 수는 없다고 발표한 이래, 중국 정부 역시 자국의 경제 성장을 위해 의무적인 온실가스 제한 조치를 받아들일 수 없다는 입장을 고수해 왔다.[119] 중국과 미국은 전 세계 전체 온실가스의 30퍼센트, 화석 연료 때문에 발생하는 온실가스의 40퍼센트를 배출한다. 현재 중국은 전 세계 온실가스의 최대 배출국이 되었지만, 1인당 배출량은 미국에 비해 상당히 낮다. 미국은 누적치로 계산했을 때 현재까지 세계 최대 온실가스 배출국이다. 그 결과 중국은 '사치성 온실가스 배출'과 '생계형 온실가스 배출'

그림 8-5 대륙별 온실가스 배출의 상대적 비율

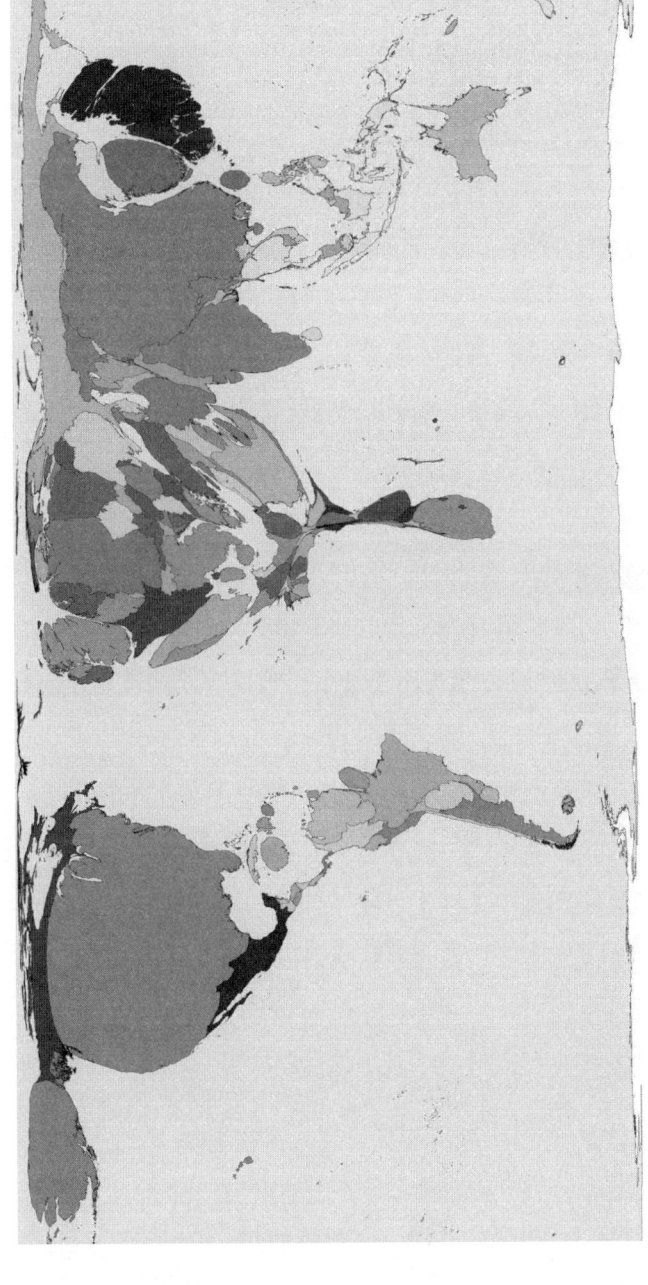

(출처: SASI Group of University of Sheffield and Mark Newman of University of Michigan).

을 구분하면서, 유엔 기후 변화에 관한 기본 협약(UNFCCC, United Nations Framework Convention on Climate Change, '기후변화협약') 3조 1항의 규정을 강조한다. "부유한 가맹국들은 기후 변화와 그에 따른 부작용을 줄이기 위한 노력을 주도해야 한다." 중국은, 미국이 국가적인 온실가스 배출 감축 계획—탄소 배출권 거래제(cap-and-trade)와 같은—을 채택해야 한다고 주장한다. 추가적으로 중국은 자국에서 배출되는 온실가스의 25퍼센트가 서구 소비자들을 위한 상품 생산으로 말미암아 발생하므로, 생산에 근거해서 배출량을 계산하지 말고, 소비에 근거해서 배출량을 따져야 한다고 지적한다.[120] 그러나 배출량 측정을 둘러싼 이런 식의 논쟁은 책임 회피용 수사일 가능성이 크다.

세 번째 장애는 사회적·생태적 위기를 해결하는 과제를 '경제주의(economism)'의 틀로 접근하는 것이다. 개발의 전체 담론이 경제의 언어, 경제의 제도, 경제의 규칙 위에 건설되어 있다. 가격을 매길 수 있는 활동 또는 현금을 만들어내는 활동은 무엇이든 개발의 측정치에 포함된다. 그러나 돈으로 따질 수는 없지만 사회와 생태를 재생산해내는 가치 있는 문화적 활동이 수없이 존재한다. 국제 사회는 2006년 11월에 영국 정부가 〈스턴 보고서〉—지구 온난화 위협을 해결하지 않았을 때 발생할 미래의 비용이, 지구 온난화를 해결하기 위해 지금 투자해야 할 비용보다 훨씬 더 크다는 내용의 재정적 추산—를 발표한 후에야 지구 온난화의 위협을 심각하게 받아들이기 시작했다. 그러나 일부에서 지적하듯 우리 앞에 놓인 선택은 경제적인 문제라기보다 도덕적인 문제로 보아야 한다. "우리는 회계 장부에 기입하는 수치가 아니라, 사람과 땅을 그 자체의 가치에 근거해서 평가하고 그에 따라 결정을 내려야 한다."[121]

결론

지구화 프로젝트가 드디어 막을 내렸는가? 아직은 아니다. 하지만 지구화 프로젝트는 세계를 조직하려는 또 다른 프로젝트인 '지속 가능성 프로젝트'로 전환 중인 것처럼 보인다. 이 장에서 설명한 일련의 위기들은 서로 연결되어 나타나는 것이라기보다, 전 지구적 정치 경제의 다양한 변화 양상—서로 불균등하게 결합된—이 표출되고 있는 것이다. 경제 주권을 둘러싼 라틴아메리카의 저항과 민중 주권을 둘러싼 아랍의 봄 사이의 정치적 거리는 그 둘이 연합하여 신자유주의의 영향(각 지역별로 차이는 있겠지만)에 맞서는 것만큼이나 놀라울 정도로 멀어 보인다. 금융 위기, 정치적 저항, 제도적 마비 상황 등 지구화 프로젝트 때문에 발생한 위기도 있지만, 식량 위기나 기후 위기처럼 장기적이고 구조적인 위기도 있다. 후자의 위기는 화석 연료 의존 시대에서부터 시작된 것이다.

다른 한편, 전반적인 위기 상황으로 인해 거대한 구조적 변동—서구 세력이 비서구 세력에게 밀리는—이 드러나고 있다. 수십 년 동안 이런 변동이 형성되어 왔지만, 이제 확연히 느껴질 정도가 되었다. 홍콩–상하이 은행(Hongkong and Shanghai Banking Co., HSBC)의 수석 경제학자인 스티븐 킹(Stephen King)은 자신의 저서 《통제권 상실 : 위협받는 서구의 번영(Losing Control : The Emerging Threats to Western Prosperity)》에서 서구의 정책 결정자들이 아직도 자기들이 세계 정세를 좌지우지한다는 착각에 빠져 있다고 주장한다. 그가 보기엔 브릭스가 서구의 독점 구조에 도전하는 중이다. '국가 자본주의(state capitalism)'가 출현하면서 이러한 도전이 시작되었다고 한다. 국가 자본주의란, 비서구권 정부들이 양자 간 투자 협상이나 무역 협상뿐만 아니라, 자국 자본의 국외 유출도 관리하는 형태의 자본주의를 일컫는다. 국가 자본주의의 출현으로 인해, 서구 우월성을 유지하는 도구 역할을 해온 세계무역기구의 권위와 효능이 실추되었다.[122] 미국의 국가 채무 대부분을 중국이 감당하고 있다는 놀라운 사실과 금융 위기 당시 비서구권의 국부 펀드(SWF, sovereign wealth fund)가 서구 은행을 지탱해주었다는 사실을 이 자리에 기록해놓을 필요가 있다. 이브라힘 워드(Ibrahim Warde)는 다음과 같이 말한다. "지구화 시대를 맞아, 시장이 승리를 구가하던 바로 그 시점에, 비서구권 정부들—거의 대다수 이른바 신흥 경제권에 속한—이 출연한 기금이 서구 최대 금융 기관을 구제하고 있었음을 기억해야 한다."[123]

[더 읽을 자료]

강성호, 〈밀레니엄개발목표(MDGs)를 통한 동아시아 빈곤 퇴치 전략과 지역 협력 가능성〉, 《OUGHTOPIA》, 21:107-148, 2006.

김성현, 〈국제 금융 기구와 빈곤 축소 프로그램〉, 《경제와 사회》 80:275-314, 2008.

김애경, 〈세계 금융 위기와 베이징 컨센서스의 대외적 확산?〉, 《동서연구》 22(2):1-29, 2010.

김정주, 〈신자유주의, 세계 경제 불균형, 그리고 달러 헤게모니〉, 《민주 사회와 정책 연구》 15(0):45-78, 2009.

유철규, 〈한국 경제의 금융화에 관한 현상 분석〉, 《동향과 전망》 71(0):205-227, 2007.

홍성태, 〈지구화 시대의 제국주의 : 생태 위기와 생태 제국주의〉, 《정치 비평》 12(0):38-58, 2004.

홍장표, 〈글로벌 금융 위기와 금융 주도 자본주의〉, 《마르크스주의 연구》 7(3):241-272, 2010.

Arrighi, Giovanni. *Adam Smith in Beijing. Lineages of the Twenty-First Century*. London:Verso, 2007.

Bello, Walden. *The Food Wars*. London:Verso, 2009.

Calhoun, Craig and Georgi Derluguian, eds., *Aftermath : A New Global*

Economic Order? New York:NYU Press, 2011.

Jha, Prem Shankar. *Crouching Dragon, Hidden Tiger : Can China and India Dominate the West?* New York:Soft Skull Press, 2010.

King, Stephen. *Losing Control : The Emerging Threats to Western Prosperity.* New Haven and London:Yale University Press, 2010.

Roberts, Timmons, and Bradley Parks. *A Climate of Injustice : Global Inequality, North-South Politics, and Climate Policy.* Cambridge, MA:MIT Press, 2007.

Roy, Ananya. *Poverty Capital:Microfinance and the Making of Development.* New York and London:Routledge, 2010.

Shiva, Vandana. *Soil Not Oil.* Cambridge, MA:South End Press, 2008.

9장

지속 가능성 프로젝트

> 탄소 배출 거래 계획은 전형적인 인클로저 행위이다.
> 우리 모두에게 속하는 권리, 현 시스템 안에서 모든 사람이 일정하게
> 이산화탄소를 배출할 수 있는 권리를 한데 모아 기업에 몰아준 것이다.
> – 조지 몬비오

오늘의 세계는 불평등 심화, 산업 자원의 감소, 그리고 심각하게 악화된 환경 등 발전과 관련한 일련의 문제들에 직면해 있다. 유엔이 2011년에 펴낸 인간 개발 보고서인 〈지속 가능성과 형평성 : 모두를 위한 더 나은 미래(Sustainability and Equity : A Better Future for All)〉는 이른바 '환경주의의 역설'에 초점을 맞추면서 다음과 같이 선언한다.

> 지금까지 발표된 인간 개발 보고서들을 살펴보면 대다수 국가에서 수십 년째 생활 수준이 향상되었고 비슷한 수준으로 수렴되고 있다는 사실을 알 수 있다. 하지만 올해의 보고서는 이러한 추세가 역전될 수 있음을 강력하게 경고한다. 만일 환경 악화와 사회 불평등의 심화가 2050년까지 계속 이어진다면 최빈국들은 생활 수준 향상 추세에서 떨어져 나와 생활 수준의 하락을 경험할 것이다.[1]

이런 상황에서 발전의 가능성은 사회적 이해 관계에 따라 여러 방식으로 전개되고 있다. 세 가지 판단 기준에 따라 이 같은 가능성을 몇 가지

시나리오로 나눌 수 있다. (1) 케인스류의 정치 경제와 연관된 시민권적 사회 계약 관점을 다시 포착하고, 민주적인 녹색 의제로써 공공성을 회복하려는 시도. (2) 지속 가능성이라는 간판을 내걸고, 지구화 프로젝트로 얻은 물질적 이득을 공고화하려는 시도. (3) 개발의 모든 현장 내에서 또 그러한 현장들 사이에서 사회적·생태적 회복 능력(resilience)을 배양하려는 시도. 이 판단 기준들은 서로 연관되어 있으며 오늘날 출현 중인 여러 새로운 이니셔티브는 이 기준들을 혼합하는 경우가 많다. 그렇다 하더라도 위의 세 경향은 20세기 중엽 이래 세계 사회 변동을 조직해 온 세 가지 개발 패러다임을 각각 반영하고 있다. 개발 프로젝트의 기반이 된 시민권적 사회 계약 관점, 그리고 지구화 프로젝트, 마지막으로 새롭게 출현 중인 지속 가능성 프로젝트가 그것이다. 지속 가능성 프로젝트가 어떻게 전개될지는 분명치 않으나, 개발 프로젝트나 지구화 프로젝트 못지않게 이념적 긴장과 물질적 긴장을 수반한다.

오늘날 우리는 생태적 한계치(ecological threshold)에 직면하면서 개발 논리에 대해, 그리고 고삐 풀린 세계 시장을 통해 더 많은 부를 누릴 수 있게 해준다는 약속에 대해 통렬한 의문을 제기하게 되었다. 그 어느 때보다도 이제 전 세계의 생존은 지금까지와는 전혀 다른 국제적 규약—줄어드는 자원을 끊임없이 소비하는 길을 통해 발전을 더욱 가속화하는 것보다 **충족의 원칙***에 따라 작동하는—을 과연 우리가 발전시킬 수 있을지 여부에 달려 있다. 로스토가 발전의 **최종** 단계로 지목했던 '고도의 대량 소비 사회'는 이제 어쩌면 **이중의 의미**(double entendre)를 지닌 말인지도 모른다. 바로 이것이 전 세계 공동체가 오늘날 직면하고 있는 발전 문

---

* **충족의 원칙**(principles of sufficiency) 소비를 무작정 늘리지 않고, 생활에 반드시 필요한 수준의 욕구 충족을 발전의 목표로 삼는 원칙.(역주)

제의 본질이다. 이 문제를 근본적으로 보자면 가격을 정할 수 없는 자원들—예를 들어, 생물 다양성, 생물 서식지, 그리고 공기, 물, 산림, 습지, 토속적 지식 같은 전 지구적 공유물—을 우선시하고 그러한 자원에 더 큰 가치를 부여하는 것을 의미한다. 생태계의 가치를 시장의 가치(가격)에 종속시키지 않아야 할 이유는, 생태계의 순환 과정과 요소들은 서로 나누어질 수 있는 독자적 단위가 아니기 때문이다. 서로 의존하면서 존재하는 복합성이 생태계의 진정한 가치인 까닭이다. 제임스 러브록(James Lovelock)은 이런 점을 **가이아 가설***로 설명하는데, 이에 따르면 지구는 일종의 '생리계(physiological system)'여서 "마치 살아 있는 생물체처럼 행동"하므로 "생명 보존에 적합한 기후와 화학적 조성을 제어하려는 무의식적 목표"를 지니고 있다. 이 목표에 따라 지구는 표면 온도를 일정하게 유지하고 영양소(토양, 물, 산림에 포함된)를 순환시킨다고 한다.[2] 따라서 자연적 순환 질서를 파괴하고 생태계의 가치를 시장의 논리로 환원하면, 자연의 영속적인 가치가 떨어지고 위험이 큰 활동(예를 들어, 생물 다양성이 보존되는 산림을 없애고 유칼립투스 수종의 단일 재배로 대체하는 것)을 하는 셈이 된다.

그런데도 이런 문제를 시장적 관례로 해결하려는 관성이 남아 있어서 '환경 서비스를 가격으로 매기는' 것을 계속 장려하는 경향이 있다. 가장 최근의 예로, 기후변화협약에서 채택한 의정서인 산림 황폐화 방지를 통한 온실가스 감축 방안(REDD, Reducing Emissions from Deforestation and Forest Degradation)을 들 수 있다. 이것은 산림을 보존하도록 농민, 산림 거주자, 각국 정부에 재원을 지원하는 방안이다. 개발 패러다임에서는 흔

---

* **가이아 가설**(Gaia hypothesis) 가이아는 고대 그리스의 대지의 여신이다. 이 가설에 따르면 지구는 원래 자체적인 제어를 할 수 있는 생리적 체계이므로 오늘날까지 인간 생명의 보존에 필요한 기후를 유지해 왔다고 한다.

히 비금전적 자원을 희생하면서 금전적 관계와 금전적 수치만을 중시했다. 따라서 우리는 물(생수병에 담긴), 공기(공해 배출권 거래), 빈곤층의 생존 네트워크(소액 대출 제도·미소 금융), 그리고 심지어 모성 양육(전 지구적 양육 산업) 같은 비금전적 자원이 금전적 상품으로 전환되는 것을 보아 왔다.[3] 그러나 이제 자연은 우리에게 다음과 같은 점을 상기시킨다. 즉, 인류가 살아남으려면 무조건 소비하는 것이 능사가 아니며, 우리가 인간으로서 함께 공유하는 것들을 재평가할 필요가 있다는 사실이다. 전 세계적으로 환경에 대한 인간의 악영향을 줄이려는 갖가지 사회적 실험이 존재한다. 예컨대, 시장 활동을 단순히 금전적 가치로만 운용할 것이 아니라 더욱 안전하고 내구력 있는 문화적 가치 속에서 영위하려는 노력, 그리고 다양한 수준의 사회적·정치적 조직들이 이른바 '생명의 경제(life economy)'를 실천하자고 주창하는 것을 들 수 있겠다.[4] 이와 동시에 전통적인 '개발 인프라'가 계속 유지되고 있긴 하지만, 발전과 관련한 제도와 실천 속에 '지속 가능성'의 차원을 포함하라는 요구가 커지고 있다. 이 장에서는 생태 위기에 대한 여러 종류의 공식·비공식 대응을 살펴볼 것이다.

새로운 변수, 기후 변화

기후 변화 문제는 의심할 바 없이 앞으로 발전과 관련한 다른 모든 문제들을 뒤덮을 만한 잠재력이 있다. '개발' 담론에서는 기후와 환경을 별도의 차원으로 생각하지 않고 언제나 인간을 위해 당연히 존재하는 차원으로 간주했으므로, 기후 변화의 악영향으로 인해 우리는 모두(일반 시민, 개발 기구, 기업, 국가) 발전의 패러다임 자체가 변하고 있음을 인정하지 않을 수 없게 되었다. 지구 환경에 관해 전 세계적으로 가장 유서 깊은 단체인 런던의 지질학협회 지층위원회(Stratigraphy Commission of the Geological Society)는 2008년에 다음과 같이 경고했다.

생물 멸종, 전 지구적 생물종 이동, 그리고 단일 작물 경작이 자연 식생을 광범위하게 대체하는 추세 등이 합해져 대단히 특징적인 생물 층위적 신호가 나타나고 있다. 이런 현상들은 이 세계에 항구적인 결과를 초래했으므로 앞으로 지구상의 생물 진화는 현재 살아남아 있는(그리고 흔히 인위적으로 변형시켜놓은) 생물군들에서만 이루어질 것이다.[5]

2010년에 출간된 《우주의 오아시스 지구(Eaarth)》의 저자이자 '350.org'라는 환경 운동을 주도하는 미국의 환경론자 빌 매키번(Bill McKibben) 역시 위의 의견에 동의한다. "지구 온난화는 더는 철학적인 난제가 아니고, 더는 미래의 위협이 아니며, **더는 위협 자체도 아니다**. 그것은 이제 우리의 현실이 되었기 때문이다. 인류는 지구를 완전히 변화시켜놓았다. 아주 대규모로, 그것도 근본적인 차원에서 변화시켰다."[6] 이 점은 이미 1972년에 《하나밖에 없는 지구(Only One Earth)》를 쓴 바버라 워드(Barbara Ward)가 제기했던 문제 의식이기도 했다. "잘사는 나라, 가난한 나라를 가리지 않고 모든 나라가 제각기 국익만 끊임없이 추구한다면, 철저히 상호 의존적 생물계로 이루어진 지구상에 돌이킬 수 없는 전 지구적 재앙을 불러올 수밖에 없다."[7]

기후 변화와 미국의 안보 전략

전 지구적 차원에서 개발이 이루어졌지만 아직도 기후 변화와 관련한 정책과 책임은 개별 국가의 사안으로 간주하고 있다. 지금까지 나온 핵심적 대응책들을 보면 **안보**의 관점에서 국가주의적 대응을 하는 것이 많다. 예를 들어, 미국 펜타곤은 2004년에 소름 끼치는 보고서를 발표했다. 2020년이 되기 전에 초대형 가뭄과 기근이 발생할 가능성이 있으며, 물과 식량을 둘러싼 중국과 인도와 파키스탄 간의 갈등으로 인해 핵전쟁이 일어날 가능성도 있다는 내용이었다. 더 나아가, 보고서는 환경이 일종의 변곡점에 도달하여 5년 또는 그보다 단기간에 급격한 환경 변화가 발생할 경우 세계가 새로운 빙하기를 맞을 수도 있으며, 북유럽의 결빙 현상, 미국 중서부의 사막화, 캘리포니아의 식수 공급 중단 등이 발생할 것이라고 시사했다.[8] 미 국방부와 정보 기관들은 2009년 아프리카 사하라 이남 지역, 중동, 남아시아 및 동남아시아 같은 취약한 지역들이 "기후 변화로 인해 식량 부족, 식수 위기, 대홍수 등의 가능성에 직면하여 미국의 인도적 지원이나 군사적 대응이 필요할 경우"를 대비하여 전시 상황 훈련을 실시했다. 국가 안보와 정보 관련 기관들은 수십만 명의 난민이 발생하거나 종교 분쟁, 전염병 창궐, 광범위한 인프라 손상 같은 사태를 예상한 전략 계획을 이미 수립해놓았다.[9] 각국이 개별적으로 기후 변화와 관련된 안보상의 우려에 대비하고 있으므로 이런 점이 지정학적 권력 관계의 토대를 이룰 뿐만 아니라, 향후 개발 정책에 깊숙이 포함될 것이다.

유엔기후변화협약

세계 각국이 기후 변화에 따른 정치적 불안정(예컨대, 가뭄과 기후 변화 때문에 발생한 다푸르 지역의 분쟁으로 인해 수단과 남수단이 분리된 사건)에 대처하기 위해 노력하는 반면, 개발 관련 산업에서는 개발의 운용 방식을 다시 조정하려고 안간힘을 쓰고 있다. 이를 위한 첫 단계는 기후 변화 문제가 존재한다는 사실을 시인하는 것이다. 2007년과 2008년의 〈유엔 인간 개발 보고서〉에서도 이 점을 명백히 선언했다. "기후 변화는 우리 세대의 인간 개발에 결정적인 문제가 되었다." 2002년 뉴델리에서 열린 기후변화협약 제8차 당사국 총회(COP8)에서 나온 〈빈곤과 기후 변화(Poverty and Climate Change)〉라는 제목의 보고서는 생태 한계치를 다룬 것인데 다음과 같이 말한다. "기후 변화는 빈곤 감소에 심각한 위협을 가하며, 수십 년 동안 쌓아 올린 발전의 성과를 하루아침에 허물어버릴 가능성마저 있다."[10] 개발 정책과 개발 담당자들은 기후 변화에 적응하기 위한 핵심 조치로 '**이상 기후 예방책**'*을 개발 프로그램 안에 포함하자는 해결책을 제시한다.

2001년에 소집된 기후변화협약 제7차 당사국 총회에서는 개발의 안정화 조치로서 적응(adaptation) 전략을 채택했다. 이 전략은 저개발국들이 최우선적으로 실시해야 할 적응 조치로서 **기후 변화 적응을 위한 국가 행동 프로그램**'*을 설정했다. 이 프로그램은 기후 변화 영향의 정도, 적응 능력을 높이기 위한 빈곤 감소, 그밖의 다자 간 환경 협약들과 시너지 효과, 그리고 비용 효과와 같은 현지의 실정에 맞는 판단 기준을 통해 만들어진다. 기후 변화 적응 조치는 보건, 식량 안보, 식수의 가용성과 접근성, 생물 다양성, 그리고 해안 지역 보존 등과 같은 인간과 환경 관련 사안에 초점을 맞춘다.[11]

위의 회의에서 북반구 선진국들은 **청정 개발 메커니즘**'*을 도입하기로 합

이상 기후 예방책(climate proofing) 온실가스 배출을 줄이고, 기후 변화가 사회와 경제에 끼치는 영향을 줄이는 데 목적을 둔 개발 정책.
기후 변화 적응을 위한 국가 행동 프로그램(NAPA, National Adaptation Programme of Action) 기후 변화가 인간과 생태계에 끼칠 영향을 관리하기 위한 목적으로 제도화된 적응 조치.
청정 개발 메커니즘(CDM, Clean Development Mechanism) 교토 의정서의 일부로서, 공해 유발국이 자기들의 탄소 배출을 상쇄하기 위해 개발 도상국의 산림 녹화 사업이나 에너지 절약용 태양광 이용 시설과 같은 환경 보존 조치에 투자함으로써 탄소 배출권을 확보하게끔 한 조치.

9장 지속 가능성 프로젝트 **443**

의했다. 이 메커니즘은 "1997년에 채택된 교토 의정서에 따라 탄소 배출량을 감소시키지 못한 나라들이 개발 도상국의 산림 복구, 발전 에너지(power plant energy)의 효율성, 폐기물 매립지에서 방출되는 메탄가스 억제 등의 사업에 투자함으로써, 개발 도상국으로부터 탄소 배출권을 구입할 수 있게" 해주었다.[12] 2007년 발리에서 소집된 제13차 당사국 총회는 청정 개발 메커니즘의 거래에 세금을 부과하여 마련한 재원으로 기후 변화 적응 기금을 확보하기로 결정했다. 2008년에 이르러 세계은행은 자체적으로 운영하던 저개발국가기금(LDCF, Less Developed Countries Fund)을 활용해 기후변화협약 당사국 총회와 연대하여, 지구환경기금을 설립하고 이를 통해 기후 변화 적응 기금을 집행하기로 결정했다.

기후변화개발위원회(Commission on Climate Change and Development)는 다음과 같이 설명한다. 기후 변화 적응 기금은 "시장에 기반한 방식을 통해 기후 변화 문제 해결에 필요한 막대한 재정원을 염출한 최초의 사례이다. 탄소 거래 시장은 …… 기후 변화 효과의 완화와 적응에 필요한 엄청난 재원이 개발 도상국으로 흘러들어 갈 수 있는 잠재력을 갖추고 있다."[13] 너무나 당연한 말이지만 "초기에 개발 도상국으로 유입된 재원을 살펴보면 중국이나 브라질처럼 큰 나라들의 탄소 배출을 감축하는 데에만 재정 지원이 이루어졌다. …… 이 나라들은 민간 부문이 투자하기에 양호한 환경을 갖추었는데도 말이다."[14] 그렇다 하더라도 스탠퍼드 대학의 연구 결과에 따르면 유엔의 기후 변화 적응 기금은 "청정 에너지 사업에 투자했다는 이유로 탄소 배출권을 신청하는 화공 약품, 풍력 발전, 가스, 수력 발전 회사들에 의해 흔히 남용된다. 이런 경우는 기금의 취지에 맞지 않는다." 왜냐하면 예전부터 계획되어 있던 사업을 청정 에너지 사업이라고 포장하는 경우가 많기 때문이다. 이렇게 되면 탄소 배출 거래권이 기후 변

사례_유엔 인간 정주 프로그램—도시들과 기후 변화

유엔의 인간 정주 프로그램인 유엔해비타트는, 2003년에 발표한 충격적인 보고서 〈슬럼의 도전(The Challenge of Slums)〉에서 인류가 어떤 확실한 행동을 취하지 않으면 2030년경에는 전 세계 인구 중 20억 명이 슬럼가에 거주하게 될 것이라고 예견했다. 유엔해비타트는 2011년 〈도시들과 기후 변화(Cities and Climate Change)〉라는 새 보고서를 발표하면서 앞으로 전 세계의 도시가 "기후 변화에 맞서는 진짜 전쟁터"가 될 것이라고 경고했다. 유엔해비타트의 사무국장 조앤 클로스(Joan Clos)는 다음과 같이 언급한다. "도시는 해로운 온실가스의 주범이라 할 수 있다. 하지만 도시는 에너지 효율성을 최대한 발휘할 수 있는 곳이기도 하다." 유엔해비타트의 추산에 따르면 도시는 지구상의 총면적 중 단 2퍼센트만 차지할 뿐이지만, 전 세계 탄소 배출량의 70퍼센트를 차지한다. 보고서는 일부 도시는 주민들에게 기본 서비스—가뭄이나 산사태, 태풍, 홍수 등 기후 변화의 물리적 위험은 고사하고라도—조차 제공하기 어려운 형편이라고 지적했다. "이러한 변화는 식수 공급, 물리적 인프라, 교통, 생태계의 이점과 활용성, 에너지 제공, 산업 생산 등에 영향을 끼친다. 지역 경제는 파탄날 것이고 주민들은 자산과 생계를 박탈당할 것이다."

위험에 처한 도시들은 주로 아프리카 사하라 이남, 남아시아, 동남아시아, 남유럽, 남아메리카의 동해안, 미국의 서해안 등에 몰려 있다. 보고서는 지역 도시 계획 담당자들에게 도시 개발 계획을 수정하여 적응 조치(홍수 피해 방지책)와 완화 조치(에너지 수요와 온실가스 배출 억제)를 결합하고, 도시 지역을 지원하고 온실가스 배출을 줄이기 위한 국내 정책과 국제 정책에 덧붙여 지역 공동체의 참여(거주민과 사업체들)를 보장하라고 촉구한다.

출처 : UN-HABITAT, 2003; Kinver, 2011

화에 아무런 도움을 주지 못한다.[15]

〈스턴 보고서〉와 풀뿌리 이니셔티브

2006년에 런던정경대학(LSE)의 니컬러스 스턴(Nicholas Stern) 교수가 펴낸 〈스턴 보고서〉는 다음과 같이 진술했다. "기후 변화에 대한 적응은 워낙 광범위하고 모든 분야를 포괄하는—적응 조치가 경제·사회·환경 조건에 영향을 끼치며, 반대로 이 조건들도 적응에 영향을 주기 때문에—과제여서 비용을 정확하게 산출하기 어렵다." 옥스팜은 전 지구적 남반구에서 적응에 필요한 비용이 1년에 약 500억 내지 800억 달러에 이를 것으로 추산한다.[16] 국제환경개발연구소(IIED)의 카밀라 툴민(Camila Toulmin)은 다음과 같이 말한다. "재난에 대비하기 위한 투자는 효과가 높다. 재난 대비용으로 1달러를 투자하면 7달러만큼 피해가 줄어든다." 이것만 보더라도 당장 대비책을 강구하는 것이 중요함을 알 수 있다. 이런 대비책에는 환경 변화에 대한 취약성을 줄이기 위해 조기 경보 체제를 갖추는 것도 포함되는데, 2007년에 엄청난 홍수를 겪었던 모잠비크의 경우 조기 경보 체제 덕분에 사상자를 대폭 줄일 수 있었다.[17] 여기에 개발 업무에 종사하는 공동체와 그 주체들이 직면하는 딜레마가 있다. 기금 제공을 통해 적응 조치를 취하게 되면 과거 세계은행의 재정 지원으로 이루어지던 대규모 프로젝트와 같은 접근 방식을 되풀이할 우려가 있다. 기후 변화와 관련한 문제를 다루는 데 핵심인 회복 능력보다는 최대한의 산출물을 만들어내는 데에만 초점을 맞추게 되기 때문이다.

각국 정부가 협력하는 다자 간 이상 기후 예방 조치는 식수 접근성, 질병 유형, 자연재해 등의 취약성을 해결하는 데 중요한 조치이지만, 이러한 국제적인 접근 방식은 토착 지식과 토착적 해결책을 간과할 염려가 있다.

이런 문제점을 바로잡기 위해 개발 NGO인 액션에이드(ActionAid)는 기후 변화에 대응하여 농민들이 사용하는 적응 대책을 적극 홍보하는 보고서들을 내놓고 있다. 액션에이드와 서식스 대학의 개발연구소(IDS, Institute for Development Studies)는 〈우리는 우리가 원하는 것을 알고 있다 : 기후 변화 적응에 관한 남아시아 여성들의 발언(We Know What We Need : South Asian Women Speak Out on Climate Change Adaption)〉이라는 제목의 보고서를 통해, 현지 실정을 감안한 개발 실천이라는 포괄적인 틀 안에서 기후 변화 적응 대책을 다루고 있다. "적응을 위한 재정 지원만으로는 기후 변화로 말미암아 빈곤 여성들이 더욱 취약해지는 현실을 막을 수 없을 것이다. 의사 결정, 여성 인권, 자원, 그리고 사회 서비스에 여성들이 동등한 접근을 할 수 있는 힘을 배양해주는, 넓은 맥락에서 호의적 환경이 먼저 있어야 한다."[18] 액션에이드와 개발연구소가 펴낸 두 번째 보고서 〈때는 지금 : 기후 변화에 적응하는 농민들에게 배운다(The Time is NOW : Lessons from Farmers Adapting to Climate Change)〉는 다음과 같은 결론을 내린다.

> 수많은 가난한 공동체들은 수십 년째 기후 변화에 적응해 왔으므로, 무엇이 자기들의 특정한 맥락에 적합한 적응 전략인지를 잘 알고 있다. …… 기후 변화의 영향을 많이 받는 가난한 공동체의 대표들이 다자 간 적응 기금의 운용 과정에 실제로 참여할 수 있어야 한다. 이렇게 되어야 투명성과 책무성이 보장되는 것은 물론이고, 이해 당사자 참여를 통해 기금 운용의 효과가 보장될 수 있다.[19]

기후 변화에 맞서 최전선에서 싸우는 사람들이 그 과업을 어떻게 수행하고 있는지 자세히 들여다보면, 저탄소 생활 양식이 오늘날의 지배적인 생활 양식을 대체하는 대안이라는 점을 은연중에 인정하게 된다. 그런데도 정책 영역의 전문가들은 기존 통념—못사는 사람들은 수동적 존재이며, 그들은 개발 활동의 대상이 된다고 하는—만을 고집하는 편견에 사로잡혀 있다. 예컨대, 기후변화개발위원회가 펴낸 최근의 정책 요약 책자는 다음과 같이 지적한다. "기후 변화에 대한 적응 대책을 지원하는 것—흔히 북반구가 남반구에 베풀어주어야 할 도덕적 책임이라고 여겨지는—은 흔히 개발과 같은 말이거나 개발 자체와 구분하기 어렵다." 따라서 "개발 기구들과 NGO들은 빈곤 완화와 지속 가능한 발전에서 그들이 수십 년 동안 쌓아 온 경험을 활용하여 극빈국들이 기후 변화에 적응할 수 있도록 지원해야 한다."[20]

여기에는, 개발 자체를 완전히 새롭게 구성하기보다는 반대로 기후 변화 적응 대책을 개발 활동의 관행에 맞추도록 하는 데 주안점을 두어야 한다는 관점이 드러나 있다. 따라서 기후 변화 적응 대책을 주류화한다는 것은 "기존의 개발 활동에 이상 기후 예방 대책을 포함한다는 말이다. 즉, 기존의 공적 개발 원조(ODA, Official Development Assistance) 프로젝트와 프로그램을 그대로 보존한다는 뜻"이 되며, "앞으로 개발 계획과 개발 프로그램을 만들 때 기후 변화에 대한 취약성을 최대한 줄일 수 있는 방향으로 설계하기만 하면 된다."[21] 이 맥락을 잘 살펴보면 '이상 기후 예방 대책'은 지역 공동체가 자체적인 회복 능력을 갖추도록 하는 게 아니라, 기존 방식인 '원조'의 인프라를 보존하자는 뜻이라 할 수 있다.

이런 이유 때문에 이상 기후 예방 대책은 새로운 수익을 창출할 수 있는 원천이 되었다. 바스프(BASF), 몬산토, 바이엘, 신젠타, 듀폰(Dupont) 같은 농화학 회사와 생명 기술 회사들은 이른바 기후 변화에 대비한 500종

이상의 유전자에 특허를 출원해놓았다. 예를 들어, 서아프리카의 여성 농민들은 어떤 작물을 심을 것인지 융통성 있게 종자를 골라 사용한 덕분에 가뭄이 계속 이어져도 어느 정도 대처가 가능했는데, 다국적 기업이 55건에 이르는 종자 유전자에 특허를 받는 바람에 농민들이 직접 기후 변화에 맞서 생존·적응할 수 있는 토착 지식 전략이 하루아침에 무너질 위기에 처했다. 국제 환경 단체인 ETC 그룹(action group on Erosion, Technology and Concentration)은 현지 실정이 이러한데도 기후 변화에 따른 **안보** 문제에만 신경 쓰는 국가들을 비판하면서 다음과 같이 지적한다. "종자 산업이 지난 수십 년간 기업 인수 합병을 거친 데다 공공 부문이 주도하는 농작물 파종 사업의 규모가 계속 줄어들면서, 10대 종자 회사가 전 세계 종자 시장의 57퍼센트를 좌우하게 되었다. 기후 위기가 계속 악화되면서 각국 정부가 이미 효력이 입증된 토착적인 기후 변화 적응 전략(주로 여성 농민들이 개발한)을 지원하기보다 종자 회사에서 제공하는 생명 기술 조작 종자—기후 변화에 적응하는 데 반드시 필요한 조치라고 선전하는—를 받아들이라고 농민들에게 종용할 위험이 존재한다."[22] 개발 관련 회사들은 농민들의 토착 적응 전략을 과소평가하기 마련이다. 몬산토의 대변인은 농민들의 지식이 기후 변화 적응에 전혀 효과가 없다고 주장한다. "오래된 전통 방식으로는 새로운 기후 변화 상황에 대처할 수 없다는 것을 누구나 인정할 거라고 나는 생각한다. 현재 아프리카가 직면한 문제는 상당히 심각한 수준이다."[23]

하지만 아프리카가 직면한 문제는 단순히 기후 변화에 따른 위기만이 아니라 상당히 복합적인 것이다. 우선 소농들의 토지 접근성 문제부터 살펴보자. 점점 더 많은 토지를 수출용 고부가 작물 재배용으로 전환하는 바람에 늘어난 농촌 인구를 먹여 살릴 농토가 점차 부족해졌다. 국제토양증산농업개발센터(International Centre for Soil Fertility and Agricultural Development)의 보고에 따르면 소농들이 윤작(輪作)과 휴경(休耕)을 줄이고, 같은 땅에서 동일한 작물을 계속 재배하면서 지력이 소진되는 현상이 나타난다고 한다. 이렇게 되면 토양의 증산력이 떨어지거나 그렇잖아도 망가지기 쉬운 생태계가 더욱 파괴될 수밖에 없다. 이런 양상이 전 세계적으로 흔히 일어나고 있다.[24] 그런데도 최근의 연구에서는 농토의 사막화와 토지 황폐화가 지역 농지의 부실한 관리와 남용 때문이 아닌지 의문을 제기하고 있다. 기후의 변동과 인위적 영향이 합해져 자연은 언제나 변화를 거듭하기 마련이다. 또한 농민들은 니제르 남부와 케냐에서 사막화를 역전시켰을 뿐만 아니라, 사하라 사막 주변부와 나이지리아, 니제르, 세네갈, 부르키나파소, 케냐 등지에서는 인구가 대폭 증가하기 이전에 식량 생산을 늘리는 데—통합 농법, 혼작(混作), 토양과 수분의 전통적 보존 방식을 통해—성공했다. 또한 늘어난 인구 밀도 덕분에, 특히 협업식 농사와 사회 연결망—노동과 종자와 가축과 기술을 현금으로 교환하게 해주는—을 유지하는 데 필요한 농업 노동력의 수요를 충족시킬 수 있었다.[25]

니제르의 타후아 지역은 농민들이 이룩한 성공 사례로 유명하다. 이 지역 농민들은 "수백 헥타르의 폐농지를 다시 살렸으며", 여성농민회 의장은 자기 동네의 토질이 나빠졌다는 오보를 접하고 "전문가들이 우리를 단 한 번도 방문한 적이 없다."고 지적했다. 1980년대의 환경 위기, 그리고 1990년대의 정치 위기를 겪으면서도 농민들은 1980년대 중반 이래 25만 헥타르의 폐농토를 완전히 되살렸다. "건기 농법이 그동안 상당히 확산되었고, 유엔식량농업기구의 통계에 따르면 니제르에서 1980년에 10만 톤의 건식 재배 양파를 수확했는데, 가뭄이 들었던 2004년에도 27만 톤이나 수확을 했다."[26] 더 나아가, 농민들이 폐농지를 복구한 지역에서 농가의 식량 확보가 더욱 호전되었다. 전체적으로 보아, 니제르에서 인구 밀도가 높은 사헬 지역(아프리카와 사하라 사막 남쪽 가장자리에 있는 지역)의 농민들이 적어도 300만 헥타르에 달하는 농토의 지력을 자연적인 방식으로 회복시켰다. 이 지역의 특이한 성공 사례라 할 만하다.

이런 성공 사례에도 불구하고 소농들의 노력을 그저 '전통적'이라고 치부해버림으로써 자연적 회복 능력에 의존하는 농법을 폄하한다. 통상적인 개발론에서는 생물 다양성의 다기능적 역할을 인정하지 않고 그저 최종적으로 수확되는 양에만 초점을 맞춘다. 사탕수수, 조, 콩류, 피마자 같은 작물을 자연 강우만으로 재배하는 인도 데칸 고원의 건조 지역에서는 "여러 작물의 공생 관계를 활용하여 오늘날 인도 농업이 직면한 여러 다양한 문제―예컨대 토양과 증산력 관리, 해충 억제, 위험성과 불확실성의 최소화 등―를 해결하고 있다." 생물 다양성은 농촌 공동체가 열악한 자연환경에서도 기후 조건에 맞춰 농사를 지을 수 있게끔 해주는 것이다.

공식적 개발 담론에서는 지역민이 식량과 가축 사료와 의약품으로 활용하는 자연적인 생물 다양성의 가치를 잘 이해하지 못할 뿐만 아니라 인정지도 않는 편이다. …… 메닥 지역(인도 안드라프라데시 주)에서 주민들이 거두어들이는 자연산 식품의 종류가 재배 작물의 종류보다 훨씬 더 많다. 약 80가지 이상의 자연산 녹색 소채류, 그리고 수십 가지의 뿌리 식물, 혹 달린 덩이줄기 식물, 과실 등을 지역 주민들이 식량으로 활용한다. 이렇게 다양한 '야생' 나물, 산딸기, 과실류는 다양한 영양원이 된다. …… 이들은 칼슘, 철분, 카로틴, 비타민C, 리보플라빈, 엽산 같은 주요 영양소를 제공한다. 따라서 이 야생 식물들은 임산부, 수유부, 그리고 어린 아이들에게 큰 혜택을 주고 있다. 이런 식품은 돈 주고 살 필요가 전혀 없으므로 특히 빈곤층에는 축복이다. 인도의 달리트(불가촉

천민)는 이런 식물들의 가치를 일찌감치 터득하여 자기네 먹을거리 체계에 이런 야생산 음식을 포함시켜놓았다.[27]

환경주의의 역설

유엔 〈새천년 생태계 평가〉 보고서

야생 식물이나 비공식적 교환 네트워크와 같은 비금전적 자원은 통상적인 개발의 렌즈에 잘 잡히지 않으므로 쉽게 무시당하곤 한다. 하지만 이러한 환경·사회 자원은 생태계의 회복 능력을 유지하는 데 핵심적 가치를 차지한다. 새천년 개발 목표를 위협하는 환경 훼손 문제를 해결하기 위해 2005년에 유엔이 발표한 획기적인 보고서인 〈새천년 생태계 평가〉*는 다음과 같이 지적한다. "기존의 국내, 국제 기구들은 인류 공통의 자원—수많은 생태계 서비스의 특징인—을 관리하는 문제를 잘 다룰 수 있도록 고안되지 않았다." 이 보고서에서 전 세계의 천 명이 넘는 생명 과학자들이 생태계를 관리한다는 목표를 큰 틀에서 개발 계획 속에 넣으라고 제안했다. 이들은 다음과 같은 점을 지적한다. "흔히 생태계 보호와는 전혀 관련이 없는 기관과 정책 영역에서 생태계에 영향을 주는 가장 중요한 공공 정책을 결정하곤 한다." 〈새천년 생태계 평가〉는 또한 개발에서 최우선적으로 고려되는 빈곤 감소 전략(Poverty Reduction Strategies)의 사례를 들어 다음과 같이 주장한다. "일반적으로 빈곤 감소 전략은 극빈 계층의 기본적 인간 역량을 향상시키는 데 생태계가 얼마나 중요한지를 간과한다."[28] 이 보

〈새천년 생태계 평가〉(MA, Millennium Ecosystem Assessment) 유엔이 후원해서 발간한 보고서이며, 전 지구적 환경 훼손의 실태, 특히 생물 다양성의 소실과 미래 세대가 지구의 생태계로부터 취할 수 있는 혜택이 위협받는 현실을 다루었다.

고서에서 확인할 수 있는 두 가지 중요한 교훈은 다음과 같다. 첫째, 개발 담론은 생태계의 기반(자연 순환의 원천이자 종점인)이 환경적·사회적으로 얼마나 중요한지 아직 제대로 이해하지 못하고 있다. 둘째, 공통의 자원인 생태계를 진정으로 이해하고 관리하는 사람은 다름 아닌 현지 주민이다. 그런데 개발 기관은 현지 주민을 단지 '가난'하다고만 여기고, 이들이 보유한 토착적 회복 능력의 가치를 무시한다.

⟨새천년 생태계 평가⟩는 '환경주의의 역설'을 핵심적인 문제로 간주한다.

> 지난 반 세기 동안 인류는 폭증하는 음식, 담수, 목재, 섬유질, 연료의 수요를 충족하기 위해 인류 역사상 그 어떤 시기와도 비교하지 못할 정도로 광범위하고 급속하게 생태계를 변화시켰다. 그 결과 지구상의 생물 다양성이 큰 폭으로 소실되었고, 회복이 불가능해졌다. …… 이런 문제를 해결하지 않는다면, 우리 미래 세대가 생태계로부터 얻을 수 있는 혜택을 미리 없애버리는 셈이 될 것이다.[29]

민간 사업체들은 이런 역설을 놓치지 않았다. 환경 가치를 염려해서가 아니라 미래의 수익을 헤아리지 않을 수 없었기 때문이다. 2010년 세계경제포럼은 ⟨생물 다양성과 비즈니스 리스크(Biodiversity and Business Risk)⟩라는 보고서를 출간하면서 세계자원연구소(World Resources Institute)의 연구 결과를 서두에 인용했다. "지구 온난화가 오늘 신문의 머릿기사라면, 생태계 훼손은 내일 신문의 머릿기사가 될 것이다." 그런데 공교롭게도 같은 해에 유엔이 펴낸 보고서는, 정책 결정자들이 '공해 유발자 부담' 원칙을 채택할 경우 기업의 수익률에 상당한 압박이 가해질 것이라고 예상(경고)한 바 있었다. 이 보고서는 생태계 훼손 때문에 자연 환경에 가해진 전체 손실액이 2008년 한 해에만 약 2조 2천억 달러 정도라고 추산했다. 이것은 전 세계 3천 위까지의 대형 상장 기업의 수익 중 3분의 1에 해당한다. 보고서의 대표 작성자는 다음과 같이 경고한다. "우리는 완전히 새로운 패러다임에 관해 말하고 있다. 이 정도 규모와 성격의 외부 효과는 전 세계 경제에 극히 중요한 위험 부담인데도, 시장은 이런 위험성을 완전히 이해하지 못하고 있으며 이 문제를 어떻게 다루어야 할지조차 모르고 있다."[30]

재계는 수지 결산상의 '순이익'에만 관심이 있는 데다 일차적으로 주주들에게 책임을 져야 하므로, 애초 기업은 환경의 순환과 사업을 하나의 사이클 내에서 동기화하는 방식으로 조직되어 있지 않다. 생물 시간과 지질 화학 시간은 자연의 리듬을 따르지만, 비즈니스는 제품 회전 속도에 따른 단기적 리듬을 따르기 마련이다.[31] 기업은 생태계 위기를 적절하게 관리할 수 있는 위치에 있지 않다. 그에 따라 〈새천년 생태계 평가〉는 다자 간 환경 협정들을 전체적으로 조율하고, 협정들과 그밖의 사회·경제 분야 국제기구들을 조정하는 데 목표를 두었다.

> 국제 협정은 각국의 국경선을 가로지르는 생태 관련 문제를 해결하는 데 필수불가결한 요소다. 하지만 여러 장애 요인 때문에 협정의 효과가 반감되기도 한다. 이런 점을 감안하여 생태계 보호 메커니즘 사이의 조정을 원활히 하는 데 필요한 조치를 마련하는 중이다. 이를 통해 다양한 조치의 초점을 확대할 수 있을 것이다. 그러나 생태 관련 협정들 사이에서뿐만 아니라, 그런 협정과 정치적으로 막강한 국제 경제·통상 관련 협정 사이에서도 조정이 필요하다. 그렇게 해야 생태, 경제, 통상 관련 협정들의 목표가 서로 상충되지 않는다.[32]

여기서 이런 제안의 의도는 명확하다. 생태적 기반에 근거를 둔 인간의 활동을 옳은 가치로 인정하고 그러한 활동을 개발 담론 속에 다시 편입시킬 새로운 개발 정책의 틀을 세우자는 것이다. 경제학자들이 '생태적 회계'를 실시하는 것도 한 가지 방법이 되겠지만, 더 큰 목표는 환경 영향 평가 체계를 구축하고 그 체계를 전체 경제 활동 속에서 구현하는 것이어야 한다. 경제 성장에 중독된 전 세계 선진 발전국의 소수 인류에게, 가격 이외의 다른 가치를 발전의 방정식에 포함하기는 것이 무척 어려울 것이다. 가격은 표준화된 방식으로 경제 활동을 측정하고 가치를 매기는 데 편리한 도구이다. 하지만 전 세계 시장의 확대에도 불구하고 대다수 인간 활동은 아직도 풀뿌리 차원, 비금전적 차원, 그리고 다양한 차원에서 일어나고 있다. 바로 이런 이유 때문에, "인간 활동의 평가와 의사 결정에 모든 형태의 적절한 지식과 정보―여성들의 지식과 정보를 포함해서―를 활용"해야 한다고 표현한 〈새천년 생태계 평가〉의 감수성이 중요한 것이다. 보고서는 효과적으로 생태계를 관리하려면 생태계의 특정한 작동 방식에 관한 '현지의 특정 장소에 기반한' 지식이 필요하다고 말한다. "전통적 지식 또는 현지의 농민들이 축적한 자원 관리 지식은 상당한 가치를 지니고 있지만, 개발의 공식적 의사 결정 과정에 포함되는 경우가 극히 드물고, 흔히 가치 없는 것으로 무시된다. 이는 대단히 부적절한 일이 아닐 수 없다."[33]

농업의 재발견

궁극적으로, 〈새천년 생태계 평가〉는 생태계의 관리에서 농업이 중심적 역할을 한다는 점을 강조한다.

21세기에 들어서, 생물 다양성이 사라지는 가장 큰 원인 중 하나가 농업의 확대일 것이다. 과도한 물 소비 또는 과도한 영양소나 살충제 사용이 해로운 결과를 초래하지 않으면서 단위 면적당 식량 생산을 지속 가능하게 늘릴 수 있는 농업 개발 방식, 농업 평가 방식, 농업 기술이 확산된다면 다른 생태계 활동에 대한 압력이 대폭 줄어들 것이다.[34]

건강한 생태계가 인간의 삶에 필수적이라는 점을 생각하면 농업 자체가 문명의 토대임이 분명하다. 물리적 의미로나 은유적 의미로나 그러하다. 하지만 우리는 두 가지 의미를 모두 잊은 채 살아간다. 이 점은 사회 이론 특히 개발 이론에서 명백히 드러난다. 개발 이론은 농업을 그 자체의 가치로 따지지 않고, 마치 도시·산업 복합체를 움직이는 데 필요한 자원을 추출하는 하나의 수단이자 원천으로만 간주하기 때문이다.

근대적 삶의 서사 방식에서 농업 노동과 농업 노동의 생태적 지식은 그 자체로서 독립된 지식이 아니라 대체 가능한 것으로 여겨지고 있다. 과거에는 에너지의 전환자 또는 제공자로서 에너지를 거의 소비하지 않았던 분야인 농업이 이제는 에너지를 대량으로 사용하는 소비자가 되었다. 산업화된 먹을거리 체계는 1칼로리의 음식을 생산하기 위해 10칼로리 이상의 에너지를 사용해야 한다. 또한 활성화된 탄소를 농업 활동에 사용하지 않고 이미 죽은 탄소(화석 연료)를 태워서 에너지로 사용한다.[35] 인류 문명과 그 생태적 기반을 보존하려면 지속 가능한 방식으로 농토를 경작해야 하고, 생물 다양성 원칙을 준수하면서 농업·산림을 통한 탄소 저장을 늘려야 한다. 또는 토양의 탄소를 재구축하려는 농생태론을 널리 보급해야 한다. 두 방법 중 어느 쪽을 사용하든 간에 대기 중의 탄소를 줄일 수 있을 것이고, 그 과정에서 자연을 다시 살릴 수 있을 것이다.

〈개발을 위한 농업 과학과 농업 기술의 국제적 평가〉

지속 가능한 농업은 2008년 유엔과 세계은행이 공동 후원하여 발간한 보고서 〈개발을 위한 농업 과학과 기술의 국제적 평가〉*에서 권장한 접근 방식이다. 400명 이상의 사회 과학자, 자연 과학자, 개발 관련 전문가들이 집필에 참여한 이 보고서는 농업의 **다기능적**(multifunctional) 역할을 제창한다. 다기능적 역할에는 빈곤과 사회 불평등과 젠더 불평등의 감소, 농촌 사회의 안정, 환경 훼손의 회복, 그리고 지구 온난화 방지 등이 포함된다. 집필자들은 "지금까지 해 온 방식대로 하는 것은 이제 가능한 선택이 아니다."라고 지적하면서, 과연 산업화된 농업과 유전자 조작 음식이 현 상황의 해결책이 될 것인가 하는 점에 의문을 제기한다. 시장 논리만으로는 환경과 사회적 손실에 따른 해악을 적절히 평가할 수 없기 때문이다.[36] 〈개발을 위한 농업 과학과 농업 기술의 국제적 평가〉는 오늘날 통용되는 상업화된 **식품 레짐***에 관해 그것이 소농들에게 불리한 영향을 끼치는 현실을 열거하고, 북반구의 잉여 농산물에 국가가 보조금을 지급하는 정책을 중단하고, 환경 보호를 위한 보조금 정책을 개발하며, 가난한 소비자와 소농들의 욕구와 세계무역기구의 개방화 정책 사이에 존재하는 갈등을 조정할 수 있도록 국가 정책을 융통성 있게 운용하라고 권유한다.[37] 보고서는 〈새천년 생태계 평가〉가 내린 결론에 호응하면서 음식과 자원과 영양

〈**개발을 위한 농업 과학과 기술의 국제적 평가**(IAASTD, International Assessment of Agricultural Science and Technology for Development)〉 기존 농업 시스템이 지닌 상대적 장점을 조사하고, 전 세계 인구를 먹여 살리기 위해 산업화된 영농에 의존하는 방식에서 탈피할 필요가 있음을 역설한 보고서. 농업 시스템을 다변화하고, 현지의 농사 지식이 사회—일자리, 지역 먹을거리 등—에, 그리고 환경—자연 토양과 수자원 순환의 회복, 생물 다양성의 보존—에 기여하는 다기능적 혜택을 강조하였다.
식품 레짐(food regime) 먹을거리를 산업적으로 대량 생산하는 모든 과정에 국제적으로 적용되는 농업·통상 부문의 준칙과 관행들.(역주)

을 확보하는 문제가 전체적으로 연결되어 있다는 통합적 관점을 취하라고 권고한다. 또한 농업을 사업의 관점이 아닌 농사의 관점에서 재발명하려면 자연 과학자, 사회 과학자, 보건 과학자들이 현지 농민과 각국 정부, 그리고 시민 사회 단체와 협력할 필요가 있다고 강조한다.[38]

이 보고서의 한 필자는, 대규모 영농과 비교하여 오히려 소규모 영농의 생산력과 지속 가능성이 전반적으로 더 높다는 수많은 연구 결과를 뒷받침하는 발언을 한다. "타이는 반(2분의 1) 헥타르 농토에서 70가지 종류의 야채, 과실, 약초를 생산하는데, 이렇게 했을 때 동일한 면적의 농토에서 다수확 품종의 쌀 한 종류만 재배하는 것보다 더 많은 사람에게 우수한 영향을 갖춘 먹을거리를 공급할 수 있다."[39] 이와 유사한 연구 결과가 멕시코에서도 나왔다. "1헥타르 농지에 옥수수, 호박, 콩을 섞어 심었을 때 수확할 수 있는 양의 농산물을 생산하려면, 단일 품종 옥수수를 1.73헥타르 땅에 심어야 한다. 또한 옥수수·호박·콩의 혼합 작물 재배 과정에서 헥타르당 4톤의 퇴비가 나오는 데 반해, 옥수수 한 가지만 심었을 때에는 2톤의 퇴비만 생산할 수 있을 뿐이다."[40]

〈개발을 위한 농업 과학과 농업 기술의 국제적 평가〉는 소규모 농업을 살리고 강화하려면 현행 농업 제도를 개혁해서 **농업의 다기능성***을 보장해야 한다고 권고한다. 보고서는 또한 "농산물 생산을 최우선으로 하는 위계적 농업 발전 모델이 아닌" 다기능적 농업으로 방향을 바꾸려면 신뢰 구축, 농민의 토착 지식과 자연 생물 다양성의 가치 보존, 종자 교환 제

농업의 다기능성(agricultural multifunctionality) 지역에 뿌리를 둔 다변화된 영농 시스템은 다양한 사회적·환경적 서비스를 제공할 수 있다. 예를 들어, 이농 인구를 줄이고, 농촌의 일자리를 창출하며, 생물 다양성을 보존하고, 토양과 물 순환과 자연적 가루받이를 회복하는 등, 먹을거리 생산만이 아니라 다양한 기능을 한꺼번에 수행할 수 있다. 더 나아가, 자연 경관을 보존하는 심미적 차원의 기능과 신선한 제철 음식을 확보할 수 있는 이점도 있다.

도, 그리고 공통의 자원 관리 시스템 등이 동반되어야 한다고 시사한다.[41] 더 나아가 〈개발을 위한 농업 과학과 농업 기술의 국제적 평가〉는 환경 위기 상황에 직면하여 식품 체계의 회복 능력을 강화하기 위한 일반 전략을 제시한다. 여기에는 사회·환경·경제적 측면을 모든 개발 활동에서 고려하는 '3중의 핵심 목표'를 보장하는 농생태적 조치 등이 포함된다. 예컨대, 에너지와 보건과 환경 관련 비용을 모두 계산에 넣는 총비용 회계 방식(full-cost accounting), 그리고 더 중요하게는, 농업·식품 생산과 유통에 시장 중심적 접근이 아니라 권리에 기반을 둔 틀(rights-based frameworks)을 적용하는 것을 들 수 있겠다. 유엔의 식량권 특별조사관인 올리비에 드 슈터(Olivier de Schutter)도 2011년 3월에 열린 유엔인권이사회에서 위와 같은 접근을 옹호했다. "농업은 환경적으로 더욱 지속 가능하고 사회적으로 더욱 공정한 생산 양식을 지향하는 방향으로 근본적 재조정을 해야 한다. …… 농업 생태학은 소농들이 비용을 덜 들이고도 더 많이 생산할 수 있도록 도울 수 있다. 하지만 이렇게 됐을 때 소농들만 혜택을 보는 게 아니다. 지구 온난화의 속도를 늦추고 생태 파괴를 막는 효과도 나타나기 때문에 우리 모두가 수혜자가 될 수 있다."[42]

생명 기술의 활용을 포함해서 "지금까지 하던 식으로 계속 하자."라고 주장하는 사람들의 반대 때문에 기존 개발 분야에서는 〈개발을 위한 농업 과학과 농업 기술의 국제적 평가〉 보고서를 거의 무시하고 있지만, 그래도 이 보고서가 주창한 방식을 전 세계에서 실천하는 곳이 많다. 이런 의견 대립은 유기농 영농이나 농업 생태적 영농으로 전 세계 인구를 과연 먹여 살릴 수 있겠는가 하는 논쟁에도 반영되어 있다.

전 세계를 먹여 살리는 법

최근에 이루어진 여러 연구에 따르면 비유기 농업과 비교했을 때 유기농 영농, 농생태적 영농에 의한 생산량이 오늘날 전 세계 1일 칼로리 평균 소비량을 충족시킬 수 있는 수준이라고 한다.[43] 이 중 캐서린 배즐리(Catherine Badgley)와 동료들이 행한 연구가 가장 주목할 만하다. 전 세계에서 수집한 데이터 자료에서 293건의 사례를 검토한 결과 전 지구적 북반구에서는 유기농으로 통상적인 화학 농법의 92퍼센트 수준의 수확을 거두는가 하면, 남반구에서는 유기 농법이 80퍼센트 **이상의** 소출을 냈다고 한다.[44] 더 나아가, 연구자들은 유기농을 활용하면 농지를 더 확대하지 않고도 전 세계 인구를 모두 먹일 수 있으며, 피복 작물(cover crop)인 콩과 식물을 함께 재배하면 현재 사용하는 인공 화학 비료―과다 사용시 토양을 해치는―를 쓰지 않더라도 충분한 양의 질소를 만들어낼 수 있다는 사실을 발견했다. 지난 몇 년 동안 가격이 300퍼센트 이상 오른 화학 비료와 비교할 때 유기질 퇴비는 농사 현장에서 바로 생산할 수 있으므로 비용도 훨씬 적게 든다. 또한 유기농 영농, 농생태적 영농은 필요한 자원을 농사 현장에서 직접 투입할 수 있고, 토양과 수계 유역을 비옥하게 하며, 산업형 영농보다 에너지도 훨씬 적게 소비한다. 농생태적 유기농이 통상적 농업 생산에 비해 비싸다는 비판의 목소리가 있지만, 그런 주장은 산업형 영농에 필요한 에너지 소비와 농가에 지원하는 엄청난 양의 국가 보조금을 계산에 넣지 않은 것임을 알아야 한다. 생태론자 이베트 퍼펙토(Ivette Perfecto)는, 통상적 영농 방식이 저렴하다는 통념을 반박하면서, 화학 농업 때문에 소비자가 건강과 환경 관련 비용을 부담해야 하는 점과 정부가 제공하는 보조금 등을 통상적 농업의 비용 계산에 넣어야 한다는

사례_원유 생산 하강기의 진정한 쿠바 혁명

1991년에 소련이 붕괴하고 소련권으로부터 원유, 농화학 제품, 농기계류 등의 수입이 중단되면서 쿠바는 에너지와 먹을거리 체계를 완전히 바꿀 수밖에 없었다. 따라서 쿠바의 농업 부문은 유기 농법, 도시 농장, 동물력 이용, 생물학적 해충 관리 등을 발전시켰다. 이 시대는 적대적인 국제 환경 탓에 큰 위기를 맞은 쿠바가 오히려 전화위복할 수 있었던 '특별한 시기'가 되었다. 쿠바는 이 시기에 산업과 농업 경제를 점점 더 지속 가능한 방식으로 전환할 수 있었다.

최근의 연구에 따르면, 지역 편차가 있긴 하지만, 10년도 채 안 되어 전체 농가의 46퍼센트에서 72퍼센트가 농생태적 영농을 하고, 전 국민이 소비하는 야채, 옥수수, 콩, 과일, 돼지고기의 60퍼센트를 이 같은 방식으로 생산하고 있다. 2008년에 초대형 태풍 아이크가 지나간 후 농생태적 농사를 짓던 농장에서는 50퍼센트 정도의 손해를 입은 반면, 단일 작물을 재배하던 곳의 피해는 90퍼센트에서 100퍼센트에 달했다. 또한 농생태적 농사를 짓던 곳에서는 태풍의 피해 복구도 빨라서, 태풍이 지난 40일 후부터는 전체 유기농 농가의 80퍼센트에서 이미 농산물을 출하했다. 이처럼 농업 생태학적 영농은 단위 농지당, 단위 투입물당, 단위 노동력당 가장 효율적이고 저렴하며 안정적인 형태의 먹을거리를 생산하는 방식임이 입증되었다. 이 때문에 농생태적 농사를 짓겠다는 소농들이 늘고 있고, 정부의 농생태적 농지 보조 정책도 더욱 늘어나는 추세이다.

쿠바 도시 농업의 성공 사례도 잘 알려져 있다. 38만 3천 개에 달하는 도시 농장에서 합성 화학 물질을 전혀 쓰지 않은 무공해 채소를 150만 톤 이상 생산하고 있다. 이는 아바나, 비야클라라, 그리고 그밖의 도시에 공급되는 총 채소 공급량의 40퍼센트에서 60퍼센트에 달하는 분량이다. 세계에서 쿠바만큼 먹을거리 마일리지와 에너지와 투입물 사용량을 줄이는 데 성공한 나라가 없다. 또한 세계 어느 나라도 쿠바만큼 먹을거리의

> 생산과 소비 사이클을 효과적으로 통합하지 못했다.
> 쿠바의 농생태적 혁명을 가능케 한 특수 상황을 감안할 때, 미래에 기후, 식량, 에너지 위기―재난 상황일 수도 있는―에 직면한 나라들이 쿠바처럼 농업의 전환에 성공할 것으로 예상할 수 있지 않을까?
> 출처 : Altieri and Toledo, 2011

점을 지적한다.[45] 배즐리와 퍼펙토는 자신들의 연구에 논란의 여지가 있음을 인정하지만, 그 연구가 수익의 원칙이 아니라 충족의 원칙을 따른 것이고, 전 지구적 유기농 식품 체계의 실제 모습은 "유기농 식품의 수확량만큼이나 농업 정책과 가격이 어떻게 책정될 것인가에 달려 있다."라고 강조한다. 이들은 다음과 같은 결론을 내린다. "전 세계의 다양한 농업 지역에서 각 지역 사회에 적합한 작물 재배 시스템, 증산력 제고 방식, 해충 관리 방식 등에 관한 추가 연구를 하면서 농생태적 영농을 실행하면 그 결과는 몇 배나 더 커질 것이다."[46] 유기 농법을 비판하는 가장 흔한 논리로 노동력이 많이 필요하다는 비판이 제기되곤 한다. 그러나 이런 비판은 농업 노동이 다른 부문의 노동보다 열등하며, 그만큼 수고할 만한 가치가 없다는 식의 근대주의적 가정에서 시작했다. 예를 들어, 경제학자 칼 프레이(Carl Pray)도 다음과 같은 근대주의적 입장을 밝힌다. "노동 비용이 점점 더 올라가는 시대에 모든 농촌이 '소농 왕국(small farmerdom)'으로 전환할 수 있을지는 의문이 아닐 수 없다. 중국이나 인도의 예를 들어보자. 산업화 탓에 노동력 수요가 높아졌기 때문에 농촌 지역 인구가 계속 도시로 유입되고 있다."[47]

하지만 이 같은 기본 전제는 인류와 환경의 지속 가능성을 전혀 다르게 상상하는 새로운 패러다임―농업과 농업 노동의 가치를 재평가하는―이 등장하고 있는 이 시대에도, 여전히 이농 현상이 불가피하며 지속 가능한 현상이라고 고집하는 시대착오적 관점이라 할 수 있다. 농촌 지역의 이농과 인구 감소는 자연스러운 현상이 아니라, 애초 도시에 편향된 전 지구적 개발 시스템 내에서 노동의 흡인력(pull)과 배출력(push) 때문에 일어나는 현상이기 때문이다. 하지만 농촌의 인구 감소보다 더 큰 문제는, 인위적으로 산업적 투입을 많이 하는 농업(high-input agriculture)을 계속 유지하려는 태도라 할 수 있다. 산업형 고투입 농업은 농업 노동과 현지 생태계에 관한 중요한 토착 지식을 없앨 뿐만 아니라, 값비싼 경제적·환경적 비용을 치르게 한다.

농생태론 프로젝트

위에서 시사한 대로 자족적 농업 생태계(permaculture)를 포함한 농생태적 영농법은 오늘날 눈에 띄지 않게 급성장을 거듭하고 있다. 눈에 띄지 않는 이유는 농생태론이 통상적인—그리고 점점 더 비현실적인—근대성의 범주에 속해 있지 않기 때문이다. 생태학자 미겔 알티에리(Miguel Altieri)는 농생태론을 일종의 과학이자, 전 지구적 상업 농업이 아닌 특정한 지역 장소와 연관된 실행 체계라고 정의한다. 과학으로서 농생태론은 "지속 가능한 농생태계를 연구하고 디자인하고 관리하는 데 생태학적 지식을 활용"한다. 따라서 농장들이 다변화하여 생물학적 상호 작용을 통해 생태계의 토양 증산력을 되살리고, 생산성을 유지하며, 작물을 보호해야 한다.[48] 알티에리와 톨레도(Victor Manuel Toledo)는 위의 관점을 다음과 같이 요약한다.

농생태론의 핵심 원칙은 외부의 투입재를 쓰지 않고, 농장 자체에서 영양소와 에너지를 순환시키고, 토양의 유기물과 토양의 생물학적 활동을 증가시키며, 시간과 장소를 뛰어넘어 농생태계의 식물 종들과 유전 자원들을 다변화하고, 농작물 재배와 가축 사육을 통합하며, 개별 종의 수확량보다는 전체 농업 시스템의 상호 작용과 생산성을 최적화하는 것이다.[49]

더 나아가, 농업 인구의 감소를 당연하게 여기는 풍조에도 불구하고 라틴아메리카에서 농민들의 활동은 점점 늘어나고 있다. 농민들은 현재 전 세계 먹을거리 생산자의 3분의 2를 차지하며, 주곡의 대다수를 생산하고 있다.[50] 지난 25년 동안 라틴아메리카(1990년대에 약 2억 2천만 인구에 달함)와 유럽에서 **재농촌화***가 일어나고 있으며, 농민들이 투입물의 가격이 계속 상승하는 신자유주의적 압력에 맞서려고 조직화를 단행하고, 농업 투입물 업자들과 관계를 끊고 농장을 위한 '생태 자본'을 구축하는 데 초점을 맞추기 시작했다.[51] 〈2011년의 세계 정세(State of the World 2011)〉라는 제목의 보고서는 농생태론적 방식을 다음과 같이 기술한다.

농생태적 농법은 식량 안보가 크게 위협받는 지역과 생산물 증산 압력이 높은 지역에서 특히 중요하다. 이 방식은 토양 침식과 농업 용수 수질 악화 지역의 농민들에게 도움이 될 뿐만 아니라, 농업용 산업 투입물의 가격이 너무 높거나, 투입물이 부족하거나, 경제적으로 위험 부담이 지나치게 클 때에 지속 가능한 대안이 될 수 있다. 서서히 그러나 확실히, 상업적 수요가 늘고 있으므로 생태적 검증을 거친 작물 재배 시스템을 위한 매력적인 시장 창출의 기회가 만들

재농촌화(re-peasantization) '새로운 농민 계급'을 재형성하려는 현대적 추세. 소규모 또는 중규모 농장들이 개별적 혹은 집단적으로 농사, 농업 외 활동, 농업 관광 등을 통해 생태 자본을 회복하고 유지하려는 현상. 고투입 산업형 농사의 대안 중 하나.

어지고 있다.[52]

세계은행의 〈세계 개발 보고서〉

2007년에 시작된 세계 식량 위기의 초기 단계부터 식량 안보상의 위험이 뚜렷이 나타났다. 공식 담론에서는 이 위기를, 장기간 지속된 농업 부문 투자 위축을 반전시키고 전 세계로 식량을 공급할 수 있는 절호의 기회, 그리고 곡물가 상승을 이용해 소농들이 국내, 국제 농업 시장에 진출하고 시장과 깊이 연계될 수 있는 절호의 기회라고 보았다.[53] '개발을 위한 농업'이라는 주제를 내걸고 세계은행이 2008년 펴낸 〈2008 세계 개발 보고서(World Development Report 2008)〉는 다음과 같이 선언했다. "이제 농업을 발전 의제의 핵심에 다시 위치시킬 때가 왔다."[54] 25년 이상 농업을 무시해 오다 식량 위기를 맞아 세계은행을 시작으로 많은 개발 기관이 드디어 농업의 핵심적 위치를 인정하기 시작한 것이다. 이때 〈이코노미스트〉는 세계 식량 가격이 1845년 이래 최고점에 도달했다고 보도했다.[55]

2008년, 유엔식량농업기구가 로마에서 개최한 세계식량안보정상회의 당시 자크 디우프(Jacques Diouf) 사무총장은 다음과 같이 발언했다. "전 세계 경제를 살릴 방법, 그리고 농촌 지역의 수많은 농민에게 일자리와 소득을 마련해줄 방법을 찾는 전 세계의 지도자들은 농업에 투자를 늘리는 것이 좋을 것이다."[56] 따라서 "전 세계 경제를 살린다."라는 목표가 농촌 개발—새로운 농산물 수출 정책과 맞물려—과 직접 연결되는 계기가 마련되었다. 이런 목표는 다음 두 가지 연관된 쟁점을 제기했다. (1) 농산물 수출을 통해 '전 세계 인구를 먹여 살릴(전 세계 경제를 살릴)' 수 있을지 여부. (2) 수출형 농업을 어떻게 발전시킬 수 있을 것인지 여부. 하지만 딜레마가 있었는데, 위의 인용문에서 볼 수 있듯이, 아프리카 농업의 발전 그리고 농

사례_육식 위주 식단 논쟁

'전 세계 인구를 먹여 살리기' 위한 세계은행의 모델에서 오늘날 유행하는 경향을 유추할 수 있다. 이 모델에는 '육류 소비(meatfication)' 식단에 의한, 지속 불가능하고 불공평한 악영향이 포함된다. 〈세계 개발 보고서〉는 다음과 같이 예상한다. "향후 예상되는 수요를 충족하려면 2000년에서 2030년 사이에 곡물 생산은 50퍼센트, 육류 생산은 85퍼센트 더 늘어야 한다." 지리학자 토니 웨이스(Tony Weis)는 다음과 같이 주장한다. "농업에 필요한 전체 농지 공간을 계산하는 데 현재 인류의 식량 수요를 기본으로 전제했기 때문에 육류화 추세가 정상적인 과정인 것처럼 사람들 마음속에 자리 잡았다. 하지만 현재 인류의 식량 수요가 반드시 고정불변의 욕구일 필요는 없다."

웨이스에 따르면 육류 생산은 크나큰 '생태 발자국'을 남긴다. 전 세계 온실가스의 22퍼센트에서 30퍼센트를 농업 부문이 배출하는데 이중 가축 사육(사료와 운송 포함)으로 방출되는 가스가 거의 80퍼센트를 차지한다. 집약적인 축산업 복합체 덕분에 전문화된 사료용 곡물 재배 지역과 공장형 축산 농가들이 연결되었으며, 전체 농지 중 가축 사료용 곡물 재배가 70퍼센트를 차지한다.

2020년이 되면 중국인 1인당 쇠고기, 닭고기, 돼지고기 수요가 지금의 두 배가 될 것이다. 중국의 집약적 육류 생산 방식에서 브라질의 대두와 특히 미국의 옥수수를 사료로 사용하기 때문에 중국 한 나라의 축산업 복합체만 하더라도 다중적 차원에서 온실가스를 배출한다. 아마존 유역의 산림 훼손, 화석 연료를 사용한 운송, 사료용 곡물을 집중적으로 생산하는 데 투입하는 화학 비료, 그리고 가축들이 방출하는 메탄가스 등이 모두 온실가스의 주범이 된다.

다른 한편, 기후 전문가들은 온실가스 배출을 줄이려면 가축 사육을 줄여야 한다고 주장한다. 축산 부문에서 방출하는 온실가스 중 메탄

> 과 산화질소가 이산화탄소보다 더 큰 몫을 차지하기 때문이다. 물론 반
> 대 의견도 있다. 자연 보호 전문가 팀 플래너리(Tim Flannery)는 '지속
> 가능주의 식단(sustainabilitarian diet)'을 옹호한다. 육류(가축용 사료
> 는 아님)를 지속 가능한 방식으로 생산할 수 있다는 주장이다. 그의 주
> 장은 다음과 같다. "식물과 동물 사이의 상호 작용은 가이아 자율 조정
> 가설의 핵심이다. 식물은 태양 에너지를 받아서 자라고, 동물은 식물을
> 먹고 영양소를 창조하여 그것을 빠른 시간에 재활용한다. 식물은 동물
> 이 재활용한 영양소를 다시 흡수하면서 자란다."
>
> 　근대의 특징으로 육류 소비를 들 수 있는 이유가 무엇일까? 그리고
> 왜 근대적 농사에서는 혼작을 거부하고 단일 작물 재배를 고집하는가?
>
> 출처 : World Bank, 2007 : 8, 17; Weis, 2007 : 17, 20, 168, 171; Michael et al., 2007; Kumar, 2011; Flannery, 2009 : 86–7, 90, 93

업의 발전이 도시, 시장과 이어진 것은 분명히 존재하는 욕구이긴 하지만, 외국 투자자들에게는 농업 수출에 대한 반대 급부가 있어야만 매력적인 투자 기회가 될 수 있다는 사실이었다. 여기서 반대 급부란 종자, 비료, 살충제 같은 투입물을 판매할 수 있는 새로운 시장, 또는 초국적 **가치 사슬 농업***이 진출할 새로운 시장을 의미했다.

　세계은행은 자기들이 1980년대에 주도한 구조 조정 정책이 "농민들에게 농지 접근성, 신용, 보험, 투입물, 협동조합 등을 제공하던 공공 기관의 정교한 지원 시스템을 무너뜨렸다"는 점을 인정한 상황에서, 세계은행이 이번에 새롭게 내놓은 접근 방식은 농기업이 국가와 동반자 관계를 맺고 시장

가치 사슬 농업(Value chain agriculture) 국경선 안에서, 그리고 국경선을 넘나드는 상품 사슬 내에 농업을 포함하자는 것. 이 상품 사슬은 농기업 공급자로부터 식품 가공업자, 판매업자, 상품 거래업자 등에 이르는 다양한 주체가 다루는 모든 투입물과 산출물을 뜻한다.

과 더욱 깊숙이 이어지는 것이었다. "민간 부문은 소농들과 상업형 농장들에 시장을 가깝게 알선해주면서 그들이 가치 사슬에 이어지도록 해준다."[57]

이런 계획에 따르면 식량 정책과 개발 정책에 독특한 결과가 발생하게 된다. 통상적 경제 이론에서는 고부가가치 농산물 수출이 활성화되면 수출을 해서 번 돈으로 주곡 수입을 충당하면 된다고 했지만, 막상 식량 위기 상황이 닥쳐 곡가가 상승했는데도 곡물 수출 국가들(카자흐스탄, 인도네시아, 베트남, 이집트, 중국, 캄보디아, 인도)이 수출을 중단해버린 것이다. 곡물이 아닌 일반 고부가가치 농산물 덕분에 농가의 소득이 늘어날 수는 있겠지만, 그런 상황이 오더라도 그와 함께 현지 시장에서 현지산 먹을거리 공급이 줄어드는 일이 발생하기도 하고, 심지어 농가에서 직접 소비할 먹을거리—식량 위기가 닥쳤을 때 기아에 빠지게 되는 핵심 요인—조차 부족해지는 경우가 생긴다. 그러므로 실제 '세계 인구를 먹이는' 일과 수출 농업의 발전은 결코 동의어가 될 수 없다.

'전 세계 인구를 먹여 살리기' 위해 핵심적으로 제안된 기술이 유전자 조작 식품(GMOs)이다. 2008년 로마에서 개최된 세계식량안보정상회의에서 유엔식량농업기구, 국제농업개발기금(IFAD), 세계식량프로그램(WFP)은 록펠러 재단과 게이츠 재단과 공동으로 양해 각서를 체결했다. 이 협약에 따라 두 재단은 아프리카녹색혁명동맹(AGRA, Alliance for a Green Revolution in Africa)에 재정 지원을 하여 아프리카 곡창 지대를 아프리카 대륙의 비상 식량 원조를 위한 원천 지대로 전환하기로 했다. 록펠러 재단이 과거 잡종 종자를 이용하여 초기의 녹색 혁명을 후원한 적이 있었지만, 이번 사업의 경우는 게이츠 재단이 세계적인 생명 기술 회사인 몬산토와 협력한다는 점, 그리고 아프리카녹색혁명동맹이 수입 비료를 사용하고 생명 기술로 품질을 강화한 상업용 종자를 사용한다는 점에서 차이가 있다.[58]

생명 기술 산업이 식품의 품질 강화에 점점 더 관심을 보인다는 사실은, 녹색 혁명의 단일 작물 경작 탓에 다양한 나물과 채소로 이루어진 식단의 다양성이 사라짐으로써 발생한 문제를 수익성 있는('영양화') 해결책으로 풀겠다는 발상을 보여준다.[59] 이는 시력 상실을 막기 위해 아시아인의 식단을 개선할 목적으로 비타민A를 보강한 쌀을 둘러싸고 벌어졌던 논쟁과 비슷하다. 세계적으로 약 10억 명이 미세 영양분 결핍 관련 질환을 앓고 있지만, 이 문제는 아프리카의 소규모 '녹색 채소 혁명'을 통해 생태적 방식으로 해결의 실마리를 찾아가는 중이다. 녹색 채소 혁명은 농민들이 토종 나물과 채소를 재배하여 전통적 식단의 가치를 재발견하는 혁명이다. 토종 채소들은 가뭄에 강하고, 병충해에 저항력이 있으며, 주식 곡물보다 생장 주기가 짧고, 경작 공간을 적게 차지한다. 이런 채소를 적극적으로 활용하면 채소 가격의 상승에 타격을 받을 일이 줄어들고, 농민들이 생물 다양성을 보호하고 기후 변화의 악영향을 완화할 수 있게 된다. 따라서 세계채소센터(AVRDC-The World Vegetable Center)의 연구원들은 아프리카산 가지, 당비름, 아프리카 까마중이, 광저기 등의 품종을 개량하고 있다. 또한 우간다의 학교원예혁신개발(DISC, Developing Innovations in School Cultivation) 프로젝트는 슬로푸드 인터내셔널(Slow Food International)과 협력하여 학생들에게 토종 채소를 재배하고 그것을 조리하는 방법을 가르친다.[60]

토종 작물 재배와 유전자 조작 식품의 차이점은, 농촌의 권한을 강화하고 생태적 회복 능력을 강화하려는 풀뿌리 전략과 전 지구적 기업이 조직한 하향식 시장 전략, 이 둘 사이의 각기 특유한 이해 관계와 그 결과에서 비롯하는 차이점과 같다고 할 수 있다. 기업의 하향식 시장 전략은 아프리카 농민들의 의존성과 경제 체제에서 배제된 현실과 연관되어 있으며, 산업 투입물로 이루어지는 상업형 영농은 농민을 채무 관계 속으로 얽어넣는 전략이다. 이 점은 게이츠 재단의 내부 문서인 '농업 발전 전략 (Agricultural Development Strategy)'에 잘 나와 있다.

잉여 농산물을 생산할 잠재력이 있는 소농들은 빈곤에서 탈출하기 위해, 농촌 주민들의 건강과 복지 욕구를 충족할 수 있는 시장 지향적 농업 시스템을 창조할 수 있다. …… 우리가 꿈꾸는 성공의 비전은 시장 지향적 농민들이 빈곤으로부터 탈출하는 데 필요한, 충분한 소득을 창출하게 해주는 수익형 농장을 운영하는 것이다. 시간이 지나면서, 이 일은 일정한 토지 신축성, 그리고 농업 생산에 직접적으로 연관된 고용 인력의 감축을 요구할 것이다.[61]

전통적인 개발 모델에서 생산성의 이름으로 일부 소농들을 농촌에서 쫓아내야 한다고 주장한 적이 있었지만, 게이츠 재단의 경우, 특히 요즘처럼 고용 없는 성장의 시대에 쫓겨나온 노동자들이 어디로 갈 것인가에 관해서는 일언반구도 이야기하지 않는다. 이런 이유로 현재의 개발 패러다임을 재고하라는 요구가 빗발치고 있다. 유기농 영농, 농생태적 영농의 효과에 관한 증거를 감안해보면 이런 요구는 특히 의미심장하다. 그린벨트 운동으로 노벨상을 수상한 케냐 여성 운동가 왕가리 마타이는 다음과 같이 말한다. "아프리카는 농업 부문을 강화해서 서구처럼 산업형 영농의 특징을 지니고 있다. …… 우리가 배운 바대로 산업형 영농이 효율적인지는 몰라도, 환경에 관한 한 엄청난 결함을 지니고 있다."[62]

유엔무역개발회의와 유엔환경계획이 2008년에 발간한 연구물 〈아프리카의 유기농과 식량 안보(Organic Agriculture and Food Security in Africa)〉에는 다음과 같은 연구 결과가 실려 있다. "유기 농법은 화학 집약적인 농

사례_ 전 세계 종자 논쟁

농촌 사회에서는 언제나 종자를 보존하고 서로 교환해 왔다. 카린 피오네티(Carine Pionetti)는 남인도 데칸 고원의 건조 지역을 연구하면서 여성들이 '지역 사회의 종자 경제'를 구축하여 종자를 보존하고 활용하는 것이 얼마나 가치 있는지를 기록했다. 여성의 종자 교환 활동은 생태, 경제, 사회·문화적으로 중요한 가치를 지니고 있었다. 종자의 상업화(개발 산업이 선호하는 방식인 특허에 의한 독점화)와 비교해봤을 때 여성의 종자 교환은 다음과 같은 특징이 있다.

"지역 내의 곡식 품종들을 서로 계속해서 교환하면 그 촌락 내에서, 그리고 촌락 너머로까지 종자의 유전자 자원을 널리 유포할 수 있다. 유전자 자원을 이처럼 활발하게 관리하면 전통적 농경 시스템의 안정성이 늘어나고, 계속 진화하는 환경 조건에 맞춰 지역 작물의 적응 잠재력이 증가하며, 유전자 자원의 질 악화를 막을 수 있다. 또 종자를 서로 교환하면 적당한 종자가 없다는 이유로 땅을 놀릴 필요가 없고, 토양 침식을 피하고, 토양 내의 유기질 성분과 토양의 수분 함유 능력을 높일 수 있다."

종자를 잘 갈무리해놓으면 기근의 위협에 대처할 수 있고, 곡물의 다양성과 영양을 증가시킬 수 있으며, 집안에서 여성들이 '자립심과 협상력'을 키울 수 있게 된다. 그리고 이런 관행은 여성으로 하여금 특정한 개인적, 환경적, 기후적 욕구에 맞춰 종자를 선택할 수 있게 해주고, 적절한 시기에 파종을 할 수 있게 해주며, 요긴한 자산—별다른 자원을 갖지 못한 여성들에게 종자는 현금이나 마찬가지이다.—을 제공해준다. 달리 말해, 여성의 종자 관리는 일종의 '지식 공유지'로부터 얻어내는 안전 보장이라 할 수 있다.

> 농민들이 산업적으로 생산된 종자를 구매하거나 얻으면 그때부터 이들은 "산업화된 생산 사슬에 묶이게 되며, 농사에 무엇을 투입할 것인지, 추수한 작물을 어떻게 활용할 것인지에 관한 선택권을 포기하고 농화학 회사와 식품 가공 회사가 미리 정해놓은 결정에 따르는 길을 밟게 된다." 그렇게 될 때 농민들은 "전문가들(농업 과학자, 화학자, 유전학 전문가, 영양학자 등)이 내놓는 기술 정보의 네트워크"에 점점 더 의존하게 된다. 요컨대, 농사짓는 행위의 통제 권한이 농장의 농민으로부터 농기업 복합체로 넘어가는 것이다. 대지에 농사를 짓는 활동이, 생태계와 분리된 경제 활동(농경제)으로 전환되는 일이 발생한다.
>
> 산업화된 고투입 농업('곡물 생산')이 아니라 전통적인 저투입 농업('생태계 재생산')이 우리 미래를 관리할 수 있는 더욱 **현대적인** 방법이라는 점을 우리가 상상할 수 있을까?
>
> 출처 : Pionetti, 2005: xv, 154, 166; Holt-Giménez, 2006: 97

사에 기반을 둔 통상적인 농작물 생산 시스템보다 수확량이 더 많다. 그러므로 유기농은 아프리카의 식량 안보에 더 부합하는 방식이다."[63] 이 연구는 아프리카의 24개 나라에서 실시된 114건의 프로젝트를 분석한 후 유기 농법으로 재배할 경우 수확량이 두 배 이상 늘어난다는 점을 밝혔다. 이는 배즐리와 동료들의 연구 결과를 확인해주는 것이기도 하다. 이 연구는 또한 유기 농법이 "토양 증산력 배가, 물 저장 능력 제고, 가뭄에 대한 저항력 등 확실한 환경 혜택을 제공할 수 있다."고 밝힌다.[64]

유전자 조작 작물이 사료 곡물 그리고 화학 농법의 확대에 맞는 특성에 초점을 맞춰 온 사실을 감안한다면, 〈세계 개발 보고서〉에 나오는 "빈곤층에 유전자 조작 먹을거리의 혜택을 주자."라는 세계은행의 목표는 의문이 드는 내용이다. 소농과 농민들이 상업형 투입물에 크게 의존하는 현상은 세계은행의 〈세계 개발 보고서〉에 이미 예견되어 있었다. 이 보고서에서 세계은행은 산업적 투입물을 위한 시장을 발전시키기 위해 '시장 친화적' 보조금 정책을 사용해야 한다고 주장한다.[65] 세계은행은 천수답 지역에 대해 다음과 같은 평을 내놓는다. "지난 20년 동안 농업 부문에서 일어난 주요 성공담 중 하나는 보존(제로) 경작이라 할 수 있다."[66] 이는 토양을 적게 훼손하는 기술이긴 하나 어쨌든 화학 비료 거래인들의 네트워크와 유전자 조작 종자를 활용하는 기술이다. 그러므로 이 방식은 화공 약품 회사와 종자 회사의 지배력을 강화한다고 볼 수 있다.

전 지구적 토지 수탈―21세기형 인클로저

이른바 '**전 지구적 토지 수탈**'*은 토머스 모어 경(Sir Thomas More)이 1516년 출판한 《유토피아(Utopia)》에서 "양이 사람을 잡아먹는다."라고 표현한 행위이며, 역사적인 토지 구획 과정―영국에서 개인의 사유지를 확정 짓는 과정에서 농민들이 그전까지 공유지였던 땅에서 강제로 쫓겨나야만 했던―을 답습하는 현상이다. 식민 지배는 이 같은 인클로저(공유지 사유화) 운동을 식민지로까지 확대하여, 식민지 주민들의 토지와 거주지를 수출용 단일 작물 재배용, 혹은 식민 지배자들의 정착용 토지로 강제 전환했다. 이런 과정은 신생 독립국들이 수출 소득을 높이려고 노력했던 개발 프로젝트 시대에도 계속되었다. 그 후 이어진 지구화 프로젝트 시대에는 채무를 부담하기 위해 광물과 농산물 수출에 더욱 의존하게 되면서 시장

전 지구적 토지 수탈(global land grab) 주로 21세기의 외국의 토지 구입을 대중적으로 표현한 용어. 수출용, 생물 연료용, 금융 투기용, 부채 상환용, 그리고 식량 의존국이 식량 확보용으로 작물을 재배하기 위해 외국의 농토를 구입하는 행위.

의 압력 때문에 인클로저가 심화되었다. 이제 21세기 들어 식량과 에너지의 기후 변화 위기와 금융 위기가 결합된 압력이 '토지 수탈'의 형태로 인클로저를 만들어내고 있다. 에너지와 식량 가격이 계속 오르면서 토지 자체가 투기용 투자의 대상, 그리고 식량과 연료의 공급 부족에 대한 위험 대비책이 되었다.

세계은행은 2009년에 발표한 보고서 〈농지에 대한 전 지구적 관심 고조 : 지속 가능하고 공평한 혜택을 낳을 수 있을까?(Rising Global Interest in Farmland : Can It Yield Sustainable and Equitable Benefits?)〉에서, 지난 4년 동안 전 세계 투자자들이 외국에서 매입한 농지가 모두 1억 1,100만 헥타르에 달하며 그중 75퍼센트가 아프리카의 농토라고 밝혔다.[67] 2011년 세계은행은 외국 투자자들이 사들인 농토가 12배나 늘었다고 보고했다.[68] 중국과 중동권 국가들이 외국 토지 구입 바람을 불러일으킨 장본인이었다. 2008년 이래 중국, 사우디아라비아, 이집트, 바레인, 페르시아 만 연안 국가들, 요르단, 쿠웨이트, 리비아, 카타르, 아랍에미리트연방, 인도, 말레이시아, 일본, 한국 등이 아프리카, 남아시아와 동남아시아, 남아프리카, 중남미 등지에서 농지를 구입했다.

식량 자급이 어려운 위의 나라들 외에도, 농기업 회사, 투자 기관, 사모 투자 펀드, 펀드 관리자 등의 투자자들이 외국 토지 구입에 열을 올리고 있다. 이 투자자들은 현지의 민간 업체나 해당국 정부 또는 자국 정부와 해당국 정부가 맺은 합작 투자 계약을 통해 활동한다. 예를 들어, 일본의 금융 회사 스미모토 미츠이는 콩을 재배하기 위해 브라질의 농지 10만 헥타르를 구입했다. 해당국 정부는, 은행의 자문을 받아, 외국 투자자들이 자국의 농토를 구입―식량 생산 혹은 생물 연료로 쓸 사탕수수, 콩, 유칼립투스, 야자유, 옥수수, 밀, 바이오디젤용 자트로파 등을 재배―할 수 있도록 국내법이나 정책을 개정하고, 농지 소유와 관련된 규정을 변경해주었다. 따라서 아프리카 여러 나라와 마찬가지로 국가가 대부분의 국토를 소유한 수단에서도 대단히 저렴한 가격으로 외국 투자자들에게 농지를 임대해주고 있다.[69]

21세기의 첫 십 년이 끝날 무렵, 전 세계 80개 국가에서 총 389건의 토지 취득 계약이 체결되었다. 그중 이른바 투자 프로젝트의 37퍼센트가 곡물이나 가축 사육 같은 먹을거리 관련 사업이었고, 그 뒤를 이어 생물 연료용 식물 재배가 35퍼센트를 차지했다.[70] 지구화 프로젝트의 위기에서 발생한 식량 부족을 타개하고 대안적 에너지원을 개발한다는 명분으로 외국 농지 투자가 장려되고 정당화되었을 뿐만 아니라, 일자리 없는 성장 시대를 맞은 투자자들―진짜 투자보다 투기성 투자를 더 선호하는―에게 농업에 대한 투자는 수익을 창출할 수 있는 새로운 길을 열어주었다. 외국 토지 수탈은 곡물 가격을 상승시키기 마련이다. 그러나 시간이 흐를수록, 특히 대규모 투자 회사에게는, 외국 토지 구입이 비교적 장기간에 걸쳐 안전한 투자처 노릇을 해준다. 식량과 바이오디젤용 자트로파(차세대 에너지원으로 각광받는 식물)를 재배하기 위해 사하라 이남 아프리카의 농지를 산업화 영농 기지로 전환하는 데 4억 5천만에서 7억 5천만 달러를 투자한 영국계 자산 운용사인 이머전트 에셋 매니지먼트(Emergent Asset Management)의 설립자이자 최고 경영자인 수전 페인(Susan Payne)은 다음과 같이 말한다. "우리는 기관 투자자―연기금, 보험, 기부금 관리, 국부 펀드 등―로부터 아주 좋은 반응을 얻고 있다." 이 회사는 아프리카에 투자하는 이유를 다음과 같이 설명한다. "다른 농업 경제 국가에 비해 아프리카의 토지 가격이 대단히 낮기 때문이다. 아프리카의 국지성 기후도 다양한 작물을 재배하는 데 유리해서 아주 매력적인 요인이 된다. 노동력도 충분하다. 인프라도 좋은 편이다. 기간 도로 설비, 양호한 트럭 운송 체계, 해운 시설 등이 잘 갖춰져 있다."[71] 그리고 다음과 같은 말도 덧붙였다. "사하라 이남 아프리카 지역의 농토는 연간 25퍼센트의 수익을 보장한다. 그리고 앞으로 단기간 내에 신기술을 도입해 작황을 3배 이상 증가시킬 수 있다. …… 농업 개발은 지속 가능한 비즈니스일 뿐만 아니라, 우리의 미래이기도 하다. 2050년까지 식량 생산을 50퍼센트 이상 증산하기 위해 우리가 지금 당장 정신을 차리지 않으면 전 세계는 심각한 식량 부족 위기를 겪을 것이다."[72]

그러나 투자자에게는 농지 가격이 저렴할지 몰라도 현지 주민에게는 그렇지 않다. 또한 정부는 흔히 토지―그것이 공유지이든 사유지이든―를 '유휴지' 혹은 '저생산지'라는 식으로 분류하곤 한다. 예를 들어, 생물 연료용 재배에 매력적인 투자처인 에티오피아에서 어떤 농산부 관리가 7백만 에이커 이상의 땅을 '처녀지'로 분류하여 외국 투자자들에게 임대를 결정했는데, 공식 임대료가 에이커당 연 50센트에 불과했다.[73] 게다가 에티오피아의 최저 임금은 하루 8비르(39센트)밖에 안 된다.[74] 이렇게 싼 임대료와 초저임금으로 생산한 농산물이 헐값으로 국제 곡물 시장에 팔려 나가는 것이다. 에티오피아의 이른바 '토지 임대 프로젝트'는 대규모 상업형 영농(주로 곡물 수출과 생물 연료 재배용)을 개발할 목적으로 추진되고 있는데, 이에 따르면 2013년까지 300만 헥타르의 '유휴지'를 임대할 예정이다. 이는 에티오피아의 모든 경작지의 20퍼센트에 해당하는 면적이다. 비옥한 감벨라 지역 출신의 아누아크족 주민은 이렇게 말한다. "우리 마을 주변의 모든 땅이 임대용으로 나왔고 현재 개간 중이다. 마을 사람들은 이제 인도계 개발 회사를 위해 일해야 한다. 주민들의 땅은 강제 수용당했고 아무런 보상도 받지 못했다."[75]

이런 현상을 두고 국제토지연합(International Land Coalition)의 정책 전문가 마이클 테일러(Michael Taylor)는 다음과 같이 말한다. "만일 아프리카의 땅이 현재 방치되어 있다면 거기엔 분명히 이유가 있을 것이다. 가축을 방목하고 있을 수도 있고, 영양분 쇠퇴나 토양 침식을 막기 위해 휴경 중일 수도 있다. 아프리카에서 유휴지로 분류된 땅을 한 번이라도 관찰해 본 사람이라면, 에티오피아 어디에도 소유주가 없거나 사용자가 없는 땅이 없다는 사실을 이해할 것이다."[76] 유엔식량농업기구는 농촌 지역에서 생물 연료를 재배함으로써 여성의 지위가 낮아지는 현상을 지적한다. 공유지나 유휴지 같은 주변부 땅은 농촌 지역 주민에게 생계를 잇는 데 좋은 수단이 되며, 특히 재산이 없는 여성들은 이런 곳에서 텃밭을 일궈 생활하기 마련인데, 그런 땅까지 상업적으로 개발하면 이들이 식량을 얻을 곳이 없어진다.[77]

통상적인 개발 담론에서는 생계형 또는 차상위 생계형 농민들은 당연히 가난하고, 이들이 일자리를 통해 돈을 벌어야 한다고 가정하기 쉽다. 오염되지 않은 서식지와 공유지 그리고 농토의 확보가 현대를 움직이는 원동력이 아니라, 돈이 현대를 움직인다고 보는 관점이 지배적이기 때문이다. 농민들이 사유지나 대규모 농장의 노동자로 전환될 때 두 가지 의문이 제기된다. (1) 겉으로는 자신의 의지에 따라 노동자가 된 것처럼 보이지만, 어떤 조건이 이들에게 그런 선택을 하게 했는가?(예컨대, 독립 소농을 포함해서 농사를 계속 지을 수 있는 대안이 없어졌기 때문에 그런 선택을 한 것은 아닌가?) (2) 농민이 농토를 떠나 노동자로 전락할 때 장기적으로 보면 무엇이 사라지는 셈인가?

연료용 곡물 재배가 '반인도적 범죄'인 이유

농토에서 먹을거리용 농사를 짓지 않고 생물 연료용 곡물을 재배할 때 농민은 재생 가능한 생계를 포기할 뿐만 아니라, 지역 공동체는 자기 식품 시스템에 대한 주권을 잃게 된다. 세계은행의 보고서 〈농지에 대한 전 지구적 관심 고조〉는 외부의 대규모 토지 취득이, 농촌 지역 고용 창출, 계약형 영농, 농산물 판매와 주택 임대 등을 통해 농민들의 빈곤을 줄일 수 있는 중요한 수단이 된다고 주장한다.[78] 인류학자 타니아 리(Tania Li)는 바로 세계은행의 자료를 이용해서 세계은행의 이 같은 주장을 반박한다. 예를 들어, 고용을 놓고 봤을 때, 세계은행 보고서는 야자유 산업이 전 세계적으로 600만 헥타르의 땅에서 170만에서 300만 농민들의 고용을 창출한다고 했지만, "현지 조사에 따르면 완전히 가동 중인 대규모 농장이라도, 효율성과 생산 단계에 따라 4에서 10헥타르당 1명의 노동자만 고용할 뿐이다."[79] 생물 연료용 농사를 지을 때, 열대 지방에서 "가족이 직접 운영하는 농장일 경우 100헥타르에서 평균 35명의 일자리가 필요하다. 그러나 야자유나 사탕수수 농사는 10명, 유칼립투스 농사는 2명, 콩 농사는 100헥타르당 0.5명의 일자리도 만들지 못한다. 이 모든 일자리가 저임금의 열악한 고용이다. …… 브라질 남부, 아르헨티나 북부, 파라과이, 볼리비아 동부 지역에 걸쳐 있는 5천만 헥타르 넓이의 '콩 공화국'에 들어선 대규모 콩 생산 농장들 때문에 수십만 명에 달하는 소농의 삶이 피폐해졌다."[80]

야자유 같은 연료 곡물이 토양을 침식하고 농민을 쫓아내고 주식 곡물 농사를 대체함으로써 지역의 식량 문제를 악화시킨다면,[81] 토지 수탈은 일반적으로 현지의 식량과 식수를 수탈하는 셈이다. 농산물을 외국으로 수출하여 부자들을 먹이거나, 부자들의 자동차를 굴러가게 해주기 때문이다. 세계은행은 2008년 보고서에서 다음과 같이 지적한 바 있다. "SUV 자동차 한 대의 기름 탱크를 에탄올로 채우는 데 필요한 곡물(100리터의 에탄올을 생산하는 데 옥수수 240킬로그램이 필요하다)로 한 사람을 1년간 먹여 살릴 수 있다."[82]

외국 투자자들이 토지 수탈을 하고, 농업과 농산물이 금융 사슬에 편입되어버리면, 금융 수익 계산상 실제로 곡물을 어떻게 활용하느냐 하는 문제는 점점 더 사소한 사안으로 치급된다. 농산물 생산에 관한 결정은 기업 이사의 회의실에서 이루어지는 금융 계산 방식에 맞춰지고, 식품용 곡물 또는 연료용 곡물을 배정하는 기준이나 환경 보존을 위한 배려 따위는 안중에도 없게 된다. 이런 이유로 2007년에 유엔의 식량권 특별조사관 장 지글러(Jean Ziegler)는 생물 연료를 '반인도적 범죄'라고 비난했다.[83] 따라서 농업 사회 운동에서는 생물 연료를 이제 **곡물 연료**(agrofuels)라고 부른다. 식량 곡물과 연료 곡물 사이에서 내려야 할 선택을 더 정확히 묘사하기 위해서이다. 세계은행과 국제식량정책연구소(IFPRI)는 이런 비판이 나온 후 '농업 책임 투자 원칙(RAI, Principles for Responsible Agricultural Investment)'을 발표했지만, 이 역시 유엔 식량권 특별조사관 올리비에 드 슈터로부터 "전 세계 농업을 책임지고 파괴하겠다는 짓거리"[84]라는 비난을 받았다. 그 후 유엔식량농업기구와 그 산하 식량안보위원회를 통해 더 민주적인 식량 안보 관련 자발적 지침이 나오게 되었다.

세계 식량 생산자 가운데 대다수가 농민이고 농민들이 세계 전체 주식의 대부분을 생산하므로 토지 수탈이 계속될 경우 그것의 장기적 영향에 대해 우려의 목소리가 늘고 있다. 토지 수탈은 단일 작물 재배를 강요하여 농촌 현장의 다양성을 없애고 그에 따른 생태적 문제를 발생시킬 뿐 아니라, 지역 공동체에 필요한 식량 자원을 앗아가는 결과를 가져온다. 재배 품종이 외국 소비자를 위한 고부가 작물로 팔려 나가거나, 생물 연료 제조용으로 쓰이기 때문이다. "세계 인구를 먹여 살린다."라는 대중적 구호(한때 생명 공학 산업에서도 사용했음)가 소수 선진국 사람들의 생활 방식을 유지하는 데 희생되고 있다.

세계 각국 정부는 생물 연료에 엄청난 보조금을 지급하고 있다. 예를 들어, 유럽연합은 2020년까지 유럽 내 모든 연료 수요의 10퍼센트를 생물 연료로 충당하겠다는 목표를 설정해놓았다. 2007년에 유엔은 생물 연료가 전 세계 농업 시장에서 가장 빨리 성장하는 부문이라고 보고한 바 있다.[85] 이런 신장세는 한편으로 에너지 산업, 농기업, 상품 거래소, 헤지 펀드, 소버린 펀드, 국가들, 유엔, 그리고 다른 한편으로 대학 연구 기관들 사이의 부문 간 (인프라) 합작으로 추동되고 있다.[86] 하지만 국제에너지기구(International Energy Agency)는 2030년이 되어도 생물 연료가 "전 세계 연간 원유 수요 증가치를 상쇄하기 부족할" 정도일 것이라고 추산하며,[87] 생물 연료를 포함한 모든 신재생 에너지가 전 세계 에너지 소비의 9퍼센트에 불과할 것으로 본다.[88]

생물 연료의 사회 생태적 악영향을 입증하는 사례가 두 가지 있다. 하나는 2008년 식량 위기 당시 생물 연료의 책임이 컸다는 사실(아무리 낮춰 잡아도 약 3분의 1 정도)이고 또 하나는 야자수 오일 1톤을 만드는 데 온실가스 33톤이 배출된다(휘발유에 비해 10배 이상)는 사실이다.[89] 이런 맥락에서 영국의 기후 변화 담당 장관은 2007년에 다음과 같이 주장했다. "전 지구 공동체가 시급하게 공조해서 생물 연료를 생산하기 위해 재배하는 식물(biomass)에 관한 국제 기준을 개발해야 한다."[90] 이러한 **인증** 제도는 지속 가능한 생물 연료를 측정할 수 있는 기준을 어떻게 표준화할 것인가 하는 문제를 제기한다. 생물연료감시(Biofuelwatch)라는 단체가 실시한 설문 조사 결과는 다음과 같다. "생물 연료 산업의 대다수 회사가 회신한 내용을 보면 …… 어떤 식의 의무 조치도 받아들이지 않겠다는 식이다. 게다가 생물 연료로부터 배출되는 온실가스의 라이프 사이클에 대해 알려진 것이 아직 별로 없다는 식의 응답도 많았다. 하지만 이들은 생물 연료 산업 시장을 하루빨리 확대하려면 정부의 지원이 필요하다고도 했다."[91]

이런 식으로 생물 연료의 위험성에 대한 사전 예방 원칙을 무시하는 태도는 문제가 많다. 특히 온실가스의 장기적 효과에 대한 사전 예방 원칙을 무시하는 것은 위험하다. 지구화의 회계 장부에서 교통 운송에 의한 온실가스 배출이 누락되어 외부 효과가 빠지면서 가짜 경제 통계가 만들어졌던 것처럼, 생물 연료 역시 가짜 경제 효과를 지속시킬 위험이 있다. 〈사이언스〉의 한 연구가 주장했던 것처럼, 열대 우림, 토탄(탄화하지 못한 석탄) 지대, 사바나, 목초지 등을 개간해 생물 연료를 생산하게 되면, 생물 연료가 대체했던 화석 연료에서 배출되던 온실가스의 "17배에서 420배에 달하는 온실가스를 더 배출하게 되어, 결국 생물 연료 탄소 채무가 증가하는 셈이 된다."[92] 노벨 화학상 수상자인 파울 크뤼첸(Paul Crutzen)은 2007년 생물 연료가 온실가스 배출을 낮추는 게 아니라 오히려 더 높인다고 주장했다. 동료들과 함께 비료에서 산화질소가 배출되는 것을 연구했던 크뤼첸은 다음과 같은 결론을 내린다. "질소 성분이 어떠한가에 달린 문제이긴 하지만, 여러 종류의 농작물을 사용하여 생물 연료를 생산하면 지구 온난화를 일으킬 수 있는 이산화질소가 아주 쉽게 생성된다. 이렇게 되면 화석 연료 사용을 줄여도 지구의 온도가 떨어지지 않고, 생물 연료 때문에 지구 온도는 더 올라갈 것이다."[93]

이런 문제점은 지속 가능성 프로젝트의 시대에 중요한 쟁점이 될 수 있다. 토지 수탈은, 남반구의 농민들을 세계은행이 주도하는 '개발을 위한 농업'에 편입시키려는 계획과 함께 추진되는 문제이다. 토지가 문제든 노동이 문제든 또는 그 둘 모두이든, 우리 목표는 식량과 연료 부족을 예상하여 화석 연료 대신에 재생 가능한 대안을 개발하는 것이어야 한다. 먼 곳에 사는 소비자에게 식량을 계속 공급하는 것은 잘사는 소수만을 위한 지속 가능성 프로젝트라 할 수 있다. 이것은 생물 연료에서도 비슷하게 나타나는 현상이다. 현금과 세금을 지불하는 북반구 사람들에게는 생물 연료가 '녹색 연료'일지 모르나, 장기적으로 생계와 주거지 상실이라는 대가를 지불해야 하는 남반구 사람들에게는 '지속 가능성을 수출하는' 것이나 다름없다. 원주민 권리 옹호 단체들이 2007년에 발표한 〈땅은 생명이다(Land is Life)〉라는 선언에 나오는 말을 들어보자.

일꾼들이 회사에서 소유한 땅을 개간하고 그 땅에 살던 원주민 소유의 고무나무와 과실나무를 잘라내기 시작했을 때 비로소 사람들은 야자수 오일로 연료를 만든다는 계획을 알게 되었다. 생물 연료를 재배하려고 곡물을 갈아엎고 나무를 베어냄에 따라 사람들의 수원지 역할을 했던 강과 그 안의 물고기들이 영향을 받기 시작했다. 곡물 생산이 중단되고 수질이 오염되었을 뿐만 아니라 매장지와 농지도 모두 파헤쳐졌다. 그 후 사람들의 식단에서 중요한 몫을 차지하던 사냥감이 자취를 감췄다. 사람들이 공예품을 만들어 마을의 수입에 보태던 등나무도 더는 소출을 내지 못했다. 밀림에서 얻을 수 있던 각종 채소류도 사라졌다.[94]

녹색 기술

지속 가능성 프로젝트에는 다양한 종류의 녹색 기술(green technology) 발전이 포함되어 있다. 니컬러스 스턴 경은 2006년에 〈스턴 보고서〉를 발표하면서 다음과 같은 유명한 경고를 했다. "기후 변화는 세계 역사상 최악의 시장 실패이다." 스턴 경은 이 말을 통해 시장의 근본적인 한계―장기적인 사회 목표를 충족시킬 수 없는―를 밝혔던 것이다. 유엔산업개발기구(UNIDO)의 사무총장 빌프리트 뤼트켄호르스트(Wilfried Lütkenhorst)의 다음과 같은 주장은 오늘날 점차 인정받고 있다. "산업 정책은 천연자원의 부족이라는 전제에서 명확하게 출발하지 않는 한, 더는 적합할 수 없고, 효과적일 수도 없으며, 신뢰할 수도 없다."[95]

세계경제포럼은 2000년 "기후 변화는 세계가 직면한 최악의 위협이다."라는 선언을 한 후, 듀폰, 브리티시 페트롤리엄, 셸, 선코(Suncor), 리오 틴토 알칸(Rio Tinto Alcan), 온타리오 파워 제너레이션(Ontario Power Generation), 프랑스의 알루미늄 제조업체 페시네(Pechiney) 등 여러 기업체 대표들이 미국의 NGO인 환경방위재단(Environmental Defense Fund)과 손잡고 공동으로 '기후 변화 행동을 위한 동반자 관계(Partnership for Climate Action)'라는 캠페인을 시작했다. 이 캠페인은 다음과 같은 선언을 남겼다. "동반자 관계 캠페인의 주 목적은 온실가스 배출을 줄일 수 있는 빠르고 확실한 행동을 취할 수단으로서 시장에 기반을 둔 메커니즘―효율적이고 비용 효과적인―을 적극 설파하는 데 있다." 2004년 골드만 삭스(Goldman Sachs)는 환경시장센터(Center for Environmental Markets)를 설립하면서 다음과 같은 발표를 했다. "우리는 환경 시장에서 공격적으로 시장 형성과 투자 기회를 창출할 것이다. 기후 변화와 그에 따르는 규제로 인해 발생할 위험과 기회를 관리하는 것은 특히 중요하며, 향후 자본 시장 참여자들로부터 더욱 주목을 받을 것이다."[96] 〈뉴스위크〉가 2007년 3월 "월스트리트가 기후 변화를 경험하고 있다."라고 하면서 "녹색 방향으로 가는 게 바로 녹색을 이루는 방법"이라고 했을 때, 〈뉴스위크〉는 지구화 프로젝트가 남긴 유산을 잘 표현하고 있었다. 즉, 현대의 문제를 해결하기 위해 시장적 해결책을 제시하는 이중적 움직임이 나타났던 것이다. 이는 윤리 운동·환경 운동의 비판에 대해 '녹색 자본주의' 움직임으로 대응하는 방식이다. 바로 이런 식의 이중적 움직임—비판과 대응을 결합한 것—이 지속 가능성 프로젝트의 일부를 차지하고 있다.

탄소 배출을 시장에서 다루는 방식은 유럽연합의 탄소 배출 거래 계획(Emissions Trading Scheme)으로 제도화되었다. 이 계획에 따라 유럽의 기업에 공짜로 탄소 배출권을 배정해주었다. 환경 운동가 조지 몬비오(George Monbiot)는 이 조치가 "공해 유발자에게 현금을 나눠준 셈"이며, 이 조치로 전력 회사들이 10억 파운드의 떼돈을 벌게 되었다고 영국 정부가 공식 추산했음을 지적하면서 다음과 같은 결론을 내린다. "탄소 배출 거래 계획은 전형적인 인클로저 행위이다. 우리 모두에게 속하는 권리—현 시스템 안에서 모든 사람이 일정하게 이산화탄소를 배출할 수 있는 권리—를 한데 모아 기업에 몰아준 것이다."[97] 몬비오는 이러한 문제의 해결책으로, 현재 전 세계적으로 탄소 배출의 책임이 선진국과 개발 도상국 사이에 불평등하게 지워져 있음을 인정하는 바탕에서, 탄소 배출 문제를 공적으로 관리하자고 제안한다. 여기에는 공정성 원칙에 기반을 둔 탄소 배출 배급 시스템이 포함된다. 탄소의 공적 관리로 현 난관을 돌파할 수 있을지는 탄소 배출량의 통제로 기후 변화가 어떻게 달라질지, 그리고 중국의 녹색 기술화가 어떻게 귀결될지에 달려 있다고 하겠다.

다른 한편, 녹색 기술은 세계 여러 곳에서 우후죽순처럼 나타나고 있다. 이 중 대다수는 에너지 효율성 제고와 에너지 절약에 관한 것이다. 에너지 문제는 새천년 개발 목표에서 유일하게 빠져 있는 핵심 사안으로 여겨진다. 경제 성장과 에너지 사용 증가를 '분리(decoupling)'하자는 주장은

1970년대 에너지 위기 이후 북반구에서 나오기 시작했다. 유럽연합은 그 후부터, 특히 1990년대 이래, 에너지 소비를 50퍼센트 줄이는 데 성공했다. 중국의 경우, GDP는 9배 늘었지만 탄소 배출량은 2.5배만 증가했다.[98] 산업 생산 활동이 전 세계 에너지 수요의 3분의 1, 그리고 탄소 배출의 약 40퍼센트를 차지한다. 산업 활동 중에서도, 화공 약품과 석유 화학 물질, 철강, 시멘트, 펄프와 제지, 알루미늄 등 주로 자재 산업에서 에너지를 많이 소비한다. 현재 추세대로라면 2050년경에는 남반구 국가들이 산업 활동으로 배출하는 탄소 배출량이 전체 탄소 배출의 80퍼센트를 차지하게 될 것이다. 청정 개발 메커니즘의 도입으로 인해 북반구에서 녹색 기술의 발전이 오히려 느려졌다. 산림 녹화 같은 남반구의 환경 보존 활동이나, 청정 석탄과 탄소 포집 같은 공해 경감 대책에 투자하면 청정 기술을 도입하지 않고도 자신들의 탄소 배출을 상쇄할 수 있게 되었기 때문이다. 그래도 녹색 기술 개발은 계속되고 있다. 특히 연료 대체제, 탄소 포집과 저장(CCS), 열 손실 감소, 폐기물 수거를 통한 에너지 복구 등의 사례를 들 수 있다.[99] 교통 운송 부문에서는 대중 교통의 개발이 반드시 필요한 선택이 되었다. 물론 앞으로 에너지 자원이 줄어들면 지역 공동체와 도시를 새롭게 편성하여 통근 시간을 줄이고, 자전거 이용과 걷기를 장려하는 방법을 찾아야 할 것이다. 따라서 전 세계 모든 도시에서 자전거 이용과 걷기를 장려하는 방향으로 정책을 시행하기 시작했고, 도심의 자동차 진입을 줄이기 위한 노력을 하고 있다.

대체 에너지원 개발은 녹색 기술의 핵심 대상이다. 유럽의 전력 수요 중 약 10퍼센트를 근해 풍력 발전으로 충당하겠다는 계획이다.[100] 덴마크는 세계 최대의 근해 풍력 발전 시설을 보유하고 있으며 전체 에너지 수요의 20퍼센트를 풍력 발전으로 감당한다. 덴마크는 '바람은 모든 사람의 일'

이라는 취지로 풀뿌리 풍력 발전 운동을 벌이고 있는데, 풍력 발전을 입안하는 과정에서부터 지역 공동체의 참여를 장려한다.[101] 이러한 움직임 덕분에 정부의 보조금 정책이 자리를 잡아 풍력 발전 장비의 가격이 저렴해졌다.

유럽은 신재생 에너지 전력을 생산하는 '슈퍼 전력망(supergrid)'를 창설할 계획이다. 이 계획에 따르면 "스코틀랜드 북부 해안 강풍 지대의 풍력 발전과 독일의 대규모 태양광 패널을 연결하고, 벨기에와 덴마크의 해변에 부딪치는 파도를 이용한 조력 발전과 노르웨이의 피요르드에 위치한 수력 발전 댐을 잇는" 거대한 신재생 에너지 발전 네트워크가 출현한다. 이렇게 네트워킹을 하는 이유는 신재생 에너지에 대한 근본적 비판, 즉 날씨는 예측 불가능하므로 전력 공급 역시 예측 불가능하다는 비판 때문이다. 슈퍼 전력 회사는 유럽 각 지역―독일, 프랑스, 벨기에, 네덜란드, 룩셈부르크, 덴마크, 스웨덴, 아일랜드, 영국―의 다양한 천연 에너지원을 결합하여 2020년까지 유럽 전체 에너지 사용의 20퍼센트를 신재생 에너지로 충당하겠다는 목표를 추구하고 있다. 유럽연합의 과학자들은 남유럽의 태양광 패널과 유럽 다른 지역의 지열, 풍력, 조력 발전 시설을 연결하려 하고 있으며, 더 나아가 아프리카 사하라 사막이나 중동 지역 사막의 태양광을 단 0.3퍼센트만 개발할 수 있어도 유럽 전체의 전력 수요를 감당할 수 있다는 원대한 그림을 그리고 있다. 태양열 집약 기술은 거울로 태양광을 모아 액체가 담긴 용기에 비추어 액체가 가열하면서 발생하는 증기로 터빈을 돌려 발전하는 방식이다.[102]

전 지구적 남반구에서는, 비용 문제만 해결된다면, 태양열 발전이 실로 어마어마한 잠재력이 있다. 태양열 발전을 기다리는 동안 각 가정 차원에서 사용할 수 있는 태양광 집열판, 태양열 취사 난로 등을 개발하고 있으며, 중국과 브라질에서는 일반 가구에서 온수를 만들고 보조용 전력을 생산하는 것을 도우려고 정부가 태양열 발전에 보조금을 제공한다.[103] 더 나아가, 민간 부문이 NGO와 협력하여 빈곤층에 전력 시설을 공급하기도 한다. 인도의 솔라 일렉트릭 라이트 컴퍼니(Solar Electric Light Company)는 '10억 명의 삶을 밝히자(Lightning a Billion Lives)'라는 전 지구적 캠페인을 시작하여 등잔불과 양초를 태양 전등으로 대체하는 운동을 벌이고 있다.[104] 다른 한편 전 세계 80여 개국에서 태양열 에너지 산업의 선두 주자로 꼽히는 중국계 회사 선테크 파워(Suntech Power)는 가정 태양열 시스템(Solar Home System)이라는 제품을 개발하여 소규모, 개별 전력 시장에 공급하고 있다. 이 제품은 개인 가정에서 전등을 밝히고 휴대폰을 충전할 수 있는 정도의 전력을 태양광으로 자체 생산하는 기본적인 전력 생산 도구이다.[105]

인도에서는, 수백만 농촌 가구에 신재생 에너지를 장려하고 공급하는 그라민 샥티(Grameen Shakti)라는 비영리 단체에서 시작된 밝은녹색에너지재단(Bright Green Energy Foundation)―방글라데시의 그라민은행 설립자 중 한 사람이 만든―이 중요한 환경 단체로 발전했다. 이 재단은 가정 태양열 시설부터 음식을 요리할 때, 전력을 생산할 때, 또는 유기질 비료로 사용할 생물 가스 개발을 추진했고, 실내 공기를 혼탁하게 하던 기존의 취사용 화로를 개선했다. 그라민 샥티가 성공할 수 있었던 이유는 신재생 에너지 보급에 여성의 참여가 필수적임을 인정했기 때문이다. 신재생 에너지를 보급하기 위해 가정 태양열 시설을 조립, 설치, 유지하는 기술을 가르치는 기술 훈련 센터를 40군데나 설립했다. 이 프로젝트의 창설자인 디팔 바루아(Dipal Barua)는 다음과 같이 주장한다. "여성은 에너지 위기의 제일 큰 희생자이다. 여성은 질 나쁜 에너지 사용 탓에 혼탁해진 실내 공기에 가장 많이 노출되어 있고, 부족한 에너지원을 채우기 위해 모든 일을 몸으로 직접 해야 하며, 땔감을 모으고 요리를 해야 하기 때문에 늘 시간이 부족하다. 이처럼 여성은 모든 면에서 제일 힘든 집단이다." 밝은녹색에너지재단은 활동 반경을 방글라데시로 넓혀 방글라데시의 모든 가구와 기업이 "적절한 비용으로 환경 친화적인 무공해 에너지에 접근할 수 있도록" 하겠다는 야심찬 목표를 세우고 있다.[106] 태양열 기술과 풍력 기술은, 산업적 생산 방식(농가에서 바이오매스를 전통적인 방식으로 지역 내에서 재활용하는 것에 비해) 탓에 문제가 많은 생물 연료보다 향후 발전 가능성이 높다. 태양열과 풍력을 이용한 발전은 현재 중국이 우위를 점하고 있다. 2009년에는 청정 에너지 투자에서 중국이 미국과 G-20 국가들을 제치고 전 세계 선두주자가 되었다.[107] 오바마 행정부가 취임 후 제일 먼저 시작한 사업 중 하나가 407억 5천만 달러를 투자한 청정 에너지 개발 정책이었다(에너지 효율성 향상, 주택 단열, 대중 교통 이용 유도, 전국적으로 전력 회사 통합, 청정 자동차 개발 등). 그러나 중국은 연간 미국의 거의 2배 규모의 자금을 청정 에너지 개발에 투자하고 있다.[108] 그 결과 중국은 전 세계 청정 에너지 기술—소형 형광등, 태양열 온수 생산, 태양 전지, 풍력 발전 터빈 등—의 대표 주자로 확실히 자리 잡았다. 환경방위재단의 데이비드 야놀드(David Yarnold) 사무총장은 중국에 대해 다음과 같은 평가를 내린다. "중국 정부는 녹색 에너지 기술이 새로운 산업 혁명임을 인식하고 있다. 그들은 '우리가 첫 번째 혁명은 놓쳤지만 두 번째 혁명은 놓치지 않을 것이다.'라고 말하고 있다."[109] 물론 중국이 당장 석탄 채굴과 화력 발전을 포기하지는 않을 것이다. 소비자로 탈바꿈한 시민 계급의 성장을 계속 지원할 의사가 있기 때문이다. 중국은 바이오매스, 풍력, 태양열 전기 생산에 그 어느 때보다 더 박차를 가하고 있지만(2020년까지 전력 수요의 8퍼센트를 신재생 에너지로 충당한다는 목표), 그와 동시에 국외의 에너지 자원 개발에 투자하고 있다. 미얀마의 수력 발전, 콩고공화국의 야자수 오일 생산, 텍사스의 자연 가스광, 수단의 유전 등이 좋은 예이다.[110]

지속 가능성 프로젝트는 녹색 기술 개발 실험을 거대한 강줄기로 두고, 그 외 수많은 크고 작은 기술—탄소 소비와 배출을 줄이고 격리하고 대체하기 위한—이 지류를 형성하는 식으로 이루어져 있다. 하지만 여기서도 중국이 정부 주도의 거대한 5개년 계획과 '규모의 경제'를 활용한 태양·풍력 에너지 기술 개발의 비용 절감 등을 통해 선두를 점하고 있다. 또한 중국은 탄소 포집 기술에서도 최고 수준에 있다. 2009년 12월 〈월스트리트저널〉의 보도에 따르면 "이른바 중국식 가격(China price)—값싼 노동과 자본이 결합하여 제조업의 고정 등식을 깨버린—이 녹색 기술 개발에도 확대되고 있다. 특히 자본 집약적 프로젝트에 의존하는 에너지 기술 부문에서 이러한 경향이 나타난다."[111] 이 계획은, 저탄소 제조와 그와 관련한 수출을 장려하는 저탄소센터 창립 지원을 통해, 그 이전에 경제 특구(Special Economic Zones)가 이루었던 성공 사례를 되풀이하겠다는 데 목표를 두고 있다.

2004년만 해도 중국 내 풍력 발전 터빈 시장의 80퍼센트를 외국 기업이 차지하고 있었지만, 그로부터 5년 후 유럽계 제조 업체보다 가격이 3분의 1 이상 저렴한 중국계 기업이 시장의 75퍼센트를 차지하게 되었다. 경쟁자들은 중국이 국영 은행의 돈으로 자국 기업에 보조금을 지급해주고, 태양열 패널과 풍력 발전 터빈을 외국 시장에 초과 공급하는 덤핑 전략을 쓴다고 비난한다. 중국은 현재 전 세계 태양열 전기 생산 패널 시장의 30퍼센트를 차지하고, 국내에서 전체 공급 사슬을 구축했으며, 저비용 생산 체계를 갖추었으므로 경쟁자들에게 중국으로 생산 라인을 이전하라고 위협

사례_생태 도시의 약속과 문제점

중국의 중앙 정부는 엄청난 규모의 공해와 온실가스 배출 문제를 다루기 위한 정책 과제와 씨름해 왔다. 국가 주도의 청정 에너지 개발에 다른 어떤 나라보다 더 많은 투자를 하고 있다. 그중에는 초고속 열차 시스템과 저탄소 도시 개발이 포함되어 있다. 중국 정부는 앞으로도 3억 명 이상의 인구가 도시로 몰려들 것으로 예상한다. 이 인구를 수용하려면 2020년까지 400개 정도의 신도시를 건설해야 한다.

중국 정부는 1999년 세계 최초의 생태 도시―양쯔 강 어귀의 자연 보존 지역의 한 섬에 건설된 둥탄(東灘) 시―계획을 발표했다. 둥탄 시는 작지만 다양한 사회 계급과 사회 집단으로 이루어져 있고, 에너지를 자급하며(태양열, 풍력, 바이오매스 등을 통해), 인근 상하이 혹은 런던이나 파리보다 생태 발자국이 3분의 1 정도만 나오도록 설계되었다. 연료 전지를 사용하는 자동차들은 수소 충전소에서 충전을 할 것이므로 탄소 배출을 하지 않으며, 모든 주택은 대중 교통 시스템에서 도보로 7분 이내에 위치하고 있다. 도시에서 나오는 폐기물은 80퍼센트까지 재활용되며 일부 유기 물질은 전력 생산용으로 사용된다. 지붕의 옥상 정원은 빗물을 막고 정화해주며, 주택의 방향을 조절해 자연적인 통풍을 유도한다. 원래 계획으로는 2030년까지 50만 명의 주민이 입주할 예정이었다. 생태 도시 건설을 디자인한 컨설팅 회사 아럽(Arup)의 대표는 "중국 정부가 경제 발전의 새로운 패러다임을 구축할 의지가 있다."라고 발표했다.

그러나 2009년경 도시 건설이 중단되었다. 프로젝트의 시행사 대표가 수뢰 혐의로 구속되고 컨설팅사 역시 사건에 연루되었다는 혐의를 받았기 때문이다. 또한 중국처럼 급속한 변화를 체험하고 있고, 특히 지방 엘리트들이 하루빨리 출세하려고 애쓰는 사회에서 저기술의 환경 친화적 주거 양식은 속도가 느리고 불편하다는 점 또한 문제점으로 드러났다.

거기에 더해, 주변의 농지를 수용당한 농민들이 새 도시의 주택으로 이주해 오면서 둥탄 시는 '급격한 경제 성장과 환경 문제를 동시에 해결하려 한 중국의 약속뿐만 아니라 그 한계까지도 한꺼번에 드러난' 사례가 되었다. 둥탄의 자매 도시인 더저우(德州) 시의 경우에도 2009년에 시 정부가 세운 홍보 광고 간판이 저탄소 생활 양식을 정치 구호처럼 내세웠지만 주민들이 2008년에 비해 자동차를 6만 여대나 더 구입함으로써 114퍼센트의 자동차 증가율을 기록해 '이상과 현실이 동떨어진' 모습을 보여주었다는 평을 들을 만큼 성공적이지 못했다.

이 생태 도시들은 생태적 활동과 소비 압력을 동시에 해결해야 하는 혼성적 문제를 드러냈는데, 이러한 문제를 넘어 생태 도시의 더 근본적인 문제는 농업을 어떻게 해결할 것인가, 농업이 생태 도시의 장애인가 아니면 동반자인가 하는 점이라 할 것이다.

출처 : Eilperin, 2010: 18; Langellier and Pedroletti, 2006; Sustainable Cities, 2010; Williams, 2009

할 수 있게 되었다. 노동과 환경 문제에 중국과 외국 기업이 함께 대처하면서 중국 내에서 '중국식 가격'으로 생산을 하자는 말이다.[112] 그와 함께 폭스바겐(Volkswagen), 닛산(Nissan), 제너럴 모터스, 다임러(Daimler) 등이 중국 내에서 전기 자동차 생산을 계획하고 있다. 중국 정부는 자국 소비자에게 전기 자동차 구입에 보조금을 지급하는 정책을 시행 중이다.[113]

국제에너지기구(IEA)는 중국이 2010년에 세계 에너지 수요의 17퍼센트를 차지했지만 2035년에는 그 수치가 22퍼센트에 이를 것으로 예상한다. 중국은 앞으로도 계속해서 대기와 토양과 수로를 오염시키고 시민 생활을 타락시키겠지만, 에너지 수요가 증가하는 만큼 청정 에너지 생산도 멈추지 않고 계속 추구할 것이다. 국제에너지기구는 다음과 같이 지적한다.

"한 가지 사실은 분명하다. 전 지구적 에너지 수요 증가는 이제 개발 도상 국들, 특히 중국과 인도에 달린 문제가 되었다."[114] 만일 세계의 미래가 저 탄소 기술에 달려 있다면, 그리고 인류가 지구 온난화의 위기에서 살아남 는다면, 중국이 지구 온난화 레짐을 주도하는 세력이 될 가능성이 있다.

지속 가능성 프로젝트의 구성 요소

지속 가능성 프로젝트는 실제로 이미 시행되고 있다기보다, 현재 출현 중인 프로젝트라 할 수 있다. 이 프로젝트의 특성은 다음과 같다.

- 전 지구적 정책 결정자들 사이에서 기후 변화와 생태계 파괴를 막기 위한 완화 절차와 적응 절차가 필요하다고 하는 합의가 늘어남.
- 전 세계적으로 약 200만 개에 달하는 공동체와 운동들이 지속 가능한 생태와 사회 정의를 위해 활동하고 있음. 이들은 흔히 유권자와 주주에게 사로잡힌 정치 엘리트, 경제 엘리트보다 시대를 앞서 가고 있음.
- 녹색 환경주의의 제도적 형태(생태 서비스에 대한 보상), 그리고 녹색 자본주의(생태 인증 제품).
- 에너지를 절약하고, 신재생 에너지를 생산하며, 탄소를 격리하고, 재활용하는 녹색 기술.
- 농생태론의 공정성, 생산성, 지속 가능성을 더 인정하게 됨.
- 공해를 남반구로 이전하기 위해 북반구에서 정치적·경제적 상쇄 메커니즘 사용(남반구에서 북반구로 '지속 가능성의 수출').
- 기업의 명칭 변경('British Petroleum'을 'Beyond Petroleum'으로 개명)과 지속 가능한 사업에 투자한다는 주장(그늘 재배 커피, 외국 유기농 제품) 등 '녹색 속임수(greenwash)'가 많음.

- 기업의 사회 책임과 환경 책임을 결합한 규범인 유엔글로벌콤팩트(UN Global Compact), 기후 과학 감시 규범인 유엔기후변화협약, 유엔지속가능개발위원회(UN Commission on Sustainable Development), 생물다양성협약(Convention on Biodiversity) 등 제도화된 복합체의 대두.

결론

앞에서 본대로 지속 가능성 프로젝트는 다면적인 기획이며, 잘 조정되고 일관된 정치적·경제적 현실이 아니라, 아직까지는 일종의 사회적 경향 정도라 할 수 있다. 지속 가능성 프로젝트는 복잡한 개발의 세계에서 현재 출현 중인 조직 원리이며, 이 과정에서 개발 기관, 정책, 사회 운동이 상호 연관된 제도적 틀을 만들고, 이른바 시장 경제의 '외부 효과'를 줄이거나 없애기 위해 서로 투쟁 중이다. 지속 가능성 프로젝트의 두 가지 경향은 다음과 같다. 첫째, **다수 세계**(남반부) 생활 방식 속에 **이미 존재하는** 저탄소 생산 활동과 기술, 그리고 그러한 활동과 기술로부터 영감을 받은 환경 운동과 대안적 실천. 둘째, **소수 세계**(북반구)에서, 저속 기어를 넣든('downshifting') 아니면 기후 변화의 영향을 상쇄하든 또는 비즈니스 활동을 녹색화하든, 자기들이 과도하게 배출하는 온실가스를 줄이려고 하는 움직임. 물론 이런 경향은 완전히 별개의 존재가 아니고, 서로 간에 지식, 기술, 마음가짐을 주고받고 있다.

그러나 여기서 핵심 질문은 이런 모든 활동이 점점 악화되는 기후 변화의 물길을 돌릴 수 있겠는가 하는 점이다. 코펜하겐기후회의(Copenhagen Climate Council)의 의장 팀 플래너리는 다음과 같이 말한다. "이제 우리가 아무리 잘한다 하더라도 20~30년 안에 지구의 기후 시스템이 돌아오지 못할 지점을 지날 것이라고 나는 생각한다."¹¹⁵ 그는 '전 지구적 문명의 몰락 후에 찾아올 새로운 암흑 시대'의 책임을 전적으로 우리 자신이 져야 한다고 주장한다. 그가 이해하는 '지속 가능성'은 십계명의 여덟째 계명을 확장한, "미래 세대의 재물을 훔치지 마라."라는 것이다. 그의 결론은, 사회적으로 보편적인 지속 가능성 원칙에 기반한 일종의 '발전'을 위한 청사진이라 할 수 있다.

법적으로 구성원을 공평하게 대해주는 사회, 빈곤과 태어날 때부터의 불평등을 제거하려고 노력하는 사회, 서로 간에 배려해주는 태도—아마 '사랑'이라는 단어를 써도 될 것이다.—가 일상의 삶 속에서 분명히 드러나는 사회 …… 이런 사회가 분명 미래 세대에 정의로운 대우를 해줄 수 있는 능력이 있으며, 이런 사회가 이 시대의 크나큰 도전을 헤쳐 나갈 수 있는 사회일 것이다.¹¹⁶

미국의 환경론자 빌 매키번은 지속 가능한 실천과 기술에 주의를 기울인다. 매키번의 해법은 다음과 같다. "우리 인류의 현 시스템을 필요한 만큼 재빨리 움직이게 만들 수 있을 정도로 충분한 크기의 지렛대는 오직 하나밖에 없다. 그것은 시장의 힘이다."¹¹⁷ 다시 말해, 우리 뼛속 깊이 박혀 있는 고도의 대량 소비 습관을 확실히 바꾸려면 시장의 힘을 이용해서 화석 연료의 가격을 대폭 올리는 수밖에 없다는 뜻이다. 지금까지 고도의 대량 소비가 가능했던 까닭은 "화석 연료가 환경에 끼치는 피해를 화석 연료 사용 비용에 넣지 않았기 때문이다." 그리고 "최악의 대재앙을 제때에 막기 위해 탄소에 기반한 경제학을 새로 만들 수 있는 방법은" 정부를 움직이는 것이고, 정부를 움직일 수 있는 방법은 "변화를 요구하는 진정한 시민 운동을 전개"하는 길밖에 없다.¹¹⁸ 이러한 해법은 현재 시행 중인 탄소 배출권 거래 시장("지금까지 해온 대로 하자.")을 뛰어넘고, '경제학'을 그 생태적 기반 위로 복귀시키는 데 시장이라는 도구를 급진적으로 사용하는—그러므로 대단한 논란을 불러일으킬 수도 있는—방식이다. 물론 이 방식은 '현대의 초고속 사회'에서 사용하도록 고안되었다. 따라서 이 방식은 생태적 원칙에 근거한 다양한 대안적 경제 시도를 인정하고 그러한 시도를 지원하는 것과 보완 관계를 이룰 필요가 있다.

[더 읽을 자료]

김철규, 〈신자유주의 세계화와 먹거리 정치〉, 《한국 사회》 9(2):123-144, 2008.

박민선, 〈초국적 농식품 체계와 먹거리 위기〉, 《농촌 사회》 19(2):7-36, 2009.

송원규·윤병선, 〈세계 농식품 체계의 역사적 전개와 먹거리 위기—대안의 모색: 식량 안보에서 식량 주권으로〉, 《농촌 사회》 22(1):265-310, 2012.

윤순진, 〈국제 기후 변화 정책의 정치 경제학적 이해 : 기후 시장의 형성과 자연의 자본화 전략〉, 《한국 정책학 회보》 11(1):1-27, 2002.

조명래, 〈신자유주의 세계화와 환경 위기〉, 《한국 사회》 9(2):95-121, 2008.

황원규, 〈국제 개발 협력의 변천과 한국 공적 개발 원조(ODA)의 전망 및 과제〉, 《한국 국제 정치학회》, 3:11-27, 2010.

Borras, Saturnino, Jr., Philip McMichael, and Ian Scoones, eds. *Biofuels, Land and Agrarian Change*. London and New York:Routledge, 2011.

Flannery, Tim. *Now or Never : Why We Must Act Now to End Climate Change and Create a Sustainable Future*. New York:Atlantic Monthly Press, 2009.

Holt-Gimenez, Eric, and Raj Patel, with Annie Shattuck. *Food Rebellions! Crisis and the Hunger for Justice*. Oakland:FoodFirst Books, 2009.

Houtart, Francois. *Agrofuels : Big Profits, Ruined Lives and Ecological Destruction*. London:Pluto Press, 2010.

Mol, Arthur, David Sonnefeld, and Gert Spaargaren, eds. *The Ecological Modernisation Reader : Environmental Reform in Theory and Practice*.

London and New York, 2010.

Perfecto, Ivette, John Vandermeer, and Angus Wright. *Nature's Matrix : Linking Agriculture, Conservation and Food Sovereignty*. London: Earthscan, 2009.

Wittman, Hannah, Annette A. Desmarais, and Nettie Wright, eds. *Food Sovereignty : Reconnecting Food, Nature and Community*. Halifax and Winnipeg : Fernwood, 2010.

[추천 웹 사이트]

IAASTD Report : http://www.agassessment.org/

UN Human Settlements Program : http://ww2.unhabitat.org/mdg/

UN Millennium Ecosystem Assessment : http://www.maweb.org/en/index.aspx

Women Organizing for Change in Agriculture and Natural Resource Management : http://www.wocan.org/resource-keywords/agriculture-and-rural-development

World Bank, World Development Report(2008) : http://wdronline.worldbank.org/

WorldWatch Institute : http://blogs.worldwatch.org/nourishingtheplanet/

10장
개발을 다시 생각한다

성장이 살아남으려면 끊임없이 새로운 시장의 공급이 필요하다.
따라서 성장은 마약 상인처럼 의도적으로 새로운 욕구와 의존성을 만들어낸다.
이러한 욕구와 의존성은 과거에는 존재하지 않던 것들이다.
- 세르주 라투슈

지구화 프로젝트가 새로운 세계를 위한 프로젝트로 진화해 갈 수 있을지, 아니면 무너지고 말 것인지는 아직 확실치 않다. 물론 지구화 프로젝트 내에 존재하는 긴장이 미래의 여러 가능성을 결정하는 조건이 될 것이다. 그러나 이번만큼은 누구도 부인하지 못할 자원과 환경의 한계 상황 때문에 더욱 불평등한 미래상—기후 변화 레짐으로 다스려지는—이 초래될 가능성이 크다. 개발이라는 개념이 점점 더 이미 존재하는 현실을 개선하는 문제라기보다, 다가올 미래를 어떻게 관리할 것인가 하는 문제가 되었기 때문이다. 개발의 관점이 변하게 된 원인은 에너지, 식량, 기후, 금융 위기 등의 복합적인 양상 탓이다.

미래를 관리한다는 것은 위기의 시대에 개발을 다시 생각해야 한다는 뜻이다. 우리가 어떤 조치를 취해야 할 것인지에 관해 하나의 고정된 답변은 존재하지 않는다. 사회적 이해관계가 각기 모두 다르므로 개발의 미래를 바라보는 관점도 서로 다를 수밖에 없다. 시장과 같이 당연하게 인정되어 오던 제도들이 위기에 빠졌을 때에는 특히 이런 혼란이 가중되기 마련이다. 핵심 쟁점 중 하나는 과연, 그리고 얼마만큼이나 '지금까지 해 오던 방식대로' 미래를 관리할 수 있겠는가 하는 질문이다. 위기의 순간에는, 현 상태를 유지하려는 세력일수록 지금까지 해 오던 방식을 되살려 쓰자고 주장할 것이고, 변화를 원하는 사회 세력은 현 위기를 진로 변경을 위한 신호탄으로 해석할 것이다. 앞 장에서 우리는 오늘날 출현 중인 '지속 가능성 프로젝트'가 대단히 다양한 반응—전 세계의 다양한 사회 세력을 반영하듯—으로 이루어져 있음을 살펴보았다. 간단히 말해, 이러한 다양한 반응은 결국 칼 폴라니가 주장했던 시장적 가치 대 비시장적 가치의 이중적 순환 속에서 이해할 수 있을 것이다. 그 이유는 근대성 자체가 시장이라는 제도를 통해 자기 규정을 하기 때문이고, 또 바로 그 시장 제도가 오늘날 가장 큰 물리적 도전—생태계 악화로 말미암아—에 봉착했기 때문이다. 어떤 미래를 그릴 것인가를 놓고 벌어지는 투쟁은 크게 보아 시장 제도의 이런 핵심적 모순에서 기인한다. 결론 장에 이르러 우리는 전통적인 개발 논리의 한계를 점점 더 인정하는 추세와 개발의 미래에 지속 가능한 실천을 새겨넣을 필요에 그 초점을 맞추려 한다.

경제 성장에서 인간 개발로

개발이 위기에 처했다는 말에는 이중적 의미가 있다. 한편으로, 금융 위기에 뒤따른 후속 조치 때문에 광범위하게 공공재(교육, 복지, 보건 의료, 사회 인프라, 주거 등)에 투자하는 비용이 삭감되고, 고용이 줄어들고, 환경 악화가 심각해지고 있다. 다른 한편으로는 개발과 우리가 가치 있게 생각하는 것들을 이해하고 측정하는 기존의 방식 자체가 혼란에 빠졌다. 이 질문에 대한 공식적인 반응을 알아보기 위해 '경제 실적과 사회 진보 측정 위원회(Commission on the Measurement of Economic Performance and

Social Progress)'— 이 위원회의 설립 목적은 '사회 진보를 측정할 수 있는 더욱 적합한 지표를 개발'하는 것이다.—가 2009년에 내놓은 보고서를 살펴보자.

위원회는 2008년에 발생한 금융 위기에 따른 급작스러운 충격을 언급하면서 다음과 같이 지적한다. "우리의 측정 시스템이 올바르지 않았다. 우리는 정책 당국자에게 2004년에서 2007년 사이의 세계 경제 붐은 제대로 된 성장이 아니라 미래의 성장을 희생하면서 얻은 것인지도 모른다는 점을 상기시키지 않았다. 만일 지속 가능성(예를 들어, 부채 증가율 등)을 측정하는 방식을 포함했더라면 더 신중한 경제 실적 수치를 내놓을 수 있었을 것이다." 더 나아가 위원회는 다음과 같이 명료하게 진술한다. "경제적 생산을 강조하는 측정 방식에서 사람들의 복리를 측정하는 방식으로 경제 실적 측정 방식을 바꿀 때가 되었다. 그리고 복리를 측정하는 방식 역시 지속 가능성이라는 맥락에서 이루어져야 한다." 이런 주장은 발전에 관한 공적 담론의 전환점을 알리는 신호탄이라 할 수 있다. 경제 성장과 소비에 초점을 맞추는 전통적인 방식을 벗어나 인간 개발(보건, 교육, 삶의 경험을 확대할 수 있는 가능성 등)을 제도적으로 인정하는 방식으로 나아가자는 것이다.[1]

비시장적 가치

위원회의 선언은 세대 간 보살핌과 지역 공동체 봉사 활동, 보건, 환경과 경제적 안전 같은 비시장적 서비스를 더 중요하게 여길 수 있는 길을 터주었고, 더 나아가 '사람들이 제각기 겪는 다양한 경험'을 반영하기 위해 경제적 평균치로 개발을 정의하던 방식을 해체할 수 있는 길을 열어주었다. 개인의 주관적인 경험을 측정하는 것이 어렵긴 하지만, 위원회의 보고서는 시장 활동만으로 경제 실적을 측정하는 방식이 시민들의 진정한 복리를 측정하는 데에 적합하지 않다는 점을 인정하는 추세를 반영한 것이다. 유엔은 1990년에 발표한 〈인간 개발 보고서〉에서 "사람이야말로 나라의 진정한 재산이다."라는 명제와 함께 소득 관련 수치에 기대 수명과 문자 해독률을 합친 인간 개발 지수(HDI)를 내놓았다. 개발 담론에서 인간 자원을 확인한 것은, 시민의 복리가 전체론적인 개념임을 인정하는 쪽으로 한 걸음 더 나아간 중요한 변화였다. 이것은 1948년에 제정된 세계인권선언과 정부-시민 간 시민권적 사회 계약을 통해 모든 사람이 자유와 존엄을 지닌다고 한 세계인권선언의 내용과 연결되는 개념이었다.

시민의 '복리(well-being)'가 주관적인 다양한 경험까지 포괄하는 것이라는 관점은 주로 소비 수준의 확대와 개발, 이 두 가지를 동일시해 온 우리 시대의 기준으로 보면 실로 놀라운 진보라 할 수 있다. 사람들이 살아가는 조건이 나라마다, 지역마다 다르다는 점을 헤아리면 다양성 개념은 단지 사람들의 경험뿐만 아니라 개발 정책까지도 다양해야 한다는 사실을 의미한다. 따라서 2010년 유엔의 〈인간 개발 보고서〉는 다음과 같이 진술한다. "개발 담론의 새로운 사고는, 보편적이고 유일한 표준 따위는 없다는 점, 개혁 정책의 결과는 상황에 따라 모두 다르다는 점, 그리고 각국·각 지역의 사정에 맞춰 적절한 발전 전략을 세우고 진행해야 한다는 점을 인정한다."[2] 물론 아직도 경제 실적 측정 방식이 표준화되어야 한다고 믿는 사람이 있다. 경제 실적과 사회 진보 측정 위원회의 간사인 경제학자 장-폴 피투시(Jean-Paul Fitoussi)는 "측정 시스템을 표준화하지 않으면 측정 자체가 타당성이 없어진다."라고 주장한다.[3] 그러나 최근 떠오르는 **역량 이론***에서는 모든 사람의 존엄성이 평등하다고 보고 그것을 다양하게 추구하고 획득하는 것을 중시한다.[4] 마사 누스바움(Martha Nussbaum)은 노벨 경제학상 수상자인 아마르티아 센(Amartya Sen)이 처음 고안한 '실질적 자유(substantive freedom)'—자신이 소중히 여기는 삶의 방식을 선택할 수 있는 역량—개념을 확장해 다음과 같이 주장한다. "역량 이론의 새로운 패러다임에서는 각 개인의 선택이 단일 잣대로 잴 수 있는 것이 아니라고 가정하며, 사람들이 같은 능력 수준에서 선택하고 행동한다 하더라도 각자 서로 다른 양의 자원을 필요로 할지도 모른다는 점을 염두에 둔다. 이것은 각자가 서로 다른 사회적 지위에서 출발했을 경우에 특히 더 그러하다."[5]

불평등의 정치화

이런 점에서 보면 불평등을 해결하는 것이 인간 개발을 촉진하는 **전제조건**이 된다. 경제 성장에만 집착하는 태도를 버리는 것과, 이러한 경제 성장주의가 물질적 불평등—젠더, 인종, 종족, 연령, 장애를 이유로 차별을 당하는 사람들이 가장 첨예하게 경험하는—의 심화를 합리화하고 허용했음을 인정하는 것은 별개의 문제이다. 전 지구적 부의 분배를 나타내는 지표들에 따르면 불평등은 더욱 심해지고 있다. 이 사실 자체가, 개발이 이미 존재하는 현실을 개선하는 활동이라는 전제에 의문을 제기한다. 개발 NGO인 옥스팜은 2009년에 펴낸 보고서 〈다른 세계는 가능하다 : 기후 변화 시대의 인간 진보(Other Worlds Are Possible : Human Progress in an Age of Climate Change)〉에서, 최근의 연구를 인용하여 "전 지구적 경제 성장은 빈곤을 타파하는 데 극히 비효율적인 방식"이라고 지적한다. 이 점은 특히 인류가 전 세계의 생태계가 대체하고 흡수할 수 있는 것보다 더

역량 이론(Capabilities Approach) 어떤 사람은 다른 사람보다 더 평등하며, 자유 선택 역시 서로 다르게 나타난다는 점을 인정함으로써 인간의 자유를 증대하려는 접근 방식.

많은 자원을 소비하고 더 많은 폐기물을 생산하고 있는 현실을 생각할 때 더욱 그러하다.

최근 완전히 새로운 시스템이 등장했다. 지구화 시스템에서는 이미 잘사는 사람들이 상대적으로나 절대적으로나 더욱 잘살게 되며, 성장 과실의 대부분을 누린다. 이런 현상이 생기는 이유는, 재산에서부터 회사 주식에 이르는 모든 사물의 소유권으로부터 수익을 얻을 수 있는 잠재력이 커졌기 때문이다. 이와 동시에 최빈곤층은 더욱 가난해지고 있으며, 이들의 복리와 미래는 환경 파괴와 불평등의 여파로 인해 더욱 암담해지고 있다.[6]

이런 '시스템'은 이제 초국가적이 되었고, '성장 단계' 이론을 무색하게 만들었다. 예를 들어, 개발의 표준 국가인 미국과 남아메리카의 한 나라를 살펴보자. 1940년대만 해도 미국 인구의 상위 1퍼센트가 국민 전체 소득의 약 10퍼센트를 보유했고, 아르헨티나의 경우 그 비중이 20퍼센트였다. 하지만 그 후 이 비율은 뒤집혔다. "2007년 현재 아르헨티나의 상위 1퍼센트가 보유한 소득이 15퍼센트 조금 더 되는 정도로 떨어진 데 반해, 미국의 경우 그 비율이 60년 전 아르헨티나의 수준과 비슷한 24퍼센트로 올랐다."[7] 2000년에서 2007년 사이 미국의 상위 1퍼센트는 전체 소득 증가분의 70퍼센트를 벌어들였다.[8]

'남미화(Latin Americanization)'라고 불리는 현상을 미국이 경험했다는 사실을 제쳐놓고라도, 이런 추세는 사회적 민주주의의 공동화(空洞化) 추세를 극적으로 보여준다. 폴라니의 표현을 빌리자면, 이러한 추세는 사회 속에 포함되어 있던 시장을 따로 떼어낸 것으로 볼 수 있다. 민영화와 사적 시장 관계가 20세기 중반의 개발 프로젝트와 연관되어 있던 일종의 사회적 응집력을 풀어헤친 것이다. 즉, 이러한 미국의 계급 양극화 현상은 30년에 걸친 신자유주의 끝에 사회 개발 모델이 역전되었음을 명백하게 보여준다. 미국에서는 중산층의 몰락을 우려하는 논의가 활발한데, 역설적으로 남반구에서는 새로운 전 지구적 중산층이 자리를 잡아가고 있다.

불평등의 새로운 지리학

전 지구적 중산층—주로 브라질, 러시아, 인도, 중국, 남아프리카 등 **브릭스** 국가들—이 출현하고 있긴 하지만, 전 지구적 불평등 추세는 심화되고 있다(중국 제외). 하지만 이 불평등은 과거와 다른 분포 양상을 보인다. 20년 전에는 빈곤층의 93퍼센트가 저소득 국가에 거주했지만, 오늘날에는 전 세계 극빈층의 4분의 3이 브릭스, 나이지리아, 파키스탄, 인도네시아 등과 같은 중간 소득 국가에 거주한다.[9] 달리 말해, "오늘날 전 세계 인구의 80퍼센트 이상이, 소득 불균형이 심화되고 있는 중간 소득 국가에 살고 있다."[10] 세계은행은, 2015년경에는 10억 명 이상의 극빈층이 있을 테지만 그들이 중간 소득 국가에 살고 있으므로 정확히 확인하기가 어려운 집단이 될 것으로 예상한다. 이런 현상에 착안한 서식스 대학의 개발연구소는 새로운 관점으로 개발 문제에 접근하고 있다. 개발 연구소는 "이제 빈곤은 국제적인 문제가 아니라 점점 더 국내적 문제로 전환되고 있기 때문에" 빈곤 문제에 새롭게 접근해야 한다고 주장한다. "앞으로 개발 정책은 단지 가난한 나라에 관한 정책만이 아니라, 가난한 **사람들**에 관한 정책이 되어야 한다."[11]

이러한 조건과 정책적 개입은, 개발이라는 것이 부의 사다리에서 각 나라를 위로 밀어 올리는 과정이라고 보는 로스토 류의 가정과는 다른 것이다. 왜 그렇게 되었을까? 여기에는 두 가지 서로 연관된 과정이 개입되어 있다. 첫째, 모든 종류의 '전통적' 국가 하부 사회가 국가와 관계없이, 지구화 프로젝트가 강요한 제도와 가격 체계를 통해 점진적으로 시장 네트워크 속에 흡수되었다. 세계은행의 해석에 따르면 발전이란 세계 시장에 참여하는 것을 뜻한다. 이렇게 되면 국가의 발전이 아니라, 국가의 하부 지역과 자원 복합체들이 발전할 수 있게 된다고 한다. 둘째, 위의 변화는 다음의 과정을 통해 일어난다. 즉, 불공평한 접근성을 더 불공평하게 만들거나, 전 세계의 부유한 소비 계급을 수평적·초국적으로 하나의 전 지구적 계급으로 묶어내어 각국의 가난한 국민들을 적극적으로 배제함으로써, 국가와 상관없이 전 세계의 부가 초국적으로 특정 계급에 집중되도록 한다.[12] 이제 전 지구적 불평등은 지리적으로 분리된 개념이 아니라, 어느 곳에서나 사회적으로 분리된 개념으로 탈바꿈했다. 그 결과 전 세계 국민국가 시스템 안에서 모든 국가를 가로지르는 하나의 보편적인 엘리트 중산층 계급이 탄생하게 되었다. 아프리카개발은행에 따르면 2010년께 아프리카 대륙 전체 인구의 34퍼센트가 중산층으로 자리 잡았다고 한다.(1980년의 1억 1100만 명에서 2010년에는 3억 1300만 명으로 증가했다.)[13]

이렇게 증가하고 있는 전 지구적 중산층은 점점 더 "국제 기업들이 지배하고 거의 규제받지 않는 전 지구적 가치 사슬"—유엔경제사회국(UN DESA, United Nations Department of Economic and Social Affairs)의 표현—에 대한 접근성을 선호한다.[14] 서식스 대학의 개발연구소에 따르면 '새로운 하위 10억 명'이 전 세계 중간 소득 국가들에 넓게 퍼져 있어 "상대적 빈곤에 새롭게 초점을 맞추고, 세금을 내는 중산층이 늘어나도록 하는 정책"을 취해야 한다고 한다. 그러나 이렇게 하더라도 개발의 새로운 역설이 발생한다. 전 세계 각국의 새로운 중산층은 초국적인 수평적 가치 사슬에 이미 편입되어 있으므로 자기들이 새롭게 얻게 된 부를 자국 내

사례_북반구의 채무 위기와 디트로이트의 '부흥'

전 지구적 북반구의 공공 채무는 엄청난 규모이다. 2010년 현재 미국의 도시와 주 정부의 채무는 2조 달러에 달하고, 지방 자치 단체들의 채무는 1조 7천억 달러 수준이다. 디트로이트, 마드리드, 바르셀로나, 피렌체, 나폴리, 부다페스트, 이스탄불 같은 세계 수많은 도시의 행정가들이 길거리 청소 같은 기본 서비스 제공을 희생하면서까지 채무를 상환하기 위해 안간힘을 쓰고 있다. 미국의 모든 주에서 공무원 연금 부족분은 1조 달러에 달한다. 캘리포니아 주는 주립 대학의 학비를 32퍼센트나 인상했다. 애리조나 주는 주 의회 건물과 주 대법원 건물을 원 투자자들에 매각한 후 다시 임대해 쓰고 있을 정도이다. 높은 실업률 역시 큰 문제가 되고 있다. 미국인 7명 중 1명이 빈곤 상태이기 때문이다. 이런 비율은 지난 반세기에 걸쳐 최고로 높은 수치이며, 수백만 시민이 4인 가구 기준 공식 빈곤선인 연 2만 2천 달러 바로 윗단계인 차상위 계층에 속한다. 또한 공식적으로 610만 명이 장기 실업 상태에 놓여 있는데 이는 전체 실직자의 거의 절반에 해당하는 규모이다. 2007년에서 2010년 사이에 맞벌이 가구에서 한쪽이 실직한 비율이 두 배나 늘었다.

미국 자동차 산업의 중심지였지만 이제는 공장들 대부분이 외국으로 이전해버린 디트로이트 시의 경우 경찰, 가로등, 도로 보수, 청소 서비스에 필요한 재정을 모두 삭감하여 시민들 중 20퍼센트가 직접 영향을 받았다. 시민들 중 25퍼센트가 21세기의 첫 십 년 사이에 디트로이트를 떠나(미국 도시 역사상 최대 감소치), 3만 3천 곳의 공터와 빈집이 생겼다. 백인과 일부 흑인까지 낙후된 도심을 떠나 교외로 이주하면서 시의 세수 기반이 크게 줄어 약 50퍼센트에 달하던 실업률은 더욱 늘어났다.

그러나 …… 급격히 진행되던 도시의 쇠락이 역전될 조짐을 보인다. 도시 한복판에 40평방 마일이나 되는 빈 땅이 생기면서(샌프란시스코 정도 되는 넓이), 도시 농업이 자리 잡기 시작한 것이다. 개인을 비롯해서 어번 파밍(Urban Farming) 같은 지역 비영리 단체들이 세계 최대의 도시 기업형 영농 회사인 한츠 팜스(Hantz Farms)와 나란히 디트로이트의 빈 땅에서 농사를 짓고 있다. 일부 NGO 활동가들은 한츠 팜스의 활동을 도시 '토지 수탈'이라고 비판하기도 한다. 어쨌든 이들은 수많은 도시 농사꾼을 위해 디트로이트를 산업화 이전 상태로 되돌리고 있다. 새로운 협동 방식으로 생계를 꾸리고 북반구에서 쇠락 중인 다른 도시들이 따를 수 있는 일종의 모범 사례를 창출하고 있는 것이다. 어번 파밍의 창설자인 타자 세벨(Taja Sevelle)은 다음과 같이 말한다. "디트로이트는 도시가 이런 상황에서 어떻게 다시 일어설 수 있는지를 사람들에게 보여주는 일등 모범 도시가 될 것이다." 세벨이 설립한 협동조합은 식량 정의의 기본 철학에 입각해 디트로이트 시를 비롯한 25개 도시에 있는 푸드뱅크에 음식을 공급한다. 이 단체들이 재배하는 음식은 지역 주민들에게 무료로 공급되며 농장에는 담장이 없고 누구에게나 개방되어 있다. 공공 시설 훼손 행위는 거의 없으며, 자원 봉사자나 자선 사업가들이 운영하는 방식이다. 무료 급식소 어스웍스(Earthworks)에서 일하는 도시 농민 패트릭 크라우치(Patrick Crouch)는 농사 기술이 좋아 풀섬귀와 벌집까지 있는 '모범 농장'을 가꾸어놓았다. 이 농장은 생계 임금을 벌 수 있는 잠재력이 있어 하나의 모델이 될 수 있을 정도이다. 도시 농장은 쿠바의 아바나와 라틴아메리카 도시들에서 개발된 농생태적 영농 방식에 맞춰 운영한다. 현재 전 세계적으로 8억 명이 도시 농업을 일구고 있으며 전 세계 먹을거리의 15퍼센트에서 20퍼센트를 생산하고 있다.

현대 발전 모델이 쇠퇴하거나 외국으로 옮겨 가버릴 경우, 지역 사회가 수출로 바깥 세계를 '먹여 살리는' 대신, 스스로 자신을 먹여 살릴 방법을 다시 찾는 길 외에 다른 어떤 방법이 있을 것인가? 이것을 새로운 '성장 단계'라 부를 수 있을까?

출처 : Harris, 2010; Seelye, 2011; Uchitelle, 2011; Nourishing the Planet, 2010

의 가난한 이웃들—신자유주의적 규범에 의해 사회적으로 배제된—을 위해 재분배하는 것을 꺼릴 가능성이 있다는 것이다. 지난 25년 동안 민영화 추세 속에서 사회 정책이 개발 전략에서부터 분리됨에 따라 소외 계층을 위한 공적 지원이 줄었고, 빈곤층은 전 지구적 시장으로부터 철저히 배제되었다.[15] 앵거스 캐머런(Angus Cameron)과 로넌 페일런(Ronen Palan)은 '사회적 배제'가 빈곤층을 마치 병적인 존재처럼 취급하는 담론적 전략이 되었다고 지적한다. 이 전략에 따르면 빈곤층은 사회 전체의 책임이 아닌 개인적인 자기 책임 때문에 그런 상황에 처한, 결함 있는 존재로 여겨진다.[16] 이런 점을 인정하면서 국가가 남긴 공백을 메꾸려 한 시도가 소액 대출 제도였다. 그러나 현재 진행 중인 전 지구적 긴축 재정의 분위기 속에서 빈곤층과 실업자들이 예산 삭감과 경기 침체의 피해를 과도하게 짊어지게 된 실정이다.

개발의 분석적·정치적 '투자 가치'

전 세계적 규모의 사회적 배제가 발생하면서, 크게 보아 **발전의 조건이 무엇인지에 대한 핵심적 질문**이 제기되고 있다. 이미 말한 대로, 자국에서 시민 의식이 희박한 전 지구적 차원의 중산층이 생겼다는 사실은 발전의 틀 자체가 변했음을 뜻한다. 최근 발전 담론 관련 문헌에서는 이런 추세를 '방법론적 일국주의(methodological nationalism)'—개발을 한 국가 내의 과정으로 파악하는—의 종언이라고 표현한다. 또한 이런 식의 초국적 관계는 '발전국가'의 역할을 중시하는 '국가 중심적' 이론에 의문을 제기한다. 앤서니 페인(Anthony Payne)과 니콜라 필립스(Nicola Phillips)는 전 지구적 상품 사슬 분석을 통해, "현재 출현 중인 '전 지구적(국가 간의 관계인 '국제적'이 아닌)' 분업을 추진하는 주된 동력은 국가가 아닌 기업"이라는 점에 초점을 맞춰야 한다고 주장한다.[17] 예를 들어, 최근 부상 중인 중국을 전통적인 방법론적 일국주의로 파악하기에는 무리가 있다는 것이다. 중국의 등장은, 지구화 프로젝트를 통해 자본이 초국화되는 특별한 과정 속에서 가능했다고 한다. 페인과 필립스는 다음과 같이 설명한다.

> 1970년대 후반부터 중국 정부가 시행한 국내 경제 개혁에 힘입어 특정한 일련의 부존 생산 요소들(factor endowments)이 형성된 결과, 초국적 자본이 중국 연안 지역에 '상륙'할 수 있었다고 봐야 한다. 또한 중국의 경제 성장 유형 역시 일차적으로는 선진 산업 경제권 기업들의 생산·투자 전략에 따라 결정되었다. 그와 동시에 선진국 기업들이 중국과 같은 시장의 수요에 크게 의존한 것도 사실이다. 따라서 하나의 국가적 단위로서 '중국'이 발전했다는 식으로 말하는 것은 잘못된 주장이다. 오히려 우리는 현재 전 지구적 상품 생산 네트워크와 가치 사슬이—중국이라는 국가의 영토 경계 내에 있는 공간적 장소에서—진화 중이라는 사실, 즉 현대 지구화 프로젝트의 공고화를 보고 있다.[18]

사회학자인 윌리엄 로빈슨(William Robinson)은 이 점을 다음과 같이 말한다. "이제 개발은 지리적, 공간적, 영토적 과정이 아니라 사회적 과정을 뜻한다. 우리는 개발을 국가 차원에서 이해할 것이 아니라, 초국적 조건 내의 사회 집단 차원에서 다시 생각할 필요가 있다."[19]

물론 과거에도 '개발'이 한 국가만의 과정이었던 적은 없었다. 개발은 식민 지배 시대 이후 세계 질서의 이념적 표현이었고, 국제 위계적인 정치·경제 관계로 이루어져 있었다. 당시 미국이 주도한 개발 프로젝트는 탈식민화와 냉전의 경쟁이 한창이던 20세기 중엽의 세계 질서를 형성한 일련의 규정과 제도를 통해 전 세계를 정치적으로 한데 묶으려는 기획이었다. 따라서 '개발'은 정치적 해방, 물질적 지원, 군사 안보와 같은 여러 주제가 한데 얽힌, 막강한 이념이었던 것이다. 급격히 늘어나던 국가들로 이루어진 불평등한 국가 체제에서 개발은 매력적인 담론이었다. 이런 불평등한 국가 체제는 개발 지원국과 개발이 실제 이루어지는 장소로 구분되어 있었다. 이때 개발이 일어나던 각 국가는 개발 프로젝트를 시행하는 가설 구조물이 되었다. 로스토의 '성장 단계'로 대표되는 개발 서사 방식은, 각국의 발전이 전 세계 국가 체제 전체에서 연쇄적으로 일어나는 과정─이 속에 자유 기업 모델이 제도화되어 들어갈 수 있는─이라는 이론의 근거를 제공해주었다.

그러므로 '국가적' 개발 프로젝트라는 말은 전체 사회 현실을 부분적으로(이념적으로) 표현한 것에 불과하다. 개발이 개별 국가 안에서 일어난 것이 아니라 특정한 국제 관계 속에서 진행되었기 때문이다. 따라서 개발과 관련하여 나타나는 다양한 사회적 유형(도시 노동자를 위한 식품 구입비 보조와 노동 기술 보급에 이르는)은 전 지구적 정치·경제의 틀(식품 구입 보조에 대한 식량 레짐, 그리고 노동 기술 분포에 대한 국제적 분업) 안에서만 온전히 설명될 수 있었다. 그 후 이러한 전 지구적 틀을 심화해 지구화 프로젝트의 기반이 형성되었고, 그 기반을 통해 새로운 규정과 제도들을 만들어 시장을 개방하게 하고 초국적 기업들을 발전시켰다. 앞에서 보았듯이 북반구의 제조업이 남반구의 전략 지대로 옮겨 가면서 세계의 공장과 전 지구적 노동력─산업형 영농이 소농을 몰아냄으로써 농민들이 도시로 이주하여 생겨난─이 탄생했던 것이다.

또한 정보 혁명을 통해 서비스 부문(예를 들어 교통, 텔레콤, 컴퓨터 서비스, 건설, 금융업, 도매·소매 물류, 숙박·요식업, 보험, 부동산, 보건과 교육, 전문직, 마케팅, 그밖의 서비스 지원 업무)이 급증하여 제조업과 농업 부문을 앞질렀고, 2003년경에는 전 세계 GDP의 3분의 2를 서비스 부문이 차지했다.[20] 우리가 잘 알고 있듯이, 디지털화(digitization)는 정보에 기반을 둔 서비스에 큰 변화를 일으켰고, 그 때문에 사무실의 업무 기능이 파편화되고, 사람이 아닌 컴퓨터가 업무를 처리하거나 업무 자체가 외국의 콜센터로 이전되었다. 이는 새로운 형태의 전 지구적 경제로 나타났는데, 사회학자 마누엘 카스텔(Manuel Castells)은 디지털화가 "전 지구적 차원에서 **실시간 단위**로 파편화되어 노동할 수 있는 역량"을 발전시켰다고 지적한다.[21] 사회학자 안키 호오펠트(Ankie Hoogvelt)가 지적하듯, 이런 종류의 실시간 경제 네트워킹 덕분에 경쟁 상황에 대한 즉각적인 대응이 가능해졌다. "이러한 21세기형 전 지구적 경제는 고도로 역동적이고, 대단히 배제적이며, 극도로 불안정한 경계를 특징으로 한다." 결과적으로, "지구화는 세계 질서의 건축물을 다시 만든 것이나 다름없다. 이제 경제·사회·권력 관계가 꼭대기의 부국들과 밑바닥의 빈국들로 이루어진 피라미드가 아니라, 3중의 동심원 구조를 닮게 되었다."[22]

〈그림 10-1〉은 세계 경제에 대한 접근성을 기준으로 하여 인류를 세 단계로 분류한 것이다. 다음에 인용한 호오펠트의 설명은 2008년 금융 위기 이전에 나온 것이지만, 2008년 이후에 나타난 위계적이고 원심적인 역학을 대단히 명료하게 표현한다.

> 동심원 3개 모두가 국가 경계와 지역(regional) 경계를 가로질러 함께 나타난다. 제일 안쪽의 동심원에는 모든 대륙, 모든 나라의 엘리트들이 있다. 하지만 이들의 비율은 자기들이 사는 지역의 발전 정도에 따라 모두 다르다. 아주 대략적으로 말해, 부자 나라에서는 은행 거래 가능 인구 40퍼센트, 생계 불안 인구 30퍼센트, 배제 인구 30퍼센트로 나오며, 가난한 나라에서는 이 비율이

그림 10-1 **상대적 포괄 또는 배제에 따라 분류한 전 세계 인구의 초국적 분포**

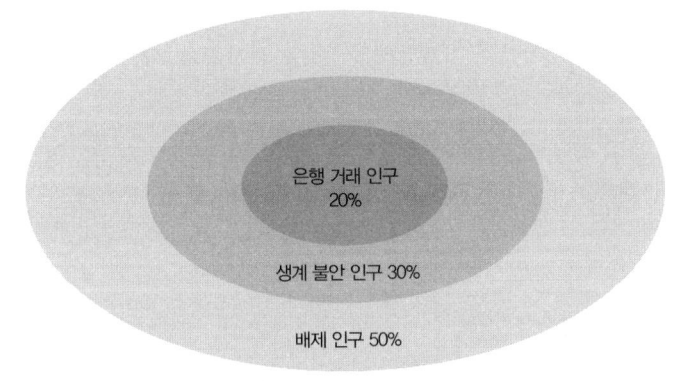

(출처 : Hoogvelt, 2006 : 164)

20-30-50퍼센트가 된다. 사하라 이남 아프리카에서는 10-20-70퍼센트 혹은 심지어 10-10-80퍼센트로 나오기도 한다. 제일 안쪽의 동심원은 아마 전 세계 인구의 20퍼센트 정도를 차지하는 '은행 거래 가능 인구', 즉 대출을 받을 수 있는 사람일 것이다. 중간에는 유동적이면서 더 큰 사회적 동심원이 있는데 세계 인구의 20퍼센트에서 30퍼센트를 차지하는 노동자와 그 가족들로 이루어져 있다. 이들은 불안정한 형태의 고용 관계 속에서 노동해야 한다. …… 제일 바깥의 셋째 동심원은 전 지구적 시스템에서 실질적으로 소외된 계층으로 이루어져 있다. 그렇다고 이들이 전 지구적 시스템의 영향을 전혀 받지 않는다는 말은 아니다. 그와 반대로 이들은 자기가 져야 할 짐보다 더 큰 짐—환경 훼손, 자원 부족, 전쟁과 분쟁, 강제적 박탈—을 지고 있는 사람들이다. 하지만 이들은 '없어도 되는' 존재이다. 이들은 하루 2달러로 생계를 유지하며, 대략 전 지구적으로 28억 명에 달한다.[23]

패러다임의 변화

지금까지 본 것처럼 우리가 발전의 틀을 선진국과 개발 도상국으로 나누지 않고, 모든 나라에서 공통적으로 나타나는 불평등 양상으로 파악한다면 다음과 같은 질문이 뒤따른다. 이런 현상이 어떻게 개발의 의미와 실천, 또는 개발의 패러다임을 바꾸는가? 여기서 핵심적으로 기억해야 할 것은 개발 기관과 개발 관련 전문가는 직업적인 이유 때문에 대증 요법만 다루기 마련이라는 사실이다. 이렇게 되면, 예컨대, 이른바 '최하층 10억 명'에만 초점을 맞춘 대책—브라질의 '볼사 파밀리아(Bolsa Familia)'처럼 빈곤층에 직접 현금을 지원하는 정책—을 내놓기 쉽다. 이런 접근 방식을 채택하면 경제적·사회적 대책을 어떻게 적절히 배합할 것인가 하는 점에만 신경을 쓰거나, 개발의 개입 범위와 규모를 조절하여 문제를 해결하려고 노력한다. 신자유주의적 지구화 프로젝트 시대에 접어들어, 사회 문제의 해결을 위해, 마치 사회와 경제 양극단을 오가는 시계추처럼, 개발의 대상으로서 국가를 강조하던 데서 벗어나 직접 시민들 쪽으로 개발의 추가 다가가는 변화 경향이 생겼다. 또한 개발의 추는 개발 과정에 시민들이 참여해야 한다는 쪽으로도 움직였다. 그런데 참여는, '개발 주체의 책임'이 누구에게 있는가를 묻기 위한 리트머스 테스트처럼 여겨졌다. 예를 들어, 참여 주체가 빈곤 감소 대책을 내놓는 국가이든, 소액 대출을 신청하는 개인이든, 또는 NGO가 주도하는 사회적 동원이든 상관이 없다는 것이다. 따라서 사람들에게 시장 활동을 통해 개발 과정에 참여할 수 있게 보장했는데도 그들이 가난하다면 그들 자신의 책임이 되는 것이다.

참여는 양날을 지닌 칼이 될 수 있다. 참여를 허용했다는 명분으로 특정 정책이나 개발 대책에 정당성을 부여할 수 있기 때문이다. 자원, 권리,

권력에 대한 기존의 불평등한 접근성은 그대로 둔 채 참여만 강조했을 때 그 결과는 형식적으로는 정당하나, 실질적으로는 불평등하게 나타날 수도 있다.[24] 바로 이 지점에서 **개발의 역설**이 다시 나타난다. 참여적 방법을 썼는데도 여전히 불평등이 재생산되고, 그러면서도 빈곤을 물리칠 수 있는 방법은 개발이 최고라는 식으로 개발이 계속 정당성을 부여받기 때문이다. 사람들이 자체적으로 조직한 민주적 참여 방식을 통해 사회적 욕구와 생태적 가능성을 결정하는 것이, 이런 역설로부터 벗어날 수 있는 하나의 방법일 수 있다. 뚜렷하게 드러나는 개발의 폐해와 어두운 환경 전망 탓에 현재 전 세계적으로 수많은 사회적 실험이 벌어지고 있다. 이런 실험들은 흔히 사람들의 이목을 끌지 못한다. 물론 개발 기관의 안테나는 이러한 움직임을 늘 포착하기 마련인데, 이때 개발 기관들은 패러다임을 전유하거나, 그것과 동반자 관계를 맺거나, 심지어 변화 패러다임을 아예 인정하기도 한다.

개발 NGO인 옥스팜은 주류 개발 공동체 안에 있으면서도 '정상적' 개발 담론의 통념을 비판하면서 다음과 같이 지적한다. "전 지구적 경제 성장에 수반하는 인간적 비용과 환경적 비용을 치르지 않는 개발은 없다." 옥스팜은 1987년이, "우리에게 생명이나 다름없는 천연자원의 한계 내에서 인류의 자원 소비가 이루어진 마지막 해였다."라고 하면서, 새로운 형태의 '생태적 연대'를 촉구한다. '생태적 연대'란, 기후 변화를 관리하려면 '새로운 개발 패러다임'—탄소 사슬과 성장 중독에서 자유로워진 패러다임—이 필요하다는 점을 인정하는 것이다. 그렇게 되려면 "유한한 지구를 인류가 어떻게 공유할 것인가를 새롭게 생각해야 한다. 환경의 한계 내에서 생활하면서 인류의 집단적 욕구를 충족한다면, 우리 문명을 구출할 수 있을 뿐만 아니라 깊이 뿌리내린 사회적 불의의 문제를 해결하고 전반적

사례_ 슬로푸드—미각의 국제 운동

원래 1980년대 이탈리아에서 시작된 슬로푸드(Slow Food) 운동은 이제 전 세계적 운동이 되었고, 지역 사회에 기반을 둔 식품 확보, 지역 사회 향토 음식의 보존, 특히 '지역 사회' 농업의 보호, 그리고 전반적인 먹을거리 전통 유산이라는 원칙 위에서 이루어지고 있다. 슬로푸드 운동은 생산자와 소비자의 직접 연계를 회복하여 건강한 먹을거리 재배와 식습관을 장려한다. 이 운동은 먹을거리를 대하는 태도와 먹는 행위를 변화시킴으로써 진보적인 사회 변화를 촉발할 수 있다는 전제에서 출발한다. 슬로푸드 운동의 창시자인 카를로 페트리니(Carlo Petrini)는 다음과 같이 주장한다. "21세기 요리는 중병에 걸려 있는데 이를 진정으로 치유할 수 있는 방법은 미래에 대한 책임을 통감하는 것이다. 기억의 유산, 생물다양성, 창의적 역량을 살려내고, 즐거움의 원칙을 확인하는 것이 진짜 치료법이라 할 수 있다."

'생물 다양성을 위한 슬로푸드 재단(Slow Food Foundation for Biodiversity)'은 "소품 양질의 먹을거리에 관한 지식을 얻고, 그것을 분류하고 정리하며, 보호할 목적과 경제적·상업적 미래를 확보할 목적"으로 2003년에 이탈리아에서 설립되었다. 이와 관련하여 200여 개의 소비자 협동조합으로 이루어진 컨소시엄인 '코프 이탈리아(COOP Italia)'는 질 좋은 먹을거리의 생산과 판매를 조율한다. 코프 이탈리아가 생산한 먹을거리는 사회 공간적 원산지를 추적할 수 있으며, 넓은 뜻의 윤리적 활동—공정 무역을 지원하고, 아프리카에 수자원을 공급하며, 유전자 조작 식품의 확산을 저지하는—속에서 유통된다. 대안먹을거리네트워크(Alternative Food Networks)라는 단체도 새로운 농촌 발전 활동의 확대를 위해 노력한다. 여기에는 농업 관광, 에너지 생산, 조경 관리 등이 포함된다. 농업과 관련한 이러한 복합적 측면을 '다기능성(multi-functionality)'이라고 하는데, 이것은 북반구의 새로운 농정 패러다임으

> 로 떠오를 잠재력을 갖추고 있다.
>
> 슬로푸드 운동은 공식적인 성명서를 통해 다음과 같이 선언한다. "생산성이라는 이름 아래 '빠른 삶(Fast Life)'은 우리의 존재 양식을 바꿔놓았고, 우리의 환경과 우리 지역 사회의 풍경을 위협한다. 이제 슬로푸드만이 진정 진보적인 해답이다."
>
> 개발의 조건에서 패스트푸드 패러다임과 슬로푸드 패러다임 사이에 어떤 차이가 있는가?
>
> 출처 : Petrini, 2001 : xix, xxiv; Fonte, 2006; Pretty, 2002

인 인간 복리를 크게 개선할 수 있을 것이다."[25]

경제 성장의 모순 때문에 패러다임을 바꿔야 한다는 사고가 나타났다. 여러 사례가 있다. 타이의 국왕이 내놓은 '충족의 경제(sufficiency economy)' 규모로 경제 활동을 낮추자는 아이디어, 부탄의 국왕이 제안한, 물질적·정신적 발전—평등, 문화적 가치, 환경의 지속 가능성, 그리고 양호한 거버넌스를 강조함—을 합친 질적 척도인 **국민 총행복 지수**(GNH, Gross National Happiness)', 그리고 '지속 가능 경제 복리 지수(Index of Sustainable Economic Welfare)' 또는 '진정한 진보 지표(GPI, Genuine Progress Indicator)' 등을 들 수 있겠다. '진정한 진보 지표'는 수치로 표현할 수 있는 경제 성장의 편익과 **비용까지** 포함하여 국가적 대차 대조표를 제시한다. 예를 들어, "GDP는 자연림에서 베어낸 목재의 가치를 따지는 것으로 끝나지만, '진정한 진보 지표'는 벌목의 환경적 비용까지 계산한다."[26]

성장 경제학에서 '탈성장 경제학'으로

이제 '**탈성장 경제학**'* 개념을 소개할 차례이다. 탈성장 경제학은 오늘날 흔히 '발전'이라고 일컬어지는 무제한의 '성장'을 옹호하는 정통 경제 이론을 반대하고, "북반구와 남반구 모두를 아우르는 통합적이고 자립적이며 물질적으로 지속 가능한 방식의 책임 있는 사회"를 창조하려고 만들어낸 도발적인 용어이다. 경제학자 세르주 라투슈는 극적인 은유를 통해 다음과 같이 주장한다. "성장 경제학은, 에이즈와 마찬가지로, 사회적 질병에 대한 사회적 면역성을 파괴한다. 또한 성장이 살아남으려면 끊임없이 새로운 시장의 공급이 필요하다. 따라서 성장은 마약 상인처럼 의도적으로 새로운 욕구와 의존성을 만들어낸다. 이러한 욕구와 의존성은 과거에는 존재하지 않던 것들이다."[27]

라투슈는 프랑스어 'décroissance(영어로는 'degrowth'라고 번역한다)'가 사실은 '무성장(a-growth)'을 뜻한다고 하면서, 다음과 같이 제안한다. "우리는 우리 스스로 자신의 가치를 바꿔야 한다. 우리는 이기주의를 이타주의로, 경쟁을 협력으로, 강박적인 활동을 여가로 대체할 필요가 있다. 하지만 가치는 체계 속에서 발현된다. …… 우리가 속한 시스템 자체에 근본적으로 의문을 품지 않는 한, 가치를 변화시키는 일은 제한적일 것이다."[28] 북반구에서 "저속 기어로 바꾸자"는 움직임이 뿌리를 내린 연유도 바로 이런 맥락에서이다. 이에 따라 소비 생활의 노예와 같은 삶을 내려놓고 더욱 균형 잡히고 보람 있는 삶을 추구하려는 사람들이 생겼다. 줄리엣 쇼어(Juliet Schor)는 《과소비의 미국인(The Overspent American)》이라는 책에

---

* **탈성장 경제학**(degrowth economics) 경제학의 새로운 분석 방식으로서 소비 축소를 통한 에너지 사용 감소와 환경 영향의 억제, 노동 패턴의 변화 그리고 에너지를 소비하지 않고 오히려 생산하는 농사 방식의 회복 등에 초점을 둔다.

서 미국의 성인 인구 중 19퍼센트가 삶을 저속 기어로 바꿨으며, "자진해서 보수가 낮은 직장으로 옮겼고, 노동 시간을 줄이는 쪽을 택했으며, 가정에서 자녀들을 돌보기로 작정했다."라고 말한다.[29] 이러한 대안적 개념과 실천이 급증한 것은 우리 시대의 현실을 반영한다. 사람들이 개별적으로, 그리고 집합적으로 발전의 의미를 재규정함에 따라 시장 가치가 아닌 삶의 가치를 재발견하고 있기 때문이다. 아래에서 보겠지만, 발전을 둘러싼 이러한 의미 변화는 급증하는 사회 정의 운동과 주권 운동에 널리 퍼져 있는 사고방식이다.

생태 경제학자 호안 마르티네스-알리에르(Joan Martinez-Alier)에 따르면 탈성장론은, 운동가들이 주도한 연구 외에도, 여러 사회 운동—공동 주거, 빈집 점유, 귀농 운동(neoruralism), **공공장소 회복 운동***, 대안 에너지, 폐기물 억제와 재활용—의 경험에서 유래했다고 한다.[30] 탈성장 경제학은 2008년의 파리회의(Paris Conference)에서 시작되었고, 이탈리아의 데크레시타(decrescita) 운동(이탈리아어 'decrescita'는 '탈성장'을 뜻한다)에 영향을 주었으며, 그 후 에스파냐, 캐나다, 영국, 멕시코, 그리고 남아메리카로까지 확산되었다.

파리 회의에서 참석자들은 성장 지향적 개발을 지속한다면 '비자발적이고 통제 불능의 경제적 쇠락 또는 붕괴의 과정'으로 귀결될 수밖에 없다는 결론을 내리고, "패러다임 전환, 즉 일반적이고 무제한적인 경제 성장에서 전 지구적·국내적 경제의 '적정 규모(right-sizing)' 개념으로 패러다임을 바꿔야 한다."고 촉구했다. 이러한 전환을 이루려면 가난한 나라를 위한 환경적 공간을 보존하기 위해 '전 세계 잘사는 지역의 탈성장'이 필요하다.

공공장소 회복 운동(RTS, Reclaim the Streets) 공공장소를 기업적 상업화나 자동차의 범람으로부터 구해내고 공동체가 그 소유권을 되찾자는 운동.(역주)

구체적 방법으로는, 탈성장 개념을 공적 토론과 경제 제도 내에서 주류화해야 하고, 경제적 '적정 규모(즉, 지속 가능한 생태 발자국)'를 향한 진보를 측정할 수 있는 정책 도구와 주관적 지표를 포함한 비금전적 지표를 개발해야 한다. 물론 현 단계에서 자본주의 체제의 소유권 제도의 경제적·정치적 영향력을 어떻게 줄일 수 있을지 확실치 않은 게 사실이다.[31] 2010년 바르셀로나에서 열린 제2차 탈성장 국제회의에서는 더욱 심화된 비판과 함께 "국제 엘리트 계급과 '전 지구적 중산층'이 과시적 소비와 인적·물적 자원의 과도한 남용을 통해 환경에 엄청난 손실을 입히고 있다."라는 주장이 나왔다. 회의는 또한 '빚을 끌어와 추진한 성장의 신기루'가 결국 사회적 재앙이 되어 돌아올 것이라는 경고도 곁들였다. 바르셀로나 회의는 일련의 현실적 제안(지역 화폐, 생태 세금, 전 지구적 공유물에 대한 새로운 관할권, 보편적 기본 소득, 정치의 탈상업화)을 내놓으면서, 탈성장은 부자 나라에서부터 먼저 시작되어야 한다는 결론을 내렸다. 그런데 이런 모든 제안이 일종의 '발전국가'와 비슷한 형태를 부활시키려는 전반적인 흐름 속에 있음을 유념해야 한다. 이런 움직임은 특히 북반구에서 많이 나타나고 있지만, 우리가 지금까지 본 것처럼, 중국과 인도가 취했던 개발 모델의 특징이기도 하다.

바르셀로나 회의에서 퍼트리샤 퍼킨스(Patricia Perkins)는 탈성장 운동에 관해 여성주의 관점의 비판을 제시했다. 이 비판은 경제의 산출물을 측정할 때 투입되는 유급 노동과 무급 노동 사이의 상호 관계에 초점을 둔다. 퍼킨스는 대부분의 여성 노동을 비롯하여 자연적으로 이루어지는 서비스의 가치가 저평가받고, 무급인 경우가 많은 탓에 실제 산출되는 가치가 형식적 경제 측정치보다 훨씬 더 크다고 지적한다. 그런데도 여성 노동과 자연적으로 이루어지는 서비스는 정책 영역에서 무시되곤 한다.

탈성장이 유급 노동과 무급 노동 간의 경계를 더욱 무급 노동 쪽으로 밀고 가는 것이라면, 탈성장은 우리가 염려하는 상대적 가치, 저평가, 정의와 같은 문제를 해결하지 못하는 셈이다. 더 나아가, 자칫 탈성장이 저임금 노동자와 자연을 더욱 착취하는 방향으로 흘러갈 위험도 있다. 그 이유는 다음과 같다. 탈성장에 의해 경제가 물질적 산출물을 적게 생산하기 위해 더욱 지역 사회 중심으로, 그리고 서비스 중심으로 나아가게 되면, 노동의 양과 노동의 담당자, 교역의 양과 교역량이 줄어들 때 실직을 당할 사람, 그리고 경제적 욕구가 충족될 사람과 충족되지 못할 사람을 놓고 큰 변화가 생길 것이기 때문이다.[32]

퍼킨스는 이어 두 가지 중요한 현실적인 문제를 제기했다. 첫째, 탈성장을 추구했을 때 현재의 물질적 불평등을 조금이라도 줄이는 데 반드시 필요한 성장의 문제를 어떻게 처리할 것인가? 성장이 없어지면 "어떤 사람이 자원을 획득하려면 다른 사람이 반드시 자원을 포기해야" 하는 상황이 올 수 있다. 이런 문제는 지역 사회의 자원 가치(특히 보살핌 노동, 물물 교환, 협동조합, 자원 공유 같은 비금전적 자원 가치)를 적극적으로 재평가하는 방식의 패러다임 전환을 통해 부분적으로 해결할 수 있다. 우리가 자원이라고 말할 때 그것이 무엇을 의미하는가, 하는 점을 재규정하는 방식으로 이 문제에 접근할 수 있다는 뜻이다.[33] 둘째, 퍼킨스는 목소리나 참여를 두고 비판적인 문제 제기를 한다.

엔진 역할을 하는 성장이 없다면 진보적인 재분배를 어떻게 할 것인가? …… 무급 노동과 저임금 노동에 이미 경험이 많은 사람들, 자원을 재활용하거나 재사용하는 사람들, 아주 검소하게 사는 사람들, 자동차를 굴리지 않고 고기도 먹지 않으며 타인이 먼저 먹고 난 다음에 자기 몫을 먹고 일상의 생계를 위해 화석 연료가 아닌 사람 힘이나 동물의 힘을 활용하며 공산품이 아닌 재료로 주거와 생필품을 만들어 쓰는 사람들 …… 이런 사람들에게서 탈성장 이론가들과 운동가들은 참으로 많은 것을 배울 수 있다. 이런 사람들은 우리가 살아가는 이 다양한 세계에서 어딜 가나 찾을 수 있다. 이런 이들이 단지 외국에만 있거나 남반구에 가야만 만날 수 있는 것은 아니다. 하지만 우리 회의장에 왜 이런 사람들이 단 한 명도 보이지 않는가? 왜 그런가? 이런 소외 계층을 초청해서 탈성장에 관한 이야기와, 지구상에서 무겁지 않게 살아가면서 좀 더 평등한 사회를 건설할 수 있는 방법에 관한 이야기를 들어봐야 할 것이다. 그 이유는? 그들이 바로 전문가이기 때문이다!"[34]

이것과 다른 각도에서, 영국의 지속가능발전위원회 경제 위원이면서 '제로 성장(zero growth)'의 제창자인 팀 잭슨(Tim Jackson)은 현 상황에서 탈성장 이론은 사람들에게 그리 매력적이지 못하다고―전 지구적 경제 불황과 높은 실업률 상황 때문에―주장하면서, 다음과 같은 심각한 딜레마를 설명한다. "성장을 막으면 경제와 사회가 붕괴할 가능성이 있다. 그러나 쉴 새 없이 성장만 한다면 우리가 장기적 발전을 위해 의존하고 있는 생태계를 위험에 빠트릴 수 있다. 앞으로 90억 명의 세계 인구가 모두 서구식 생활 양식을 누리려고 한다면 2050년이 됐을 때 공산품 1달러당 탄소 배출량이 지금 수준보다 적어도 130배 이상 낮아져야 한다. 그리고 21세기가 끝날 때 쯤이면 경제 활동에서 탄소가 전혀 배출되지 않아야 한다."[35]

잭슨의 연구는, 자본주의가 수익 창출 동기와 소비자주의의 포로가 되어 있으므로 자본주의의 효율성만으로 문제 해결을 기대하는 것은 환상에 가깝다는 결론을 내린다. 경제 활동에서 물질적 처리량을 줄이기 위해, 경제 성장과 에너지 사용을 별개로 생각하는 분리의 원칙(principle of decoupling)을 통해 **각국 정부는 단기적인 성장 지상주의로부터 벗어날 수 있고, 사회적·생태적 목표를 추구함으로써 장기적 사회 보호에 다시 초점을 맞출 수 있다.** 따라서 '아래에서부터 잘사는 사회를 다시 건설'한다는 원칙에 기반한 새로운 비전이 필요하다. 그러기 위해서는 공적이면서 모든 이가 공유할 수 있는 목표와 자산과 인프라에 투자를 해야 한다. 이런 새로운 경제는 수익 창출에 기반을 두지 않고 '모두가 함께 번성하는(flourishing)' 경제이다. 이러한 경제는 상품 생산이 아니라 서비스에 기반을 둔 활동과 생태·녹색 투자와 노동 시간 정책(노동 시간을 줄이고 일과 삶의 균형을 맞추기 위한)을 중심으로 이루어진다. 이러한 정책 제안은 다른 연구에서도 되풀이된다. 예를 들어, 제로 성장 모델에서는 더 많은 사람에게 고용 기회를 주려고 연간 노동 시간(work year)을 줄이고, 생산성 증가로 발생한 이득을 수익이나 GDP를 높이는 데 쓰지 않고 여가 시간 쪽으로 재분배한다. "캐나다의 경우, 2035년까지 연간 노동 시간을 15퍼센트 줄여 연 1,500시간 수준으로 낮추면 완전 고용이 가능해진다고 한다. 이렇게 해도 유럽 몇몇 나라보다 노동 시간이 많은 편이다. 예컨대, 독일에서는 2008년 통계를 기준으로, 평균 수준의 임금을 받는 피고용자가 연간 1,430시간의 노동을 했을 뿐이다."[36]

궁극적으로 잭슨은 잘 규제된 자본주의를 제안하는 셈이다. 이렇게 되면 시민들의 욕구를 잘 반영하는 공공 부문 그리고 생산성의 의미를 다시 규정하고 부의 분배 방식을 바꾼 시스템이 탄생한다. 이때 재산 보유 계층과 금융 자본의 반대가 예상된다. 하지만 이런 예상되는 반대에 대해서도 잭슨은 다음과 같은 의견을 내놓는다. "흥미롭게도 2008년 금융 위기 당시 공적 자금을 투입하는 것이 과연 공정한가 라는 의문이 제기된 바 있었다. 공적 자금으로 금융 부문의 부실을 막는 데 납세자들이 모든 부담을 지면서도 왜 그들은 전혀 혜택을 받지 못하는가?"[37]

새롭게 출현하는 비전들은 전 지구적 경제의 불의와 위기에 빠진 환경에 대한 대중의 인식에서 더욱 힘을 얻고 있다. 이런 의미에서, 새로운 비전들이 당장 현실성이 있거나 대중의 지지를 받을 것이라기보다 그 비전들이 물질적 한계에 처한 이 지구상에서 인간이 어떻게 집단으로 살아갈 수 있는가 하는 미래의 필요성을 예상하고 있다고 보아야 할 것이다.

에너지 하강기에 대비하는 '전환 도시 운동'

이런 식의 미래 비전 중 아주 좋은 예로 재지역화(relocalization)를 강조하는 **'전환 도시'*** 운동을 들 수 있다. 전환 도시 운동은 2000년대에 시작되었고, 원유 생산 축소를 예상하고 기후 변화에 대비하려는 공동체들의 운동이나 그러한 공동체들 사이의 네트워크를 뜻한다. 2010년에 추산한 공식 전환 도시의 수가 영국, 아일랜드, 캐나다, 미국, 오스트레일리아, 뉴질랜드, 칠레, 이탈리아 등지에서 300여 개에 달하며, '에너지 하강기'를 관리하기 위한 과정에 참여 중이다.[38]

전환 도시 운동은 지역 도시와 공동체(그리고 도시 거버넌스)의 사회적·생태적 회복 능력을 길러주는 데 목표를 두고 있다. 그러기 위해 화석 연료에 대한 의존성을 줄이거나 없애며, **자족적 농업 생태계*** 원칙을 통한 지역 자원의 재구축을 꾀한다. 지속 가능한 토지 사용을 위한 설계에 따라 인간은 환경에 다시 통합되고, 지역 사회에 기반을 둔 먹을거리 체계를 만

전환 도시(Transition Town) '에너지 하강기'를 대비하여 가능한 한 경제 활동을 지역 내에서 해결하려 하며, 에너지 사용의 절감, 폐기물 재활용, 사회적 협력의 증진, 사회적 재생산 움직임의 재평가, 생태계 보존, 지역 경제 시스템 유지 등에 관심을 기울이는 공동체.
자족적 농업 생태계(Permaculture) 전체적이고 다기능적으로 농업에 접근하는 방법이며, 인간과 생태계 사이의 지속 가능한 상호 작용을 강조한다.

들며, 생태적 활동을 다시 살리고 폐기물을 줄이기 위해 자연의 사이클을 회복하고 모방한다. 전환 도시는 또한 노동의 생산성—수익이 아니라 공동체를 재생산하고, 상품이 아니라 생물 다양성을 늘리는—을 높이면 노동을 줄일 수 있을 것으로 기대한다. 지역 화폐는 지역의 사업 활동과 새로운 녹색 일자리를 창출하며, 지역 공동체 내부에서 부가 순환하게끔 돕는다. 이런 모습은 수익을 역외 조세 감면 지역의 상업 은행으로 유출시키는 것과 크게 대비된다. 지역 공동체의 시장은 환경 보호와 사회적 연계를 장려한다. 교육은 세대 간 연계와 생물 지역적 연계*를 지향하면서 성인과 아동을 모두 대상으로 하며, 지역 사회에 뿌리를 둔 기술과 지식과 정서적 회복 능력을 계발한다. 영국 사우스엔드온시(Southend-on-Sea) 군의 주민들은 다음과 같이 말한다.

    기후 변화와 원유 고갈로 말미암아 우리가 도저히 감당 못할 정도의 재난을 당할 수도 있겠다 하는 느낌이 듭니다. 그런데 전환 도시 운동의 핵심 메시지는, 우리가 뭔가를 달성하고, 뭔가를 해내고, 뭔가를 창조하려면 이런 식의 비관적 마음가짐으로 시작해선 안 된다는 점입니다. 실제로 우리의 마음가짐을 바꾸면 앞으로 다가올 원유 부족 시대가 위협이 아니라 기회라고 볼 수도 있습니다. 또한 경제적으로 번성하고, 회복 능력도 충분히 있으며, 모두가 풍족하게 살 수 있는 미래의 저탄소 시대를 설계할 수 있습니다. 어찌 보면 현재의 소외된 소비자 문화—탐욕과 전쟁과 영구적 성장이라는 신화에 근거한—보다 훨씬 더 살기 좋은 시대일지도 모릅니다.[39]

생물 지역적 연계(bioregional connection) 자연적으로 나누어진 생태 지역에 기반을 둔 정치, 문화, 생태 시스템을 보존하고 유지하려는 노력.(역주)

궁극적으로 전환 도시 운동은 에너지 부족과 기후 변화의 도전을 맞은 미래를 관리하기 위한 적극적인 접근 방식이다. 이 일을 위해, 지역의 역량을 재발견하고 생태 발자국 지수를 줄이며 회복 능력을 늘릴 수 있는 방향으로 지역 공동체의 자원을 동원해야 한다. 그리고 이것은 하나의 운동이므로 여러 지역 공동체들 사이의 협력과 연대를 장려한다. 이 점은 지역 공동체들을 서로 경쟁하게 하는 통상적인 개발 모델과 반대된다.

'공유물'과 지역 사회의 재발견

최근 들어 대안적 개념과 실천 아이디어가 많이 쏟아져 나오는 것 자체가 오늘날의 시대상을 반영한다. 사람들은 이제 발전의 의미를 재규정하기 위해 개인적으로나 집단적으로 노력하고 있으며 시장 가치가 아닌 진정한 가치를 재발견하는 중이다. 여기서 핵심적 가치 개념이 바로 '공유물'*이다. 공유물은 사람들의 공통적인 생계 자원이자 문화적 의미를 지닌 개념인데, 자본주의가 출현하면서 사유 재산 제도에 따라 구획이 나누어진 것을 뜻한다. 공유물은 현재 남반구에서 일어나는 전 지구적 토지 수탈에 위협받고 있는 가치이기도 하다. 깁슨-그레이엄에 따르면 오늘날 "산업화된 나라에서 공유물을 다시 부활시키고 확장하려는 움직임이 있으며, 개발 도상국에서도 아직 완전히 사라지지 않은 공유물을 보호하자는 움직임이 나타나고 있다." 이러한 움직임은 개발의 현대적 존재론을 거부하는 것이기도 하고, 지역 사회의 가능성을 재발견하려는 것이기도 하다. 전환 도시 운동과, 그와 유사한 움직임이 좋은 예라 할 것이다. 깁슨-그레이엄은 다음과 같이 말한다.

공유물(the commons) 공유 재산 제도를 일컫는 대중적 용어. 마을이나 지역 공동체에서 집단 전체의 이익을 위해 토지, 자원, 생태계를 관리하는 것.

지금까지 경제 발전 행위는 자본주의 경제를 당연하고 보편적인 것으로 여기는 태도에 지배당해 왔다.(경제의 유일무이한 모델로서, 옳고 유지 가능한 단 하나의 경제 체제로서, 서구의 특정한 기원에서 비롯되었고 특정한 시장 형태를 취하며 특정한 기업 유형에 기반을 둔다는 점을 간과한 어떤 것으로서.) 기존의 개발 담론은, 경제 활성이 떨어지고 자본주의의 시혜를 충분히 누리지 못하는 공간에다 자본주의형 경제 개발을 이식하려고 하는 문제에 초점을 맞춘다. 그래서 자본주의형 산업화를 이룩할 수 있는, 또는 더 적극적으로 외부 자극을 통해 시동을 걸 수 있는 수많은 전략이 제시되었다. …… 이 모든 전략은 부의 혜택이 자본주의 시장 경제 활동과 시장 활동 참여자들로부터 사회 전반으로 퍼져나갈 것이라는 약속 위에서 추구되었다. 또한 모든 전략이 경제 성장은 …… 의심할 바 없이 바람직하다는 맹신에 기반을 두고 있었다.[40]

그러나 이제 새로운 패러다임을 찾아야 한다는 목소리가 전 세계에서 울려 퍼지고 있다. 예를 들어 한국의 경우, 무자비하고 극도로 경쟁적이며 점점 더 부패하는 사회 시스템을 해결하기 위해 '공정 사회'를 건설하자는 새로운 욕구가 터져 나오고 있다.[41] 서아프리카의 밤타레(Bamtaare)라는 개념은 공동체와 환경을 통합한 '조화로운 발전'을 의미한다. 에콰도르와 볼리비아는 2008년 자국 헌법에 발전을 '잘사는 것(에스파냐어로 buen vivir, 또는 체쿠하어로 sumak kawsay)'이라고 재규정함으로써 세계인들의 이목을 끌었다. '**부엔 비비르**(buen vivir)'는 원주민과 농민과 아프리카계 후손과 여성, 환경 운동가, 청소년이 수십 년간 펼쳐온 정치적 투쟁과 연대의 결과에서 나온 것이며, 경제를 생태, 인간 존엄, 사회 정의 아래에 두는 개념이다. 부엔 비비르는, 시장을 사회 속에 다시 포함시켜야(reembedding) 한다는 폴라니의 이론과 다르지 않다. 부엔 비비르 개념에 따라 에콰도르와 볼리비아 헌법에서는 인간의 권리(human rights)가 나오는 항목에 자연의 권리(rights of nature)를 나란히 규정하고 있다.[42]

우리가 사는 행성인 지구(Pachamama)를 모든 생명의 중심에 두는 안데스 우주론은 "근대의 인간 중심성을 벗어나 생명을 중심에 두는 파격적인 '생명 중심적 변화'를 나타낸다."[43] 볼리비아의 부통령 알바로 가르시아 리네라(Álvaro García Linera)는 다음과 같이 주장한다. "자연이 세계 역사를 만든다. 대지가 모든 것의 어머니이다. 대지는 인간과 자연 사이의 새로운 관계를 설정한다. 인간과 자연의 조화는 대지를 재생하는 데 반드시 보존되어야 할 덕목이다." 물론 세계 역사를 만드는 것과 그러한 관계를 실제로 실천하는 것은 별개의 문제이다. 볼리비아의 토지법(어머니인 대지의 법)에서는 자국의 광물 자원을 '축복'이라고 재규정한다. 광물 자원을 개발하기보다 새로운 보존 조치의 대상으로 삼겠다는 것이다.[44] NGO인 포커스온더글로벌사우스(Focus on the Global South)의 니콜라 불러드(Nicola Bullard)는 다음과 같이 말한다. "하지만 넘어야 할 장애가 엄청나다. 볼리비아는 16세기 식민지 시대로 거슬러 올라가는 국제 분업 구조에 깊이 개입되어 있기 때문이다. 이러한 분업 구도 내에서, 사회·환경 정의를 요구하는 민중의 염원에도, 볼리비아는 값싼 노동, 토지, 자원을 전 세계에 공급하는 역할을 맡아왔다."[45]

그렇더라도 인류학자인 아르투로 에스코바르(Arturo Escobar)는 이러한 '생명 중심적 전환'이 현재 출현 중인 **전환 담론***에서 상상하는 문명의 변화를 상징한다고 본다. 이런 담론들은 각종 다양한 사회 운동에서 시작되고 있으며, 문화, 생태, 종교, 영성, 그리고 대안 과학(예를 들어, 삶의 체계,

---

전환 담론(transition discourse) 인간의 활동을 지구의 순환 과정에 다시 포함시키거나 화해시키려고 하는 사회적·문화적 담론. 이렇게 할 때 사회와 생태계를 지속 가능하게 재생산할 수 있다.

복잡계) 등의 분야를 가로질러 나타나고 있다. 생태 신학자인 토머스 베리(Thomas Berry)의 말을 들어보자. "이러한 담론은 인간이 지구상에서 파괴적인 세력이었던 시기로부터, 인간이 지구상에서 인간과 자연이 서로 도우며 현존하는 시기로 전환을 의미한다."[46] 더 나아가, 전환 담론의 핵심은 현대적 존재론의 기저를 이루면서 '지구화'의 이름으로 재생산되는 일원론적 세계관을 거부하는 것이다. 아르투로 에스코바르는 다음과 같이 지적한다.

> 온갖 종류의 지구화 담론은 이 세계가 일종의 '전 지구적 공간'이고, 이 공간이 앞으로 지속적이고 불가피하게 자본주의적 근대성으로 지배될 것이라고 가정한다. …… 지구화를 보편적이고 완전히 경제화된 탈지역적 과정으로 파악하는 관점은 기업의 엄청난 힘에 의해 유지될 수 있고, 군사력에 의한 관리 가능한 수준의 질서 또는 무질서 내에서 유지되곤 한다. 그러나 지구화의 바로 그 전 지구적 특성에서 일종의 반응과 창의성과 저항이 출현하며, 바로 이런 것들이 빈곤, 그리고 지구화라는 환상이 내포한 유해함과 파괴성을 점점 더 드러내 보이게 한다.[47]

에스코바르의 논점은 이 세계가 다중적인 존재론 또는 세계관을 보유하고 있으며, 사파티스타가 말하듯 '여러 세계들이 들어서 있는 하나의 세계', 즉 '다중의 우주(pluriverse)'를 형성하고 있다는 것이다.

전체 결론

그렇다면 우리가 어떻게 발전을 새롭게 생각해볼 수 있을까? 우선 다음과 같은 점을 강조하는 게 필요하다. 즉, 현대의 담론 내에서 '발전'이란 개념이 워낙 정상적인 것으로 취급되어 온 탓에 이제 거의 편안한 '옛날 얘기'[48] 정도로 들리기 때문에, 발전이 결코 자연스러운 현상이 아니라 인위적으로 창조된 현상임을 이해하기가 어렵다는 점이다. 우리는 사회 변동에 대한 우리의 경험 자체가 '개발'을 향한 믿음을 중심에 두고 이루어지는 세계에 살고 있다. 다시 말해, 현대에 발생한 갖가지 문제(화공 약품 오염, 이산, 젠더에 따른 폭력, 노동 착취, 기후 변화, 영양 실조 등)에도 '발전' 자체는 긍정적인 의미로 사용되고 있다. 현대의 광고는 발전을 상징화하고, 소비할 구매력이 있는 전 지구적 상층 계급은 소비를 통해 발전을 경험한다.

그런데 여기에 문제가 있다. 발전이 오직 물질을 기록하는 장부에 긍정적인 측면으로만 올라가고, 또 그런 식으로 측정되기 때문이다. 그렇게 하면 발전을 비현실적 이미지로만 상상하게 된다. 부의 축적(발전)은 언제나 착취할 대상 자원에 대한 접근성에 의존해 왔기 때문이다. 따라서 오늘날의 회계에서는, 엄밀한 측정을 하지 않는다 하더라도, 장부의 부정적 측면—예컨대 노동 또는 자연의 착취—에도 주의를 기울인다. 전통적인 경제 성장 측정치에는 산림 벌목이나 원유 유출, 청소 작업 같은 활동도 플러스로 기록된다. 마찬가지로, 노동 비용을 절감한 것 역시 경제 성장의 일부로 측정되고 기록된다. 하지만 이런 의미에서 보면 '발전'은 자본주의의 발전을 뜻할 뿐, 인간의 진정한 발전 혹은 인간과 자연의 관계 발전을 뜻하지는 않는다. 그렇다고 해서 현대 자본주의가 인류에게 진보를 전혀 가져다주지 않았다는 말은 아니다. 다만, 현대 자본주의의 평가자들이 발전 과정의 극히 일부만 떼어내 긍정적으로 설명해 왔다는 말이다.

물론 언제나 이견과 반대 행동들이 있어 왔지만, 이제 여러 문제가 수면 아래에서 부글부글 끓다 못해 수면 위로 터져 나오고 있는 실정이다. 오늘날 인간은 지구와 환경·생태를 지속 가능하게 유지하기 위한 최악의 도전에 직면해 있다. 바로 이 때문에 지속 가능성 프로젝트가 부상하고 있는 것이다. 지속 가능성 프로젝트는 인류의 물질적·시간적 한계를 점점 더 인정하고 있으며, 수많은 지역화 운동부터 위로는 유엔에 이르는 모든 움직임을 포괄한다.

따라서, 유엔경제사회국은 개발 패러다임의 전환을 설명하면서 다음과 같이 주장한다. 즉, 새천년 개발 목표는 "시장에만 의존하는 성장 전략 자체만으로는 광범위한 빈곤 문제를 해결하기에 충분하지 않다는 통찰을 재발견"했으며, 2008년의 삼중 위기가 시장 탈규제의 오류를 폭로하고 정부 개입의 필요성을 보여줬는데 이는 "워싱턴 컨센서스(지구화 프로젝트)를 뒷받침하는 보편적 통념에 일대 타격을 입혔다."고 말한다. 시장에 기반을 둔 신자유주의적 개발 패러다임과 관련된 "원조 시스템이 파편화되었다. 그 이유는 원조가 넓은 뜻의 변혁적 발전 과정은 제쳐놓은 채 빈곤 완화와 사회 복지에만 초점을 맞췄기 때문이다." 유엔경제사회국은 스스로 '체계상의 실패'—2008년과 2009년의 전 지구적 경제 위기를 계기로 드러난—라고 부른 것의 결과로서 다음과 같은 점을 지적한다. "신속한 경제 회복을 강하게 바라는 대중의 염원을 이해할 수 있지만, 다시 '정상 궤도에 오르자'고 하는 것은 지속 불가능한 전 지구적 개발로 되돌아가자는 것에 불과하다. …… 우리에게 필요한 새로운 사고의 핵심은 지속 가능한 발전에 초점을 맞출 필요성이라 할 수 있다."[49]

물론 핵심적 질문은 다음과 같다. 지속 가능한 발전이 도대체 어떤 것인가? 우리가 그것을 어떻게 파악해야 옳을까? 니콜라 불러드는 도발적인 문제 제기를 한다.

어쩌면 우리가 직면한 가장 큰 도전은 지속 가능성을 어떻게 이해할 것인가 하는 문제가 아니라, 개발 자체를 어떻게 이해할 것인가 하는 문제일지도 모른다. …… 생태계 붕괴, 유해한 환경, 토양 침식, 기후 혼란, 생물종 멸종, 화석 연료의 고갈 등의 문제에 맞닥뜨려서야 지속 가능성 운운하는 것 자체가 모순이 아닐까? 지속할 것 자체가 거의 없어진 판국에 말이다. 그 대신 우리는 이미 파괴되어버린 것을 어떻게 하면 되살려내고 회복할 수 있을 것인지를 이야기해야 할 것이다. …… 잘못된 방식으로 문제를 '해결'하겠다는 데에만 우리 인간의 상상력을 지나치게 많이 허비하고 있다. 우리에게 결여된 것은, 어떻게 하면 다른 방식으로 살아갈 수 있을까 하는 상상력, 변화를 가로막는 권력 구조를 어떻게 하면 와해시킬 수 있을까 하는 상상력, 그리고 어떻게 하면 '발전'을 다시 생각할 수 있을까 하는 상상력인 것이다.[50]

지금까지 살펴본 대로 '개발을 다시 생각하는' 움직임이 이미 존재하지만, 전체적인 조정이 이루어지지 않은 상태에서 여전히 개발이 이루어지고 있다. 개발을 다시 생각하기 위한 첫째 단계로 아마 우리가 이해하는 '발전의 관념을 버려야(unthinking development)' 할지도 모른다. 통상적인 개발 담론에서 관행적으로 무시되는 가치—가정과 공동체의 재생산 활동에서부터 생태계 균형에 이르는—가 실은 금전적 가치보다 훨씬 더 회복 능력이 우수하고 지속 가능하다는 사실을 인정해야 할 것이다. 위에서 본 것처럼, 수많은 국제 기구와 사회 운동이 이미 이런 관점을 받아들인 상태이다.

요컨대, 개발의 미래는 '지구화'라는 서술자 개념(descriptor concept)으로 상징되는 '하나의 세계'에 입각한 존재론과, 대안적 서술자인 '지역화(localization)' 그리고 그것이 희구하는 '세계주의적 지역주의(cosmopolitan localism)'로 상징되는 '다중의 세계(pluriverse)'라는 세계관 사이의 긴장에서 결정될 것이다. 이렇게 말한다고 해서 지구화냐 지역화냐 하는 이분법을 다시 거론하려는 것은 아니다. 다만 뚜렷이 대비되는 두 가지 조직 원리―그 안에서 발전이 동질화하는 힘이 되거나, 아니면 다변화하는 힘이 되는―를, 그것이 가진 모든 민주적·생태적 함의와 함께 나란히 내보이려는 것이다. 인류는 이러한 경향을 가진 두 축을 중심으로 미래를 잘 관리하거나 아니면 잘못 관리하거나, 둘 중 하나의 길을 걷게 될 것이 분명하다.

[더 읽을 자료]
권혁길, 〈글로벌 녹색 성장의 과제에 관한 연구〉, 《윤리 연구》 85(0):187-216, 2012.
김영진, 〈칼 폴라니의 경제 인류학 방법에 관한 고찰-시장 경제에 대한 대안을 찾아서〉, 《국제 정치 논총》 44(4):47-68, 2004.
정규호, 〈지속 가능성을 위한 사회 제도 혁신의 필요성과 거버넌스의 전략적 함의〉, 《환경 사회 학회 연구》 ECO 2:9-32, 2002.
Borras, Saturnino M., Jr., Marc Edelman, and Cristobal Kay, eds. *Transnational Agrarian Movements Confronting Globalization*. Oxford:Wiley-Blackwell, 2008.
Da Costa, Dia. *Development Dramas : Reimagining Rural Political Action in Eastern India*. London, New York, and Delhi, 2010.
Escobar, Arturo. *Territories of Difference : Place, Movements, Life, Reads*. Durham and London:Duke University Press, 2008.
Flannery, Tim. *Now or Never : Why We Must Act Now to End Climate Change and Create a Sustainable Future*. New York:Atlantic Monthly Press, 2009.
Gibson-Graham, J. K. *A Post-Capitalist Politics*. Minneapolis and London: University of Minnesota Press, 2006.
Latouche, Serge. *Farewell to Growth*. Cambridge:Polity, 2009.
Patel, Raj. *The Value of Nothing : How to Reshape Market Society and Redefine Democracy*. London:Portobello Books, 2009.

Santos, Boaventura de Sousa, ed. 2007. *Another Knowledge Is Possible*. London: Verso, 2007.

Turney, Jon. *The Rough Guide to the Future*. London:Rough Guides, 2010.

| 주석 |

주석의 내용은 간단히 '저자명(출간 연도: 참조 페이지)'로 표기했다. 해당 도서명은 뒤에 실린 〈참고문헌〉에서 확인할 수 있다.

1장 개발이란 무엇인가
1) Watts(2011a: 10).
2) Cowan and Shenton(1996).
3) Mitchell(1991: 68-75, 96).
4) Smith(1776, 1904).
5) Polanyi(1944, 2001).
6) Rostow(1960).
7) Singer(1950), Prebisch(1950), Lenin(1916, 1997).
8) Frank,(1970: 5, 7).
9) Wallerstein(1974).
10) Friedman(2005: 383). 하지만 이 부문은 인도의 전체 일자리 중 0.2퍼센트만을 공급할 뿐이다.
11) Wallerstein(1988).
12) Huntington(2000: 146).
13) Sachs(2005).
14) Amin(2003: 2).
15) Badgeley et al.(2007).
16) McMichael(2010).
17) UNDP 2011a.
18) UNDP 2011b.
19) Millennium Ecosystem Assessment(2005).
20) Raudsepp-Hearne et al.(2010: 579, 576).
21) Cooper(1997: 66-67); Davis(2001); Wolf(1969).
22) Marx(1965).
23) Polanyi(1944/2001).
24) Brecher, Costello, and Smith(2000).
25) Held and Kaya(2007: 1, 13).
26) The Economist(2010); Sengupta(2009).
27) Barnet and Cavanagh(1994: 383); Crossette(1997).

28) Galeano(2000: 25).
29) http://wikipedia.org/wiki/Coltan
30) Chan(2011: 19).
31) Lang and Heasman(2004: 240).
32) Lang and Heasman(2004: 240-241).
33) Lang and Heasman(2004: 241).
34) Lawrence(2011).
35) World Institute for Development Economics Research(2006).
36) Hamilton(2003: 28-30).

2장 개발 프로젝트의 기원

1) Davidson(1992: 83, 99-101).
2) 다음에서 인용함. Rist(1997: 58).
3) Bunker(1985).
4) Gupta(1998: 309).
5) Friedmann(1999: 39).
6) Bujra(1992: 146).
7) 다음에서 인용함. Stavrianos(1981: 247).
8) Day(2010: 25).
9) McMichael(1985).
10) Ali(2002: 168).
11) Chirot(1977: 124).
12) Davis(2001: 26, 299, 315).
13) Davis(2001: 327).
14) Davis(2001: 328-329).
15) Davis(2001: 332-335).
16) Wolf(1982: 369, 377).
17) Mitchell(1991: 175).
18) Cooper and Stoler(1997).
19) James(1963).
20) Memmi(1967: 74).
21) Fanon(1967: 254-255).
22) F. Cooper(1997: 66-67).
23) Stavrianos(1981: 624).
24) 다음에서 인용함. Clarke and Barlow(1997: 9).
25) Duncan(1996: 120).
26) Adams(1993: 2-3, 6-7).
27) 다음에서 인용함. Esteva(1992: 6).

28) 다음에서 인용함. Davidson(1992: 167).
29) Esteva(1992: 7).
30) Rist(1997: 79).
31) Ake(1996: 36).
32) 다음에서 인용함. Goldsmith(1994: 57).
33) 다음에서 인용함. F. Cooper(1997: 79).
34) Rostow(1960).
35) Sachs(1999: 9).
36) 다음에서 인용함. Hettne(1990: 3).
37) 다음에서 인용함. Dube(1988: 16).
38) Bose(1997: 153).
39) Lehman(1990: 5-6).
40) Lehman(1990: 5-6).
41) Kemp(1989: 162-165).
42) Cardoso and Faletto(1979: 129-131).

3장 개발 프로젝트의 국제적 틀

1) Block(1977: 76-77).
2) 다음에서 인용함. Brett(1985: 106-107).
3) 다음에서 인용함. Kolko(1988: 17).
4) Wood(1986: 38-61).
5) Magdoff(1969: 124).
6) Rich(1994: 72).
7) Woods(2006: 207).
8) Rich(1994: 58); George and Sabelli(1994: 15).
9) Rich(1994: 73).
10) Rich(1994: 75).
11) Adams(1993: 68-69).
12) 다음에서 인용함. Magdoff(1969: 54).
13) Magdoff(1969: 124); Chirot(1977: 164-165).
14) 다음에서 인용함. Williams(1981: 6-57).
15) Brett(1985: 209); Wood(1986: 73); Rist(1997: 88).
16) Brett(1985: 209); Wood(1986: 73).
17) Adams(1993: 73).
18) Rich(1994: 84).
19) Harris(1987: 28).
20) 신흥 공업국(NICs)이라는 용어는 1979년 경제협력개발기구가 처음 사용했으며, 남부 유럽의 4개국—에스파냐, 포르투갈, 유고슬라비아, 그리스—도 포함되어 있었다. 신흥 공업국들은 제조업

수출 상품을 통해 세계 시장에 빠르게 스며들었고, 산업 부문 고용 비율 증가, 제1세계 대비 1인당 실질 GDP 증가와 같은 특징을 보였다. 또한 다음을 보라. Hoogvelt(1987: 25).

21) Brett(1985: 185-186).
22) Brett(1985: 188).
23) Knox and Agnew(1994: 347).
24) Hoogvelt(1987: 64).
25) Knox and Agnew(1994: 331). 1975년부터 1989년 사이에 중국, 남아프리카공화국, 타이, 타이완까지 신흥 공업국으로 성장했다. 아르헨티나는 이 그룹에서 떨어져 나갔다.
26) Martin and Schumann(1997: 100-101).
27) 다음에서 인용함. Brett(1985: 188).
28) Harris(1987: 102).
29) Grigg(1993: 251).
30) Revel and Riboud(1986: 43-44).
31) Grigg(1993: 243-244); Bradley and Carter(1989: 104). 농업 자립도가 어떤 지역 혹은 나라의 영양 상태를 나타내는 것은 아니다. 예를 들어 일본의 농업 자립도는 낮지만, 일본 국민은 수입한 고급 식품을 섭취한다.
32) Friedmann(1982).
33) 다음에서 인용함. Magdoff(1969: 135).
34) Dudley and Sandilands(1975).
35) Friedmann(1990: 20).
36) Perkins(1997).
37) 다음에서 인용함. George(1977: 170).
38) Friedmann(1990: 20); H. Friedmann(1992: 373).
39) McMichael and Raynolds(1994: 322). '농민 음식'과 '급료 음식'은 de Janvry(1981)에서 인용함.
40) Segelken(1995: 5).
41) 다음에서 인용함. Briscoe(2002: 182-183).
42) Rifkin(1992: 229-230).
43) Wessel(1983: 158).
44) Berlan(1991: 126-127); 또한 다음을 보라. Dixon(2002).
45) Kimbrell(2002: 16).
46) Burbach and Flynn(1980: 66); George(1977: 171).
47) 다음에서 인용함. George(1977: 171-172).
48) H. Friedmann(1992: 377).
49) Gupta(1998: 53, 58-59).
50) Kloppenburg(1988: xiv).
51) Gupta(1998: 54); Busch and Lacy(1983).
52) Gupta(1998: 54-56).
53) Patnaik(2003: 13).

54) Gupta(1998: 50).
55) Patel(2007: 146-147).
56) Cleaver(1977: 17); Walker(2004: 185).
57) Cleaver(1977: 28).
58) Vandana Shiva; 다음에서 인용함. Newman(2006: 2).
59) 다음에서 인용함. Gupta(1998: 4).
60) Shiva(1997: 50-51); Barndt(2002: 38-39).
61) Newman(2006: 1).
62) Dalrymple(1985: 1069); Andrae and Beckman(1985); Raikes(1988).
63) George(1977: 174-175).
64) Griffin(1974); Pearse(1980); Byres(1981); Sanderson(1986a); Dhanagare(1988); Raikes(1988); Llambi(1990).
65) Lipton(1977).
66) McMichael and Kim(1994); Araghi(1995).
67) Grigg(1993: 103-104, 185); Araghi(1995).
68) Deere and León(2001: 332).
69) Rich(1994: 95, 155).
70) Rich(1994: 91, 97); Feder(1983: 222).
71) Davis(2006).

4장 개발의 전 세계적 확산

1) Arrighi(1994: 68).
2) Gereffi(1989).
3) 다음을 참조하라. Evans(1995).
4) 다음을 참조하라. Barndt(2002).
5) Hoogvelt(1987: 26-31). 이와 동시에, 1970년대의 수입 대체 산업화와 수출 산업화 전략의 활성화로 인해 제1세계에서 수입하는 상품이 공산품 소비재에서 자본재로 바뀌었다.
6) Landsberg(1979: 52, 54).
7) 다음을 보라. Gereffi(1994).
8) 다음에서 인용함. Baird and McCaughan(1979:130).
9) Baird and McCaughan(1979: 130-132); Bernard(1996). 마킬라도라 산업에 관한 상세하고 탁월한 연구인 Sklair(1989)를 보라.
10) French(2000: 83-85).
11) Henderson(1991: 3).
12) Barnet and Cavanagh(1994: 300); Dicken(1998: 131); Ellwood(2001: 68); Boyenge(2007: 1).
13) Fuentes and Ehrenreich(1983).
14) 위와 같음.
15) Elson and Pearson(1981: 91).

16) 세계 노동력의 젠더화된 구조 조정에 관해서는 다음을 보라. Mies(1991); Benería and Feldman(1992).
17) Perrons(2005: 100); Baird and McCaughan(1979); Instituto Nacional de Estadística Geografía e informática(2004).
18) Perrons(2005: 100).
19) Baird and McCaughan(1979: 135-36).
20) Grossman(1979).
21) Baird and McCaughan(1979: 135).
22) Hobsbawm(1992: 56); Araghi(1999).
23) Davis(2006).
24) *Pacific Basin Reports*(August 1973), 다음에서 인용함. NACLA(1977: 171).
25) Fröbel, Heinrichs, and Kreye(1979: 34-36).
26) Henderson(1991: 54).
27) Korzeniewicz(1994: 261).
28) Henderson(1991).
29) *The Economist*(June 3, 1995: 59); "Slavery in the 21st Century"(2001: 8).
30) Moody(1999: 183, 188).
31) Lang and Hines(1993: 24); Holusha(1996).
32) Woodall(1994: 24); Martin and Schumann(1997: 100-101).
33) Milbank(1994: A1, A6).
34) 다음에서 인용함. Lewin(1995: A5).
35) *The Nation*(November 8, 1993: 3).
36) Schoenberger(1994: 59).
37) Daly and Logan(1989: 13); Schoenberger(1994: 59-61); Chossudovsky(1997: 87-88); Herbert(1996).
38) Hayden(2003).
39) Sanderson(1986b); Raynolds et al.(1993); Raynolds(1994).
40) Friedland(1994).
41) http://web.unfpa.org/intercenter/food/womenas.htm.
42) Friedmann(1991).
43) P. McMichael(1993a).
44) Watts(1994: 52-53).
45) Goss et al.(2000).
46) *The Economist*(June 3, 1995: 59).
47) Reardon and Timmer(2005: 35-37).
48) Collins(1995).
49) Strange(1994: 112).
50) Crook(1992: 10).

51) Helleiner(1996: 111-119)

52) Strange(1994: 107).

53) *The New Internationalist*(August 1993: 18); Kolko(1988: 24).

54) *Debt Crisis Network*(1986: 25).

55) Kolko(1988: 26).

56) Roodman(2001: 21); George(1988: 33).

57) Lissakers(1993: 66).

58) Roodman(2001: 26).

59) Lissakers(1993: 59).

5장 지구화 프로젝트의 정치학

1) Hoogvelt(1987: 58).

2) Pilger(2002: 28).

3) Pilger(2002: 26-39).

4) 다음에서 인용함. Magdoff(1969: 53).

5) 다음에서 인용함. Wood(1986: 197).

6) 다음에서 인용함. Adams(1993: 123).

7) Rist(1997: 152-153).

8) 다음을 보라. Hoogvelt(1987: 87-95).

9) 다음에서 인용함. Saul(2005: 209).

10) Ruggiero(2000: xiii, xv).

11) Roodman(2001: 21).

12) Lissakers(1993: 67).

13) A. Singh(1992: 141).

14) A. Singh(1992: 144).

15) 다음에서 인용함. Roodman(2001: 30).

16) Barkin(1990: 104-105).

17) 다음에서 인용함. Helleiner(1996: 177).

18) George(1988: 41, 49).

19) 다음에서 인용함. Roodman(2001: 35).

20) Kohl and Farthing(2006: 62, 72); Graham(1994); Beneria(2003: 55).

21) de la Rocha(1994: 270-271).

22) Barkin(1990: 101, 103).

23) George(1988: 139, 143).

24) Cheru(1989: 24, 27-28, 41-42).

25) Cheru(1989: 24, 27-28, 41-42); Redding(2000).

26) Rich(1994: 186-187).

27) A. Singh(1992: 138-139, 147-148).

28) Bello et al.(1994).
29) George(1992: 97).
30) Cox(1987: 301).
31) Crook(1993: 16)에서 계산함.; Avery(1994: 95); Hoogvelt(1997: 138).
32) Crook(1992: 9).
33) Crook(1993: 16).
34) Canak(1989).
35) Beckman(1992: 99).
36) Sachs(1998: 17).
37) Kagarlitsky(1995); Klein(2007); Kolko(1988: 278-296).
38) 다음에서 인용함. Saul(2005: 209).
39) Ruggiero(2000: xiii, xv).
40) The South Centre(1993: 13).
41) Cahn(1993: 161, 163); Rich(1994); Corbridge(1993: 127).
42) Ricardo(1951).
43) Noreena Hertz, 다음에서 인용함. Collins(2007: 179).
44) Barnet and Cavanagh(1994: 236).
45) Klare(2002: 14-17).
46) George(1992: 11).
47) Nash(1994: C4); Bello et al.(1994: 59).
48) Rich(1994: 188).
49) 다음에서 인용함. Bello et al.(1994: 63).
50) Rich(1994: 188).
51) Denny(2002: 6).
52) Black(2002: 62).
53) McMichael(1993b).
54) Adams(1993: 196-197).
55) Middleton et al.(1993: 127-129).
56) 다음에서 인용함. Watkins (1991: 44).
57) 다음에서 인용함. Ritchie(1993: n. 25).
58) 다음에서 인용함. Wallach and Sforza(1999: x).
59) 다음에서 인용함. Ransom(2001a: 27).
60) 다음에서 인용함. Wallach and Woodall(2004: 219).
61) 다음에서 인용함. Wallach and Sforza(1999: x).
62) Ritchie(1999).
63) Lehman and Krebs(1996); Gorelick(2000: 28-30); Madeley(2000: 75); Carlsen(2003).
64) McMichael(2005).
65) LeQuesne(1997).

66) 다음에서 인용함. Bailey(2000); Murphy(1999: 3).
67) Quotedin Madeley(2000: 79).
68) Salmon(2001: 22).
69) Clarke and Barlow(1997: 21).
70) 다음에서 인용함. Schott(2000: 237).
71) Moran(2000: 235).
72) Moran(2000: 224-226).
73) Dawkins(2000).
74) Tuxill(1999).
75) ActionAid(2000: 2).
76) Maddenand Madeley(1993: 17).
77) 다음에서 인용함. Weissman(1991: 337).
78) Greenfield(1999).
79) Clarke(2001.
80) Clarke(2001).
81) Wallach(2003).
82) Watkins(2002: 21).

6장 지구화 프로젝트의 그림자
1) United Nations Development Programme(1997).
2) 다음에서 인용함. Saul(2005: 157).
3) Woods(2006: 164).
4) Woods(2006: 168).
5) Wolfensohn(2000).
6) Narayan et al.(2002); Rademacher and Patel(2002).
7) Woods(2006: 168).
8) Fraser(2005: 317).
9) Fraser(2005: 318).
10) 다음에서 인용함. Weber(2004: 197).
11) Harrison(2004).
12) Weber(2004: 197).
13) Ferguson(2006: 102-103).
14) 다음에서 인용함. Fraser(2005: 336).
15) Goldman(2005: 229-230).
16) Abrahamsen(2004: 186).
17) Fraser(2005: 332).
18) Elyachar(2005).
19) 다음을 보라. www.uncdf.org.

20) Bond(2006: 82-83).
21) Diokno-Pascual(2003).
22) Iriartand Waitzkin (2004).
23) Perrons(2005: 169).
24) Robinson(2004: 18).
25) Woodall(1994: 24); Martin and Schumann(1997: 100-01); Thompson(2005).
26) Friedman(2000: 52); Greenlees(2006).
27) Giridharadas(2007b).
28) Caulkin(2007).
29) Harding(2001: 23).
30) Tripathi(2004); Leader(2004); Muller and Patel(2004).
31) Davis(2006: 172).
32) Watkins(2006).
33) Bunsha(2006).
34) Chan(1996).
35) Barboza(2004: C3).
36) Eyferth et al.(2003).
37) Gereffi(1994).
38) Dugger(2004).
39) Busch and Bain(2004).
40) Dolan and Humphrey(2000: 167).
41) Dolan(2004).
42) Marsden(2003: 30, 56-57).
43) Bauman(2004).
44) Saul(2005: 146).
45) Kennedy(2001).
46) Davis(2006: 169, 199).
47) 다음에서 인용함. ActionAid(2004: 11).
48) Parrott and Marsden(2002: 5, 62).
49) Vía Campesina(2000).
50) 다음에서 인용함. Paringaux(2001: 4).
51) Patel and Delwiche(2002a: 2).
52) Attali(1991: 5, 14).
53) Richburg(2002:29).
54) Hochschild(2003).
55) Enzenburger(1994: 112); www.unfpa.org/modules/factsheets/emergencies-overview.htm.
56) Montalbano(1991: H7); Ride(1998: 9).
57) World Bank Press Release No: 2003/266/S.

58) World Bank(2011).
59) Thompson(2002b: A3); Perlez(2002: 10); *The Economist*(February 23, 2002: 42); DeParle(2007).
60) DeParle(2007).
61) Tan(1991a).
62) Ball(1990).
63) Tan(1991b).
64) MacShane(1991).
65) 다음에서 인용함. Perrons(2005: 220).
66) Dawson(2006: 135); Uchitelle(2007); Mize and Swords(2010).
67) Sadasivam(1997: 636).
68) McDougall(2007).
69) Davis(2006: 23); Vidal(2004: 18).
70) Davis(2006: 1-2).
71) Reich(1991: 42).
72) Boyd(2006: 491, 495, 497).
73) Harvey(2005: 127). Boyd(2006: 493-494).
74) Chen and Wu(2006: 205).
75) ActionAid(2004: 35-36, 40).
76) de Soto(1990: 11).
77) Sharma(2000: 78-79).
78) Menon(2010: 152).
79) Cheru(1989: 8, 19).
80) LaTouche(1993: 130).
81) de la Rocha(1994).
82) Esteva(1992: 21).
83) Rankin(2001: 32).
84) 다음에서 인용함. Davis(2006: 184)
85) Davis(2006: 190).
86) Giridharadas(2007a: 3).
87) Davis(2006: 200-201).
88) Harvey(2003).
89) Mamdani(2003).
90) Davidson(1992: 206, 257).
91) Bond(2001: 53); Mamdani(2003).
92) Mamdani(1996: 17-20).
93) Maathai(2010: 184).
94) Ferguson(2006: 41, 12, 101).

95) Ferguson(2006: 198-199).
96) Ferguson(2006: 204).
97) Berthelot(2005: 10).
98) Arrighi(2002: 5).
99) Hawkins(1998: I); *The Economist*(June 26, 1999: 23-25); Bond(2006: 39, 42, 51, 106).
100) Patel(2002b).
101) Bond(2002).
102) Dugger(2010).
103) Bond(2006: 58).
104) Ferguson(2006: 194).
105) Harvey(2005: 139); Watts(2005-2006: 36).
106) Elliott(2007: 23).
107) McGreal(2006-2007: 6); Brautigam(2009).
108) French(2010)에서 모두 인용함.
109) McGreal(2006-07:6); Muchena(2006: 23).
110) 다음에서 인용함. Muchena(2006: 23).
111) McGreal(2006-07: 6).
112) Lee(2009: 652).
113) Bond(2006: 60).
114) Muchena(2006: 24-25).
115) 다음에서 인용함. Elliott(2007: 23).
116) Bond(2006: 74); Turner(2007).
117) Renner(2002: 18).

7장 전 지구적 대항 운동

1) Perrons(2005: 276).
2) A. J. McMichael(1993: 51); Carson(1962).
3) Harrison(1993: 54).
4) 다음을 보라. A. J. McMichael(1993).
5) 다음에서 인용함. Abramovitz(1999: 12).
6) Abramovitz(1999: 18-19).
7) Amin et al.(1990).
8) http://www.un-documents.net/wced-ocf.htm.
9) Stewart(1994: 108-109).
10) Kothari and Parajuli(1993: 233).
11) 다음에서 인용함. Rich(1994: 197).
12) 다음에서 인용함. Middleton et al.(1993:19).
13) 다음에서 인용함. J. Friedmann(1992: 123).

14) Rich(1994: 244-245).
15) Middleton et al.(1993: 25).
16) Tautz(1997); Menotti(1998: 352-362; 1999: 181).
17) Hildyard(1993: 32-34).
18) Chossudovsky(1997: 187-188).
19) Colchester(1994: 71-72).
20) 다음에서 인용함. Colchester(1994: 72).
21) 다음에서 인용함. Colchester(1994: 78).
22) Colchester(1994: 83, 88).
23) Lohmann(1993: 10).
24) 다음에서 인용함. Colchester(1994: 89).
25) Rau(1991: 156-157, 160).
26) 다음에서 인용함. George and Sabelli(1994: 170).
27) Van der Gaag(2004: 15).
28) Gita Sen, 다음에서 인용함. Moghadam(2005a: 103).
29) 다음에서 인용함. Moghadam(2005a: 73).
30) 다음에서 인용함. Moghadam(2005a: 75-76).
31) Harcourt(1994: 4).
32) Jahan(1995:13).
33) Razavi and Miller(1995: 3).
34) Razavi and Miller(1995).
35) Sadasivam(1997: 647-648).
36) Moghadam(2005a: 14-17, 95).
37) 다음에서 인용함. Moghadam(2005a: 108).
38) Elson(1993: 241).
39) Sadasivam(1997: 636).
40) 다음에서 인용함. Moghadam(2005a: 112).
41) Harcourt(1994).
42) Sachs(2005: 11-12).
43) Enloe(2004: 59-60).
44) Fussell(2000).
45) Beneria(2003: 126).
46) Collins(2003: 164-165).
47) Jackson(1993: 1949).
48) Rocheleau(1991).
49) Wacker(1994: 135-139).
50) Boyd(1998).
51) "Battle of the Bulge"(1994: 25).

52) Robey et al., 다음에서 인용함. Stevens(1994: A8).
53) Chira(1994: A12).
54) 다음에서 인용함. Crossette(1994: A8).
55) Bello(1992-1993: 5).
56) Sen(1994: 221).
57) 다음에서 인용함. Hedges(1994: A10).
58) Beneria(1992).
59) 다음에서 인용함. Jahan(1995: 77).
60) Moghadam et al.(2005b: 401).
61) Bunting(2011: 44).
62) Simons(1999: Al, A6); Moghadam(1993).
63) Coomaraswamy(2001).
64) Crossette(1998a: A14).
65) Moghadam(2005b: 203).
66) Sachs(1992a: 112).
67) Held(1995).
68) Fox(1994).
69) Communiqués No. 1, 22, 다음에서 인용함. AVA 42, 31(1994: 1).
70) "Food and Farming"(2003: 20); Ainger(2003: 10-11).
71) http://www.viacampesina.org/en/index.php?Itemid=44; Desmarais(2007: 6-17).
72) http://ns.rds.org.hn/via/theme.biodiversity.htm.
73) 다음에서 인용함. Ainger(2003: 11).
74) Holt-Giménez(2006).
75) http://ns.rds.org.hn/via(Seattle Declaration, December3, 1999).
76) http://ns.rds.org.hn/via/themeagrarian.htm.
77) www.mstbrazil.org/EconomicModel.html.
78) Article 184, 다음에서 인용함. Lappé and Lappé(2002:70).
79) Flavio de Almeida and Sanchez(2000).
80) 다음에서 인용함. Dias Martins(2000).
81) Lappé and Lappé(2002: 86-87).
82) 다음에서 인용함. Orlanda Pinnasi et al.(2000).
83) Mark(2001).

8장 지구화 프로젝트의 위기

1) Stancil(2010).
2) George(2010: 100-101).
3) Wolfensohn(2000).
4) UNDESA(2010b: 11).

5) Payne and Phillips(2010: 161).
6) Pieterse(2002: 1033).
7) Roy(2010).
8) 다음에서 인용함. Roy(2010: 31)
9) Yunus(2011: A19).
10) Bunting(2010c).
11) Elyachar(2005: 29).
12) Menon(2001); Rankin(2001); Elyachar(2005).
13) Cons and Paprocki(2010: 647).
14) 다음에서 인용함. Roy(2010: 27)
15) Bateman(2010).
16) *The Observer*, September 10, 2006.
17) Shiva(2003: 115).
18) Woods(2006: 165).
19) http://en.wikipedia.org/wiki/Bank_of_the_South.
20) Sader(2008: 6).
21) Sader(2008).
22) Sekler(2009: 63-64).
23) Sader(2009: 178).
24) Harnecker(2010: 37, 58).
25) Eviatar(2006:5).
26) Maybarduk(2004).
27) Parenti(2005: 17).
28) Séréni(2007: 12).
29) Paranagua(2007: 27).
30) Gott(2006: 33).
31) Landsberg(2010).
32) Tran(2011).
33) Tran(2011); Piot(2011).
34) Abderrahim(2011); *Guardian reporters*(2011).
35) Gibson(2011).
36) Benin(2011: 8).
37) Mitchell(1991).
38) Gibson(2011).
39) Gresh(2011: 1).
40) Amar(2011).
41) Shenker(2011: 18).
42) 다음에서 인용함. Morrow(2011: A10).

43) Coronil(1997).
44) Schneider(2011: 17).
45) Rozhnov(2010).
46) Wolf(2010a: 7).
47) George(2010: 84).
48) Hervieu(2011: 11).
49) Glennie(2011: 44).
50) Danglin(2011: 11).
51) Therborn(2011: 51)
52) Therborn(2011: 137).
53) Therborn(2011: 52-53).
54) Kotkin(2007: 4).
55) Jha(2010: 11).
56) Bradsher(2002: Al, A8); Jha(2010: 30).
57) Jha(2010: 33).
58) Bobin(2006: 17).
59) Jha(2010: 32).
60) Bulard(2006: 6).
61) Barboza(2006: 1); Rocca(2007: 10); Harvey(2005: 148-149); Wong(2010); Lee(2009).
62) Branigan(2009: 17).
63) Pearlstein(2011:20).
64) Bradsher(2006).
65) Bradsher(2006).
66) Gow(2007).
67) Bellman(2010b: Bl).
68) Ramesh(2006).
69) Sharma(2007).
70) Bellman(2010a: Bl).
71) Saul(2005: 205).
72) Jha(2010: 357).
73) Polgreen(2010: A6, A9).
74) Bidwai(2007).
75) *The Economist*(2010: 77); J. Venkatesan(2010).
76) Lee(2008: 15).
77) Jha(2010: 54).
78) Brown(2001: 19).
79) Tyler(1994: D8); Brown(1994: 19).
80) Chen and Wu(2006:ix, xi)

81) Huang(2011); Arrighi(2007).
82) Saul(2005: 205).
83) Jha(2010: 17).
84) George(2010: 34).
85) George(2010: 41-42).
86) Mitchell(2011: 12).
87) Elliott(2010: 18).
88) Bunting(2010b:21).
89) Mitchell(2011: 11).
90) Habermas(2010:18).
91) Bretton Woods Project(2011).
92) Bretton Woods Project(2011).
93) Lopéz and Rodríguez(2011: 24).
94) Erlanger(2010).
95) *New York Times* editorial, April 10, 2008.
96) Myers and Kent(2003).
97) Shattuck(2008); McMichael(2009b).
98) Vidal(2007b).
99) Evans(2009: 96).
100) Patnaik(2008); McMichael(2009b).
101) RajPatel.org, January 31, 2011.
102) Davis(2010: 39).
103) Naeem(2009: 64-67).
104) Jha(2008: 3).
105) Black(2008).
106) Wheatley(2010: 24).
107) Lawrence(2010: 29).
108) Nossiter(2010: A18).
109) Guardianeditorial(2010).
110) Roberts and Park(2007: 9)
111) Monbiot(2006: 15, 21).
112) Monbiot(2006: 21).
113) Roberts and Parks(2007: 9-10).
114) 다음에서 인용함. Bond(2010).
115) Rosenthal(2009: Al).
116) Pilkington(2009: 27).
117) Monbiot(2006: 9).
118) 다음에서 인용함. Yardley(2007: A9).

119) Yardley(2007: A9).
120) Green-Weiskel(2011).
121) Monbiot(2006: 51).
122) 다음에서 인용함. Wolf(2010b).
123) Warde(2008: 1-2).

9장 지속 가능성 프로젝트

1) United Nations Development Report(2011b).
2) Lovelock(2007: 15, 17).
3) Barlow(1999); Clarke(2001); Elyachar(2005); Hochschild(2003).
4) McMurtry(2002).
5) 다음에서 인용함. Davis(2010: 31).
6) McKibben(2010: xiii).
7) 다음에서 인용함. Toulmin(2009: 2).
8) Hertsgard(2004).
9) Broder(2009).
10) 다음에서 인용함. McMichael(2009a: 248).
11) UNFCCC(2001: 12).
12) Hicks et al.(2008: 53).
13) Klein et al.(2008: 4).
14) Hicks et al.(2009: 259).
15) Vidal(2008:1).
16) Toulmin(2009: 27).
17) Toulmin(2009: 29-30).
18) ActionAid(2007: 21).
19) ActionAid(2008: 28),(2011: 596).
20) Klein et al.(2008: 2).
21) Schaar(2008: 1).
22) ETCGroup(2008: 3).
23) Weiss(2008: 4).
24) Palmer(2006).
25) Lim(2008).
26) Reij(2006).
27) DDS Community Media Trustet al.(2008: 35).
28) UNMA(2005: 20).
29) UNMA(2005: 1).
30) Jowit(2010: 17).
31) Martinez-Alier(2002).

32) UNMA(2005: 20).
33) UNMA(2005: 24).
34) UNMA(2005: 22).
35) Shiva(2008: 19).
36) IAASTD(2008: 20).
37) IAASTD(2008: 19).
38) IAASTD(2008: 17-18).
39) 다음에서 인용함. Leahy(2008).
40) Altieri and Toledo
41) IAASTD(2008: 5, 7).
42) http://www.ohchr.org/en/NewsEvents/Pages/DisplayNewsaspx?NewsID=l0819&LangID=E.
43) Stanhill(1990); Pretty and Hine(2001); Pretty, Morison, and Hine(2003); Halberg et al.(2005); Badgley et al.(2007).
44) Badgley et al.(2007).
45) Brahic(2007).
46) Badgley and Perfecto(2007: 80, 82).
47) 다음에서 인용함. Brahic(2007).
48) Altieri(2002).
49) Altieri and Toledo(2011: 588).
50) Altieri and Nicholls(2008).
51) Altieri and Toledo(2011: 606); Van der Ploeg(2009); Isakson(2010).
52) Buck and Scherr(2011: 21).
53) FAO(2008).
54) World Bank(2007: 1).
55) Holt-Giménez and Kenfield(2008:3).
56) 다음에서 인용함. IFAD(2009).
57) World Bank(2007: 138, 8).
58) Mittal(2009).
59) Shiva(1991).
60) Tenkouano(2011: 29, 36-37).
61) 다음에서 인용함. Mittal(2009: 4).
62) Maathai(2010: 236).
63) UNCTAD and UNEP(2008: 236).
64) Mittal(2009: 5).
65) McMichael(2009c: 239fn).
66) World Bank(2007: 16).
67) Bulatlat(2011).

68) GMA News(2011).
69) Bulatlat(2011).
70) GRAIN(2010).
71) Henriques(2008).
72) 다음에서 인용함. Vidal(2010).
73) Rice(2009).
74) Rice(2010).
75) 다음에서 인용함. Daniel(2009: 28).
76) 다음에서 인용함. Daniel(2009: 20).
77) Gaia Foundation et al.(2008: 4).
78) World Bank(2010).
79) Li(2011: 284).
80) Holt-Gimenez(2007: 10).
81) Orth(2007: 51).
82) World Bank(2007), Policy Brief, "Biofuels: The Promise and the Risks"
83) Ferrett(2007).
84) de Schutter(2010).
85) ETC(2007: 2).
86) 자세한 것은 다음을 보라. ETC(2007), GRAIN(2007), and McMichael(2009d).
87) Holt-Giménez(2007).
88) GRAIN(2007: 6).
89) Rainforest Action Network(2007).
90) 다음에서 인용함. Rainforest Action Network(2007).
91) 위와 같음.
92) Fargione et al.(2008).
93) Crutzen et al.(2007).
94) Colchester et al.(2007: 54).
95) Liitkenhorst(2010: 18).
96) Noble(2007).
97) Monbiot(2006: 46).
98) Goldemberg and Lucon(2010: 18).
99) Tanaka(2010: 20-21).
100) Jha(2010: 28).
101) D'Armagnac(2010: 31)
102) Jha(2010: 28).
103) Goldemberg and Lucon(2010: 18).
104) Yumkella and Srivastava 2010: 26.
105) Shi(2010: 35).

106) Arthur(2010: 31).
107) Eilperin(2010: 18).
108) Flannery(2009: 57); Eilperin(2010: 18).
109) Dreyfuss(2010: 14).
110) Krauss(2010: D7).
111) Oster(2009).
112) Oster(2009); Harney(2009).
113) Krauss(2010).
114) 다음에서 인용함. Krauss(2010).
115) Flannery(2009: 100).
116) 위의 문헌 103.
117) 다음에서 인용함. Flannery(2009: 116).
118) 다음에서 인용함. Flannery(2009:117-118).

10장 개발을 다시 생각한다
1) 위원회는 프랑스에 소재하며, 미국, 프랑스, 인도, 영국을 대표한다. 주요 위원은 컬럼비아 대학의 조지프 스티글리츠(Joseph Stiglitz), 하버드 대학의 아마르티아 센(Amartya Sen), IEP의 장-폴 피투시(Jean-Paul Fitoussi) 등이다. 보고서의 실행 계획 요약문 중 7~9쪽, 12쪽에서 인용함. 다음 주소로 접속 가능. www.stiglitz-sen-fitoussi.fr
2) UNDP(2010: 19).
3) 다음에서 인용함. Press(2011: 25).
4) 예를 들어 다음을 보라. Martha Nussbaum(2011a).
5) Nussbaum(2011b: 23).
6) Oxfam(2009).
7) Kristoff(2010).
8) Wade(2010).
9) Hale(2011); Sumner(2010).
10) Sundaram(2010).
11) Sumner(2010).
12) Halperin(2005).
13) Smith(2011: 6).
14) UNDESA(2010a: viii).
15) Sundaram(2010: 39).
16) Cameron and Palan(2004).
17) Payne and Phillips(2010: 165-167).
18) 위의 문헌 168.
19) Robinson(2002: 1062).
20) Hoogvelt(2006: 163).

21) 다음에서 인용함. Hoogvelt(2006: 163).
22) 위의 문헌 163.
23) 위의 문헌 164.
24) 예를 들어 다음을 보라. Mosse(2004: 649-650, 662); Baviskar(2005).
25) Oxfam(2009).
26) Hamilton(2003: 56-58).
27) LaTouche(2004: 15).
28) Godoy(2010: 19).
29) Hamilton(2003: 206).
30) Martinez-Graham(2006)
31) Foster(2011).
32) Perkins(2010).
33) Gibson-Graham(2006).
34) Perkins(2010).
35) Jackson(2009: 187).
36) Victor(2010:370-371).
37) Jackson(2009: 200-201).
38) http://www.transitionnetwork.org
39) Southendin Transition(2007).
40) Gibson-Graham(2006: 166, 188).
41) Harlan(2011: 30).
42) Escobar(2011: 138).
43) 위와 같음.
44) Vidal(2011: 7).
45) Bullard(2011: 141-142).
46) 다음에서 인용함. Escobar(2011: 138).
47) Escobar(2011: 139).
48) Rist(2007).
49) UNDESA(2010b: ix, xiii, v).
50) Bullard(2011: 141-142).

| 참고 문헌 |

Abderrahim, Kader A. 2011. "Algeria: North African Perestroika Starts Here" *Le Monde Diplomatique*, February: 6.
Abrahamsen, Rita. 2004. "Review Essay: Poverty Reduction or Adjustment by Another Name?" *Review of African Political Economy* 99: 184-87.
Abramovitz, Janet N. 1999. "Nature's Hidden Economy" *World Watch* 11(1): 10-19.
ActionAid. 2000. "Crops and Robbers: Biopiracy and the Patenting of Staple Food Crops" Retrieved from www.actionaid.org.
_____. 2004. *Power Hungry: Six Reasons to Regulate Global Food Corporations*. Johannesburg: ActionAid International.
_____. 2007. *We Know What We Need: South Asian Women Speak Out on Climate Change*. Retrieved from www.actionaid.org.
_____. 2008. *The Time Is NOW: Lessons From Farmers Adapting to Climate Change*. Retrieved from www.actionaid.org.
Adams, Nassau A. 1993. Worlds *Apart: The North-South Divide and the International System*. London: Zed.
Agarwal, Bina. 1988. "Patriarchy and the 'Modernising State': An Introduction" In *Structures of Patriarchy: The State, the Community and the Household*, edited by Bina Agarwal. London: Zed.
Ainger, Katherine. 2003. "The New Peasants, Revolt" *New Internationalist* 353(January/ February): 9-13.
Ake, Claude. 1996. *Democracy and Development in Africa*. Washington, DC: Brookings Institute.
Ali, Tariq. 2002. *The Clash of Fundamentalisms: Crusades, Jihads, and Modernity*. London: Verso.
Alperovitz, Gar. 2003. "Tax the Plutocrats!"*The Nation*, January 27: 15-18.
Altieri, Miguel. 2002. "Agroecology: The Science of Natural Resource Management for Poor Farmers In Marginal Environments" *Agriculture, Ecosystems and Environment*, 93: 1-24.
Altieri, Miguel A., and Clara I. Nicholls. 2008. "Scaling Up Agroecological Approaches for Food Sovereignty in Latin America" *Development*, 51(4): 472-480.
Altieri, Miguel A., and Victor Manuel Toledo. 2011. "The Agroecological Revolution in Larin

America: Rescuing Nature, Ensuring Food Sovereignty and empowering Peasants" *The Journal of Peasant Studies*, 38(3): 587-612.

Amar, Paul. 2011. "Egypt after Mubarak" *The Nation*, May 23: 11-15.

Amenga-Etego, Rudolf. 2003. "Stalling the Big Steal" *New Internationalist* 354: 20-21.

Amin, Samir. 1997. *Capitalism in the Age of Globalization*. London: Zed.

_____. 2003. "World Poverty: Pauperization and Capital Accumulation" *Monthly Review*, 55(5): 1-9.

Amin, Samir, Giovanni Arrighi, Andre Gunder Frank, and Immanuel Wallerstein. 1990. *Transforming the Revolution: Social Movements and the World System*. New York: the Monthly Review Press.

Apffel-Marglin, Frédérique. 1997. "Counter-Development in the Andes" *The Ecologist* 27(6): 221-224.

Araghi, Farshad. 1995. "Global Depeasantization, 1945-1990" *The Sociological Quarterly* 36(2): 337-368.

_____. 1999. "The Great Global Enclosure of Our Times: Peasants and the Agrarian Question at the End of the Twentieth Century" In *Hungry for Profit: The Agribusiness Threat to Farmers, Food, and the Environment*, edited by Fred Magdoff, John Bellamy Foster, and Frederick H. Buttel. New York: Monthly Review Press.

Arrighi, Giovanni. 1994. *The Long Twentieth Century: Money, Power, and the Origins of Our Times*. London: Verso.

_____. 2002. "The African Crisis," *New Left Review*, 15: 5-38.

_____. 2007. *Adam Smith in Beijing. Lineages of the Twenty-First Century*. London and New York: Verso.

Arthur, Charles. 2010. "Women Entrepreneurs Transforming Bangladesh." *MakingIt*, 2, April: 30-31.

Asthana, Anushka. 2010. "Thousands of Women Fear Loss of Jobs as They Bear Brunt of Cuts." *The Guardian Weekly*, August 13: 13.

Attali, Jacques. 1991. *Millennium: Winners and Losers in the Coming World Order*. New York: Times Books.

Avery, Natalie. 1994. "Stealing from the State." In *50 Years Is Enough: The Case Against the World Bank and IMF*, edited by Kevin Danaher and Muhammad Yunus. Boston: South End.

Ayittey, George. 2002. "AIDS Scourge Saps Africa's Vitality" *The Financial Gazette*, April 18. Available at www.fingaz.co.zw.

Badgley, Catherine, and Ivette Perfecto. 2007. "Can OrganicAgriculture Feed the World?" *Renewable Agriculture and Food* 22(2): 80-85.

Badgley, C., J. Moghtader, E. Quintero, E. Zakem, M. J., Chappell, K., Aviles-Vazquez, A.,

Samulon, and I. Perfecto. 2007. "Organic Agricultureand the Global Food Supply." *Renewable Agriculture and Food Systems* 22(2): 86-108.

Bailey, Mark. 2000. "Agricultural Trade and the Livelihoods of Small Farmers." Oxfam GB Discussion Paper No. 3/00, Oxfam, GB Policy DepartmentOxford, UK. Retrieved from www.oxfam.org.uk/policy/papers/agricultural_trade/agric.htm.

Baird, Peter, and Ed McCaughan. 1979. *Beyond the Border: Mexico & the U.S. Today*. New York: North American Congresson Latin America.

Baird, Vanessa. 2002. "Fear Eats the Soul." *New Internationalist*, October: 9-12.

Ball, Rochelle. 1990. "The Process of International Contract Labor Migration from the Philippines: The Case of Filipino Nurses." PhD dissertation, Department of Geography, University of Sydney, Australia.

Barboza, David. 2004. "In Roaring China, Sweaters Are West of Socks City." The New York Times, December 24: Cl, C3.

_____. 2006. "Labor Shortage in China May Lead to Trade Shift." *The New York Times*, April 3: 1.

Barkin, David. 1990. *Distorted Development: Mexico in the World Economy*. Boulder, CO: Westview.

Barlow, Maude. 1999. *Blue Gold*. San Francisco: International Forum on Globalization.

Barndt, Deborah. 1997. "Bio/culturalDiversity and Equity in Post-NAFTA Mexico(or: Tomasita Comes North While Big Mac Goes South)." In *Global Justice, Global Democracy*, edited by Jay Drydyk and PeterPenz. Winnipeg/Halifax: Fernwood.

_____. 2002. *Tangled Routes: Women, Worky and Globalization on the Tomato Trail*. New York: Rowman & Littlefield.

Barnet, Richard J., and John Cavanagh. 1994. *Global Dreams: Imperial Corporations and the New World Order*. New York: Touchstone.

Bateman, Milford. 2010. "The Power of the Community." *Making It*, No. 4. Venice: UNIDO.

"Battle of the Bulge." 1994. *The Economist*, September 3: 25.

Bauman, Zygmut. 2004. *Wasted Lives. Modernity and Its Outcasts*. Cambridge: Polity.

Baviskar, Amita. 2005. "The Dream Machine: The Model Development Project and the Remaking of the State." In *Waterscapes: The Cultural Politics of a Natural Resource*, edited by Amita Baviskar. New Delhi: Oxford University Press.

Beams, Nick. 1999. "UN Figures Show: International Production System Developing." Retrieved from www.wsws.org/articles/1999/Octl 999/ un-009.html.

Becker, Elizabeth. 2003. "U.S. Unilateralism Worries Trade Officials." *The New York Times*, March 17: 5.

Beckman, Björn. 1992. "Empowerment or Repression? The World Bank and the Politics of African Adjustment." In *Authoritarianism, Democracy and Adjustment: The Politics of*

Economic Reform in Africa, edited by Peter Gibbon, Yusuf Bangura, and Arve Ofstad. Uppsala, Sweden: Nordiska Afrikainstitutet.

Bello, Walden. 1992–1993. "Population and the Environment." *Food First Action Alert*, Winter, 5.

Bello, Walden, with Shea Cunningham and Bill Rau. 1994. *Dark Victory: The United States, Structural Adjustment and Global Poverty*. London: Pluto Press, with Food First and Transnational Institute.

Bellman, Eric. 2010a. "Japan's Exporters Eye Every Rupee." *The Wall Street Journal*, July 7:B1.

―――. 2010b. "A New Detroit Rises in India's South." *The Wall Street Journal*, July 9: B1.

Benería, Lourdes. 1992. "Accounting for Women's Work: The Progress of Two Decades." *World Development* 20(11): 1547–1560.

―――. 1995. "Response: The Dynamics of Globalization" (Scholarly Controversy: Global Flows of Labor and Capital). *International Labor and Working-Class History* 47: 45–52.

―――. 2003. *Gender, Development, and Globalization; Economics as if All People Mattered*. New York: Routledge.

Benería, Lourdes, and Shelley Feldman, eds. 1992. *Unequal Burden: Economic Crises, Persistent Poverty, and Women's Work*. Boulder, CO: Westview.

Benin, Joel. 2011. "Egypt's Workers Rise Up." *The Nation*, March 7/14: 8.

Berlan, Jean-Pierre. 1991. "The Historical Roots of the Present Agricultural Crisis." In *Towards a New Political Economy of Agriculture*, edited by W. Friedland, L. Busch, F. Buttel, and A. Rudy. Boulder, CO: Westview.

Bernard, Mitchell. 1996. "Beyond the Local-Global Divide in the Formation of the Eastern Asian Region." *New Political Economy* 1(3): 335–353.

Berthelot, Jacques. 2005. "The WTO: Food for Thought?" *Le Monde Diplomatique*, December: 10–11.

Bidwai, Praful. 2007. "India: Special Economic Zones on the Backburner." *Inter Press Service*, February 12. Available at www.ips.org.

Black, Maggie. 2002. *The No-Nonsense Guide to International Development*. London: Verso.

Black, Richard. 2008. "Fisheries Waste 'Costs Billions.'" Available at *BBC News*, October 8. http://news.bbc.co.uk/2/hi/science/nature/7660011.stm.

Block, Fred L. 1977. *The Origins of International Economic Disorder: A Study of United States International Monetary Policy from World War II to the Present*. Berkeley: University of California Press.

Bobin, Frédéric. 2006. "Mutually Assured Dependence." *Guardian Weekly*, July 14–20: 17.

Bond, Patrick. 2001. "Radical Rhetoric and the Working Class during Zimbabwean Nationalism's Dying Days." *Journal of World-Systems Research* 7(1): 52–89.

―――. 2002. "NEPAD." Retrieved from www.ifg.org/analysis/un/wssd/bondZnet.htm.

―――. 2006. *Looting Africa: The Economics of Exploitation*. Pietermaritzburg: University of

Kwa-Zulu Natal Press.

_____. 2010. "Climate Capitalism Won at Cancun-Everyone Else Loses." *Transnational Institute*, December. Available at www.tni.org.

Booth, Karen. 1998. "National Mother, Global Whore, and Transnational Femocrats: The Politics of AIDS and the Construction of Women at the World Health Organization." *Feminist Studies* 24(1): 115-139.

Bose, Sugata. 1997. "Instrumentsand Idioms of Colonial and National Development: India's Historical Experience in Comparative Perspective." In *International Development and the Social Sciences*, edited by Frederick Cooper and Randall Packard. Berkeley, CA: University of California Press.

Boseley, Sarah. 2007. "Scientists Find Way to Bring Cheap Drugs to Poor Nations." *Guardian Weekly*, January 5-11: 1.

Boyd, Rosalind. 2006. "Labour's Response to the Informalization of Work in the Current Restructuring of Global Capitalism: China, South Korea and South Africa." *Canadian Journal of Development Studies* 27(4): 487-502.

Boyd, Stephanie. 1998. "Secrets and Lies." *The New Internationalist* 303: 16-17.

Boyenge, Jean-Pierre Singa. 2007. *ILO Database on Export Processing Zones*. Geneva: International Labor Office.

Bradley, P. N. and S. E. Carter. 1989. "Food Production and Distribution-and Hunger." In *A World in Crisis? Geographical Perspectives*, edited by R. J. Johnston and P. J. Taylor. Oxford, UK: Blackwell.

Bradsher, Keith. 1995. "White House Moves to Increase Aid to Mexico." *The New York Times*, January 12: D6.

_____. 2002. "India Slips Far Behind China, Once Its Closest Rival." *The New York Times*, November 29: A1, A8.

_____. 2006. "A Younger India Is Flexing Its Industrial Brawn." *The New York Times*, September 1: 1, C4.

Brahic, Catherine. 2007. "Organic Farming Could Feed the World." *New Scientist*, July 12. Retrieved from http://www.newscientist.com/article/dn12245.

Branigan, Tania. 2009. "China 'Ready to Export Factories,'" *The Guardian Weekly*, December 11: 17.

Brautigam, Deborah. 2009. *The Dragon's Gift: The Real Story of China in Africa*. Oxford: Oxford University Press.

Brecher, Jeremy and Tim Costello. 1994. *Global Village or Global Pillage? Economic Reconstruction from the Bottom Up*. Boston: South End.

Brecher, Jeremy, Tim Costello, and Brendan Smith. 2000. *Globalization From Below: The Power of Solidarity*. Cambridge, MA: South End.

Breman, Jan. 2009. "Myth of the Global Safety Net." *New Left Review*, 59: 29-36.

Brett, E. A. 1985. *The World Economy Since the War: The Politics of Uneven Development*. London: Macmillan.

Bretton Woods Project. 2011. "IMF's Austerity Drive Goes On Despite Failures and Protests." News, June 13. Available at http://www.brettonwoodsproject.org/.

Briscoe, Mark. 2002. "Water: The Untapped Resource." In *The Fatal Harvest Reader: The Tragedy of Industrial Agriculture*, edited by Andrew Kimball. Washington: Island Press.

Broder, John M. 2009. "Climate Change Seen as Threat to U.S. Security." *The New York Times*, August 8.

Brown, Lester R. 1994. "Who Will Feed China?" *World Watch* 7(5): 10-19.

_____. 2001. "Bad Tidings on the Wind for Chinese." *Guardian Weekly*, June 7-13: *19*.

Brown, Michael Barratt. 1993. *Fair Trade*. London: Zeds.

Buck, Louis E., and Sara J. Scherr. 2011. "Moving Ecoagriculture into the Mainstream." In *State of the World 2011: Innovations that Nourish the Planet*. New York and London: Norton.

Bujra, Janet. 1992. "Diversity in Pre-Capitalist Societies." In *Poverty and Development in the 1990s*, edited by Tim Allen and Allan Thomas. Oxford, UK: Oxford University Press.

Bulard, Martine. 2006. "China Breaks the Iron Rice Bowl." *Guardian Weekly*, January: 6.

Bulatlat. 2011. "Foreign Land Deals: Global Land Grabbing?" June 16. *Food Crisis and the Global Land Grab* Retrieved from http://farmlandgrab.org/post/view/18813.

Bullard, Nicola. 2011. "It's Too Late for Sustainability: What We Need Is System Change." *Development*, 54(2): 141-142.

Bunker, Stephen. 1985. *Underdeveloping the Amazon: Extraction, Unequal Exchange and the Failure of the Modern State*. Urbana, IL: University of Illinois Press.

Bunker, Stephen G., and Paul S. Ciccantell. 2005. *Globalization and the Race for Resources*. Baltimore: Johns Hopkins university Press.

Bunsha, D. 2006. "Rural Resistance." *Frontline* 23(20), October: 1.

Bunting, Madeleine. 2010a. "Promoting Happiness and Cutting Welfare: What a Devious Combination." *The Guardian*, November 28.

_____. 2010b. "Cameron's Myth of Happiness." *The Guardian Weekly*, December 3: 21.

_____. 2010c. "Microfinance: Development Panacea, or Exorbitant, Ineffective Poverty Trap?" *The Guardian*, December 22. Available at http://www.guardian.co.uk/global-development/poverty-matters/2010/dec/22/microfinance-india-sector-regulated.

_____. 2011. "Justice for Women a Work in Progress." *The Guardian Weekly*, July 15: 44.

Burbach, Roger, and Patricia Flynn. 1980. *Agribusiness in the Americas*, New York: Monthly Review Press.

Busch, L., and C. Bain. 2004. "New! Improved? The Transformation of the Global Agrifood System." *Rural Sociology* 69(3): 321-346.

Busch, Lawrence, and William B. Lacy. 1983. *Science, Agriculture, and the Politics of Research*. Boulder, CO: Westview.

Byres, Terry J. 1981. "The New Technology, Class Formation and Class Action in the Indian Countryside." *Journal of Peasant Studies* 8(4): 405–454.

Cahn, Jonathan. 1993. "Challenging the New Imperial Authority: The World Bank and the Democratiza of Development." *Harvard Human Rights Journal6*: 159–194.

Calvo, Dana. 1997. "Tijuana Workers Win Labor Battle." Retrieved from tw-listessential.org.

Cameron, Angus, and Ronen Palan. 2004. *The Imagined Economies of Globalization*. London: Sage.

Canak, William L. 1989. "Debt, Austerity, and Latin America in the New International Division of Labor." In *Lost Promises: Debt, Austerity, and Development in Latin America*, edited by William L. Canak. Boulder, CO: Westview.

Cardoso, Fernando H., and Enzo Faletto. 1979. *Dependency and Develop in Latin America*. Berkeley: University of California Press.

Carlsen, Laura. 2003. "The Mexican Farmers' Movement: Exposing the Myths of Free Trade." *Americas Program Policy Report*. Silver City(NM): Interhemispheric Resource Center. Available at www.americaspolicy.org.

Carson, Rachel. 1962. *Silent Spring*. Boston: Houghton Mifflin.

Caulkin, Simon. 2007. "If Everything Can Be Outsourced, What Is Left?" *Observer*, April 1.

Central Intelligence Agency. 2000. "The Global Infectious Disease Threat and Its Implications for the United States." Retrieved from www.cia.gov/cia/publications/nie/report/nie99-17d.html.

Chan, Anita. 1996. "Boot Camp at the Shoe Factory." *Guardian Weekly*, November 17: 20–21.

Chan, Jenny. 2011. "iSlave." *New Internationalist*, 441. Available at http://www.newint.org/features/2011/04/01/islave-foxconn-suicides-workers/.

Chang, Leslie T. 2008. "Gilded Age, Gilded Cage." *National Geographic*, May.

Chatterjee, Partha. 2001. *Nationalist Thought and the Colonial World*. Minneapolis, MN: University of Minnesota Press.

Chen, Guidi, and Wu Chuntao.2006. *Will the Boat Sink the Water? The Life of China's Peasants*. New York: Public Affairs.

Cheru, Fantu. 1989. *The Silent Revolution in Africa: Debt, Development and Democracy*. London: Zed.

Chira, Susan. 1994. "Women Campaign for New Plan to Curb the World's Population." *The New York Times*, April 13: A12.

Chirot, Daniel. 1977. *Social Change in the Twentieth Century*. New York: Harcourt Brace Jovanovich.

Chomsky, Noam. 1994. *World Orders Old and New*. New York: Columbia University Press.

Chossudovsky, Michel. 1997. *The Globalisation of Poverty: Impacts of IMF and World Bank Reforms*. Penang: Third World Network.

―――. 2003. *The Globalisation of Poverty and the New World Order*. Shanty Bay, ON: Global Outlook.

Chung, Youg-Il. 1990. "The Agricultural Foundation for Korean Industrial Development." In *The Economic Development of Japan and Korea*, edited by Chung Lee and Ippei Yamazawa. New York: Praeger.

Clarke, T., and M. Barlow. 1997. *MAI: The Multilateral Agreement on Investment and the Threat to Canadian Sovereignty*. Toronto: Stoddart.

Clarke, Tony. 2001. "Serving Up the Commons." *Multinational Monitor* 22(4). Retrieved from www.essential.org/monitor/mm2001/01april/corp2.html.

Cleaver, Harry. 1977. "Food, Famine and the International Crisis." *Zerowork* 2: 7–70.

Cohen, Roger. 1998. "High Claims in Spill Betray Depth of Nigerian Poverty." *The New York Times*, September 20: A1, A6.

Colchester, Marcus. 1994. "Sustaining the Forests: The Community-Based Approach in South and Southeast Asia." In *Development & Environment: Sustaining People and Nature*, edited by Dharam Ghai. Oxford, UK: Blackwell.

Colchester, Marcus, et. al. 2007. *Land Is Life: Land Rights and Oil Palm Development in Sarawak*. Moreton-in-Marsh, UK: Forest Peoples' Programme and Perkumpulan Saxit Watch.

Collins, Elizabeth Fuller. 2007. *Indonesia Betrayed: How Development Fails*. Honolulu: University of Hawaii Press.

Collins, Jane. 1995. "Gender and Cheap Labor in Agriculture." In *Food and Agrarian Orders in the World-Economy*, edited by Philip McMichael. Westport, CT: Praeger.

―――. 2003. *Threads: Gender, Labor, and Power in the Global Apparel Industry*. Chicago: University of Chicago Press.

Collins, Joseph, and John Lear. 1996. *Chile's Free Market Miracle: A Second Look*. Oakland, CA: Food First Books.

Cons, Jason, and Kasia Paprocki. 2010. "Contested Credit Landscapes: Microcredit, Self-Help and Self-Determination in Rural Bangladesh." *Third World Quarterly*, 31(4): 637–654.

Coomaraswamy, Radhika. 2001. "Different But Free: Cultural Relativism and Women's Rights as Human Rights." In *Religious Fundamentalisms and the Human Rights of Women*, edited by Courtney W. Howland. New York: Palgrave.

Cooper, Frederick. 1997. "Modernizing Bureaucrats, Backward Africans, and the Development Concept." In *International Development and the Social Sciences*, edited by Frederick Cooper and Randall Packard. Berkeley: University of California Press.

Cooper, Frederick and Ann Laura Stoler, eds. 1997. *Tensions of Empire: Colonial Cultures in a*

Bourgeois World. Berkeley, CA: University of California Press.

Corbridge, Stuart. 1993. "Ethics in Development Studies: The Example of Debt." In *Beyond the Impasse: New Directions in Development Theory*, edited by Frans J. Schuurman. London: Zed.

Corm, Georges. 2011. "Is This an Arab Spring?" *Le Monde Diplomatique*, April: 1, 6-7.

Coronil, Fernando. 1997. *The Magical State: Nature, Money and Modernity in Venezuela*. Chicago: University of Chicago Press.

Cowan, M. P., and R. W. Shenton. 1996. D*octrines of Development*. London: Routledge Kegan Paul.

Cox, Robert W. 1987. *Production, Power, and World Order: Social Forces in the Making of History*. New York: Columbia University Press.

Crook, Clive. 1992. "Fear of Finance: A Survey of the World Economy." *The Economist*, Special Supplement, September19: 5-48.

_____. 1993. "New Ways to Grow: A Survey of World Finance." *The Economist*, Special Supplement, September25: 3-22.

Crossette, Barbara. 1994. "A Third-World Effort on Family Planning."*The New York Times*, September 7, A8.

_____. 1997. "Kofi Annan's Astonishing Facts!" In *Human Development Report 1997*. New York: United Nations Development Program.

_____. 1998. "Women See Key Gains since Talks in Beijing." *The New York Times*, March 8: A14.

Crutzen, P. J., et al. 2007. "N20 Release from Agro-Biofuel Production Negates Global Warming Reduction by Replacing Fossil Fuels." *Atmospheric Chemical Physics Discussion*, 7: 11191-11205.

Dalrymple, D. 1985. "The Development and Adoption of High-Yielding Varieties of Wheat and Rice in Developing Countries." *American Journal of Agricultural Economics* 67: 1067-1073.

Daly, Herman. 1990. "Sustainable Growth: An Impossibility Theorem." *Development*, 3-4: 45-47.

Daly, M. T., and M. I. Logan. 1989. *The Brittle Rim: Finance, Business and the Pacific Region*. Ringwood, Australia: Penguin.

Danglin, Francois. 2011. "A Model for South-South Alliances." *Le Monde Diplomatique*, March: 11.

Daniel, Shepard. 2009. *The Great Land Grab: Rush for World's Farmland Threatens Food Security for the Poor*. The Oakland Institute.

D'Armagnac, Bertrand. 2010. "Lesson in Wind Power." *The Guardian Weekly*, August 13: 31.

Davidson, Basil. 1992. *The Black Man's Burden: Africa and the Curse of the Nation-State*. New York: Times Books.

Davis, Mike. 2001. *Late Victorian Holocausts: El Nino Famines and the Making of the Third World*. London: Verso.

———. 2005. *The Monster at Our Door: The Global Threat of Avian Flu*. New York and London: The New Press.

———. 2006. *Planet of Slums*. London: Verso.

———. 2010. "Who Will Build the Ark?" *New Left Review*, 61: 29-46.

Dawkins, Kristin. 2000. "Battle Royale of the 21st Century." *Seedling* 17(1): 2-8.

Dawson, Alexander S. 2006. *Third World Dreams: Mexico Since1989*. Nova Scotia: Fernwood.

Day, Elizabeth. 2010. "Cotton-Pickin' Trade." *The Guardian Weekly*, December 10: 25-27.

DDS Community Media Trust, P.V. Satheesh, and Michel Pimbert. 2009. *Affirming Life and Diversity: Rural Images and Voices on Food Sovereignty in South India*. London: International Institute for Environment and Development, and the Deccan Development Society.

de Castro, Josué. 1969. "Introduction: Not One Latin America." In *Latin American Radicalism*, edited by Irving Louis Horowitz, Josué de Castro, and John Gerassi. New York: Vintage.

Deere, Carmen Diana, and Magdalena León. 2001. *Empowering Women: Land and Property Rights in Latin America*. Pittsburgh: University of Pittsburgh Press.

de Janvry, Alain. 1981. *The Agrarian Question and Reformism in Latin America*. Baltimore: Johns Hopkins University Press.

de la Rocha, Mercedes Gonzalez. 1994. *The Resources of Poverty: Women and Survival in a Mexican City*. Cambridge, MA: Blackwell.

Denny, Charlotte. 2002. "Poor Always the Losers in Trade Game." *Guardian Weekly: Earth*, August: 6.

DeParle, Jason. 2007. "Jobs Abroad Underwriting 'Model State.'" *The New York Times*, September 7: Al, A16.

De Schutter, Olivier. 2010. "Responsibly Destroying the World's Peasantry." Project Syndicate. Available at http://www.project-syndicate.org/commentary/deschutterl/English.

de Soto, Hernando. 1990. *The Other Path: The Invisible Revolution in the Third World*. New York: Harper & Row.

Desmarais, Annette Aurelie. 2007. *La Via Campesina: Globalizationand the Power of Peasants*. Halifax, NS: Fernwood.

De Waal, Alex. 2002. "What AIDS Means in a Famine." *The New York Times*, November 19: 25.

Dhanagare, D. N. 1988. "The Green Revolution and Social Inequalities in Rural India." *Bulletin of Concerned Asian Scholars* 20(2): 2-13.

Dias Martins, Monica. 2000. "The MST Challenge to Neoliberalism." *Latin American Perspectives* 27(5): 33-45.

Dicken, Peter. 1998. *Global Shift: Transforming the World Economy*. New York: Guilford.

Dillon, Sam. 1997. "After 4 Years of NAFTA, Labor Is Forging Cross-Border Ties." *The New York Times*, December 20: A1, A7.

―――. 1998. "U.S. Labor Leader Seeks Union Support in Mexico." *The New York Times*, January 23: A3.

Diokno-Pascual, Maitet. 2003. "Power Splurge." *New Internationalist* 355, April: 25.

Dixon, Jane. 2002. *The Changing Chicken: Chooks, Cooks, and Culinary Culture*. Sydney, Australia: UNSW Press.

Dolan, C. S. 2004. "On Farm and Packhouse: Employment at the Bottom of a Global Value Chain." *Rural Sociology* 69(1): 99-126.

Dolan, C. and J. Humphrey. 2000. "Governance and Trade in Fresh Vegetables: The Impact of UK Supermarkets on the African Horticulture Industry." *Journal of Development Studies* 37: 147-176.

Dreyfuss, Robert. 2010. "The greening of China." *The Nation*, September 20: 14.

Dube, S. C. 1988. *Modernization and Development the Search for Alternative Paradigms*. London: Zed.

Dudley, Leonard and Roger Sandilands. 1975. "The Side Effects of Foreign Aid: The Case of Public Law 480, Wheat in Colombia." *Economic Development and Cultural Change* 23(2): 325-336.

Dugger, Celia W. 2004. "Supermarket Giants Crush Central American Farmers." *The New York Times*, December 28: A1, A10.

―――. 2007. "Clinton Foundation Announces a Bargain on Generic AIDS Drugs." *The New York Times*, May 9: 6.

―――. 2010. "Report Optimistic on African Economies." *The New York Times*, June 23.

Duncan, Colin. 1996. *The Centrality of Agriculture: Between Humankind and the Rest of Nature*. Montreal and Kingston: McGill-Queen's University Press.

Economist, The. 2010. "A Bumpier but Freer Road." *Briefing*, October 2: 75-77.

―――. 2011. "India's Surprising Economic Miracle." *Leaders*, October 2: 11.

Eilperin, Juliet. 2010. "Wrapped in a Mantle of Green." *The Guardian Weekly*, 8 October: 18.

Elliott, Larry. 2001. "Evil Triumphs in a Disease-Ridden World." *Guardian Weekly*, February 14-21: 12.

―――. 2010. "When Austerity Is Not Enough." *The Guardian Weekly*, September 10: 18.

Elliott, Michael. 2007. "The Chinese Century." *Time*, January 22: 19-27.

Ellwood, Wayne. 1993. "Multinationals and the Subversion of Sovereignty." *New Internationalist* 246: 4-7.

―――. 2001. *The No-Nonsense Guide to Globalization*. Oxford, UK: New Internationalist.

Elson, Diane, ed. 1991. *Male Bias in the Development Process*. Manchester: Manchester University Press.

_____. 1993. "Gender-Aware Analysis and Development Economics." *Journal of International Development* 5(2): 237-247.
Elson, Diane, and Ruth Pearson. 1981. "Nimble Fingers Make Cheap Workers: An Analysis of Women's Employment in Third World Export Manufacturing." *Feminist Review* 7: 87-101.
Elyachar, Julia. 2005. *Markets of Dispossession: NGOs, Economic Development, and the State in Cairo*. Durham, NC: Duke University Press.
Enloe, Cynthia. 2004. *The Curious Feminist: Searching for Women in a New Age of Empire*. Berkeley: University of California Press.
Enzenburger, Hans Magnus. 1994. *Civil Wars: From L.A. to Bosnia*. New York: New Press.
Erlanger, Steven. 2010. "Europeans Fear Crisis Threatens Liberal Benefits." *The New York Times* 9 May 23.
Escobar, Arturo. 1995. *Encountering Development: The Making and Unmaking of the Third World*. Princeton, NJ: Princeton University Press.
_____. 2011. "Sustainability: Design for the Pluriverse." *Development*, 54(2): 137-140.
Esteva, Gustavo. 1992. "Development." In *The Development Dictionary*, edited by Wolfgang Sachs. London: Zed.
ETC Group. 2007. "Peak Soil + Peak Oil = Peak Spoils." *ETC Group Communique*, #96. November/December, 1-14.
_____. 2008. "Patenting the 'Climate Genes' ······ and Capturing the Climate Agenda." ETC Group Communique, Issue 99. Available at www.etcgroup.org.
Evans, Alex. 2009. *The Feeding of the Nine Billion: Global Food Security for the 21st Century*. Chatham House Report. Available at www.chathamhouse.org.uk/files/13179_r0109.
Evans, Peter. 1979. *Dependent Development*. Princeton, NJ: Princeton University Press.
. 1995. *Embedded Autonomy:*
States and Industrial Transformation. Princeton, NJ: Princeton University Press.
_____. 2010. "Is It Labor's Turn To Globalize? Twenty-First Century Opportunities and Strategic Responses." *Global Labour*, 1(3): 352-379.
Eviatar, Daphne. 2006. "Latin Left Turn." *The Nation*, December 25: 5-6.
Eyferth, J., P. Ho, and E. B. Vermeer. 2003. "Introduction: The Opening Up of China's Countryside." *The Journal of Peasant Studies* 30(3-4): 1-17.
EZLN Communiques. 1994-2005. Available at http://www.struggle.ws/mexico/ezlnco.html.
Faison, Seth. 1997. "Detours Behind It: The Giant Follows Asian's Growth Path." *The New York Times*, March 4: A1, D4.
Fanon, Frantz. 1967. *The Wretched of the Earth*. Harmondsworth, UK: Penguin.
FAO. 2008. *The State of Food Insecurity in the World 2008: High Food Prices and Food Security-Threats and Opportunities*. Retrieved from http://www.fao.org/docrep/fao/011/i0291_e/i0291e00a.htm.

Fargione, J., J. Hill, D. Tilman, S. Polasky, and P. Hawthorne. 2008. "Land Clearing and the Biofuel Carbon Debt." *Science*, February 7.

Feder, Ernst. 1983. *Perverse Development*. Quez on City, Philippines: Foundation for Nationalist Studies.

Ferguson, James. 2006. *Global Shadows: Africa in the Neoliberal World Order*. Durham, NC: Duke University Press.

Fernandez Kelly, Patricia. 1983. *For We Are Sold, I and My People: Women and Industry in Mexico's Frontier*. Albany, NY: SUNY Press.

Ferrett, Grant. 2007. "Biofuels 'Crime against Humanity.'" *BBC News*, 27 October.

Flannery, Tim. 2009. *Now or Never: Why We Must Act Now to End Climate Change and Create a Sustainable Future*. New York: Atlantic Monthly Press.

Flavio de Almeida, Lucio and Felix Ruiz Sanchez. 2000. "The Landless Workers' Movement and Social Struggles against Neoliberalism." *Latin American Perspectives* 22(5): 11-32.

Fletcher, Michael A. 2010. "Politicians 'Look Away' as One in Seven Americans Fall into Poverty." *The Guardian Weekly*, 24 September: 3.

Flynn, Matthew. 2002. "Cocktails and Carnival." *New Internationalist* 346: 16-17.

Fonte, Maria. 2006. "Slow Foods Presidia: What Do Small Producers Do with Big Retailers?" In *Between the Local and the Global: Confronting Complexity in the Contemporary Agri-Food Sector*, edited by Terry Marsden and Jonathan Murdoch. Oxford: Elsevier.

"Food and Farming: The Facts." 2003. *New Internationalist* 353: 20-21.

Foster, John Bellamy. 2011. "Capitalism and Degrowth: An Impossibility." *Monthly Review*, 62(8): 26-33.

Fox, Jonathan. 1994. "The Challenge of Democracy: Rebellion as Catalyst." *Akwek on* 11(2): 13-19.

Frank, Andre Gunder. 1970. "The Development of Underdevelopment." In *Imperialism and Underdevelopment*, edited by Robert H. Rhodes. New York: Monthly Review Press.

Fraser, Alistair. 2005. "Poverty Reduction Strategy Papers: Now Who Calls the Shots?" *Review of African Political Economy*, 104/5: 317-340.

Freeman, Carla. 2000. *High Tech and High Heels in the Global Economy: Women, Work, and Pink-Collar Identities in the Caribbean*. Durham, NC: Duke University Press.

French, Hilary. 2000. *Vanishing Borders: Protecting the Planet in the Age of Globalization*. New York: Norton.

French, Howard W. 2010. "TheNext Empire." *The Atlantic*, May. Retrieved from www.theatlantic.com/magazine.

Friedland, William H. 1994. "The Global Fresh Fruit and Vegetable System: An Industrial Organization Analysis." In *The Global Restructuring of Agro-Food Systems*, edited by Philip McMichael. Ithaca, NY: Cornell University Press.

Friedman, Thomas. 2000. *The Lexus and the Olive Tree: Understanding Globalization.* New York: Anchor.

———. 2005. *The World Is Flat: A Brief History of the Twentieth Century,* New York: Farrar, Straus & Giroux.

Friedmann, Harriet. 1982. "The Political Economy of Food: The Rise and Fall of the Postwar International Food Order." *American Journal of Sociology* 88S: 248–286.

———. 1990. "The Origins of Third World Food Dependence." In *The Food Question: Profits versus People?* edited by Henry Bernstein, Ben Crow, Maureen Mackintosh, and Charlotte Martin. New York: Monthly Review Press.

———. 1991. "Changes in the International Division of Labor: Agri-Food Complexes and Export Agriculture." In *Towards a New Political Economy of Agriculture,* edited by William Friedland, Lawrence Busch, Frederick H. Buttel, and Alan P. Rudy. Boulder, CO: Westview.

———. 1992. "Distance and Durability: Shaky Foundations of the World Food Economy." *Third World Quarterly* 13(2): 371–383.

———. 1999. "Remaking 'Traditions': How We Eat, What We Eat, and the Changing Political Economy of Food." In *Women Working the NAFTA Food Chain,* edited by Deborah Barndt. Toronto: Second Story.

Friedmann, John. 1992. *Empowerment: The Politics of Alternative Development.* Cambridge, UK: Blackwell.

Frobel, Folker, Jurgen Heinrichs, and Otto Kreye. 1979. *The New International Division of Labor.* New York: Cambridge University Press.

Fuentes, Anna, and Barbara Ehrenreich. 1983. "The New Factory Girls." *Multinational Monitor* 4(8). Available at www.multinationalmonitor.org.

Fussell, M. E. 2000. "Making Labor Flexible: The Recomposition of Tijuana's *Maquiladora* Female Labor Force." *Feminist Economics* 6(3): 59–80.

Gaia Foundation et al. 2008. *Agrofuels and the Myth of the Marginal Land.* Briefing. Retrieved from www.gaiafoundation.org/documents/Agrofuels&MarginalMyth.pdf.

Galeano, Eduardo. 2000. *Upside Down: A Primer for the Looking Glass World.* New York: Picador.

Gardner, Gary, and Brian Halweil. 2000. "Underfed and Overfed: The Global Epidemic of Malnutrition." Worldwatch Paper No. 150, Washington, DC: Worldwatch Institute.

George, Susan. 1977. *How the Other Half Dies: The Real Reasons for World Hunger.* Montclair, NJ: Allenheld, Osmun and Co.

———. 1988. *A Fate Worse Than Debt: The World Financial Crisis and the Poor.* New York: Grove.

———. 1992. *The Debt Boomerang: How Third World Debt Harms Us All.* Boulder, CO:

Westview.

―――. 2010. *Whose Crisis? Whose Future? Towards a Greener, Fairer, Richer World*. Cambridge: Polity.

George, Susan, and Fabrizio Sabelli. 1994. *Faith and Credit: The World Bank's Secular Empire*. Boulder, CO: Westview.

Gereffi, Gary. 1989. "Rethinking Development Theory: Insights from East Asia and Latin America." *Sociological Forum* 4(4): 505-533.

―――. 1994. "The Organization of Buyer-Driven Global Commodity Chains: How U.S. Retailers Shape Overseas Production Networks." In *Commodity Chains and Global Capitalism*, edited by Gary Gereffi and Miguel Korzeniewicz. Westport, CT: Praeger.

Gevisser, Mark. 2001. "AIDS: The New Apartheid." *The Nation*, May 14: 5-6.

Gibson, Nigel C. 2011. "Egypt and the Revolution in Our Minds." Pambazuka News, February 17. Available at http://pambazuka.org/ en/category/features/70972.

Gibson-Graham, J. K. 2006. *A Postcapitalist Politics*. Minneapolis: University of Minnesota Press.

Giridharadas, Anand 2007a. "'Second Tier' City to Rise Fast under India's Urban Plan." *The New York* May 13: 3.

―――. 2007b. "Outsourcing Works, So India Is Exporting Jobs." *The New York Times*, September 25.

Glennie, Jonathan. 2011. "The Rise of the 'South-South' Aid Agencies." *The Guardian Weekly*, March 4: 44.

GMA News. 2011. "Women around the World Unite vs landgrabbing." *Food Crisis and the Global LandGrab*, July 7. Retrieved from http://farmlandgrab.org/post/view/18917.

Godoy, Julio. 2010. "Vive la décroissance." *New Internationalist*, 434:19.

Godrej, Dinyar. 2003. "Precious Fluid." *New Internationalist* 354: 9-12.

Goldemberg, J., and O. Lucon. 2010. "Renewable Energy Options in Developing Countries." *Making It-Industry for Development Magazine*, 2: 16-18. Available at http://www.makingitmagazine.net.

Goldman, Michael. 2005. *Imperial Nature: The World Bank and Struggles for Social Justice in the Age of Globalization*. New Haven: Yale University Press.

Goldsmith, James. 1994. *The Trap*. New York: Carroll & Graf.

Gorelick, Sherry. 2000. "Facing the Farm Crisis." *The Ecologist* 30(4): 28-32.

Goss, Jasper, David Burch, and Roy E. Rickson. 2000. "Agri-Food Restructuring and Third World Transnationals: Thailand, the CP Group and the Global Shrimp Industry." *World Development* 28(3): 513-530.

Gott, Richard. 2006. "Latin America Is Preparing to Settle Accounts with Its White Settler Elite." *The Guardian*, November 15: 33.

Gow, David. 2007. "India Gets a Brand New Carmaker-As It Runs Out of Roads to Drive On."

The Guardian, March 30: 8.

Gowan, Peter. 2003. "The American Campaign for Global Sovereignty." In *Fighting Identities: Socialist Register*, edited by Leo Panitch and Colin Leys. London: Merlin.

Graham, Carol. 1994. *Safety Nets, Politics, and the Poor: Transitions to Market Economies*. Washington DC: Brookings Institution.

GRAIN. 2007. "Agrofuels." *seedling*, July. Available at www.grain.org/seedling/?type=68&l=0.

———. 2010. "The World Bank in the Hot Seat." *seedling*, May 8. Available at www.grain.org/articles/?id=64.

Greenfield, Gerard. 1999. "The WTO, the World Food System, and the Politics of Harmonised Destruction." Retrieved from www.labournet.org/discuss/global/wto/html.

Greenlees, Donald. 2006. "Outsourcing Drifts to the Philippines after India Matures." *International Herald Tribune*, November 11: 1.

Greenpeace. 2006. "Eating Up the Amazon." Available at www.greenpeace.org.

Green-Weiskel, Lucia. 2011. "Climate Clash in Cancun." *The Nation*, January 3: 18–23.

Greider, William. 2001. "A New Giant Sucking Sound." *The Nation*, December 31: 22–24.

———. 2007. "The Establishment Rethinks Globalization." *The Nation*, April 30: 11–14.

Gresh, Alain. 2011. "Freedom Makes You Giddy." *Le Monde Diplomatique*, February: 1.

Griffin, K. B. 1974. *The Political Economy of Agrarian Change: An Essay on the Green Revolution*. Cambridge, MA: Harvard University Press.

Grigg, David. 1993. *The World Food Problem*. Oxford, UK: Blackwell.

Grossman, Raquel. 1979. "Globalization, Commodity Chains and Fruit Exporting Regions in Chile." *Tijdschrift voor Economische en Sociale Geographie* 90(2): 211–225.

Guardian editorial. 2010. "Climate Change: The Facts of life." *The Guardian*, August 31.

Guardian reporters. 2011. "Arab Youth Anger in the Ascendancy." *The Guardian Weekly*, February 25: 28.

Gupta, Akhil. 1998. *Postcolonial Developments: Agriculture in the Making of Modern India*. Durham, NC: Duke University Press.

Habermas, Jürgen. 2010. "Germany and the Euro-Crisis." *The Nation*, June 28: 18–22.

Halberg, N., H. F. Alroe, M. T. Knudsen, and E. S. Kristensen, eds. 2005. *Global Development of Organic Agriculture: Challenges and Promises*. Wallingford, UK: CAB International.

Hale, Stephen. 2011. "Global campaigning to tackle poverty and Injustice Is No Longer North v South." *The Guardian*, February 14.

Halperin, Sandra. 2005. "Trans-local and Trans-Regional Socio-Economic Structures in Global Development: A 'Horizontal' Perspective." In *New Directions in the Sociology of Global Development*, edited by Frederick H. Buttel and Philip McMichael, 19–56. Oxford: Elsevier.

Hamilton, Clive. 2003. *Growth Fetish*. Sydney, Australia: Allen & Unwin.

Harcourt, Wendy. 1994. "Introduction." In *Feminist Perspectives on Sustainable Development*, edited by Wendy Harcourt. London: Zed.

―――. 2009. *Body Politics in Development: Critical Debates in Gender and Development*. London & New York: Zed Books.

Harding, Luke. 2001. "Delhi Calling." *Guardian Weekly*, March 15–21: 23.

Harlan, Chico. 2011. "All Together Now." *The Guardian Weekly*, 15 July: 30.

Harnecker, Marta. 2010. "Latin America & Twenty-First Century Socialism." *Monthly Review*, 62(3): 3–83.

Harney, Alexandra. 2009. *The China Price: The True Cost of Chinese Competitive Advantage*. New York: Penguin Books.

Harris, Nigel. 1987. *The End of the Third World: Newly Industrializing Countries and the Decline of an Ideology*. Harmondsworth, UK: Penguin.

Harris, Paul. 2010. "Detroit gets Growing." *The Observer*, July 11.

Harrison, Graham. 2004. *The World Bank and Africa: The Construction of Governance States*. London: Routledge.

Harrison, Paul. 1993. *The Third Revolution: Population, Environ and a Sustainable World*. Harmondsworth, UK: Penguin.

Harvey, David. 2003. *The New Imperialism*. Oxford: Oxford University Press.

―――. 2005. *A Brief History of Neoliberalism*. Oxford, UK: Oxford University Press.

Hawkins, Tony. 1998. "At the Heart of Further Progress." *Financial Times*, June 2: I–VI.

Hayden, Tom. 2003. "Seeking a New Globalism in Chiapas." *The Nation*, April 7: 18–23.

Hedges, Chris. 1994. "Key Panel at Cairo Talks Agrees on Population Plan." *The New York Times*, September 13: A10.

Held, David. 1995. *Democracy and the Global Order: From the Modern State to Cosmopolitan Governance*. Stanford, CA: Stanford University Press.

Held, David, and Aysa Kaya, editors. 2007. *Global Inequality*. New York: Polity Press.

Helleiner, Eric. 1996. *States and the Reemergence of Global Finance: From Bretton Woods to the 1990s*. Ithaca, NY: Cornell University Press.

Henderson, Jeffrey. 1991. *The Globalisation of High Technology Production*. London: Routledge & Kegan Paul.

Henriques, Diana. 2008. "Food Is Gold, So Billions Invested in Farming." *The New York Times*, June 5.

Herbert, Bob. 1996. "Nike's Pyramid Scheme." *The New York Times*, June 10: 33.

Hertsgard, Mark. 2004. "Who's Afraid of climate Change Now? The Pentagon." *The Nation*, July.

Hervieu, Sebastien. 2011. "South Africa Gains Entry to Brie Club." *The Guardian Weekly*, April 22: 11. Hettne, Bjorn. 1990. *Development Theory and the Three Worlds*. White Plains, NY:

Longman.

Hicks, R. L., B. C. Parks, J. T. Roberts, and M. J. Tierney. 2008. *Greening Aid? Understanding the Environmental Impact of Development Assistance*. Oxford: Oxford University Press.

Hightower, Jim. 2002. "How Wal-Mart Is Remaking Our World." Pamphlet #7, Ithaca, NY.

Hildyard, Nicholas. 1993. "Foxes in Charge of Chickens." In *Global Ecology: A New Arena of Political Conflict*, edited by Wolfgang Sachs. London: Zed.

Hobsbawm, Eric J. 1992."The Crisis of Today's Ideologies." *New Left Review* 192: 55-64.

Hochschild, Arlie Russell. 2003."Love and Gold." In *Global Woman: Nannies, Maids, and Sex Workers in the New Economy*. New York: Metropolitan Books.

Holt-Giménez, Eric. 2006. *Campesino a Campesino: Voices from Latin America's Farmer to Farmer Movement for Sustainable Agriculture*. Oakland: FoodFirst.

_____. 2007. "Exploding the Biofuel Myths." *Le Monde Diplomatique*, July: 10-11.

Holt-Gimenez, Eric, and Isabella Kenfield. 2008. "When 'Renewable Isn't Sustainable: Agrofuels and the Inconvenient Truths Behind the 2007 U.S. Energy Independence and Security Act." *Policy Brief No. 13*. Oakland: Institute for Food and Development Policy.

Holusha, John. 1996. "Squeezing the Textile Workers." *The New York Times*, February 21: D1, D20.

Hoogvelt, Ankie M. M. 1987.*The Third World in Global Development*. London: Macmillan.

_____. 1997. *Globalization and the Postcolonial World: The New Political Economy of Development*. London: Macmillan.

_____. 2006. "Globalization and Post-Modern Imperialism." *Glo* 3(2): 159-174.

Huang, Yasheng. 2000. "Change to Change: Modernization, Development and Politics." In *From Modernization to Globalization: Perspectives on Development and Social Change*, edited by J. Timmons Roberts and Amy Hite. London: Blackwell.

Huntington, Samuel P. 2011. "Rethinking the Beijing Consensus." *Asia Policy*, 11: 1-26.

Instituto Nacionalde Estadíscita, Geografía e Informática. 2004. Available at www.inegi.gob.mx/inegi/default.asp.

International Assessment of Agricultural Knowledge, Science and Technology for Development(IAASTD). 2008. "Executive Summary of the Synthesis Report." Available at www.agassessment.org/docs/SR_Exec_Sum_280508_English.pdf.

International Confederation of Free Trade Unions. 1995. www.cftu.org.

International Fund for Agriculture(IFAD). 2009. "As Threat of a Renewed Food Crisis Looms, UN food Agencies to Join G8Agricultural Ministers in Treviso, " ReliefWeb, April 19. Available at www.reliefweb.int/rw/rwb.nsf/db900sid/MYAI-7R98NJ?OpenDocument.

International Labor Organization. 1995. www.ilo.org.

International Labor Organization. 2003. www.ilo.org.

Iriart, Celia, and Howard Waitzkin. 2004." Managed Care Goes Global." *Multinational Monitor*

25(10): Available at www.multinationalmonitor.org.

Isakson, S. Ryan. 2010. "No bay ganancia en la milpa: The Agrarian Question, Food Sovereignty, and the On-Farm Conservation of Agrobiodiversity in the Guatemalan Highlands." *The Journal of Peasant Studies*, 36(4), 725-760.

Jackson, Cecile. 1993. "Doing What Comes Naturally? Women and Environment in Development." *World Development* 21(12): 1947-1963.

Jackson, Tim. 2009. *Prosperity Without Growth: Economics for a Finite Planet* London: Earthscan.

Jaffee, Daniel. 2007. *Brewing Justice: Fair Trade Coffee, Sustainability, and Survival*. Berkeley, CA: University of California Press.

Jahan, Rounaq. 1995. *The Elusive Agenda: Mainstreaming Women in Development*. London: Zed.

James, C. L. R. 1963. *The Black Jacobins: Toussaint L'Ouverture and the San Domingo Revolution*. New York: Vintage.

Jha, Alok. 2008. "Huge study Gives Wake-Up Call on State of World's Oceans." *The Guardian Weekly*, 22 March: 3.

Jha, Prem Shankar. 2010. *Crouching Dragon, Hidden Tiger: Can China and India Dominate the West?* New York: Soft Skull Press.

Jordan, Mary, and Kevin Sullivan. 2003. "Trade Brings Riches, but Not to Mexico's Poor." *Guardian Weekly*, April 3-9: 33.

Jowit, Juliette. 2010. "Trillion-Dollar Cost of Global Pollution." *The Guardian Weekly*, 26 February: 17.

Kagarlitsky, Boris. 1995. *The Mirage of Modernization*. New York: Monthly Review Press.

Karliner, Joshua. 1997. *The Corporate Planet: Ecology and Politics in the Age of Globalization*. San Francisco: Sierra Club Books.

Kemp, Tom. 1989. *Industrialization in the Non-Western World*. London: Longman.

Kennedy, Bruce. 2001. "China's Three Gorges Dam." *CNN*. Retrieved from http://www.cnn.com/SPECIALS/1999/china.50/asiansuperpower/three.gorges/.

Kernaghan, Charles. 1995. *Zoned for Slavery: The Child Behind the Label* [Videotape]. New York: National Labor Committee.

Kidron, Michael, and Ronald Segal. 1981. *The State of the World Atlas*, London: Pan.

Kimbrell, Andrew. 2002. *The Fatal Harvest Reader: The Tragedy of Industrial Agriculture*. Washington, DC: Island Press.

Kinver, Mark. 2011. "UN Report: Cities Ignore Climate Change at Their Peril." *BBC News*, March 29. Retrieved from http://www.bbc.co.uk/news/science-environment-12881779.

Klare, Michael T. 2002. *Resource Wars: The New Landscape of Global Conflict*. New York: Henry Holt & Company.

Klein, Naomi. 2007. *The Shock Doctrine. The Rise of Disaster Capitalism.* New York: Metropolitan Books.

Klein, R., T. Banuri, S. Kartha, and L. Schipper. 2008. "International Climate Policy." *Commission on Climate Change and Development,* March. Retrieved from www.ccdcommission.org.

Kloppenburg, Jack R., Jr. 1988. *First the seed: The Political Economy of Plant Biotechnology, 1492-2000.* Cambridge, MA: Cambridge University Press.

Knox, Paul, and John Agnew. 1994.*The Geography of the World Economy.* London: Edward Arnold.

Kohl, Benjamin, and Linda Farthing. 2006. *Impasse in Bolivia: Neoliberal Hegemony & Popular Resistance.* London: Zed.

Kolko, Joyce. 1988. *Restructuring the World Economy.* New York: Pantheon.

Korten, David. 1995. *When Corporations Rule the World.* New York: Kumarian.

Korzeniewicz, Miguel. 1994. "Commodity Chains and Marketing Strategies: Nike and the Global Athletic Footwear Industry." In *Commodity Chains and Global Capitalism,* edited by Gary Gereffi and Miguel Korzeniewicz. Westport, CT: Praeger.

Kothari, Smitu, and Pramod Parajuli.1993. "No Nature without Social Justice: A Plea for Cultural and Ecological Pluralism in India." In *Global Ecology: A New Arena of Political Conflict,* edited by Wolfgang Sachs. London: Zed.

Kotkin, Stephen. 2007. "First World, Third World(Maybe Not in That Order)." *The New York Times,* May 6: 4.

Krauss, Clifford. 2010. "In Global Forecast, China Looms Large as Energy User and Maker of Green Power." *The New York Times,* November 10: D7.

Kristoff, Nicholas D. 2010. "A Hedge Fund Republic?" *The New York Times,* November 18.

Kumar, Karthick. 2011. "Organic Farming-Can It Feed the World?" *Eco Walk the Talk,* March 11. Retrieved from www.ecowalkthetallc.com.

Landsberg, Martin. 1979. "Export-Led Industrialization in the Third World: Manufacturing Imperialism" *Review of Radical Political Economics* 2(4): 50-63.

_____. 2010. "ALBA and the Promise of Cooperative Development." *Monthly Review,* 62(7): 1-17.

Lang, Tim and Michael Heasman. 2004. *Food Wars: The Global Battle for Mouths, Minds and Markets.* London: Earthscan.

Lang, Tim, and Colin Hines. 1993.*The New Protectionism: Protecting the Future against Free Trade.* New York: The New Press.

Langellier, Jean-Pierre, and Brice Pedroletti. 2006. "China to Build First Eco-City." *The Guardian Weekly,* May 5-11: 28.

Lappé, Frances Moore, and Anna Lappe. 2002. *Hope's Edge.* New York: Tarcher/Putnam.

LaTouche, Serge. 1993. *In the Wake of the Affluent Society: An Exploration of Post-*

Development. London: Zed.

_____. 2004. "Degrowth Economics." *Le Monde Diplomatique*, November: 15.

Lawrence, Felicity. 2010. "Sucked Dry by Asparagus." *The Guardian Weekly*, 24 October: 24.

_____. 2011. "Guatemala Pays a High Price for Global Food System Failings." *The Guardian*, June 1.

Leader, 2004. "Shining Example." *The Guardian*, April 23: 3.

Leahy, Stephen. 2008. "Reinventing Agriculture." *Inter Press Service*, April 15.

Le Carre, John. 2001. "In Place of Nations." *The Nation*, April 9: 11–13.

Lee, Ching Kwan. 2008. Rights Activism in China. *Contexts*. Available at contexts.org.

_____. 2009. "Raw Encounters, Chinese Managers, African Workers and the Politics of Casualization in Africa's Chinese Enclaves." *The China Quarterly*, 199: 647–699.

Lehman, David. 1990. *Democracy and Development in Latin America*. Philadelphia: Temple University Press.

Lehman, K., and A. Krebs. 1996. "Control of the World's Food Supply." In *The Case against the Global Economy, and for a Turn toward the Local*, edited by J. Mander and E. Goldsmith. San Francisco: Sierra Club Books.

Lenin, Vladimir Ilych. 1997. *Imperialism: The Highest Stage of Capitalism*. New York: International Publishers.(Original work published 1916)

LeQuesne, C. 1997. "The World Trade Organization and Food Security." Talk to UK Food Group, July 15, London.

Leslie, Jacques. 2008. "The Last Empire." *Mother Jones*, January/February: 28–39, 83.

Lewin, Tamar. 1995. "Family Decay Global, Study Says." *The New York Times*, May 30: A5.

Lewis, Paul. 1997. "IMF seeks Argentine Deal Linking Credit to Governing." *The New York Times*, July 15: Dl, D19.

Li, Tania Murray. 2011. "Centering Labor in the Land Grab Debate." *The Journal of Peasant Studies*, 38(2): 281–298.

Lim, L. C. 2008. "Sustainable Agriculture Pushing Back the Desert." Institute of Science in Society. Available at i-sis.org.uk/desertification.php.

Lipton, Michael. 1977. *Why Poor People Stay Poor: Urban Bias in World Development*. London: Temple Smith.

Lissakers, Karin. 1993. *Banks, Borrowers, and the Establishment: A Revisionist Account of the International Debt Crisis*. New York: Basic Books.

Llambi, Luis. 1990. "Transitions to and Within Capitalism: Agrarian Transitions in Latin America." *Sociologia Ruralis* 30(2): 174–196.

Lohmann, Larry. 1993. "Resisting Green Globalism." In *Global Ecology: A New Arena of Political Conflict*, edited by Wolfgang Sachs. London: Zed.

Lopez, Isidro, and Emmanuel Rodriguez.2011. "The Spanish Model." *New Left Review*, 69: 5–29.

Lovelock, James. 2007. *The Revenge of Gaia. Earth's Climate Crisis and the Fate of Humanity.* New York: Basic Books.

Liitkenhorst, Manfried. 2010. "A Changing Climate for Industrial Policy." *Making It*, 3, July: 16–19.

Maathai, Wangari. 2010. *The Challenge for Africa.* New York: Anchor Books.

MacShane, Denis. 1991. "Working in Virtual Slavery: Gulf Migrant Labor." *The Nation*, March 18: 325, 343–344.

Madden, Peter and John Madeley. 1993. "Winners and Losers: The Impact of the GATT Uruguay Round in Developing Countries." *Christian Aid*, December: 17.

Madeley, John. 2000. *Hungry for Trade.* London: Zed.

Magdoff, Harry. 1969. *The Age of Imperialism.* New York: Monthly Review Press.

Mamdani, Mahmood. 1996. *Citizen and Subject: Contemporary Africa and the Legacy of Late Colonialism.* Princeton, NJ: Princeton University Press.

_____. 2003. "Making Sense of Political Violence in Post-Colonial Africa." In *Fighting Identities: Race, Religion and Ethno-Nationalism: Socialist Register 2003*, edited by Leo Panitch and ColinLeys. London: Merlin.

Mark, Jason. 2001. "Brazil's MST: Taking Back the Land." *Multinational Monitor* 22: 10–12.

Marsden, Terry K. 2003. *The Condition of Rural Sustainability.* Wageningen: Van Gorcum.

Marsden, Terry and Jonathan Murdoch, eds. 2006. *Between the Local and the Global: Confronting Complexity in the Contemporary Agri-Food Sector.* Oxford: Elsevier.

Martin, Hans-Peter, and Harold Schumann. 1997. *The Global Trap: Globalisation and the Assault on Democracy and Prosperity.* London: Zed.

Martinez-Alier, Joan. 2002. *The Environmentalism of the Poor: A Study of Ecological Conflicts and Cheltenham*, UK: Edward Elgar.

_____. 2010. "Beyond GDP lies economic degrowth." *European Alternatives*, March. Available at http://www.euroalter.com/2010/beyond-gdp-lies-economic-degrowth/.

Marx, Karl. 1965. *Das Kapital.* Moscow: Progress Publishers.

Maybarduk, Peter. 2004. "A People's Health System." *Multinational Monitor* 25(10). Available at www.multinationalmonitor.org.

McBride, Stephen. 2006. "Reconfiguring Sovereignty: NAFTA Chapter 11 Dispute Settlement Procedures and the Issue of Public-Private Authority." *Canadian Journal of Political Science/Revue canadienne de science politique* 39(4): 1–21.

McDougall, Dan. 2007. "Success in a Slum." *Guardian Weekly*, March 16–22: 29.

McGreal, Chris. 2006–07. "Continent Waits to See Cost of Lavish Embrace." *Guardian Weekly*, December 22–January 4: 6.

McKay, Steven C. 2006. *Satanic Mills or Silicon Islands? The Politics of High-Tech Production in the Philippines.* Ithaca: Cornell University Press.

McKibben, Bill. 2010. *Eaarth: Making a Life on a Tough New Planet*. New York: Times Books.

McMichael, A. J. 1993. *Planetary Overload: Global Environmental Change and the Health of the Human Species*. Cambridge, UK: Cambridge University Press.

McMichael, A. J., J. W. Powles, C. D. Butler and R. Uauy. 2007. "Food, Livestock Production, Energy, Climate Change and Health." *Lancet*, September 13.

McMichael, Philip. 1985. *Settlers and the Agrarian Question: Foundations of Capitalism in Colonial Australia*. Cambridge: Cambridge University Press.

_____. 1993a. "World Food System Restructuring under a GATT Regime." *Political Geography*, 12(3): 198-214.

_____. 1993b. "Agro-Food Restructuring in the Pacific Rim: A Comparative-International Person Japan, South Korea, the United States, Australia, and Thailand." In *Pacific-Asia and the Future of the World-System*, edited by Ravi Palat. Westport, CT: Greenwood.

_____. 2005. Global Development and the Corporate Food Regime." In *New Directions in the Sociology of Global Development*, edited by Frederick H. Buttel and Philip McMichael. Amsterdam: Elsevier.

_____. 2009a. "Contemporary Contradictions of the Global Development Project: Geopolitics, Global Ecology, and the 'Development Climate.'" *Third World Quarterly*, 30(1): 247-262.

_____. 2009b. "A Food Regime Analysis of the 'World Food Crisis.'" *Agriculture and Human Values*, 4: 281-295.

_____. 2009c. "Banking on Agriculture: A Review of the World Development Report 2008." *Journal of Agrarian Change*, 9(2): 235-246.

_____. 2009d. "The Agrofuels Project at Large." *Critical Sociology*, 35(6): 825-839.

_____. 2010. "Agrofuels in the Food Regime." *The Journal of Peasant Studies*, 37(4): 609-629.

McMichael, Philip, and Chul-Kyoo Kim. 1994. "Japanese and South Korean Agricultural Restructuring in Comparative and Global Perspective." In *The Global Restructuring of Agro-Food Systems*, edited by Philip McMichael. Ithaca, NY: Cornell University Press.

McMichael, Philip, and Laura T. Raynolds. 1994. "Capitalism, Agriculture, and World Economy." In *Capitalism and Development*, edited by Leslie Sklair. London: Routledge Kegan Paul.

McMurtry, John. 2002. *Value Wars: The Global Market Versus the Life Economy*. London: Pluto.

Memmi, Albert. 1967. *The Colonizer and the Colonized*. Boston: Beacon.

Menon, Gayatri A. 2001. *The Multivalency of Microcredit: The Cultural Politics of Credit and Citizenship in India*. Unpublished Master's thesis, Development Sociology, Cornell University, New York.

_____. 2010. "Recoveries of Space and Subjectivity in the Shadow of Violence: The Clandestine Politics of Pavement Dwellers in Mumbai." In *Contesting Development: Critical Struggles for Social Change*, edited by Philip McMichael, pp.151-164. New York

and London: Routledge.
Menotti, Victor. 1998. "Globalization and the Acceleration of Forest Destruction Since Rio." *The Ecologist* 28(6): 354-362.
_____. 1999. "Forest Destruction and Globalisation." *The Ecologist* 29(3): 180-181.
Middleton, Neil, Phil O'Keefe, and Sam Moyo. 1993. *Tears of the Crocodile: From Rio to Reality in the Developing World*. Boulder, CO: Pluto.
Mies, Maria. 1991. *Patriarchy and Accumulation on a World Scale: Women in the International Division of Labor*. London: Zed.
Milbank, Dana. 1994. "Unlike Rest of Europe, Britain Is Creating Jobs, but They Pay Poorly." *Wall Street Journal*, March 28: A1, A6.
Millennium Ecosystem Assessment. 2005. *Ecosystems and Human Well-Being*. Washington, DC: Island Press.
Mitchell, Timothy. 1991. *Colonizing Egypt*. Berkeley, CA: University of California Press.
Mitchell, William. 2011. "Deficit mania Is Built on a Series of Destructive Neoliberal Myths." *The Nation*, April 4: 12.
Mittal, Anuradha. 2009. "Introduction." In *Voices from Africa: African Farmers and Environmentalists Speak Out Against a New Green Revolution in Africa*, edited by Anuradha Mittal with Melissa Moore. The Oakland Institute.
Mize, Ronald L., and Alicia C. S. Swords. 2010. *Consuming Mexican Labor From the Bracero Program to NAFTA*. Toronto: University of Toronto Press.
Moghadam, Valentine M. 1993. *Modernizing Women: Gender and Social Change in the Middle East*. Boulder, CO: Lynne Rienner.
_____. 2005a. *Globalization Women: Transnational Feminist Networks*. Baltimore: Johns Hopkins University Press.
_____. 2005b. "Editorial." *International Social Science Journal*, 184: 203-206.
Monbiot, George. 2006. *Heat: How to Stop the Planet Burning*. London: Allen Lane.
Montalbano, William D. 1991. "A Global Pursuit of Happiness." *Los Angeles Times*, October 1: F1.
Mooallem, Jon. 2008. "The Afterlife of Cellphones." *The New York Times*, January 13.
Moody, Kim. 1999. *Workers in a Lean World: Unions in the International Economy*. London: Verso.
Moran, Theodore H. 2000. "Investment Issues." In *The WTO After Seattle*, edited by Jeffrey J. Schott. Washington, DC: Institute for International Economics.
Morrow, Adrian. 2011. "Big Problems in Little Bahrain." *The Global and Mail*, March 18: A10.
Mosse, David. 2004. "Is Good Policy Unimplementable? Reflections on the Ethnography of Aid Policy and Practice." *Development and Change*, 35(4): 639-671.
Muchena, D. T. 2006. "The China Factor in Southern Africa." *Openspace*, 1(4): 22-26.

Müller, Anders Riel, and Raj Patel. 2004. "Shining India? Economic Liberalization and Rural Poverty in the 1990s." *Food First Policy Brief No.10.*

Murphy, Sophia. 1999. "WTO, Agricultural Deregulation, and Food Security." Paper presented at the Globalization Challenge Initiative, December. Retrieved from www.foreignpolicy-infocus.org/briefs/v0l14n34wto_body.html.

Myers, N., and J. Kent. 2003. "New Consumers: The Influence of Affluence on the Environment." *Proceedings of the National Academy of Sciences of the USA*, 100(8): 4963-4968.

Myerson, Allen R. 1997. "In Principle, a Case for More 'Sweatshops.'" *The New York Times*, June 22: 5.

NACLA. 1977. "A Run for Their Money" *North American Congress on Latin America*, 11(4): 168-175.

Naeem, Shahid. 2009. "Lessons from the Reverse Engineering of Nature" *Miller-McCune*, 2(3): 56-71.

Narayan, Deepa, with Raj Patel, Kai Schaft, Anne Rademacher, and Sarah Koch-Schulte. 2002. *Can Anyone Hear Us? Voices of the Poor.* New York: Oxford.

Nash, Nathaniel C. 1994. "Vast Areas of Rain Forest Are Being Destroyed in Chile" *The New York Times*, May 31: C4.

Newman, Bryan. 2006. "Indian Farmer Suicides: A Lesson for Africa's Farmers" *Food First Backgrounder* 12(4): 2.

Noble, David. 2007. "The Corporate Climate Coup" *ZNet/Science*, May 8. Available at www.zmag.org/content/print_article.cfm?itemID=12771&section.

Nossiter, Adam. 2010. "Half a World from the Gulf, a Spill Scourge 5 Decades Old" *The New York Times*, June 17: A1, A18.

Nourishing the Planet. 2010. "Farming the Cities, Feeding an Urban Future" *World Watch Institute*. Retrieved from http://blogs.worldwatch.org/nourishingtheplanet/.

Nussbaum, Martha. 2011a. *Creating Capabilities: The Human Development Approach.* Cambridge: Harvard University Press.

_____. 2011b. "What Makes Life Good?" *The Nation*, May 2: 23.

O'Meara, Molly. 1999. "Reinventing Cities for People and the Planet" Worldwatch Paper No. 147, Washington, DC: Worldwatch.

Ong, Aihwa. 1997. "The Gender and Labor Politics of Postmodernity" In *The Politics of Culture in the Shadow of Capital*, edited by Lisa Lowe and David Lloyd. Durham, NC: Duke University Press.

Onishi, Norimitsu. 1998. "Nigeria Combustible as South's Oil Enriches North" *The New York Times*, November 22: A1, A6.

_____. 1999. "Deep in the Republic of Chevron" *The New York Times Magazine*, July 4: 26-

31.

Orlanda Pinnasi, Maria, Fatima Cabral, and Mirian Claudia Lourencao. 2000. "An Interview with Joao Pedro Stedile." *Latin American Perspectives* 27(5): 46-62.

Orth, Sheri. 2007. *Subsistence Foods to Export Goods: The Impact of an Oil Palm Plantation on Local Food Sovereignty, North Bariot, Central Kalimantan, Indonesia.* Sawit Watch, Wagenigen: Van Hall Larenstein.

Oster, Shai. 2009. "World's Top Polluter Emerges as Green-Technology Leader." *The Wall Street Journal*, December 15.

Oxfam. 2009. *Other Worlds Are Possible: Human Progress in an Age of Climate Change.* Available at http://www.oxfam.org.uk/resources/policy/climate_change/other-worlds-are-possible.html.

Palmer Karen. 2006. "Africa Faces Barren Future." *The Star*, March 31. Retrieved from www.foodnews.ca.

Paranagua, Paulo A. 2007. "Caracas Runs on Easy Money." *Guardian Weekly*, February 9-15: 27.

Parenti, Christian. 2005. "Hugo Chavez and Petro Populism." *The Nation*, April 11: 15-21.

Paringaux, R.-P. 2001. "The Deliberate Destruction of Agriculture: India: Free Markets, Empty Bellies." *Le Monde Diplomatique*, September: 1-9.

Parrott, Nicholas, and Terry Marsden. 2002. *The Real Green Revolution: Organic and Agroecological Farming in the South.* London: Greenpeace Environmental Trust.

Patel, Raj. 2007. *Stuffed and Starved: Markets, Power and the Hidden Battle for the World Food System.* London: Portobello Books.

Patel, Raj, with A. Delwiche. 2002a. "The Profits of Famine: Southern Africa's Long Decade of Hunger." *Backgrounder, Food First* 8(4). Retrieved from www.foodfirst.org/pubs/backgrdrs/2002/f02v8n4.html.

———. 2002b. "What Does NEPAD Stand For?" Retrieved from http://voiceoftheturtle.org/show-article.php?aid=97.

Patnaik, Probat. 2008. "The Accumulation Process in the Period of Globalization." *Economic & Political Weekly*, 28: 108-113.

Patnaik, Utsa. 2003. "GlobalCapitalism, Deflation and Agrarian Crisis in Developing Countries." *Social Policy and Development Programme Paper Number 15.* Geneva: UNRISD.

Payne, Anthony, and Nicola Phillips. 2010. *Development.* Cambridge: Polity.

Pearlstein, Steven. 2011. "What's Retarding India's Growth?" *The Guardian Weekly*, 22 April: 20.

Pearse, A. 1980. *Seeds of Plenty, Seeds of Want.* Oxford, UK: Clarendon.

Perkins, John H. 1997. *Geopolitics and the Green Revolution: Wheat, Genes and the Cold War.* New York: Oxford University Press.

Perkins, Patricia E. 2010. Equitable, Ecological Degrowth: Feminist Contributions." Available at http://www.google.com/url?sa=t&source=web&cd=1&ved=0CB4QFjAA&url=http%3A

%2F%2Fwww.degrowth.org%2Ffileadmin%2Fcontent%2Fdocuments%2FProceedings%2FPerkins.pdf&rct=j&q=de-growth%20movement%20feminist&ei=YrL7TeCxIY_3gAfN6JHeCw&usg=AFQjCNHNmTpbSGOBvMiAKD00Ej2XEbl0GA.

Perlez, Jane. 2001. U.N. Chief Calls on U.S. Companies to Donate to AIDS Fund." *The New York Times*, June 2: A1.

_____. 2002. "For Some Indonesians, Echoes of 'Coolie' Nation." *The New York Times*, August 18: 10.

Perrons, Diane. 2005. *Globalization and Social Change: People and Places in a Divided World*. London: Routledge.

Petrini, Carlo. 2001. *Slow Food: The Case for Taste*. New York: Columbia University Press.

Pieterse, Jan Niederveen. 2002. "Global Inequality: Bringing Politics Back In." *Third World Quarterly*, 23(6):1023-1046.

Pilger, John. 2002. *The New Rulers of the World*. London: Verso.

Pilkington, Ed. 2009. "On the Edge of the Ice." *The Guardian Weekly*, 17 October: 25-27.

Pionetti, Carine. 2005. *Sowing Auto Gender and Seed Politics in Semi-Arid India*. London: IIED.

Piot, Olivier. 2011. "Tunisia: Diary of a Revolution" *Le Monde Diplomatique*, February: 4.

Polanyi, Karl. 1944/2001. *The Great Transformation*. Boston: Beacon Press.

Polgreen, Lydia. 2007. "Africa's Storied Colleges, Jammed and Crumbling." The New York *Times*, May 20: A1, 4.

Prebisch, Raúl. 1950. "The Economic Development of Latin America and its Principal Problems." Reprinted in *Economic Bulletin for Latin America*, Vol. 7, No. 1, 1962: 1-22.

Press, Eyal. 2011. "Beyond GDP." *The Nation*, May 2: 25.

Pretty, Jules. 2002. *Agri-Culture: Reconnecting People, Land and Nature*. London: Earthscan.

Pretty, J., and R. Hine. 2001. "Reducing Food Poverty with Sustainable Agriculture: A Summary of New Evidence." Final report from the "SAFE World" Research Project, University of Essex. Available at www2.essex.ac.uk/ces/FresearchProgrammes/SAFEWexecsummfinalreport.htm.

Pretty, J. N., J. J. L. Morison, and R. E. Hine. 2003. "Reducing Food Poverty by Increasing Agricultural Sustainability in Developing Countries. "*Agriculture, Ecosystems and Environment*, 95: 217-234.

Public Citizen. 2001. "Down on the Farm: NAFTA's Seven-Year War on Farmers and Ranchers in the U.S., Canada and Mexico." Retrieved from www.citizen.org.

Pyle, Jean L. 2001. "Sex, Maids, and Export Processing: Risks and Reasons for Gendered Global Production Networks." *International Journal of Politics, Culture and Society* 15(1): 55-76.

Rademacher, Anne, and Raj Patel. 2002. "Retelling Worlds of Poverty: Reflections on Transforming Participatory Research for a Global Narrative." In *Knowing Poverty:*

Critical Reflections on Participatory Research and Policy, edited by K. Brock and R. McGee. London: Earthscan.

Raikes, Philip. 1988. *Modernising Hunger: Famine, Food Surplus & Farm Policy in the EC and Africa*. London: Catholic Institute for International Affairs.

Rainforest Action Network. 2007. "Getting Real about Biofuels." Available at www.ran.org/content/fact-sheet-getting-real-about-biofuels.

Ramesh, Randeep. 2006. "Indians Get First Taste of Supermarket Shopping, but Wal-Mart is Kept at Bay." *Guardian Weekly*, June 9–15: 16.

_____. 2009. "India Grows Its Crop of Billionaires." *The Guardian Weekly*, November 27: 17.

Rankin, Kathy. 2001. "Governing Development: Neoliberalism, Microcredit, and Rational Economic Woman." *Economy and Society* 30(1): 18–37.

Ransom, David. 2001a. "A World Turned Upside Down." *New Internationalist* 334: 9–11.

_____. 2001b. *The No-Nonsense Guide to Fair Trade*. London: Verso.

Rau, Bill. 1991. *From Feast to Famine: Official Cures and Grassroots Remedies to Africa's Food Crisis*. London: Zed.

Raudsepp-Hearne, Ciara, Garry D. Peterson, Maria Tengö, Elena M. Bennett, Tim Holland, Karina Benessaiah, Graham K. MacDonald, and Laura Pfeifer. 2010. "Untangling the Environmentalist's Paradox: Why Is Human Well-Being Increasing as Ecosystem Services Degrade?" *BioScience*, September.

Raynolds, Laura T. 1994. "The Restructuring of Export Agriculture in the Dominican Republic: Changing Agrarian Relations and the State." In *The Global Restructuring of Agro-Food Systems*, edited by Philip McMichael. Ithaca, NY: Cornell University Press.

_____. 2000. "Re-Embedding Global Agriculture: The International Organic and Fair Trade Movements." *Agriculture and Human Values* 17: 297–309.

_____. 2001. "New Plantations, New Workers: Gender and Production Politics in the Dominican Republic." *Gender & Society* 15(1): 7–28.

Raynolds, Laura T, David Myhre, Philip McMichael, Viviana Carro-Figueroa, and Frederick H. Buttel. 1993. "The 'New' Internationalization of Agriculture: A Reformulation." *World Development* 21(7): 1101–1121.

Razavi, Shahrashoub, and Carol Miller. 1995. *From WID to GAD: Conceptual Shifts in the Women and Development Discourse*. Occasional Paper 1, Geneva: UN Research Institute for Social Development, UNDP.

Reardon, Tom. and C. P. Timmer. 2005. "Transformation of Markets for Agricultural Output in Developing Countries Since 1950: How Has Thinking Changed?" In *Handbook of Agricultural Economics*, edited by R. E. Evenson, P. Pingali, and T. P. Schultz. Oxford: Elsevier.

Redding, Sean. 2000. "Structural Adjustment and the Decline of Subsistence Agriculture in

Africa." Retrieved from http://women crossing.org/redding.html.

Reich, Robert B. 1991. "Secession of the Successful." *The New York Times Magazine*, January 20: 42.

_____. 1992. *The Work of Nations: Preparing Ourselves for 21st Century Capitalism*. New York: Vintage.

Reij, Chris. 2006. "More Success Stories in Africa's Drylands Than Often Assumed." *ROPPA*(The Network of Peasant Organizations and Producers in West Africa). Available at roppa. info?IMG/pdf/More_success_stories_in_Africa-Reij_Chris.pdf.

Renner, Michael. 2002. *The Anatomy of Resource Wars*. Worldwatch Paper No. 162.Washington, DC: Worldwatch.

Revel, Alain, and Christophe Riboud. 1986. *American Green Power*. Baltimore: Johns Hopkins University Press.

Ricardo, David. 1951[1821]. *On the Principles of Political Economy and Taxation*. 3rd ed. In *The Works and Correspondence of David Ricardo*, vol. 1, edited by P. Sraffe with the collaboration of M. M. Dobb. Cambridge, UK: Cambridge University Press.

Rice, A. 2009. "Is There Such a Thing as Agro-Imperialism?" *The New York Times*, November 22.

Rice, Xan. 2010. "Ethiopia-Country of the Silver Sickle-Offers Land Dirt Cheap to Farming Giants." *The Guardian*, January 15.

Rich, Bruce. 1994. *Mortgaging the Earth: The World Bank, Environmental Impoverishment, and the Crisis of Development*. Boston: Beacon.

Richburg, Keith B. 2002."Illegal Workers Do Europe's Dirty Work." *Guardian Weekly*, August 15-21: 29.

Ride, Anouk. 1998. "Maps, Myths, and Migrants." *New Internationalist 305*: 9.

Rifkin, Jeremy. 1992. *Beyond Beef: The Rise and Fall of the Cattle Culture*. New York: Penguin.

_____. 1998. *The Biotech Century: Harnessing the Gene and Remaking the World*. New York: Tarcher/Putnam.

Rist, Gilbert. 1997. *The History of Development: From Western Origins to Global Faith*. London: Zed.

_____. 2007. "Development as Buzzword." *Development in Practice*, 17(4-5).

Ritchie, Mark. 1993. *Breaking the Deadlock: The United States and Agriculture Policy in the Uruguay Round*. Minneapolis: Institute for Agriculture and Trade Policy.

_____. 1999. "The World Trade Organization and the Human Right to Food Security." Paper presented at the International Cooperative Agriculture Organization General Assembly, August29, Quebec City, Canada. Available from www.agricoop.org/activities/mark_ritchie. htm.

Roberts, Timmons J., and Bradley C. Park. 2007. *A Climate of Injustice. Global Inequality,*

North-South Politics, and Climate Policy. Cambridge, MA: MIT Press.

Robinson, William I. 2002. "Remapping Development in Light of Globalization: From a Territorial to a Social Cartography." *Third World Quarterly,* 23(6): 1047–1071.

_____. 2004. *A Theory of Global Capitalism: Production, Class, and State in a Transnational World.* Baltimore: Johns Hopkins University Press.

Rocca, Jean-Louis. 2007. "The Flaws in the Chinese Economic Miracle." Le Monde Diplomatique, May: 10.

Rocheleau, Dianne E. 1991. "Gender, Ecology, and the Science of Survival: Stories and Lessons from Kenya. "In *Feminist Perspectives on Sustainable Development,* edited by Wendy Harcourt. London: Zed.

Roodman, David Malin. 2001. "Still Waiting for the Jubilee: Pragmatic Solutions for the Third World Debt Crisis." Worldwatch Paper No. 155. Washington, DC: Worldwatch.

Rosenthal, Elisabeth. 2009. "In Bolivia, Water and Ice Tell a Story of a Changing Climate." *The New York Times,* December 14: Al, A7.

Ross, Robert J. S., and Kent C. Trachte. 1990. *Global Capitalism: The New Leviathan.* Albany, NY: SUNY Press.

Rostow, Walt W. 1960. *The Stages of Economic Growth: A Non-Communist Manifesto.* Cambridge, UK: Cambridge University Press.

Rowley, C. D. 1974. *The Destruction of Aboriginal Society.* Ringwood, Australia: Penguin.

Rowling, Megan. 2001. "Sea Change." *New Internationalist* 341: 23–24.

Roy, Ananya. 2010. *Poverty Capital. Microfinance and the Making of Development.* New York and London: Routledge.

Rozhnov, Konstantin. 2010. "Brie Tries to Shift Power Balance." *BBC News,* July 16.

Ruggiero, Renato. 2000. "Reflections from Seattle." In *The WTO After Seattle,* edited by Jeffrey Schott.

Washington, DC: Institute for International Economics.

Sachs, Jeffrey. 1998. "The IMF and the Asian Flu." *The American Prospect,* March–April: 16–21.

_____. 2005. *The End of Poverty: Economic Possibilities for Our Time.* New York: Penguin.

Sachs, Wolfgang. 1992. "One World." In *The Development Dictionary,* edited by Wolfgang Sachs. London: Zed.

_____. 1999. *Planet Dialectics: Explorations in Environment and Development.* London: Zed.

Sadasivam, Bharati. 1997. "The Impact of Structural Adjustment on Women: A Governance and Human Rights Agenda." *Human Rights Quarterly* 19(3): 630–665.

Sader, Emir. 2008. "The Weakest Link? Neoliberalism in Latin America." *New Left Review,* 52: 5–32.

_____. 2009. "Postneoliberalism in Latin America." *Development Dialogue,* 51: 171–180.

Salehabadi, Djahane. 2011. "Der Kampf um den Abfallstrom: Conflict and Contestation in Revaluing E-Waste in Germany." *Re/Cycling Histories* conference, Rachel Carson Center, Munich, Germany, May 27–29.

Salmon, Katy. 2001. "Where There Are No Subsidies." *New Internationalist* 334: 22.

Sandbrook, Richard. 1995. *The Politics of Africa's Economic Recovery*. Cambridge, UK: Cambridge University Press.

Sanderson, Steven. 1986a. *The Transformation of Mexican Agriculture: International Structure and the Politics of Rural Change*. Princeton, NJ: Princeton University Press.

———. 1986b. "The Emergence of the 'World Steer': Internationalization and Foreign Domination in Latin American Cattle Production." In *Food, the State, and International Political Economy*, edited by F. L. Tullis and W. L. Hollist. Lincoln: University of Nebraska Press.

Sanger, David E. 1998. "Dissension Erupts at Talks on World Financial Crisis." *The New York Times*, October 7: A6.

Santos, B. de S. 2002. *Towards a New Legal Common Sense*. London: Butterworths.

Saul, John Ralston. 2005. *The Collapse of Globalism and the Reinvention of the World*. New York: Penguin.

Schaar, J. 2008. "Overview of Adaptation Mainstreaming Initiatives." *Commission on Climate Change and Development*, March. Available at www.ccdcomission.org.

Schneider, Cathy Lisa. 1995. *Shantytown Protest in Pinochet's Chile*. Philadelphia: Temple University Press.

Schneider, Howard. 2011. "Arab World Needs an Economic Revolution." *The Guardian Weekly*, March 4: 17.

Schoenberger, Erica. 1994. "Competition, Time, and Space in Industria lChange." In *Commodity Chains and Global Capitalism*, edited by Gary Gereffi and Miguel Korzeniewicz. Westport, CT: Praeger.

Schott, Jeffrey J. 2000. "The WTO After Seattle." In *The WTO After Seattle*, edited by Jeffrey J. Schott.
Washington, DC: Institute for International Economics.

Schwarzer, S., A. De Bono, G. Guiliani, S. Kluser, and P. Peduzzi. 2005. "E-Waste, the Hidden Side of IT Equipment's Manufacturing and Use." In *Environment Alert Bulletin*, edited by UNEP/GRID-Europe. United Nations Environment Programme DEWA/GRID-Europe.

Seelye, Katherine Q. 2011. "Detroit Census Figures Confirm a Grim Desertion Like No Other." *The New York Times*, March 23: Al, A20.

Segelken, Roger. 1995. "Fewer Foods Predicted for Crowded Future Meals." *Cornell Chronicle*, February 23: 5.

Seidman, Gay. 1994. *Manufacturing Militance: Workers' Movements in Brazil and South*

Africa, 1970-1985. Berkeley, CA: University of California Press.

Sekler, Nicola. 2009. "Postneoliberalism from and as a Counter-Hegemonic Perspective." *Development Dialogue*, January: 59-71.

Sen, Gita. 1994. "Women, Poverty, and Population: Issues for the Concerned Environmentalist." In *Feminist Perspectives on Sustainable Development*, edited by Wendy Harcourt. London: Zed.

Sengupta, Somini. 2009. "As Indian Growth Soars, Child Hunger Persists" *The New York Times*, July 17.

Sereni, Jean-Pierre. 2007. "Hydrocarbon Nationalism" *Le Monde Diplomatique*, March: 12.

Sharma, Devinder. 2007. "Big Box Retail Will Boost Poverty" *India Together*, February 16.

Sharma, Kalpana. 2000. *Rediscovering Dharavi: Stories from Asia's Largest Slum*. New Delhi: Penguin.

Shattuck, Annie. 2008. "The Financial Crisis and the Food Crisis: Two Sides of the Same Coin" *Food First*, September. Available at: www.foodfirst.org.

Sheller, Mimi. 2003: *Consuming the Caribbean*. New York: Routledge.

Shenker, Jack. 2011. "Cairo Strikes $3bn IMF Deal" *The Guardian Weekly*, June 10: 18.

Shi, Zhengrong. 2010. "Everywhere under the Sun" *Making It*, 2, April: 32-35.

Shiva, Vandana. 1991. *The Violence of the Green Revolution*. London: Zed Books.

_____. 1997. *Biopiracy: The Plunder of Nature and Knowledge*. Boston: South End.

_____. 2000. *The Violence of the Green Revolution*. London: Zed Books.

_____. 2003. "The Living Democracy Movement: Alternatives to the Bankruptcy of Globalization" In *Another World Is Possible*, edited by William R Fisher and Thomas Ponniah. London: Zed.

_____. 2008. *Soil Not Oil: Environmental Justice in an Age of Climate Crisis*. Cambridge, Mass: South End Press.

Shoky, Noha El. 2011. Bretton Woods Project, *News*, June 13. Available at www.brettonwoodsproject.org.

Silver, Beverly. 2003. *Forces of Labor: Worker's Movements and Globalization Since 1870*. Cambridge, UK: Cambridge University Press.

Simons, Marlise. 1999. "Cry of Muslim Women for Equal Rights Is Rising" *The New York Times*, February 24: A1, A6.

Singer, Hans W. 1950. "U.S. Foreign Investment in Underdeveloped Areas: The Distribution of Gains Between Investing and Borrowing Countries" *American Economic Review, Papers and Proceedings*, 40: 473-485.

Singh, Ajit. 1992. "The Lost Decade: The Economic Crisis of the Third World in the 1980s: How the North Caused the South's Crisis" *Contention* 2: 58-80.

Sklair, Leslie. 1989. *Assembling for Development: The Maquila Industry in Mexico and the*

United States. Boston: Unwin Hyman.

_____. 2002. *Globalization. Capitalism & Its Alternatives*. Oxford, UK: Oxford University Press.

Skrobanek, Siripan, Nattaya Boonpakdi, and Chutina Janthakeero. 1997. *The Human Realities of Traffic in International Women*. London: Zed.

"Slavery in the 21st Century." 2001. *New Internationalist*, July–August: 18–19.

Smith, Adam. 1776/1904. *An Inquiry into the Nature and Causes of the Wealth of Nations*, 2 Vols. London: Dent & Sons.

Smith, David. 2011. "One in Three Africans 'Now Middle-Class.'" *The Guardian Weekly*, May 13: 6.

Smith, Jeremy. 2002. "An Unappealing Industry." *The Ecologist* 32(3): 40–41.

South Centre, The. 1993. *Facing the Challenge: Responses to the Report of the South Commission*. London: Zed.

Southend in Transition. 2007. Available at http://www.transitionwestcliff.org.uk/.

Stancil, Jordan. 2010. "Europe's Voodoo Economics." *The Nation*, June 28.

Stanhill, G. 1990. "The Comparative Productivity of Organic Agriculture." *Agriculture, Ecosystems and Environment*, 30: 1–26.

Starr, Amory. 2000. *Naming the Enemy: Anti-Corporate Movements Confront Globalization*. London: Zed.

Stavrianos, L. S. 1981. *Global Rift: The Third World Comes of Age*. New York: William Morrow.

Stern, Nicholas. 2006. *The Economics of Climate Change: The Stern Review*. Cambridge: Cambridge University Press.

Stevens, William K. 1994. "Poor Lands' Success in Cutting Birth Rate Upsets Old Theories." *The New York Times*, January 2: A8.

Stewart, Douglas Ian. 1994. *After the Trees: Living on the Amazon Highway*. Austin: University of Texas Press.

Strange, Susan. 1994. *States and Markets*. London: Pinter.

Stuart, Liz. 2003. "Journey's End for Trafficked Humans." *Guardian Weekly*, February 13–19: 21.

Subcomandante Marcos. 1994. "First Declaration of the Lacandon Jungle." AVA, 42(31): 1.

Sumner, Andy. 2010. "The New Bottom Billion and the MDGs—A Plan of Action." *IDS in Focus Policy Briefing*, October. Retrieved from www.ids.ac.uk.

Sundaram, Jomo K. 2010. "Rethinking Poverty Reduction." *Making It*, 3: 38–39.

Sustainable Cities. 2010. "Dongtan: The World's First Large-Scale Eco-City?" Retrieved from http://sustainablecities.dk/en/city-projects/cases/dongtan-the-world-s-first-large-scale-eco-city.

Tan, Abby. 1991a. "Paychecks Sent Home May Not Cover Human Losses." *Los Angeles Times*, October 1: H2–H3.

_____. 1991b. "The Labor Brokers: For a Price, There's a Job Abroad—Maybe" *Los Angeles Times*, October 1: HI.

Tanaka, Nobuo. 2010. "The Next Industrial Revolution" *Making It*, 2, April: 19-21.

Tautz, Carlos Sergio Figueiredo. 1997. "The Asian Invasion: Asian Multinationals Come to the Amazon" *Multinational Monitor* 18(9): 1-5.

Tenkouano, Abdou. 2011. "The Nutritional and Economic Potential of Vegetables" In *State of the World 2011: Innovations That Nourish the Planet*. New York and London: Norton.

Therborn, Goran. 2011. *The World: A Beginner's Guide*. Cambridge: Polity.

Thomas, Alan, and Ben Crow, eds. 1994. *Third World Atlas*. Washington, DC: Taylor and Francis(2nd Edition).

Thompson, Ginger. 2002. "Big Mexican Breadwinner: The Migrant Worker" *The New York Times*, March 25: A3.

Thompson, Tony. 2005. "All Work and No Play in 'Virtual Sweatshop.'" *Guardian Weekly*, March 25-31: 17.

TNI. 2007. "Look to Trondheim: Alternatives for Public Sector Reform in Europe" *Transnational Institute*. Available at http://www.tni.org/archives/eurotopia4_little_alternatives.

Toulmin, Camilla. 2009. *Climate Change in Africa*. London: Zed Books.

Tran, Mark. 2011. "Tunisia Offers Wake-Up Call for Development" *Guardian*, June 9.

Tripathi, Salil. 2004. "Shine On" *Guardian Unlimited*, May 13. Available at www.guardian.co.uk.

Tripp, Aili Mari. 1997. *Changing the Rules: The Politics of Liberalization and the Urban Informal Economy in Tanzania*. Berkeley, CA: University of California Press.

Tsing, Anna Lowenhaupt. 2005. *Friction: An Ethnography of Global Connection*. Princeton: Princeton University Press.

Turner, Mandy. 2007. "Scramble for Africa" *The Guardian*, May 2. Available at www.guardian.co.uk.

Tuxill, John. 1999. "Nature's Cornucopia: Our Stake in Plant Diversity" Worldwatch Paper No. 148, Washington, DC: Worldwatch.

Tyler, Patrick E. 1994. "China Planning People's Car to Put Masses behind Wheel" *The New York Times*, September 22: Al, D8.

Uchitelle, Louis. 2007. "NAFTA Should Have Stopped Illegal Immigration, Right?" *The New York Times*, February 18: 4.

_____. 2011. "From Two Breadwinners to One" *The Nation*, May 23:17-19.

United Nations. 1997. *Human Development Report*. New York: Oxford University Press.

United Nations Development Programme(UNDP). 2010. *Human Development Report 2010*. New York: Oxford University Press.

_____. 2011a. *Human Development Report*. New York: United Nations. Retrieved from http://hdr.undp.org/en/statistics/indices/.

_____. 2011b. *Human Development Report*. New York: United Nations. Retrieved from http://hdr.undp.org/en/reports/global/hdr2011/.

UNCTAD. 1996. *Trade and Development Report1996*. Geneva: UNCTAD.

UNCTAD and UNEP. 2008. *Organic Agriculture and Food Security in Africa*. New York and Geneva: United Nations.

UN Department of Economic and Social Affairs(UNDESA). 2010a. "Retooling Global Development" *World Economic and Social Survey*. New York: United Nations.

_____. 2010b. The Millennium Development Goals Report. Available at http://www.unfpa.org/public/site/global/lang/en/pid/6090.

UN-HABITAT. 2003. *The Challenge of Slums*. Global Report on Human Settlements. London: Earthscan.

United Nations Development Programme(UNDP). 1997. *United Nations Development Report*. New York: Oxford University Press.

United Nations Framework Convention on Climate Change(UNFCCC). 2001. *Report of the 7th Conference of Parties*. New York. United Nations. Available at http://unfccc.int/national_reports/napa/items/2719.php.

UNMA. 2005. *Millennium Ecosystem Assessment*. Available at http://www.maweb.org/en/index.aspx.

Van der Gaag, Nikki. 2004. *The No-Nonsense Guide to Women's Rights*. London: Verso.

Van der Ploeg, J.D. 2009. *The New Peasantries: New Struggles for Autonomy and Sustainability in an Era of Empire and Globalization*. London: Earthscan.

Venkatesan, J. 2010. "Supreme Court Report." *The Hindu*, July 22. Available at www.thehindu.com/2010/07/22/stories/2010072261200300.htm.

Via Campesina. 2000. Bangalore Declaration. October 6. Available at http://viacampesina.org/main_en/index.php?option=com_content&task=view&id=53&Itemid=28.

Victor, Peter. 2010. "Questioning Economic Growth." *Nature*, 468: 370-371.

Vidal, John. 2003. "All Dried Up." *Guardian Weekly*, March 27-April 2: 24.

_____. 2004. "Beyond the city limits." *The Guardian*, 8 September: 18.

_____. 2007a. "Climate Change to Force Mass Migration." *The Guardian*, May 14. Available at www.guardian.co.uk.

_____. 2007b. "Climate Change and Shortages of Fuel Signal Global Food Crisis." *The Guardian Weekly*, September 11: 3.

_____. 2008. "Billions Wasted on UN Climate Programme." *The Guardian Weekly*, May 30-June 5: 1.

_____. 2010. "How Food and Water are Driving a 21st-Century African Land Grab." *The Observer*, March 7.

_____. 2011. "Bolivia Enshrines Rights of Mother Nature." *The Guardian Weekly*, April 15: 7.

Wacker, Corinne. 1994. "Sustainable Development Through Women's Groups: A Cultural Approach to Sustainable Development." In *Feminist Perspectives on Sustainable Development*, edited by Wendy Harcourt. London: Zed.

Wade, Robert. 2010. "Reply to Martin Wolf." *Financial Times*, July 26.

Walker, Richard. 2004. *The Conquest of Bread: 150 Years of Agribusiness in California*. New York: New Press.

Wallach, Lori. 2003. "What the WTO Didn't Want You to Know." Available at www.iatp.org.

Wallach, Lori, and Michelle Sforza. 1999. *Whose Trade Organization? Corporate Globalization and the Erosion of Democracy*. Washington, DC: Public Citizen.

Wallach, Lori, and Patrick Woodall. 2004. *Whose Trade Organization? A Comprehensive Guide to the WTO*. New York: New Press.

Wallerstein, Immanuel. 1974. *The Modern World-System*. New York: Academic Press.

_____. 1988. "Development: Lodestar or Illusion?" *Economic and Political Weekly*, 23(39): 2017-2023.

Walton, John, and David Seddon. 1994. *Free Markets & Food Riots: The Politics of Global Adjustment*. Oxford, UK: Blackwell.

Warde, Ibrahim. 2008. "Are They Saviours, Predators or Dupes?" *Le Monde Diplomatique*, May: 1-2.

Waring, Marilyn. 1988. *If Women Counted: A New Feminist Economics*. San Francisco: Harper & Row.

Watkins, Kevin. 1991. "Agriculture and Food Security in the GATT Uruguay Round." *Review of African Political Economy* 50: 38-50.

_____. 2002. "Money Talks." *Guardian Weekly*, May 9-15: 21.

_____. 2006. "The Forgotten Other India." *The Guardian*, October 3. Available at www.guardian.co.uk.

Watts, Jonathan. 2005-2006. "Rivals Awake to a Giant in Their Midst." *Guardian Weekly*, December 23-January 5: 36.

_____. 2010. "Greatest Shoppers Ever?" *The Guardian Weekly*, 16 July: 25-27.

_____. 2011a. "China Counts Cost of Breakneck Growth." *The Guardian Weekly*, 7 January: 10.

_____. 2011b. "Rich in China Get Richer Only Faster." *The Guardian*, July 11.

Watts, Michael. 1994. "Life Under Contract: Contract Farming, Agrarian Restructuring, and Flexible Accumulation." In *Living Under Contract: Contract Farming and Agrarian Transformation in Sub-Saharan Africa*, edited by Peter D. Little and Michael J. Watts. Madison: University of Wisconsin Press.

Weber, Heloise. 2004. "The 'New Economy' and Social Risk: Banking on the Poor?" *Review of International Political Economy* 11(2): 356-386.

Weis, Tony. 2007. *The Global Food Economy.* London: Zed Books.

Weiss, R. 2008. "Firms Seek Patents on 'Climate Ready' Altered Crops." *Washington Post,* May 13.

Weissman, Robert. 1991. "Prelude to a New Colonialism: The Real Purpose of GATT." *The Nation,* March 18: 337.

Wessel, James. 1983. Trading the Future: Farm Exports and the Concentration of Economic *Power in Our Food System.* San Francisco: Institute for Food and Development Policy.

Wheatley, Alan. 2010. "Water Crisis Threatens Asia's Rise." *International Herald Tribune,* October 12: 24.

White, Richard E., and Gloria Eugenia González Marino. 2007. "Las Gaviotas: Sustainability in the Tropics." *World Watch* 20(3): 18–23.

Widmer, Rolf, Heidi Oswald-Krapf, Deepali Sinha-Khetriwal, Max Schnellmann, and HeinzBoni. 2005. "Global Perspectives on E-Waste." *Environmental Impact Assessment Review,* 25: 436–458.

Williams, Austin. 2009. "Dongtan: The Eco-City That Never Was." *Spiked,* 1 September. Available at www.spiked-online.com/index.php/site/printable/7330/.

Williams, Gwyneth. 1981. *Third-World Political Organizations: A Review of Developments.* Montclair, NJ: Allenheld, Osmun & Co.

Wilson, Elliot. 2010. "Billions Pour in for India's Superclass." *The Guardian Weekly,* May 14: 17.

Wittman, Hannah. 2009. "Reworking the Metabolic Rift: La Via Campesina, Agrarian Citizenship and Food Sovereignty." *The Journal of Peasant Studies,* 36(4): 805–826.

Wolf, Eric. 1969. *Peasant Wars of the Twentieth Century.* New York: Harper Collins Paperbacks. . 1982. *Europe and the People Without History.* Berkeley, CA: University of CaliforniaPress.

Wolf, Martin. 2010a. "ThreeYears on, Fault Lines Threaten the WorldEconomy." *Financial Times,* July 14: 7.

_____. 2010b. "Why the West Faces a Harsher Future." *Financial Times,* July 12.

Wolfensohn, James. 2000. "Rethinking Development—Challenges and Opportunities." UNCTAD meet Bangkok, February 16. Available at www.iatp.org.

Wong, Edward. 2010. "As China Aids Labor, Unrest Is Still Rising." The New York Times, June 21.

Wood, Robert E. 1986. *From Marshall Plan to Debt Crisis: Foreign Aid and Development Choices in the World Economy.* Berkeley: University of California Press.

Woodall, Pam. 1994. "War of the Worlds: A Survey of the Global Economy." *The Economist,* Special Supplement, October 1: 24.

Woods, Ngaire. 2006. *The Globalizers. The IMF, the World Bank, and Their Borrowers.* Ithaca: Cornell University Press.

Worden, Scott. 2001. "E-Trafficking." *Foreign Policy*, Spring. Retrieved from www.foreignpolicy.com/issue_marapr_2001/gnsprint.html.

World Bank. 1998-1999. *World Development Report*. Washington, DC: World Bank.

_____. 2000a. *World Development Report*. Washington, DC: World Bank.

_____. 2000b. *Voices of the Poor*. New York: Oxford University Press.

_____. 2003. Press Release, Foreign Investment, Remittances Outpace Debt As Sources of Finance For Developing Countries: World Bank No. 2003/266/S. Available at http://go.worldbank.org/1RE2ADYFF0.

_____. 2007. *World Development Report*. Washington, DC: World Bank.

_____. 2010. *Rising Global Interest in Farmland: Can It Yield Sustainable and Equitable Benefits?* Washington, DC: World Bank.

_____. 2011. World Bank. http://go.worldbank.org/NPD630TRR0.

World Institute for Development Economics Research. 2006. *The World Distribution of Household Wealth*. Helsinki. Available from www.wider.unu.edu.

Yardley, Jim. 2007. "China Says Rich Countries Should Take Lead on Global Warming." *The New York Times*, February 7: A9.

Yumkella, Kandeh K., and Leena Srivastava. 2010. "Energy for All." *Making It*, 2, April: 23-29.

Yunus, Muhammad. 2011. "Sacrificing Microcredit for Megaprofits." *The New York Times*, January 15: A19.

Zalik, Anna. 2004. "The Niger Delta: 'PetroViolence' and 'Partnership' Development." *Review of African Political Economy* 31(101): 401-424.

Zalik, Anna and Michael Watts. 2006. "Imperial Oil: Petroleum Politics in the Nigerian Delta and the New Scramble for Africa." *Socialist Review*, April. Available at www.socialistreview.org.uk/article.php?articlenumber=9712.

| 찾아보기 |

| 인명 |

ㄱ~ㄴ

간디 91~94, 326, 333
갈레아노, 에두아르도 55
게다나, 네비하 350
고르바초프, 미하일 226
그랜트, 제임스 213
그로스먼, 라켈 168
깁슨, 나이절 393
깁슨-그레이엄, J. K. 325, 524
나세르, 가말 126
나임, 샤히드 425
네루, 자와할랄 93~94, 146
누스바움, 마사 500
니에레레, 줄리어스 126

ㄷ~ㄹ

데 소토, 에르난도 299
데이비스, 마이크 303
데일리, 허먼 46, 244, 328
데라로차, 메르세데스 303
드 슈터, 올리비에 459, 479
다우프, 자크 465
라투슈, 세르주 301, 516
러브록, 제임스 439
러카레이, 존 307
레이놀즈, 로라 172, 368
레이스너, 마크 140
로빈슨, 윌리엄 508
로스토, 월트 37~39, 42, 54, 59, 104, 413, 438, 503, 509
로이, 아나냐 383
루가리, 파올로 335
루지에로, 레나토 227
뤼트켄호르스트, 빌프리트 483

리, 타니아 478
리네라, 알바로 가르시아 526
리넨, 제임스 207
리스트, 길버트 100
리카도, 데이비드 233
리프킨, 제러미 141

ㅁ

마르코스(사파티스타 민족 해방군 지도자) 231, 358
마르코스, 페르디난드 199
마르크스, 카를 50
마르티네스-알리에르, 호안 517
마타이, 왕가리 306, 470
매키번, 빌 441, 464
맥거번, 조지 138
맥나마라, 로버트 128
맥밀런, 해럴드 207
맥케이, 스티븐 279
맬컴, 맥도널드 90
메논, 가야트리 301
멤미, 알베르 88
모가담, 밸런타인 342
모겐소, 헨리 120
모부투, 세세 세코 199, 223
모어, 토머스 473
모요, 담비사 310
몬비오, 조지 484
미첼, 티머시 143

ㅂ

바루아, 디팔 487
박정희 133
반트, 데버러 188
배즐리, 캐서린 460, 462, 472
벙커, 스티븐 79
베네리아, 루르드 346

베리, 토머스 527
베크만, 비에른 219
벤 알리, 지네 엘아비디네 391
벤담, 제러미 106
보제, 수가타 109
부메디엔, 우아리 209
부시, 조지 H. W. 234
불러드, 니콜라 526, 529
브레만, 얀 382
비타르, 세르히오 234

ㅅ

사다시밤, 바라티 294
사레드, 에미르 241
사로, 알베르 73
사파타, 에밀리오 358
삭스, 제프리 223, 345
샤르마, 데빈더 249
샤르마, 칼파나 300
서덜랜드, 피터 245
세벨, 타자 506
센, 아마르티아 501
센턴, 로버트 32
셀러, 미미 80
쇼어, 줄리엣 516
쇼키, 노하 엘 396
수카르노, 아크멧 126, 206~207
수하르토 199~200, 206~207
스미스, 애덤 35
스탈린, 이오시프 107
스탠딩, 가이 416
스턴, 니컬러스 446, 482
스테딜리, 주앙 페드루 366
스티글리츠, 조지프 386, 390
시바, 반다나 386
시캔텔, 폴 79
실버, 베벌리 359

ㅇ

아그마엘, 앙투안 반 402
아로요, 글로리아 마카파갈 272
아옌데, 살바도르 234

아이젠하워, 드와이트 데이비드 207
아탈리, 자크 283
알루왈리아, 몬텍 싱 303
알티에리, 미겔 463
애치슨, 딘 118
야놀드, 데이비드 488
야한, 루나크 338
에런라이크, 바버라 172
에번스, 피터 112, 360~361
에스테바, 구스타보 99, 302
엔로, 신시아 173
엘리아차르, 줄리아 384
엘슨, 다이앤 343
엥겔, 에른스트 143~144
와츠, 조너선 411
왓킨스, 케빈 258, 260
우르타도, 미겔 데라마드리드 214
우푸에-부아니, 펠릭스 223
울펀슨, 제임스 380
워드, 바버라 441
워드, 이브라힘 434
웨어링, 메릴린 344
웨이스, 토니 466
유누스, 무함마드 383
은크루마, 콰메 108, 126

ㅈ~ㅊ

작스, 볼프강 105, 354
재피, 대니얼 369
잭슨, 팀 520
지글러, 장 479
차베스, 우고 388~390
챈, 애니타 162
체루, 판투 301
칭, 애나 357
칭콴리 311

ㅋ~ㅌ

카스텔, 마누엘 510
카스트로, 피델 390
카슨, 레이첼 320~321
카원, 마이클 32

캐머런, 앵거스 507
케네디, 존 피츠제럴드 207
케인스, 존 메이너드 193, 236
코어, 마틴 245
콤, 조르주 396
크라우치, 패트릭 506
크뤼첸, 파울 481
클라이브, 로버트 78
클라인, 나오미 419
클라크, 토니 257
클레이턴, 윌 118
클로스, 조앤 445
킹, 스티븐 433
테일러, 마이클 477
톨레도, 빅터 마누엘 463
툴민, 카밀라 446
트루먼, 해리 98~99
트리벨리언, 찰스 80
트립, 아일리 마리 224, 304
티토, 요시프 126

ㅍ

파농, 프란츠 89, 113
퍼거슨, 제임스 306
퍼킨스, 퍼트리샤 518~519
퍼펙토, 이베트 460, 462
펄스테인, 스티븐 404
페론스, 다이앤 319
페인, 수전 475
페인, 앤서니 507~508
페일런, 로넌 507
페트리니, 카를로 514
포르티요, 호세 로페스 213
폭스 케사다, 비센테 287
폰테코르보, 질로 90
폴라니, 칼 11, 23, 35~36, 50~51, 53, 65, 498, 502, 525
푸엔테스, 안나 172
푸카로, 넬리다 395
프랑크, 안드레 군더 39
프레비시, 라울 39, 109
프레이, 칼 462

프레이리, 파울루 366
프리드먼, 토머스 40, 275, 405
프리먼, 칼라 280
플래너리, 팀 467, 493
피노체트, 아우구스토 199, 234
피셔, 스탠리 214, 383
피오네티, 카린 471
필립스, 니콜라 507~508

ㅎ

해밀턴, 클라이브 63
핼퍼린, 샌드라 412
헌팅턴, 새뮤얼 41
호오펠트, 안키 510
호치민 126
후세인, 사담 199

| 용어 |

〈2011년의 세계 정세〉 464
77그룹(G-77) 127, 208
G-20 397~400, 488
G-7 210, 230, 261, 415
G-8 308, 394, 396
TAC(Treatment Action Campaign) 255

ㄱ

가이아 가설 439
가치 사슬 농업 467
개발 동맹 111, 137, 150, 214, 224
《개발 프로젝트의 남성 편향》 343
〈개발에서 여성의 역할에 관한 세계 조사〉 352
개발연구소 447, 504
개발의 사다리 87, 97
개발의 십 년대 116, 209
〈개발을 위한 농업 과학과 기술의 국제적 평가〉(IAASTD) 457~459
경제 민족주의 23, 109, 110, 155, 166, 206, 210, 226~227, 261
《경제 성장의 단계들 : 비공산당 선언》 37
경제 실적과 사회 진보 측정 위원회 500

경제 특구 162, 408, 489
경제개발연구소 123
경제정의실천여성국제동맹 337
경제협력개발기구(OECD) 131, 365
공법 480호 프로그램(PL-480) 136, 140, 142
공적 개발 원조 11, 448
공정 무역 60, 361, 364, 367, 368~369, 388, 514
《과소비의 미국인》 516
관세 및 무역에 관한 일반 협정(GATT) 127, 132, 240~245
교토 의정서 444
국가 자본주의 433~434
국가 채무 위기 416
국경없는의사회 255, 270
국민 계정 체계(SNA) 34, 50, 104, 294, 344
국부 펀드 434
《국부론》 35
국제개발협회 127
국제공정무역상표기구(FLO) 368
국제노동기구(ILO) 167, 176, 298~299, 369
국제농업개발기금(IFAD) 468
국제농업연구자문그룹 145
국제농촌발전재단 254
국제무역기구(ITO) 241
국제식량정책연구소(IFPRI) 479
국제에너지기구(IEA) 480
국제여성건강동맹 350
국제토양증산농업개발센터 449
국제토지연합 477
국제통화기금(IMF) 24, 116, 120~122, 210, 212, 214, 216, 219, 225, 226, 230, 232, 233, 259, 261, 267, 269, 272, 283, 383, 386, 387, 390, 394, 401, 415~417
국제투명성기구(TI) 390
국제환경개발연구소 446
그라민 샥티 487
그라민은행 383, 487
그린피스 63, 64
극빈 최저 개발국 210
기후 변화 레짐 51, 497
기후 변화 적응을 위한 국가 행동 프로그램 443
기후 변화에 관한 정부 간 패널 422

기후변화개발위원회 444

ㄴ

남미국가연합(UNASUR) 390
남반구위원회 229
남반구은행 390
냉장 사슬 187
노동자총연맹(CGTP) 417
녹색 자본주의 336, 369, 484, 492
녹색 혁명 42, 144~149, 153, 169, 186, 187, 191, 200, 322, 468, 469
농생태론 363, 456, 463, 464, 492
농업 협정 246, 249, 283

ㄷ

《다라비의 재발견》 300
〈다른 세계는 가능하다 : 기후 변화 시대의 인간 진보〉 501
대안먹을거리네트워크 514
대외관계협의회 311
《대지의 저주받은 사람들》 89
대충 자금 134, 138, 142, 147, 149
대항 동원 23, 24, 414
대항 운동 49, 52, 53, 236, 316, 320, 371
〈도시들과 기후 변화〉 445
디벨로프먼트 GAP 237
디아스포라 85
〈땅은 생명이다〉 482
〈때는 지금 : 기후 변화에 적응하는 농민들에게 배운다〉 447

ㄹ

리빙 데모크라시 무브먼트 386
리우 환경 정상 회의 326, 328
린 생산 방식 177, 178, 183

ㅁ

마셜 플랜 116, 118, 119
마킬라도라 160, 161, 167~169, 188, 189, 231, 346, 360
〈마킬라폴리스〉 161
무역 관련 지적 재산권 246, 252, 255, 256

무역 관련 투자 조치 246, 250, 251, 272
무토지농업노동자운동(MST) 331, 365~367
물 발자국 427
미국중앙정보국(CIA) 199
미국환경보호국 161
미국국제개발처 149
미국노동총연맹-산업별노동조합회의 360
미국사료곡물협의회 142
《미션 송》 307
미소 금융 7, 270, 271, 301, 303, 304, 383~385, 440
미주개발은행(IDB) 127, 265
미주자유무역지대(FTAA) 388

ㅂ

바젤 협약 62
밝은녹색에너지재단 487, 488
《배가 물을 가라앉힐 수 있을까?》 409
베이징 컨센서스 410
베트남 전쟁 194, 208
볼리바르 혁명 389
북미자유무역협정(NAFTA) 185, 231, 232, 247, 251, 259, 290, 357, 359, 360, 362
브레턴우즈 프로그램 116
브룬틀란위원회 324, 327
〈브릭의 꿈 : 2050년으로 가는 길〉 402
비공식화 293, 297, 304, 305, 315, 316
비교 우위설 233, 236
비동맹 운동 126, 210
비아 캄페시나 282, 363~365
빈곤 감축 전략 보고서 268~270
〈빈곤과 기후 변화〉 443
빈곤층지원자문그룹 385

ㅅ

〈사이언스〉 481
사파티스타 (민족 해방군) 231, 354, 358, 362, 527
사회 비상 기금 267
사회 운동형 노조 운동 361
사회 정의 운동 245, 265, 320, 517
사회적 자본 271, 302
상업형 농업 41~44, 59, 149, 152, 299
상품 사슬 58, 61, 141, 159, 277, 360, 403, 507

새천년 개발 목표(MDG) 266, 269, 352, 380, 381, 452, 484, 529
〈새천년 개발 목표 보고서〉 380
〈새천년 생태계 평가〉 45, 452~455, 457
생계형 농업 41~43, 293, 331, 477
〈생물 다양성과 비즈니스 리스크〉 453
생명 다양성을 위한 슬로푸드 재단 514
생물 역량 44
생물 연료 43, 60, 190, 401, 421, 422, 474, 476~482, 488
생물 해적질 254
생물다양성협약 493
생물연료감시 480
생태 발자국 지수 29, 45, 524
생태적 회계 323, 455
서비스 교역에 관한 일반 협정 246, 257, 258~260, 271
석유수출국기구(OPEC) 195, 208
〈세계 개발 보고서〉 206, 232, 465, 466, 472, 473
세계 체제 이론 39, 40, 42
세계경제포럼(WEF) 226, 386, 424, 453, 483
세계무역기구(WTO) 24, 227, 229, 230, 233, 240, 243~246, 249~252, 255~257, 261, 265, 267, 269, 278, 283, 329, 342, 364, 397~401, 403, 434, 457
세계사회포럼(WSF) 386
세계식량프로그램 468
세계여성행진 338
세계의 공장 94, 156, 159, 160, 162, 163, 165, 170, 186, 200, 272, 509
세계의 농장 186, 191, 200
세계인권선언 51, 91, 241, 500
세계자원연구소 453
세계적 분업 40
세계주의적 지역주의 354, 357, 530
세계지속가능발전재계협의회 426
세계채소센터 469
수입 대체 산업화(ISI) 109, 110, 132, 133, 157, 222, 282
수자원그룹 426
수출 가공 공단 161, 165~169, 176, 201, 262, 298, 403
수출 지향 산업화 157

찾아보기 597

수출용 단일 경작 77
〈스턴 보고서〉 6, 47, 432, 446, 482
《슬럼, 지구를 뒤덮다》 303
〈슬럼의 도전〉 445
슬로푸드 운동 364, 371, 514, 515
슬로푸드 인터내셔널 469
시민권적 사회 계약 7, 10, 30, 51, 65, 91, 102, 111, 201, 219, 224, 240, 241, 258, 262, 361, 394, 411, 438, 500
시장 거버넌스 35
시장 원칙 36
식단 근대화 141
식량 안보 83, 187, 188, 189, 230, 237, 239, 242, 243, 248, 249, 282, 362, 443, 464, 470, 472, 479
식량 원조 레짐 132, 136, 141, 148, 186
식량 의존성 138
식량 주권 320, 325, 362, 363,
식량 주권 운동 9, 362, 364
식량안보위원회 479
식량안보정상회의 465, 468
식민 지배 프로젝트 8, 49, 53, 86, 87
《식민 지배자와 피지배자》 88
식품 레짐 457
신국제 분업 171, 175, 272
신사회 운동 324, 325, 342
신흥 농업국 189, 190, 191, 200

ㅇ

〈아랍권 인간 개발 보고서〉 395
아랍의 봄 229, 320, 391, 392, 393, 396, 397, 418, 423, 433
〈아마존을 먹어 치움〉 63
아메리카를 위한 볼리바르 동맹 391
아시아개발은행(ADB) 127
아시아태평양경제협력체(APEC) 185
아프리카 개발을 위한 신협력(NEPAD) 308, 312
아프리카개발은행(AFDB) 127, 391, 392, 504
아프리카경제위원회 102
아프리카녹색혁명동맹(AGRA) 468
〈아프리카의 유기농과 식량 안보〉 470
아프리카정책연구소포럼 270
안데스소농기술프로젝트 357

〈알제리 전투〉 90
애그플레이션(agflation) 422
액션에이드(ActionAid) 447
양허성 차관(soft loans) 127, 311, 392
어번 파밍(Urban Farming) 506
어스웍스(Earth Works) 506
엥코미엔다(encomienda) 82
여성 차별 철폐 조약 339
《여성을 계산에 포함시킨다면》 344
여성자활협회 382
여성환경개발기구 363
역량 이론 500, 501
역외 자본 시장 193, 195
연방준비제도 155
영국식민정책위원회 103
영농 산업화 95
옥스팜 218, 239, 249, 255, 258, 270, 446, 501, 513
우루과이 라운드 27, 240, 241, 243, 260
《우주의 오아시스 지구》 441
워싱턴 컨센서스 24, 225, 228, 260, 385, 388, 529
월드비전 270
유네스코 352, 367
《유토피아》 473
유럽부흥개발은행(EBRD) 283
유령 토지 59
유엔 기후 변화에 관한 기본 협약(UNFCCC, 유엔기후변화협약) 27, 432, 439, 442, 443, 444
유엔개발계획(UNDP) 44, 45, 145, 308
유엔경제사회국(UNDESA) 504, 529
유엔라틴아메리카경제위원회(ECLA) 109
유엔무역개발회의(UNCTAD) 26, 127, 128, 180, 309, 364, 470
유엔세계여성회의 338
유엔식량농업기구(FAO) 145, 147, 282, 330, 334, 450, 465, 468, 477, 479
유엔아동기금(UNICEF) 213
유엔여성 352
유엔여성지위위원회 339
유엔인구개발회의 351
유엔인권위원회 255
유엔인권이사회 459
유엔해비타트(UN-HABITAT) 295, 303

유엔환경개발회의(UNCED) 328, 329, 330, 470
유엔환경계획(UNEP) 61, 328, 470
유연 생산 방식 183, 200
《이머징 마켓의 시대》 402
이집트국민의회 394
〈인간 개발 보고서〉 45, 395, 437, 442, 500
인간 개발 지수 44, 81, 500

ㅈ

자원 민족주의 311, 389, 390
자유 무역 지역(FTZs) 165, 166
잔지바르 선언 305
재농촌화 151, 464
재성별화 172
재식민화 87, 266, 305, 307, 313, 315, 316
저개발국가기금(LDCF) 444
적기 생산 방식 183, 277
전 지구적 거버넌스 27, 210, 229, 232, 267
전 지구적 남반구 30, 43, 62, 229, 446, 486
〈전 지구적 무역 감시〉 247
전 지구적 북반구 30, 505
전 지구적 분업 272, 280
전 지구적 조달 181, 183, 191
전환 담론 526, 527
전환 도시 운동 522, 523, 524
정책 차관 269
《정치 발전론》 41
정통노동전선 360
제2차 녹색 혁명 186, 187, 191, 200
제3세계네트워크 245
제네릭 의약품 255, 256
종속 이론 38, 39, 41, 42, 209
주빌리2000(Jubilee 2000) 268
준비 통화 26, 194, 211, 390
지구환경기금(GEF) 330, 444
〈지속 가능성과 형평성〉 437
진보를 위한 동맹 26, 151

ㅊ

〈차이나 블루〉 168, 277
착취공장반대학생연합 370
채무 레짐 24, 27, 210, 213, 215, 216, 222, 225, 228,
229, 240, 261, 286, 378, 418
청정 개발 메커니즘 443, 485
초국적 여성 네트워크 341, 342
초국적정보교류 360, 361
최빈국 부채 경감 계획 27, 267, 308
최저 개발국 97, 131
치아파스 봉기 27, 357
《침묵의 봄》 320
칩코 운동 333

ㅋ

《캐딜락 사막》 140
코코아-초콜릿네트워크 360
코펜하겐기후회의 493
코프 이탈리아 541
코페트라바수르 369

ㅌ

탈농촌화 169, 282, 298, 410
탈산업화 177, 216, 234
탈성장 경제학 6, 13, 516, 517,
탈여성화 167, 201, 346
《통제권 상실》 433

ㅍ

퍼블릭시티즌(Public Citizen) 247
포스트 신자유주의 388
포커스온더글로벌사우스(Focus on the Global South) 526
푸에블라-파나마 계획 185
프레카리아트 416
프로젝트 차관 116, 269

ㅎ

《하나밖에 없는 지구》 441
학교원예혁신개발 469
환경방위재단 483, 488
환경시장센터 483
휴먼라이츠워치(Human Rights Watch) 312

거대한 역설 — 왜 개발할수록 불평등해지는가

2013년 4월 5일 초판 1쇄 발행
2022년 12월 2일 초판 7쇄 발행

- 지은이 ─────── 필립 맥마이클
- 옮긴이 ─────── 조효제
- 펴낸이 ─────── 한예원
- 편집 ─────── 이승희, 윤슬기, 양경아, 김지희, 유가람
- 본문 조판 ─────── 성인기획
- 펴낸곳   교양인
  　　　　우 121-888 서울 마포구 포은로 29 202호
  　　　　전화 : 02)2266-2776 팩스 : 02)2266-2771
  　　　　e-mail : gyoyangin@naver.com
  　　　　출판등록 : 2003년 10월 13일 제2003-0060

ⓒ 교양인, 2013
ISBN 978-89-91799-82-0 03300

* 잘못 만들어진 책은 바꾸어드립니다.
* 값은 뒤표지에 있습니다.